人民 · 联盟文库

人民·联盟文库

乾嘉学派研究

陈祖武 文彤窗 著

河北人民出版社

人民出版社

图书在版编目（CIP）数据

乾嘉学派研究/陈祖武，朱彤窗著. —北京：人民出版社，2011
（人民·联盟文库）
ISBN 978-7-01-010131-6

Ⅰ.①乾⋯ Ⅱ.①陈⋯ ②朱⋯ Ⅲ.①学术思想-思想史-研究-中国
-清代 Ⅳ.①B249.05

中国版本图书馆 CIP 数据核字（2011）第 159197 号

乾嘉学派研究

QIANJIA XUEPAI YANJIU

陈祖武 朱彤窗 著

责任编辑：李大星 安新文
封扉设计：曹 春
出版发行：人民出版社
　　　　　北京朝阳门内大街 166 号 邮 编：100706
网　　址：http://www.peoplepress.net
邮购电话：(010) 65250042/65289539
经　　销：新华书店
印　　刷：三河市金泰源印装厂
版　　次：2011 年 8 月第 1 版 2011 年 8 月北京第 1 次印刷
开　　本：710 毫米×1000 毫米 1/16
印　　张：37.75
字　　数：490 千字
书　　号：ISBN 978-7-01-010131-6
定　　价：72.00 元

出版说明

　　人民出版社及全国各省市自治区人民出版社是我们党和国家创建的最重要的出版机构。几十年来，伴随着共和国的发展与脚步，他们在宣传马克思列宁主义、毛泽东思想、邓小平理论、"三个代表"重要思想，深入贯彻落实科学发展观，坚持走有中国特色社会主义道路方面，出版了大量的各种类型的优秀出版物，为丰富人民群众的学习、文化需求作出了不可磨灭的贡献，发挥了不可替代的作用。但由于环境、地域及发行渠道等诸多原因，许多精品图书并不为广大读者所知晓。为了有效地利用和二次开发全国人民出版社及其他成员社的优秀出版资源，向广大读者提供更多更好的精品佳作，也为了提升人民出版社市场联盟的整体形象，人民出版社市场联盟决定，在全国各成员社已出版的数十万个品种中，精心筛选出具有理论性、学术性、创新性、前沿性及可读性的优秀图书，辑编成《人民·联盟文库》，分批分次陆续出版，以飨读者。

　　《人民·联盟文库》的编选原则：1. 充分体现人民出版社的政治、学术水平和出版风格；2. 展示出各地人民出版社及其他成员社的特色；3. 图书主题应是民族的，而不是地区性的；4. 注重市场价值，要为读者所喜爱；5. 译著要具有经典性或重要影响；6. 内容不受时间变化之影响，可供读者长期阅读和收藏。基于上述原则，《人民·联盟文库》未收入以下图书：1. 套书、丛书类图书；2. 偏重于地方的政治类、经济类图书；3. 旅游、休闲、生活类图书；4. 个人的文集、年谱；5. 工具书、辞书。

《人民·联盟文库》分政治、哲学、历史、文化、人物、译著六大类。由于所选原书出版于不同的年代、不同的出版单位，在封面、开本、版式、材料、装帧设计等方面都不尽一致，我们此次编选，为便宜读者阅读，全部予以统一，并在封面上以颜色作不同类别的区分，以利读者的选购。

人民出版社市场联盟委托人民出版社具体操作《人民·联盟文库》的出版和发行工作，所选图书出版采用联合署名的方式，即人民出版社与原书所属出版社共同署名，版权仍归原出版单位。《人民·联盟文库》在编选过程中，得到了人民出版社市场联盟成员社的大力支持与帮助，部分专家学者及发行界行家们也提出了很多建设性的意见，在此一并表示诚挚的感谢！

《人民·联盟文库》编辑委员会

前　言

　　清代乾隆、嘉庆两朝，迄于道光中叶的百余年间，经史考证，朴学大兴，在学术史上因之而有乾嘉学派之谓。流风所被，历久不绝，至20世纪中而影响犹存，学术界遂生乾嘉遗风云云。晚清以降，董理一代学术之风起，章太炎、刘申叔、梁任公诸先生开启先路，乾嘉学派研究遂告发轫。最近一二十年间，学术史研究之风复起，乾嘉学派研究再度引起学者关注，论著迭出，方兴未艾。

　　在中国古代学术史上，乾嘉学派于乾隆初叶之登上历史舞台，并在其后的近百年间主盟学坛，实非一偶然的历史现象。它是在彼时特定的社会经济条件之下，众多历史因素交互作用的结果。将研究对象置于具体历史环境，真相得显，本质了然。如同中国古代的其他学术流派一样，乾嘉学派亦有其独特的形成、发展、蜕变而向近代学术演进的过程。准确地梳理和把握这一历史过程，是一个艰苦繁难的创造性劳动。前辈大师的学术实践早已证明，治学术史必须从梳理学术文献出发，实事求是，务实求真，来不得半点的虚假和浮夸。历史研究，其立足点永远在社会现实之中，这是历史学的生命所在，也是历史学的魅力所在。乾嘉学派主盟学坛的一页，虽然已成历史陈迹，但是此一学派中人整理、总结中国数千年学术的卓著业绩和实事求是的为学风尚，则是中华民族一份极可宝贵的历史文化遗产。认真整理和总结这一份历史文化遗产，对于提高今日及尔后的学术研究水准，促进中华民族新文化的建设，无疑具有重要的借鉴意义。

20 世纪 80 年代末，祖武忝附诸位先进之骥尾，开始究心乾嘉学派与乾嘉学术。90 年代中，复得二三志同道合的年轻俊彦，互为师友，切磋琢磨。2000 年，承中国社会科学院历史研究所学术委员会诸位专家支持，"乾嘉学派研究"获准以本所重点研究课题立项。翌年，再经中国社会科学院历史学科专家评审委员会一致通过，此一课题得以跻身全院"十五"计划期间重大研究项目之列。五年多来，祖武集合同志，从爬梳文献入手，实事求是，一丝不苟，先期完成《乾嘉学术编年》的结撰。随后，课题组诸同志又根据各自学术积累，进行深入的专题研究，于近期再成此《乾嘉学派研究》。《乾嘉学派研究》凡作六章、廿八节，一如先前所成《乾嘉学术编年》，同为集体劳作之结晶。撰写有关章节的同志依次为：

汪君学群：第二章第二节；

林君存阳：第二章第三、五节，第三章第二、三节；

杨君海英：第二章第四节；

吴君伯娅：第二章第六节；

杨君艳秋：第五章第一节。

祖武所撰之各章节文稿，皆蒙存阳、艳秋二位同志受累输入电脑，全部书稿且拜托存阳同志进行电脑处理。二位同志无私相助，祖武最是感激不尽。

1992 年冬，祖武初次赴台问学，在中研院文哲所召开的清代经学研讨会上，以"乾嘉学派吴皖分野说商榷"为题请教。拙文有云："在中国学术史上，乾嘉学派活跃于十八、十九两个世纪间的学术舞台，其影响所及，迄于二十世纪中而犹存。作为一个富有生命力，且影响久远的学术流派，它如同历史上的众多学派一样，也有其个性鲜明的形成、发展和衰微的历史过程。这个过程错综复杂，跌宕起伏，显然不是用吴皖分野的简单归类所能反映的。"因此，祖武在讲坛呼吁："从历史实际出发，对各家学术进行实事求是的具体研究。其中既包括对众多学者深入的个案探讨，也包括对学术世家和地域学术的群体分析，从而把握近百年间学术演进的源流，抑或能够找到将乾嘉学派研究引向深入的途径。"

十余年过去，当年握手谈艺的学者，有的如孔仲温教授已成故人，有的若鲍国顺、林庆彰、陈鸿森三位教授及祖武一般，正泰然面对病魔，更多的旧雨新知，则孜孜以求，猗进不已，共同致力中华学术的繁荣。梁任公先生晚年在清华园，倡导合为人为学于一体的新学风，认为"战士死于沙场，学者死于讲座"，乃理所当然。吾侪学人，视读书为学若天职，为国家，为民族，亦为自我·生存一日，即读书为学一日。惟其如此，陋室书案或不失为一可取之云处。

陈祖武 谨识
乙酉首春于京东潘家园

目录

第一章
乾嘉时期清廷的文化政策

　　乾隆、嘉庆两朝，迄于道光中叶的百余年间，朴实的经史考证之所以能够成为学术主流，因之而在学术史上有乾嘉学派之谓，并不是一个偶然的历史现象。其间，既有经济、社会、政治诸方面的深刻制约，也有学术、文化等后先相承的内在逻辑。而在封建君主专制政治体制之下，由帝王好尚所反映的朝廷文化政策，无疑是一个不可忽视的重要方面。

第一节　经筵讲论与高宗的学术好尚

一、高宗初政与朱子学的提倡

　　有清一代的朱子学，自康熙后期取得主导地位之后，尽管朝廷悬为功令，帝王提倡，士子讲习，然而却久久发展不起来。倒是与性理之学迥异其趣的经学考据，不胫而走，蔚为大国。因此，乾隆初，清高宗已喟叹："近来留意词章之学者，尚不乏人，而究心理学者盖鲜。"① 至乾

━━━━━━━━━━━━━━━━

① 《清高宗实录》卷128，乾隆五年十月己酉条。

隆中叶以后，遂有戴东原《孟子字义疏证》出，凛然别张一军，"欲夺朱子之席"。① 迄于乾隆末、嘉庆初，就在朱子故里的徽歙之间，竟然出现"自命通经服古之流，不薄朱子则不得为通人"的局面。② 这样一种局面何以会形成？以下，拟从高宗一朝经筵讲论内容的变迁入手，来做一些探讨。

清高宗在位六十年，自乾隆三年（1738）首举经筵，至乾隆六十年（1795）逊位，经筵讲学凡举五十一次。高宗初政，一遵其父祖旧规，经筵讲学皆于每年春秋各举一次，以示崇儒重道，孜孜向学。自乾隆十二年（1747）以后，除十八年（1753）举经筵于仲秋，其他各年皆于仲春举行。

乾隆元年（1736）正月，高宗改元伊始，即面临御史谢济世著《学庸注疏》，以立异朱子一事。据议政之诸王、大臣称："谢济世进自著《学庸注疏》，于经义未窥毫末。其称明初尊朱之令，以同乡同姓之故，名为表彰圣贤，实则推尊本朝。尤属谬妄无稽，甚为学术人心之害。"疏上，高宗采纳诸王、大臣议，将谢氏所著之书"严饬发还"。③ 二月，他又就谢济世著述和另一御史李徽奏请将《孝经》与《四书》并列事颁谕，严词指斥。据云：

> 谢济世请用其自注《学庸》，易朱子《章句》，颁行天下。独不自揣己与朱子分量，相隔如云泥，而肆口诋毁，狂悖已极。且谓明代以同乡同姓，尊崇朱子之书，则直如爨下老婢，陈说古事，虽乡里小儿，亦将闻而失笑也。李徽欲以《孝经》与《四书》并列为五，立义支离，属辞鄙浅。于宋元大儒所论《孝经》源流离合，曾未寓目，即欲变乱历代论定，列于学官，

---

① 王国维：《观堂集林》卷12，《聚珍本戴校水经注跋》，中华书局1959年版，第580页。
② 章学诚：《文史通义》内篇二，《朱陆》附《书朱陆篇后》。《章学诚遗书》本，文物出版社1985年版，第16页。
③ 《清高宗实录》卷11，乾隆元年正月乙卯条。

数百年不易之旧章，亦不自量之甚矣。①

乾隆三年（1738）正月，高宗服丧期满，颁谕礼部，筹备举行经筵讲学。他说：

> 朕惟《四子》、《六经》，乃群圣传心之要典，帝王驭世之鸿模。君天下者，将欲以优入圣域，茂登上理，舍是无由。我皇祖圣祖仁皇帝，皇考世宗宪皇帝，时御讲筵，精研至道，圣德光被，比隆唐虞。朕凤承庭训，典学维殷，御极以来，勤思治要，已命翰林科道诸臣，缮进经史，格言正论，无日不陈于前。特以亮阴之中，经筵未御。兹既即吉，亟宜举行。所有典礼，尔部其诹日具仪以闻。②

二月二十四日，首举经筵大典。儒臣先讲《论语·为政》，高宗旋宣讲论；儒臣再讲《尚书·舜典》，高宗再宣讲论。此后，除乾隆五十四年（1789）皆讲《论语》之外，先《四书》，后《六经》，遂成乾隆一朝经筵讲学之定规。其间，凡讲《论语》二十六次，《孟子》四次，《大学》九次，《中庸》十二次，《周易》二十六次，《尚书》二十四次。

乾隆五年（1740）十月，鉴于理学不振，高宗颁发长篇谕旨，提倡读宋儒之书，研精理学。他说：

> 朕命翰詹科道诸臣，每日进旦经史讲义，原欲探圣贤之精蕴，为致治宁人之本。道统学术，无所不该，亦无往不贯。而两年来，诸臣条举经史，各就所见为说，而未有将宋儒性理诸书，切实敷陈，与儒先相表里者。盖近来留意词章之学者，尚不乏人，而究心理学者盖鲜。即者臣亦有于讲章中系以箴铭者。古人鉴盘几杖，有箴有铭，其文也，即其道也。今则以词藻相尚，不过为应制之具，是歧道与文而二之矣。总因居恒肆

---

① 《清高宗实录》卷13，乾隆元年二月庚辰条。
② 《清高宗实录》卷60，乾隆三年正月癸亥条。

业，未曾于宋儒之书沉潜往复，体之身心，以求圣贤之道。故
其见于议论，止于如此。夫治统原于道统，学不正则道不明。
有宋周、程、张、朱子，于天人性命大本大原之所在，与夫用
功节目之详，得孔孟之心传，而于理欲、公私、义利之界，辨
之至明。循之则为君子，悖之则为小人。为国家者，由之则
治，失之则乱。实有裨于化民成俗、修己治人之要。所谓入圣
之阶梯，求道之途辙也。学者精察而力行之，则蕴之为德行，
学皆实学；行之为事业，治皆实功。此宋儒之书，所以有功后
学，不可不讲明而切究之也。今之说经者，间或援引汉唐笺疏
之说。夫典章制度，汉唐诸儒有所传述，考据固不可废。而经
术之精微，必得宋儒参考而阐发之，然后圣人之微言大义，如
揭日月而行也。惟是讲学之人，有诚有伪，诚者不可多得，而
伪者托于道德性命之说，欺世盗名，渐启标榜门户之害。此朕
所深知，亦朕所深恶。然不可以伪托者获罪于名教，遂置理学
于不事，此何异于因噎而废食乎！①

乾隆六年（1741）七月，高宗在训饬诸臣公忠体国的谕旨中宣称：
"朕自幼读书，研究义理，至今《朱子全书》未尝释手。"② 同年九月，
外放湖南督粮道的谢济世于当地刊刻著述，高宗就此颁谕军机大臣，责
成湖广总督孙嘉淦予以销毁。他说：

朕闻谢济世将伊所注经书刊刻传播，多系自逞臆见，肆诋
程朱，甚属狂妄。从来读书学道之人，贵乎躬行实践，不在语
言文字之间辨别异同。况古人著述既多，岂无一二可指摘之
处？以后人而议论前人，无论所见未必即当，即云当矣，试问
于己之身心，有何益哉！况我圣祖将朱子升配十哲之列，最为
尊崇，天下士子，莫不奉为准绳。而谢济世辈倡为异说，互相

---

① 《清高宗实录》卷128，乾隆五年十月己酉条。
② 《清高宗实录》卷146，乾隆六年七月癸亥条。

标榜，恐无知之人，为其所惑，殊非一道同风之义，且足为人心学术之害。朕从不以语言文字罪人，但此事甚有关系，亦不可置之不问也。尔等可密信与湖广总督孙嘉淦，伊到任后，将谢济世所注经书中，有显与程朱违悖牴牾，或标榜他人之处，令其查明具奏，即行销毁，毋得存留。①

翌年正月，湖广总督孙嘉淦奏：“遵查谢济世所注经书，立说浅陋固滞，不足以欺世盗名，无庸逐条指谪。谨将原板查毁，并通饬收毁已印之本。”高宗于孙氏折批示：“所办甚妥，只可如此而已。”②

乾隆八年（1743）二月，高宗以“朱子所辑《小学》一书，始自蒙养为立教之本，继以明伦为行道之实，终以敬身为自修之要。于世教民心，甚有裨益”，令各省学臣，以《小学》命题，考试士子。③乾隆九年（1744）十月，翰林院重葺竣工，高宗亲临赐宴，颁谕曰：“翰林之职，虽在文章，要贵因文见道。尔诸臣当明体此意。”④宴毕，高宗向翰林院赠书，除自著《乐善堂全集》外，就是其祖当政期间所修《性理精义》。

高宗初政，恪遵其父祖遗规，尊崇朱子，提倡理学。因而从乾隆三年（1738）到十八年（1753），在历年所举行的十九次经筵讲学中，不惟讲官笃守朱子之教，而且高宗亦步亦趋，阐发朱子学说，君唱臣和，俨然一派尊崇朱子学气象。

二、在经筵讲论中对朱子学的质疑

经过乾隆十九、二十两年（1754、1755）的间断，到二十一年（1756）二月再举仲春经筵，高宗的讲论却发生了十分引人注目的变化。

---

① 《清高宗实录》卷151，乾隆六年九月丁亥条。
② 《清高宗实录》卷159，乾隆七年正月庚寅条。
③ 《清高宗实录》卷185，乾隆八年二月乙巳条。
④ 《清高宗实录》卷227，乾隆九年十月庚午条。

这便是第一次对朱子的《四书章句集注》提出了质疑。

《中庸》曰："自诚明谓之性，自明诚谓之教。诚则明矣，明则诚矣。"朱子《中庸章句》注云："自，由也。德无不实而明无不照者，圣人之德。所性而有者也，天道也。先明乎善而后能实其善者，贤人之学。由教而入者也，人道也。诚则无不明矣，明则可以至于诚矣。"①在答门人问《中庸》时，朱子又云："'自诚明谓之性'，此性字便是性之也。'自明诚谓之教'，此教字是学之也。此二字却是转一转说，与首章'天命之谓性，修道之谓教'二字义不同。"②

乾隆二十一年（1756）二月初六日，满汉直讲官分别进讲《中庸》该章，重申朱子解说。讲毕，高宗一改早年对朱子学说的推阐，就《中庸章句》及《朱子语类》提出异议。据云："德无不实，而所明皆善，性而有之圣人也。先明乎善，而后实其德，教而入之贤人也。诚者理之当然，明者明其所以然。性即理也，教即所以明理，一而二、二而一者也。"于是进而对朱子之说提出质疑云："是故诚之外无性，明之外无教。圣人浑然天理，无所用其明而明无不照。谓之'所性而有'，尚属强名，则何藉乎教！贤人日月至焉，必待先明乎善而后实之，乃复其性。然明即明此理，实亦实此理而已，夫岂别有所谓教哉！"因此，高宗的结论是："朱子谓与天命谓性、修道谓教二字不同，予以为政无不同耳。"③

清高宗讲《中庸》而立异朱子，只是一个偶然之举吗？如果在经筵讲论中出现类似情况仅此一次，抑或可称偶然。可是其后，在迄于乾隆六十年（1795）的三十二次经筵讲学中，明显地向朱子学提出质疑，竟达十七次之多。显然，这就殊非偶然之举了。兹举数例如后。

乾隆二十三年（1758）二月的仲春经筵，以《论语·子张篇》"博

①　朱熹：《中庸章句》第二十一章，《四书章句集注》本，中华书局 1983 年版，第 32 页。
②　黎靖德：《朱子语类》卷 64，《中庸》第二十一章，中华书局 1986 年版，第 1566 页。
③　《清高宗实录》卷 506，乾隆二十一年二月甲辰条。

学而笃志，切问而近思，仁在其中矣"一条为讲题。朱子《论语集注》
于该条注云："四者皆学问思辨之事耳，未及乎力行而为仁也。然从事
于此，则心不外驰，而所存自熟，故曰仁在其中矣。"① 高宗不赞成朱
子的解说，他驳诘云："此非四事，盖两事耳。博学而不笃志，则或涉
为荒唐；切问而不近思，则或入于无稽。然志也、思也，一心之事耳。
仁，人心也，安见笃志近思而心常驰骛于外者哉！故曰仁在其中。朱注
以为'未及乎力行而为仁'，此或为下学者言。夫笃志近思而不力行，
则又安得谓之笃志近思乎？"②

　　乾隆二十五年（1760）二月的仲春经筵，依然以《论语》为题，讲
《阳货篇》"四时行焉，百物生焉"二句。朱子《论语集注》于此二句注
云："四时行，百物生，莫非天理发见流行之实，不待言而可见。圣人
一动一静，莫非妙道精义之发，亦天而已，岂待言而显哉？此亦开示子
贡之切，惜乎其终不喻也。"至于子贡的发问，朱子则认为："子贡正以
言语观圣人者，故疑而问之。"③ 高宗不同意朱子的解说，别出新解云：
"斯言也，盖孔子知命耳顺以后，所以示学者真实至当之理，非因子贡
以言语观圣人，徒为是不待言而可见之语，而别有所谓妙道精义也。且
四时行、百物生之中，何一非天乎？而四时行、百物生之外，又何别有
可以见天者乎？圣人视听言动、昼作夜息之中，何一非妙道精义乎？而
圣人视听言动、昼作夜息之外，又何别有所谓妙道精义者乎？"④

　　乾隆三十二年（1767）二月，高宗君臣就《论语·宪问篇》"不逆
诈，不亿不信。抑亦先觉者，是贤乎"一节进行讨论。朱子解此节有
云："逆，未至而迎之也。亿，未见而意之也。诈，谓人欺己。不信，
谓人疑己。抑，反语辞。言虽不逆不亿，而于人之情伪，自然先觉，乃

---

① 朱熹：《论语集注》卷10，《子张》，《四书章句集注》本，中华书局1983年版，第189页。
② 《清高宗实录》卷556，乾隆二十三年二月己未条。
③ 朱熹：《论语集注》卷9，《阳货》，《四书章句集注》本，中华书局1983年版，第
　 180页。
④ 《清高宗实录》卷606，乾隆二十五年二月壬午条。

为贤也。"① 高宗同样不赞成朱子说解，他驳诘云："此语宜与诚明相参看。盖不逆诈，不亿不信，是诚也。抑亦先觉，是明也。人情变幻莫齐，而可以齐之者莫如诚。使事事皆逆其诈而亿其不信，是己先以不诚待人，人亦将以逆者、亿者应之。此亦一不诚也，彼亦一不诚也，蓊扰虚伪，莫可究诘。虽云淈其泥而扬其波，而己已处污浊之内，欲其先觉，抑亦难矣。"②

《论语·雍也》记有孔子与樊迟间的如下问对：

> 樊迟问知，子曰："务民之义，敬鬼神而远之，可谓知矣。"问仁，曰："仁者先难而后获，可谓仁矣。"

朱子《论语集注》解此节云：

> 知、远，皆去声。民，亦人也。获，谓得也。专用力于人道之所宜，而不惑于鬼神之不可知，知者之事也。先其事之所难，而后其效之所得，仁者之心也。此必因樊迟之失而告之。③

高宗认为，朱子之所解未及孔子告颜渊"克己复礼"语，因而不得要领。于是乾隆三十九年（1774）二月的仲春经筵，他就此阐发道：

> 问仁于孔子者多矣，而所对各有不同。然圣门以颜渊为高弟，孔子所对者，则曰克己复礼。以此知克己复礼，实为仁之最切最要，即所对樊迟者，亦岂外于是哉？盖先难者何？克己也。后获者何？复礼也。夫难莫难于克己。仁者天理也，私欲介于中，其能存天理者鲜矣。故《易》曰"大师克相遇"，必用大师之力，而后能克其私欲，以全天理。故《易》又曰：

---

① 朱熹：《论语集注》卷7，《宪问》，《四书章句集注》本，中华书局1983年版，第156、157页。
② 《清高宗实录》卷778，乾隆三十二年二月己亥条。
③ 朱熹：《论语集注》卷3，《雍也》，《四书章句集注》本，中华书局1983年版，第89、90页。

"颜氏之子，其殆庶几乎？有不善未尝不知，知之未尝复行也"；"不远复，无祗悔，元吉"，皆克己复礼之谓也。董仲舒正谊明道之论，略为近之。而朱子举以为不求后效，又以为警樊迟有先获之病，未尝申明告颜子之意，余故叙而论之。①

乾隆四十六年（1781）二月的仲春经筵，以讲《大学》"此之谓絜矩之道"一句为论题。朱子《大学章句》解"絜矩"云："絜，度也。矩，所以为方也。"又说："如不欲上之无礼于我，则必以此度下之心，而亦不敢以此无礼使之。不欲下之不忠于我，则必以此度上之心，而亦不敢以此不忠事之。至于前后左右，无不皆然。"② 朱子注分明已得的解，而清高宗却不以为然，他说：

> 曾子闻夫子一贯之心传，其告门人曰："夫子之道，忠恕而已矣。"故其释治国平天下，以为有絜矩之道。又申之以上下、前后、左右，有所以接之之境，处之之理，而曰"此之谓絜矩之道"。盖矩者境也，絜者理也。理也、境也，不外乎一心。境者，心之接；理者，心之处。中心之谓忠，处理之谓也；如心之谓恕，接境之谓也。一以贯之，岂更外于此乎？然非克己复礼，理境相融，其能与于此者鲜矣。仲弓问仁，而夫子示之以敬恕，此物此志也。③

乾隆五十四年（1789）二月的仲春经筵，高宗君臣两讲《论语》，为乾隆一朝历次经筵所仅见。所讲先为《述而篇》"子在齐闻《韶》，三月不知肉味，曰'不图为乐之至于斯也'"句；次为《八佾篇》"子谓《韶》尽美矣，又尽善也；谓《武》尽美矣，未尽善也"句。朱子《论语集注》，于《述而篇》句注云：

---

① 《清高宗实录》卷952，乾隆三十九年二月己丑条。
② 朱熹：《大学章句》第十章，《四书章句集注》本，中华书局1983年版，第10页。
③ 《清高宗实录》卷1124，乾隆四十六年二月己酉条。

《史记》"三月"上，有"学之"二字。不知肉味，盖心一于是而不及乎他也。日不意舜之作乐至于如此之美，则有以极其情文之备，而不觉其叹息之深也。盖非圣人不足以及此。①

于《八佾篇》句注云：

《韶》，舜乐。《武》，武王乐。美者，声容之盛。善者，美之实也。舜绍尧致治，武王伐纣救民，其功一也，故其乐皆尽美。然舜之德，性之也，又以揖逊而有天下。武王之德，反之也，又以征诛而得天下，故其实有不同者。②

而朱子答门人问《述而篇》句，还云："子闻《韶》音，学之三月，不知肉味。学之一节，不知如何。今正好看其忘肉味处，这里便见得圣人之乐如是之美，圣人之心如是之诚。"又曰："圣人闻《韶》，须是去学，不解得只恁休了。学之亦须数月方熟。三月，大约只是言其久，不是真个足头九十日，至九十一日便知肉味。"③

对于朱子的说解，清高宗贬抑为"未知乐，且未知夫子"，因之而概予否定。他先是说：

咸池六英，有其名而无其乐。非无乐也，无其言，故不传其乐耳。若夫舜之《韶》，则自垂千古。何以故？舜之言垂千古，则乐亦垂千古。夫子在齐，偶闻之耳。必曰在齐始有《韶》，夫子闻之之后而《韶》遂绝，是岂知乐者哉？司马迁增之以"学之"二字，朱子亦随而注之，则胥未知乐，且未知夫子矣。

继之又诋朱子注不得要领云：

夫子天纵之圣，何学而不能，而必于《韶》也，学之以三

① 朱熹：《论语集注》卷4，《述而》，《四书章句集注》本，中华书局1983年版，第96页。
② 朱熹：《论语集注》卷2，《八佾》，《四书章句集注》本，中华书局1983年版，第68页。
③ 黎靖德：《朱子语类》卷34，《子在齐闻韶章》，中华书局1986年版，第878页。

月而后能乎？盖三月为一季，第言其久耳。而朱子且申之以九十一日知味之说，反复论辩不已。吁，其去之益远矣。

最后则径讥朱子说解为"费辞"道：

> 夫乐者何？律声言志而已。无志则无言，无言则无声，无声必无律。依与永，则行乎其间而不具体者也。是则乐之本在乎志，知在乎志，则知舜之尽美善，而武之未尽善矣。何必费辞！①

在中国古代，经筵讲学为文治攸关，素为帝王所重。清承明制，顺治九年（1652）定，每年春秋仲月，各举经筵一次。其后，经康熙、雍正二朝，历时数十年不改，遂成一代定制。② 高宗即位，一如其父祖，崇儒重道，阐学尊经，因而于经筵讲学尤为重视。乾隆五年（1740）八月，仲秋经筵讲毕，高宗曾面谕经筵讲官曰：

> 经筵之设，原欲敷宣经旨，以献箴规。朕观近日所进讲章，其间颂扬之辞多，而箴规之义少，殊非责难陈善，君臣咨儆一堂之意。盖人君临御天下，勤政宁人，岂能毫无阙失？正赖以古证今，献可替否，庶收经筵进讲之益。③

乾隆二十五年（1760）正月，御史吉梦熊专折奏议经筵事宜，高宗就此重申：

> 讲官系朕简用大员，经筵讲章本应自行撰拟，期副献纳论思之义。乃故事相沿，竟有由翰林院循例属稿者。朕于讲官呈本时，尚为研讨折衷，著为经、书二论，务在自抒心得。而侍案敷陈者，顾以成言诵习，聊为塞责，可乎？该御史所奏，实

---

① 《清高宗实录》卷 1322，乾隆五十四年二月辛卯条。
② 《清会典事例》卷 308，礼部 19，《经筵》。
③ 《清高宗实录》卷 125，乾隆五年八月甲寅条。

为近理，嗣后将此明著为令。①

足见，在清高宗的心目之中，经筵讲学断非虚应故事。尽管诚如他之所见，"帝王之学与儒者终异"②，因而对于其经筵讲论，我们就不当如同学者论学般地去评判其是非。然而他在经筵讲坛上的讲论，实无异朝廷学术好尚的宣示。惟其如此，其影响又绝非任何学者之论学可以比拟。乾隆中叶以后，既然庙堂之上，一国之君屡屡立异朱子，辩难驳诘，那么朝野官民起而效尤，也就不足为奇了。这就叫做"上有所好，下必甚焉"。

三、从提倡理学到崇奖经学

在乾隆二十一年（1756）以后的经筵讲坛之上，清高宗何以会屡屡立异朱子，心裁别出？这是一个很值得去深入论究的问题。我想，如果从高宗即位，尤其是乾隆五年（1740）理学的提倡未见成效之后，其学术好尚所发生的变化来考察，或许能够寻觅出其间的线索来。

如何处理理学与经学的关系？这是入清以后，伴随社会的由乱而治，朝野共同关注的问题。在日趋高涨的以经学济理学之穷的声浪中，清廷于康熙后期的表彰朱子学，就已经显示了融理学于经学之中的发展趋势。所以，清圣祖既说："朱子注释群经，阐发道理，凡所著作及编纂之书，皆明白精确，归于大中至正。"③ 又说："治天下以人心风俗为本，欲正人心、厚风俗，必崇尚经学。"④ 他明确昭示子孙："帝王立政之要，必本经学。"提出了"以经学为治法"的一代家法。⑤

世宗当政，为时过短，崇尚经学的文化举措未及实施，即过早地去

---

① 《清高宗实录》卷 605，乾隆二十五年正月乙亥条。
② 《清高宗实录》卷 1106，乾隆四十五年五月戊子条。
③ 《清圣祖实录》卷 249，康熙五十一年正月丁巳条。
④ 《清圣祖实录》卷 258，康熙五十三年四月乙亥条。
⑤ 《清圣祖实录》卷 113，康熙二十二年十二月乙卯条。

世。高宗即位，凭借其父祖奠定的雄厚国基，他所获得的是一个承平安定的江山。经济的富庶，政局的安定，使他得以从容地去实践其父祖的未竟之志。

乾隆元年（1736）四月，高宗重申"首重经学"的一代家法，命广布圣祖时期官修诸经解，以经学考试生员。他说："圣祖仁皇帝四经之纂，实综自汉迄明，二千余年群儒之说而折其中，视前明《大全》之编，仅辑宋元讲解，未免肤杂者，相去悬殊。各省学臣，职在劝课实学，则莫要于宣扬圣教，以立士子之根底。"① 清高宗的谕旨表明，此时清廷所尊崇的经学，绝不仅仅限于宋元理学诸儒的解说，而是要由宋明而远溯汉唐，博采历代经师之长以"立士子之根底"。

乾隆二年（1737）三月，高宗命儒臣每日缮写经史奏疏进呈。三年（1738）十月，高宗号召天下士子"究心经学，以为明道经世之本"，指出："学问必有根底，方为实学。治一经必深一经之蕴，以此发为文辞，自然醇正典雅。若因陋就简，只记诵陈腐时文百余篇，以为弋取科名之具，则士之学已荒，而士之品已卑矣。"②

在清高宗的倡导之下，各地学政闻风而动。乾隆四年（1739）三月，先是陕西学政崇寿奏："请于《四书》经义外，摘录本经四五行，令生童作经义一段，定其优劣。童生中有能背诵五经，兼通讲贯者，量行取进。"③ 随后山东学政徐铎又奏："荐举优拔，贵乎通经致用。请嗣后报优，注明通晓何经，拔贡改试经解。"④ 同年六月，安徽学政郑江举荐的优生陶敬信，将所著《周礼正义》一书进呈。高宗以"其注解尚属平妥明顺"，颁谕嘉奖，"令其在三礼馆纂修上行走"。⑤

乾隆五年（1740），高宗虽颁谕提倡读宋儒书、研精理学，但无奈

① 《清高宗实录》卷17，乾隆元年四月辛卯条。
② 《清高宗实录》卷79，乾隆三年十月辛丑条。
③ 《清高宗实录》卷88，乾隆四年三月丁未条。
④ 《清高宗实录》卷88，乾隆四年三月己酉条。
⑤ 《清高宗实录》卷95，乾隆四年六月丙申条。

未著成效。廷臣中以理学而名噪一时者，无论是治朱子学的方苞，还是治陆王学的李绂，皆言不顾行，深令高宗失望。因此，高宗曾颁谕指斥方苞："假公济私，党同伐异，其不安静之痼习，到老不改。"① 又在批驳御史张湄奏疏时，言及"方苞造言生事、欺世盗名之恶习"。② 至于李绂，高宗认为，其品行不端，实与方苞为同类，他说："朕犹记方苞进见后，将朕欲用魏廷珍之意，传述于外，并于魏廷珍未经奉召之前，迁移住屋，以待其来京。此人所共知者。又李绂曾经召对，朕以君不密则失臣，臣不密则失身之义训谕之。伊称臣断不敢不密，但恐左右或有泄露耳。朕谕云，朕从来召见臣工，左右近地，曾无内侍一人，并无听闻，亦何从泄露。如此二人者，则皆此类也。"③ 而对以理学为门面的湖北巡抚晏斯盛，清高宗则径斥之为"其人乃一假道学者流"。④

　　一方面是理学的不振和对理学诸臣的失望，另一方面是经学稽古之风的方兴未艾，二者交互作用的结果，遂成清高宗的专意崇奖经学。乾隆十年（1745）四月，高宗策试天下贡士于太和殿，指出："夫政事与学问非二途，稽古与通今乃一致。"他昭示天下士子："将欲为良臣，舍穷经无他术。"⑤ 乾隆十二年（1747）三月，清廷重刻《十三经注疏》成，高宗特为撰序刊行，向学术界发出"笃志研经，敦崇实学"的号召。他说：

　　　　我朝列祖相承，右文稽古。皇祖圣祖仁皇帝，研精至道，尊崇圣学，五经具有成书，颁布海内。朕披览《十三经注疏》，念其岁月经久，梨枣日就漫漶，爰敕词臣，重加校正。其于经文误字，以及传注笺疏之未协者，参互以求其是，各为考证，附于卷后，不紊旧观。刊成善本，匪徒备金匮石室之藏而已。《书》曰"学于古训乃有获"；《传》曰"经籍者圣哲之能事，

① 《清高宗实录》卷 92，乾隆四年五月戊午条。
② 《清高宗实录》卷 98，乾隆四年八月丙子条。
③ 《清高宗实录》卷 139，乾隆六年三月甲申条。
④ 《清高宗实录》卷 189，乾隆八年四月癸丑条。
⑤ 《清高宗实录》卷 239，乾隆十年四月戊辰条。

其教有适，其用无穷"。……继自今津逮既正，于以穷道德之闳奥，嘉与海内学者，笃志研经，敦崇实学。庶几经义明而儒术正，儒术正而人才昌。①

经过高宗初政十余年的努力，众山朝宗，百川归海，遂汇为荐举经学的旷典。乾隆十四年（1749）十一月，高宗就此颁谕，令内外大臣荐举潜心经学之士。他说：

> 圣贤之学，行本也，文末也。而文之中，经术其根柢也，词章其枝叶也。翰林以文学侍从，近年来，因朕每试以诗赋，颇致力于词章，而求其沉酣六籍，含英咀华，究经训之闳奥者，不少概见。岂笃志正学者鲜与？抑有其人而未之闻与？夫穷经不如敦行，然知务本，则于躬行为近。崇尚经术，良有关于世道人心。有若故侍郎蔡闻之、宗人府府丞任启运，研穷经术，敦朴可嘉。近者侍郎沈德潜，学有本源，虽未可遽目为巨儒，收明经致用之效，而视觯祭为工，剪彩为丽者，迥不侔矣。今海宇升平，学士大夫举得捃研本业，其穷年矻矻，宗仰儒先者，当不乏人。奈何令终老牖下，而词苑中寡经术士也。

于是高宗下令：

> 内大学士、九卿，外督抚，其公举所知，不拘进士、举人、诸生，以及退休闲废人员，能潜心经学者，慎重遴访。务择老成敦厚，纯朴淹通之士以应，精选勿滥，称朕意焉。②

高宗谕下，廷臣纷然响应，不过短短一月，举荐人员之众，已远出高宗意料之外。因此，高宗再颁谕旨："此番大学士、九卿所举，为数亦觉过多。果有如许淹通经学之士，一时应选，则亦无烦特诏旁求矣。"③

---

① 《清高宗实录》卷286，乾隆十二年三月丙申条。
② 《清高宗实录》卷352，乾隆十四年十一月己酉条。
③ 《清高宗实录》卷355，乾隆十四年十二月辛卯条。

乾隆十五年（1750）十二月，吏部遵旨核定内外大臣举荐之经学诸儒四十九名，检出不合格者八人。保举失当诸臣，皆因之而被罚俸九月。①

　　乾隆十六年（1751）正月，清高宗首次南巡。此时的江南，领四方学术风气之先，穷经考古，汉学复彰。正是有感于江南经学稽古之风的浓厚，高宗返京，遂在五月于太和殿策试天下贡士时，改变了一年前的估计，欣然宣称："经术昌明，无过今日。"② 之后，虽经严格审核，最终为高宗选定的经学名儒仅得陈祖范、吴鼎、梁锡玙、顾栋高四人，但此次举荐经学，影响则非同一般。正如当时列名荐牍的江南经师惠栋所言："历代选举，朝廷亲试，不涉有司者，谓之制科，又谓之大科。国家两举制科，犹是词章之选，近乃专及经术，此汉魏六朝、唐宋以来，所未行之旷典。栋何人斯，猥膺是举？"③

　　至此，清高宗以其举荐经学的重大举措，纳理学、词章于经学之中，既顺应了康熙中叶以后兴复古学的学术演进趋势，又完成了其父祖融理学于经学之中的夙愿，从而确立了崇奖经学的文化格局。

　　值得指出的是，清高宗确立崇奖经学格局的过程，也正是他将专制皇权空前强化的过程。高宗初政，鉴于其父为政的苛核寡恩，倡导广开言路，政尚宽大。然而曾几何时，宽松政局已成过眼云烟。乾隆八年（1743）二月，翰林院编修杭世骏试时务策，因议及"内满而外汉"的时弊，惹怒高宗，竟遭革职。④ 以之为肇始，从乾隆十六年（1751）八月至二十一年（1756）正月，高宗大张文网，以对伪撰孙嘉淦奏稿案、王肇基献诗案、杨炯昭著书案、刘震宇《治平新策》案、胡中藻《坚磨生诗钞》案、朱思藻辑《四书》成语案等的穷究和严惩，宣告了宽大为政的终结和文化桎梏的形成。正是在这样一个背景之下，清高宗选择崇奖经学、立异朱子的方式，把学术界导向穷经考古的狭路之中。

---

① 《清高宗实录》卷379，乾隆十五年十二月己丑条。
② 《清高宗实录》卷388，乾隆十六年五月丙午条。
③ 惠栋：《松崖文钞》卷1，《上制军尹元长先生书》，《聚学轩丛书》本。
④ 《清高宗实录》卷184，乾隆八年二月癸巳条。

第二节 《四库全书》的编纂

乾隆间《四库全书》的编纂，是清中叶朝廷的一项重大文化举措。自乾隆三十八年（1773）二月开馆修书，迄于四十九年（1784）十一月内廷四阁庋藏诸本缮竣，历时十余年之久。倘若再加上江南三阁藏本的续缮，以及内外七份《四库全书》的撤改、复校，则已绵延至高宗退位。《四库全书》汇我国历代典籍于一堂，经史子集，包罗万象，其卷帙之浩繁，内容之广博，不惟远远超过康熙、雍正间的《古今图书集成》，而且亦掩唐宋以来《艺文类聚》、《北堂书钞》、《太平御览》、《册府元龟》、《永乐大典》诸类书而上，成为中国古代一部规模最为宏大的丛书。我们说清代学术文化以对中国数千年学术文化的全面总结和整理为特征，《四库全书》的编纂，则是此一历史特征的集中反映。

一、编纂缘起

《四库全书》的编纂，不是一个偶然的文化现象。一方面，它有康熙、雍正以来，日趋强盛的国力所提供的安定社会环境和富庶物质条件作基础；另一方面，明清之际的社会大动荡所酿成的学术变迁，尤其是自康熙中叶发端的全面总结整理古代学术的风气，则是其深厚的学术渊源。就其直接的学术文化背景而论，《四库全书》之登上历史舞台，主要有以下几个方面的缘由。

（一）《古今图书集成》的编纂

康熙中叶以后，大规模的军事对抗结束，清廷统治趋于巩固。随着经济的复苏和发展，图书编纂提上文化建设日程，比肩接踵，蓬勃展开。乾隆以前，清廷最为浩大的图书编纂便是《古今图书集成》。

《古今图书集成》的编纂，始于康熙三十九年（1700），领衔纂修者为诚亲王胤祉。胤祉系圣祖第三子，步趋乃父，雅好治学，宫中图籍编纂，多奉敕主持。一时俊彦，仕宦颠踬，每多投其门下，沉潜图籍，谈艺论学，宾主甚得其乐。在前若陈梦雷、杨文言，在后若方苞等，皆属其中之出类拔萃者。《古今图书集成》的纂辑，即得力于陈梦雷。

陈梦雷（1650—1724?），字则震，号省斋，福建福州人。康熙九年进士，以庶吉士入翰林院供职。康熙十二年冬，告假返乡省亲。适值吴三桂倡乱滇中，耿精忠在福州举起叛旗，遥相呼应。十三年夏，梦雷与南旋同僚李光地在福州商议，决意里应外合，陈出任耿氏政权翰林院职，"阴合死士以待不时之应"，李则"遁迹深山，间道通信"，以"稍慰至尊南顾之忧"。[①] 此后，二人依议而行，李光地于十四年五月遣人上《蜡丸疏》，向清廷献攻取福建策。十六年，光地因此而特迁侍读学士。乱平，陈梦雷则由于《蜡丸疏》中未曾具名，李光地又拒不澄清真相，终以从逆罪而被流放关外。时在康熙二十一年。三十七年，圣祖东巡，惜梦雷才学而赦其回京，留诚亲王邸，助其修书。于是而有了三十九年《古今图书集成》的编纂。

《古今图书集成》初名《文献汇编》，系沿历代诸类书规制，分类排纂群籍而成。康熙四十五年四月，书稿粗得眉目。圣祖以未为尽善，赐名《古今图书集成》，命重加编校。惟校刊未竣而圣祖即告逝世。世宗继位，残酷打击争夺储位诸兄弟。作为对其兄胤祉的警告，世宗得政伊始，即于康熙六十一年十二月颁谕，将协助胤祉修书的陈梦雷逐出京城，流放关外。据称："陈梦雷原系叛附耿精忠之人，皇考宽仁免戮，发往关东。后东巡时，以其平日稍知学问，带回京师，交诚亲王处行走。累年以来，招摇无忌，不法甚多，京师断不可留。著将陈梦雷父子发遣边外。或有陈梦雷之门生，平日在外生事者，亦即指名陈奏。"校刊未竣的《古今图书集成》，所幸未随陈氏被逐而罹厄。世宗责成儒臣续事纂辑，他说："陈梦雷处所存《古今图书集成》一书，皆皇考指示训诲，钦定条例，费数十年圣心。故能贯穿今古，汇合经史、天文、地

———————————————————

① 陈梦雷：《松鹤山房文集》卷5，《与李厚庵绝交书》。

理，皆有图记，下至山川草木，百工制造，海西秘法，靡不备具，洵为典籍之大观。此书工犹未竣，著九卿公举一二学问渊通之人，令其编辑竣事。原稿内有讹错未当者，即加润色增删，仰副皇考稽古博览至意。"①

此后，再经儒臣蒋廷锡等续事纂修，终于雍正四年（1726）蒇事印刷。该书当时以铜活字共刷印六十四部，据《雍正起居注》载，此六十四部书中，十九部为棉纸书，最为珍贵，另四十五部为竹纸书。棉纸书除庋藏内廷以供御览之外，其余则赏赐亲近重臣。《古今图书集成》卷帙浩繁，多达一万卷，凡分历象、方舆、明伦、博物、理学和经济六编，计有乾象、坤舆、皇极、艺术、经籍、选举等三十二典、六千一百零九部。每部之中，又有汇考、总论、图表、列传、艺文、选句、纪事、外编、杂录等目。经史子集，包罗万有，实为继明初《永乐大典》之后，集古今图籍于一堂的大型类书。清代之总结、整理古代文化，于此书已初见规模。

（二）清代初叶的丛书编纂

依既定体例，汇集群书为一编，原书卷帙首尾如故，是为丛书。前哲时贤之论我国书史，于丛书辑刻，多推祖于南宋俞鼎孙、俞经的《儒学警悟》和左圭的《百川学海》，以及元人陶宗仪氏的《说郛》。然而由宋迄明，丛书的编纂，无论门类，还是规模，皆不及清代之盛。就一代丛书辑刻言，《四库全书》固是一个高峰，承先启后，其功至伟，而风气之开，实得益于清初纂辑丛书的众多文化人。

清初之辑刻丛书，承明季遗风而来，当以康熙间曹溶辑《学海类编》和汪士汉辑《秘书二十一种》为倡始之作。曹溶（1613—1685），字洁躬，一字鉴躬，号秋岳，浙江嘉兴人。明崇祯十年（1637）进士，官御史。入清，以原职官至户部侍郎。康熙初，裁缺归里。康熙十七

---

① 《清世宗实录》卷2，康熙六十一年十二月壬戌条。

年，诏举鸿博，丁忧未赴。其后，学士徐元文荐溶佐修《明史》，未得成行而故世。所辑《学海类编》四百四十一种、八百一十卷，凡分四部，以类相从，一为经翼，二为史参，三为子类，四为集余。溶本文士，素以文词见称，故书中集余一类，辑书最多，共有行谊、事功、文词、记述、考据、艺能、保摄、游览等八类。曹氏倡始，其工未竣，后得其门人陶越增订而成。惟曹、陶二氏所辑，于两家生前皆未及刊行，直到道光十一年（1831），始得以木活字排印问世。汪士汉，康熙间学者，生卒年不详。字隐侯，安徽婺源（今属江西）人，履历未详。所辑《秘书二十一种》，书如其名，皆一时罕见之唐宋以前古籍。康熙七年初刊。乾隆初，汪氏后人重刊，婺源大儒江永有序云："隐侯汪先生，尝取汲冢以下二十一种书，校而梓之，命曰秘书。书久风行，版寖蠹漫，其孙勋暨弟谟等，复新之以承先志，令天下好古者共秘而传焉。隐侯先生有书癖，多著述，此集犹其一隅云。"①

风气既开，《通志堂经解》、《檀几丛书》、《昭代丛书》、《楝亭藏书》、《闉丘辩囿》、《说铃》等，相继以出，风行一时。迄于乾隆中，《雅雨堂丛书》、《经义考》（补刻本）、《经学五书》等，接踵问世，丛书编纂空前发皇，终成《四库全书》大观。

（三）"儒藏"主张的提出

重视图书的编纂庋藏，这是中国古代的一个好传统。然而迭经兵燹水火，典籍损毁，聚而复散，亦是历代官私藏书所无从解决的一大难题。明清之际，受佛、道二教汇刻经籍而名之为"藏"的启示，福建侯官（今福州市）学者曹学佺率先提出修"儒藏"的主张。他喟叹："二氏有藏，吾儒何独无！"于是"采撷四库书，因类分辑"，"欲修儒藏与鼎立"。② 为此，曹氏历时十余年，沉潜书海之中，虽因明亡而中辍，直至以身殉节，赍志而殁，但"儒藏"主张的影响则长留天地。乾隆

① 江永：《秘书二十一种序》，转引自《丛书集成初编目录》，中华书局1983年版。
② 《明史》卷288，《曹学佺传》。

初，山东历城（今属济南）学者周永年承学侄未竟之志，再倡"儒藏"说。他认为："自汉以来，购书藏书，其说綦详，官私之藏，著录亦不为不多。然未有久而不散者，则以藏之一地，不能藏于天下；藏之一时，不能藏于万世也。"因此，周永年呼吁学术界"共肩斯任"，聚四方儒者之书，"毕入于藏，使天下共守之"。在他看来，"儒藏之成，可以变天下无用之学为有用之学"，"则专门之学亦必多于往日"。儒藏既立，周永年主张一式数份，分置四方。他说："果使千里之内，有儒藏数处，而异敏之士，或裹粮而至，或假馆以读，数年之间，可以略窥古人之大全。其才之成也，岂不事半而功倍哉！"为便于天下士子检索儒藏，周永年还主张集"先儒读书之法"于卷首，"经义治事，各示以不可紊之序，不可缺之功"。他认为这样一来，"凡欲读藏者，既以此编为师，斯涉海有航，无远弗届。而书籍灿陈，且如淮阴之用兵，多多益善矣，又何患其泛滥而无归哉！"① 从曹学佺到周永年，"儒藏"构想的具体化，便为《四库全书》的开馆唱了先声。

（四）清廷的诏征遗书

访求天下遗书，充实内府庋藏，在中国古代，凡升平治世莫不皆然。凭借清初诸帝开创的雄厚基业，高宗即位伊始，便以昌明文治的英主形象出现在历史舞台上。

乾隆六年初，高宗颁谕各直省督抚、学政，责成访求天下遗书。据云："从古右文之治，务访遗编。目今内府藏书，已称大备。但近世以来，著述日繁，如元明诸贤，以及国朝儒学，研究六经，阐明性理，潜心正学，纯粹无疵者，当不乏人。虽业在名山，而未登天府。著直省督抚、学政，留心采访，不拘刻本、抄本，随时进呈，以广石渠、天禄之储。"② 十四年十一月，高宗复谕荐举潜心经学之士，拟议开经学特科。翌年初，御史王应绥因之奏请征集经学耆儒遗书。据称："伏思草茅下

---

① 周永年：《儒藏说》，载《松邻丛书》甲编。
② 《清高宗实录》卷134，乾隆六年正月庚午条。

士，皓首穷经，人往而书始出，岁久而学乃传，曾不得与今日应选之士同邀荣遇，可为深惜。请敕下内外大臣，细加搜访，上其遗书。果能斟酌群言，阐明奥旨者，量与旌奖。其书藏诸秘府，以为绩学之劝。"疏入，迅速得到议政诸大学士的赞成和清高宗的批准，同意"应如所请，令直省各衙门陆续采访进呈"。①

乾隆三十七年初，高宗再度颁诏求书，宣称："朕稽古右文，聿资治理，几余典学，日有孜孜。因思策府缥缃，载籍极博，其巨者羽翼经训，垂范方来，固足称千秋法鉴。即在识小之徒，专门撰述，细及名物象数，兼综条贯，各自成家，亦莫不有所发明，可为游艺养心之一助。……今内府藏书，插架不为不富，然古今来著作之手，无虑数千百家，或逸在名山，未登柱史。正宜及时采集，汇送京师，以彰千古同文之盛。……但各省收集之书，卷帙必多，若不加之鉴别，悉令呈送，烦复皆所不免。"因此，高宗责成各省督抚："先将各书叙列目录，注系某朝某人所著，书中要指何在，简明开载，具折奏闻。候汇齐后，令廷臣检核，有堪备阅者，再开单行知取进。庶几副在石渠，用储乙览。从此四库七略，益昭美备，称朕意焉。"② 如果说清高宗之前的历次求书，宣传粉饰的成分要大于实际效果的讲求，那么三十七年的颁诏求书，则是雷厉风行，不可敷衍。正是此次征书之诏，引出安徽学政朱筠辑校《永乐大典》的建议，从而成为编纂《四库全书》的直接先导。

（五）辑校《永乐大典》的建议

乾隆三十七年正月，清高宗征求遗书之诏初颁，各地官员一如既往，应者寥寥。历时十个月，竟无一人将有关图书目录奏上。对此，高宗恼怒异常，他复申前谕，严敕各省督抚、学政："恪遵前旨，饬催所属，速行设法访求，无论刊本、抄本，一一汇收备采。俟卷帙所积稍

① 《清高宗实录》卷359，乾隆十五年二月辛丑条。
② 《清高宗实录》卷900，乾隆三十七年正月庚子条。

充，即开具目录，附折奏明，听候甄择移取。仍将现在作何办定章程，及有无购得若干部之处，先行据实奏复。"① 令下，安徽学政朱筠率先响应，继十一月二十五日奏振访求遗书情况之后，再上《谨陈管见开馆校书折子》。其中，朱筠就图书征集、著录、校雠诸事提出了四条建议。第一，"旧本抄本，尤当急搜"；第二，"中秘书籍，当标举现有者以补其遗"；第三，"著录、校雠，当并重"；第四，"金石之刻，图谱之学，在所必录"。上述四条建议，尤以第二条中所谈《永乐大典》辑校，影响最大。朱筠说："臣在翰林，常翻阅前明《永乐大典》，其书编次少伦，或分割诸书以从其类。然古书之全而世不恒觏者，辄具在焉。臣请敕择取其中古书完者若干部，分别缮写，各自为书，以备著录。书亡复存，艺林幸甚。"②

朱筠辑校《永乐大典》的建议，在廷臣中引起强烈反响。后经议政诸大学士激烈争论，最终获得采纳，报请高宗准予施行。乾隆三十八年二月初六日，高宗颁谕："著即派军机大臣为总裁官，仍于翰林等官内选定员数，责令及时司查校。将原书详细检阅，并将《图书集成》互为校核，择其未经采录，而实在流传已少，尚可裒缀成编者，先行摘开目录奏闻，候朕裁定。"③ 二月十二日，清廷增派王际华、裘曰修为总裁官，开馆辑校《永乐大典》，高宗决定 "将来办理成编时，著名《四库全书》。"④ 至此，以朱筠辑校《永乐大典》的建议为契机，清廷的大规模征书之举，遂演为《四库全书》的开馆纂修。

二、成书与庋藏

《四库全书》自乾隆三十八年二月开馆编纂，至四十六年十二月文

① 《清高宗实录》卷919，乾隆三十七年十月戊寅条。
② 朱筠：《笥河文集》卷1，《谨陈管见开馆校书折子》。
③ 《清高宗实录》卷926，乾隆三十八年二月乙丑条。
④ 《清高宗实录》卷926，乾隆三十八年二月庚午条。

渊阁藏本缮竣，迄翌年七月，总裁永瑢等奉《告成表》进献高宗，一般说来，即可视为编纂蒇事。

《四库全书》馆规模庞大，据开馆之初规定，一应官员等额设四百名，后竟累增至二三千人之多。乾隆四十七年七月十九日，主事者所开具在事诸臣职名，凡有正、副总裁、总阅、总纂、总校，以及分校、提调、协勘、收掌、督催、监造诸官，多达三百六十人。而据郭伯恭先生著《四库全书纂修考》统计，誊录诸员，人数众多，几近职官额数之十倍。① 当然，总裁、副总裁中，除于敏中、王际华、金简等少数官员外，诸多郡王、显宦，乃徒具虚名，实际主持纂修事宜者，应为总纂官纪昀、陆锡熊，总阅官陆费墀。而以下任事诸官，诸如《永乐大典》纂修兼分校官戴震、周永年、邵晋涵，总目协勘官任大椿、程晋芳，校办各省送到遗书纂修官朱筠、翁方刚、姚鼐，缮书处分校官金榜、孙希旦、洪梧、赵怀玉，篆隶分校官王念孙等，则多一时学术界俊杰。学有专攻，人才济济，于《四库全书》纂成皆有卓著劳绩。

《四库全书》卷帙浩繁，所著录之书，依经、史、子、集四部，区分类聚，共三千四百余种，七万九千余卷。而未予著录仅存书名于总目者，则多达六千七百余种，计九万三千余卷。倘若再加上以各种原因而汰除不存的书籍，就更仆难数了。如此众多的书籍，从四面八方汇聚于《四库全书》馆中，确乎并非易事。就其来源而论，主要可以分为如下三大渠道：

第一，皇史宬庋藏《永乐大典》。《永乐大典》为我国古代一大类书，辑成于明初永乐六年（1408）。全书计正文二万二千八百七十七卷，凡例、目录六十卷，分装一万一千零九十五册。嘉靖、隆庆间，为备不测，过录副本一部，正本藏文渊阁，副本庋皇史宬。研究者一般认为，明亡，正本已毁于战火。入清，副本局贮于蛛网尘封之中，保管未善，亦有散佚。康熙间，徐乾学等儒臣屡有建议，主张将旧贮重加编校，惜清廷未下决心，终未如愿。雍正九年，《圣祖实录》纂修蒇事，为觅庋

---

① 参阅郭伯恭：《四库全书纂修考》，《民国丛书》本。

藏处所，皇史宬官员清理藏书，始出《永乐大典》于尘埃之中，改而移贮翰林院。时值工部侍郎李绂罢职修书，每每将《永乐大典》借出。浙东学者全祖望游学京城，寄居李绂寓庐，而得抄录其中之罕见古籍。事后，全祖望还专就此举撰为《抄永乐大典记》，喟叹《永乐大典》一书，"取精多而用物宏，不可谓非宇宙间之鸿宝也"。①

乾隆初，方苞主持《三礼义疏》纂修事宜，李绂、全祖望皆向方氏建议辑录《永乐大典》中的相关文字。李绂在致方苞的信中写道："宋元以前解经之书，自科举俗学既行，其书置之无用，渐就销亡。如荆公《周礼义》，徐健庵先生悬千金购之而不可得。现在尚存十之二三者，惟《永乐大典》一书。此书现存翰林院，尽可采用。……择其精义，集为成书，岂不胜于购求世俗讲章之一无可采者哉！其事简，其功大，敢以此为礼局献焉。"②

《四库全书》开馆，辑校《永乐大典》为首要工作，故馆中诸臣亦以致力于此事者为多。据任松如先生撰《四库全书答问》统计，修书十年，先后从《永乐大典》中辑出图书二百八十二种，计四千九百二十六卷，分置经、史、子、集四部之中。其中，诸如邵晋涵辑薛居正《旧五代史》、戴震辑《五曹算经》等古算书，皆为久已亡佚之善本。

第二，内府图书。清初诸帝，一仍明代规制，于紫禁城及帝王游憩苑囿，多置图书，以供披览。诸如皇史宬、懋勤殿、摛藻宫、昭仁殿、武英殿、内阁大库、含经堂等，或弆藏历代所传珍本秘籍，或存置清初诸帝敕撰诸书。此类图书，统称内府本。此外，《四库全书》开馆后，奉高宗谕令陆续编纂各书，诸如《明臣奏议》、《历代职官表》、《武英殿聚珍版程式》、《开国方略》、《满洲源流考》等，亦属此类。

第三，各地进呈本。自《四库全书》开馆，各省督抚、学政，征访遗书，续有进呈，各地藏书家迫于压力，亦纷纷献出弆藏秘籍；加以坊

---

① 全祖望：《鲒埼亭集外编》卷 17，《抄永乐大典记》。
② 李绂：《穆堂初稿》卷 43，《答方阆学司三礼书目》。

肆通行诸书的采集，统称各地进呈本。此类图书，数量最大，总计不下一万二千余种。其中，江苏、浙江不愧人文渊薮，所进呈图书分别以四千余种而高居各省之首。至于私人献书，亦以江浙二省为多。扬州盐商马裕，素以藏书世家闻名，先后献书七百余种。浙江藏书大家鲍士恭、范懋柱，献书亦各在六百种以上。著录于《四库全书》者，以此类图书居多。馆中诸臣对于此类图书，甄别、校核、撰写提要，亦费力最勤。

对于汇集《四库全书》馆的上述各类图书，取舍存汰，清廷皆有严格的厘定标准。还在征书之初，清高宗即就集书范围昭示内外大员："坊肆所售举业时文，及民间无用之族谱、尺牍、屏幛、寿言等类；又其人本无实学，不过嫁名驰骛，编刻酬唱诗文，琐碎无当者，均无庸采取。"① 辑校《永乐大典》伊始，他再度明确规定："本系现在通行，及虽属古书而词意无关典要者，亦不必再行采录。"同时又指出："其有实在流传已少，其书足资启牖后学、广益多闻者，即将书名摘出，撮取著书大指，叙列目录进呈，候朕裁定，汇付剞劂。其中有书无可采，而其名未可尽没者，只须注出简明略节，以佐流传考订之用，不必将全部付梓，副朕裨补阙遗，嘉惠士林至意。"②

至乾隆三十九年八月，清廷厘定图书的标准出现重大变化，即查禁违碍书籍，销毁焚版。是年八月五日，清高宗就此颁谕军机大臣等："各省进到书籍，不下万余种，并不见奏及稍有忌讳之书。岂有裒集如许遗书，竟无一违碍字迹之理！况明季末造，野史者甚多，其间毁誉任意，传闻异词，必有抵触本朝之语。正当及此一番查办，尽行销毁，杜遏邪言，以正人心而厚风俗。"③

《四库全书》开馆后，主事诸臣即本清廷旨意，拟订条例，除将大量的所谓"违碍"书籍肆意禁毁之外，其余诸书则以应刻、应抄、存目

---

① 《清高宗实录》卷900，乾隆三十七年正月庚子条。
② 《清高宗实录》卷926，乾隆三十八年二月庚午条。
③ 《清高宗实录》卷964，乾隆三十九年八月丙戌条。

三类分别加以处理。其中应刻诸书，除用武英殿聚珍版刷印外，与应抄各书一并依《永乐大典》之例，概行抄录正本，俱入《四库全书》，是为著录之书。而仅存书名于总目者，则称存目之书。凡著录之书，自乾隆三十八年三月起，即依清高宗谕，一式四份，陆续送缮书处誊录。乾隆四十六年十二月六日，第一份《四库全书》缮竣。翌年十一月二十八日，第二份藏事。四十八年冬，第三份续成。迄于四十九年十一月二十二日，四份藏书皆告完成。

《四库全书》的庋藏，有内廷四阁与江南三阁之分。内廷四阁，为紫禁城文华殿后文渊阁，京西圆明园内文源阁，承德避暑山庄文津阁，沈阳盛京兴王之地文溯阁。江南三阁，为扬州大观堂文汇阁，镇江金山寺文宗阁，杭州西子湖畔文澜阁。乾隆四十七年春，第一份《四库全书》率先送藏文渊阁。翌年五月，文溯阁藏书井然上架。迄于五十年春，文源、文津二阁《四库全书》奉藏入库。

在第一份《四库全书》缮竣入藏之后，乾隆四十七年七月，高宗下令续缮三份，分藏江南文汇、文宗、文澜三阁。据称："朕稽古右文，究心典籍，近年命儒臣编辑《四库全书》，特建文渊、文溯、文源、文津四阁，以资藏庋。现在缮写头份告竣，其二、三、四份，限于六年内，按期藏事。所以嘉惠艺林，垂示万世，典至巨也。因思江浙为人文渊薮，朕翠华临莅，士子涵濡教泽，乐育渐摩，已非一日。其间力学好古之士，愿读中秘书者，自不乏人。兹《四库全书》，允宜广布流传，以光文治。如扬州大观堂之文汇阁，镇江金山寺之文宗阁，杭州圣因寺行宫之文澜阁，皆有藏书之所。著交《四库全书》馆，再缮写《四库全书》三份，安置各该处。俾江浙士子，得以就近观摩誊录，用昭我国家藏书美富，教思无穷之盛轨。"[1]

自乾隆四十九年起，三份《四库全书》陆续颁发江南。其间，因高宗于书内发现李清《诸史同异录》有"妄诞不经"语，下令复校诸阁藏

[1] 《清高宗实录》卷1160，乾隆四十七年四月甲辰条。

本，颁发工作一度中断。直到五十五年六月，复校事宜结束，始恢复发送。三阁藏书运抵江浙，地方当局延请饱学之士再加校勘。迄于乾隆末，此项工作仍在进行。扬州著名学者汪中，先后应聘校理文宗、文澜二阁《四库全书》，即于乾隆五十九年卒于杭州西子湖畔校书客寓。

七份《四库全书》，在尔后的世事变迁中，亦历尽沧桑。咸丰三年（1853），文宗、文汇二阁藏书最先罹难，毁于太平军战火。六年之后，英法侵略军蹂躏北京，文源阁藏书随圆明园化为灰烬。二百余年过去，幸存的四份《四库全书》，除文澜阁本仍藏杭州浙江省图书馆外，其余三份皆移贮他所。文津阁本庋藏于北京图书馆，文溯阁本西迁兰州甘肃省图书馆，文渊阁本则已渡海存放台北故宫博物院。

三、《四库全书总目》的编纂

中国古代学术，有讲究"辨章学术，考镜源流"的好传统。自西汉末刘向、刘歆父子校录中秘藏书，条其篇目，撮其指意，撰为《别录》、《七略》，历代相承，愈阐愈密，从而在众多的学术门类中形成了专门的目录学分支。《四库全书》博收群籍，充栋连楹，为求区分类聚，部次秩然，同样有一个目录学问题。还在清廷大规模征书之初，高宗即责成各省督抚"先将各书叙列目录，注系某朝某人所著，书中要旨何在，简明开载，具折奏闻"。① 安徽学政朱筠的"开馆校书"奏折，关于编纂大型书目的建议就提得更其具体。他说："著录、校雠，当并重也。前代校书之官，如汉之白虎观、天禄阁，集诸儒校论异同。及杀青，唐宋集贤校理，官选其人。以是刘向、刘知几、曾巩等，并著专门之业。历代若《七略》、《集贤书目》、《崇文总目》，其书具有师法。臣请皇上诏下儒臣，分任校书之选，或依《七略》，或准四部，每一书上，必校其得失，撮举大旨，叙于本书首卷，并以进呈，恭俟乙夜之披览。"② 《四

---

① 《清高宗实录》卷900，乾隆三十七年正月庚子条。
② 朱筠：《笥河文集》卷1，《谨陈管见开馆校书折子》。

库全书》开馆，几经斟酌，主事诸臣终于逐步采纳朱筠建议，于乾隆三十八年三月疏请高宗批准，将《四库全书总目》的编纂提上议事日程。

根据编纂条例，凡自《永乐大典》辑出各书及之后应刻、应抄、存目诸书，各纂修当事者皆须先撰本书提要一篇，列于卷首。然后汇送总纂官处，再加校勘、增删、润饰。乾隆三十九年七月，《四库全书总目》之先成部分送呈清高宗审阅。高宗阅后，一改先前对编纂《四库全书总目》"未免过于繁冗"的疑虑①，明确肯定道："《四库全书》处进呈《总目》，于经史子集内，分析应刻、应抄及应存书名三项，各条俱经撰有提要，将一书原委撮举大凡，并详著书人世次、爵里，可以一览了然。较之《崇文总目》，搜罗既广，体例加详，自应如此办理。"② 同时，鉴于"现办《四库全书总目》，提要多至万余种，卷帙甚繁，将来抄刻成书，翻阅已颇为不易"。清高宗谕令："于《提要》之外，另列《简明书目》一编，只载某书若干卷，注某朝某人撰。则篇目不繁而检查较易，俾学者由《书目》而寻《提要》，由《提要》而得全书。"③

乾隆四十六年二月，《四库全书总目》二百卷编就，送呈高宗。由于高宗对编纂体例提出异议，认为："请于经史子集各部冠以圣义、圣谟等六门，恭载列圣钦定诸书，及朕御制、御批各种，所拟殊属梦繁。"又说："《总目》特载朕前后修书谕旨，及御题四库诸书诗文为卷首，所办未为尽协。"于是他责成馆臣将所呈《四库全书总目》加以删改，谕令："所有《四库全书》经史子集各部，俱照各按撰述人代先后，依次编纂。至我朝钦定各书，仍各按门目，分冠本朝著录诸家之上。"④

历时年余，至乾隆四十七年七月，《四库全书总目》改定稿再度进呈。高宗认可，谕令缮写四份，于内廷四阁陈设。后因复校、撤改，节外生枝，缮写事宜久拖未竣。迟至乾隆六十年，《四库全书总目》始告

---

① 《清高宗实录》卷926，乾隆三十八年二月乙丑条。
② 《清高宗实录》卷963，乾隆三十九年七月二十五日。
③ 《清高宗实录》卷963，乾隆三十九年七月丙子条。
④ 《四库全书总目》卷首，乾隆四十六年二月十五日上谕。

最终定稿刊刻，而当日的总纂官之一陆锡熊，已然作古。书成，除分度内廷四阁及宫禁、御苑之外，还集工刷印，发交京城各书坊销售。而《简明书目》二十卷，于乾隆四十七年一并进呈后，其抄本则由馆臣赵怀玉南旋携归，于四十九年在杭州先期刊刻。

与《四库全书总目》一并编纂刊行者，还有王太岳等奉敕撰《四库全书考证》一百卷。该书亦依四部区分，详述著录诸书的校勘情况，具有重要的校勘学价值。

《四库全书总目》之编纂成功，固属集体劳作的业绩，而总纂官纪昀始终其事，用力最勤，实为全书之集大成者。

纪昀（1724—1805），字晓岚，一字春帆，晚号石云，河北献县人。乾隆十九年进士，入翰林院为庶吉士。二十二年，官编修，后累任至侍读学士。乾隆三十三年，因两淮盐运使卢见曾案牵连，遣戍新疆。三十五年冬，奉谕释还。翌年，再入翰林院，复任编修。三十八年春，《四库全书》开馆纂修，出任纂修官。此后十余年间，纪昀历经升迁，官至礼部尚书、协办大学士，而于《四库全书》及其《总目》，皆以总纂官而殚精竭虑。

纪昀一生，以博学名世，而其精力所萃，尤在《四库全书总目》。他曾有自述云："余于癸巳（乾隆三十八年——引者）受诏校秘书，殚十年之力，始勒为《总目》二百卷，进呈乙览。"① 嘉庆十年二月十四日，纪氏病故，清仁宗闻讯，特为颁谕吊唁，据称："纪昀学问淹通，办理《四库全书》，始终其事，十有余年，甚为出力。"② 其生前友好朱珪所撰《祭文》、《墓志铭》，称纪昀"总持四库，万卷提纲，一手编注"；"笔削考核，一手删定，为《全书总目》，褒然巨观"。③ 嘉庆十七年，纪氏后人辑其遗文刊行，阮元有序云："高宗纯皇帝命辑《四库全

---

① 纪昀：《纪文达公文集》卷 8，《诗序补义序》。
② 《清史列传》卷 28，《纪昀传》。
③ 朱珪：《知足斋文集》卷 5，《纪文达公墓志铭》。

书》，公总其成。凡六经传注之得失，诸史记载之异同，子、集之支分派别，罔不抉奥提纲，溯源彻委。所撰定《总目》，提要多至万余种。考古必衷诸是，持论务得其平。光稽古之圣治，传于无穷。准诸献王之写定《周官》、《尚书》、《礼》、《礼记》、《孟子》、《老子》，厥功尤茂焉。"① 江藩辑《国朝汉学师承记》，亦以纪昀入篇，评为："公于书无所不通，尤深汉《易》，力辟图书之谬。《四库全书提要》、《简明书目》皆出公手。大而经史子集，以及医卜词曲之类，其评论抉奥阐幽，词明理正，识力在王仲宝、阮孝绪之上。可谓通儒矣。"② 凡此，皆属当时朝野之公论，众口一词，信然可据。

已故文献学家张舜徽先生著《清人文集别录》，于纪昀之与《四库全书总目》论云："当日总目之分类，类序之撰述，以及斟酌损益、轻重先后之际，皆昀一手裁定，而尤致详于经部。昀视此二百卷之书为一己之作，固明甚，他人又奚从谓不然耶！"③《四库全书总目》之得成善本，纪昀厥功甚伟，最可纪念。

四、禁毁图书与文字冤狱

乾隆中叶以后，在清廷纂修《四库全书》期间，一方面是空前规模的图书编纂所显示的文化盛景；另一方面则出现了大量典籍横遭禁毁，文字冤狱遍于国中的文化浩劫。两者之间存在的文化反差是那么强烈，可是却又不和谐地共存于同一个历史时代，这里边确有许多值得探讨的问题。

（一）高宗初政与文字狱的加剧

清高宗承其父严苛为政之后，即位伊始，便高倡宽严相济的治国之道。雍正十三年（1735）十月，高宗颁谕诸重臣，下令"厘正文体，毋

---

① 阮元：《揅经室三集》卷5，《纪文达公集序》。
② 江藩：《国朝汉学师承记》卷6，《纪昀》。
③ 张舜徽：《清人文集别录》卷7，《纪文达公文集》。

得避忌"。他说："古人临文，原无避讳，诚以言取足志。一存避讳之心，则必辗转嗫嚅，辞不达意。嗣后一切章疏，以及考试诗文，务期各展心思，独抒杼轴，从前避忌之习，一概扫除。"① 之后，他屡下谕旨，以广开言路，推行"宽大之政"相号召。高宗初政，显然一派宽松气象。然而，好景不长。乾隆六年九月，就在他信誓旦旦，声称"朕从不以文字罪人"的同时，即责成湖广总督孙嘉淦，"伊到任后，将谢济世所注经书中，有显与程、朱违悖抵牾，或标榜他人之处，令其查明具奏，即行销毁，毋得存留"。② 焚毁谢济世书未及两年，乾隆八年二月，清廷以时务策考选御史，翰林院编修杭世骏因对策失误，议及"内满而外汉"，被高宗以"怀私妄奏，依溺职例革职"。③

乾隆十六年正月，清高宗首次南巡。由于地方官竞相逢迎，扰民累民甚重，于是民间流传假托大吏孙嘉淦之名的奏稿，以指斥高宗失德。当年八月，奏稿案发，清高宗下令穷究。结果，蔓延七八省，牵连各级官吏几至千人，直到十八年三月，先后将一应案犯惩治，始告平息。同年十一月，江西金溪生员刘震宇上《治平新策》，清高宗以文中多"悖逆"之语，遂滥施淫威，下令将刘氏处死，"其书板查明销毁"。④ 从此，文字冤狱恶性蔓延，日趋加剧，终于演成乾隆二十年三月的胡中藻诗案。

胡中藻，江西新建人，为乾隆元年进士，曾以内阁学士提督陕西、广西学政，后调取回京，罢官还乡。中藻喜诗文，著有《坚磨生诗钞》。乾隆十七年前后，《坚磨生诗钞》为他人密报，送呈内廷。高宗以其中多悖逆讪谤语，遂指派专人秘密调查。历时数年，罪名罗织渐成，二十年三月，清廷下令逮捕胡中藻，押京质讯。同时，将胡氏诗集四本交王大臣逐条研讯奏闻。据清高宗称："我朝抚有方夏，于今百有余年，列

① 《清高宗实录》卷5，雍正十三年十月辛巳条。
② 《清高宗实录》卷151，乾隆六年九月丁亥条。
③ 《清高宗实录》卷184，乾隆八年二月壬辰条。
④ 《清高宗实录》卷450，乾隆十八年十一月癸亥条。

祖列宗，深仁厚泽，渐洽区宇，薄海为外，共享升平。凡为臣子，自乃祖乃父以来，食毛践土，宜其胥识尊亲大义。乃尚有出身科目，名列清华，而鬼蜮为心，于语言吟咏之间、肆其悖逆，诋讪怨望，如胡中藻者，实非人类中所应有。"至于胡氏罪名"鸱张狺吠"，高宗所指主要是："其集内所云'一世无日月'，又曰'又降一世夏秋冬'，……又曰'一把心肠论浊清'，加浊字于国号之上，是何肺腑！……至其所出试题内，'考经有乾三爻不象龙说'，《乾卦》六爻，皆取象于龙，故《象传》言'时乘六龙以御天'。如伊所言，岂三爻不在六龙之内耶！乾隆乃朕年号，龙与隆同音，其诋毁之意可见。"在历数胡氏罪名之后，清高宗指出："胡中藻之诗，措辞用意，实非语言文字之罪可比。夫谤及朕躬犹可，谤及本朝，则叛逆耳。朕见其诗，已经数年，意谓必有明于大义之人，待其参奏，而在廷诸臣及言官中，并无一人参奏。足见相习成风，牢不可破，朕更不得不申我国法，正尔嚣风，效皇考之诛查嗣庭矣。"[①]

同年四月，高宗滥施淫威，下令将胡中藻处斩。牵连所及，已故大学士鄂尔泰被撤出贤良祠，不准入祀。其侄鄂昌，则以与胡中藻曾有唱和被赐死。户部侍郎裴曰修，亦因之一度革职。

（二）寓禁于征的求书本意

乾隆三十七年（1772）正月，清高宗的颁诏求书，之所以雷厉风行，不可敷衍，如果结合此时文字冤狱趋于加剧的背景来考察，"稽古右文"云云，无非冠冕堂皇之语，其"寓禁于征"的求书本意则无论如何是掩盖不住的。

就在胡中藻诗狱的罗织过程中，清廷下令查抄胡氏住宅，高宗对胡氏收藏明末野史已引起警觉。他曾就此颁谕军机大臣："胡中藻家中书籍内，有《豫变纪略》二本、《复斋录》六本，查系何等书，有无关系，一并送来。"[②] 无独有偶，两年之后，清廷查处河南告讦案，不惟生员

---

① 《清高宗实录》卷484，乾隆二十年三月丙戌条。
② 《清高宗实录》卷486，乾隆二十年四月丁未条。

段昌绪收藏吴三桂檄文事败露，而且原任江苏布政使彭家屏还招供藏有《豫变纪略》等明末野史。结果，段、彭二氏皆因之而被处死。清高宗就此再颁诏谕，声称："在定鼎之初，野史所记，好事之徒荒诞不经之谈，无足深怪。乃迄今食毛践土，百有余年，海内缙绅之家，自其祖父，世受国恩，何忍传写收藏！此实天地鬼神所不容，未有不终于败露者。如段昌绪、彭家屏之败露，岂由搜求而得者乎！此后，臣民中若仍不知悛改消灭，天道自必不容，令其败露，亦惟随时治以应得之罪耳。"① 自此，散在民间的明末野史及相关诗文，遂成为清廷所注意的重要隐患。

自乾隆二十四年三月起，迄于三十二年五月，张照诗文案、阎大镛《俣俣集》案、沈德潜《国朝诗别裁》案、蔡显《闲闲录》案等文字狱接踵发生。乾隆三十二年六月，在处死蔡显后，清高宗颁谕军机大臣，指出："蔡显身系举人，辄敢造作书词，恣行怨诽，情罪重大，实为天理国法所难容。但阅原书内签出各条，多属侘傺无聊，失志怨愤之语，朕方以该犯尚无诋毁朝政字句，其情与叛逆犹去一间，或可原情酌减。及细检未签各处，如称戴名世以《南山集》弃市，钱名世以年案得罪，……则系有心隐跃其词，甘与恶逆之人为伍，实为该犯罪案所系。"②

之后，齐周华诗文案、李绂诗文案迭起。至乾隆三十四年六月，清廷明令禁毁钱谦益遗著《初学集》、《有学集》，终于揭开了禁毁图书逆流的序幕。据清高宗称："《初学集》、《有学集》荒诞背谬，其中诋谤本朝之处，不一而足。……钱谦益业已身死骨朽，姑免追究。但此等书籍悖理犯义，岂可听其流传，必当早为销毁。"于是高宗大动干戈，命令各地督抚："将《初学》、《有学》二集，于所属书肆及藏书之家，谕令缴出，汇齐送京。至于村塾乡愚，僻处山陬荒谷者，并著广为出

① 《清高宗实录》卷 540，乾隆二十二年六月丁卯条。
② 《清高宗实录》卷 786，乾隆三十二年六月丁酉条。

示，明切晓谕，定限二年之内，俾令尽行缴出，毋使稍有存留。钱谦益籍隶江南，其书板必当尚存，且别省或有翻刻印售者。俱著该督抚等，即将全板尽数查出，一并送京，勿令留遗片简。"①

在其后的两年限期中，清廷严饬江苏、广东地方当局查禁钱谦益著述，下令撤毁钱谦益为他人经史著述所撰"悖谬"序文，派员审查钦天监藏书，销毁占验书五十八种，甚至议复朝鲜国王，将陈建《皇明通纪》、朱璘《明纪辑略》在该国禁毁。正是以查禁图书为背景，乾隆三十七年正月，清高宗颁发了求书上谕。由于各地督抚对高宗"寓禁于征"的求书本意深有揣度，因而为不致招惹是非，遂对求书上谕迟迟未作反应。同年十月，虽经高宗严词斥责，各地反应依然如故。《四库全书》开馆之后，乾隆三十九年八月，清高宗最终撕下伪装，将禁书真意和盘托出。他气急败坏地质问内外大臣："乃各省进到书籍不下万余种，并不见奏及稍有忌讳之书。岂有裒集如许遗书，竟无一违碍字迹之理！"② 至此，清高宗"寓禁于征"的求书本意，遂昭然于天下。

（三）图书浩劫

《四库全书》的编纂过程，亦是清廷罗织文字冤狱，大举禁毁图书的过程。自乾隆三十九年八月清高宗明令查缴禁书，迄于五十八年禁毁图书的倒行逆施大致结束，十九年间，文字冤狱几乎无年不有，历代大量典籍，或遭全毁，或遭抽毁，酿成空前未有的图书浩劫。据黄爱平教授著《四库全书纂修研究》统计，为清廷所禁毁的图书达三千一百多种、十五万一千余部，销毁的书版则在八万块以上。③

以下，拟以清高宗惩治江西巡抚海成的事件为例，对清廷的禁毁图书做一个解剖。

乾隆四十二年十月，清高宗一手锻制了震慑朝野的《字贯》案。在

---

① 《清高宗实录》卷836，乾隆四十三年六月丙辰条。
② 《清高宗实录》卷964，乾隆三十九年八月丙戌条。
③ 黄爱平：《四库全书纂修研究》第三章第二节，中国人民大学出版社1989年版。

这场文字冤狱中，不惟《字贯》一书的编者王锡侯，以六十五岁之年罹难，而且牵连所及，达于内外大吏。其中所受惩处最为严重的，莫过于江西巡抚海成。他因被指控"纵庇王锡侯"、"空言塞责"而丢了官，从此销声匿迹。

海成于乾隆三十七年起任江西巡抚，尔后数年间，治绩平平，无甚可记。然而，到了乾隆四十一年十二月，他却陡然间一跃而成为各省督抚效法的楷模。其原因不是别的，正在于在当时迟迟不获奏效的禁毁图书中，率先响应清高宗的命令，建了头功。当月十三日，清高宗颁谕褒奖："海成奏，……自展限倍价购买以来，据各属搜买，以及民间缴呈，应毁禁书前后共有八千余部之多。虽屡经家喻户晓，乃尚不能一时净尽，再请展限购求等语，所办甚好。看来查办遗书一事，惟海成最为认真，故前后购获应毁禁书籍，较江、浙两省尤多。"该谕末了，高宗还责成军机处将"海成折并抄寄阅看"，以敦饬各省督抚效法。[①]

然而，时隔未及一年，先前以查缴图书有功而声名骤起的海成，亦因查缴图书而得咎，落得个身败名裂的结局。事情的起因就在王锡侯所编《字贯》一书。

王锡侯为江西新昌县举人，久滞科场，及至晚年亦未得仕进。于是试图编纂《字贯》一书，以获显于当世。乾隆四十年书成，四十二年十月，即被同县王泷南讦告，称"《字贯》内有'然而穿贯之难也'一句，显属悖逆"。海成受理此一诉讼，于十月二十一日专折奏报，内称："王锡侯本无学问，所辑《字贯》，不过仿类书之式，按照字样各归其类，与《字典》迥别，不当引以为言。乃逞其意见，转以《字典》为'难以穿贯'。且以《字典》收字太多，辄肆议论。虽无悖逆之词，隐寓轩轾之意，实为狂妄不法。"不尽依奉圣旨编纂的《康熙字典》体例，而且竟敢视之为一家之言去议论得失，王锡侯的"狂妄不法"，不过如此而

---

① 《清高宗实录》卷1022，乾隆四十一年十二月庚戌条。

已。然而海成却因此"请旨将王锡侯革去举人，以便审拟"。① 这样的处理，显然苛酷已甚。我们从其奏折中，不惟看不到丝毫纵庇隐情，相反，逢迎邀功之意倒是跃然纸上的。否则他何以要在奏折末特意说明："所有王锡侯原刻《字贯》一部计四十本，粘签恭呈御览。"

清高宗阅罢海成奏折，尤其是附呈的《字贯》一书后，旋即颁谕："海成奏，据新昌县民王泷南呈首举人王锡侯删改《康熙字典》，另刻《字贯》，实为狂妄不法，请革去举人，以便审拟等因一折。朕初阅以为不过寻常狂诞之徒，妄行著书立说，自有应得之罪，已批交大学士九卿议奏矣。及阅其进到之书，第一本序文后凡例，竟有一篇将圣祖、世宗庙讳及朕御名字样开列，深堪发指。此实大逆不法，为从来未有之事，罪不容诛。即应照大逆律问拟，以申国法而快人心。"②

海成的得咎，按照清高宗的说法，也不过"原书竟未寓目，率凭庸陋幕友随意粘签，不复亲自检阅"，于"此等大案漫不经意"，以致不能检出王锡侯"深堪发指"的大罪。令人奇怪的是，清高宗对海成的挞伐却愈演愈烈。始而指斥他"实大谬谬"、"养尊处优"、"尸位持禄"，继之痛责其"天良渐灭殆尽"，乃至将其毁书前"功"尽行否定。十月二十三日谕称："海成从前查办应毁书籍，原不过以空言塞责，并未切实检查。"最后，更于十一月六日、十二日两次颁谕，宣布："海成著照部议革职，交刑部治罪。"③

一如前述，搜缴违碍书籍之初，清高宗集注意力于"明季诸人书籍"，所以他说："明季末造，野史者甚多。其间毁誉任意，传闻异词，必有抵触之语。正当及此一番查办，尽行销毁，杜遏邪言，以正人心而厚风俗。"④《字贯》案发前一年，他还说过："明季诸人书集，词意抵

① 《故宫掌故丛编》第一辑，《王锡侯字贯案》。
② 《清高宗实录》卷1043，乾隆四十二年十月癸丑条。
③ 《清高宗实录》卷1044，乾隆四十二年十一月甲戌条。
④ 《清高宗实录》卷964，乾隆三十七年八月丙戌条。

触本朝者，自当在销毁之列。"① 到乾隆四十二年《字贯》案发生，才使之大为震恐，原来竟有"现在刊行"的"违碍"书籍。于是查缴禁书范围扩大，及于"现在刊行者"。他明谕："朕令各督抚查办应行销毁书籍，原因书内或有悖逆狂诞者，不可存留于世，以除邪说而正人心。是以旧人著作尚且应查，岂有现在刊行者转置不问之理。"② 既然《字贯》一书开"现在刊行"的"违碍"书籍风气之先，而江西巡抚海成又不能尽心揣度高宗旨意，自然就难免要遭严惩了。显然，这才是海成丢官的真相。清廷查办禁书方针已定，翻云覆雨，言而无信，一场空前的图书浩劫也就在所难免。

五、《四库全书》的历史评价

《四库全书》的编纂，既是一代学术史上的重大举措，也是中国文化史上一桩影响久远的大事。对它进行实事求是的评价，不仅可以深入认识乾隆间学术发展的历史本质，而且也有助于批判地继承民族文化的优秀遗产。

《四库全书》的历史价值，集中地表现为对我国历代典籍的成功整理和总结。我国是一个具有悠久历史的文明古国，通过数千年的文化积累，流传下来浩如烟海的典籍。自《汉书·艺文志》、《隋书·经籍志》以降，对现存典籍进行清理和编目，成为历代相沿的一个好传统。唐宋间，又将其发展为大型类书的汇编。这样一来，即使是迭经水火，天灾人祸，若干有价值的文献，亦可藉而幸存。明初，《永乐大典》辑成，宋元秘籍，多录其中，类书编纂，可谓登峰造极。然而，唐宋以来诸类书，虽于保存典籍功不可没，但为体例所限，每每内容割裂，首尾不具，难存古籍旧观。于是完整地将历代典籍加以整理和总结，汇编为一部大型丛书，日渐成为发展古代学术文化应予解决的课题。入清以后，

---

① 《清高宗实录》卷1021，乾隆四十一年十一月甲申条。
② 《清高宗实录》卷1042，乾隆四十二年十月乙卯条。

随着社会经济的恢复发展，终于在乾隆间把这个课题的解决提上了日程。

《四库全书》按照传统的经史子集四部，区分类聚，部次群籍，把历代文献井然会聚于一堂。尤其是《四库全书总目》的编纂，将著录、存目诸书撮举大要，评论得失，兼及作者生平爵里介绍，承先启后，继往开来，既是我国古代目录学集大成的著述，也为清中叶以后对传统学术的全面总结和整理，提供了一个成功的范例。虽然由于历史的局限，《四库全书》于佛、道两家典籍，意存轩轾，摒除殆尽，不能说不是一个重大的缺陷，但是作为中国古代学术文化主体的儒家学说，则得到了较为完整的整理和总结，从而使之成为批判地继承民族文化优秀遗产的一个较好的认识对象。

清代学术，以对中国传统学术的整理和总结为特征。风气之开，虽然清初诸儒已然发端，考据、校勘、辨伪、辑佚，从顾炎武、阎若璩、毛奇龄、胡渭，到惠栋、卢文弨、顾广圻，一脉相承，代有传人。但是确立规模，蔚成风气，则无疑应自《四库全书》编纂始。《四库全书》开馆后，将一时学术界俊杰网罗其中，辑佚书于《永乐大典》，理群籍于中秘内府，"辨章学术，考镜源流"，不啻治学风尚的一种无声的典型示范，其移风易俗的力量是无与伦比的。正如乾嘉史家章学诚在回忆周永年、邵晋涵二人当年的学行时所述："乙未（乾隆四十年——引者）入都，二君者方以宿望被荐，与休宁戴震等特征修《四库全书》，授官翰林，一时学者称荣遇。而戴以训诂治经，绍明绝学，世士疑信者半。二君者皆以博洽贯通，为时挂许。于是四方才略之士，挟策来京师者，莫不斐然有天禄石渠、句坟抉素之思。而投卷于公卿间者，多易其诗赋、举子艺业，而为名物考订，与夫声音文字之标，盖骎骎乎移风俗矣。"[①] 邵晋涵故世，其生前友好洪亮吉为之撰《邵学士家传》，于《四库全书》编纂，尤其是邵晋涵、戴震诸人学行予一时学术风尚的影响，

① 章学诚：《章氏遗书》卷18，《周书昌别传》。

亦有详尽阐述。他说：乾隆之初，"鸿伟瑰特之儒接踵而见，惠征君栋、戴编修震，其学识始足方驾古人。及《四库》馆之开，君与戴君又首膺其选，由徒步入翰林。于是海内之士知向学者，于惠君则读其书，于君与戴君则亲闻其绪论，向之空谈性命及从事帖括者，始骎骎然趋实学矣。夫伏而在下，则虽以惠君之学识，不过门徒数十人止矣。及达而在上，其单词只义，即足以歆动一世之士。则今之经学昌明，上之自圣天子启之，下之即谓出于君与戴君讲明切究之力，无不可也。"① 以《四库全书》的编纂为契机，考据学空前发皇，我国古代学术从此步入对传统学术进行全面总结和整理的阶段。

乾隆间修《四库全书》，本是一桩文化盛事，似乎无论如何不该与摧残文献相联系，然而严酷的事实表明，二者极不协调地共存于同一时代，却是不可抗拒的历史现实。一方面，清廷既要以图书编纂来显示其"稽古右文"的文治业绩；另一方面，迄于清中叶，封建专制政治体制痼疾的加剧，以及一代封建王朝统治衰象的暴露，又使之惧怕异己思想潜滋暗长。因此，为这种矛盾心态所驱使，清廷的大规模征书，其起始便有不可告人的寓禁于征之深意。自乾隆三十九年八月起，清廷征书的表面目的已经达到，于是封建统治者便揭去遮掩，人为地制造了旷日持久的禁毁"违碍"书籍逆流。历时近二十年，迄于乾隆末，数以万部计的大量典籍横遭禁毁，冤滥酷烈的文字狱遍于国中。这样，在取得编纂《四库全书》巨大成功的同时，中国古代文化也蒙受了一场空前的浩劫。其结果，不仅使宋元以来的大量典籍毁于一旦，而且经过封建专制淫威的斧钺之后，《四库全书》著录诸书，或滥加抽毁，或肆意改篡，已非尽古籍旧貌，这给其后的阅读、利用和研究，皆带来无可弥补的损失。尤为不可忽视者，严酷的禁书逆流以及伴生的文字狱，其恶劣影响已经远远逾出图书编纂本身，它直接酿成思想界万马齐喑的沉闷局面，从而严重地阻碍了学术文化的发展和中国社会的进步。因此，《四库全书》

① 洪亮吉：《卷施阁文甲集》卷9，《邵学士家传》。

的编纂，既有巨大的历史功绩，也有不可宽宥的人为过恶。"功过相半"，以此四字评判它，或许是大致不差的。

第三节 《李朝实录》所见之乾嘉学术

清代乾隆、嘉庆两朝，跨李氏朝鲜之英宗、正宗和纯宗三朝。八十余年间，李氏王朝通过每年数度遣派使臣，维系两国关系，购求中土典籍，了解学术信息，为儒学文献的保存和传播作出了甚多贡献。使臣返国述职，君臣所议，每及乾嘉学术。以下，谨就《李朝实录》所记，掇其大要，排比成篇，或可提供一新角度之思考。

一、清修《明史》之东传

清修《明史》，如何记载李氏王朝之宗系，是朝鲜几代君臣至为关注的问题。英宗即位伊始，于二年（清雍正四年，1726）二月，遣陈奏使入华，向清廷呈递奏文，就此提出交涉。据称，明天启三年癸亥（1623），朝鲜废光海君李珲，立仁祖李倧，"功光往牒，事垂来裔"。然而清康熙十一年壬子（1672），朝鲜使节购回之《皇明十六朝记》，"记本国癸亥事，直以篡逆书之"。于是英宗向清世宗恳请："今当皇上继述先德之日，亦必有以曲谅臣言之非妄矣。倘蒙明命史臣，另加照管，删除讹诬，昭载实迹，以成永世之信史，仍将印本宣示小邦。则不但臣之受恩衔结，糜粉是期，抑臣之先祖父必将感泣于冥冥之中，而亦岂不有光于列圣字小之遗德乎！"①

是年五月二十八日，清廷接受了李氏朝鲜的请求。据《清世宗实录》

---

① 吴晗：《朝鲜李朝实录中的中国史料》下编卷8，《英宗实录》二年二月己巳条。第11册，4405页。中华书局1980年版。

记："礼部等衙门遵旨议复，朝鲜国王李昑之四代祖李倧，在明天启三年请封，当据该国宗族称倧恭顺，因吁请统理国事。今该国奏称，有《皇明十六朝记》，直以篡夺书之，实属冤枉，请删除杂说，著为定论。应如所请，俟《明史》告成后，将《列传》内立李倧之事，颁发该国。从之。"①

翌年初，朝鲜使节返国，告《明史·朝鲜列传》誊本已有所修改。据《李朝英宗实录》是年闰三月庚申条记：

> 上召见冬至三使臣，问辨诬事。副使郑亨益对曰："誊本比初稍胜，而犹不无碍逼之语，臣等不善奉使之罪大矣。"上慰谕。盖《明史》记我朝仁祖事，语多构诬，清国方修《明史》，故前后使行，每请改而不许。是行也，清国执政常明者为之周旋，略改字句，仍示誊本，使臣受还，而犹未尽改矣。②

之后，迭经遣使陈奏，至英宗七年初，辨诬事遂告如愿以偿。据《英宗实录》七年（清雍正九年，1731）四月癸巳条记：

> 谢恩使西平君桄等复命。上召见，教曰："辨诬之举善成矣，彼史未及见刊本，而所欲改者改之云，诚邦国之幸也。"桄曰："皆圣上诚孝所致，臣等何力焉。"仍出柜中誊本一卷以上之，其卷扁以《敕修明史稿》。③

是年十一月，英宗再遣使臣，陈请将《明史》已成之《朝鲜列传》"先颁先刊"。④

翌年三月，清世宗特许朝鲜使臣所奏，将《明史·朝鲜列传》誊本

---

① 《清世宗实录》卷44，雍正四年五月己未条。
② 吴晗：《朝鲜李朝实录中的中国史料》下编卷8，《英宗实录》三年闰三月庚申条。第11册，4411页。
③ 吴晗：《朝鲜李朝实录中的中国史录》下编卷8，《英宗实录》七年四月癸巳条。第11册，4439页。
④ 吴晗：《朝鲜李朝实录中的中国史录》下编卷8，《英宗实录》七年十一月乙丑条。第11册，4445页。

颁示朝鲜。据《清世宗实录》雍正十年（1732）三月戊辰条记：

> 礼部议复：朝鲜国王李昑咨称，《明史》内《朝鲜列传》，讹载先世李倧篡夺一事。雍正四年，奏请昭雪，已蒙圣恩，令史臣改正，付祈早为颁发。查现今《明史》尚未告竣，该国王所请伊国列传，应俟《明史》告成，再行刊发。得旨：部议甚是。但该国王急欲表伊先世之诬，屡次陈请，情词恳切。著照所请，将朝鲜国列传先行抄录颁示，以慰该国王恳求昭雪之心。①

四月，朝鲜使臣将此一消息驰吉国内。五月，遂携《明史·朝鲜列传》抄本返国。至此，辨诬事告竣。而购回《明史》全帙，则成随后数年间朝鲜来华使臣的一项重要使命。迄于英宗十四年（清乾隆三年，1738）七月，朝鲜获悉《明史》告成在即，于是专遣使臣，奏请颁示《明史》全帙。据《英宗实录》所载陈奏文记：

> 雍正十年春，先皇帝诞降恩旨，颁示抄录本国外传，先祖百年之诬，一时昭晰，信史正论，凿凿符实。而惟是史书刊刻，又未告竣，印本恩颁，随以淹延，成书之未即快睹，犹为未了之案。若其被诬原委，悉具二两先朝陈奏。今于刊刻告成之际，率蒙完帙之颁示，则岂独小邦之幸，抑或有光于字小之泽。②

十一月，清廷议复朝鲜奏请，高宗特许将《明史·朝鲜列传》"先行刊刻，刷印颁给"。据《清高宗实录》记：

> 礼部议复：朝鲜国王李昑表请，颁发该国订正列传印本。查该国先祖李倧，继立被诬，业蒙世宗宪皇帝昭雪，宣付明史馆，确考删定，并经先行颁发抄录列传，伊祖事迹，已有定论。且《明史》卷帙浩繁，刊刻尚未告成，应俟报竣之日，刷

---

① 《清世宗实录》卷116，雍正十年三月戊辰条。
② 吴晗：《朝鲜李朝实录中的中国史料》下编卷8，《英宗实录》十四年七月乙亥条。第11册，4498页。

印颁示。……得旨：该国王请颁发伊本国列传，情词恳切。《朝鲜列传》既已成书，著照所请，先行刊刻，刷印颁给，以副朕柔远之至意。①

至于《明史》全帙是否颁示朝鲜，则未予置议。

英宗十五年（清乾隆四年，1739）二月，朝鲜奏请使返国，携回清廷所颁《明史·朝鲜列传》刊本。《英宗实录》于此记云：

二月己卯，奏请使金在鲁等至燕，以刊改《明史·朝鲜列传》来。上命具龙亭鼓吹，使臣陪进敦礼门，上御宣政殿，在鲁奉史册跪进，上跪受。上复御熙政堂，引见三使臣，劳之，谓在鲁等曰："史书顺成可幸，然恨未得全帙来也。"②

由于《明史》全帙之请颁未获答复，所以当年十一月，英宗召见即将启程的冬至使臣，依然责成"购《明史》全帙而来"。③

乾隆四年七月，《明史》刊刻蒇事。十月，清廷议定《明史》颁发事宜，朝鲜并未列入范围。据《清高宗实录》记：

大学士鄂尔泰等奏，遵旨议颁发《明史》。查旧例，在京四品京堂以上，翰詹衙门讲读中赞以上，内廷行走翰林、满汉讲官，及外省督抚藩臬，俱在应赏之列。其纂修《明纪纲目》官，请各赏一部。直省府州县卫学官，亦各颁一部，如坊间愿自刻者，呈明地方官准刻。从之。④

尽管如此，朝鲜使臣还是凭借多年经营的私人渠道，于《明史》

① 《清高宗实录》卷81，乾隆三年十一月乙亥条。
② 吴晗：《朝鲜李朝实录中的中国史料》下编卷8，《英宗实录》十五年二月己卯条。第11册，4499页。
③ 吴晗：《朝鲜李朝实录中的中国史料》下编卷8，《英宗实录》十五年七月壬戌条。第11册，4504页。
④ 《清高宗实录》卷102，乾隆四年十月辛巳条。

刊行之翌年四月，将该书刊本"潜贸"回国。《英宗实录》于此记得很清楚：

> 四月甲戌，上召见回还冬至正使绫昌君橚、副使李匡德、书状官李道谦等，慰谕远役之劳。仍问曰："史册贸来否乎？"橚曰："未颁布前，不敢私自贸来，闻首译潜贸以来矣。"匡德曰："此大关国体，潜贸者，宜施一律也。"上曰："功过相当，何必深责。"①

清制，外国进贡使臣私买图书，乃属严禁。康熙三十年（1691）朝鲜使臣即因之而受到处罚。据《大清会典事例》记：

> （康熙）三十年议奏，朝鲜国进贡正使及通官，私买《一统志》书，通官革职，发其国边界充军。正副使、书状官，奉旨以宽免议，书贮库。②

英宗君臣所云"大关国体"、"功过相当"，即缘此而来。

关于此次"潜贸"《明史》刊本之举，《英宗实录》三年以后的一条记载，同样可以印证。据云：

> 检阅李毅中奏曰："前以皇明正史中列朝本纪与朝鲜所附之卷五六册下本馆矣，后因需臣陈达有使臣贸来之件云，令地部出给其直，而原册子藏诸史局好矣。"上可之。③

从雍正十年五月《明史·朝鲜列传》抄本颁朝，中经乾隆三年十一月向朝鲜发送《明史·朝鲜列传》刊本，至乾隆五年四月《明史》刊本全帙"潜贸"入朝，中朝两国实现了一部重要史学文献的交流。

---

① 吴晗：《朝鲜李朝实录中的中国史料》下编卷 9，《英宗实录》十六年四月甲戌条。第 11 册，4506 页。
② 《大清会典事例》卷 511，《礼部》222 朝贡，中华书局 1991 年版，第 912 页。
③ 吴晗：《朝鲜李朝实录中的中国史料》下编卷 9，《英宗实录》十九年六月甲寅条，第 11 册，4516 页。

二、迥异的学术趋向

清代乾隆、嘉庆两朝，是朱子学传衍过程中的一个低潮时期。尽管清高宗即位之初，一如其父祖，曾有理学的提倡。先是乾隆三年五月二日，为婺源朱子家庙题匾，大书"百世经师"四字。[①] 继之于五年十月，又颁谕训示儒臣，提倡读宋儒书，研精理学。据称：

> 朕命翰詹科道诸臣，每日进呈经史讲义，原欲探圣贤之精蕴，为致治宁人之本，无所不该，亦无往不贯。而两年来，诸臣条举经史，各就所见为说，而未有将宋儒性理诸书，切实敷陈，与儒先相表里者。盖近来留意词章之学者尚不乏人，而究心理学者盖鲜。……朕愿诸臣研精宋儒之书，以上溯《六经》之闳奥。[②]

翌年七月，再在上谕中宣称："朕自幼读书，研精义理，至今《朱子全书》未尝释手。"[③] 然而徒有其言而于事无补，学术风气之沉浮实非个人意志所能转移。乾隆初叶以降，朱子学的传衍并未因清高宗之提倡而获推动。相反，朴实的考经证史之学，则已蔚成风气而不可逆转，以乾隆十四年之诏举经学特科为契机，不胫而走，风靡朝野，成为尔后数十年中国学术之主流。直至嘉庆十九年（1814），学术病痛已深，始有段玉裁起而大声疾呼："愚谓今日之大病，在弃洛、闽、关中之学不讲，谓之庸腐。而立身苟简，气节败，政事芜。天下皆君子而无真君子，未必非表率之过也，故专言汉学，不治宋学，乃真人心世道之忧。"[④]

与乾嘉两朝之清代学术异趣，同时的东邻李氏朝鲜，尤其是英宗、正宗二朝，则因朝廷顺应时势，实意提倡，形成辑印朱子书、表彰朱子

---

① 《清高宗实录》卷68，乾隆三年五月癸丑条。
② 《清高宗实录》卷128，乾隆五年十月己酉条。
③ 《清高宗实录》卷146，乾隆六年七月癸亥条。
④ 段玉裁：《与陈恭甫书》。载陈寿祺：《左海文集》卷4，《答段茂堂先生书》附录。陈寿祺《左海经辨》卷首亦录此札，唯系节录。

学的局面。根据《李朝实录》之所记，谨将形成此一局面的大致线索梳理如下：

（一）英宗

十五年五月，印送《四书》、《三经》、《小学》、《近思录》至副京松都，以供士子阅览。

十六年三月，开经筵，讲《春秋》、《大学衍义补》。

二十年二月，刊印《四书》、《三经》、《史略》、《小学》等书。

四十一年四月，英宗为《近思录》撰序。

四十六年十月，拟重刊《朱子大全》、《朱子语类》，宣称“尊朱子莫如我东”。

（二）正宗

三年春，依《朱子大全》所记，订正朝廷礼乐。

四年四月，朝鲜使臣返国复命，讥清人“婚丧之礼，不遵《文公家礼》”。

同年十月，正宗御定《宋史筌》成，宣称：“若有宋矩镬之正，文物之盛，与夫儒术之该性理，士习之重名节，即我朝之所尤尚者。”

十年春，严禁使臣自北京购回“不经书籍”。

十一年十月，重申严禁使臣购回“左道不经”书籍。

十四年春，以值孔子、朱子生年，择吉日谒文庙，设科取士。

十五年五月，依据朱子《资治通鉴纲目》，辑君臣问对而成《纲目讲义》。

十六年十月，重申自北京购回“杂书”之禁。嘱使臣觅购有关孔子世系及其他古迹之书。

十七年十月，以“燕市购来者专取新奇文字”，再申购书之禁。

十八年正月，校书馆以活字印行《三经》、《四书》。

同年十月，正宗召见赴华使臣，重申“自经书以下，切勿购来”。

同年十二月，正宗著《朱子百选》成。

十九年八月，正宗君臣议一时清人学术，认为"所谓唐学，为弊转甚"，"不似治世之音"。

二十年三月，使臣自北京购回《阙里志》、《阙里文献考》等书。

二十一年六月，辑《乡礼合编》成。颁朱子增损《吕氏乡约》于四部八道，《朱子家礼》附载其后。

同年十二月，新印《春秋》成，重申"夫子之笔法，待朱夫子而著"。

二十二年四月，正宗拟新编《朱子全书》，表示："予之平生功夫，在于一部朱书。"

同年七月，辑印《五经百篇》成，宣称："朱子之文，其义理之渊深，辞法之粹正，可以直接四子之统，而继往开来之功，尤在于《庸学章句》。"

同年十一月，正宗著《四部手圈》三十卷成。

二十三年七月，谕赴华使臣曰："朱夫子即孔子后一人也。……夫朱子尊，然后孔夫子始尊。……予所愿者，学朱子也。"嘱购朱子书。

同年十一月，朝鲜使臣购回《朱子大同集》、《朱子实纪》。

同年十一月，正宗编《林陆千选》成。

（三）纯宗

元年七月，印颁正宗编定《四部手圈》。

六年二月，朝鲜使臣返国述职，称清廷儒臣学术有云："近来汉人之稍有文学者，各立门户，有所谓考据之学，诋斥宋儒，专主注疏之说。礼部尚书纪昀为首，而阁老刘权之等从之。有所谓尊朱学者，专讲朱子之训，大学士彭元瑞为首，而阁老朱珪、尚书王懿修等从之，便成一党论。乾隆季年，纪昀、刘权之等相继登庸，今皇帝御极之后，朱珪、王懿修等一时进用云。"

七年十月，弛使臣北京购书之禁，称"稗官小说异端外，如经史子集中我国罕有之册子，使之出来"。

乾嘉时期的中朝两国，处于大致相同的历史发展阶段，同为文献之邦，同奉中华礼仪，可同以汉字进行学术文化交流。用此时李朝君臣的话来说，就叫做"我国一遵华制"①．"今天下中华制度独存于我国"。② 然而两国的儒学演进却显出不同的路径，一个是考据学大盛，一个是朱子学复兴。这样一个格局的形成，其原因固然很多，但是至少如下一点不可忽视。那就是清高宗之提倡理学，尊崇朱子，无非姿态而已，而为清廷所实际倡导的，则是经史考证和辞章之学。乾隆十年四月，高宗即因之向士子发出穷经的号召，据称："将欲得贤材，舍学校无别途；将欲为良臣，舍穷经无他术。多士宜有以奋发敷陈，启迪朕蔽。"③ 而此时的李氏朝鲜诸帝王则不同，尤其是正宗一朝，于朱子学之表彰，则是身体力行，率先垂范。

正宗二十二年四月，在经筵讲学时，正宗向儒臣追述一生究心朱子学之经历有云：

> 夫子尝曰，述而不作。予之平生功夫，在于一部朱书。予年二十时，辑《朱书会选》，又与春桂坊抄定注解，又点写句读于《语类》。四十后，编阅朱书者多，而近年又辑《朱书百选》。而昨年夏秋，取《朱子全书》及《大全》、《语类》，节略句语，又成一书，名曰《朱子书节约》。近又留意于《朱子大全》及《语类》，与其夕片言只字之出于夫子之手者，欲为集大成，编为一部全书。待其编成，将别构一室于宙合楼旁，奉安朱子真象，并藏全板书于其中。予于朱夫子实有师事之诚，所以欲如是也。"④

① 吴晗：《朝鲜李朝实录中的中国史料》下编卷10，《正宗实录》三年九月乙丑条。第11册，4682页。

② 吴晗：《朝鲜李朝实录中的中国史料》下编卷8，《英宗实录》元年四月壬辰条。第11册，4397页。

③ 《清高宗实录》卷239，乾隆一四年四月戊辰条。

④ 吴晗：《朝鲜李朝实录中的中国史料》下编卷12，《正宗实录》二十二年四月癸丑条。第12册，4955页。

这段话清楚地说明，正宗尚在皇子邸，即已辑成《朱书会选》，奠定了朱子学的深厚根底。继位以后，又陆续辑有《朱子会统》、《紫阳会英》、《朱书各体》、《朱书百选》和《朱子书节约》等，迄于二十二年，正在着手新编《朱子全书》。关于这部拟议中的新编《朱子全书》，正宗发愿甚宏，在翌年六月召见赴华使臣时，曾述其梗概云：

> 窃又有契于《春秋》之旨，拟成大一统文字。欲以《大全》、《语类》、《遗书》，与《二经》、《四书》之《传义》、《章句集注》、《或问》，及《启蒙》、《家礼》、著卦之考误，昌黎之考异，以至魏氏之契，楚人之辞，《通书》、《西铭》、《太极传解》等群书，衷以粹之，作为全书。……鸠辑有年，行且就绪，待编成告于先圣之庙而印行。①

惜天不遂人愿，发出这一讲话未及一年，正宗便赍志而殁，过早地离开了人世。

通过清高宗与李朝正宗之比照，在表彰朱子学的问题上，一个虚应故事，一个实心任事，行诸国家之文化决策，其结果自然要迥异其趣了。

三、从《四库全书》到《四部手圈》

乾隆三十七年（1772）正月，清高宗颁谕，命蒐集古今群书，"以彰千古同文之盛"。② 同年十一月，安徽学政朱筠奏请访求遗书，建议开馆校书。据称："臣在翰林，常翻阅前明《永乐大典》，其书编次少伦，或分割诸书以从其类，然古书之全而世不恒觏者，辄具在焉。臣请敕择取其中古书完者若干部，分别缮写，各自为书，以备著录。书亡复存，艺林幸甚。"③ 翌年二月，清廷开馆校核《永乐大典》，确定他日采

---

① 吴晗：《朝鲜李朝实录中的中国史料》下编卷12，《正宗实录》二十三年七月壬申条。第12册，4992页。
② 《清高宗实录》卷900，乾隆三十七年正月庚子条。
③ 朱筠：《笥河文集》卷1，《谨陈管见开馆校书折子》。

录成编，题名《四库全书》。旋即任命馆臣，征调儒士，于是《四库全书》之开馆纂修，遂成终乾隆一朝之重大文化举措。

乾隆三十九年七月，《四库全书总目》稿成，高宗颁谕认可，责成注明何人所藏，采自何处，并命纂《简明书目》。据《清高宗实录》记：

> 办理《四库全书》处进呈《总目》，于经、史、子、集内，分析应刻、应抄及应存书名三项，各条俱经撰有提要，将一书原委，撮举大凡，并详著书人世次爵里，可以一览了然。较之《崇文总目》，蒐罗既广，体例加详，自应如此办理。……若通查各省进到之书，其一人而以存百种以上者，可称为藏书之家，即应将其姓名，附载于各书提要末。其在百种以下者，亦应将由某省督抚某人采访所得，附载于后。其官板刊刻及各处陈设库贮者，俱载内府所藏，使其眉目分明，更为详备。至现办《四库全书总目》，提要多至万余种，卷帙甚繁，将来抄刻成书，翻阅已颇为不易。自应于《提要》之外，另列《简明书目》一编，只载某书若干卷、注某朝某人撰。则篇目不繁，而检查较易。俾学者由《书目》而寻《提要》，由《提要》而得全书。①

乾隆四十一年九月，高宗颁谕，令将《四库全书总目》及各书提要并校订各签，"一体付聚珍版，排刊流传"。据称：

> 昨《四库全书荟要》处呈进抄录各种书籍，朕于几余批阅，见粘签考订之处颇为详细。所有各签，向曾令其附录于每卷之末，即官版诸书，亦可附刊卷尾，惟民间藏版及坊肆镌行之本，难以概行刊入。其原书讹舛，业经订正者，外间仍无由得知，尚未足以公好于天下也。前经降旨，令将《四库全书总目》及各书提要，编刊颁行。所有诸书校订各签，并著该总裁

---

① 《清高宗实录》卷963，乾隆三十九年七月丙子条。

等，另为编次，与《总目》、《提要》一体付聚珍版，排刊流传。①

清乾隆四十一年，系李氏朝鲜之英宗五十二年。是年三月，英宗逝世，正宗继位。清修《四库全书》一事，此时消息当已传至朝鲜。故而是年十一月，正宗召见谢恩使臣一行，即以购求《四库全书》为此行使命之一。翌年二月，使臣返国，曾就此作出如下禀报：

> 《四库全书》求购事，详探于序班辈，则所言不一，故更以他歧屡次往复于编校翰林，则以为此书近累万卷，而抄写居多，刊印十之一。经传子史之编于《图书集成》者，初不刊印，只取人所罕见有益世教之书，以聚珍版刊印于武英殿，而并抄写之本，分作四件，一置大内，一置文渊阁，一置圆明园，一置热河。抄写则四部外无他本，刊印亦若干本而已。勿论抄写与刊印，工役尚远云云。聚珍版即我国之铸字板。……伏念《四库全书》实就《图书集成》广其规模，则《集成》乃《全书》之原本也。既未得《四库全书》，则先购《图书集成》，更待迄役，继购全书，未为不可。故问于序班等，觅出《古今图书集成》，共五千二十卷，五百二匣，给价银子二千一百五十两，今方载运。②

朝鲜使臣的上述报告，除将清廷开馆辑录之《永乐大典》误为《古今图书集成》，且混丛书与类书为一体外，其他消息应属大致不误。而雍正初年成书之《古今图书集成》，直至五十余年后，始获东传朝鲜，中朝两国间学术文化交流之艰难，于此可见一斑。

乾隆四十七年正月，清修《四库全书》告竣。是年十月，朝鲜冬至使臣来华。翌年三月，取道沈阳返国，此一消息即随之带回朝鲜。据使

---

① 《清高宗实录》卷1017，乾隆四十一年九月戊戌条。
② 吴晗：《朝鲜李朝实录中的中国史料》下编卷10，《正宗实录》元年二月庚申条。第11册，4647页。

臣驰告：

> 臣等一行，二月初六日自燕京离发，二月十四日到巨流
> 河。则沈阳所去《四库全书》领运之行，已到河边，而流渐塞
> 津，不得行船，伐冰开路。故至等滞留三日，待书担过涉后，
> 始为渡河。盖《四库全书》昨年春始告成，一帙为三万六千
> 卷，而《总目》为二百卷云。①

乾隆四十九年十一月，《四库全书》一式四份抄写藏事。翌年四月，此一消息亦由朝鲜使臣带回。据称："《四库全书》四部缮写之役，前年冬告竣，分藏于文渊、文源、文津、文溯等阁，每部共为三万六千卷。就其中抄出奇文，附诸剞劂。"②

《四库全书》内廷四部中，文津阁本置于热河（今河北承德）避暑山庄。因清高宗每年夏秋间多理政于此，故随手翻检，屡举讹误而命当事官员重校。有关这方面的情况，同样见诸朝鲜使臣的报告。据正宗十六年（清乾隆五十七年，1792）三月，书状官沈能翼所进别单记：

> 《四库全书》共六千一百四十四函，先为写就，已经详校
> 者五千八百五十余函，系武英殿提调。近以文源、文渊、文津
> 三阁官员看检详校，每员每日各看二万字，而盛京文溯阁藏书
> 亦同考阅。文津阁在于热河，道路较远，运送不便，此则前往
> 就近看阅。文溯阁弓函卷帙告繁，令张焘等前往抽阅，陆锡熊
> 同往抽查，而并令武英殿查明分别，尚未迄工。③

此时的李氏朝鲜，虽未能如清廷之动用巨帑，会聚儒臣，纂修卷帙

---

① 吴晗：《朝鲜李朝实录中的中国史料》下编卷10，《正宗实录》七年三月乙卯条。第11册，4718页。

② 吴晗：《朝鲜李朝实录中的中国史料》下编卷10，《正宗实录》九年四月戊戌条。第11册，4764页。

③ 吴晗：《朝鲜李朝实录中的中国史料》下编卷11，《正宗实录》十六年三月壬辰条。第11册，4840—4841页。

浩繁的大型图书，然而正宗君臣如此关注《四库全书》，足见对清廷这
一举措的高度重视。因之在正宗当政的二十四年间，自五年纂修《奎章
总目》始，历年不断之文献整理、图书编纂、刊印、藏弆，直至十六
年，"命仿中国《四库书》聚珍版式，取字典字本，木用黄杨，刻成大
小三十二万余字，名曰生生字"①；二十年，完成整理铸字；迄于二十
二年编定《四部手圈》，在在皆折射出清修《四库全书》之积极影响。

二十四年（清嘉庆五年，1800）六月，正宗去世。纯宗继位伊始，
即于元年（清嘉庆六年，1801）七月，将其父遗著《四部手圈》刊行。
关于《四部手圈》及其刊行情况，据《纯宗实录》记：

> 秋七月……癸巳，印颁《御定四部手圈》。先朝万机之暇，
> 尝取经、史、子、集四部书，亲御铅椠，披圈抄节，合成一
> 书。凡二十五编：《三礼》三编；《史记》、《两汉书》三编；
> 《周子》、《两程子》、《张子》、《朱子》九编；《陆宣公》一编；
> 《唐宋八家》七编。至是命内阁刊印，分藏宙合楼、华宁殿、
> 五处史库、内阁弘文馆、华城行宫。仍赐颁大臣阁臣，监印阁
> 臣以下施赏。②

至此，围绕清修《四库全书》，中朝两国在有限的渠道内，实现了
一次有成效的学术交流。

四、余论

乾隆、嘉庆年间，清廷视李氏朝鲜为藩属，居高临下，俨然上国。
而李氏朝鲜亦尊清廷为大国，尊周事大，委曲周旋。此一时期的中朝两
国，不存在对等的国际关系，两国间的学术文化交流，也因之而呈畸形

---

① 吴晗：《朝鲜李朝实录中的中国史料》下编卷 12，《正宗实录》二十年三月癸亥条。第
12 册，4919 页。
② 吴晗：《朝鲜李朝实录中的中国史料》下编卷 13，《纯宗实录》元年七月癸巳条。第 12
册，5033 页。

态势。惟其如此，雍正初年成书的《古今图书集成》，直至五十余年之
后，方才东传朝鲜①；乾隆中叶以后风靡朝野的考据学，朝鲜君臣亦知
之不确，以致在正宗二十三年（清嘉庆四年，1799）作出错误估计，声
称："近来中国学问滔滔，是王陆余派。"② 然而就是在如此艰难的情况
下，清修《明史》得以东传，《四库全书》的编纂亦在东邻产生了积极
影响。

此外，在此期间，由于朝鲜使臣的频繁来华，年复一年，从不间
断，或在京中琉璃厂书肆，或在行馆，或在旅途，间有接触朝野儒臣文
士的机会，冷眼旁观，亦可反映一时社会和学术之真相。譬如英宗十九
年（清乾隆八年，1743），朝鲜使臣报告在华所见，即称："外似升平，
内实蛊坏，以臣所见，不出数十年，天下必有大乱。盖政令皆出要誉，
臣下专事谀说，大臣庸碌，而廷臣轻佻，甚可忧也。"③ 又如正宗二年
（清乾隆四十三年，1778），朝鲜君臣议及燕市所见，则云："乾隆盖英
主，而近因年老，政令事为，间多苛严，故人怀不安矣。……华夏文
物，荡然扫地。甚至大成殿廊，恒作街童游戏之场。檐庑荒颓，庭草芜
没，而未见一介清衿之在旁守护。"④ 两年后，又称："近日皇帝禁不与
外使相通，犯者论以死辜，故留馆时，不见士子来访者矣。闻象译所
传，南士之入于上舍者，与一译相熟，颇聪明，解文字，盛称朝鲜文华
之治，酒半，至于投兜循发泣下云。"⑤ 时隔三年，朝鲜君臣再议清廷
政令风俗，更云："视三十年前大不同，人心少淳实之风，政令多苛急

① 吴晗：《朝鲜李朝实录中的中国史料》下编卷10，《正宗实录》元年二月庚申条。第11
册，4647页。
② 吴晗：《朝鲜李朝实录中的中国史料》下编卷12，《正宗实录》二十三年七月壬申条。
第12册，4993页。
③ 吴晗：《朝鲜李朝实录中的中国史料》下编卷9，《英宗实录》十九年十月丙子条。第11
册，4518页。
④ 吴晗：《朝鲜李朝实录中的中国史料》下编卷9，《正宗实录》二年七月丙申条。第11
册，4665页。
⑤ 吴晗：《朝鲜李朝实录中的中国史料》下编卷10，《正宗实录》四年十一月辛丑条。第
11册，4703页。

之事云矣。"①

正宗九年(清乾隆五十年,1785),清高宗假修《四库全书》而禁毁图书,有关故事亦由朝鲜使臣传回国内。据称:"曾于戊子(乾隆三十三年——引者),皇帝阅钱谦益文稿,谕以谦益为胜国既失一死之义,敢做无伦之说,欲掩后人之目,此而不诛,纲常亏矣。即速追律毁板。前后因纂辑之役,又加怒徐渭、陈继儒、孙承泽、钱谦益、王士禛等文集及笺注诸书。明人文字之语涉讥议者,皆令毁板,共为七百八十九种。"② 之后,朝鲜一度禁止使臣在北京购回"左道不经"之书,盖即缘此而起。正宗十九年(清乾隆六十年,1795),朝鲜君臣直斥"唐学"之弊,认为:"所谓唐学,为弊转甚,……不似治世之音。"③

乾嘉时期的中朝两国,由于各自历史、经济、政治、社会、文化存在的具体差异,其儒学在此一时期选择了不同的发展方向。中国儒学以经学济理学之穷,走的是朴实考证经史之路,而朝鲜儒学则以辑印朱子书、表彰朱子学,走向朱子学之复兴。历史演进千姿百态,这大概就叫做一致百虑,殊途同归。

---

① 吴晗:《朝鲜李朝实录中的中国史料》下编卷 10,《正宗实录》五年四月辛亥条。第 11 册,4706 页。

② 吴晗:《朝鲜李朝实录中的中国史料》下编卷 10,《正宗实录》九年四月戊戌条。第 11 册,4763 页。

③ 吴晗:《朝鲜李朝实录中的中国史料》下编卷 11,《正宗实录》十九年八月辛丑条。第 11 册,4895 页。

第二章
古学复兴之风的酝酿

经历明清更迭的社会动荡，康熙中叶以降，清代社会由乱而治。为了寻求"持盈保泰"之道，一方面是清廷选择尊崇朱子学的途径，试图凭以确立社会的道德藩篱。另一方面，则是在以经学济理学之穷的学术潮流之中，古学复兴之风以其不可抗拒的内在逻辑力量，由涓涓细流而蔚为大国，深刻地作用于一时的学术发展。迄于乾隆初叶，一个迥异"性与天道"论究的学术流派，摆落宋明，回归两汉，以兴复古学为职志，以训诂治经为方法，高扬汉帜而登上了历史舞台。

第一节　兴复古学的前驱

一、对宋明学术史的总结

明中叶以后，理学盛极而衰，步入批判与总结时期。顺应此一历史发展趋势，总结宋明学术史的风气悄然而起。先是万历间耿定向《陆杨学案》、刘元卿《诸儒学案》出而开启先路，迄于明亡，则有周汝登《圣学宗传》、刘宗周《皇明道统录》的相继结撰。入清孙奇逢著《理学宗传》，开清初学术界总结宋明学术史风气之先声。以《理学宗传》为滥觞，魏裔介的《圣学知统录》、汤斌的《洛学编》、魏一鳌的《北学编》、费密的《中传正纪》、黄宗羲的《明儒学案》、张夏的《洛闽渊源录》、熊赐履的《学统》、范镐鼎的《理学备考》等接踵而起，南北呼应，形成总结宋明学术史的强劲声浪。成功的学术总结，是谋求新发展的必要准备。在上述诸多总结性著述之中，尤以黄宗羲著《明儒学案》，承先启后，继往开来，对当时及尔后的学术演进，影响最为深远。《明儒学案》凡62卷，上起明初方孝孺、曹端，下讫明亡刘宗周、孙奇逢，有明一代理学中人，大体网罗其中，实为一部明代理学史。全书由五个部分组成：一、师说；二、学有授受传承的各学派；三、自成一家的诸多学者；四、东林学派；五、蕺山学派。

《师说》部分，系辑录著者业师刘宗周论一代诸儒学术语而成，以明全书师承所自。刘宗周之学，远宗王守仁，却又能不为阳明成说拘囿，独阐诚意，以"慎独"标宗。所以《师说》中论王守仁学，既最能明其精要，亦深识其弊短之所在。刘氏所论之深刻影响于黄宗羲及诸蕺山后学者，主要有如下几点：

其一，阳明学之与朱子学，觝牾集中于对《大学》的疏释。朱熹主张先格致而后诚意，王守仁则释以即格致为诚意。两家之教殊途同归，而《大学》八条目，实无先后之可言，因而又隐然推阳明说为正解。其二，王阳明倡"致良知"说而承亡继绝，其来源虽似在陆九渊本心说，但陆学与王学实有毫厘之分，不可不辨。其三，王阳明之学，实远接北宋大儒程颢，程门诸后学，无人可以与之相比。其四，王阳明过早病逝，未能得享高年，因而他的高明卓绝之见并未尽落实地。阳明学之病痛在于："急于明道，往往将向上一几轻于指点，启后学躐等之弊。"因之刘宗周认为，"范围朱陆而进退之"①，应是诸王门后学的共同职志。

《明儒学案》的第二部分，是学有传承的各学派。上起吴与弼《崇仁学案》，下讫湛若水《甘泉学案》，凡42卷，占全书大半篇幅。卷一

———————

① 黄宗羲：《明儒学案》卷首，《师说》。

至卷四为《崇仁学案》，所录为吴与弼、胡居仁等 10 人。黄宗羲以阳明学为明代理学大宗，而溯其渊源，吴与弼倡道江西，传学娄谅，始孕育出日后大盛的阳明学。故述一代理学，吴氏自是开风气大师。卷五至卷六为陈献章《白沙学案》，所录为陈献章、李承箕、林光等 12 人。黄宗羲认为，陈献章早年师从吴与弼，融师说为己有而创为别派，于阳明学兴起多所启发。所以述《崇仁学案》之后，即继以《白沙学案》。明代理学，当阳明学崛起之前，朱子学在北方得薛瑄恪守，流播秦晋，濡染一方，而有河东之学与关学之谓。黄宗羲认为，其开派宗师当推薛瑄，所以卷七和卷八集薛瑄并周蕙、吕楠等 15 人于一编，冠之以《河东学案》。随后则于卷九辟《三原学案》，以述王恕、韩邦奇、杨爵等 6 位关学大师之学。

阳明学为有明一代学术中坚，故《明儒学案》第二部分中，述阳明学派最详。从卷十《姚江学案》至卷三十六《泰州学案》，篇幅达 26 卷，所录阳明学派中人计 98 位之多。黄宗羲认为，有明一代学术，在阳明学兴起之前，大体上是一个"此亦一述朱，彼亦一述朱"的格局，自王守仁指点出"良知"以立教，始开出一条崭新路径。所以他说："无姚江则古来之学脉绝矣。"[①] 一如刘宗周，黄宗羲亦在《姚江学案》卷首议及王门四句教。佢他并未拘泥于师门之说，而是认为四句教本无病痛，只是为学者误会，一味依己意阐释，以致乖违师门本旨而引向荒谬。以此，黄宗羲不取王畿所倡心、意、知、物俱是无善无恶的"四无"说，且指之为篡改师门教法，有违儒者矩矱，确有近于释、老之嫌。不过，他同时又予王畿之学以公允评价，指出：

> 先生亲承阳明末命，其微言往往而在。象山之后不能无慈湖，文成之后不能无龙溪，以为学术之盛衰。因之，慈湖决象山之澜，而先生疏河导源，于文成之学固多所发明也。[②]

---

① 黄宗羲：《明儒学案》卷 20，《姚江学案》。
② 黄宗羲：《明儒学案》卷 12，《浙中三门学案二》。

王守仁故世之后，越中诸王门弟子，因对四句教法解说分歧，流弊丛生。黄宗羲认为，独有江西阳明学诸传人，最能得师门真谛，从而使阳明学赖以传衍。故而《明儒学案》第二部分中的《江右王门学案》，竟多至九卷。阳明及门下弟子中，汝中、汝止，二王齐名。汝中谓浙东王畿，汝止谓泰州王艮。王艮倡学泰州，以"淮南格物"和"百姓日用即道"之说而立异师门。数传之后，遂掀翻天地，非名教之所能拘络了。黄宗羲于此痛心疾首，为揭露其弊害，列为《泰州学案》四卷。他说：

> 阳明先生之学，有泰州、龙溪而风行天下，亦因泰州、龙溪而渐失其传。泰州、龙溪，时时不满其师说，益启瞿昙之秘而归之师，盖跻阳明而为禅矣。然龙溪之后，力量无过于龙溪者，又得江右为之救正，故不至十分决裂。泰州之后，其人多能以赤手搏龙蛇，传至颜山农、何心隐一派，遂复非名教之所能拘络矣。①

至此，阳明学遂告盛极而衰，处于非变不可的关头了。

《泰州学案》之后，为《甘泉学案》六卷，所录为湛若水、许孚远、冯从吾等11人。《明儒学案》之何以要列《甘泉学案》？黄宗羲有如下解释："王、湛两家，各立宗旨。湛氏门人虽不及王氏之盛，然当时学于湛者或卒业于王，学于王者或卒业于湛。亦犹朱、陆之门下，递相出入也。"② 也就是说，王、湛两家虽宗旨各异，但为师者既多往还，其弟子又递相出入，殊途而同归。因而记甘泉学，不啻表彰阳明学。清代道光间，莫晋重刊《明儒学案》，谓黄宗羲实以大宗归阳明，洵称信然不诬。

《明儒学案》卷四十三至卷五十七，为《诸儒学案》上、中、下，以此构成全书第三部分。自卷上方孝孺、曹端诸儒始，经卷中罗钦顺、王廷相等，迄于卷下霍韬、吕坤、黄道周、孙奇逢辈，入案学者上下有

---

① 黄宗羲：《明儒学案》卷 32，《泰州学案一》。
② 黄宗羲：《明儒学案》卷 37，《甘泉学案一》。

明一代，凡 42 人。对于《诸儒学案》的设置，黄宗羲解释得很清楚，他说：

> 诸儒学案者，或无所师承，得之于遗经者；或朋友夹持之力，不令放倒，而又不可系之朋友之下者；或当时有所兴起，而后之学者无传者，俱列于此。

至于各卷的布局，黄宗羲则作如是解释：

> 上卷则国初为多，宋人规范犹在。中卷则皆亲闻阳明之学而骇之，有此辩难，愈足以发明阳明之学，所谓他山之石，可以攻玉也。下卷多同时之人，半归忠义，所以证明此学也，否则为伪而已。①

《明儒学案》的第四部分，为《东林学案》四卷，所录为顾宪成、高攀龙等 17 人。当明末季，宦官祸国，党争如炽，国运、文运皆江河日下。率先起而振颓救弊者，为东林诸君子。黄宗羲于东林诸公的忠烈节义，推崇备至，赞为"一堂师友，冷风热血，洗涤乾坤"。顾、高诸公，鉴于王学末流的狂禅习气，以王门四句教为把柄，矛头所向，不惟以王畿为的，而且直指其师三守二的"致良知"说。黄宗羲于此则深不以为然，故在《东林学案》中多所辩诘。他始而再辩四句教，重申王畿四无说与阳明绝无干涉。继之针对高攀龙对"致良知"说的批评，反唇相向，斥其格物说在朱、王间进退失据。他的结论是："先生之格物，本无可议，特欲自别于阳明，反觉多所扞格耳。"② 最后则借其师刘宗周之言，对高氏学说作了"半杂禅门"的总评。宗羲于此指出："忠宪固非佛学，然不能不出入其间，所谓大醇而小疵者。"③

在黄宗羲看来，晚明学术界，以修正阳明学而足称师门干城者，则

① 黄宗羲：《明儒学案》卷 43，《诸儒学案上一》。
② 黄宗羲：《明儒学案》卷 62，《蕺山学案》。
③ 同上。

是其师刘宗周。于是《明儒学案》便以《蕺山学案》殿后，既以之对全书作出总结，亦以之对一代理学，乃至整个宋明数百年理学作出总结。用他的话来说，就叫做："若吾先师，则醇乎其醇矣。"黄宗羲甚至说："识者谓五星聚奎，濂、洛、关、闽出焉；五星聚室，阳明子之说昌；五星聚张，子刘子之道通。岂非天哉！岂非天哉！"① 惟其如此，《蕺山学案》以"慎独"说为中心，既有对理学诸基本范畴的阐释，又有对诸学术大师学说的评论。其所涉内容之广泛，辑录资料之翔实，不惟为全书其他学案所不可比拟，而且即使是《姚江学案》，亦难免相形逊色。

《明儒学案》稿成，黄宗羲以耄耋之年而续纂《宋儒学案》、《元儒学案》，惜天不假年，赍志而殁。之后，黄百家承其父未竟之志，致力有年，亦未克如愿，纂辑《宋元学案》遂成黄氏父子留给后世的学术事业。

清人考论宋明理学，每每将陆、王与程朱对立，过分地强调了两派之间学术主张的差异，却忽视了由朱子学到阳明学是一个理论思维演进的历史过程。这样，数百年的学术发展史，便成了一部学派对立史。显然，这同理学发展的历史实际是不相吻合的。我们认为，阳明学既是继承陆学与朱子学有别的学派，同时，它更是对理学，既包括陆学，也包括朱子学的发展。

理学在 11 世纪以后的中国社会出现，一方面是封建地主阶级挽救其统治危机的需要；另一方面也是传统儒学为抗拒佛学的风行，吸取佛学及中国自身的道家、道教思想而进行自我更新的结果。儒家学说本来就具有浓厚的伦理道德色彩，由于历史条件的制约，11 世纪以后的儒学自我更新，把传统的伦理道德学说膨胀为其核心，并使之披上了性与天道的学术思辨外衣。理学家们试图通过把封建伦理道德本体化为"天理"的理论论证途径，确立"存天理，灭人欲"的社会准则，从而去完成封建制度永恒的理论论证。

这个理论论证过程的完成，在中国封建社会晚期足足经历了五个世

----

① 黄宗羲：《明儒学案》卷 62，《蕺山学案》。

纪的时间。从北宋中叶的理学家周敦颐、邵雍开始，中经张载、程颢、程颐，直到南宋时的陆九渊、朱熹告一段落，封建伦理道德的"天理"地位，已经用理论规范的形式固定下来。然而，先验的、至高无上的"天理"，又是如何同世俗的人结合在一起，从而成为人世间的主宰？这样一个问题，直到集理学之大成的朱熹，并没有得到完满的解决。尔后，又经历了近三百年的时间，才由明代中叶崛起的王守仁，以其"吾心之良知，即所谓天理也"的直截论证，最终加以完成。①

王守仁的"致良知"学说，标志着宋明理学对其历史课题的最终完成。它既是对宋明理学的发展，同时也正是阳明学本身，把整个宋明理学导向了没落。

宋明理学将封建伦理道德本体化的过程，本来就是以蒙昧主义为前提的。朱熹的"圣贤千言万语，只是教人明天理，灭人欲"②，其基本特征就是笃守孔孟以来的封建伦理道德信条。然而到了王守仁这里，他却将神圣不可侵犯的"天理"纳入人"心"之中。阳明学中的最高哲学范畴"心"，同朱子学的最高哲学范畴"理"一样，都是一个玄虚的精神实体，它们同样具有先验的性质。所不同的，只是朱熹的"理"是以六经、孔孟为论究依据，具有鲜明的儒学正统色彩，而王守仁的"心"，以及这个"心"所固有的"良知"，则并无一个确定的是非标准可循，因之使它带上了招致正统派经学家、理学家攻诘的异端色彩。王守仁曾经这么说过："夫学贵得之心。求之于心而非也，虽其言之出于孔子，不敢以为是也，而况其未及孔子者乎！求之于心而是也，虽其言之出于庸常，不敢以为非也，而况其出于孔子者乎！"③ 他还认为："良知只是个是非之心，是非只是个好恶，只好恶就尽了是非，只是非就尽了万事万变。"④ 于是乎"天理"便脱离了孔子以来的是非标准，而成为游移

————————————

① 王守仁：《传习录》中，《答顾东桥书》。
② 朱熹：《朱子语言类》卷 12，《学六·持守》。
③ 王守仁：《传习录》中，《答罗整庵少宰书》。
④ 王守仁：《传习录》下。

不定，可以随心所欲去解释的东西。这就为阳明学，乃至整个宋明理学从理论上的崩解，打开了一个致命的、无法弥合的缺口。风行于明朝万历中叶以后的泰州学派，正是沿着王守仁"致良知"说的逻辑程序走下去，直至"掀翻天地"，"非名教之所能拘络"。

黄宗羲对宋明学术史的总结表明，以论证封建伦理道德永恒为宗旨的宋明理学，发展到明朝末年，竟然同其本来宗旨严重背离，乃至走到其反面，构成了一股对封建道德的离心力。这就说明，作为一种学术形态，宋明理学在理论上已经走到了尽头。

二、训诂治经方法论的提出

明末以来，王阳明心学乃至整个宋明理学的没落，客观地提出了中国学术何去何从的问题。由于此一时期我国社会、经济、政治、文化诸多方面发展水准的制约，决定了在封建的小农经济基础之上，不可能产生比宋明理学思维水准更高的学术形态。因此，前述黄宗羲对宋明学术史的总结，其结果是无从看到出路，最终只能重复其师刘宗周的学术主张，"范围朱陆而进退之"，走的是修正阳明学的道路。而与之同时的顾炎武，则在对宋明理学的审视之中，通过精心结撰《日知录》，提出"读九经自考文始，考文自知音始"的训诂治经主张，建立起以经学济理学之穷的学术藩篱，从而成为兴复古学的倡导者。

顾炎武生当明清鼎革，他对宋明理学的审视，以总结明亡的历史教训为出发点，因而其锋芒所向，首先便是王阳明心学。在顾炎武看来，明末的"神州荡覆，宗社丘墟"，正是阳明后学空谈误国的结果。他说："刘、石乱华，本于清谈之流祸，人人知之，孰知今日之清谈有甚于前代者。昔之清谈谈老庄，今之清谈谈孔孟，未得其精而已遗其粗，未究其本而先辞其末。不习六艺之文，不考百王之典，不综当代之务，举夫子论学、论政之大端一切不问，而曰一贯，曰无言。以明心见性之空言，代修己治人之实学，股肱惰而万事荒，爪牙亡而四国乱，神州荡覆，宗社丘墟。"① 把明朝的灭亡归咎于阳明学，固然与历史实际相去甚远，但是顾炎武在这里对晚明空疏学风的鞭挞，以及他所阐述的"空谈误国"的道理，却又无疑是正确的。由于顾炎武对晚明心学泛滥的深恶痛绝，因此为了从根本上否定王学，他不仅从学术史的角度，对这一学说追根寻源，而且还把心学同魏晋清谈并提，认为其罪"深于桀、纣"。②

顾炎武否定了心学，那么以什么去取而代之呢？以程朱之学吗？不是的。在顾炎武看来，不惟心学是内向的禅学，而且以"性与天道"为论究对象的整个宋明理学，也不免流于禅释。他指出："窃叹夫百余年以来之为学者，往往言心言性，而茫乎不得其解。命与仁，夫子之所罕言也；性与天道，子贡之所未得闻也。……今之君子则不然，聚宾客门人之学者数十百人，譬诸草木，区以别矣，而一皆与之言心言性。舍多学而识，以求一贯之方，置四海之困穷不言，而终日讲危微精一之说。是必其道之高于夫子，而其门弟子之贤于子贡，祧东鲁而直接二帝之心传者也，我弗敢知也。"③ 这就是说，不顾国家安危，不讲出处、去就、辞受、取与之辨，而津津乐道于"性与天道"，同样不是儒学正统。顾炎武认为，这样的学说实际上已经堕入禅学泥淖。所以他说："樊迟问仁，子曰'居处恭，执事敬，与人忠'。司马牛问仁，子曰'仁者，其言也讱'。由是而充之，一日克己复礼，有异道乎？今之君子，学未及乎樊迟、司马牛，而欲其说之高于颜、曾二子，是以终日言性与天道，而不自知其堕于禅学也。"④ 这一段话当然不仅是对陆王心学的否定，同样也是对整个宋明理学中人的批评。在这样的批评中，尽管没有明显的指责朱子学的倾向，而且往往还是推扬程朱以排击陆王，但透过表面之词，则可以看出，顾炎武所追求的学术形态，并不是以"性与

---

①　顾炎武：《日知录》卷7，《夫子之言性与天道》。
②　顾炎武：《日知录》卷18，《朱子晚年定论》。
③　顾炎武：《亭林文集》卷3，《与友人论学书》。
④　顾炎武：《日知录》卷7，《夫子之言性与天道》。

天道"为论究对象的理学。

面临以什么样的学术形态去取代心学的抉择，顾炎武虽然没有走向朱子学复归的老路，但是历史与认识的局限，却又使他无法找到比理学更为高级的思维形式。于是他只好回到传统的儒家学说中去，选择了复兴经学的途径。

作为心性空谈的对立物，在晚明的学术界，已经出现了"通经学古"的经学倡导。此风由嘉靖、隆庆间学者归有光开其端，他指出："圣人之道，其迹载于《六经》。……《六经》之言，何其简而易也。不能平心以求之，而别求讲说，别求功效，无怪乎言语之支而蹊径旁出也。"① 鉴于八股时文的肆虐杏坛，他痛斥其对人才的败坏和世道的为害，积极进行"通经学古"的倡导。归有光说："近来一种俗学，习为记诵套子，往往能取高第。浅中之徒，转相效仿，更以通经学古为拙。则区区与诸君论此于荒山寂寞之滨，其不为所嗤笑者几希！然惟此学流传，败坏人才，其于世道为害不浅。"② 对一时理学中人的空言讲道，归有光予以断然否定，主张以讲经去取代讲道。他说："汉儒谓之讲经，而今世谓之讲道，夫能明于圣人之经，斯道明矣，道亦何容讲哉！凡今世之人，多纷纷然异说者，皆起于讲道也。"③ 万历年间，焦竑、陈第继之而起，皆以"明经君子"而著称一时。④ 天启、崇祯两朝，钱谦益成为归有光学术主张的后先呼应者。钱氏倡导"古学"，认为宋明以来的道学，并非儒学正统，而是犹如八股时文般的"俗学"。他说："自唐宋以来，……为古学之蠹者有两端焉，曰制科之习比于俚，道学之习比于腐。斯二者皆俗学也。"⑤ 钱谦益与归有光唱为同调，坚决反对"离经而讲道"，指出："汉儒谓之讲经，而今世谓之讲道。圣人之经，即圣

---

① 归有光：《归震川先生全集》卷 7，《示徐生书》。
② 归有光：《归震川先生全集》卷 7，《山舍示学者》。
③ 归有光：《归震川先生全集》卷 9，《送何氏二子序》。
④ 陈第：《一斋集》不分卷，《尚书流衍自序》。
⑤ 钱谦益：《初学集》卷 79，《答唐汝谔论文书》。

人之道也。离经而讲道，贤者高自标目，务胜前人，而不肖者汪洋自恣，莫可穷诘。"① 钱谦益明确主张，应当"以汉人为宗主"去研治经学。在明亡前所结撰的《初学集》中，他就此写道："学者之治经也，必以汉人为宗主。……汉不足，求之于唐，唐不足，求之于宋，唐宋皆不足，然后求之近代。"②

从归有光到钱谦益，晚明学者的经学倡导和兴复"古学"的努力，表明以经学济理学之穷的学术潮流，已经在中国传统儒学的母体内孕育。

顾炎武正是沿着明季先行者的足迹，去为复兴"古学"、重振经学而努力的。顾炎武一生为之而付出的辛勤劳作，主要集中在如下三个方面：

第一，是融理学于经学之中，进而以经学去取代理学。施闰章为顺治、康熙间儒臣，出身理学世家，在一时儒林颇负人望。顾炎武在致施氏的论学书札中，鲜明地提出了'理学经学也"的主张，他说："理学之名，自宋人始有之。古之所谓理学，经学也，非数十年不能通也。故曰，君子之于《春秋》，没身而已矣。今之所谓理学，禅学也。不取之《五经》，而但资之语录，较诸帖括之文而尤易也。又曰，《论语》，圣人之语录也。舍圣人之语录，而从事于后儒，此之谓不知本矣。"③ 顾炎武把经学视为儒学正统，在他看来，不去钻研儒家经典，而沉溺于理学家的语录，就叫做学不知本。因此他呼吁"鄙俗学而求《六经》，舍春华而食秋实"，号召人们去"务本原之学"。④ 如同钱谦益一样，顾炎武也主张"治经复汉"，他说："经学自有源流，自汉而六朝，而唐而宋，必一一考究，而后及于近儒之所著，然后可以知其异同离合之指。如论字者必本于《说文》，未有据隶楷而论古文者也。"⑤

顾炎武的这些主张，其立意甚为清楚，无非是要说明，古代理学的

① 钱谦益：《初学集》卷 28，《新刻十三经注疏序》。
② 钱谦益：《初学集》卷 79，《与卓去病论经学书》。
③ 顾炎武：《亭林文集》卷 3，《与施愚山书》。
④ 顾炎武：《亭林文集》卷 4，《与周籀书书》。
⑤ 同上。

本来面目，其实就是朴实的经学，也就是尔后雍乾间学者全祖望所归纳的"经学即理学"，① 只是后来让释道诸学渗入而禅学化了。所以，顾炎武认为应当张扬经学，在经学中去谈义理，这才叫"务本原之学'。于是乎心学也罢，理学也罢，统统作为"不知本"的"后儒"之学而被摒弃了。

第二，是训诂治经方法论的提出。宋明以来，讲求义理为学术好尚，理学中人轻视训诂声音之学，古音学不绝如缕，若断若续。积习既成，竟至率臆改经而不顾。有鉴于此，顾炎武认为，治经学而不讲音韵文字，则无以入门。于是他在致友人李因笃的论学书札中，力矫积弊，重倡古学，提出了"读九经自考文始，考文自知音始"的训诂治经方法论。顾炎武说："愚以为读九经自考文始，考文自知音始，以至诸子百家之书，亦莫不然。"② 正是由此出发，潜心于古音学研究，经过三十余年的努力，终于写成了我国音韵学史上继往开来的著作《音学五书》。顾炎武的古音学研究，尽管师承有自，从宋人吴棫、郑庠，尤其是明人陈第等的著述中，均获致不少有益启示。但是，由于他能实事求是地进行创辟性研究，因而在音学演变源流的审订、古韵部类的离析诸方面，皆能光大陈第之所得，是正吴棫之疏失，从而获得超迈前贤的成果。南宋以来，于《诗经》随意叶读的积习，至此一一廓清。顾炎武亦以此书赢得一代音韵学开派宗师的地位。

顾炎武复兴经学的努力，"读九经自考文始，考文自知音始"治经方法论的倡导，以及"治经复汉"主张的提出，登高一呼，回声四起，迅速激起共鸣。康熙初叶以后，治经"信古"而"求是"，遂成一时学术界共识。江苏吴江经学家朱鹤龄指出："经学之荒也，荒于执一先生之言而不求其是，苟求其是，必自信古始。"③ 常熟学者冯班也说："经

① 全祖望：《鲒埼亭集》卷12，《亭林先生神道表》。
② 顾炎武：《亭林文集》卷4，《答李子德书》。
③ 朱鹤龄：《愚庵小集》不分卷，《毛诗稽古篇序》。

学盛于汉，至宋而疾汉如仇。玄学盛于晋，至宋而诋为异端。注疏仅存，讹缺渻乱，今之学者，至不能举其首题。"① 流寓扬州的四川新繁学者费密，则以表彰"古经定旨"为职志，主张："学者必根源圣门，专守古经，从实志道。"② 经过顾炎武与其他学者的共同倡导，康熙中叶以后的学术界，在为学方法上，逐渐向博稽经史一路走去，呈现出有别于宋明理学的朴实考经证史的历史特征。

不惟如此，由于诸多方面因素构成的历史合力所作用，顾炎武提出的训诂治经方法论，在乾隆初叶以后，更是不胫而走。迄于嘉庆、道光间，迭经惠栋、戴震、钱大昕、段玉裁以及王念孙、王引之父子的继承和发扬，由识字审音入手，通过古字、古言的考据训诂，进而把握典章制度大要，对儒家经典进行准确诠释，遂成数十年间主流学派共同恪守的学术矩矱。

第三，是精心结撰《日知录》。《日知录》是顾炎武萃毕生心力精心结撰的著述，用他自己的话来讲，就叫做"平生之志与业皆在其中"。③ 什么是顾炎武说的志？他在给潘耒的一封信中，曾就此做过如下阐释："君子之为学也，非利己而已也。有明道淑人之心，有拨乱反正之事，知天下之势之何以流极而至于此，则思起而有以救之。……故先告之志以立其本。"④ 一言以蔽之，顾炎武所说的志，就是要通过其学术著作来"明道救世"。那么，顾炎武讲的"业"又是什么？其实，业之与志，二而一，一而二，水乳交融，不可分割。正如炎武逝世前夕论及毕生追求时所说："天生豪杰，必有所任。……今日者，拯斯人于涂炭，为万世开太平，此吾辈之任也。仁以为己任，死而后已。"⑤ 可见，顾炎武的一生志业，归纳起来就是四个字：学以经世。

---

① 冯班：《钝吟文稿》不分卷，《经典释文跋》。
② 费密：《弘道书》卷上，《古经旨苍》。
③ 顾炎武：《亭林文集》卷6，《与栟雪臣》。
④ 顾炎武：《亭林余集》不分卷，《与潘次耕札》。
⑤ 顾炎武：《亭林文集》卷3，《病起于蓟门当事书》。

在《论语·子张篇》中，孔子的弟子子夏论治学之道，曾谈过如下一句话："日知其所亡，月无忘其所能，可谓好学也已矣。"顾炎武即取子夏论学语义，题书名为《日知录》，以示好学之笃。

《日知录》贯通古今，内容宏富。而其具体门类，则执说不一。潘耒曾大体归纳为八类，即经义、史学、官方、吏治、财赋、典礼、舆地、艺文。乾隆间修《四库全书》，分得更细，竟达十五类之多，即经义、政事、世风、礼制、科举、艺文、名义、古事真妄、史法、注书、杂事、兵及外国事、天象术数、地理、杂考证。无论是八类，还是十五类，同宋明数百年间"性与天道"的论究相比，显然迥异其趣。

顾炎武为什么要写《日知录》？康熙九年，《日知录》初成八卷，顾炎武在《初刻日知录自序》中说得很直率，那便是要"明学术，正人心，拨乱世以兴太平之事"。此后，炎武与友人的书札往复，于此多次重申："向者《日知录》之刻，谬承许可，比来学业稍进，亦多刊改。意在拨乱涤污，法古用夏，启多闻于来学，待一治于后王。"① 这样一个撰述宗旨，始终如一，老而弥坚。当顾炎武晚年向友人谈及一生的学术道路时，曾经有过一段集中表述，他说：

> 君子之为学，以明道也，以救世也。徒以诗文而已，所谓雕虫篆刻，亦何益哉！某自五十以后，笃志经史，其于音学深有所得，今为《五书》以续《三百篇》以来久绝之传。而别著《日知录》，上篇经术，中篇治道，下篇博闻，共三十余卷。有王者起，将以见诸行事，以跻斯世于治古之隆。②

以"有王者起，将以见诸行事，以跻斯世于治古之隆"为撰述宗旨，足见，《日知录》的撰写，实非寻常的经史考据之作。因此，书中笔触所及，无论谈"经术"也好，谈"博闻"也好，归宿皆在"治道"。《日知录》实为一部"引古筹今"，经世致用，探讨治国平天下之道的著作。

---

① 顾炎武：《亭林文集》卷6，《与杨雪臣》。
② 顾炎武：《亭林文集》卷4，《与友人书二十五》。

潘耒是顾炎武入室弟子，颇得其师为学要领。康熙三十四年，当顾炎武的遗著《日知录》以 32 卷定本在福建建阳刊刻时，潘耒特地在序中指出：

> 先生非一世之人，此书非一世之书也。魏司马朗复井田之议，至易代而后行；元虞集京东水利之策，至异世而见用。立言不为一时，录中固已言之矣。异日有整顿民物之责者，读是书而慨然觉悟，采用其说，见诸施行，于世道人心实非小补。如第以考据之精详，文辞之博辨，叹服而称述焉，则非先生所以著此书之意也。

而乾隆间修《四库全书》，为狭隘的考据学障蔽视野，只看到《日知录》中考证经史的内容，便夸大为全书之精粹所在，并进而贬抑潘耒说为"殆非笃论"。[①] 这样一个评价，舍其大而拾其小，显然低估了《日知录》的历史价值，也歪曲了著者的撰述意图，难怪晚清学者朱一新要讥之为"叶公之好龙，郑人之买椟"了。[②]

《日知录》以其朴实元华的务实风尚，宣告了晚明空疏学风的终结，开启了一代健实的新学风。因此，这部著作问世之后，在学术界迅速激起反响。一时南北学者，竞相作同调之鸣。但是，自康熙中叶以后，随着清廷统治的趋于稳定，尤其是雍正、乾隆两朝文字狱的冤滥酷烈，顾炎武在《日知录》中所寄寓的学以经世思想，横遭阉割。为此后学术界所继承的，只是其朴实的考经证史方法而已。于是琐细的考证补苴，日渐成为《日知录》研究中的主流。此风自阎若璩开其端，中经李光地等朝中显贵张大其势而深入庙堂，到乾隆、嘉庆两朝达于极盛。百余年间，注者蜂起，至九十余家之多。其中，既有经学大家如惠栋、江永、顾栋高、戴震、庄存与，也有史学大家如全祖望、钱大昕、王鸣盛、赵翼、邵晋涵，还有一时文坛主盟方苞、姚鼐等。风起云涌，久传不衰，

---

① 《四库全书总目》卷 119，子部 29，《杂家类》3，《日知录》。
② 朱一新：《无邪堂答问》卷 5，《朱永观问》条。

俨若专门学问。道光初，黄汝成集诸家研究之大成，纂为《日知录集释》，不啻百余年间学术演进的一个缩影，留给了我们甚多值得深入探讨的课题。

三、经学考据的示范

经历明清更迭的社会动荡，在以经学济理学之穷的学术潮流之中，一时儒林中人，由考据辨伪入手，全面审视和清理宋明时代的经学，以期对儒家经典作出准确诠释。其间，诸如黄宗羲、宗炎兄弟以及胡渭、毛奇龄之于《周易》，阎若璩、姚际恒之于《尚书》，陈启源、朱鹤龄之于《诗经》，张尔岐之于《仪礼》，顾炎武之于《春秋》，朱彝尊之于群经总义等等，皆是学术风气转换过程中影响深远的著述。尤其是阎若璩著《尚书古文疏证》，流播南北，牵动全局，更起到了无声的示范作用。

在长期流传的儒家经典中，《尚书》一经，聚讼最多，通行本《古文尚书》的真伪，便是其中一个久争不决的问题。这个问题自南宋初吴棫起，中经朱熹、吴澄，直到明人梅鷟等，多所考索，未有定论。顺治十二年（1655），阎若璩开始留意这一问题，着手撰写《尚书古文疏证》，跨进了经学研究的门槛。时年 20 岁。之后，经数年苦心摸索，十七年，若璩拜同里举人吴一清为师，学习经史考据之学。明人邵宝的《简端录》和宋人王应麟的《困学纪闻》，把他逐渐导向经史考据的殿堂。

康熙元年（1662）秋，若璩离淮安，取道北京，返回祖籍参加来年的乡试。迄于十七年，四度往返，皆遭败绩。在频年的南北游学中，《古文尚书》的辨伪，始终是阎若璩与各地学者论究的重要议题。康熙十一年，若璩获可喜突破，判定通行本《古文尚书》为魏晋之间假托。他喟叹："梅氏晚出书，自东晋迄今岁次壬子（即康熙十一年——引者），一千三百五十六年，而屹与圣经贤传并立学官，家传人诵，莫能以易。"①

---

① 阎若璩：《尚书古文疏证》卷 2，第 17 条。

于是慨然以拨乱反正自任，决意效法宋人欧阳修，为辩证伪书而不惜向传统偏见挑战。翌年，若璩自西北而归，途经安徽灵璧。时值山东学者马骕在当地任知县，若璩过其府中，秉烛纵谈，就行文风格历数《古文尚书》伪迹。马骕闻所未闻，当即取出两部《尚书》文本，一为南宋蔡沈注本，一为单行经文本。马、阎各执一册，校读指证，取得完全一致的见解。临别，若璩向马骕建议："公著《绎史》，引及《尚书》处，不可不分别标出今文、古文。"[1] 马氏欣然同意。

康熙十七年，清廷诏开博学鸿儒科，命内外大员荐举海内"奇才硕彦"赴京应试。秋，若璩在乡试中再遭挫折后，即经大理寺左寺副邱象升保荐，离晋赴京。此时的京中，才士云集，号称旷典。若璩得以跻身其间，喜不自胜，贺为"野无遗贤"。[2] 在住地，他以博物洽闻，精于考据经史，独为诸君所推重，过从质疑，多所切磋。可是，一如历年在科场角逐中的遭遇，翌年春天的特科考试，他依旧名落孙山。若璩恃才傲物，对这样的结局耿耿于怀，久滞京中不去。在特科录取的五十人中，除吴任臣、徐嘉炎外，其余诸人多为他所轻视。试前与之往复论学的李因笃、汪琬，更被指名讥刺。他说："有来问五十人人物何如者，弟答以吴志伊之博览，徐胜力之强记，可称双绝。若李天生之杜撰故事，汪苕文之私造典礼，恐亦未必有三。"[3] 李因笃以母老告归后，汪琬成为阎若璩抨击的主要对象。琬为翰林院修撰缪彤父撰墓志，因文中叙缪氏家世远及高祖，若璩指为不合书法；琬著《五服考异》，若璩又拈出纰缪，大加揶揄。琬恨而相争，以若璩有亲在，不得言丧礼反驳。若璩寸土不让，引证古史，斥汪氏为拾人唾余。汪、阎二人自此结怨，终身不解。这场关于古代丧礼的争论，引起詹事府儒臣徐乾学的注意，徐氏询问若璩，能否在经籍中找出驳斥汪说的依据。若璩以《礼记》中

---

[1] 阎若璩：《尚书古文疏证》卷8 第115条。

[2] 阎若璩：《潜丘札记》卷5，《与刘超宗书》。

[3] 阎若璩：《潜丘札记》卷5，《与徐电发书》。

《曾子问》一篇作答，徐氏大为叹服，于是邀至宅邸，延为上客。

此时，阎若璩的《尚书古文疏证》已成前四卷。对这四卷书稿，若璩十分得意，竟以司马迁的《史记》自况，录写了四本，一寄陕西，请友人王弘撰藏于太华山；一寄广东，请友人屈大均藏于罗浮山；另二本则一存江南黄虞稷千顷堂；一送宦居北京的传是楼主人徐乾学，以求"藏之名山"，"副在京师"。① 为了扩大影响，他曾将该书送请在京学者朱彝尊审阅。彝尊对这部书的"小心对缝掖，余勇剌古人"，虽作了肯定，但终因不主张怀疑东晋晚出《古文尚书》，所以仅给了该书以"其言狂且醇"的有保留的评价。② 后来，若璩又将书稿寄往浙江，请著名学者黄宗羲撰写序言。宗羲对若璩的穷经之功十分赏识，认为这四卷书"取材富，折衷当"，"可以解史传连环之结"，"足以祛后儒之蔽"。③

康熙二十一年，若璩离京南下，做客福建。翌年，又应徐乾学的邀请再到京师。此后近十年中，除康熙二十五年短期南还，若璩一直作为徐邸上宾，逗留京师。乾学每当著述诗文成，多请若璩裁订，凡若璩考据、辨析、议论，辄手录成帙，题为《碎金》。由于徐乾学的尊信，阎若璩名闻朝野。内阁学士李天馥有云："生平文笔，非得阎某校定，不克免误。"④ 时值徐乾学在宦途春风得意，炙手可热，以文学优长，身兼《一统志》、《会典》、《明史》三馆总裁。乾学颇好招引，聚集其幕中的文士虽多有蝇营蚁附之辈，但也有像顾祖禹、胡渭、黄仪等确具真才实学的儒者。顾、黄精于地理学，胡渭也是一时经学名家。若璩与他们的朝夕相处，问学论难，治学门径大为开拓。在潜心经史考据的同时，他又涉足于地理、历算等学的研究。若璩认为，穷经者须知地理，而朱熹的《四书集注》，其瑕疵恰好就在于"不甚娴地学，又臆解字义"。于

---

① 阎若璩：《尚书古文疏证》卷4，第64条。
② 朱彝尊：《曝书亭集》卷10，《酬阎若璩》。
③ 黄宗羲：《南雷文定三集》卷1，《尚书古文疏证序》。
④ 阎若璩：《潜丘札记》卷6，《敬赋》。

是他撰写了《四书释地》，对古地名多有考释。同时，若璩又利用身为徐幕上宾之便，与在《明史》馆供职的吴任臣，以及以布衣修史的万斯同等多有往来。任臣以历算学见长，斯同为黄宗羲高足，以史学最称专精。二十二年至二十四年间，若璩向任臣虚心求教，专攻历算学。后来，他之所以能在《尚书古文疏证》中以步算考证经义，据算术以证《古文尚书》之伪，便多得益于此数年之所学。万斯同关于历史编纂学的若干见解，尤其是"撰《一统志》奚必及人物，人物自有史传诸书"的主张，也成为日后阎若璩撰著时的准绳。

康熙二十八年，徐乾学在官场倾轧中失势，被迫疏请去官回乡。圣祖命"携书籍即家编辑"。翌年春，若璩随乾学南归。夏，乾学开书局于太湖东洞庭山。两年后，徐氏因招权纳贿事发，再被弹劾夺职。书局裁撤，同人四散。作为徐氏的主要幕宾，若璩曾相随避居浙江嘉善及江苏苏州。三十二年，他见预局已成，再难撑持，遂与徐氏分手。作幕他人，光阴荏苒，倏尔已近花甲之年。这年冬天，若璩带着继续撰写中的《尚书古文疏证》南游杭州，开始了他晚年徜徉湖山、访友论学的闲适生活。

在南游苏杭的近十年间，若璩不但与旧日友好朱彝尊、毛奇龄等问学论难，不时过从，而且还结识了浙江学者王复礼、姚际恒，以及远游钱塘的北方学者李塨等。他广为宣传东晋晚出《古文尚书》为伪书的主张，既以找到姚际恒这样的同调共鸣者而喜得裨益，却也因毛奇龄、李塨的唱为别调，尤其是毛奇龄在这个问题上的蓄意立异而穷于应付。阎、毛二人习性强项，在名誉之前素不甘于人后，清初诸学术大师凋谢之后，他们更是以一时大儒自命。若璩公开表示，他平生服膺的学者仅有三人，一为钱谦益，一为黄宗羲，一为顾炎武，三者去世，海内无人，读书种子已绝。可是，就是钱、黄、顾三人，依然免不了要为他所臧否。若璩论钱谦益道："此翁之春秋不足作准。"[①] 论顾炎武则称：

① 阎若璩：《潜丘札记》卷5，《又与戴唐器》。

"余遇之太原，持论岳岳不少阿，久乃屈服我。"① 而对黄宗羲，他虽以不得师从引为憾事，却又认为"太冲之徒粗"。② 于宗羲的论著，若璩亦多所批评，认为《明文案》选文失当，《明儒学案》"似是而非"，《明夷待访录》"不通经术"、"不通古今"。③ 若璩承清初博赡经世学风之后，置前贤经世之志于不讲，独将博学风气加以发展。他鄙薄文人和理学中人的孤陋寡闻，宣称"素鄙薄道学先生不博学"，又说"诗人、道学皆寡陋可耻者"。他不仅诋斥阳明学，将王守仁的"致良知"说归结为明代学术不盛的重要原因，而且对时兴的朱子学，也多有微词。在若璩看来，惟有他所专意的经史考据，才是度越今古的绝学。他说："训诂之学，至宋人而亡，朱子尤其著者。"因此，这门学问"在古人中亦属绝学，不论今人不识"。若璩自视甚高，他曾集晋人陶弘景、皇甫谧语为一联，自题寓庐柱云："一事不知，以为深耻；遭人而问，少有宁日。"甚至借他人之口大肆张扬："吾书欲无所不有，志在驾轶古人。"④

阎若璩的睥睨当代，毛奇龄自然是不愿接受的。奇龄从阳明学中来，对若璩的贬斥陆九渊、王守仁，更是不能坐视。因此，当康熙三十二年冬，他们会晤于杭州的次日，奇龄便致书若璩，指出："昨承示《尚书疏证》，此不过惑前人之说，以《尚书》为伪书耳。其于朱陆异同，则风马不及，而忽诟金溪，并及姚江，则又借端作横枝矣。"⑤ 后来，奇龄又在李塨的启发下，专为撰写《古文尚书冤词》，以驳诘《尚书古文疏证》。三十八年夏，李塨携该书北返，途经淮安，出示阎若璩。若璩见书大惊，然而由于《尚书古文疏证》未为尽善，奇龄据隙以攻，自难反击；加之毛氏辩才雄劲，词锋犀利，若璩骤然间也无可奈何，于是只好以"付之闵默"来自我解嘲。不过，阎若璩并未就此罢休。事

---

① 阎若璩：《潜丘札记》卷4，《南雷黄氏哀辞》。
② 阎若璩：《潜丘札记》卷5，《又与石企斋》。
③ 阎若璩：《潜丘札记》卷5，《又与戴唐器》。
④ 阎若璩：《潜丘札记》卷5，《又与石企斋》。
⑤ 毛奇龄：《毛西河先生文集》，《书》卷7，《与阎潜丘论尚书疏证书》。

后，他曾与旧日幕友胡渭商议，准备同往浙江嘉兴，利用朱彝尊家中的藏书，将宋明以来，历代学者对《古文尚书》的质疑汇为一辑刊行。四十二年，胡渭因故未能成行，若璩只身南下，在朱彝尊寓所检出明人焦竑所撰《废古文策》，试图据以反驳毛奇龄。奇龄闻讯，赶至朱寓，先发制人，一番舌战，若璩遂告败北。

晚年的阎若璩，虽因寄人篱下而客随主败，失去了昔日周旋显贵的荣耀，但追逐声名的痼疾却使他不能寂寞自甘。康熙四十二年春，圣祖南巡，舟泊淮安。经随行通政使李铠及江苏巡抚宋荦推荐，传旨召见阎若璩。待若璩应召赶至河岸，御舟已经远去。这次未遂的召见，促使若璩为改变穷老不遇的晚景而去作最后的挣扎。他先让长子咏在京中畅春园进献《万寿诗》和所著《四书释地》，接着又敦促阎咏在京郊跪迎出巡归来的圣祖，恭恳御书。结果，这些努力都付之枉然。十一月，正当阎若璩望眼欲穿之时，传来皇子胤禛聘请进京的消息。接到胤禛手谕，若璩受宠若惊，他认为："贤王下招，古今旷典，乃斯文之幸也，其可勿赴？"[1] 尽管此时他正患病在床，也决意冒死北行。翌年正月离淮安，二月抵京。若璩自幼多病体弱，经此次抱病远行，身体越发衰弱。三月，病体稍愈，匆匆住进王府。胤禛相待甚厚，逾于宾友。若璩"临老遭逢梁园西邸之下"，[2] 虽在他及其后人看来，荣耀已极，但他所付出的代价也实在太高。若璩进入王邸不及三月，病情加剧，自知不起。六月初，移居京郊，数日后即离开了人世。

阎若璩毕生致力的《尚书古文疏证》，虽至死未成完书，但此书的结撰予当时学术界的影响，尤其是乾隆初刊行之后所产生的示范作用，则是无形而巨大的。乾隆八年春，阎若璩遗著《尚书古文疏证》得程鉴资助，在扬州开刻。阎氏孙学林记其间故实云："先君子在中翰时，尝商于辇下故旧，欲板行之。……癸卯、己酉（雍正元年、七年——引

---

[1] 张穆：《阎潜丘先生年谱》康熙四十二年，68岁条。
[2] 张穆：《阎潜丘先生年谱》康熙四十三年，69岁条。

77

者），学林两至京师，先人之旧好寥寥数人，无复赞成斯事者。……丙辰（乾隆元年——引者）以来，微秩自效，官卑俸薄，每泫然抱遗书而泣。……癸亥（乾隆八年——引者）春，谒同里夔州程先生，先生雅嗜先大父书，慨然捐赀，始议开雕。"① 此时，惠栋正结撰《古文尚书考》，得见阎氏书稿，引为同志，采其说于己著之中。据称："癸卯春，得太原阎君《古文疏证》，其论与予先后印合。大抵后出古文，先儒疑者不一，第皆惑于孔冲远之说，以郑氏二十篇为伪书，遂不得真古文要领，数百年来，终成疑案耳。阎君之论，可为助我张目者，因采其语附于后。"② 惠栋著《古文尚书考》成，沈彤为惠书撰序，依然称述阎若璩唱先声之功。沈彤说："吾友惠君定宇，淹通经史，于《五经》并尊汉学，著述多而可传。其《古文尚书考》二卷，能据真古文以辨后出者之伪。……此定宇之书，所由高出于群言耶！……太原阎百诗，近儒之博且精者，著《尚书古文疏证》五卷，先得定宇之指。定宇书不谋而与之合，文词未及其半，而辩证益明，条贯亦益清云。"③

惠栋之后，戴震、王鸣盛、孙星衍等相继而起，完成若璩未竟之志，东晋晚出《古文尚书》为伪作终成定论，不可翻覆。毛奇龄所挑起的意气之争，也以"百计相轧，终不能以强辞夺正理"而得到定评。④

第二节　惠栋复兴汉儒《易》学的努力

惠栋，字定宇，号松崖，江苏吴县人，生于康熙三十六年（1697），卒于乾隆二十三年（1758）。惠栋一家，四世传经，其曾祖父有声、祖

① 阎学林：《尚书古文疏证跋》，载阎若璩《尚书古文疏证》卷首。
② 惠栋：《古文尚书考》卷上，《辨尚书分篇之谬》条后。
③ 沈彤：《果堂集》卷5，《古文尚书考序》。
④ 《四库全书总目》卷12，《经部书类二》，《古文尚书疏证》。

父周惕、父士奇表彰汉《易》。他幼受庭训，继承父祖未竟之志治《易》。以为王弼易兴而汉易亡，所幸尚见于李鼎祚所著《周易集解》中，于是便从《周易集解》入手，挖掘汉易。于乾隆九年（1744）撰成《易汉学》，旨在梳理汉易学源流。同年乡试被黜后，教授门徒，专意撰著。所撰《古文尚书考》，承阎若璩《尚书古文疏证》后，进一步考辨梅赜《古文尚书》之伪。十四年（1749），开始《周易述》的撰写。翌年，为两江总督黄廷桂、陕甘总督尹继善列名荐牍，对此他激动不已，在致尹继善信中阐述自己复兴汉学的缘由："栋四世咸通汉学，以汉犹近古，去圣未远故也。《诗》、《礼》毛、郑，《公羊》何休，传注具存，《尚书》、《左传》伪孔氏全采马、王，杜元凯根本贾、服，唯《周易》一经，汉学全非。"潜研多年，便悟得"洁静精微之旨，子游《礼运》，子思《中庸》，纯是易理。乃知师法家传，渊源有自"。① 十六年（1751），经学制科受挫后并没有一蹶不振，而是继续从事经学研究。十九年（1754），应两淮盐运使卢见曾聘，作幕卢府。此间除著书立说外，还结交南北名儒。尤其与戴震相交，使其经学思想经戴震播扬光大，产生深刻影响。惠栋晚年力疾撰著，本来打算写完《周易述》，可惜病魔缠身，临终前向二子承绪、承萼表达平生精力尽于此书，惜天不假年，未能卒业之憾，希望他们迻录此书，妥善保存，毋使其失。惠栋虽赍志而殁，但恢复汉易的努力没有白费，最终酿成一股学术新思潮，功不可没。

惠栋终其一生致力于复兴汉学，其原因是："汉人通经有家法，故有五经师。训诂之学，皆师所口授，其后乃著竹帛，所以汉经师之说立于学官，与经并行。五经出于屋壁，多古字古言，非经师不能辨，经之义存乎训，识字审音，乃知其义。是故古训不可改也，经师不可废也。"② 他复兴汉学又是以复兴汉易为先导的，也就是说复兴汉易是其

① 惠栋：《松崖文钞》卷1，《上制军尹元长先生书》，《聚学轩丛书》本。
② 惠栋：《九经古义》卷首，《九经古义之首》，《皇清经解》本。

复兴汉学的重要组成部分。他之所以复兴汉易，同样是因为汉易近于《周易》本来面貌，且有师法家法承传。相比较而言，宋易尤其是其中的图书先天太极之说，已杂糅佛道方外，非《周易》本来面目。因此还原《周易》就必须抑宋易扬汉易，这两者是其易学相辅相成的组成部分。

一、抑宋儒易学

驳河图洛书之说。众所周知，在易学史上，宋人系统地以河图和洛书附会于《易》，尤其是朱熹著《周易本义》列河图洛书于书前，对元明易学影响巨大，《周易》之河图洛书说似乎成了定论。清初，在对宋明理学的清理之中，学者们开始对河图洛书之说提出质疑。顾炎武、黄宗羲、黄宗炎、毛奇龄、胡渭等人给予全面批判与考辨，使宋易河图洛书之说受到沉重打击。惠栋秉承此风，进一步对宋易图书之学展开批驳。他引郑玄注加以解释说："河图、洛书为帝王受命之符，圣人则象天地，以顺人情，故体信以达顺，而致太平，为既济定也。"① 河洛只是帝王受命之符，并非宋易所说的十河九洛说。因此，惠栋注《系辞》"天地之数"章，取虞翻、郑玄注，不以其为河洛之本。他在《易汉学》中写道："九宫之法，一、二、三、四、五、六、七、八、九，一北九南、三东七西、四东南六西北、二西南八东北、五居中，方位与《说卦》同。《乾凿度》所谓四正四维，皆合于十五是也。以五乘十，即大衍之数，故刘牧谓之河图。阮逸撰《洞极经》，以此为洛书，而取扬子云一六相守，二七为朋之说，以为河图。郑康成注大衍之数云：天一生水于北，地二生火于南，天三生木于东，地四生金于西，天五生土于中，阳无偶，阴无妃，未得相成。地六成水于北，与天一并，天七成火于南，与地二并，地八成木于东，与天三并，天九成金于西，与地四

① 惠栋：《周易述》卷16，《系辞上传》，见《四库全书》本。

并，地十成土于中，与天五并。真仲翔注亦云，一六合水，二七合火，三八合木，四九合金，五十合土。其说皆与河图合。然康成、仲翔未尝指此为河图，则造此图以为伏羲时所出者，妄也。桓君山《新论》曰'河图洛书，但有朕兆，而不可知'。乃知汉以来并未有图书之象。夫子曰'河不出图'，东序河图，后人安得见之。虽先儒皆信其说，吾不敢附和也。"① 古传戴九履一之图，即《乾凿度》所说的九宫之法，阮逸又伪作《洞极经》，以五方者为图，以九宫者为书。郑玄和虞翻注《系辞》"天地之数"章，其说虽与河图之数相合，但并没有称此为河图，宋以前未有人以此为《易》之河图。至宋刘牧，主以其为河图，又以五行生成图为洛书。惠氏旁征博引，论证河洛图式皆晚出，为宋人所为，与《系辞》无关，可以说是对胡渭等人之说的继承与发展。

辨先天后天。惠栋援引其父惠士奇《易说》认为，道家所创先天、后天图，以先天为伏羲卦，后天为文王卦，有悖易理。因为依乾坤二卦而言，"乾为寒为冰，南非寒冰之地，曷为而移在南。坤为土，王四季，在中央。西南者，中央土也，曷为而移之北乎?"又注《系辞》"天地定位"章说："定位者，天尊地卑而乾坤定，卑高以陈而贵贱位也。如道家言，先天乾在南，后天在西北，先天坤在北，后天在西南，是天地无定位矣。又北极在上，南极在下，乾南坤北，是天在下，地在上也。谓之定位可乎?"② 此不过是道家之说。在他看来，圣人作八卦，所以奉天时。而道家创为先天之学，作先天八卦位，假托之伏羲，甚为妄诞。所为先天者，指"两仪未判，四象未形，八卦何从生"? 而"天地定位，乾坤始作，六子乃索，八卦相错，阴阳交感，山泽气通，水火雷风，各建其功"。③ "天地定位"以下明明是后天，如何指是为先天。邵氏的先后天易学，不合于《周易》经传，"天地定位"并无乾南坤北之意，先

① 惠栋：《易汉学》卷8，"辨河图洛书"条，见《四库全书》本。
② 惠栋：《易汉学》卷8，"辨先天后天"条。
③ 同上。

后天图式出于对《说卦》八卦方位说的误解。其在《周易述》中依《乾凿度》文，以为"天地定位"章讲《周易》上下篇六十四卦排列的次序，上篇首乾次坤，先泰而后否，因此说"天地定位"。"帝出乎震"章讲的八卦方位，乃古明堂制，并详加考证。他依汉易解释《说卦》文，排斥图书学和先后天易学，也是对宋易中象数之学的否定。

对于邵雍的太极生两仪，惠栋发挥其父的说法主"生"，反对邵子"分"之说："易言生，不言分，父生子，子生孙可谓之生，不可谓之分。邵子割裂太极，穿凿阴阳，一分为二，二分为四，四分为八"，朱子称其为"加一倍法"，并笃信之，不足为取。"邵子一分为二，二分为四，四分为八之说，汉唐言易者不闻有此。程子非不能理会邵易，但以之解《周易》，恐其说之未必然也。且上蔡，程子之高弟也。邵子，又程子之妻兄弟也。老浮图之授受，上蔡犹知之，曾程子也而肯为异说所惑哉？"[①] 邵子以"加一倍法"说明易卦产生，程颐并不以邵氏此点有可取处。朱熹不继承程颐，反而采纳邵雍之说。惠氏所述，意在驳斥朱熹。

惠栋追本溯源，对宋易图书先天之学的根源进行辨析，他写道："道教莫盛于宋，故希夷之图，康节之易，元公之太极，皆出自道家。世之言易者，率以是三者为先河，而不自知其陷于虚无，而流于他道也。惜哉！王伯厚言，程子教人《大学》、《中庸》，而无极太极一语未尝及。夫程子言《易》，初不知有先天，言道初不知有无极，此所以不为异端所惑，卓然在周、邵之上也。"[②] 肯定程颐之说超拔于群儒之上。至于陈抟的河图、邵雍的河图洛书之学和周敦颐的太极图一样，皆出于宋初盛行一时的道教，非儒家正统。又"伏羲四图，皆出于邵氏，邵氏之学本之庐山老浮图，见谢上蔡传。"[③] "老浮图"指道教和佛教。这是

---

① 惠栋：《易汉学》卷8，"辨两仪四象"条。
② 惠栋：《易汉学》卷8，"辨太极图"条。
③ 惠栋：《易汉学》卷8，"辨先天后天"条。

站在儒家正统立场上对宋易图书易和先天易进行批判。惠栋虽然推崇汉学，但不菲薄理学，以为"汉人经术，宋人理学，兼之者乃为大儒。荀卿称周公为大儒，大儒不易及也"。①实际上他反对的是宋易中的图书先天太极之说。

二、扬汉儒易学

惠栋一生研精覃思于汉儒易学，而以虞翻世传的《孟氏易》为主，又参以古文家荀爽、郑玄所传的《费氏易》，对汉易不加辨别，也不分今古，全盘继承，为汉易复兴的奠基人。其易学的主要著作有《周易述》、《易汉学》、《易例》、《易大义》、《禘说》、《明堂大道录》、《易大谊》等。从这些著作中可以看出，他从不同视角复兴汉易的努力。

《易汉学》是追考汉儒易学之作。其书共八卷。包括孟长卿易二卷，虞仲翔易一卷，京君明易二卷（干宝易附见），郑康成易一卷，荀慈明易一卷，最后一卷是惠栋发明汉易之理，以辨正河图、洛书、先天太极之学。其书以虞翻次孟喜，是因虞翻为孟喜之别传，虞翻自称五世传孟氏易，以郑玄次京房，是因《后汉书》称郑玄通京氏易。荀爽另为一卷，以示荀爽为费氏易之流派。四库馆臣评道：此书"采辑遗闻，钩稽考证，使学者得略见汉儒之门径，于易亦不为无功矣"。②

《易例》是广搜汉人释《易》体例之作。惠栋所著《周易述》目录列有《易微言》等六篇，只有《易微言》二卷，附于坤卷末，其余皆缺。《易例》二卷应为六篇中之第三种。其书旨在考究汉儒之传，发明易之本例。其例共九十类，其中有录无书十三类，原跋称为未成之本。检视其书，不仅采摭未完，且门目亦尚未分定，不可据为定本。"然栋于诸经深窥古义，其所掎摭，大抵老师宿儒专门授受之微旨，一字一句，具有渊源，苟汰其芜杂，存其菁英，因所录而排比参稽之，犹可以

————
① 惠栋：《九曜斋笔记》卷2，《汉宋》，《聚学轩丛书》本。
② 《四库全书总目》卷6，《经部·易类六》，中华书局1965年版。

见圣人作《易》之大纲，汉代传经之崖略，正未可以残阙少绪，竟弃其稿矣。"①

《周易述》发挥汉儒之学，以荀爽、虞翻为主，参以郑玄、宋咸、干宝诸家之说，皆能融会其义，自注自疏阐释己义。其书目为四十卷。自一卷至二十一卷为训释经文，二十二卷、二十三卷为《易微言》、杂抄经典论易之语，二十四卷至四十卷，凡包括《易大义》、《易例》、《易法》、《易正讹》、《明堂大道录》、《禘说》六篇名，有录而无书。而另有《易例》、《易大义》、《禘说》、《明堂大道录》、《易大谊》五种刊行，大体可作为以上有录无书六篇的补充。《周易述》的注疏部分尚缺下经十四卷及《序卦》、《杂卦》两传，此书为未完之作。其《易微言》二卷，亦杂录旧说，以备参考。惠栋死后，其门人过尊师说，以未定残稿而刻梓，亦非栋本意。对于《周易述》，四库馆臣这样评道："自王弼易行，汉学遂绝，宋元儒者，类以意见揣测，去古浸远，中间言象数者，又岐为图书之说，其书愈衍愈繁，而未必皆四圣之本旨，故说经之家莫多于《易》与《春秋》，而《易》尤丛杂。栋能一一原本汉儒，推阐考证，虽掇散佚未能备睹专门授受之全，要其引据古义，具有根底，视空谈说经者，则相去远矣。"② 对其纂辑汉易且自注自疏之功给予充分认可。

《易大谊》是发挥汉易思想之作，也即惠栋的《中庸注》。他断言《中庸》为"仲尼微言也。子思传其家学，著为此书，非明《易》不能通此书也。"③ 对于此书的特色，钱熙祚跋云："惠半农（惠士奇）《易说》，杂取京、郑、荀、虞之义，征君因之撰《周易述》、《易例》、《易汉学》、《易微言》、《易大谊》诸书，意在专主汉人"，其中《大谊》未见刊本，"此本题云：庚辰（1820）二月，从家心庵假得江铁君（江沅）本抄录，列《中庸》全文，而以《易》义解之。固不免支离傅会之失。

---

① 《四库全书总目》卷6，《经部·易类六》。
② 同上。
③ 惠栋：《易大谊》卷末，《易大谊跋》，《丛书集成初编》本，商务印书馆1939年版。

然如云民受天地之中以生，天地之中，命也，民受之以生，性也。云天命之谓性，中也，率性之谓道，和也，修道之谓教，致中和也。云道不可须臾离，故至诚无息。云戒慎恐惧，诚之者也。云未发为中，已发为和，合之则一和也。故曰《中庸》云中和，即天地之中，在人则为情性，云天地位，中也，万物育，和也，既济定也。云无声无臭，是不动、不言、不赏、不怒之极。又云震为声，巽为臭，乾元在震巽之先，故无声无臭，并精简，可于章句外备一解云。"[1]《易大谊》可视为《中庸》与《周易》互解之作。江藩说："惠松崖征君《周易述》三十八卷，内阙十五卦及序卦、杂卦二传。其《易大义》三卷目录云：《中庸》二卷、《礼运》一卷，阙。乾隆中叶以后，惠氏之学大行，未刻之《易例》、《明堂大道录》、《禘说》、《易汉学》，好事者皆刊板流传矣。惟《易大义》世无传本。嘉庆二十三年（1818）春，客游南昌，阳城张孝廉子絜出此见示，为艮庭（汇声）先师手写本，云系徐述卿学士所赠，藩手录一帙，知非《易大义》，乃《中庸》注也。盖征君先作此注，其后欲著《易大义》以推广其说，当时著于目而实无其书，嗣君汉光先生即以此为《大义》。"是"注虽征君少作，然七十子之微言，亦具在是矣"。[2] 依江氏之言，是注亦可视为《易大义》的准备著作。

另有《明堂大道录》和《禘说》，这两部书与惠栋易学紧密相关，主要探讨了明堂、禘与易的关系，可以说是其易学的具体运用。

惠栋易学的基本宗旨就在于恢复汉易传统，他在论及复兴汉易的理论依据时说："六经定于孔子，毁于秦，传于汉，汉学之亡久矣。独《诗》、《书》二经犹存毛、郑两家。《春秋》为杜氏所乱，《尚书》为伪孔氏所乱，《易经》为王氏所乱。杜氏虽有更定，大较同于贾、服，伪孔氏则杂采马、王之说，汉学虽亡而未尽亡也。惟王辅嗣以假象说《易》，根本黄老，而汉经师之义，荡然无复有存者矣。故宋人赵紫芝有

---

① 《易大谊》卷末，钱《跋》。

② 《易大谊》卷末，江《跋》。

诗云：辅嗣《易》行无汉学，玄晖诗变有唐风，盖实录也。栋曾王父朴庵先生尝闻汉易之不存也。取李氏《易解》所载者，参众说而为之传。天崇之际，遭乱散佚，以其说口授王父，王父授之先君，先君于是成《易说》六卷，又尝欲别撰汉经师说《易》之源流而未暇也。栋趋庭之际，习闻余论，左右采获，成书七卷，自孟长卿以下五家之《易》，异流同源，其说略备。呜呼！先君无禄，即世三年矣。以栋之不才，何敢辄议著述，然以四世之学，上承先汉，存什一于千百，庶后之思汉学者，犹知取证，且使吾子孙无忘旧业云。"① 惠氏提倡汉易，主要是孟、京以来的象数之学和卦气说，他也称赞虞氏，"唯是易含万象，所托多途，虞氏说经，独见其大。故兼采之以广其义。"② 其在《易汉学》中统计虞翻所取八卦之物象三百七十，评论"虽大略本于经，然其授受必有所自，非若后世乡壁虚造，漫无根据者也"。③ 在他看来，如果说王弼以来的《易》受黄老之学的影响，那么宋易则是《易》外别传了。

关于汉易的师承与传递，涉及今古文问题。史称："及秦燔书而《易》为筮卜之事，传者不绝。汉兴，田何传之，讫于宣、元，有施、孟、梁丘、京氏列于学官，而民间有费、高二家之说。刘向以中古文《易经》校施、孟、梁丘经，或脱去无咎、悔亡，惟费氏《经》与古文同。"④ 在这里，施雠、孟喜、梁丘贺属今文易，费、高两家属古文易。

今文的传递系统主要有施、孟、梁丘三家，皆受于田王孙。史称"喜从田王孙受《易》，喜好自称誉，得《易》家候阴阳灾变书，诈言师田生，且死时枕喜膝，独传喜。诸儒以此耀之。同门梁丘贺疏通证明之，曰田生绝于施雠手中，时喜归东海，安得此事？"⑤ 尽管如此，其中虞翻学孟氏易，同时也赞扬荀爽之易，《易汉学》引虞翻奏上

---

① 惠栋：《易汉学》卷首，《易汉学原序》。
② 惠栋：《周易述》卷1，《周易上经·坤》。
③ 惠栋：《易汉学》卷3，《虞仲翔易》。
④ 《汉书》卷30，《艺文志》，上海古籍出版社1986年影印本。
⑤ 《汉书》卷88，《儒林传》。

《易注》言，以为"颍川荀谞（爽），号为知《易》，臣得其注，有愈俗儒"。① 京房也传孟氏易。如《汉书·艺文志》有《孟氏京房》十一篇，《灾异孟氏京房》六十六篇，三家《易》与京氏《易》同立学官，有渊源，足见三家《易》以孟氏易影响最大。

古文有费氏《易》。史弥"费直字长翁，东莱人也。治《易》为郎，至单父令。长于卦筮，亡章句，徒以彖、象、系辞十篇文言解说上下经"。② 费氏书不传，郑玄、荀爽、王弼皆传费氏《易》。费氏《易》传自民间。《隋志·五行家》有费直《易林》二卷，《易内神筮》二卷，《周易筮占林》五卷，则费直易亦兼言卜筮，尤其爻象承应阴阳变化之说，与孟京两家体例不同。费氏《易》与三家《易》不同在于，费氏《易》与中古文经同，且无章句，以《彖》、《象》、《系辞》等解说上下经，此与西汉经师寻章摘句不同。晚清陈澧认为费直学风是"千古治《易》之准的也。孔子作《十篇》为经注之祖，费氏以《十篇》解说上下经，乃义疏之祖。费氏之书已佚 而郑康成、荀慈明、王辅嗣皆传费氏学。此后诸儒之说，凡据《一篇》以解经者，皆得费氏家法者也，其自为说者皆非费氏家法也。说《易》者，当以此为断"。③ 可惜费氏并未得到真正流传。

惠栋复汉易重视文字考证。孔氏《周易正义》据马融、陆绩之说，以爻辞为周公所作，与郑玄说相异。其依据是明夷卦六五"箕子"，升卦六四"王用享于岐山"，皆文王之后事。惠栋加以辩驳。认为明夷卦六五"箕子"当从古文作"其子"，"其"古音"亥"，亦作"萁"（草名）。刘向云"今《易》其子作荄兹，荀爽据以为说，读其子为荄兹。其与亥，子与兹，文异而音义同。《三统术》云该阂于亥，孳萌于子，该亥亦同物。五本坤，坤终于亥，乾出于子，用晦而明，明不可息，因

---

① 惠栋：《易汉学》卷 3，《虞仲翔易》。
② 《汉书》卷 88，《儒林传》。
③ 陈澧：《东塾读书记》卷 4，《易》。生活·读书·新知三联书店 1998 年标点本。

此说其子之明夷。马融为俗儒，不知七十子传《易》之大义，读其为箕。五为天位，箕子作为大臣则居君位，显然有悖于易例。总之，箕子应为万物方荄兹。于升卦六四，则认为文王爻辞，皆据夏商之制。《春秋》引《夏书》"惟彼陶唐，帅彼天常，有此冀方"，服虔云"尧居冀州，虞夏因之"。《禹贡》冀州"治梁及岐"，《尔雅》云"梁山，晋望也"。诸侯三望，天子四望，梁山为晋望，明、梁、岐皆冀州之望。此王谓夏后氏受命祭告，非文王。[1]

惠栋复兴汉易以孟喜易为古文，说："《说文》夕部引《易》曰：夕惕若夤。案许慎叙曰：其称《易》孟氏，古文也。是古文《易》有夤字。虞翻传其家，五世孟氏之学。"[2] 以孟氏《易》为古文，虞翻传之。惠栋又释"伏戏"一词作"庖牺"说："此孟、京、虞义也。庖牺，孟、京作伏戏。许慎以《易》孟氏为古文，故知古文作伏戏。"[3] 京氏《易》本当今文，在这里反而为古文。又关于豫卦九四爻辞"朋盍簪"的解释，也以京氏、荀氏为古文《易》，荀氏近费氏《易》。荀爽推崇费氏《易》，荀悦说："臣悦叔父司空爽传《易传》，据爻象承应阴阳变化之义，以《十篇》之文，解说经义，由是兖豫之间言《易》者，咸传荀氏学。"[4] 惠栋以《易》经说都属今文，而文字章句都是古文。王弼、韩康伯而后，多以俗字易古字，因而古训沦亡。[5]

三、复兴汉易的评价及影响

惠栋复兴汉易在当时的学界产生广泛影响。一些学者给予正面肯定。王昶把惠栋尊为"儒林典型"。[6] 钱大昕说："惠氏世守古学，而先

---

① 参见江藩：《国朝汉学师承记》卷 2，《惠松崖》，中华书局 1983 年标点本。

② 惠栋：《周易述》卷 1，《周易上经·乾》。

③ 惠栋：《周易述》卷 17，《系辞下传》。

④ 荀悦：《前汉记》卷 25。

⑤ 参见杨向奎：《清儒学案新编》第三册，齐鲁书社 1994 年版，第 113—117 页。

⑥ 王昶：《春融堂集》卷 55，《惠定宇先生墓志铭》，塾南书舍藏版。

生所得尤深，拟诸汉儒，当在何邵公、服子慎之间，马融、赵岐辈不能及也。"又说："汉学之绝者千有五百余年，至是而粲然复章矣。"① 凌廷堪说："惠君生千余年后，奋然论著，专取荀、虞，旁及郑氏、干氏九家等义，且据刘向之说以正班固之误。盖自东汉至今，未析之大疑，不传之绝学，一旦皆疏其源而导其流，不可谓非豪杰之士也。"② 江藩称惠栋："年五十后，专心经术，尤邃于《易》，谓宣尼作《十翼》，其微言大义，七十子之徒相传，虽汉犹有存者。自王弼兴而汉学亡，幸传其略于李鼎祚《集解》中。精研三十年，引伸触类，始得通贯其旨，乃撰《周易述》一编，专宗虞仲翔，参以荀、郑诸家之义，约其旨为注，演其说为疏，汉学之绝者千有五百余年，至是而粲然复章矣。"③ 江藩《经师经义目录》称："盖《易》自王辅嗣、韩康伯之书行，二千余年，无人发明汉时师说。及东吴惠氏起而导其源，疏其流，于是三圣之《易》昌明于世，岂非千秋复旦哉！"④ 对惠栋复兴汉易之功，大都给予积极的评价。江藩《目录》所开列易著，计有顾炎武《易音》三卷，胡渭《易图明辨》十卷，惠士奇《易说》六卷，惠栋《周易述》二十三卷，《易汉学》八卷，《易例》二卷，《周易本义辨证》五卷，洪榜《易述赞》，张惠言《周易虞氏义》九卷，《虞氏消息》二卷，焦循《易学》四十卷，皆为汉易，其中以惠氏居多，也可见其影响，非同一般。

　　当时也有学者对惠栋易学提出批评。阮元在肯定惠栋易学成就的同时，则对其易学提出批评，如说"国朝之治《周易》者，未有过于征士惠栋者也，而其校刊雅雨堂李鼎祚《周易集解》与自著《周易述》，其改字多有似是而非者。盖经典相沿已久之本，无庸突为擅易，况师说之不同，他书之引用，未便据以改久沿之本也，但当录其说于考证而已。"⑤

① 钱大昕：《潜研堂文集》卷39，《惠先生栋传》，见《四部丛刊》本。
② 凌廷堪：《校礼堂文集》卷26，《周易述补》，中华书局1998年标点本。
③ 江藩：《国朝汉学师承记》卷2，《惠定宇》。
④ 江藩：《国朝汉学师承记》附录，《经师经义目录》。
⑤ 阮元：《揅经室集·一集》卷11，《十三经注疏校勘记序》，中华书局1993年标点本。

他所主持的《十三经注疏》校勘，就反对改字，包括《周易》在内的诸经文字保留原样，另附有校刊记加以说明。王引之认为惠栋尊汉脱离现实，泥古过勇，说："惠定宇先生考古虽勤，而识不高，心不细，见异于今者，则从之，大都不论是非。"① 陈澧说："虞氏《易》注多不可通"，惠氏好改经字，"自伸其说，卒之乖舛叠见，岂能掩尽天下之目哉！"② 梁启超称他及后学"功罪参半"。③ 从这些评价中可以看出，惠栋复兴汉易功不可没，但在具体治《易》中确实存在着诸多缺陷，也就是说其易学广博有余而精细不足。

如果说王昶、钱大昕、阮元、王引之、陈澧、梁启超等重在宏观上给予惠栋易学评价，那么江藩、李林松、孙星衍、李道平、张惠言、焦循等则以实际行动治《易》。江藩、李林松、孙星衍、李道平、张惠言、焦循之间也不尽相同。江藩和李林松侧重在补惠栋未完之作《周易述》之缺。孙星衍、李道平则承惠栋遗绪阐扬李鼎祚《周易集解》，张惠言尤其推崇虞翻易，焦循则在尊汉易的基础上，另辟蹊径，创造出独具特色的易学。他们虽有不同，但究其本是接绪惠栋，阐扬汉易，进一步发扬光大由惠栋开启的复兴汉易之风，并逐渐形成一股易学思潮。

惠栋《周易述》二十卷，未竟而卒。缺自鼎至未济十五卦及《序卦》、《杂卦》二传，属未完之书。惠栋的好友卢见曾作序并刊行，为了慎重起见，其书阙帙如故。凌廷堪读其书而惜其阙，思欲补之，自惧寡陋，未敢属草。惠栋的再传弟子江藩作《周易述补》二卷，依据《周易述》原书体例补惠栋《周易述》之缺。此书成于乾隆四十九年（1784），书成后江藩请凌廷堪作序。凌氏赞扬道："癸卯春（1783年——引者），在京师闻旌德江君国屏为惠氏之门人，作《周易述补》，心慕其人，未

---

① 王引之：《王文简公文集》卷4，《与焦理堂先生书》，《高邮王氏遗书》，江苏古籍出版社影印本。
② 陈澧：《东塾读书记》卷4，《易》，生活·读书·新知三联书店1998年标点本。
③ 梁启超：《清代学术概论》十，东方出版社1996年标点本。

得见也。次年客扬州，汪容甫始介余交江君，读其所补十五卦，引证精博，羽翼惠氏，皆余所欲为而不能为者。"① 他又认为惠氏《周易述》注家人卦《象》"女正位乎内，男正位乎外"，称内谓六二，外谓九五；注困卦《大象》"泽无水，困"，谓水在泽下故无水；注井《大象》"木上有水"，谓上水之象等，犹不免采用王弼之说，而江藩则一概摒弃王注，此与惠书相比，可谓有过之而无不及。柯劭忞则似乎不认同凌氏的观点，称："惠氏于荀虞诸家之说，融会贯通，为一时之绝学。藩渊源有自，赓续其书，不失家法。然谓过于原书，谈何容易，廷堪为失言矣。藩于训诂之学，研究特细。"② 对江书本家法、尚训诂给予肯定。

李林松与江藩一样也补《周易述》之缺，所作《周易述补》五卷，除补惠书之外，另附《读易札记》一卷。对于此书，柯劭忞评价称："林松已见藩书，沿袭其文之确证。林松援据博赡，欲驾藩而上之，然究不及藩能谨守惠氏之家法。惠以荀、虞为主，间采郑君、干宝诸家之说"，林松《补注》已"非荀、虞诸家之易说也，以补惠书殆失之泛滥矣。至疏文以发挥注义为主，若注无此义，疏尤不应阑入"。但肯定第五卷《读易述札记》，"订讹正误，具有心得，则非标榜汉学者所及也"。③

孙星衍也对惠栋复兴汉易的评价很高，他说："孟氏之卦气，京氏之世应飞伏，荀氏之升降，汉魏已来象数之学不可訾议也。经师家法，既绝于晋，自六朝至唐，诸儒悉守古经义，不敢肆其臆说。至宋而人人言易，繁而寡要，直以为卜筮之书，岂知言哉？近世惠征君栋，作《周易述》、《易例》、《易汉学》诸书，实出于唐宋诸儒之上。"④ 惠栋复兴汉易受唐李鼎祚《周易集解》的影响。宋时，汉魏人易说，时时见于古

---

① 凌廷堪：《校礼堂文集》卷26，《周易述补》，中华书局1998年标点本。
② 《续修四库全书总目提要》，《经部·易类》，中华书局1993年标点本。引文中"赓续"，原作"赓绩"，误，径改。
③ 《续修四库全书总目提要》，《经部·易类》。引文中"赡"作"瞻"、"阑"作"阗"，皆误，径改。
④ 孙星衍：《周易集解》卷首，《序并注》，《丛书集成初编》本，商务印书馆1936年版。

书传注，及史征《周易口诀义》中。唐著作郎李鼎祚刊王辅嗣之野文，补郑康成之逸象，撰《周易集解》。《中兴书目》列《集解》十卷，其中收入子夏、孟喜、京房、马融、荀爽、郑康成、刘表、何晏、宋衷、虞翻、陆绩、干宝、王肃、王辅嗣、姚信、王廙、张璠、向秀、王凯冲、侯果、蜀才、翟元、韩康伯、刘瓛、何妥、崔憬、沈驎士、卢士、崔觐、孔颖达等，共三十余家，附以九家、《乾凿度》，凡十七篇，其所取荀虞之说为多，取《序卦》冠之卦首。受惠栋影响，孙星衍作《周易集解》，自序谓："蒙念学者病王弼之元虚，慨古学之废绝，因以李氏《易解》，合于王《注》，又采集书传所载马融、郑康成诸人之注，及《易口诀义》中古注，附于其后，凡《说文》、《释文》所引经文，异字异音，附见本文，命曰《周易集解》。庶几商瞿所传，汉人师说，不坠于地。俾学者观其所聚，循览易明。其称解者，李氏所辑，称注者王弼所注，称集解者蒙所采也。先以李氏解者，以其多引古注，最后附集解者，不敢掩前人也。"① 孙氏为此书，自谦无所发明，期以信而好古，网罗天下放失旧闻。

李道平干脆为李鼎祚《周易集解》作《纂疏》，认为，汉儒接踵周、秦二代而兴，其易学师傅传授，一脉相承，恪守经典，凡互卦、卦变以及卦气、爻辰、消息、纳甲、飞伏、升降之说，皆所不废。汉代去圣未远，古义犹存，因此其说往往与伏羲、文王之旨相契合。汉以后，一变为晋易，老子、庄子虚无之说兴。再变为宋易，陈抟、李挺之图学之说兴。老庄虚无之学，陈李图书之论，断远不逮汉儒象数之纯。王弼《周易注》论象数既不如汉儒之确，论义理也不如宋儒之醇，进退无所据，有识之士多摒斥不肯道。唐祭酒孔颖达奉敕疏解诸经传注，于《易》黜郑玄、虞翻之说，而宗王弼、韩康伯。孔疏刊行且独尊于世，汉学由此而式微。李鼎祚恐汉易就湮，于是乘其时，古训未散，取子夏以下三十余家，撰成《周易集解》一书，表章汉学。使古人象数之说，得以绵

———————————
① 孙星衍：《周易集解》卷首，《序并注》。

延，至今弗绝。李道平少时曾读《周易集解》一书，是书隐辞奥义，深邃难窥。想有所阐发，力不从心。后来，读惠栋、张惠言之书，渐开茅塞。又广览载籍旁及诸家之说，对《周易集解》有了较为全面的了解。开始撰为《周易集解纂疏》。道光二十二年（1842）书成，自序道："复不自揣，萃会众说，句梳而字栉之。义必征诸古，例必溯其源。务使疏通证明，关节开解，读者可一览而得其指趣。旧注间有未应经义者，或别引一说，以申其义。或旁参愚虑，以备一解。亦不敢墨守疏家狐正首邱、叶归根本之习。是编也，其有当于絜静精微之教与否，则不敢知。其于汉、魏诸儒之学，则未尝无一日之功焉。抑又思之，自唐迄今千余载，无人起而为之疏，而予独毅然为之而不辞。予方惧其弗慎且近僭，而又安敢自以为功也。"[1] 通过广采汉易诸家，以及惠栋、张惠言等人的观点，疏解《周易集解》，以此来阐扬汉易。

张惠言于汉易独尊虞翻。他认为，自王弼以虚空之言解《易》，唐孔颖达所编《周易正义》采王弼《周易注》，立于学官，汉世诸儒之说衰微。李鼎祚作《周易集解》，广采古《易》家言，虞翻注居多。其后古书尽亡，而宋道士陈抟，意造《龙图》，其徒刘牧以为《易》之河图洛书。邵雍又为先天、后天之图，为宋易所推尊，以至于今，牢不可破，《周易》阴阳大义，湮没无闻。入清以后，"惠栋，始考古义孟、京、荀、郑、虞氏，作《易汉学》，又自为解释曰《周易述》。然掇拾于亡废之后，左右采获，十无二三。其所自述，大抵祖祢虞氏，而未能尽通，则旁证他说以合之。盖从唐、五代、宋、元、明，朽坏散乱，千有余年，区区修补收拾，欲一旦而其道复明，斯固难也。翻之学既世，又具见马、郑、荀、宋氏书，考其是否。故其义为精。又古书亡，而汉魏师说略可见者十余家，然唯荀、郑、虞氏三家，略有概可指说，而虞又较备。"[2] 因此，在他看来，求七十子之微言，田何、杨叔、丁将军《易》之所

---

① 李道平：《周易集解纂疏》卷首，《自序》，中华书局 1994 年标点本。

② 张惠言：《茗柯文二编》卷上，《周易虞氏义序》，上海古籍出版社 1984 年标点本。

传，舍虞翻易注而无他。因此相对于惠栋全面复兴汉易，或对虞翻易尚缺整理与研究，张惠言则独尊虞翻易，所撰《周易虞氏义》、《虞氏易礼》、《虞氏易言》、《虞氏易候》、《虞氏易事》、《周易虞氏消息》等，皆能窥见虞氏要旨，使肇始于惠栋复兴汉易之学风渐趋精致而专门化。

焦循治《易》非简单追随汉易，而是以此为基础另辟蹊径，认为汉易"其商瞿所受，杜田生所传，散见于孟喜、京房、郑康成、荀爽、虞翻之说，不绝如缕。惜乎汉魏诸儒不能推其所闻，以详发圣人之蕴，各持其见，苗莠杂糅，坐令老、庄异端之流出而争之矣"。① 自谓要依汉易创造自己的易学，所悟得者有三："一曰旁通，二曰相错，三曰时行。此三皆孔子之言也。……余初不知其何为相错，实测其《经》文、《传》文，而后知比例之义，出于相错。不知相错，则比例之义不明。余初不知其何为旁通，实测《经》文、《传》文，而后知升降之妙，出于旁通。不知旁通，则升降之妙不著。余初不知其何为时行，实测《经》文、《传》文，而后知变化之道，出于时行。不知时行，则变化之道不神。未实测于全《易》之先，胸中本无此三者之名。既实测于全《易》，觉《经》文、《传》文，有如是者，乃孔子所谓相错。有如是者，乃孔子所谓旁通。有如是者，乃孔子所谓时行。测之既久，益觉非相错、非旁通、非时行，则不可以解《经》文、《传》文，则不可以通伏羲、文王、周公、孔子之意。"② 如果说惠栋、张惠言等人是为复汉易而复汉易，囿于汉易窠臼，或以此来打压宋易，那么焦循则治汉易又能跳出汉易，直接从《周易》经传本文中去寻找生长点，创造出不同于汉易的新易学，这是焦循比同时代易学诸家的高明之处。

总之，在汉易消沉千年后，惠栋举起复兴汉易大旗，开复兴汉易之先河，在当时学界产生广泛影响，并由此酿成一股汉易思潮，其功不可没。但复兴并非简单的重复或复古，而是反本开新，这才是学术发展的正道。

---

① 焦循：《雕菰集》卷16，《易通释自序》，《丛书集成初编》本，商务印书馆1936年版。
② 焦循：《雕菰集》卷16，《易图略自序》。

第三节 卢见曾与汉学的崛起

学术的发展，其原因不外乎自身的内在演进、外在因素的支持与促动，以及二者之间的相互作用与影响。乾隆初叶兴复古学之风的酝酿与形成，即是此一学术法则的体现。当时，清廷倡之于上，名儒硕彦行之于下，而更有地方大吏，乘时势而起，于古学的兴起与演进，予以扶持与资助。其中，两任两淮盐运使的卢见曾，便是其佼佼者。

一、卢见曾的仕宦经历

卢见曾，字抱孙，号澹园，又号雅雨，自号雅雨山人。生于康熙二十九年庚午（1690），① 卒于乾隆三十三年戊子（1768）九月二十八日，享年七十有九。其先世于明初由涞水徙山东德州左卫，遂世居于此。祖父裕，庠生；父道悦，康熙九年（1670）进士，曾知陕西陇西、河南偃师两县，逝后入祀乡贤祠。

见曾生而颖异，年十五（康熙四十三年，即 1704 年）补博士弟子员，② 康熙五十年（1711）举于乡，③ 六十年（1721）中进士，④ 出虞山汪杜林、石首郑又梁两先生之门。时汪公阅头场卷，即拟荐；而郑公阅

---

① 卢见曾：《雅雨堂诗集》卷下，《蒋维御同年书来报北厓老人纳宠口占四绝戏赠》第四首小注曰："予与北厓、维御俱同庚午生。"按：庚午，即康熙二十九年（1690）。又《雅雨堂诗集》卷上，《庚午年菊花更盛于前赋诗赏之》第三首小注曰："予年六十一岁。"按：庚午乃乾隆十五年（1750），上推即与上首诗所说生年相吻合。见《续修四库全书》本。

② 卢见曾：《雅雨堂文集》卷4，《先府君梦山公暨先母程王两孺人行述》曰："方见曾自偃师归应童子试，时年十五。……是年遂入州庠。"见《续修四库全书》本。

③ 参见卢见曾：《雅雨堂文集》卷2，《篚大中丞诔语序》；《雅雨堂文集》卷4，《祭抚军邵公文》、《先府君梦山公暨先母程王两孺人行述》、《先室萧宜人行述》；以及《雅雨堂诗集》卷下，《宫怡云方伯家高密辰熙辛卯与余同举于乡榜下一别匆指四十有八年矣近就公子养于嘉兴司马官署访会来扬假馆一年始去赋长句送别》。

④ 参见卢见曾：《雅雨堂文集》卷2，《容安斋诗集序》；《雅雨堂文集》卷4，《先室萧宜人行述》。

二场表判，为之惊异，遂言于堂曰："人言北人不谙四六骈体，此岂吾南人之所有耶？"① 两公重之如此。是科，圣祖诏进士未入馆选者，咸一体命儒臣教习三年，见曾遂留馆竟学。雍正元年（1723）试于廷，见曾名列一等。当是时，世宗以新登宝座，颇有意于整饬吏治，而重亲民之任，是以有凡进士在高等者以知县即用之命，见曾得选为四川洪雅县令。而见曾念及父亲年高，欲陈情归养。道悦先生致书见曾，戒之曰："汝自顾才行何如？今恩遇过分如此，而不思一效犬马之力，可谓孝乎？且余虽老，康强如故，未遽就木也。"② 见曾感父斯言，遂于雍正二年（1724）赴洪雅任，③ 从此步入其一生中的仕宦生涯。

卢见曾就官洪雅不久，于雍正四年（1726）正月、十一月及五年（1727）七月，连遭其父及生母王氏、嫡母程氏丧。服阕后，于雍正九年（1731）补官江南亳州蒙城知县，并协理州务。未三月，旋授六安州知州。雍正十二年（1734）六月，由六安调治亳州。未几，世宗亲擢见曾为庐州府知府，又奉檄摄凤阳府事。雍正十三年（1735）秋，迁知江宁府；未逾月，而调任颍州府以去。④ 乾隆二年（1737），初任两淮都

① 卢见曾：《雅雨堂文集》卷2，《容安斋诗集序》。

② 卢见曾：《雅雨堂文集》卷4，《先府君梦山公暨先母程王两孺人行述》。

③ 卢见曾就官四川洪雅县的时间，据《雅雨堂文集》卷4《先府君梦山公暨先母程王两孺人行述》："甲辰，不孝见曾受洪雅令之官"；卷4《先室萧宜人行述》："予年二十有二，举于乡。又三年，生子谦。又七年，予成进士。又四年，予官四川洪雅。"是当为雍正二年（1724）。而卷3《雅江书院记》则称："岁甲辰，邑人重新之。乙巳春，予来宰是邑，会落成焉。"按乙巳为雍正三年（1725），与前说稍异。

④ 卢见曾任颍州府之时间，据《雅雨堂文集》卷4《书贡靖先生传后》"乙卯秋，迁知江宁府。……乃未逾月，而调任颍州府以去"；《雅雨堂文集》卷3《重修四贤祠记》"雍正三年，分置颍、亳两直隶州。十三年，置颍州府，通隶两州旧属之地。予由亳州牧来守是郡……"，当为雍正十三年（1735）。而《雅雨堂文集》卷3《颍州重浚西湖记》则称："乾隆丙辰，余奉命来守颍"；卷3《月驾轩跋》："乾隆丙辰，予守颍州，因公事来此。"丙辰为乾隆元年（1736）。此说与前说有异。又《雅雨堂文集》卷4《祭抚军邵公文》曰："公膺特简，巡抚江南，而曾移守颍州。"按：抚军邵公为邵基，据《清代职官年表·巡抚年表》，邵氏任江苏巡抚时间为乾隆元年（1736）十月二日至二年（1737）九月十日，则卢见曾之任颍州府，似应为乾隆元年（1736）。

转盐运使，[1] 但刚上任七月有余，因"被参一十七款，共诬赃银一千六十两"，[2] 及总督、盐政劾其与邵基"为党"，[3] 遂罢官扬州。[4] 高宗薄其罪，因于乾隆五年（1740）命见曾往塞外军台效力。乾隆九年（1744），卢见曾奉召由塞外还，起牧滦州。一年（1745），迁永平府知府。十六年（1751），迁为长芦盐运使。[5] 十八年（1753），再任两淮都转盐运使。在任十年，以老得请还家。在《告休得请留别扬州故人》诗中，卢见曾表露心迹道：

> 力惫宣勤敢自怜，薄才久仁受恩偏。齿加孙冕余三岁，归后欧公又九年。犬马有情仍恋三，参苓无效也凭天。养疴得请悬车日，五福谁云尚未全。祖道长筵舟满河，绿杨城外动骊歌。重来节使经三考，归去与人赋五绔。绛帐唱酬郊藉在，清门交际纪群多。二分明月樽前判，半照离人返薜萝。……长河一曲绕柴门，荒径遥怜松菊存。从此风波消宦海，才知烟月足家园。……痴愿无多应易邀，我朝还有引年恩。[6]

其疲惫官场、息意田园之意不觉溢于言表。返家后，卢见曾乃"修坟

---

① 卢见曾之初任两淮都转盐运使的时间，有乾隆元年（1736）、二年（1737）两说。《雅雨堂诗集》卷上《丙辰高西园凤翰与余同被勃赋以寄之》诗，《雅雨堂文集》卷3《重建平西亭记》"乾隆丙辰，余为都转盐运使驻此"，卷4《祭抚军邵公文》"公膺特简，巡抚江南，而曾移守颍州"（邵基任江苏巡抚时间见前注），持乾隆元年（1736）说。而《雅雨堂文集》卷2《马相如遗稿序》"雍正甲寅，牧亳州，……又三年，转运扬州"，卷4《书贞靖先生传后》"乙卯秋，迁知江宁府。……尚未逾月，而调任颍州府以去。又二年，转运淮南"，又《（嘉庆）重修扬州府志》卷38《秩官志四》《两淮都转盐运使》"李根云，云南赵州人，进士，乾隆元年任。卢见曾，德州人，进士。二年任，十八年再任"（阿克当阿修、姚文田、江藩等纂，嘉庆十五年刊本），则持乾隆二年（1737）说。兹取后说。
② 卢见曾：《雅雨堂文集》卷4，《上宰相书》。
③ 卢文弨：《故两淮都转运使雅雨卢公墓志铭》，见闵尔昌纂录：《碑传集补》卷17。
④ 卢见曾：《雅雨堂文集》卷2，《刻渔洋山人感旧集序》曰："乾隆丁巳，罢官扬州。"
⑤ 参见卢见曾：《雅雨堂文集》卷3，《重修天津府儒学碑记》、《重修天津府武庙碑记》。
⑥ 卢见曾：《雅雨堂诗集》卷下。

墓，置祭田，恤宗族，教后学"，① 大有颐养天年之乐。而乾隆三十年
（1765）高宗南巡之时，所赐"德水耆英"匾额，② 更令卢见曾为之感
到欣慰和鼓舞。③ 晚年的卢见曾，虽不免为知己的零落而伤怀，④ 但其
"摩挲明岁朝天杖，捡点连年见道心"的情怀，⑤ 却依然萦绕于心。岂
意"烟月足家园"的好景不长，宦海风波再起。

　　乾隆三十三年（1768），两淮盐政尤拔世以相沿充公之提引舞弊入
告，于是历任盐政如高恒、普福等皆得罪，而卢见曾因曾长期任两淮盐
运使，亦牵连入案。高宗对此十分震惊，因命江苏巡抚彰宝，会同尤拔
世立案办理。六月二十五日，高宗谕军机大臣等曰："卢见曾久任两淮
运使，提引之事，皆伊经手承办，似此上下通同舞弊，岂得诿为不知？
著传谕富尼汉，即行传旨，将伊革去职衔，派委妥员解送两淮，交彰宝
并案审讯。仍一面将卢见曾原籍赀财，即行严密查封，无使少有隐匿寄
顿。"⑥ 然出乎高宗意外的事，经富尼汉奏，"查抄卢见曾家产，仅有钱
数十千，并无金银首饰，即衣物亦甚无几。经出示招人首告，始据监生
李容等，首出寄顿各项"。高宗遂指示富尼汉，严加追究走漏风声之人，
若卢见曾坚持不说，即加以刑讯，待审得实情后，再将卢见曾"锁押解
赴扬州，并案问罪"。⑦ 后经审问卢见曾之子瑛及孙荫恩，荫恩乃供出
预通信息之纪昀、王昶及黄骏昌，后又牵引出徐步云。七月二十四日，
高宗就卢见曾"寄顿赀财"走漏风声一案作出裁决：

　　　　大学士刘统勋奏，审讯卢见曾寄顿赀财一案，先后究出向

① 卢文弨：《故两淮都转盐运使雅雨卢公墓志铭》，见闵尔昌纂录：《碑传集补》卷17。
② 卢见曾：《雅雨堂诗集》卷下，《乙酉圣驾南巡钦赐御书"德水耆英"匾额恭纪天恩》。
③ 卢见曾：《雅雨堂诗集》卷下，《石芝园即事》有"堂悬赐额龙光重，楼贮藏书豹雾腾"
　　之句。
④ 卢见曾：《雅雨堂诗集》卷下，《见可园》曰："名园群从少相亲，二十年来伤逝频。剩
　　有空亭花一树，支离也似既衰人。"
⑤ 卢见曾：《雅雨堂诗集》卷下，《病三月几危小愈后谢亲友作》。
⑥ 《清高宗实录》卷813，乾隆三十三年六月辛巳条。
⑦ 《清高宗实录》卷813，乾隆三十三年七月癸巳条。

与卢见曾认为师生之候补中书金步云，伊戚翰林院侍读学士纪昀，并军机处行走中书赵文哲、军机处行走郎中王昶，漏洩通信，应照例拟徒。……得旨：金步云与卢见曾认为师生，遇此等紧要案件，敢于私通信息，以致卢见曾豫行寄顿，甚属可恶，著发往伊犁效力赎罪。纪昀瞻顾亲情，擅行通信，情罪亦重，著发往乌鲁木齐效力赎罪。余依议。①

其后，因查出卢见曾尝令商人代办物件，且不行发价银一万六千余两，因将卢见曾解赴扬州严审究拟。八月三十日，"刑部议复江苏巡抚彰宝奏，原任两淮盐运使卢见曾，隐匿提引银两，私行营运寄顿，照例拟绞监，候秋后处决。应如所奏，从之"。② 然而，还未来得及秋后执刑，卢见曾却于九月二十八日故于苏州。③ 其颇为坎坷的一生至此方得以解脱。

卢见曾一生为官，勤于吏治，锄强治剧，颇能识其大体，所至皆有殊绩。如其任六安、亳州、庐州及颍州时，于水患之祸，皆能兴利除弊，造福一方。张殿传曾评价卢见曾之重浚颍州西湖之功，曰："此记（指卢见曾所作《颍州重浚西湖记》——引者）中一段，疏别是非利害，直是见得到，做得彻。然非心乎民瘼，亦不能直行独断如此。诸御水患记，当以此为第一。"④ 见曾又颇能爱才好士，其"官盐运时，四方名

① 《清高宗实录》卷815，乾隆三十三年二月己酉条。

② 《清高宗实录》卷815，乾隆三十三年八月乙酉条。

③ 按《清高宗实录》卷818，乾隆三十三年九月丁酉（12日）条曰："向来各省应入秋审官犯，俱于各州县狱中监禁，勾决本到，转行该地方正法办理，尚未妥协。嗣后各省官犯，于定案时，即在按察使衙门收禁。既与齐民犯罪者稍示区别，而臬司狱禁，稽察更为周密，亦可免疏虞替代诸弊。……至勾本到省，并著照刑部决囚之例，将情实官犯，全行绑赴市曹，即令按察使监视行刑。……将此通谕知之，著为令。"又曰："现在已届勾到之期，各省官犯，尚有羁禁州县狱中者，著即传谕现有各犯省份之各该督抚，迅速飞提各官犯至省城，交按察司监禁，临期遵旨办理。"又按《清史稿》卷五十八，《志》三十三，《地理》五："亳州府：……江苏布政……驻。雍正八年，按察使自江宁移此。"据此，卢见曾故世时，当在苏州按察司狱（先是被押解到扬州审讯）。是以卢文弨此后为见曾撰墓志铭称：'公为运使，不详请，遂逮公对簿，以乾隆三十三年九月二十八日故于苏，年七十有九。惟一孙在旁。……方伯胡文伯为殡敛，且经纪其丧以归。'（见闵尔昌纂录：《碑传集补》卷17。）

④ 卢见曾：《雅雨堂文集》卷3，《颍州重浚西湖记》，张殿传按语。

流咸集，极一时文酒之盛。金农、陈撰、厉鹗、惠栋、沈大成、陈章等，前后数十人，皆为上客"。① 而其"汲引后进，孜孜如不及，其奖拔皆有名于时"。②

尤其值得称道的是，卢见曾于所到之处，每以兴学造士为先。如"在洪雅，建雅江书院；在六安，建赓扬书院；在永平，建敬胜书院；在长芦，建问津书院；扬州旧有安定书院，更因而廓其规制，严其教条。前后所成就者，不可枚数。于前汉古迹，缺者补，坏者修，罔不兴举"。③ 在所作《雅江书院记》、《永平府书院碑记》、《问津书院碑记》、《试帖初桄序》中，卢见曾自道其经营书院大略曰：

> 乙巳春，予来宰是邑，会落成焉。……征邑士之贤而文者，从予游，为讲道艺、敷弦歌之地。颜其门曰雅江书院，广文教也；颜其楼曰雅雨楼，志风土也；又易桂香阁曰望春阁，邑故多孝廉，无捷南宫者，为从予游者勉之也；堂曰博文，仍旧额，前有作者，不忍没也。④

> 乃延名师立学规，征七属士之才者肄业焉。……夫古之教者，文武不分途；古之学者，体用无偏废。……二三子朝夕诵习于斯，仰瞻庙貌，溯其德业之巍巍，明乎见而知之之为何事，而敬以为主者，之于家国天下，无所处而不当。斯其处也有守，而出也足以有为。如以举子业为文章之能事，而不究其全体大用之所在，则与骑射技勇以为武者等耳。二三子尚其顾諟，以毋忘斯义。⑤

> 翼日，诸生踵门谒请所以名是书院者，爰进而诏之曰："若滨海，亦知夫海乎？孔子之道，犹海也，学者蕲至乎道而止。今

① 《清史列传》卷71，《文苑传二》，《卢见曾》。
② 卢文弨：《故两淮都转盐运使雅雨卢公墓志铭》，见闵尔昌纂录：《碑传集补》卷17。
③ 同上。
④ 卢见曾：《雅雨堂文集》卷3，《雅江书院记》。
⑤ 卢见曾：《雅雨堂文集》卷3，《永平府书院碑记》。

之制义，其津筏也。学者因文见道，譬如汎海者……"①

　　余束发后习为诗，今七十年矣。……维扬安定书院，余初
任运使时，偕博陵尹公所经始。大江南北，士肄业其间，享大
名，显当世者，踵相接。迨余再莅维扬，弟子员日益夥。弗精
弗勤，虑且坐废，请于上官，稍更张之。厚其廪饩，检稽其出
入先后，娄东沈光禄、武进刘侍读主教席。光禄以经术课士，
侍读之学出入史传选骚，其爱士皆癖于余。而余亦间至讲堂，
或时延诸生，上下其议论。其负过人之才者，置上舍，有加礼。
行之比年，诸生文益上，诗益工。虽遇合之故未知何如，有数
人焉，足以窥古人之心，成一家言，而必用于世无疑也。②

卢见曾之汲汲于此，亦可谓用心良苦。惠栋曾曰："先生勤于吏治，所
至皆有殊绩。其在津门，奏课之余，修理学官，创立书院，以身为士子
表率。所以扬厉而鼓舞之者，虽文翁之化蜀郡，何武之治扬州，不是过
也。"③ 汤先甲亦称："抑吾师改事文章，啧啧人口。前在江南时，涖历
诸郡，转运淮扬，所至辄有声烈。暇则引诸后进讲论德艺，饮酒歌诗，
意洒如也。一时从游者，踵相接，多所陶成。"④ 惠、汤二氏所论，洵
可见卢见曾吏治注目之所在。

二、兴复古学的为学宗尚

　　卢见曾一生沉浮宦海三十余年，于民生利弊多所更张，且取得了有
效的成绩。然官事之余，⑤ 甚且贬谪塞外军台之时，见曾于学问之途，
亦颇能沉潜切究，有所心会。其中，对古学的研讨与张扬，乃其为学的

---

① 卢见曾：《雅雨堂文集》卷3，《问津书院碑记》。
② 卢见曾：《雅雨堂文集》卷2，《误帖初桄序》。
③ 卢见曾：《雅雨堂文集》卷3，《重修天津府儒学碑记》。
④ 汤先甲：《雅雨山人出塞集·跋》，《雅雨山人出塞集》卷末。《续修四库全书》本。
⑤ 卢见曾于《雅雨堂诗集》卷上《自江二调治颍州江上作》有曰："颍连庐凤周三郡，家
　　与琴书共一船。"

倾心所在。

卢见曾之为学历程，前后得益于庭训之熏陶、师友之讲益，进而形成自己为学宗尚古学的趋向。其父道悦（1640—1726），字喜臣，号梦山，先后官陕西陇西、河南偃师二县，一充乡试同考官。其"幼而好学，甫就塾师学为文章，出语即惊人"。据见曾称，当其罢官陇西后，"贫甚，衣食于奔走，因以游览天下名山大川，遍交当世贤豪，而浙江陆公龙其、江南赵公申乔、吾乡郭公琇，称莫逆焉"。道悦先生尤工于举子业，其"教子弟及门人，循循有规矩。门人之受业者，及偃师之士昔尝奉教者，皆能文章，掇巍科，砥行而砺名焉"。其所为文，多散见于试牍及房刻之中，而"所为诗，有《公余草》一卷行于世，晚年有与谢方山先生唱和诗及诸杂诗"。① 卢见曾为学之发蒙，即承其父之教而起。又见曾之岳父萧韩坡先生，其于文章，"以韩、欧为门径，欲辖古秦汉作者之庭，而入于其室。故瘦而坚，中腴而外淡，识之者盖鲜焉"。② 萧氏此一治学取向，于见曾亦颇有影响。

卢见曾之于学，初尝致力于声调之学，而导其入此途者，为田香城霡。卢见曾尝称："余少受声调之传于同里田香城先生，香城受之难兄山姜，而山姜则因谢方山转叩于渔洋，而得其指授。"③ 又曰："先生兄山姜而师渔洋。弱冠游京师，与一时名公巨卿，争骚坛，据吟席。其所为诗，甫脱稿，已吟遍长安。……余年稍稍长，略通文字，而先生许之，乡会两试，先生皆决其售于未揭晓之前。初学为诗，辨声律，先生曰：'孺子可教。'出其所藏书选本若干卷，授予抄录；并以其所得于渔洋、山姜两先生者，口授而笔示焉。自辛卯以来，凡十余年，日侍先生之侧。先生固深爱予，予亦因以知先生。"④ 由王渔洋先生士禛，而田山姜先生雯，而田香城先生霡，一脉相承，师弟有序，卢见曾可谓得诗

① 以上皆引自卢见曾：《雅雨堂文集》卷 4，《先府君梦山公暨先母程王两孺人行述》。
② 卢见曾：《雅雨堂文集》卷 2，《萧侍读集后序》。
③ 卢见曾：《雅雨堂文集》卷 1，《赵饴山先生声调谱序》。
④ 卢见曾：《雅雨堂文集》卷 4，《书田香城先生自作墓志铭后》。

学之渊源矣。其后，卢见曾于会试时，又尝受知于虞山汪杜林、石首郑又梁两座师之门，大为二人所推扬。且郑氏发有"人言北人不谙四六骈体，此岂吾南人之所有耶"之叹。① 再后，卢见曾又得黄叔琳先生之教益，于苏轼诗之施元之、查初白两注，以及王渔洋先生《感旧集》等，多所究心，亦颇为之感兴。②

卢见曾通籍后，曾与"学问渊博，尤邃于经"的顾栋高相友善。见曾初任两淮都转盐运使时，延顾氏课其子。两人谈艺论学，颇为相得，多所启发。言谈间，顾栋高语及"少时尝欲钩贯《六经》，作《周官联》一书未就"，见曾极力鼓励顾氏速成之，并慷慨允诺"吾为子任剞劂之费"。后因见曾"以事谪徙塞外，而顾君有《春秋》之纂述，遂不果"。③ 又见曾官扬州时，与马曰琯、曰璐兄弟时相往来，切磋论学，文酒留连，人生取向颇为相近。见曾尝赞马氏嘉惠士林之功曰："玲珑山馆马员外曰琯别业辟疆俦，邱索搜罗苦未休。数卷论衡藏秘笈，多君忼慨借荆州。"④ 而当马曰琯去世时，见曾甚为感伤地哭道：

> 前月才同哭旧俦，那堪君又去荒邱。淮阳老友从今尽，金石遗文谁更搜。名士共悲东道主，高情常在借书楼。娜嬛福地知归处，山馆玲珑本暂留。⑤

知己之叹，悲痛于中。而见曾再任两淮都转盐运使时，其所刻《雅雨堂藏书》，更是得益于惠栋与沈大成诸人之襄助，于经史之学颇多推进，故见曾有"南方佳人惠定宇与沈学子，词坛鼎足三军成。韵争奇险角竞病，句斗涩苦联彭亨"之句。⑥ 以上诸人，于见曾之学识，质疑问难，皆能有所增益。

---

① 卢见曾：《雅雨堂文集》卷2，《容安斋诗集序》。
② 参见卢见曾：《雅雨堂文集》卷2，《刻查注苏诗序》；《刻渔洋山人感旧集序》。
③ 以上皆引自卢见曾：《雅雨堂文集》卷1，《五礼通考序》。
④ 卢见曾：《雅雨堂诗集》卷上，《扬州杂诗》。
⑤ 卢见曾：《雅雨堂诗集》卷下，《哭马嶰谷主事》。
⑥ 卢见曾：《雅雨堂诗集》卷下，《长歌行题董曲江内甥邗江归棹图小照》。

正是得益于庭训之熏陶、师友之相勖，见曾于学问一途，是以有不断的进境。从其为学大体而言，卢见曾于经学之研究甚为关注，尤重两汉之师承家法，以为"通经当以近古者为信"，① 而于通经之法，颇为赞赏万斯大"非通诸经则不能通一经，非悟传注之失则不能通经，非以经释经则亦无由悟传注之失"之取向。②

卢见曾之所以主张通经当以近古者为信，乃基于"《六经》至孔子而论定，孔子殁，西河七十子之徒转相授受。延及两汉，具有家法。逮有宋理学勃兴，诸儒各以己意说经，义理胜而家法转亡矣"。为挽救宋代"义理胜而家法转亡"的说经之弊，他提出一通经路径。其言曰：

> 窃尝谓通经当以近古者为信，譬如秦人谈幽、冀事，比吴、越间宜稍稍得真。必先从记传始，记传之所不及，则衷诸两汉，两汉之所未备，则取诸义疏，义疏之所不可通，然后广以宋、元、明之说。勿信今而疑古，致有兔园册子、师心自用之诮。

对卢见曾此一通经路径的宗尚，惠栋曾有评语云：

> 汉人传经有家法，当时备五经师训诂之学，皆师所口授，其后乃著竹帛，故汉经师之说立于学官。五经出于屋壁，多古字古言，非经师不能辨。经之义存乎训，识字审音，乃知其义。是以古训不可改也，经师不可废也。后人拨弃汉学，薄训诂而不为，即《尔雅》亦不尽信。其说经也，往往多凭私臆，经学由兹而晦。篇中"义理胜而家法亡"一语，道破前人之陋，为之称快！末幅言通经之法，真悬诸日月而不刊之论。士人苟奉此说为圭臬，则经学明而人才盛，人人尽通达国体，岂止变学究为秀才耶！

---

① 卢见曾：《雅雨堂文集》卷1，《经义考序》。
② 卢见曾：《雅雨堂文集》卷1，《重刻万充宗先生经学五书序》。

惠氏所云"经之义存乎训，识字审音，乃知其义。是以古训不可改也，经师不可废也"，即是对卢见曾"通经当以近古者为信"的唱和。① 而惠栋对卢见曾通经之法的揭示与赞誉，则彰显出卢氏治学之卓识。此一通经之法，一方面体现了自乾隆初叶以来，特别是诏开"经学特科"的政治文化导向意义；另一方面则体现出经学研究自身的内在演进逻辑。

早在清初之时，万斯大即提出"非通诸经则不能通一经，非悟传注之失则不能通经，非以经释经则亦无由悟传注之失"的治经方法。于此，卢见曾深有同感，是以评价道："因是由博致精，而深求乎造化之微妙，凡所解驳，悉发前人所未发，出马、郑后千余年、数百家辩论之外。故虽老师宿儒，读其书者无不心折首肯，而信其必传于后无疑也。"因此，卢见曾于万斯大之人之学，甚为推崇，有言道：

> 窃惟先生为梨洲黄公入室弟子，故其学皆务实践，覃研经典，务去剿说雷同、傅会穿凿之病。……先生之人与先生之学，其不朽惟均也。

可惜的是，万氏所著《经学五书》，因不幸再毁于火，致使面临散佚、埋没之虞。

卢见曾既嘉斯大之志，因以慷慨解囊，"为助其刻资之半，而重为序之"。②

卢见曾既识通经之大体与门径，其于《周易》一经，颇能体现其为学精神。卢见曾之研治《周易》始于谪戍塞外之时。他说："余年五十有一，远投塞外，始学《易》。"③ 在塞外几年中，卢见曾并没因遭遇坎坷而消沉，而是致力于《周易》的探讨。其于《出塞集》中，尝自道学《易》经过曰：

---

① 以上皆引自卢见曾：《雅雨堂文集》卷1，《经义考序》。
② 以上皆引自卢见曾：《雅雨堂文集》卷1，《重刻万充宗先生经学五书序》。
③ 卢见曾：《雅雨堂文集》卷1，《周易孔义集说序》。

无碍研朱点《周易》，有时把酒读《离骚》。①

籍火研朱夜每深，敢将分寸负光阴。宽闲帝与消灾地，忧患天开学《易》心。鸿渐陆时终有用，鱼当贯义却难寻。杞中但有包瓜在，泥井何须问旧禽。②

多君立雪叩坟邱，半载蹉磨愿岂酬。赢得他年传故事，授经却在海西头。③

正是这一研《易》经历，为见曾此后刻《雅雨堂藏书》打下了基础。

卢见曾之究心于《易》，于汉学尤多心契。其尝言：“余学《易》有年，每讲求汉儒遗书，以求印正，虽断简残编，未敢有所忽略。”故郑康成《周易》之书之传，“虽不及《三礼》、《毛诗》之完具，然汉学《易》义无多，存此以备一家，好古之士，或有考于斯”。④ 通过对历代研治《易》学成就的总结，卢见曾得出一个看法，他认为：“余学《易》数十年，于唐、宋、元、明四代之《易》，无不博综元览，而求其得圣人之遗意者，推汉学为长。”之所以有此认识，乃因为汉学“去古未远，家法犹存故也”。⑤ 以此为基准，卢见曾于凡能发明《易》义者，无不为之搜讨推扬。如《周易乾凿度》一书，世人以其为纬书而薄之，但卢见曾认为：

> 《周易乾凿度》二卷，其中多七十子大义，两汉诸儒皆宗之。……纬书非学者所尚，是不然。圣人作经，贤人纬之。经粹然至精，纬则有驳有醇。成、哀之纬其辞驳，先秦之纬其辞醇。《乾凿度》先秦之书也，去圣未远，家法犹存。故郑康成汉代大儒，而为之注。唐李鼎祚作《易传》，是时纬候具在，

---

① 卢见曾：《雅雨山人出塞集·答扬州诸故人问近况》。
② 卢见曾：《雅雨山人出塞集·注易》。
③ 卢见曾：《雅雨山人出塞集·二十台别蒋生韶年生萝村公子，代父戍军台，从予学〈易〉》。
④ 卢见曾：《雅雨堂文集》卷1，《刻郑氏周易序》。
⑤ 卢见曾：《雅雨堂文集》卷1，《刻李氏易传序》。

独取《乾凿度》，非以其醇耶？……为梓而行之，以备汉学。①

又其于唐李鼎祚《周易集解》，亦因其能存汉代费直、荀爽、虞翻之学，是以为之"校正谬误，刊以行世"。而宋儒王应麟于《易》颇采郑康成之说，卢见曾即将之附于李鼎祚书后，"以存古义"。② 凡此种种，皆是其"通经当以近古者为信"为学宗旨的体现。

三、《雅雨堂藏书》对汉学的表彰

卢见曾不仅在思想取向上对汉儒治经方法有所心契，其于汉儒之学，亦能予以极力表彰，其体现为自乾隆十九年（1754）至二十二年（1757）所刻之《雅雨堂藏书》（又名《雅雨堂丛书》）。《雅雨堂藏书》计有《郑氏周易》（汉郑玄）、《易释文》（唐陆德明）、《周易乾凿度》（汉郑玄注）、《李氏易传》（唐李鼎祚）、《尚书大传》（汉郑玄注）、《大戴礼记》（汉卢辩注）、《郑司农集》（汉郑玄）、《高氏战国策》（汉高诱）、《匡谬正俗》（唐颜师古）、《封氏闻见记》（唐封演）、《唐摭言》（唐王定保）、《北梦琐言》（五代孙光宪）、《文昌杂录》（宋庞元英）十三种。其中，除高诱、封演、王定保、孙光宪、庞元英五种著作属史部、说部外，其他八种皆为解经之作，乃整个丛书的核心。

卢见曾《雅雨堂藏书》之刻，实得力于惠栋、沈大成诸人之襄助。惠栋于"经史诸子，稗官野乘，及七经毖纬之学，无不及之"，而尤邃于《易》，实开有清一代研治汉学之先声，于一时学风影响甚深。③ 其

① 卢见曾：《雅雨堂文集》卷1，《刻周易乾凿度序》。
② 卢见曾：《雅雨堂文集》卷1，《刻李氏易传序》。
③ 王昶：《春融堂集》卷55，《惠定宇先生墓志铭》曰："呜呼！自孔、贾奉敕作《正义》，而汉魏六朝老师宿儒专门名家之说并废。又近时吴中何氏焯、汪氏份以时文倡导学者，而经术益衰。先生生数千载后 耽思旁讯，探古训不传之秘，以求圣贤之微言。于是，吴江沈君彤、长洲余君仲霖、朱君樟、江君声等，先后羽翼之。流风所煽，海内人士无不重通经，通经无不知信古。而其端自先生发之，可谓豪杰之士矣！"（又见钱仪吉纂录：《碑传集》卷133。）

所作《九经古义》、《易汉学》、《周易述》、《古文尚书考》诸书，大为世人所推重。钱大昕有言：

> 予尝论宋、元以来，说经之书盈屋充栋，高者蔑弃古训，自夸心得，下者剿袭人言，以为己有，儒林之名，徒为空疏藏拙之地。独惠氏世守古学，而先生所得尤深，拟诸汉儒，当在何邵公、服子慎之间，马融、赵岐辈不能及也。①

戴震《题惠定宇先生授经图》亦曰：

> 盖先生之学，直上追汉经师授受，欲坠未坠，埋蕴积久之业，而以授吴之贤俊后学，俾斯事逸而复兴。……松崖先生之为经也，欲学者事于汉经师之故训，以博稽三古典章制度，由是推求理义，确有据依。彼歧故训、理义二之，是故训非以明理义，而故训胡为？理义不存乎典章制度，势必流入异学曲说而不自知，其亦远乎先生之教矣。震入都过吴，复交于先生令子秉高与二三门弟子，若江君琴涛、余君仲林，皆笃信所授，不失师法。先生之学有述者，是先生虽已云逝，而馨欬仍留。震方慨然于徒接先生画像，而吴之贤俊后学，彬彬有汉世郑重其师承之意，可不谓幸欤？②

而卢文弨推扬惠栋《九经古义》之务实学曰：

---

① 钱大昕：《潜研堂文集》卷39，《惠先生栋传》。
② 戴震：《戴震文集》卷11，《题惠定宇先生授经图》。而钱大昕《题惠松崖征君授经图》亦曰："汉儒说经重诂训，授受专门先后印。三代遗文近可推，大义微言条不紊。后人凿空夸心得，一笔欲将郑服摈。虚谭名理诃玩物，陈义甚高词已遁。我朝经术方昌明，天遣耆儒破迷网。红豆风流手泽贻，三世大师清望峻。正谊常睎董仲舒，识古共推刘子骏。尤长义《易》沂九师，辅嗣说行存亦仅。郢书燕说一例芟，坠简逸象尽日揖。画吞仲翔洵已足，论待赵宾兼肯仞。苦心孤诣识者谁，后有子云或能信。礼堂写定不得传，令子庭趋万人俊。群书暗诵才翩翩，家法相承语谆谆。青紫拾芥何足云，朴学千秋宜自奋。吾生亦有好古癖，问奇曾许抠衣进。廿年聚散等浮沤，宿草青青老泪扢。展图仿佛见平生，苦井长智几时浚。黄门精熟继长翁，试听它年石渠论。"（《潜研堂诗集》卷10。）

　　《九经古义》十六卷，吴征士惠松崖栋先生之所著也。凡
文之义，多生于形与声。汉人云古未远，其所见多古字，其习
读多古音，故其所训诂要于本旨为近，虽有失焉者，寡
矣。……今读征君此书，单词片义，具有证据，正非曲徇古
人。后之士犹可于此得古音焉，求古义焉，是古人之功臣而今
人之硕师也。为性理之学者，壹视此为糟粕。然虚则易歧，实
则难假，承学之士要必于此问途，庶乎可终身不惑也。①

　　戴、钱、卢乃乾隆朝一代大儒，其推崇惠栋之学如此，足可见惠栋学术
之成就与其治经取向对学人之影响。虽其后学术发展愈益精密，惠栋之
学不无可商榷之处，② 然论乾嘉汉学之兴，惠栋开创之功不可没焉。

　　沈大成（1700—1771），③ 字学子，号沃田，松江华亭（今上海市）
人。"邑诸生，通经史百家之书。与惠栋友善，栋称其学，一物一事，
必穷其源。"④ 大成擅长诗古文，故广陵诗社诸君，闻声争交欢。而惠
栋与之说经论文，亹亹甚乐。惠栋尝论沈大成之学曰：

　　明于古今，贯天人之理，此儒林之业也。余弱冠即知遵尚
古学，年大来兼涉猎于艺术，又复研求于古与今之际，颇有省
悟，积成卷帙。而求一殚见洽闻，同志相赏者，四十年未睹一

---

① 卢文弨：《抱经堂文集》卷2，《九经古义序》。
② 程晋芳、张惠言、焦循、王引之诸人，对惠栋有关言论皆有所商榷，详见：程晋芳《勉行堂文集》卷5《易汉学跋》；张惠言《茗柯文二编》卷上《周易虞氏义序》；焦循《又复王伯申书》（罗振玉：《昭代经师手简二编》）；王引之致焦循书（焦循：《焦氏遗书》卷首载《王伯申先生手札》）。
③ 沈大成之生卒年，历来说法不一，有1696—1777或1709—1781之说。汪大经所撰《沈先生大成行状》则称："先生生于康熙庚辰十月二十五日，殁于乾隆辛卯十月二十九日，年七十有二。"（钱仪吉纂录：《碑传集》卷141，《文学下之下》。）也就是说，沈大成之生卒年为1700—1771。而汪大经在文中自言："大经与先生为世好，从学五年，稍窥其学行。去岁十月二十七日，先生自扬归，病亟，呼大经，受授诗文丛稿，并东原先生与先生书《学福斋集序》。……越二日，而呼易篑矣。"观此，汪大经之说当为有据。兹从汪说。
④ 李斗：《扬州画舫录》卷12，《桥东录》。

人。最后得吾友云间沈君学子，大喜过望。夫所贵于学者，谓其能推今说而通诸古也。……沈君与余，不啻重规而叠矩，以此见同志之有人，而吾道之不孤，为可喜也。沈君邃于经史，又旁通九宫、纳甲、天文、乐律、九章诸术，故搜择融洽而无所不贯。古人有言，知今而不知古，谓之盲瞽；知古而不知今，谓之陆沉。温故知新，可以为师，吾于沈君见之矣。①

所谓"不啻重规而叠矩，以此见同志之有人，而吾道之不孤，为可喜也"，足可见惠、沈二人论学之相契。而汪大经叙次其师沈大成之学曰：

先生幼承家训，长师黄宫允厔堂先生（指黄之隽——引者），而交吴中惠征君松崖、天都戴孝廉东原、西泠杭太史堇浦、青浦王廷尉兰泉。故其为学，原本《六经》，凡古今典章之沿革，政事之得失，与夫一名一物流传，考索研究，原委井然。藏书万卷，手自校雠，镌本讹阙，字体从俗，必标识而补正之。绳头蚕子，件系条属，非目力心细者，不能辨其点画也。其校定《十三经注疏》、《史记》、前后《汉书》、《南北史》、《五代史》、杜氏《通典》、《文献通考》、《昭明文选》、《说文》、《玉篇》、《广韵》、顾氏《音学五书》、梅氏《历算丛书》，尤为一生精力所萃。……且曰："学未有不自《六经》入者。"②

沈大成为学之规模，于此可见一斑。

---

① 惠栋：《松崖文钞》卷2，《学福斋集序》。又惠栋：《松崖文钞》卷2，《秋灯夜读图序》记："甲戌之岁，余馆德水卢使君衙斋，讲授之暇，篝灯撰著。每涉疑义，思索未通，恨无素心晨夕。一日，使君以诗文数册示余，余读之惊，然未及询作者何人也。久之，典谒引客入，相见，则余故人，云间沈君学子，向所视数册，皆出君手。余喜甚，叩所疑者，学子一一晰之，余闻之愈惊。既而促膝话旧，知君归自武林，道吴而至广陵。……广陵诗社诸君，闻声争交欢。……使君既得君如左右手，社中诗老颇以失君为怅，而余则说经论文，叠叠甚乐。"
② 汪大经：《沈先生大成行状》，见钱仪吉纂录：《碑传集》卷141，《文学下之下》。

正由于惠栋、沈大成二人深于经史之学，而二人又论学最相契，故卢见曾延之为其校书。李斗《扬州画舫录》尝曰："公（指卢见曾——引者）两经转运，座中皆天下士。……惠栋，……博通今古，与陈祖范、顾栋高同举经学。公重其品，延之为校《乾凿度》、《高氏战国策》、《郑氏易》、《郑司农集》、《尚书大传》、《李氏易传》、《匡谬正俗》、《封氏闻见记》、《唐摭言》、《文昌杂录》、《北梦琐言》、《感旧集》，辑《山左诗抄》诸书。"① 是知《雅雨堂藏书》之成，实赖惠、沈二人之力。当然，惠、沈二人之外，如戴震、② 王昶诸儒，③ 在此期间亦曾客卢见曾所，与惠、沈定交，论学切磋。于校勘之事亦有所是正。更有卢文弨者，④ 见曾因其于《大戴礼》用功颇深，亦常书信往来，商订求正。

《雅雨堂藏书》之刻，大抵以"汉、唐诸儒说经之书"为注目对象，⑤ 而以表彰汉学，特别是郑玄之学为帜志。其主导取向，即是卢见曾所揭示之"通经当以近古者为信"。⑥ 兹以《雅雨堂藏书》中所涉及《易》、《书》、《礼》之作，论列如下。

《易》自伏羲作八卦，文王重《易》六爻作上、下篇，孔子为之彖、

---

① 李斗：《扬州画舫录》卷10，《虹桥录上》。陈黄中《惠征君栋墓志铭》曰："两淮卢运使馆之官舍，居三年，后以疾辞归。"钱仪吉纂录：《碑传集》卷133。）王昶《惠定宇先生墓志铭》曰："余弱冠游诸公间，因得司业于先生。及丙子、丁丑，先生与予又同客卢运使见曾所，益得尽读先生所著，尝与华亭沈上舍大成手钞而校正之。故知先生之学之根底，莫余为详。"（《春融堂集》卷55）

② 段玉裁编：《戴东原先生年谱》，乾隆二十二年、三十五岁条曰："是年，识惠先生栋于扬之都转运使卢君雅雨署内。文集内《题惠定宇先生授经图》所云'自京师南还，始睹先生于扬之都转运使司署内'者也。……而《沈学子文集序》云：'强梧赤奋若之岁，余始得交于华亭沈沃田先生，既而同人一室者更袭葛。'似先生是年冬日出都，在扬州交沈沃田。沃田名大成，华亭名士，老客扬州，以是知之。"戴震与惠栋、沈大成之交往，又见《戴震文集》卷11《题惠定宇先生授经图》、《沈学子文集序》。

③ 王昶：《春融堂集》卷55，《惠定宇先生墓志铭》曰："及丙子、丁丑，先生与予又同客卢运使见曾所，益得尽读先生所著。"

④ 卢文弨：《抱经堂文集》卷8，《新刻〈大戴礼〉跋》曰："吾宗雅雨先生，思以经术迪后进。……知文弨与休宁戴君震夙尝留意是书，因索其本，并集众家本，参伍以求其是。义有疑者，常手疏下问，往复再四而后定。凡二年始竣事，盖其慎也如此。"

⑤ 卢文弨：《抱经堂文集》卷8，《新刻大戴礼跋》。

⑥ 卢见曾：《雅雨堂文集》卷1，《经义考序》。

象、系辞、文言、序卦之属十篇，经秦燔书，遂演为卜筮之事，然传者不绝。汉儒继兴，传者颇不乏人。田何开之于前，"讫于宣、元，有施、孟、梁丘、京氏列于学官，而民间有费、高二家之说。……唯费氏经与古文同"。① 郑玄"师事京兆第五元先，始通京氏《易》"，② 可谓师承有自。其后，郑玄之学立之学官，"自汉魏六朝数百年来，无异议者"。然当唐孔颖达撰《五经正义》时，《易》改宗王弼，郑玄之《易》遂因之而不显于世。然至北宋时，"郑《易》犹存，《文言》、《说卦》、《序卦》、《杂卦》四篇，载于《崇文总目》"，是以朱震、晁公武俱引其说。但至南宋，此四篇亦复佚。于是王应麟始裒群籍，为《郑氏易》一卷，而明胡震亨为刊其书，附李鼎祚《易传》之后。然王应麟之辑尚有遗漏，故惠栋为之重加增辑，并益以朱震、晁公武之说，厘为三卷。卢见曾于此深有所契，故为之刊刻，以广其传。其曾言："余学《易》有年，每讲求汉儒遗书，以求印正，虽断简残编，未敢有所忽略。此书之传，虽不及《三礼》、《毛诗》之完具，然汉学《易》义无多，存此以备一家，好古之士，或有考于斯。"③ 此即卢见曾刊刻《郑氏周易》之缘起。

卢见曾张扬郑《易》之外，于其他汉儒之说《易》义者，亦广为搜讨。在他看来，"两汉传《易》者数十家，唯费氏为古文《易》，今所传之《易》，乃费《易》也。费长翁以象、象、系辞、文言解说上下经，颇得圣人遗意，唐有《章句》四卷，惜已亡佚。其后荀慈明祖述费学，亦以十篇之义诠释经文。故当时兖、豫言《易》者，皆传荀氏学。九家亦以荀为主。虞仲翔注《易》，其说六爻升降之义，皆荀法也。……先

---

① 《汉书》卷30，《艺文志》第10。

② 《后汉书》卷35，《张曹郑列传》第25。范晔论郑玄之学曰："自秦焚《六经》，圣文埃灭。汉兴，诸儒颇修艺文；及东京，学者亦гов名家。而守文之徒，滞固所禀，异端纷纭，互相诡激，遂令经有数家，家有数说，章句多者或乃百余万言，学徒劳而少功，后生疑而莫正。郑玄括囊大典，网罗众家，删裁繁诬，刊改漏失，自是学者略知所归。"

③ 以上皆引自卢见曾：《雅雨堂文集》卷1，《刻郑氏周易序》。

是王辅嗣《易》专尚黄老，谓卦中所取之象，皆假象也。韩康伯因之，《易》之大义始乖。六朝，王氏之《易》与郑氏并行。自孔颖达奉诏为《五经正义》，《易》用王氏，而两汉之学亡矣"。有鉴于此，故他于较多保存荀、虞之学的李鼎祚所撰《周易集解》甚为推重。然"前明朱氏、胡氏、毛氏刊本流传，然板皆迷失，又多讹字"，故见曾为之"校正谬误，刊以行世"。就此，卢见曾不无感慨地说："余学《易》数十年，于唐、宋、元、明四代之《易》，无不博综元览。而求其得圣人之遗意者，推汉学为长，以其去古未远，家法犹存故也。"① 此可见卢见曾为学之宗尚及刊书取舍之标准。

与刊《郑氏周易》、《李氏易传》主导思想相应，卢见曾于《周易乾凿度》一书，亦相当重视。有人以为，纬书非学者所尚，因于《周易乾凿度》不以为意。卢见曾则认为："圣人作经，贤人纬之，经粹然至精，纬则有驳有醇。成、哀之纬其辞驳，先秦之纬其辞醇。《乾凿度》先秦之书也，去圣未远，家法犹存，故郑康成汉代大儒，而为之注。唐李鼎祚作《易传》，是时纬候具在，独取《乾凿度》，非以其醇耶？"更为重要的是，《周易乾凿度》包蕴着《易》之大义。其言曰："《周易乾凿度》二卷，其中多七十子大义，两汉诸儒者宗。京房之注大衍，宣诵之用甲寅元，陈宠之论三微，张衡之述九写，许慎之称君子五号；又郑康成注《易》，谓《易》一言而含三义；注《礼》，谓三王郊用夏正，以《易》之帝乙为成汤，咸本《乾凿度》。一行言，卦气之说出孟氏章句，而不知《乾凿度》已言之。此皆《易》之大义也。"然此书虽于明代有刊本流传，但阙误之处在所多有。卢见曾因以所得明嘉靖中吴郡钱君叔宝藏本，补阙正误，刊而行之，"以备艺学"。②

《尚书》自秦焚书多不传，而济南犬生壁藏之。汉兴之后，"伏生求其书，亡数十篇，独得二十九篇，即以教于齐鲁之间。学者由是颇能言

---

① 以上皆引自卢见曾：《雅雨堂文集》卷1，《刻李氏易传序》。
② 以上皆引自卢见曾：《雅雨堂文集》卷1，《刻周易乾凿度序》。

《尚书》，诸山东大师无不涉《尚书》以教矣。……张生亦为博士。而伏生孙以治《尚书》征，不能明也。自此之后，鲁周霸、孔安国，洛阳贾嘉，颇能言《尚书》事"。① 传伏生之学者，有济南张生及千乘欧阳生。欧阳生授倪宽（宽又受业孔安国），宽授欧阳生子，世世相传，由是《尚书》世有欧阳氏学。而张生授夏侯都尉，都尉传族子始昌，始昌传胜（又事同郡蕑卿，而蕑卿为倪宽门人），胜传从兄子建（又事欧阳生曾孙高），由是《尚书》有大小夏侯之学。② 至汉宣帝之世，欧阳、大小夏侯之学乃立于学官，讫东汉末，相传不绝。但至晋永嘉之乱，三家并亡。据"《汉书·艺文志》，伏生所传经二十九卷、传四十一篇。郑康成序谓，章句之外，别撰大义，刘子政校书，得而上之。其篇次与《艺文志》合，即今《大传》是也。此书元时尚存，前明未闻著录"。卢见曾感慨于"山东大师，伏生冠于汉初，康成殿于汉末，而《大传》一书，出自两大儒，此吾乡第一文献也"，因为之搜访辑讨，而于吴中藏书家得之。其书"虽已残阙，然《五行传》一篇，首尾完具，乃二十一史史志之先河也"。鉴于"三家章句虽亡，而今文之学，存此犹见一斑"，见曾是以刊而行之，并别撰《补遗》一卷，且"附《康成集》于卷末"，意在使"后之求汉学者，知所考焉"。③ 按：见曾所云《康成集》，即《雅雨堂藏书》所刻《郑司农集》，计有《相风赋》、《伏后议》、《春夏封诸侯议》、《戒子益恩书恩本传作思》、《易赞》、《诗谱叙》、《尚书大传叙》、《□□禘祫义》八篇。即此寥寥数篇，亦可见卢见曾于郑学之倾心。而《尚书大传》刻成之后，卢见曾又得本家卢文弨所撰《考异》一卷、《续补遗》一卷，因"爱其考据精确，实有功于是书，爰并刻之，以广其传"。④

《周易》、《尚书》之外，卢见曾又以"《大戴》者，孔门之遗言，周

---

① 《史记》卷 121，《儒林列传》第 61。
② 参见《汉书》卷 88，《儒林列传》第 58。
③ 卢见曾：《雅雨堂文集》卷 1，《刻尚书大传序》。
④ 卢见曾：《尚书大传·跋》，见《雅雨堂藏书》。

元公之旧典，多散见于是书，自宋、元以来诸本，日益讹舛，驯至不可读，欲加是正，以传诸学者"。① 而卢文弨尝"于北平黄夫子家，借得元时刻本，以校今本之失，十得二三，注之为后人刊削者，亦得据以补焉。又与其友休宁戴东原震，泛滥群书，参互考订"。见曾遂感慨道："夫以戴书卢注，经千百年后，复有与之同氏族者，为之审正而发明之，其事盖有非偶然者！"②"因索其本，并集众家本，参伍以求其是。"③ 凡有疑义，常与卢文弨书信往复，商订再四而后定，凡二年始竣事。

按《大戴礼记》，为戴德所撰，见存三十九篇，然为其作注者，向来颇多异说。卢见曾辨之曰：

> 《大戴礼》十三卷，向不得注者名氏，朱子尝以为郑康成，亦以其精核有似之者。然其间有引郑说及郭象、孙炎之言。惟王深宁断以为北周卢景宣所注。景宣名辩，本传云，以《大戴礼》未有解诂，乃注之。其兄景裕谓之曰："昔侍中著《小戴》，今尔注《大戴》，庶纂前修矣。"然今所传，惟二十四篇有注，其余十五篇无注。朱子亦谓，其不可晓。则在宋时，本已然矣。此书篇第，或阙或重，颇不为后人所更易。如明堂之制，本即在《盛德篇》中，魏李谧著论，梁刘昭注《续汉志》，及唐杜氏《通典》，皆如此。今又引出《明堂篇第六十七》，非也。其他如《投壶》、《公冠》等篇，皆错乱难读，学者病之。……独惜侍中小戴注不传，但散见于诸经注疏中。昔朱子嘉东汉诸儒说礼甚有功，而以侍中为称首。安得更为之搜辑，次比之以传乎？④

至此，卢辨之注《大戴礼记》，始彰显于世。

---

① 卢文弨：《抱经堂文集》卷8，《新刻大戴礼跋》。
② 卢见曾：《雅雨堂文集》卷1，《大戴礼记序》。
③ 卢文弨：《抱经堂文集》卷8，《新刻大戴礼跋》。
④ 卢见曾：《雅雨堂文集》卷1，《大戴礼记序》。按：卢见曾此辨，当本于戴震之说，详见《雅雨堂藏书》刻《大戴礼记》所附《戴校大戴礼记目录后语》。

　　先是，戴震尝注目于《大戴礼记》，而寻得五种旧本，为之参互校正。乾隆二十二年（1757）春，卢文弨以其所校本示戴震，戴震"又得改正数事。卢编修本所失者，则余五本中或得之。若疑文阙句，无从考得，姑俟异日"。[①] 而卢文弨自示其校本于戴震后，又尝六七雠校，始自信无大谬误。《大戴礼记》刻成之后，戴震于乾隆二十五年（1760）冬致书卢文弨，就校勘《大戴礼记》事，提出一己之见。其言曰："《大戴礼记》刻后印校，俗字太多，恐伤坏版，姑正其甚者，不能尽还雅也。所有误字，曩未核出，如……谨陈鄙见，惟有道正之。"[②] 卢文弨再加校阅，又得数事，附之于后。[③] 乾隆二十六年（1761）夏，戴震又曾致书卢文弨，论《大戴礼记》校勘未尽之事。有言曰："其《大戴礼记》一书，今正复检一过，又得若干事，后因穷处多繁杂，未及订定。兹略举大致，以乞教正。……谨录如上。一二致确处，私心颇怡乐也。伏待垂择，不无有可附于阁下前所订数十条末者。"[④] 可惜的是，戴震的此一建议，未能补入《雅雨堂藏书》刻本中。[⑤] 而于《大戴礼记》之价值，卢文弨曾有言曰："余尝谓此书之极精粹者，《曾子》数篇而已，而《立事》一篇，尤学者所当日三复也。'博学而屡守之'，余素服膺斯言。自为棘人，每诵'君子思其不可复者而先施焉'数语，辄不禁泪之盈眦也。《孔子三朝记》，其文不能闳深，疑出汉后人所傅会，学者当分

---

① 戴震：《戴校大戴礼记目录后语》，见《雅雨堂藏书》所刻《大戴礼》。
② 戴震：《戴震文集》卷3，《与卢侍讲召弓书》。
③ 卢文弨：《抱经堂文集》卷8，《新刻大戴礼跋》。
④ 戴震：《戴震文集》卷3，《再与卢侍讲书》。
⑤ 按段玉裁：《戴东原先生年谱》，乾隆二十五年庚辰三十八岁条曰："是年冬，有《与卢侍讲召弓书》，论校《大戴礼》事云：……玉裁按：校刻《大戴礼》，盖即扬州运使卢公见曾雅雨堂本也。卢学士文弨先为校订，刻既成矣，先生复细校之，故有庚辰冬、辛巳夏两与学士之书，胪举应改之字。今考雅雨堂刻本，凡庚辰札内所举者，已皆剜板改之，皆先生所为也。其辛巳札内所举，皆未之改，则先生已离扬之故也。"又乾隆二十六年三十九岁条曰："是年夏，有《再与卢侍讲书》，论校《大戴礼》事。盖《大戴礼》一书，讹舛积久，殆于不可读，先生取雅雨堂刻一再雠校，然后学者始能从事。至癸巳，召入四库馆充纂修官，取旧说及新知悉心核订，其书上于先生既殁后一月。自后曲阜孔广森太史因之作《补注》。"

别观之。"① 以戴震、卢文弨博学之大儒，其于《大戴礼记》拳拳注目如此，而卢见曾则推扬刊刻，是可见一时复兴古学之风气矣。

卢见曾不仅注目汉学之经书，其于汉儒之发明史事者，亦颇为之张扬。《雅雨堂藏书》所刻高诱注《战国策》，② 即其一端。高诱，汉末涿郡人，"少受学于同县卢侍中子干，尝定《孟子章句》，作《孝经》、《吕氏春秋》、《淮南》诸解训诂，悉用师法。尤精音读，其解《吕氏春秋》、《淮南》二书，有急气缓气、闭口笼口之法。盖反切之学，实始于高氏，而孙叔然炎在其后。今刻二书者，尽删其说，为可惜也"。而高诱之注《战国策》，世罕见其书。明天启中，有虞山某氏于梁溪安氏处购得南宋剡川姚伯声校正本，后又得梁溪高氏本，"互相契勘，遂称完善"。然世所传鲍彪本，一改首东周、次西周之次，而以西周为正统，升之卷首。卢见曾于再任两淮盐运使时，从吴中借得高注本，以之与鲍彪本相校，以为高注古雅，远胜鲍氏，能存旧观，因为梓而广之。见曾之服膺于高氏之注，在他看来，"两汉传注，存者自毛氏、何氏而外，首推郑氏，继郑氏而博学多识者，唯高氏。盖其学有师承，非赵台卿、王叔师之比也。……好古之士，审择于高、鲍二家，孰得孰失，必有能辨之者"。③ 即此，亦可见卢见曾于古学之取向矣。

表彰汉儒研经之功外，卢见曾于唐宋之致力古学、保存旧观者，复加甄采。其于李鼎祚之《周易集解》，即因其保存荀爽、虞翻之说独多，而为之刊刻流传。他如唐颜师古所撰《匡谬正俗》，卢见曾亦因其"所

---

① 卢文弨：《抱经堂文集》卷8，《新刻大戴礼诋》。
② 按《四库全书总目》卷51《史部》《杂史类》《战国策注》三十三卷条称："旧本题汉高诱注，今考其书，实宋姚宏校本也。……此为毛晋汲古阁影宋钞本。虽三十三卷皆题曰高诱注，而有诱注者仅二卷至四卷、六卷至十卷，与《崇文总目》八篇数合。又最末三十二、三十三两卷，合前两卷，与曾巩序十篇数合。而其余二十三卷，则但有考异而无注，其有注者多冠以续字，其偶遗续字者，如……，其非诱注，可毋庸置辨。……是元时犹知注出于宏，不知毛氏宋本，何以全题高诱？……近时扬州所刊，即从此本录出，而仍题诱名，殊为沿误。"（第461—462页）是知卢见曾此刻，有所疏失。
③ 以上皆引自卢见曾：《雅雨堂文集》卷1，《刻高氏战国策序》。

引典籍，及诸家训诂，多上世逸书，言辨而确，可资后学见闻"，而其书自元明以后，未有刻本，故为之刊板行世。颜师古是书之作，乃鉴于"世俗之言多谬误，质诸经史，匡而正之"。但窥之当时风气，诗赋实为众人所趋之的。较之自身所处时代，卢见曾不无感慨地道："盖唐人尚诗赋，而师古、冲远（孔颖达——引者）独毕力于经史。近代采唐人之诗者，无虑数千家，二君者顾不预焉，用知古人学有专门，不尚兼长。今人经史诗赋，事事求工，而身后遗书，不免蒇如之叹。读是书，可以知所务矣!"① 由此可见，卢见曾之刻《匡谬正俗》，乃系针对当世为学之弊而发。其他如唐封演《封氏闻见记》、王定保《摭言》、孙光宪《北梦琐言》、宋庞元英《文昌杂录》，卢见曾或重其"考据该洽，论辨详明"，② 或重其"存旧事"，③ 或重其"皆唐氏贤哲言行，暨五代十国之事"，④ 或重其"记一时闻见及朝章典故"，⑤ 是以校刊梓行，以资观览。

刘锦藻尝言："见曾深于两汉之学，推尊郑氏，如王应麟《困学纪闻》等，凡有涉于郑氏说者，采辑殆尽。以为欲求得圣人之遗意者，莫北海经师若也。其他校正宋本，刊落谬误，足与文弨并美云。"⑥ 此一评论，洵可谓得卢见曾为学之旨。而卢见曾《雅雨堂藏书》之刻，正是此一为学宗尚的体现。

四、扶持惠栋诸儒

卢见曾之宗尚古学，推崇郑玄之学，既已彰显于其所刻《雅雨堂藏书》。更有进者，他还对当世贤哲之致力经学、研讨汉学者，大力推扬、

---

① 以上皆引自卢见曾：《雅雨堂文集》卷1，《刻匡谬正俗序》。
② 卢见曾：《雅雨堂文集》卷1，《刻封氏闻见记序》。
③ 卢见曾：《雅雨堂文集》卷1，《刻摭言序》。
④ 卢见曾：《雅雨堂文集》卷1，《刻北梦琐言序》。
⑤ 卢见曾：《雅雨堂文集》卷1，《刻文昌杂录序》。
⑥ 刘锦藻：《清朝续文献通考》卷270，《经籍》14，《雅雨堂丛书》134卷条，浙江古籍出版社2000年版，第10140页。

扶持，于一时学术转向，不无倡导之功。卢文弨尝论见曾曰："公最笃师友之谊，珍其遗文，而表章之。若虞山汪容斋应铨、桐城马相如朴臣、怀宁李啸村葂、全椒郭韵清肇锽各家集，皆公序而梓之。此外，补刻朱竹垞《经义考》成完书，又刻《尚书大传》、《大戴礼》等书十四种，皆善本。又惠定宇《周易述》，王渔洋《感旧集》，亦皆梓行。"① 见曾曾孙卢枢亦曰："先曾祖雅雨公，最笃师友之谊，以故名人著作，卓有可传，皆序梓而表章之，所刻已不下数十种。"② 其中，卢见曾对惠栋、朱彝尊、万斯大诸儒之作的表彰，更能体现其对一时学术演进的体悟与主张。

惠栋之助卢见曾校刊《雅雨堂藏书》，其大略及意义已述之于前。而见曾之赏识惠栋者，乃因惠栋于经学研之既深且精。尤可注意的是，卢见曾之礼聘惠栋，其意义并非仅止于延其为己校书，在彼此的论学质疑中，卢见曾于思想取向上实已深受惠栋之影响。其在刻《经义考》序中所揭示的通经方法，即承于惠栋之说。③ 而《雅雨堂藏书》中对《易》学诸书的取舍，很大程度上也体现出卢见曾对惠栋思想的认同。

在入卢见曾馆之前，惠栋已著有《古文尚书考》、《九经古义》、《易汉学》诸书，而《周易述》亦于乾隆十四年（1749）开始撰作。钱大昕论惠栋《易》学曰："惠先生栋，……年五十后，专心经术，尤邃于《易》。谓宣尼作《十翼》，其微言大义，七十子之徒相传，至汉犹有存者。自王弼兴而汉学亡，幸存其略于李氏《集解》中。精研三十年，引

---

① 卢文弨：《故两淮都转盐运使雅雨卢公墓志铭》，见闵尔昌纂录：《碑传集补》卷17。文中所说刻汪应铨、马朴臣、李葂、郭肇锽诸人集，详见卢见曾：《雅雨堂文集》卷2，《容庵斋诗集序》、《马相如遗稿序》、《李啸村三体诗序》、《郭侍读诗集序》。

② 卢枢：《雅雨堂文集·跋》，《雅雨堂文集》卷末。

③ 说见前引卢见曾：《雅雨堂文集》卷1，《经义考序》，及惠栋评语。而值得指出的是，惠栋评语中的思想，早在其所作《九经古义》序中已发。惠栋：《松崖文钞》卷1，《九经古义述首》曰："汉人通经有家法，故有五经师训诂之学，皆师所口授，其后乃著竹帛，所以汉经师之说立于学官，与经并行。五经出于屋壁，多古字古言，非经师不能辨。经之义存乎训，识字审音，乃知其义。是故古训不可改也，经师不可废也。余家四世传经，咸通古义，守专室，呻毕简，日有省也，月有得也，岁有记也。顾念诸儿尚幼，日久失其读，有不殖将落之忧。因述家学，作《九经古义》一书，吾子孙其世传之，毋隳名家韵也。"

伸触类，始得贯通其旨。"① 而王昶论惠栋《易汉学》曰："汉学废久矣，《易》滋甚。王氏应麟集郑君之遗，未得其解，自后毋论已。定宇世传经术，于注疏尤深。所考《易汉学》，分茅设蕝，一卦气，一纳甲，一世应，一爻辰，一升降，而汉儒以象数说《易》者始备。……夫汉儒诸家之说，今略见于李鼎祚《易传》，颇恨其各摘数条，参差杂出，不获见其全，因不能推而演之也。定宇采掇排次，稿凡五六易。"② 又钱大昕论惠栋《周易述》之成就曰："松崖征君《周易述》，摧陷廓清，独明绝学，谈汉学者无出其右矣。……大约经学要在以经证经，以先秦、两汉之书证经。其训诂则参之《说文》、《方言》、《释名》，而宋元以后无稽之言，置之不道。反覆推校，求其会通，故曰必通全经而后可通一经。若徒蒐采旧说，荟为一编，尚非第一义也"；③ 还称："乃撰次《周易述》一编，专宗虞仲翔，参以荀、郑诸家之义，约其旨为注，演其说为疏。汉学之绝者千有五百余年，至是而灿然复章矣。……独惠氏世守古学，而先生所得尤深，拟诸汉儒，当在何邵公、服子慎之间，马融、赵岐辈不能及也。"④ 钱、王二人所论，可谓深得惠栋《易》学之旨。

可惜的是，惠栋于《周易述》垂成之际，却因疾而溘然长逝，遗憾于人间。卢见曾既服膺惠栋之学，且深相交契，因于惠栋下世当年（即乾隆二十三年，1758）八月下旬，为序而梓之。其言曰：

> 今世谭《易》者，亡虑数百家，即已登梨枣者，亦且以十
> 数，然皆不越乎晦庵之说，及伊川说而止。而昆山徐氏刻《九

① 钱大昕：《潜研堂文集》卷39，《惠先生栋传》。
② 王昶：《春融堂集》卷43，《易汉学跋》。惠栋自道作《易汉学》缘起曰："六经定于孔子，燬于秦，传于汉。汉学之亡久矣，独《诗》、《礼》、《公羊》，犹存毛、郑、何三家。……惟王辅嗣以假象说《易》，根本黄老，而汉经师之义荡然无复有存者矣。……栋趋庭之际，习闻余论，左右采获，成书七卷。自孟长卿以下五家之《易》，异流同源，其说略备。……以栋之不才，何敢辄议著述？然以四世之学，上承先汉，存什一于千百，庶后之思汉学者，犹知取证，且使吾子孙无忘旧业云。"（《松崖文钞》卷1，《易汉学自序》。）
③ 钱大昕：《潜研堂文集补编》之《与王德甫书一》。
④ 钱大昕：《潜研堂文集》卷39，《惠先生栋传》。

经解》，旁及南宋诸子，紫巗张氏及项平甫诸家，间有云《子夏易传》，要亦子虚亡是之言耳。而吾友惠松崖先生说《易》，独好述汉氏。其言曰，《易》有五家，有汉《易》，有魏《易》，有晋《易》，有唐《易》，有宋《易》。惟汉《易》用师法，独得其传。魏《易》者王辅嗣也，晋《易》者韩康伯也，唐《易》者孔冲远也。魏晋崇老氏，即以之说《易》。唐弃汉学而祖王、韩，于是二千年之《易》学皆以老氏乱之。汉《易》推荀慈明、虞仲翔，其说略见于资川李鼎祚《集传》，并散见于《六经》、周秦诸书中。至宋而有程子、朱子，程第举理之大要，朱子有意复古而作《本义》。及近日黄梨洲、毛大可，虽尝习李《传》，而于荀、虞二家之学，称说多讹。使当日三君得汉经师授受，不过三日，已了大义。惜也三君不生于东汉之末也。

今此编专以荀、虞作主，而参以郑康成、宋仲子、干令升、九家诸说。盖以汉犹近古，从荀、虞以上溯朱子之源，而下袪王、韩异说之汩经者，其意岂不壮哉！盖先生经学得之半农先生士奇，半农得之砚溪先生辰惕，砚溪得之朴庵先生有声，历世讲求，始得家法，亦云艰矣。先生六十后，力疾撰著，自云三年后便可卒业。孰意垂戈疾革，未成书而殁。今第如其卷数刊刻之，不敢有加焉。惇续貂也。先生年仅六十有二，余与先生周旋四年，为本其意而叙之如此。①

即此可见，卢见曾对惠栋的推扬，洵可称深得其肯綮矣。钱大昕有言："今士大夫多尊崇汉学，实出先生（指惠栋——引者）绪论。"② 而推其缘起，卢见曾之扶持惠栋，于汉学之兴，功不可没。

刻《周易述》外，卢见曾于乾隆二十二年（1757）还曾刻惠栋所著《渔洋山人精华录训纂》。按王士禛以博雅之资，"其为诗渔猎百氏，含

---

① 卢见曾：《周易述序》，惠栋：《周易述》卷首。
② 钱大昕：《潜研堂文集》卷24，《古文尚书考序》。

咀《六经》。其引用如钟鼎科斗、山经水注，旁及琳宫梵宇之书，靡不津逮。而又性勤汲引，唱和遍朝野，凡布衣风雅之士，诗中必一见之"，故注其诗为难。惠栋因其祖周惕先生为王氏所取士，而父士奇先生又亲炙王氏之门，乃得闻其绪论，故为之博稽详考，经历岁月，始著为是书。此书一出，"而渔洋之诗，无不了然于心口之间"，世人始得资以纵览。而惠栋"又别注《年谱》，凡渔洋生平出处，与其师友脉络，无不昭揭如日星"，是故黄叔琳誉之为"渔洋毛、郑"。① 此外，惠栋还撰有《补遗》一编。如此种种，皆有裨于王士禛生平学行之考实。而卢见曾所刻《渔洋山人感旧集》，② 其意盖与此相发明。

乾隆十九年（1754）夏，卢见曾又补刻朱彝尊所撰《经义考》一书，至次年竣工。朱彝尊（1629—1709），字锡鬯，号竹垞，浙江秀水人。举康熙己未（1679）博学鸿词科，授检讨。彝尊为学，博闻淹贯，于经学源流尤所留心。彝尊"尝以近日谭经者局守一家之言，致先儒遗编失传者十九，因仿鄱阳马氏《经籍考》之例而推广之，著《经义考》三百卷。分存、佚、阙、未见四门，自御注、敕撰以迄自序，为类凡三十种"。③ 是书通考"自汉迄今说经诸书，存亡可考，文献足征。编辑之勤，考据之审，网罗之富，实有裨于经学"。④ 先是，朱彝尊尝以二十余卷质诸王士禛先生，士禛因于所著《居易录》中载其大凡。后康熙四十四年（1705）圣祖南巡，朱彝尊以《易》、《书》二种进呈，奉旨留在南书房，谕令速速刻完，并特赐"研经博物"四大字匾额以褒之。而四库馆开，《经义考》亦得遴入，高宗且以其"于历代说经诸书，广搜博考，存佚

---

① 以上皆引自卢见曾：《雅雨堂文集》卷2，《渔洋山人精华录训纂序》。
② 详见《清代传记丛刊》及《四库禁毁书丛刊》第74册。
③ 朱稻孙：《经义考·跋》，《经义考》卷首。卢见曾于《经义考》总目后识语曰："《经义考》全书告成，余既为之序，又编《总目》二卷。此书初撰，原名《经义存亡考》。……后先生以《菉竹》、《聚乐》、《淡生》、《一斋》诸目所藏，及同人所见世有其本者，列'未见'一门，又有杂见于诸书，或一卷，或数条，列'阙书'一门。于是分存、佚、阙、未见四门，删旧名之'存亡'字，而名之曰《经义考》。已刻一百六十七卷，其宣讲、立学、家学、自序三卷本阙，今补刻一百三十卷。"
④ 清高宗：《御题朱彝尊经义考》，《经义考》卷首。

可征，实有裨于经学"，因为之亲制诗篇，题识卷首。其诗曰：

> 秦燔弗绝殆如绳，未丧斯文圣语曾。疑信虽滋后人议，述
> 传终赖汉儒承。天经地纬道庄托，一贯六同教以兴。藜阁炎刘
> 校诚题，竹垞昭代撰堪称。存亡若彼均详注，文献于兹率可
> 征。远绍旁搜今古会，焚膏继晷岁年增。考因晰理求其是，义
> 在尊经靡不胜。枕葄宁惟资汲鉴，阐崇将以示孙曾。①

"研经博物"、"有裨于经学"云云，是可见朱彝尊撰《经义考》价值之
一斑。

《经义考》成书后，先曾刊一百六十七卷，而宣讲、立学、家学、
自序四种以及《补遗》，因属草未具，而不幸遘疾，故未能付梓。朱稻
孙承其祖彝尊之志，护持遗稿，且于奔走四方之际，谋求寿之梨枣，以
成完帙。雍正十二年（1734），稻孙于扬州得识马嶰谷曰琯，而马君好
古博雅，笃于友谊，嘉稻孙之能不坠家学，遂欣然约同志，欲成全稻孙
之志。然遗憾的是，因为事所格，未果。其后，卢见曾再任两淮盐运
使，稻孙谒之邗上，见曾询及《经义考》，稻孙因为述其颠末。见曾为
叹息者久之，遂慷慨首捐清俸为同志倡，且以其事嘱托于马曰琯。马曰
琯"由是与令弟半查尽发二酉之藏，偕钱塘陈君授衣、仪征江君宾谷、
元和惠君定宇、华亭沈君学子，相为参检。而稻孙仍率次子昌凉、长孙
休承暨从孙墒同里金蓉，共襄厥事。既逾年而剞劂乃竣，计一百三十
卷，合前所刻一百六十七卷成完书"。故而朱稻孙感慨地说："书之显
晦，与夫行世之迟速，固有天焉。继自今穷经稽古之士，其得所津逮，
而拜使君与嶰谷先生之嘉惠者，良匪浅矣。宁特稻孙等戴君子之德于无
穷也哉！"②

---

① 清高宗：《御题朱彝尊经义考》，《经义考》卷首。
② 朱稻孙：《经义考·跋》，《经义考》卷首。卢见曾于《经义考》总目后识语曰："卷帙
　浩繁，校对不易，从事诸君子，各题名于每卷之后。而博征载籍，以正字画之讹者，
　钱塘陈授衣章、仪征江宾谷是也。刻既成而覆校之者，元和惠定宇栋、华亭沈学子大
　成也。其商略考订，兼综其事，则祁门马嶰谷曰琯、半查曰璐云。"

卢见曾既倡刻《经义考》，又为序以表彰朱彝尊是书之意义。其言曰：

> 《六经》至孔子而论定，孔子殁，西河七十子之徒转相授
> 受。延及两汉，具有家法。逮有宋理学勃兴，诸儒各以己意说
> 经，义理胜而家法转亡矣。故《二经》、《十翼》之分合，朱子
> 谓《郑风》为淫奔，蔡氏谓商、周不改月时，胡氏康侯谓圣
> 人以天自处，好古之士不能无疑。顾所见古书绝少，无征不
> 信，往往恨焉。今观《经义考》所载，虽其阙佚者过半，犹
> 必为之稽其爵里，条其同异。其存者在学士大夫之家，如得
> 购而读之，讵不为厚幸欤？……是则余区区刊是书之志
> 也夫。

而惠栋对卢见曾所揭示"义理胜而家法亡"一语，以及"末幅言通经之法"，甚为推崇，以为有功学林不浅。① 其后，卢见曾于乾隆二十一年（1756）二月高宗祭告阙里时，又进呈《经义考》二部，且褒崇《经义考》称："博征传世之书，志其存佚；提衡众家之论，判厥醇疵。幸际昌期，首冠以圣明之钜制；备陈列代，不遗夫师友之绪言。挈领提纲，开卷了如指掌；升堂入奥，披函灿若列眉。实裨益于稽古之儒，宜刊布于右文之世。"② 而高宗因有"书留览"之旨。③ 即此可见，卢见曾不惟能深得朱彝尊撰书之旨，且能明通经稽古之途径。

与刻朱彝尊《经义考》取向相类，卢见曾于乾隆二十三年（1758）又资助刊刻万斯大遗著《经学五书》（指《学礼质疑》、《礼记偶笺》、《仪礼商》、《周官辨非》、《学春秋随笔》）。先是，是书由斯大之子万经次第刊行，但于乾隆五年（1740）不幸毁于火。其后，复从友人处觅得一本，万经子福因谋诸同志，重梓以广其传，以免"先人著述如一发之

---

① 以上皆引自卢见曾：《雅雨堂文集》卷1，《经义考序》；又见《经义考》补刻本卷首。
② 卢见曾：《奏状》，《经义考》补刻本卷首。
③ 《清高宗实录》卷508，乾隆二十一年三月初一日己巳条。

引千钧，倘遂因此灭绝，则某之罪兹大"之憾，并谒卢见曾于扬州，请为序之。卢见曾嘉万福之志，遂为助其刻资之半，而序之曰："窃惟先生为梨洲黄公入室弟子，故其学皆务实践，覃研经典，务去剿说雷同、傅会穿凿之病。其立说以为，非遍诸经则不能通一经，非悟传注之失则不能通经，非以经释经则亦无由悟传注之失。因是由博致精，而深求乎造化之微妙，凡所解驳，悉发前人所未发，出马、郑后千余年，数百家辩论之外。故虽老师宿儒，读其书者无不心折首肯，而信其必传于后无疑也。"① 见曾此序，可谓深得万斯大解经之要旨。钱大昕于乾隆二十年（1755）致王昶的信中，尝曰："大约经学要在以经证经，以先秦、两汉之书证经。其训诂则参之《说文》、《方言》、《释名》，而宋元以后无稽之言，置之不道。反覆推校，求其会通，故曰必通全经而后可通一经。若徒蒐采旧说，荟为一编，尚非第一义也。"② 此可见一时为学取向之所在。

沈起元（1685—1763），字子大，号敬亭，江苏太仓人。与卢见曾为同年友，尝著《周易孔义集说》一书，于乾隆十九年（1754）质之见曾，见曾因其说与己相契，故撰序予以表彰。按沈起元之著《周易孔义集说》，多采宋项安世《周易玩辞》之说。"复广辑诸儒粹言，以明孔子之《易》，由孔子以溯羲文周之《易》"。在他看来，"伏羲初有卦画文字，文周系之以吉凶悔吝，而其故不显。自孔子定之以中正，以一卦分二体，而以二五为中之象，以六爻分阴阳之位，而以所乘之阴阳当位为正之象。微中正则吉凶悔吝不可得而明，微吉凶悔吝，则伏羲之卦画亦徒设。知此，而羲文周之《易》，尽于孔子之传辞无疑矣"。就此，卢见曾亦指出："以象传释象，而乃得象；以象传释象，而乃得象。推之卦爻，无不皆然。恍然曰：道尽于孔子之《十翼》，但先儒之义不能尽合于孔子耳。"由此，卢见曾乃引沈起元为同调，以己欲成《尊孔》未就

① 卢见曾：《雅雨堂文集》卷1，《重刻万充宗先生经学五书序》；又见《经学五书》卷首。
② 钱大昕：《潜研堂文集补编》之《与王德甫书一》。

而沈氏成《周易孔义集说》，故有"沈子之志，即项氏之志，即余从绝塞中焦思劳心，扪籥而得之者，三人代隔五六百年，地殊万余里，而所见不谋而合。此可见人心之同，然而《易》道之不必远求也"之慨。又卢见曾于汉京、焦二氏之说阴阳灾异，以为与孔圣之《易》绝远；而于宋邵雍之为先后天方圆图，引干宝之说，以为邵氏说于《易》义无预。而在卢见曾看来，"惟就每卦中逐爻逐位，观其进退往来之变，占其吉凶悔吝之辞，以识夫吾生趋避修省之道，斯则孔子教人学《易》之旨"。于此，惠栋评卢见曾解《易》曰：

> 以《十翼》解说二篇之义者，西汉费直，东汉荀爽。今所传之《易》，乃费氏本，而其说不传。唯荀氏、九家注犹存，颇得圣人之旨。虞翻论《易》，斥诸家为俗儒，独推荀氏。先生潜心于《易》学有年，而其论与费、荀同，真卓识也。邵子先天，原本老氏"有物混成，先天地生"而来，先生据干令升注驳之，此皆发前人所未发者。①

惠栋此评，可谓一语中的。而卢见曾之加意褒扬沈起元，其意亦在于此。

卢见曾表彰惠栋、朱彝尊、万斯大、沈起元之阐述经学外，于黄宗羲之《金石要略》，亦表而出之。按碑碣之有例，断自唐韩愈，而元潘苍崖尝创为《金石例》十卷，于"制器之楷式，为文之矩矱，靡不毕具"，明王止仲更撰《墓铭举例》四卷，"兼韩子以下十五家，条分缕晰，例之正变，推而愈扩"。而黄宗羲"以潘书未著为例之义与坏例之始，作《金石要例》一卷，用补苍崖之阙"。此三书出，而金石之例赅矣。然世人所为碑碣，"叙次失宜，烦简靡当"，其弊乃缘于未曾体悟此三书。有鉴于此，卢见曾乃将此三书汇而刻之，以使世人"晓然于金石之文，不异史家发凡言例，亦《春秋》之支与流裔。触类而长之，庶乎

---

① 以上皆引自卢见曾：《雅雨堂文集》卷1，《周易孔义集说序》。

知所从事矣"。① 见曾之良苦用心，于此可见一斑。而乾嘉时期金石学之兴，卢见曾此举，实为发先声者之一。

五、结语

卢见曾一生，不仅能勤于吏治，而且于兴学育才、表彰学术诸途，亦卓然有所倡导。基于庭训之熏陶、师友之讲益，卢见曾在对古学的研讨与总结中，认识到为学研经之途径，即"通经当以近古者为信"。而欲通经，则应"先从记传始，记传之所不及，则衷诸两汉，两汉之所未备，则取诸义疏，义疏之所不可通，然后广以宋、元、明之说"。② 见曾此论，虽承自朱彝尊、万斯大、惠栋诸儒之说，然通达之识，亦能进而有所推阐发明。其所谓"信"，并非一味唯古是从，唯汉是好，而是上探下索，求其确当而后信。王引之尝论惠栋为学"考古虽勤，而识不高，心不细，见异于今者则从之，大都不论是非"，③ 虽言有过激之处，却也道出了惠栋为学的某些局限。两相比较，卢见曾所揭示的通经方法与途径，则可避免食古不化、株守一家之说之弊。从某种意义上来说，卢见曾此一通经为学之法，于古学之复兴，颇具学术转型意义。

卢见曾不惟能发为以上之论，还曾付之学术实践。其所主持纂辑的《雅雨堂藏书》，即是对上述通经途径的阐发。《雅雨堂藏书》凡涉《易》、《书》、《礼》及唐宋说部书十余种。大要以阐扬汉唐诸儒说经之义，特别是汉代通儒郑玄之学为主旨。其中，《郑氏周易》、《周易乾凿度》、《李氏易传》、《尚书大传》及《大戴礼记》卢辨注，即能体现卢见曾的此一思想取向。卢见曾尝谓："余学《易》数十年，于唐、宋、元、

---

① 以上皆引自卢见曾：《雅雨堂文集》卷1，《刻金石三例序》。卢见曾之留意金石之学，除刻《金石三例》外，还曾刻赵明诚所著之《金石录》。其论赵明诚之著《金石录》曰："赵德夫《金石录》三十卷，匪独考订之精核也，其议论卓越，时有足发人意思者。"

② 卢见曾：《雅雨堂文集》卷1，《经义考序》。

③ 焦循：《焦氏遗书》卷首载《王伯申先生手札》。

明四代之《易》，无不博综元览。而求其得圣人之遗意者，推汉学为长，以其去古未远，家法犹存故也。"① 其之所以以汉学为依归，固然因其"去古未远，家法犹存"，但更为关键的是，这一结论的得出，乃基于对历代《易》说的详细梳理与考辨，而确信汉学长于其他诸家之说，并非唯汉是从、是信。

当然，卢见曾之刻《雅雨堂藏书》，一方面基于自己的学术积累和为学好尚；另一方面，则得力于惠栋、沈大成诸儒的襄助。尤其是惠栋，对卢见曾为学宗尚的形成及刊《雅雨堂藏书》的取舍，皆产生了重要影响。卢见曾"通经当以近古者为信"的思路，即是对惠栋"汉经世之说，立于学官，与经并行。五经出于屋壁，多古字古言，非经世不能辨。经之义存乎训诂，识字审音，乃知其意。是故古训不可改也，经师不可废也"学术主张的庚扬；《雅雨堂藏书》对汉儒《易》学的表彰，更可看出惠栋在其间的作用。而对惠栋来说，其得以参与纂辑《雅雨堂藏书》，实乃将其为学主张付之实践的一大契机。此外，戴震于乾隆二十二年（1757）客卢见曾官署时，参与《大戴礼记》校刊事外，更得以有机会结识惠栋，而成为忘年交。此次会晤，对戴震的为学影响颇大，其后戴震所倡导的"故训明则古经明，古经明则贤人圣人之理义明，而我心之所同然者乃因之而明。贤人圣人之理义非它，存乎典章制度者是也"② 为学主张，即发端于此时。③ 因此，《雅雨堂藏书》的问世，不惟体现出卢见曾一己为学的宗尚，亦可视之为汉学崛起的一种表征。

卢见曾刊刻《雅雨堂藏书》表彰汉学之外，其于当世致力经学、深研汉学诸儒，亦能刊刻其遗书，推扬其学行。朱彝尊《经义考》、万斯

---

① 卢见曾：《雅雨堂文集》卷 1，《刻李氏易传序》。
② 戴震：《戴震集》卷 11，《题惠定宇先生授经图》。
③ 惠、戴二人此次会晤的意义，陈祖武先生曾有揭示。详参陈先生所著：《清儒学术拾零》十，《关于乾嘉学派的几点思考》中的第三节，湖南人民出版社 1999 年版，第164—167 页。

大《经学五书》，即赖卢见曾为之慷慨资助，付之剞劂。尤为有意义的是，卢见曾不仅能于惠栋生前引为知己，作同调之鸣，更于惠栋去世之当年，刊刻其遗著《周易述》，且撰序以彰显此书之学术价值。作为乾嘉学派的开派宗师，惠栋对汉学的表彰，及所揭示的通经信古的为学方法，其对乾嘉学术宗尚的形成所产生的巨大影响，已为继起者所共识。而推其源始，卢见曾对惠栋学术的表彰，功不可没。

综上所言，卢见曾"通经当以近古者为信"的为学取向，其刻《雅雨堂藏书》对汉儒特别是郑玄之学的表彰，以及对前哲时贤如黄宗羲、万斯大、朱彝尊、惠栋、沈起元的扶持与褒扬，于乾隆初叶古学之复兴，实为一有力的倡导。卢见曾虽不免为官场所累，但其对汉学的阐扬与扶持，于学术风尚的转移，实能发一时之先声。知世论人，知人论世，卢见曾于乾隆初叶兴复古学的努力，实有可称道之处。

第四节　全祖望与浙东学术

全祖望上承刘宗周、黄宗羲及甬上万氏一门，下启邵晋涵、章学诚，是乾隆初期浙东学术的一个重要代表。通过全氏学行的梳理，探讨乾嘉学术的历史发展过程及其与浙东学术之间的互动关系，或许是乾嘉学派研究中不可或缺的一个方面。

一、全祖望其人及学术

全祖望（1705—1755），字绍衣，号谢山，康熙四十四年（1705）正月初五，生于浙江鄞县白坛里月湖西岸故宅。① 鄞县谢山南宋以来即

---

① 董秉纯：《全谢山年谱》（以下简称《董谱》，载朱铸禹：《全祖望集汇校集注》（以下简称《集注》）卷首，上海古籍出版社 2000 年版）。蒋天枢《全谢山年谱》亦同（以下简称《蒋谱》，商务印书馆 1933 年再版）。

为世家，理、度两朝出过三位后妃，元明之际以诗书闻家，仕宦不绝。入清，曾祖大和、大程（本生曾祖）兄弟以遗民携子避地东钱湖童墅，祖吾骐、父书，均有志节。① 全祖望四岁启蒙，八岁已读《通鉴》、《通考》诸书。年十四，中式诸生，两年后，初应乡试至杭，以古文谒查继佐，查氏目之"刘原父"。② 他在首次入都之前，已奠定扎实的文史功底，并在当地和杭州结交了一批志同道合的学友，如厉鹗、杭世骏等，立意"交天下士"，③ 开始建立自己的学术交往圈。雍正八年（1730）春，二十六岁的全祖望以学政王兰生荐充选贡，进京应试。过扬州，识盐商马曰琯（嶰谷）、曰璐（半查）兄弟等，④ 进一步扩大交往，开阔学术视野。抵京，初识方苞，上书论殷周殡制、丧礼，方苞大惊，声誉鹊起。⑤ 雍正十年顺天乡试，中式举人。次年春闱不第，四月，以工部尚书仁和赵殿最荐，应诏博学鸿词。冬，前工部侍郎李绂见其行卷，叹曰"深宁、东发后一人"，⑥ 固请留其家，与翰林学士南昌万承苍三人"或讲学，或考据史事"，⑦ 增益学问。乾隆元年（1736）举博学鸿词，

① 参《鲒埼亭集》（以下简称《内编》）卷首董秉纯《谢山世谱》；《鲒埼亭集外编》（以下简称《外编》）卷14《桓溪谢山祠堂碑记》、卷8《先曾王父先王父神道阙铭》、《先公墓石盖文》及《句余土音》卷上《吾家故迹十首》等，均载朱铸禹《校注本》，以下不再注明。

② 参《外编》卷8《先公墓石盖文》、卷15《第九洞天私印铭》；《内编》卷19《前甘泉令明水龚君墓志铭》、卷32《爱日堂吟稿序》；《外编》卷7《翰林院编修初白查先生墓表》等。

③ 《内编》卷20，《樊榭墓碣铭》。

④ 《外编》卷26，《厉太鸿湖船录序》。案：此"己酉"为"庚戌"之误，已为蒋天枢先生指正（《蒋谱》卷2，第36页）。又马曰璐《南斋集》卷1有《甬东全谢山将北上，见过山馆，因留小集，明日谢山以四截句见授，依韵奉答即以送行》，马曰琯《沙河逸老小稿》亦有《全谢山见过山馆，即送北上》诗，可参见中华书局《丛书集成》单行本，第1、5页。

⑤ 参《外编》卷41，《奉方望溪前辈书》、《奉望溪先生论丧礼或问札子》。

⑥ 李元度：《国朝先生事略》卷34，《经学·全谢山先生事略》；参《内编》卷18《翰林院学士南昌万公碑铭》；《蒋谱》卷2第48页考订《董谱》所云谢山移居事在壬子（雍正十年）年有误，至早也当在癸丑（十一年）冬，有《穆堂墓志》可证。

⑦ 《内编》卷18，《翰林院学士南昌万公碑铭》。

因系是科进士，选庶吉士，不与鸿博试。[①] 二年散馆，以知县候选，辞归。广修枌社掌故，搜罗桑海遗闻，表彰节义如不及。其学渊博无涯涘，于书靡不贯穿，成为清代中叶浙东学术的代表人物。所著有《鲒埼亭集》三十八卷、《外编》五十卷、《诗集》十卷、七校《水经注》四十卷、《续宋元学案》百卷、《续甬上耆旧诗》百余卷、《困学纪闻》三笺、《公车征士小录》及《词科摭言》三卷、《经史问答》十卷及《汉书地理志稽疑》六卷、《句余土音》三卷、《读易别传》三卷、《孔子弟子姓名表》、《甬上族望表》等三十余种。李慈铭曾评价："谢山之学，精实缜密，尤以道学文章自任。于宋以后儒术源流，及明季忠臣节士，搜遗摭佚，拳拳致生，乃至世家故族，南北之迁转，中外之姻连，条贯缕晰，不啻肉谱，固数百年来绝学也。其平生出处，恬漠孤介，亦有洛、闽典型。集中文章，皆非苟作，惜乎稍嫌繁杂，颇少剪裁，外编弥为芜秕，而议论考据，多足取资，又其缀辑畸零，皆志乘所未及，有志乡邦文献者，奉为至宝矣。"[②] 张舜徽《清儒学记》专列《浙东学记》一章，总结全祖望的学术成就，分撰述人物碑传、补修《宋元学案》、七校《水经注》、三笺《困学纪闻》等部分进行阐述。[③] 杨向奎《清儒学案新编》亦有陈其泰所撰《全祖望〈谢山学案〉》，从"表彰民族气节的珍贵文献、揭示清初学术的精髓、学术史著作的完善、为清代浙东学派继往开来"等四个方面论述了全祖望其人及学术。[④] 下面参照他们的成果，结合全祖望的治学生涯，探讨其学术特点。

---

① 据严可均《铁桥漫稿》卷7《全绍衣传》："（雍正）十二年，诏开鸿博大科，膺荐者二百余人，集都下，祖望誉最高，徐甽国晏招致之，不往，遂深嫉之。乾隆元年成进士，改庶吉士。十月大科朝试，相国以祖望改，特奏凡经保荐而已成进士入词林者不必再与鸿博之试，祖望负气为五六天地之中合赋，拟进卷二，首抉《汉志》、《唐志》之微，出与试诸人右。当事者益嫉之，明年散馆，列下等，外补。"心矩斋校本。

② 《集注》第2734页。

③ 张舜徽：《清儒学记》，《浙东学记》第六，齐鲁书社1991年版，第200、202页。

④ 杨向奎：《清儒学案新编》卷8，陈其泰《全祖望〈谢山学案〉》，齐鲁书社1994年版，第53—68页。

（一）明末清初（南明）史及浙东地方史

整理明末清初的史实是全祖望治学的起点，也是他学术中"最有生命力的部分"。① 梁启超曾说："若问我对于古今人文集最爱读某家，我必举《鲒埼亭集》为第一部了。"陈垣亦赞其集"文美有精神，所以不沾沾于考证"。正因为谢山的工作，使"浙东五百年文献之传，大彰于世"。② 其撰著的碑、传、志、记等纪述性文字篇目占了整个文集的40％，为南明史及浙东地方史的研究奠定了重要的文献基础。

蒋天枢认为谢山喜爱论述晚明史事的思想，来自"幼小时家庭熏陶"，③ 尤其是曾祖全大程曾在钱肃乐幕府，亲身参加抗清斗争，后偕其祖父为遗民避居乡村。而其族母则为张煌言（苍水）之女，康熙五十九年（1720）自黄岩归，谢山尚得从之问南明遗事。④ 两年后，十八岁的全祖望从万斯大子万经访得张苍水遗像，就族母张氏考订遗事而记之，实已走上治史之路。⑤ 雍正二年（1724），全祖望第四次至杭州，拜张苍水及雪窦山人魏耕墓，并访得杨文琮墓，所作《杨职方茔域志》，当是其所作第一篇正式关于南明史志的文章。⑥ 次年，再作《沧田录》，⑦ 其中记载了雪窦山人魏耕的事迹。此后，在交友读史的同时，他不间断地从事相关的南明史事撰述。对自己的工作，他充满自信，曾言："考公（指张煌言）集中诸事迹，合之野史所记，并得之先祖母之所传者，别为碑铭一篇。……他年补史者，其视我碑铭"，并表示"考证遗事，所不敢辞"。⑧ 乾隆七年（1742），他重作钱肃乐画像题记，对

① 陈其泰：《全祖望〈谢山学案〉》，第54页。
② 《清儒学记》，《浙东学记·全祖望》第六，第241页。
③ 《集注》第19页，《蒋序》。
④ 《外编》卷4，《明故太师定西侯张公墓碑》。
⑤ 《外编》卷19，《张督师画像记》。
⑥ 《外编》卷6，《杨职方茔域志》。按：《蒋谱》雍正二年编年文未列此文，揆以"略举其概以答之"之意，当有作文，而正式成文往往不断有所修补，这也是谢山作文的特点之一。
⑦ 《蒋谱》卷1，第25页；《外编》卷44，《奉万西郭问魏白衣息贤堂集书》。
⑧ 《内编》卷9，《明故权兵部尚书兼翰林院侍讲学士鄞张公神道碑》及附《寄万编修九沙札》，《集注》上册，第198页。

居京师时所作旧文"重为删节更定而录之",① 可见其写作之审慎。他的孜孜考证,是为"纪实"所需:"非其实者,非史也"。② 还有一个目的,则因"近者吾乡后学,茫然于桑梓典型之望,如先生者,不过谓其能书,岂知其诗古文词?纵稍耳食其诗古文词,要不知其经学、史学之深沉博大,至于故国大节,足以丽日星而降霆电者,则几无一人能言之"。③ 因此,特地为乡先辈李文缵作表彰。他所记载的坚持抗清浙东十九年的张煌言以及参加"截江"之役的孙嘉绩、钱肃乐、熊汝霖、沈廷扬、张名振、张肯堂等抗清志士均栩栩有生气;尤其是钱肃乐及其五、七、九弟这"钱氏四忠",被誉为"故国世臣,宁复有二"。④ 而杨文琦、文琮、文瓒、文球及文琦妻沈、文瓒妻张等一门忠烈,死义"靡有孑遗",一日之内,"十棺同葬","收三百年世臣之局","为故国增重",⑤ 表彰忠义不遗余力。至于述鄞县起义董志宁、王家勤、陆宇爆、张梦锡、华夏、毛聚奎等"六狂生"及壮烈成仁的戊子"五君子"(华夏、杨文琦、屠献宸、董德钦、王家勤)、四明山寨王翊及遗民傅山、陆圻、林时对、南岳和尚洪储、达川李长祥、忍辱道人朱金芝、邵以贯等均大有裨益于南明史的探究。他对以忠义节烈立身的乡先辈,充满敬佩之感。

谢山撰述的南明史实,使南明史的著述即使在文字狱严酷的时代,也未断绝。而他后来的撰述范围从南明史事扩大到浙东地方史事,也是顺理成章的结果。主要成果体现在《续甬上耆旧诗》、《国朝耆旧诗》、⑥

---

① 《内编》卷30,《太保钱忠介公画像记》。

② 《内编》卷29,《帝在房州史法论》,《集三》上册,第557页。

③ 《外编》卷25,《甓樵先生集序》,《集注》中册,第1223页。

④ 《外编》卷5,《明职方主事兼三钱公坟铭》;《内编》卷32,《钱侍御东村集序》。

⑤ 参《外编》卷10,《杨氏四忠烈合状》,第931页;《外编》卷6,《杨职方茔域志》,第842页;《外编》卷24,《杨氏葬录后》,第1207页。

⑥ 两种或合一种,因系未定稿,身后门人各以己见参订成书,稿本多达十种,卷帙篇什各有异同,或说160卷,或说合《续甬上耆旧诗》及《国朝耆旧诗》110卷、120卷,参王永健著《全祖望评传》二章《著作考》,南京大学出版社1996年版,第136—137页。

《甬上望族表》以及《鲒埼亭集》内外编中的有关序、跋、录、记、墓志碑铭等。

还需指出的是，南明史事复杂多端，记事讹错舛误在所难免，这不足为谢山病。谢国桢所谓"谢山先生选辑资料的矜慎，写出文章来征引事实的详确，清代学者是再没有人能及到他的"，[1] 实道出从事者之甘苦。乾隆九年八月，他得到了林时对（荔堂）的《朋鹤草堂集》、《正气录》二书，为之狂喜，从湖上戴月而归，作诗志喜：

> 荔堂老子古人从，曾向邓林追阳乌。
> 晚年日暮尚伏枥，裂竹如意碎唾壶。
> 我尝求之二十年，魂祈梦祝有无闲。
> 故人出之持示我，寒芒五纬生苍烟。
> 喜而不寐急挑灯，明月耿耿窥疏櫺。[2]

表现出一个典型的学者的心态和行为。从此前推二十年，事在谢山二十岁之时。乾隆十二年正月初七，他又得到陈士京的遗集，这也是访求了二十年的结果，喜而作诗：

> 逋叟风高汉管宁，半生心迹付沧溟。
> ……
> 故国到今传义士，遗文不没有神灵。[3]

甚至庆幸是有神灵在冥冥中庇佑。可见，他从事南明史事及浙东地方史的资料收集、整理、研究工作，二十年如一日，一直持续到他的晚年。

（二）经学

经学是全祖望的启蒙之学。祖望八岁，父全书即为他讲诸经及汉唐

---

① 《集注》第10页，《谢序》。
② 《鲒埼亭诗集》卷4载："中秋前一日，得林评事荔堂朋鹤草堂集、正气录二书，狂喜，从湖上戴月归，得诗一首"。
③ 《鲒埼亭诗集》卷6载，"故光禄陈公士京遗集，予求之二十年矣。今春人日，忽得其手稿，喜而有作"。

诸笺疏、《通鉴》、《通考》诸书及《礼记正义》① 等，开始接触经史之学，并得到父执万经、舅氏蒋拭之等奖掖、提携。直到四十八岁，谢山言志"未死心犹在《六经》"②，表现出对经学的终身兴趣。

除了集中刊刻的《经史问答》十卷外，谢山尚有不少经学论文编入《鲒埼亭集》内外编。前者是对董秉纯、蒋学镛、全藻、范鹏、卢镐等门人有关《易》、《尚书》、《三传》、《三礼》、《论语》、《大学》、《中庸》、《孟子》及《诸史》问题的解答，后者则分述自己对《礼记》、《易》、《春秋》等相关问题的见解。《清史稿·儒林传》言阮元尝谓其《经史问答》实足以继古贤，启后学，"与顾炎武《日知录》相埒"。李慈铭论谢山经学，亦云"其于古学，真能笃信谨守者矣"。③

谢山对《礼记》下了不少工夫。其《读草庐礼记纂言》曰："《礼记》[纂言]为草庐晚年所成之书，盖本朱子未竟之绪而申之，用功最勤。然愚尝闻之王震泽，谓四十九篇虽出汉儒辑葺而就，流传既久，不宜擅为割裂颠倒。……草庐所纂，以卫正叔《集说》为底本，予少尝芟订正叔之言，已及过半，后取《纂言》对之，则已有先我者矣。"④ 于《礼记》源流则云："《礼记》之学，莫如栎斋卫氏之书为大备。……然其书综罗极博，而竟未尝有所折衷，意欲使学者深思而自得之，其不得列于学官者亦正以此。栎斋之后，吾乡黄文洁公（震）始取其书厘而定之，删繁就简，最为有功。文洁日抄诸经，惟《礼记》为成书，别作《礼记集传》，而世之人鲜知，不能取以易陈汇泽之陋学，为可叹也。有

---

① 参《外编》卷 8，《先公墓石盖文》；卷 11，《太孺人行述》；卷 46，《与友人绝交书》。

② 《鲒埼亭诗集》卷 9《病目集·八赤舟中柬苓林》三略载："鲒埼亭下户长扃，未死心犹在《六经》。但使稍能窥坠绪，余生不敢叹沈冥。"

③ 李慈铭：《越缦堂日记》同治甲子二月初六日言："其《礼记辑注序》、《跋卫栎斋礼记集说》，深慨于陈汇泽之陋学，而以二氏之书不列学官为惜。跋《夏柯山尚书解》，极以明代专用蔡传为非。《读吴草庐仪礼纂言》，谓草庐此书，本于朱氏，然四十九篇流传既久，不宜擅为割裂颠倒。诸所论列，其于古学，真能笃信谨守者矣。其《左氏谥说》一篇，卓识通议，远出顾震沧《春秋谥法考》之上。集中余文，辨正名物创通大义者尚多。"《集注》第 2752—2753 页。

④ 《外编》卷 27，《读草庐礼记纂言》。

明经术稍衰，然说《礼》如南山、叔阳、彭山、浚川辈，皆卓然可传，而莫有缵卫、黄之绪者。"①

至于《春秋》，谢山认为有"林少颖所解《春秋》，至《洛诰》由东莱自《秦誓》补之，两家书已为合璧"。② 他记撰南明史事的实践，实际上就是遵从修史记事美恶"各不相掩"的"《春秋》之史法"。③ 他对经学的认识在《高氏春秋义宗序》中有反映。"诸经笺故既多，必有集大成者出，而摭拾之，《周易》则李鼎祚，《尚书》则林少颖，《诗》则吕东莱、戴岷隐，《礼》则卫正叔，《周礼》则王与之，而《春秋》则吾乡高端叔也。……（端叔）受学于沙随程氏，学日以博，故其于《周易》，于《毛诗》，于《论语》，皆有撰著，而摭拾之富至三百余家者，《春秋》也。……先是，高宪敏公息斋有《春秋集注》，而端叔继之。故吾乡称为《春秋》二高，不以名位甲乙也。然端叔之书之博，过于息斋，自予治《春秋》以来，求端叔之书不可得，今年钞《永乐大典》得之，为之惊喜，虽颇有残缺，要为经苑中所当珍惜也。"④ 他在京师词馆时所抄《永乐大典》，就有《春秋》、《周礼》诸种。又如乾隆十一年十二月初八，祖望在杭与周京、全志章、厉鹗、丁敬身、梁启心、杭世骏、吴城等喝粥联句，也谈到程克斋《春秋分记》，以其"春秋之学最醇"且"精"。⑤

同是一个吴草庐（澄），谢山对其《易》学评价甚低，云其《易纂

---

① 《外编》卷23，《礼记辑注序》，《集注》第1178页。

② 《外编》卷23，《春秋辑传序》。

③ 《外编》卷45，《答九沙先生问史枢密兄弟遗事帖子》。

④ 《外编》卷23，《高氏春秋义宗序》。另《蒋谱》卷2第59页："谢山所抄有高端叔《春秋义宗》、王荆公《周礼新义》、永嘉《张氏古礼》、曹放斋《诗说》、史真隐《尚书周礼论语解》、刘公是《文抄》、袁正叔《正宪文抄》、唐说斋《文抄》、涂晋生《易疑拟通》、永乐《宁波府志》等，唯不及见水经注。"而李慈铭《越缦堂日记》同治甲子二月初六日言："而《荆公周礼新义题词》、《陈用之论语解序》、《王昭禹周礼详解跋》等篇，谓荆公解经，最有孔、郑诸公家法，因力欲存王氏一家之学。"

⑤ 《内编》卷31，《程氏春秋分记序》；另《鲒埼亭诗集》卷5有《瓶花斋早集啖腊八粥同周京穆门、全志章江声、厉鹗樊榭、丁敬身钝丁、梁启心蔹林、杭世骏董浦、吴城鸥亭联句》诗。

言》，或有"武断之失"，或"未见其有所据"，[1] "实支离不可信"，[2] 这与对吴氏《礼记》的评价恰成对比，可见，谢山论学有自己的主见。他最赞赏的是当时翰林学士万承苍之论《易》，曰"其论互体最精妙，自汉儒荀、虞以来未有如此之核者，而一扫宋、元林、吴诸子言互之谬"，并指出"独有偶及先天卦位者，是其不审"。[3] 可见他对《易》学有自己的取舍标准。"今世之说经者，《易》之晦也，图纬于京、孟，黄老于王、韩，皆无当于《易》。其说似已。岂知图纬之学，本以老庄为体，老庄之学，即以图纬为用。自诸家言《易》以来，但知其门户之分，而不知其门户之合。今夫汉、唐之言五行者，未有不依托黄帝者也。黄帝，道家所援以为祖者也，则是图纬之所自出，即黄、老也。……京、孟之说《易》专于法，王、韩之说《易》专于道，兼而有之，则康节也。康节作《皇极经世》，称老子以为得《易》之体，盖《皇极》所以推步元会者，本纬学也，故进而朝之。然其实五千言所有，特可以言《皇极》推步之体，而不可以言《易》之体。王、韩之《易》行，而儒者转思京、焦，康节之《易》行，而儒者转思王、韩，所谓耳食者也。岂知三家之门户同出于一宗，不过改易其旗帜而出之耳。果有异乎哉？吾观康节之生平，盖纯乎黄、老者也，而著书则图纬居多，是殆集二家之长者耶？所以其立言已尤精，而世之信之者也尤笃。"[4] 因此，李慈铭评谢山"另刻《读易别录》一书，剖析精严，尤《易》义之橐轮"。[5]

谢山是《古文尚书》的信徒。他颇推崇颁于学宫的三家之首蔡僎《尚书解》，而对阎若璩《尚书古文疏证》不以为然，指其为"未能洗去

---

[1] 《外编》卷27，《读吴草庐易纂言》。

[2] 《外编》卷44，《答董映泉问吴草庐易纂言外翼书》。

[3] 《内编》卷18，《翰林院学士南昌万公墓碑铭》；《经史问答》卷1《易问目答董秉纯》载："学士于余，深有忘年之交。说《易》尤多合。其论互，能发前人所未及者至多，独有偶及先天卦位者，是其不审。……互体者，周太史之说也。《乾》一《兑》二者，宋陈、邵诸儒之说也。此其为说，必不可合。要之，陈、邵图学，自为一家，其于圣经之说皆无豫，牵而合之，是又一苴庐（吴澄）矣。"第1866—1867页。

[4] 《外编》卷38，《三家易学同源论》。

[5] 《越缦堂日记》同治甲子二月初六日吾，《集注》第2753页。

学究气”的“陋儒”，招致非议；同时以吴澄在《今文尚书》流传过程中起的作用，“不可谓非草庐之过”。①

最能体现谢山经史学功力的是乾隆七年春所作的《困学纪闻三笺》，在阎若璩、何焯二家注本的基础上，“冗者删简，而未尽者则申其说，其未及考索者补之，而驳正其纰缪者，又得三百余条。江西万丈孺庐见之，叹赏以为在二家之上”。② 对此，学界已有一致的定评，此不赘。

(三)《宋元学案》及明清学术史

全祖望史学中有系统的部分是续修南雷黄氏《宋元学案》及对明清学术史的梳理，前者是其学术史工作的重点，基础则建立在对《宋史》的兴趣上。“某少读《宋史》，叹其自建炎南迁，荒谬满纸，欲得临川书以为蓝本，或更为拾遗补阙于其间，荏苒风尘，此志未遂。”③ 这种兴趣逐渐发展为专门之学。乾隆七年，谢山起意续编《甬上耆旧诗》，同时开始系统研究宋元诸儒之学术。④ 乾隆十年，应郑性子郑临之嘱，续

① 《外编》卷27，《跋夏柯山尚书解》，第1272页；《题古文尚书疏证》，第1275页；《读吴草庐书纂言》，第1273页。按：李慈铭评论“阎氏固不得为通儒，然其考订之精博，陋何有乎？谢山喜骂人，又俨然以南宋之道脉，残明之忠裔自任，遂于先儒近哲多所指斥，其生平最恶西河之书，无西河之才，有西河之愎，可笑也”。

② 《外编》卷25，《困学纪闻三笺序》；另《蒋谱》卷3第86页：乾隆七年“春二月，《困学纪闻三笺》成，始为之序”。

③ 《外编》卷43，《答临川问汤氏宋史帖子》。另《答陈时夏论鄂忠武王从祀帖子》载：“愚少时亦曾以各史所书鄂王事，奇龄未尽，欲取新旧宋史两编及南宋诸稗乘，合之《金陀粹编》，考索一过，奄忽一纪，逡巡未践。”又《外编》卷28《书宋史胡文定公传后》载：“致堂、籍溪、五峰、茆堂四先生，并以大儒树节南宋之初，盖当时伊、洛世适，莫有过于文定（九渊）一门者。……《宋史》别列籍溪于《隐逸》，不知是何义例。籍溪虽立朝未久，然再召适当秦相讳言之后，一时诵其轮对疏者，以为朝阳之凤，固不可谓之潜德终沦者矣。况渊源实自建安所自出，虽建安谓其讲学未透，要不可不列之《儒林》也。予拟重修宋史，谓宜考诸胡祖孙三世颠末，合为一传以表之。”

④ 按：此年四月，与陈南皋等举真率社，十月，作《句余土音序》，已有续成《甬上耆旧录》之意。《蒋谱》卷3第91页按语：“《句余土音序》在此年十月。”第86页载与会者尚有钱芍庭、李甘谷、胡君山、董钝轩、范缄翁、董逸田、李海若、张月性、徐洪度、董映泉、董梅村，而史雪汀间与焉。又第102页：“（乾隆九年）选定李皋堂《内稿》，《西京节义传》，昭武先生残集，皆为之序。于是有意耆旧诗之选，遍搜诸老遗集。”而据《句余土音序》，起意选诗应更早两年。《外编》卷16论宋元诸儒各篇均可与《句余土音》相对应，即非此年所作，至少看法已大体形成，可见已有较为系统的研究。

修《宋元学案》,① 前后持续十年,② 至其逝世前一年,仍"治《水经注》兼补《宋儒学案》"。③

全祖望在《宋元学案》中颇注心血,学界无一异词。其中,属他增加、新设的学案有 32 个,共 33 卷,约占全书的三分之一,尚有其修订、次定、补定者,④ 与《明儒学案》一道,成为我国"成熟学术史著作的标志,在清代史学发展上具有开拓意义"。表现在内容上,记载了理学从产生到发展的全貌,从北宋时的先驱人物到南宋时朱熹、陆九渊两大代表及后来的弟子流传;理学主要命题的提出、发展、学派的形成、争论及理学以外的重要学派和学者均在案中。而在编纂体例上,以理学家的传记、著述选辑为主,配以附录、表、序录等材料,"使学术史的著作臻于完善"。⑤

除修订《宋元学案》外,全祖望对明清学术史方面的代表人物亦极为措意,如提倡"经术所以经世"的黄宗羲,⑥ "尤留心经世之学"、"经学即理学"的顾炎武,⑦ "以故国之史事报故国"的万斯同、李颙,

---

① 《鲒埼亭诗集》卷 4《仲春仲丁之鹳浦,陪祭梨洲先生》略载:"黄竹门墙尺五天,瓣香此日尚依然。千金兀自绵薪火,三径劳君盼渡船。……宋元儒案多宗旨,肯令遗书叹失传(小注:时临之属予续成先生《宋元学案》)。"

② 按:祖望在扬州马氏街经堂、杭州篑庵等地修订过程,反映在《鲒埼亭诗集》卷 5《舟中编次南雷宋儒学案序目》;《内编》卷 32《宝瓶集序》;《鲒埼亭诗集》卷 6 载"中秋前一夕,茭林招登吴山不果,移尊篑庵"及卷 7 载"连夜不能成寐,竹町以为虑用其心之过,当静摄以治之,予是其言,而未能从也"、"或劝予乞灵於醇酒以求寐,亦不验"、"嶻谷至自吴下,同人集於晚青轩,时予将归"等,而《董谱》乾隆十二年"二月至湖上,上巳后,重过水木明瑟园,谋刻《宋儒学案》"。《蒋谱》卷 3 第 118 页按语:"董氏谓此行谋刻《宋儒学案》。时未成,岂所谋刻者为散稿也?"或《全祖望评传》谓为日后谋刻计,亦可备一说。

③ 《蒋谱》卷 4,第 159 页。

④ 《清儒学案新编》8 册,第 62 页;《清儒学记》则曰全祖望创立的学案 45 个,修补的 17 个,黄宗羲原作的 25 个学案中也有经谢山修补的,"出于全祖望之手者不下十分之七八","所投下的劳动量为最大"。第 242 页。比例更高。

⑤ 《清儒学案新编》8 册,第 64—66 页。

⑥ 《内编》卷 11,《梨洲先生神道碑文》。

⑦ 《内编》卷 12,《亭林先生神道表》。

"主于经世"的刘献廷等，① 除了注重表彰其志节外，更重视总结其学术成就及特点，这与其修补《宋元学案》的思想是一致的。前贤已多有论述，此不赘。

（四）历史地理学及七校《水经注》

比起经史之学，全祖望"留心地理"盖稍晚，② 成就却绝不逊，《汉书地理志辑疑》及七校《水经注》即是明证。尤以后者更知名，风波也更大。

出于三国魏佚名者之手的《水经》，经北魏郦道元详注，在历代辗转手抄或刊刻的过程中，或经、注混淆，或脱漏错讹，成为一部残籍，故校注工作极为繁重。有明一代，出现了《永乐大典》本、朱谋㙔本、赵琦美（清常道人）本、归有光本等不同版本，专门之学"郦学"亦随之出现。入清以后，"郦学"之风大兴，从初期的孙潜校本、何焯校本，到沈炳巽的《水经注集释订》，而顾炎武、阎若璩、顾祖禹、刘献廷、胡渭等均有校本。至乾隆年间出现全祖望、赵一清、戴震三家注本后，"郦学"进入全盛时期。

谢山三代祖先均有《水经注》校本保存，故他二十余即有志重校《水经注》，对各种《水经注》版本优劣烂熟于心。认为明武宗时吴人柳佥"所校《水经》以宋椠手抄极审，改正错简，如《颍水》篇、《渠水》篇、《澹水》篇，皆有大功。当是时，杨用修、王慎中之本尚未出也。……其书在洞庭叶石君家，盖二百年，至康熙初始出，故如亭林诸老犹未之见。……而《渭水》篇中补得脱简四百余字。世之有功于是书者，孰能如大中乎"？③ 而清初《水经注》的集大成者是孙潜，"其功最深"；④ 清

---

① 《内编》卷28，《刘继庄传》。
② 《外编》卷41《奉慈溪冯明远先生论燕贶封国书》载："少时就父师受《春秋》学，颇留心地理，乃以杜、何、范、韦合之班、马、桑、郦之籍，古今变迁，彼此同异，迄难臆决。"
③ 《外编》卷32，《柳氏水经校本跋》。
④ 《外编》卷32，《孙氏水经再校本跋》。

常道人注《水经》"用功亦勤"。[①]

全祖望《水经注》研究的一个标志性成果，是五校《水经》的完成，时为乾隆三年夏。其《五校本题词》保存至今，稿本后题"戊午夏杪簧庵病翁五校毕漫志于首"。[②] 其中一个重要结论是，认为《水经注》错讹始于注之"大文"、"小字"之错乱。《五校本题词》如下：

> 世但知是书之经与注乱，而不知注之自相乱也。夫注何以自相乱？盖善长之注，原以翼经，故其专言水道者为大注，其兼及于州郡城郭之沿革而不关二水者，乃小注，旁引诸杂事、沿革、佚事，又附注之余录也。故大注为大文，小注则皆小字，如《毛诗》之有《郑笺》，不知何时尽变钞为大文，而于是注中之文义遂多中隔不相连属。盖自宋椠已然，则从而附会之曰，善长之文之古也，而求水道者，愈目眩神摇，求其纲领而不得。若细观之，则其横亘之迹显然，且其中音释之语亦溷为大文，古今书史无此例也。是言也，前人从未有见及之者，首发之先司空公，实为创获，其后先宗伯公始句出，为朱墨分其界，先大父赠公又细勘之，三余始直令缮写为大小字，作定本，虽未必一一尽合于旧，然而较若列眉矣。[③]

谢山所谓的先司空是南工部侍郎全元立，先宗伯是少詹事兼侍读学士死后赠礼部左侍郎的全天叙，先大父为全吾骐。四库馆臣所谓"近时宁波全祖望始自称得先世旧闻，谓道元注中有注本双行夹写，今混作大字，几不可辨，一清因从其说，辨析文义，离析其注中之注，以大字细字分

---

① 《外编》卷32，《清常道人赵琦美脉望馆三校本水经跋》。

② 谢忠岳：《全祖望校水经注稿本合编影印前记》，第11页。案：《蒋谱》卷4第145页引用五校本题词，但云"庚午"，是夹乾隆十五年，而第136页："先生《五校本水经注题词》在十五年夏，其时已见柳氏、赵氏各本，则以三本参校事，意即在此年（乾隆十三年）冬，或更早。董氏谓校《水经注》始于十四年夏，故陈氏致疑于一年内何以有五校本？次年夏，先生家居，小钝方侍讲席，或先生董理旧业，董氏据所目见，遂谓始于其时也。"亦疑其始事当更早。

③ 案：《集注》本中无《五校本题词》。参《蒋谱》卷4，第145、146页。

别书之，使语不相杂而文仍相属。……祖望所云先世旧闻，不识出于何代，载在何书，殆出于以意推求而诡称授受然"，① 自是寡闻少见的轻率之语。全祖望悟此心得，即飞函驰告赵一清。赵氏记载："（谢山）卧病中忽悟其义，驰书三千里至京师告予。予初闻之，通夜不寐，竟通其说，悉加改正。"② 全、赵及其他《水经注》研究者之间互相切磋、交流，共同促进了学术发展、进步，这不是故步自封者所能达到的境界。谢山曾言："老友沈绎旃，其校此书三十载，最能抉摘善长之疏漏，余采之甚博。"③ 乾隆十九年，祖望亦"举先世之遗文以益"赵一清研究。他说："安定之注《水经》，虽其于禹贡之故道，不能一一追溯，而汉、晋以后，原委毕悉，尤详于陂塘堤堰之属，固有用之书也。乃以过于嗜奇，称繁引博，反失之庞，读者眩焉。要其缠络，未尝不厘然可按也。所苦唐以后无完书，……然即其所幸存者，脱文讹字，展转沿袭蔡正甫所谓蜀板迁就之失，令人抚卷茫然，难以津逮。虽有好学如柳大中（金）、谢耳伯（兆甲）、赵清常（琦美）、朱郁仪（谋㙔）、孙潜夫（潜）之徒，再四雠定，不过正其十之三，如盘洲石柱之疑，而于其大者，未之能及也。百年以来，乃有专门之学。顾亭林、顾宛溪、黄子鸿、胡东樵、阎百诗五君子，嘅然于蔡正甫补亡之不可得见，合群籍而通之，购旧椠以校之，竭精思以审之，是书始渐见天日。同时刘继庄自燕中来，亦地学之雄也，欲因丽泽之益，荟萃为是书之疏，而惜其不果。……杭有赵君东潜者，吾友谷林征士之子也，藏书数十万卷，甲于东南，禀其家庭之密授，读书从事于根底之学，一时词章之士莫能抗手，爰有释笺之作，拾遗纠缪，旁推交通，裒然成编。五君子及继庄之薪火，喜有代兴，而诸家之毛举屑屑者，俛（俯）首下风。安定至是始有功臣，而正甫之书，虽谓其不亡可也。予家自先司空公、先宗伯公、先赠公三世皆于是书有校本，故

① 《四库全书》575 册，赵一清《水经注笺》提要，上海古籍出版社 1987 年版。
② 赵一清：《水经注笺释》，参《全祖望校水经注稿本合编》附录二。
③ 《蒋谱》卷 4，《五校本题词》，第 145 页。

予年二十以后，雅有志于是书，妨也衣食奔走，近者衰病侵寻，双韭山房手校之本，更是迭非，卒未得毕业，眷怀世学，不胜惭赧。"① 遗憾的是，他没有完成《水经注》七校本，甚至在去世前，仍记挂着这一工作，指出许慎《说文》言水的两条错误。② 他去世后，书稿散失，后经王梓材、董沛等整理，被慈溪秀才林颐山指为伪作，王先谦、胡适均从而信之，遂酿成一场抄袭风波，胡适甚至怀疑谢山的"为人与为学"，"不忠厚不老实"，"对于郦学毫无心得"，直到谢山《五校本题词》及《序目》在天津图书馆被发现后，胡适经过认真研究，终于改正了自己的错误。

郦学研究者认为，对于《水经注》的研究，谢山具有以下几项开创性贡献：一、合理编排《水经注》所载河流的次序篇目；二、区分经、注的首创之功；三、指出《水经注》的体例，乃注中有注，双行夹写；四、认为《水经注》的成书年代"东京初人为之，曹魏初年人续之"，确是不易之论；五、引用了 27 种《水经注》参考文献于卷首并作夹注。这些成就充分说明谢山及其校本在"郦学史上的崇高地位"。对有关全祖望、赵一清、戴震等《水经注》抄袭的公案，结论是"在全、赵两家的校本中，经、注已经分清。而戴震把全、赵的经验，归纳为系统分明的语言"。③ 可见，全祖望的《水经注》研究是经得起历史考验的。

二、全祖望与浙东学术

（一）关于"浙东学术"的争论

全祖望是清代浙东学术的代表人物之一，这在学界并无歧异。有歧

---

① 《内编》卷 32，《赠赵东潜校水经序》。
② 《外编》卷 32《水经泄水篇跋》载："许氏《说文》言水皆有依据，惟以汳水为〈禹贡〉之潍水入泗，又以荥播之播为潘水，是二大错，而余无之。"
③ 以上未指明出处者，均见陈桥驿：《全祖望校水经注稿本合编序》，载《全祖望校水经注稿本合编》第 3—10 页，全国公共图书馆古籍文献编委会编，北京中华全国图书馆文献缩微复制中心 1996 年影印本；并参吴天任：《郦学研究史》，台北艺文印书馆 1991 年版；陈桥驿：《全祖望与水经注》，载《历史地理》第十一辑，上海人民出版社 1993 年版。

异的是自章学诚《文史通义》明确标榜"浙东学术"以来，对是否存在有地域界定、学术传承关系的"浙东学术"、"浙东学派"的研究和争论，一直持续至今。

肯定的观点，早如章太炎《清儒》中提到的"浙东之学"，1923 年梁启超《中国近三百年学术史》中提到的"浙东学风"或"浙学"，1930 年何炳松《浙东学派溯源》及陈训慈《清代浙东之史学》中倡导的"浙东学派"及"浙东史学"，还有钱穆 1937 年《中国近三百年学术史》采用的"浙东史学"等。近者如张舜徽《清儒学记》专列《浙东学记》一章，认为"南宋时的'永嘉学派'、'金华学派'，便是清代浙东学派的先驱"。以浙东学术有得天独厚的史学传统，经过黄宗羲、万斯大、万斯同、邵廷采、全祖望、邵晋涵、章学诚、黄式三、黄以周等发扬光大，"或亲承音旨，或闻风兴起，一脉相因，渊源有自"，[①] 对浙东学术进行了较为全面的总结。1996 年仓修良、叶建华著《章学诚评传》，认为浙东学者黄宗羲、全祖望、章学诚等，思想学术渊源与宋以来的浙东学派分不开，章学诚、邵晋涵等对黄宗羲、全祖望浙东史学前辈的学术认识是深刻正确的，并从家学渊源、师承传授等方面，进一步论述了清代浙东学者间的关系。[②] 同年王永健《全祖望评传》的观点亦基本相同。

否定的观点，以 1938 年金毓黼《中国史学史》、1963 年柴德赓《试论章学诚的学术思想》、1974 年余英时《论戴震与章学诚》、何佑森《黄梨洲与浙东学术》、1984 年何冠彪《浙东学派问题平议》等为代表，认为历史上并不存在一个源远流长的"浙东学派"，清代也不存在一个一脉相承的浙东学派，反对用切割、分党的方法区分流派，而钱穆后来在 20 世纪 70 年代也改变了他原来的看法。[③]

---

① 张舜徽：《清儒学记》，《浙东学记》第六，齐鲁书社 1991 年版，第 200、202 页。
② 仓修良、叶建华：《章学诚评传》，南京大学出版社 1996 年版，第 439—455 页。
③ 以上阐述，参见郑吉雄：《浙东学术名义检讨——兼论浙东学术与东亚儒学》，第 6—37 页；李焯然：《回顾与反思：浙东学派与明清思想史研究》，第 89—104 页，均载陈祖武主编：《明清浙东学术文化研究》，中国社会科学出版社、宁波出版社 2004 年版；蔡克骄：《20 世纪关于"浙东史学"研究的几个问题》，载《浙江社会科学》2003 年第 1 期；杨太辛：《浙东学派的涵义及浙东学术精神》，载《浙江社会科学》1996 年第 1 期诸文。

如果说前者重视的是研究对象的思想学术渊源的话，后者的批判焦点乃集中于前者研究采用的方法。对"浙东学术"这一命题及现象本身来说，却是互相促进、共同提高的好事。事实上，从思想渊源、学术影响看待浙东乃至浙籍学者对地域学术传统的继承和发扬，已是自 20 世纪以来，浙东学术研究的一种发展趋势。就全祖望而言，其深受地域学术传统的影响，这一点，当毋庸置疑。

（二）全祖望与万经的交往

万经，字授一，号九沙，为鄞县万斯大子，少从诸父受学，并师黄宗羲，论刘宗周蕺山之学，康熙四十二年成进士，增补其父《礼记集解》、续纂从兄言之《明史举要》及《尚书说》，自著《分隶偶存》，并曾与修《康熙字典》。他与全祖望的关系相当密切。

在谢山的启蒙阶段，作为前辈的万经，不仅指点他一般的治学门径，还亲自指引、参与他从事南明史事的研究。谢山访求张煌言遗像，即得万经之助。雍正元年（1723）秋，万经谋刻黄宗羲全集，也征求谢山意见，当时他才十九岁，自然畅所欲言，径云梨洲晚年文字"以谀墓掩真色"、"淘汰不可不精"等，[①] 万经并不以为忤。雍正三年冬，祖望研究《礼记》，多得万经指点。[②] 雍正六年，万经七十岁。正月，谢山至杭祝寿，极感其知己之恩："以芜文之陋劣，久惭荒落于三冬；况末学之伊吾，长愧空疏于七录。则是比间伧父，了不异人；何意间世明公，竟为侧目。殷勤访戴，到庐顷筐，慷慨推袁，班荆赠纻。闻稚川之文籍，盘三壝以借缥缃；启曹氏之亖仓，醉一瓻而检部帙。道旁苦李，得荷陶成，爨下焦桐，还加拂拭。是则古人知己之恩，所以盟之肝膈，

---

① 《外编》卷 44，《奉九沙先生论刻南雷全集书》。

② 《外编》卷 44《奉万九沙问任士林松乡集书》载："某今年从寒食后，日读卫湜《礼记集说》一卷，近已得七十卷，乃知草庐《礼记纂言》纯以是书为蓝本，但去其繁芜者。因追忆先生谓'草庐所引注疏，疑多取卫氏删本'之语，为不诬。"《蒋谱》卷 1 第 25 页记谢山"授童于童岙，……益参考旧闻，成《沧田录》"，引与万经论松乡林书，可知此时在研究《礼记》。

而志士神交之感，直以等诸生成者也。"① 堆积了许多典故，感激万经的提携和鼓励。次年，祖望又从万经借钞其父斯大《春秋辑传》、《礼记辑注》，并对其成就赞不绝口："吾乡万先生充宗湛于经学，《六经》自笺疏而下，皆有排纂，《三礼》为最富。"② 在这种密切交往中，谢山的学识逐渐增长。据《答九沙先生问史枢密兄弟遗事帖子》，"地志之佳者，正以其能为旧史拾遗，况南宋一百五十年中事，史册断烂，尤当博采旧闻，以使后学有所考据也。……此皆先正所节取者，执事倘为分别书之，各不相掩，是《春秋》之史法，而亦吾乡校之定论也"。③ 谢山俨然已成能与万经论学的专门之家。

乾隆六年，万经辞世，谢山为之作神道碑铭，提到万氏家学及其学术修养，直指之为"万氏经学"、"万氏史学"。④

从全祖望与万经的交往，看清初刘宗周、黄宗羲、鄞县万氏一线的学术传统，到全祖望，其间的影响、继承和发展脉络，应该是清楚的。

（三）全祖望对"学统"的关注

全祖望在修订《宋元学案》的过程中，提出"浙东学统"的概念。对"学统"的关注，甚至成为他撰修学案的一个取舍标准。

虽然没有直接使用"浙东学术"一词，他在阐述山东焦瑗的学术贡献时已有此微意。在《大函焦先生书院记》中论及："二程倡道洛中，浙人惟永嘉九先生得登堂，而余皆私淑也。吾乡则高宪敏公、童持之、赵庇民皆在太学，侍杨氏，洛学之来甬上自此始，暨南渡而山东焦先生以避地至，亦伊川门下也。宪敏辈以其所得共证明之，其所言多与杨氏合，于是日益请业，而吾乡之洛学遂日盛。"⑤ "吾乡之洛学"显然是宋代浙东学术的组成部分，而且有清晰的来源。他对"乾淳"四先生的研

---

① 《外编》卷 50，《祝万九沙前辈七秩序》。
② 《外编》卷 23，《礼记辑注序》。
③ 《外编》卷 45，《答九沙先生问史枢密兄弟遗事帖子》。
④ 《内编》卷 16，《提督贵州学政翰林院编修九沙万公神道碑铭》。
⑤ 《外编》卷 16，《大函焦先生书院记》。

究，亦着眼于"学统"的传承。《城南书院记》载："四先生之中，长庚晓日，最光显于暮年者，文元（汤简）与正献（袁燮）也。……有宋以来，大儒林立，其子弟能守其绪言者甚多，而再世并为大儒，则不概见。盖前惟武夷胡氏绩溪、致堂、五峰、茆堂，连枝接叶，以大文定之传。其后惟袁氏，实生正肃，冠冕一时。黄提刑东发最主闽学，至于正肃，以为晚宋无先之者。则书院之垦也，微特非袁氏之学统所得而私，抑岂吾乡之学统所得私哉。"从"袁氏"一门的学统扩大到更大范围的"吾乡"学统，关注点已经转移到"学统"的建立与连接。他还特意指出自己所承袭的学统，是"阚湖存学统"，并加注说明"先征士公有子四人，皆令从陈侍郎和仲（埙）受慈湖之学，建书院曰本心，慈湖之旨也"。[①] 因此，"浙东学统"的出现并非令人感到突兀："浙东学统溯明招（吕祖谦），西山（真德秀）东洇（汤汉）递正席。爰以大宗集大成，区区词科乃余力。"[②] 与此相对应的，还有"横渠学统"、[③] "蒇山学统"等提法。他在《蒇山相韩旧塾记》中云："是山之学统，自宋乾道间韩氏始也。……予续南雷《宋儒学案》，旁搜不遗余力，盖有六百年来儒林所不及知，而予表而出之者，韩氏亦其一也。"[④]

在关于"学统"的论述中，他特别提到慈溪杨简、鄞袁燮，奉化舒璘，定海沈焕等浙东"淳熙四先生"在会通朱、陆间的作用。"朱子谓浙东学者，皆有为己之功，持守过人，而微嫌其读书穷理有未备。其实不然。慈湖于诸经皆有所著，垂老更欲修群书以屏邪说，而未就，赵斋谓为学当通知古今，学者但慕高远不览古今，最为害事。广平经术深于《诗》、《礼》，而由为吾乡说《诗》大宗。定川与东莱兄弟极辨古今，

---

① 《句余土音》卷上，《吾家故迹诗·本心书院》。
② 《句余土音》卷上，《同人泛舟南湖，即赋湖上故迹·王尚书（应麟）汲古堂（尚书之父温州，善教子，理宗尝书"汲古传忠"四字，又书"竹林"二字赐之，遂以名堂）》。
③ 据《鲒埼亭诗集》卷6《东潜以予参学案，购得直阁游公景叔墓志见示，张公芸叟之文，邵公箎之书，章公桀之篆，而安民所镌也。题诗于后》载："关陕沦亡后，横渠学统湮。吕苏仅著录，潘薛更谁陈？石墨从何购，遗文大可珍。邵公亦五鬼，鸿笔壮安民。"
④ 《内编》卷30，《蒇山相韩旧塾记》。

闳览博考，晚年虽病中不废观书。是四先生皆以持守为本，而从事于择事以辅之，其致功之次第，历然可考也。总之，古人为学，其途径所发轫或不能尽同，然究竟则必无相背而驰者。朱子尝自言目前为学，缓于反己，反以文字夺其精神，其惟恐流于口耳之弊如此。所以不堕于支离也。四明之学，正不敢于方寸澄然之后，怠其致知格物之务，此所以不流于顿悟也。然则其殊途同归者，总所以求至于圣人而已。"① 实际上已对南宋浙东学术作出描述和归纳，尽管用的是"四明之学"一词。

祖望认为，浙东的宋元理学，朱学得黄震，陆学得陈埙，吕学得王应麟。尤其值得注意的是黄震，其有功于"朱徽公之学统"。《泽山书院记》载："朱徽公之学统，累传至双峰、北溪诸子，流入训诂一派。迨至咸淳而后，北山、鲁斋、仁山起于婺，先生起于明，所造博大精深，徽公瓣香为之重振。婺学出于长乐黄氏，建安之心法所归，其渊源固极盛。先生则独得之遗籍，默识而冥搜，其功尤巨。试读其《日钞》诸经说，间或不尽主建安旧讲，大抵求其心之所安而止，斯其所以为功臣也。……婺学由白云以传潜溪，诸公以文章著，故倍发扬其师说。先生独与其子弟唱叹于海隅，传之者少，遂稍暗淡。"②

到明初，黄润玉继黄震、史蒙卿后成为"吾乡朱学大宗"，其特点是"宗朱而不尽合于朱"，其"所以为朱学之羽翼者，正在不苟同也"。③ 而与黄润玉讲学的杨守陈则走得更远。《城北镜川书院记》："明初甬上学派首推黄金事孟清，而杨氏自文懿公大父栖云先生，即与金事讲学，至公而始大。其学颇类吴草庐，兼收朱、张、吕、陆之长，不墨守一家，要其胸中精思深造，以求自得，不随声依响以为苟同。"④ 其后的变化则与《清史稿·儒林传一》所谓"元、明之间，守先启后，在于金华"相一致。

明代理学的接续，表现在"婺学三变"的轨迹中。"宋文宪公之学，

---

① 《外编》卷 14，《淳熙四先生祠堂碑文》。
② 《外编》卷 16，《泽山书院记》。
③ 《外编》卷 16，《横溪南山书院记》。
④ 《外编》卷 16，《城北镜川书院记》。

受之其乡黄文献公、柳文肃公、渊颖先生吴莱、凝默先生闻人梦吉四家之学，并出于北山、鲁斋、仁山、白云之递传，上溯勉斋，以为徽公世嫡。予尝谓婺中之学，至白云而所失于道者，疑若稍浅。观其所著，渐流于章句训诂，未有深造自得之语。视仁山远逊之，婺中学统之一变也。义乌诸公师之，遂成文章之士，则再变也。至公而渐流于佞佛者流，则三变也。犹幸方文正公为公高第，一振而有光于先河，几几乎可以复振徽公之绪，惜其以区终，未见其止，而并不得其传。虽然吾读文献、文肃、渊颖及公之文，爱其醇雅不佻，粹然有儒者气象，此则究其所得于经苑之坠言，不可诬也。"① 从朱熹、黄幹、何基、王柏、金履祥、许谦、黄溍、柳贯、吴莱、宋濂一线相传，至方孝孺。而方孝孺以下的"浙中学统"，又有一中介章懋，其下才接王阳明。"予谓白沙似康节，而先生则涑水、横渠一路人，先生之地步，较之白沙为平正而无疵。……浙中学统，自方文正公后，当接以先生，而后可及阳明。"②

全祖望对"学统"问题的关注，与其后章学诚归纳出"浙东学术"，实有异曲同工之妙。

三、全祖望"正学"思想初探

除了"学统"问题外，全祖望在续编《宋元学案》时，还有一把裁量人物、辨别学术的"标尺"，那就是"正学"。中国传统学术的滋养，是全祖望"正学"思想的来源之一。正是以会通朱陆的"正学"思想为核心，全祖望对宋明以来的传统学术进行重新梳理，并从中汲取了丰富的营养。若从清代学术发展演进看，他的"正学"思想内涵已具乾嘉面目而与清初学风别样。

作为清代学术从清初到中叶发展过程中的一个环节，全祖望会通朱、陆的"正学"思想，体现为尚节义、求真实的史学特点，已具备

---

① 《外编》卷19，《宋文宪公画像记》。
② 《外编》卷39，《章文懿公（懋）风祀记》。

"汉学"研究的部分特征。"正学"正是其学术史与当代史研究的一个结合点。

祖望私淑黄宗羲，后者曾"教学者说经则宗汉儒，立身则宗宋学"。① 谢山之心领神会，表现在对忠义节烈立身的乡先辈，充满敬佩之感。他说："自明之季，吾乡号称忠义之区，其可指而数者，四十余人。"又说："呜呼！桑海之交，吾乡死国难者六十余人，遂为忠义之邦"。② 他最早从事的史学实践，即考证明末清初抗清志士的事迹，如杨文琮、魏耕、张煌言等。谢山汲汲表彰故国乔木的原动力，固然出于对忠义之士的敬佩及忠义之乡的自豪，实也与政治形势变化有关。于此，他说得颇清楚："桑海之际，吾乡以书生见者，最多奇士，如所云六狂生、五君子、三义士，皆布衣也。当时多以嫌讳，勿敢传。年来已再世，遭遇圣天子宽大，屡下明诏，于是，烈士之遗行，稍稍得出。而予谬以文章推于乡里，诸公之碑表，多以见属。"③

全祖望的史学思想以及汲汲表彰南明志士的内因，曾是学界关注的一个焦点。杨启樵氏论及全祖望的史学精神时，认为全氏写史旨在纪实存真，并非受反清复明及"褒奖气节"的民族思想支配。陈永明也认为，全祖望的史学思想承袭的是传统的儒家观念，提倡"天地正气"，努力在同情明遗民与认同清政府的统治之间取得平衡。④ 杜维运则进一步指出，全祖望生于康乾之际，"对清廷似已不可能有若何愤恨，而仍对晚明节义之士，寄予莫大同情"。除了家族父祖亲身经历影响这个"外铄"的原因外，"吾思之，吾重思之，觉全氏之学，完全由宋明之理学出发，由理学而入于史学，故富于情感，醉心正义，拳拳于故国乔木

---

① 江藩：《国朝汉学师承记》卷8，《黄宗羲》，中华书局1983年版，1998年印，第127页。
② 《外编》卷25，《钱忠介公全集序》；卷22，《祭甲申三忠记》；《集注》中册，第1209、1160页。按：文中的甲申三忠指王章、汪伟、陈良谟。
③ 《外编》卷6，《碑铭》三，《明娄秀才窆石志》，《集注》上册，第846页。
④ 杨启樵：《论全谢山史学的精髓》，载《清史研究》1994年第2期，收入方祖猷、滕复主编：《论浙东学术》，中国社会科学出版社1995年版，第391页。陈永明：《全祖望及其南明人物传》，同书第424页。

之思。此由内而外之学也"。① 洵为卮言。具体地说，全祖望的"正学"思想即其理学的出发点，也是其由内而外之学的起点。

黄宗羲师蕺山曾有《修正学以丞人心以培国家元气疏》，故祖望有"正学于今成绝学，经师未易况人师"之句。② 他认为刘宗周弟子恽日初"后尝为僧，然有托而逃，不以累其正学。……身肩正学之传，以遗民不愧其师"，③ 故建议将日初列入刘宗周祠中配享。何炳松在考察浙东史学时，即认为其从儒家正统学说演化而来，"自古以来儒释道三大宗门之思想至是（指南宋）皆始成系统，而儒家一派独演化而成所谓浙东史学，以迄于现代"。何先生特别指出："吕祖谦招集鹅湖之会，调和朱陆异同，就是儒家正宗态度的表现。"④ 而黄宗羲承继王学，其《明儒学案》与孙奇逢的《理学宗传》宗旨相同，均"为阳明学争正统"。⑤祖望"生平服膺黄宗羲。宗羲著述甚多，其最传者《南雷文定》，于残明碧血刻意表彰，祖望踵南雷之后，亦刻意表彰。详尽而核实，可当续史"。⑥ 但宋明以来正统之"正"，到全祖望这里，已化为"正学"之"正"，两者出发点已有不同，这与清初以来学术发展的轨迹是一致的。

祖望死时尚未出世的乌程人严可均说："余观古今宿学有文章者，未必本经术，通经术者，未必具史裁，服、郑之与迁、固，各自沟浍，步趋其一，足千古矣！祖望殆兼之，致难得也。"⑦ 近代学术大师余杭章炳麟，也"受全祖望、章学诚影响颇深"。⑧ 梁启超此论固然落实于

---

① 杜维运：《清乾嘉时代之史学与史家》第三，《浙东史学派》，台湾学生书局1989年版，第72页。
② 《鲒埼亭诗集》卷8，《偶见子刘子私印曰"蕺山长"，摩挲久之》，《集注》下册，第2241页。
③ 《外编》卷30，《题跋》四，《题恽氏刘忠正公行实后》，《集注》中册，第1352页。
④ 何柄松：《浙东学派溯源·自序》，第8页；第三章，《浙东学派的兴起》，第204页；《绪论》，第11页。中华书局1989年版。
⑤ 陈祖武：《清儒学术拾零》一，《蕺山南学与夏峰北学》，湖南人民出版社1999年版，第15页。
⑥ 严可均：《铁桥漫稿》卷7，《全绍衣专》，心矩斋校本。
⑦ 严可均：《铁桥漫稿》卷7，《全绍衣传》，第4页，心矩斋校本。
⑧ 梁启超：《清代学术概论》，上海古籍出版社1998年版，第95页。

"究心明清间掌故，排满之信念日烈"，但也从另一个角度描述了浙东学术在近代的影响。这也是一个值得深入探讨的问题。

曾经创办光华大学（1951年并入华东师范大学）的张寿镛，在国难严重的1932年，私人斥资刊刻《四明丛书》，并亲自辑录了前五集中的多种。张专注处有两方面：一是"荟集许多研究史学的材料"，对史学的关怀；二是"重视儒家思想的所谓理学和心学"，犹以陆象山一派的著述为多。"这也许不是个人的偏好，实在陆王一派单刀直入震慑人心的力量，在思想史上，甚至对现代人的思潮上，是有巨大的撼人的魄力的。"[①] 这也说明，会通朱、陆的"正学"思想有其内在的生命力，由全祖望发扬光大的史学精神，正是浙东学术的菁华所在，不仅有济于世道人心，也是一份可珍视的历史遗产。

第五节　杭世骏与"三礼馆"

清高宗执政初期，即自乾隆元年至十六年左右（1736—1751），各

---

① 案：张寿镛辑录第一集中虞世南、贺知章的《虞秘监集》4卷，《贺秘监集》1卷，《外纪》3卷，北宋神宗、哲宗、徽宗三朝的丰稷《丰清敏公诗文》和《奏疏》各1卷。第二集唐末孙郃《孙拾遗文纂》1卷，《外纪》1卷，明末鄞县北京陷落后自缢的陈良谟《陈忠贞公遗集》3卷，《附录》2卷，高斗枢之子高宇泰的《雪交亭正气录》12卷，万斯同《宋季忠义录》16卷，《附录》1卷。第三集元代舒天民《六艺纲目》及张撰《校勘记》，正统黄润玉《宁波府简要志》、《海涵万象录》4卷，《四明文献录》。第四集沈焕《定川遗书》2卷，张辑《附录》4卷，全祖望在《宋元学案》里说"四先生之遗文，亦唯沈集绝不可见"，这个缺陷已得到弥补。杨简《慈湖先生遗书》18卷，《续集》2卷，冯可庸《补遗》，张辑《附录》又撰《慈湖著作考》附遗书最后。第五集是王梓材、冯云濠《宋元学案补遗》的专集。第六、第七集没有增添。第八集是民国三十四年（1945）他归道山后三年始刻，仍收有他辑录的宋舒亶《舒懒堂诗文存》3卷，《补遗》1卷，《附录》1卷，又在清光绪十六年恩科进士汪仁征的《味吾庐诗存》1卷、《文存》1卷、《卷首》1卷后补撰《外纪》1卷。参柳存仁：《道家与道术——和风堂文集续编》，《记约园观书》，上海古籍出版社1999年版，第358—360页；并参张芝联编：《约园著作选辑》，中华书局1995年版。

项制度和文化举措等趋于定型，完成了在思想观念和文化取向上的抉择，即由理学向经学政治思想取向的转变。其中，"三礼馆"的诏开和《三礼义疏》（乾隆十一年初成，十三年完成）的结撰，即是这一过程的典型体现。"三礼馆"的诏开，一则诏示了清高宗对其祖圣祖之文化政策，特别是经学取向（圣祖时曾命儒臣编纂有《御制周易折中》、《御制春秋传说汇纂》、《御制诗经传说汇纂》、《御制书经传说汇纂》）思想理念的认同，并最终完成了由理学向经学政治取向的转变；一则开启了学术方向上对经学特别是《三礼》学的有规模、成系统的整理和阐发。政治与学术的双向抉择与彼此的互动，有力地促进了当时及此后的政治、学术秩序的建立，其于促进清代社会有序发展的范型意义不容忽视。而作为由"博学鸿词"厕身"三礼馆"纂修儒臣之列的杭世骏，以其深厚的经史之学功底，不仅于《礼记义疏》的修纂用功颇多，且在此经历影响之下，其离开"三礼馆"后更倾心于《礼记》一经的搜讨和编纂，《续礼记集说》一百卷即是这一努力的结晶。

一、"三礼馆"开馆始末及其政治文化意义

清初统治者"崇儒重道"等文化基本政策的确立，以及对经学的极大关注，为礼制建设的提上政治日程打下思想基础。以开"三礼馆"，纂修《三礼义疏》，编订《大清通礼》等为其标志，清初统治者完成了其在思想和制度上对礼的抉择历程。此一举措，实是清初以来统治者对思想界倡礼之风的积极回应，亦体现了统治者自身对礼加以体认的不断深化。

乾隆元年（1736）六月十六日，高宗颁谕总理事务王大臣，命开馆纂修《三礼》义疏。其言曰：

> 昔我皇祖圣祖仁皇帝，阐明经学，嘉惠万世，以《大全》
> 诸书，驳杂不纯，特命大臣等，纂集《易》、《书》、《诗》、《春
> 秋》四经传说。亲加折衷，存其精粹，去其枝蔓，颁行学校，

昭示来兹。而《礼记》一书，尚未修纂。又《仪礼》、《周礼》二经，学者以无关科举，多未寓目。朕思五经乃政教之原，而《礼经》更切于人伦日用，传所谓经纬万端，规矩无所不贯者也。昔朱子请修《三礼》，当时未见施行，数百年间，学者深以为憾。应取汉、唐、宋、元注疏诠解，精研详订，发其义蕴，编辑成书，俾与《易》、《书》、《诗》、《春秋》四经，并垂永久。其开馆纂修事宜，大学士会同该部，定议具奏。①

高宗此谕，以下几点颇可注意：其一，高宗表明了其之所以要开馆修《三礼》义疏的原因，乃意在承续其祖"阐明经学，嘉惠万世"之政治文化取向，而补其祖五经中《礼记》一经之缺，② 及 "《仪礼》、《周礼》二经，学者以无关科举，多未寓目"之时弊陋见；其二，从"政教"角度，高宗对五经，特别是《礼经》，"更切于人伦日用，传所谓经纬万端，规矩无所不贯者也"的作用予以关注，这是因为，"夫礼之所为，本于天，殽于地，达之人伦日用，行于君臣、父子、兄弟、夫妇、朋友之间，斯须不可去者。……故言礼者，惟求其修道设教之由，以得夫礼之意而已。顾其教之不泯，道之所由传，未尝不赖于经"；③ 其三，高宗对如何修纂提出了具体的意向，即"取汉、唐、宋、元注疏诠解，精研详订，发其义蕴，编辑成书，俾与《易》、《书》、《诗》、《春秋》四经，并垂永久"。

其实，高宗所表明的承续其祖经学取向及补其缺的意图，固然是其决定开馆修纂《三礼》义疏的主要原因，但寻其根源，清兴以来礼学家对《三礼》的张扬，亦是一不容忽视的时代潮流。礼学家之所以张扬《三礼》之学，乃在于面对明清更迭时局的大变动，以及晚明以来阳明

① 《清高宗实录》卷21，乾隆元年六月己卯条。
② 《四库全书总目》卷21《经部》《礼类三》《日讲礼记解义》64卷条（第172页）称："谨案：是书为圣祖仁皇帝经筵所讲，皆经御定，而未及编次成快。皇上（指高宗——引者）御极之初，乃命取绌书房旧稿，校刊颁行。"
③ 清高宗：《御制三礼义疏序》，《御纂七经》卷首。

后学的空疏学风，他们意在"以礼经世"来寻求社会的出路，并扭转传统学术所遭遇的困境。这一取向，一方面蕴涵了他们的民族文化情结，想以此来体现汉民族文化的正统性；另一方面亦体现出他们对新政权的不满和敌视，以礼来抗衡异族政权的统治。而对新入主中原的清政权来说，新政权统治合法性的危机，以及高压统治所造成的满汉民族间的不适应，亦迫使他们不得不重新审视已有的统治政策。而作为长久以来深受汉文化认同的礼思想，正适合了清统治者所面对困境的需要。尽管统治者与礼学家在选取礼以为治的出发点上有很大差距，但其取向在客观上则有着一致之处，即都想以礼作为寻求社会稳固，使之由无序趋于有序。如此一来，统治者的经营不期然与知识界的倡礼之风相契合，遂为《三礼》学提供了发展契机。"三礼馆"的诏开，正体现了此一政治、学术抉择的发展方向。①

高宗颁谕开"三礼馆"后不久，此一项目即付诸实施。乾隆元年（1736）七月九日，清廷任命"大学士鄂尔泰、张廷玉、朱轼，兵部尚书甘汝来，为三礼馆总裁。礼部尚书杨名时，礼部左侍郎徐元梦，内阁学士方苞、王兰生，为副总裁"。② 其后，随着馆务的需要和人员的变动，李绂、汪由敦、周学健、尹继善、陈大受、彭维新、李清植、任启运又增补为副总裁。而一时专精礼学之名儒硕彦，如诸锦、惠士奇、杭世骏、蔡德晋、吴廷华、姜兆锡等，均赞纂修之职。计先后参与"三礼馆"职者，监理二人，总裁四人，副总裁十一人，纂修四十六人，提调七人，收掌十二人，武英殿监造三人。此乃就乾隆十九年（1754）闰四月二十五日奉旨开列人员名单而言，若加上参与其事，及因事获罪而不具名者，其人数当不止此。

自乾隆元年（1736）于馆，至乾隆十三年（1748）《三礼义疏》最

---

① 作为清统治者经学取向的一个重要方面，圣祖、世宗皆对礼之作用有一定的认识，而高宗之开"三礼馆"，实是此一取向的发展和系统化。详见《清初三礼学》（社会科学文献出版社 2002 年版）第五章第三节"清廷对三礼学的关注和扶持"。

② 《清高宗实录》卷 22，乾隆元年七月辛丑条。

后成书，十三年间，由方苞领纂的《周官义疏》48卷、周学健领纂的《仪礼义疏》48卷、李绂领纂的《礼记义疏》82卷，次第完成，蔚为大观，实为清兴以来《三礼》学之集大成之作。按其体例，此三书均冠以《纲领》，总论《三礼》之有关问题。其采掇群言，则分为正义、辨正、通论、余论、存疑、存异、总论七例。较之鄂尔泰等奏《拟定纂修三礼条例》，① 只增一"总论"而已。

"三礼馆"儒臣认为，就《周官》六典而言，其源确出周公，然流传既久，不免有所窜乱。因而，既不必以为疑，亦不必以为讳。本于此一原则，四库馆臣认为："是书（指《周官义疏》——引者）博征约取，持论至平。于《考工记》注，奥涩不可解者，不强为之词，尤合圣人阙疑之义也。"② 而《仪礼义疏》"大旨以（敖）继公所说为宗，而参核诸家以补正其舛漏。至于今文、古文之同异，则全采郑注，而移附音切之下。经文、记文之次第，则一从古本而不用割附之说。所分章段，则多从朱子《仪礼经传通解》，而以杨复、敖继公之说互相参校。释宫则用朱子点定李如圭本，礼器则用聂崇义《三礼图》本，礼节用杨复《仪礼图》本。而一一刊其讹缪，拾其疏脱"，以致"数百年庋阁之尘编，搜剔疏爬，使疑义奥词涣然冰释；先王旧典，可沿溯以得其津涯"。四库馆臣因而赞道："考证之功，实较他经为倍蓰。"③ 至若《礼记义疏》，

---

① 《清高宗实录》卷32，乾隆元年十一月己未条载："三礼馆总裁大学士鄂尔泰等奏《拟定纂修三礼条例》：一曰正义，乃直诂经义，确然无疑者。二曰辨正，乃后儒驳正旧说，至当不易者。三曰通论，或以本节本句，参证他篇，比类以测义；或引他经，与此经互相发明。四曰余论，虽非正解，而依附经义，于事物之理有所发明，如程子《易传》、胡氏《春秋传》之类。五曰存疑，各持一说，义皆可通，不宜偏废。六曰存异，如《易》之取象，《诗》之比兴，后儒务为新奇，而可欺惑愚众者，存而驳之，使学者不迷于所从。然后别加案语，遵《折衷》、《汇纂》之例，庶几经之大义，开卷了然，而又可旁推交通，以曲尽其义类。得旨：此所定六类，斟酌允当，著照所奏行。"案：据方苞《方苞集集外文》卷二《拟定纂修三礼条例礼子》，鄂尔泰等所上奏文，实系方苞拟稿。
② 《四库全书总目》卷19，《经部》，《礼类一》，《钦定周官义疏》条。
③ 《四库全书总目》卷20，《经部》，《礼类二》，《钦定仪礼义疏》条。

则"广摭群言，于郊社、乐舞、裘冕、车旗、尊彝、圭瓒、燕饮、飨食，以及《月令》、《内则》诸名物，皆一一辨订。即诸子轶闻、百家杂说，可以参考古制者，亦详征博引、曲证旁通。而辩说则颇采宋儒，以补郑注所未备。其《中庸》、《大学》二篇，陈澔《集说》以朱子编入《四书》，遂删除不载，殊为妄削古经。今仍录全文，以存旧本。惟章句改从朱子，不立异同，以消门户之争"。① 由上可见，《三礼义疏》之成书，实使礼学研究步入一新阶段。

总观而论，"三礼馆"之开馆，及《三礼义疏》之结撰，具有以下几方面的意义：其一，体现了高宗对其祖施政取向的认同与承继，特别是对其"阐明经学，嘉惠后世"意向的张扬，从而使清兴以来的"崇儒重道"政治导向保持了连续性；其二，高宗对礼学的扶持和修纂，确立起新的政治为治范型，亦即彰显出"以礼经世"的新取向，认识到礼在社会治理方面的重要性；其三，奠定了由理学向经学意识形态取向的转型，乾隆十五年（1750）所开"经学特科"即是这一转型的体现；其四，既承继、总结了此前的礼学研究成果，又开启了新的礼学研究方向，在有清一代礼学演进史中具有承前启后作用；其五，彰显出清初学术向乾嘉学派治学方法和取向的转向，此一转向，可由"三礼馆"之"纂修条例"及《三礼义疏》的学术特色体现出来。质言之，它具有政治导向、文化抉择、学术转型等多重意义。

二、杭世骏任职"三礼馆"纂修与贡献

"三礼馆"开后，一时饱学之士，于经学素有研究者，或由科举，或由"鸿博"（即"博学鸿词科"），或由特荐，纷纷厕身修纂之列。其中，在当时参加"三礼馆"的纂修儒臣中，浙江籍学者占有相当大的比例，如浙东学者梁国治，浙西学者吴廷华、杭世骏、诸锦、王锦、朱佩

---

① 《四库全书总目》卷 21，《经部》，《礼类三》，《钦定礼记义疏》条。

莲、徐以升、陈顾溆、姚汝金诸人，于纂修《三礼义疏》皆发挥了相当大的作用。杭世骏在众人之中，于《礼》可谓学有专长，虽其所蕴积比吴廷华氏稍逊，他人则不及焉。

杭世骏，字大宗，号堇浦（一说字堇浦，或别字堇浦），晚号秦亭老民，浙江仁和（今杭州市）人。生于康熙三十五年丙子（1696），[①] 卒于乾隆三十七年壬辰（1772），[②] 享年 77 岁。中雍正二年（1724）甲辰举人，[③] 乾隆元年（1736）由浙督程元章荐应"博学鸿词科"之试，中式一等，授为翰林院编修，校勘武英殿十三经、二十二史，并与纂修《三礼》义疏之任。其为学，无所不贯，而尤长于经史之学。李富孙尝称："先生读书五行俱下，博综广览，于学无所不贯。所藏书拥榻积几，不下千万卷，沈酣其中，几忘暑夕。故发为文章，宏肆奥博，一时莫与抗者。"[④] 徐世昌亦称："堇浦说经，衰然钜编；注史长于考证，一时推为博洽。"[⑤] 此可见杭世骏一生为学规模之大概（当然，其中也包括其

---

① 关于杭世骏之生年，有康熙三十四或三十五年两说之疑，然考之《道古堂诗集》及相关文献，三十五年说当为有据。据《道古堂诗集》卷12《归耕集·余与江敬斋太守源生同庚居同里同学相善同游于黉同举于乡逮余以狂言获谴而敬斋亦以伉直忤上官中以他事罢去今年十月敬斋五十生辰里人酿酒湖楼为赋长句为寿余其可无言乎》曰："相呼尔我各成翁，默数行年丙子同"；卷24《韩江续集·十二月十九日东坡生辰释方珍合竹西群彦设祭寒香馆赋诗纪事》曰："玉局仙人姓苏氏，与我生年同丙子。"按：丙子即为康熙三十五年（1696）。又据厉鹗《樊榭山房文集》卷5《杭可庵先生遗像记》曰："犹忆鹗弱冠时，从先生游，堇浦小于鹗四岁耳。"案：厉鹗生于康熙三十一年壬申（1692），杭世骏小于厉鹗四年，故当生于康熙三十五年（1696）。

② 杭世骏之卒年，历来有乾隆三十七（1772）、三十八年（1773）两说，前者以应澧为杭世骏所撰《墓志铭》及许宗彦撰《杭太史别传》等为主，后者以《清史列传》等为主。案：应澧既为杭世骏之弟子，又是其女婿；而许宗彦之父既曾从学杭世骏于扬州安定书院，后又曾主于杭世骏之家，故二人所说当为有据。

③ 杭世骏中举人之年，历来史书存有雍正元年（1723）、二年（1724）两说。案：雍正元年（1723）世宗登极，特开恩科乡会试，其元年、二年乡会试正科则改在二年举行，杭世骏所举乃甲辰科（详参：《四库全书总目》卷197集部《诗文评类存目》之杭世骏撰《榕城诗话三卷》条按语，及夏孙桐《观所尚斋文存》卷4《拟补清史文苑杭世骏传》等）。

④ 李富孙：《鹤征后录》卷1，《杭世骏》。

⑤ 徐世昌：《清儒学案小传》卷7，《堇浦学案》，第41页。

在诗学方面的成就）。

杭世骏之在"三礼馆"，始于乾隆元年（1736）中"博学鸿词科"之后，至乾隆八年（1743）因考选御史上书直言触怒高宗被斥罢，前后历时近八年。在此期间，作为由"博学鸿词"儒臣厕身"三礼馆"纂修之列的杭世骏，以其深厚的经史学功底，于《礼记义疏》的修纂用功颇多，其中，《礼记》一经中的《学记》、《乐记》、《丧大纪》、《玉藻》等篇，即出于其手。《钦定礼记义疏·凡例》称："经文如《玉藻》、《王制》诸篇，有先后错简，宜更正者，止于注内表明之；诸家或未详究，则以案语发之，而文仍旧本，无专辄改易，用昭遵古之义。惟《月令》、《乐记》章句，稍有并合分析，为便于训释也。"① 由此，我们可从一个侧面窥知杭世骏当时纂修《礼记义疏》情况之一斑。

"三礼馆"开馆之初，首先面对的有两大难题：一是修纂人员的素质问题，全祖望在致方苞的信中曾指出："目今与纂修之任者，人人自以跨郑、王而过之，其中原有素尝究心于此者，亦有并未尝读四十九篇、十七篇及《五官》之文，而居然高坐其上者。"② 二是纂修《三礼义疏》所依据的《三礼》文献问题，杭世骏尝称："条例既定，所取资者则卫氏之书也。京师经学之书绝少。"③ 所谓"卫氏之书"，即指宋人卫湜所撰《礼记集说》。就后者而言，文献的阙如无疑给纂修人员带来相当大的麻烦。④

杭世骏因早年曾肄业《礼记》，故其由"博学鸿词科"入选纂修之列，是能膺其任的。而面对文献阙如的困难，杭世骏采取了如下两种办

---

① 《钦定礼记义疏》卷首，江南书局光绪戊子年（1888）十月刊本。
② 全祖望：《鲒埼亭集外编》卷46，《奉方望溪先生辞荐书》。
③ 杭世骏：《续礼记集说·自序》，《续礼记集说》（浙江书局光绪甲辰刻本）卷首；又见《道古堂文集》卷四。
④ "京师经学之书绝少"的原因，主要在于清初以来理学占据主导地位，而对经学的关注不足。就《三礼》而言，除专门研治礼学者能广搜博采；其以科举求取功名者，尚能于《礼记》肄业外，《周礼》、《仪礼》则因无关科举，故常被士人所忽视。如此情形，无怪乎取资无由了。

法来加以克服：一是从《永乐大典》中录出有关于《三礼》者；二是从文渊阁中搜集有关《三礼》之遗书。于此，他在《续礼记集说》中言：

> 通籍后，与修《三礼》，馆吏以《礼记》中《学记》、《乐记》、《丧大记》、《玉藻》诸篇相属。条例既定，所取资者则卫氏之书也。京师经学之书绝少，从《永乐大典》中，有关于《三礼》者，悉皆录出。二礼吾不得寓目，《礼记》则肄业及之。《礼记外传》一书，唐人成伯玙所撰，海宇藏书家未之有也，然止于标列名目，如郊社、封禅之类，开叶文康《礼经会元》之先；较量长乐陈氏《礼书》，则长乐心精而辞绮矣。他无不经见之书。至元人之经疑，迂缓庸腐，无一语可以入经解，而《大典》中至有数千篇，益信经窟中可以树一帜者之难也。明年，奉两师相命，诣文渊阁搜捡遗书，惟宋刻陈氏《礼书》差为完善，余皆残阙，无可取携，珠林玉府之藏，至是亦稍得其崖略已。在卫氏后者，宋儒莫如黄东发，《日钞》中诸经，皆本先儒，东发无特解也；元儒莫如吴草庐，《纂言》变乱篇次，妄分名目，乃经学之骈枝，非郑、孔之正嫡也。广陵宋氏，有意驳经；京山郝氏，居心难郑，姑存其说。为迂儒化拘墟之见，而不能除文吏深刻之习。宋元以后，千喙雷同，得一岸然自露头角者，如空谷之足音，跫然喜矣。[①]

此可见当时京师内府藏书之状况，亦可见杭世骏于研治《礼记》诸家取向之取舍：他既不满于"止于标列名目"、"皆本先儒"，又不以为然于"变乱篇次，妄分名目"，更视驳经、难郑者为"经学之骈枝"；而其意则在倡导郑、孔之正传。

杭世骏此一注重《永乐大典》的取向，并非空谷绝音，当时身任"三礼馆"副总裁的李绂及其好友全祖望，亦曾注目于此。全祖望尝称：

---

① 杭世骏：《续礼记集说·自序》，《续礼记集说》（浙江书局光绪甲辰刻本）卷首；又见《道古堂文集》卷四。

明成祖敕胡广、解缙、王洪等纂修《永乐大典》，……我世祖章皇帝万几之余，尝以是书充览，乃知其正本尚在乾清宫中，顾莫能得见者。及《圣祖仁皇帝实录》成，词臣屏当皇史宬书架，则副本在焉，因移贮翰林院，然终无过而问之者。前侍郎李公在书局，始僭观之，于是予亦得寓目焉。……因与公定为课，取所流传于世者，概置之，即近世所无，而不关大义者亦不录，但钞其所欲见而不可得者。……会逢今上纂修《三礼》，予始语总裁桐城方公，钞其《三礼》之不传者，惜乎其阙几二千册。予尝欲奏之今上，发宫中正本以补足之，而未遂也。①

又李绂在《与同馆论纂修三礼事宜书》中称："《三礼》以注疏为主，一切章段故实，非有大碍于理者，悉宜遵郑注、孔疏。"② 由此可见，杭世骏、李绂不仅于《永乐大典》的重要性予以关注，而且在取向上亦有共同之处，即对郑注、孔疏的认同。此一共同取向，一方面解了文献阙如的燃眉之急，为《三礼义疏》纂修的顺利展开提供了保障；另一方面，也是更可注意者，此一做法开了此后《四库全书》纂修依凭《永乐大典》辑取遗书之先河，其意义是不容低估的。

如果说杭世骏注重《永乐大典》的价值是对"三礼馆"的一大贡献，那么，其在"三礼馆"时，与诸同道质疑辩难、相得益彰而形成的氛围，亦是值得予以注意的现象。据《道古堂诗文集》载：

广陵金先生东山，与余同就鸿词之征，未几东山成进士，先余入馆。……既而充三礼馆纂修官，时方重其事，非耆儒硕学专门名家者，不获与是选。郑王之异同，程朱之精义，佥曰惟金先生为长。东山亦夬夬自信，思勒成一家之言，以为圣世昌明经学之一助。竟以试落馆职，一旦委而去之。余不敏，猥

———————————

① 全祖望：《鲒埼亭集外编》卷17，《钞永乐大典记》。
② 李绂：《穆堂别稿》卷34，《与同馆论纂修三礼事宜书》。

以谤劣，承其未竟之绪。昔孔颖达等撰《正义》，而覆审者在赵弘智；魏征类次《礼记》，而王勃重加编纂。事有前例，颖达与征之名故在也，予岂能攘东山之美哉！①

余与勾甬全吉士谢山在词馆，吴通守东壁，以与修《三礼》留京师，每会合必有诗，余三人又其杜集中之苏端严武也。②

疑义纷纶可待商，蓬瀛仙境迥谁望。传餐更历三时久，授简同探六艺芳。退语浴堂情转洽，翻书朵殿日初长。二难雅擅凌云笔，检点新编报未央。③

逸礼无人读，残经独尔研。世传张稷若，持较未为贤。补阙黄幹杨复后，刊讹程中允恂李少宗伯清植同刊《仪礼》之误前。丁男今又死，谁为守遗编。宜兴吴编修绂采采思茇苢，亡之命矣夫。疾邪同赵壹，蕴愤岂王符。砚北心期在，江东气类孤。遗书非一卷，曾付所忠无。勾甬全吉士祖望④

由此可见，杭世骏之于诸同道问学相长之情谊，亦可见当时"三礼馆"诸人相质相商之情形。当然，以上诸人并非皆治《礼记》，亦有治《仪礼》抑或《周礼》者。在《欣托斋藏书记》中，杭世骏称：

《十三经》有国子监本，有提学李元阳本，有常熟毛氏本，经脱、注脱、疏脱、《释文》脱，无经不脱，无本不脱。经之难读者，莫如《仪礼》，亭林顾氏以为脱误尤多，以石经补之。《士昏礼》凡十四字，《乡射礼》七字，《士虞礼》七字，《特牲馈食礼》十一字，《少牢馈食礼》七字。余尝与修《三礼》，同时安溪李少宗伯清植，宜兴吴检讨绂，休宁程中允恂，皆淹通

① 杭世骏：《道古堂文集》卷15，《送金东山归维扬序》。
② 杭世骏：《道古堂文集》卷9，《赵谷林爱日堂吟稿序》。
③ 杭世骏：《道古堂诗集》卷8，《翰苑集二·齐检讨召南李编修龙官再用前韵见赠奉简》。
④ 杭世骏：《道古堂诗集》卷21，《闲居集·伤逝十二首》。

经术之儒，校其误字、衍字、脱字，或改或删或补，一篇之
中，丹黄抹杀，无虑百十处，不能尽数。①

正因为如此，其相质相难才得以达到互补的成效。《三礼义疏》之顺利
进行，以及《三礼》之得以深化，与此师友相益之氛围大有关系。②

三、《续礼记集说》之成就及学术渊源

杭世骏之参与纂修《礼记义疏》，不仅为"三礼馆"作出贡献，亦
从此一经历中获益匪浅，其离开"三礼馆"后所撰《续礼记集说》一百
卷，在很大程度上即得益于当时的师友相益，或者说是承续其纂修《礼
记义疏》未竟之愿。

《续礼记集说》虽说是杭世骏的晚年之作，但其留心于《礼记》，则
在早年即已发其端绪。杭世骏尝自道早年从其师沈似裴先生受经学经历
曰："余舞勺之年，始从吾师以裴沈先生受经。先生端居静学，不骛泛
涉，句读之轻重，音释之谛审，偏旁之清划，剖微茫而析疑似，以为小
学之能事也。长而合之义疏，无一龃龉，而后知吾师经术之醇也。迨及
成童，倍文如瓶泻水，默字如棋覆局。五日之中，四日读经，一日授以
今时文。岁月不荒，老而循理旧业，搓枒胸臆，而不可磨灭，而后知吾
师教术之深也。"③ 又曰："余成童后，始从先师沈似裴先生受《礼经》，
知有陈澔，不知有卫湜也。"④ 此可见杭世骏之为学门径，且其于《礼
记》之入手，一如科举遵循程式，始于陈澔之《礼记集说》。十年后，

---

① 杭世骏：《道古堂文集》卷18，《欣托斋藏书记》。
② 当然，在当时与修《三礼义疏》诸司仁中，亦有与杭世骏意见相左者，方苞即其显然
  者。据李元度《国朝先正事略》卷41《杭堇浦先生事略》载："乾隆元年，召试鸿词，
  授编修，校勘武英殿十三经、二十四史，纂修《三礼义疏》。先生博闻强记，口如悬
  河。时方望溪负重名，先生独凩侃与辨，望溪亦逊避之。"
③ 杭世骏：《道古堂文集》卷18，《欣托斋藏书记》。
④ 杭世骏：《续礼记集说·自序》，《续礼记集说》（浙江书局光绪甲辰刻本）卷首；又见
  《道古堂文集》卷四。

杭世骏得交郑太史筠谷（即郑江，郑氏本姓钱——引者），郑氏"赠以卫氏《集说》，穷日夜观之，采葺虽广，大约章句训诂之学为多"。①由此，杭世骏得以初涉卫氏之学。

及至杭世骏入"三礼馆"纂修《礼记义疏》，其对《礼记》之倾心及见解，得以有机会展现出来。与此同时，他还从馆中同仁得到不少教益，并将"与同馆诸公往复商榷"的意见，"存其说于箧衍"。"三礼馆"的被罢职，虽说对杭世骏带来不小的打击，但他并没因此就放弃对《礼记》的探讨，而是更为深入、全面地对《礼记》作了探讨。当其执教粤秀书院时，更与从学诸生质疑辩难，相互发明，且录为《质疑》一编，后将其附于所撰《续礼记集说》各条之末。到了晚年，虽然"旧雨零落"，不无凄凉，但杭世骏依然孜孜于"杜门著书"，虽"秘不示人"，②却已戞然成帙。

杭世骏之纂辑《续礼记集说》，其整体思路和做法，一则延续了《礼记义疏》的取向，但更为主要的是承继和张扬了宋卫湜《礼记集说》的撰作宗旨。③ 其表现为：

（一）宗主郑、孔，务求其是

按卫氏衡评郑注、孔疏曰："郑氏注虽间有拘泥，而简严该贯，非后学可及。孔氏正义，以一时崇尚谶纬，多所采录，然记载详实，未易轻议。……今仍以孔氏冠其首，他说有可采，而姓氏幸不为孔氏所去者，具载于下。"④ 又《礼记义疏·凡例》称："说礼诸家，或专尚郑、孔，或喜自立说，而好排注疏，纷纷聚讼。兹各虚心体究，无所专适，

---

① 杭世骏：《续礼记集说·自序》，《续礼记集说》（浙江书局光绪甲辰刻本）卷首；又见《道古堂文集》卷四。

② 同上。

③ 按《四库全书总目》卷21《经部》《礼类三》《礼记集说》（卫湜撰）条称："今圣朝钦定《礼记义疏》，取于湜书者特多，岂非是非之公，久必论定乎？"（第169页）又杭世骏《续礼记集说·自序》称："条例既定，所取资者则卫氏之书也。"是知《礼记义疏》亦借鉴了卫湜《礼记集说》。

④ 卫湜：《集说名氏·案语》，《礼记集说》卷首，《四库全书》本。

惟说之是者从之";"所引注疏,间或先孔后郑者,则因经文之先后次之";"孔疏或释注,或阐经旨,各分大小书之,与《周官》、《仪礼》贾疏一例";"所引注疏,或仍其全文 或节其要义,有删无增亦无改。"①杭世骏之纂辑《续礼记集说》,大体亦遵循了此一取向,其说见所撰《续礼记集说·自序》(详见第二节所引)。

(二)广搜博采,汇纳百家

按卫氏撰《礼记集解》采郑注而下至宋凡 144 家(其中有父子、兄弟合为一家者,实为 149 人),除严陵方氏、庐陵胡氏(按方氏指方慤,著有《礼记解义》20 卷;胡氏指胡铨,著有《礼记传》18 卷——引者),"自余多不过二十篇,或三数篇,或一二篇,或因讲说仅十数章。其他如语录,如文集,凡有及于《礼经》,可以开晓后学者,裒辑编次,粗已详尽",而对那些"偶得昔贤未竟之旨曾未一二,动欲牵强恆钉,自为一书以垂世,不无差谬踵袭之患。至有立意毁訾如休者,亦登《中兴馆阁书目》,今不取"。② 而《礼记义疏》所征引,自周至明,凡 244 家(其中未详世次者 24 人)。较此卫氏及《礼记义疏》所引,杭氏之书所引凡 217 家。虽较《礼记义疏》略少,然以一人之力搜罗如此,亦可云难矣。

(三)不事雷同,发明新义

卫湜自序所作《礼记集说》曰:"《礼记》并列六籍,乃独阙焉。诸儒间尝讲明,率散见杂出,而又穷性理者略度数,推度数者遗性理,欲其参考并究,秩然成书,未之有也。予晚学孤陋,滥承绪业,首取郑

---

① 《钦定礼记义疏》卷首,江南书局光绪戊子年(1888)十月刊本。
② 卫湜:《集说名氏·案语》,《礼记集说》卷首,见《四库全书》本。按四库馆臣所撰卫湜《礼记集说》提要(见《四库全书总目》)称:"《礼记集说》一百六十卷,……自郑注而下所取凡一百四十四家,其他书之涉于《礼记》者,所采录不在此数焉。今自郑注、孔疏而外,原书无一存者。朱彝尊《经义考》采摭最为繁富,而不知其书与不知其人者,凡四十九家,皆赖此书以传,亦可云礼家之渊海矣。"是可见卫氏征引之广,及保存文献之功。

注、孔义，翦除芜蔓，采摭枢要，继遂博求诸家之说，零篇碎简，收拾略遍。至若说异而理俱通，言详而意有本，抵排孔、郑，援据明白，则亦并录，以俟观者之折衷。其有沿袭陈言，牵合《字说》，于义舛驳，袭置弗取。"① 杭世骏秉承了卫氏此一主旨。在《续礼记集说·姓氏》中，杭世骏表明自己的取舍称："汉氏郑康成；……魏氏了翁。已上诸儒卫氏已列其名氏，而其说有采之未备者。今取其有与后儒之说互相发明，重加辑录，间多节取，以广卫氏所遗"；"汉司马氏迁、……黄氏仲炎。已上诸儒并在卫氏以前，而《集说》俱未经采及。盖缘其说多散见他书，本非言礼专家。今取其与《礼经》发明者，间为节录，以广卫氏所未备。此后诸儒皆卫氏所不及见，悉采而录之，所以续卫书也"；"宋张氏虑、……冯氏。元儒吴氏澄、陈氏澔，言礼有专书，家弦户诵。其他诸儒之说，或散见别部，或为诸书所引用，或有专书而未盛行于世，仅可得之掇拾者。删其重复，节其冗蔓，务取其说不袭卫氏陈言，而别具新义者，辑录于编。故征引虽五十余家，而著录者无多焉"；"国朝万氏斯大字充宗鄞人著《学礼质疑》、……吴氏颖芳字西林仁和人研求乐律著《吹豳录》中有讲解《礼运》《乐记》诸条。以上诸家有全书备录者，犹卫氏之于严陵方氏、庐陵胡氏之例也，其余多从节取。有与先儒复者，概从删削；有别出新义者，虽稍未醇，亦存备一解。"② 此可见杭氏不仅能承继卫氏之绪，亦且能阐卫氏之所未备，其自称能"仍卫例"，并非虚言。③

（四）重视时论，择善而从

按卫氏所征引 144 家，其中宋代学者占到 90％以上，此可见卫氏对

---

① 卫湜：《礼记集说序》，《礼记集说》卷首，《四库全书》本。

② 《续礼记集说》（浙江书局光绪甲辰刻本）卷首；又见《道古堂文集》卷四。

③ 吴廷燮撰《续礼记集说》提要，认为"论是书全体，蒐集颇广，自宋季至清乾隆以前，于说《礼记》者，亦见荟萃。若云足绍卫氏，则似不及也"。（见《续修四库全书总目提要·经部·礼类》，第553页。）此论乃吴氏特定时代的看法，平情而论，杭氏之书还是颇能绍述卫氏的。

时人之论的重视。杭世骏所征引的 217 家，清代学者为 46 家，除去卫氏之前所不及与其身后所不及见，这一比例也是相当大的。在《续礼记集说·姓氏》中，杭世骏详细列举了自万斯大以来的礼学名家或涉及礼学者，① 基本上涵括了清初的《礼记》学成果。在这些人中，杭世骏受姚际恒、朱轼、姜兆锡、任启运等人的影响为多。杭世骏自谓："国朝文教覃敷，安溪（指李光地——引者）、高安（指朱轼——引者）两元老，潜心《三礼》，高安尤为杰出。《纂言》中所附解者，非草庐所能颉颃。馆中同事编纂者，丹阳姜孝廉上均（指姜兆锡——引者）、宜兴任宗丞启运、仁和吴通守廷华，皆有撰述，悉取而备录之，贤于胜国诸儒远矣。"② 吴廷燮亦称："案杭氏是书，采辑自汉至清共二百余家，析为四类，皆以不雷同旧说，及发明新义者为主。清儒以姚氏际恒、姜兆锡、方苞、任启运为多。"③

---

① 据《续礼记集说·姓氏》载："国朝万氏斯大，字充宗，鄞人，著《学礼质疑》；万氏斯同，字季野，鄞人，著《经世粹言》；顾氏炎武，字宁人，昆山人，著《日知录》；毛氏奇龄，字大可，萧山人；吴氏焘雯，字对山，萧山人；徐氏乘，字董倩，上虞人；章氏大来，字泰占，会稽人；孟氏辱，字枞阳，山阴人；李氏日炜，字次晖，萧山人；毛氏文晖，字克有，萧山人；毛氏远宗，字姬潢，萧山人；钱氏彦隽，字升岩，杭州人；王氏锡，字百朋，仁和人；朱氏襄、胡氏绍安、胡氏绍简、何氏瑾栗、陈氏佑、李氏庚星、汪氏增，字永颜，钱塘人；柴氏世堂，字陞升，仁和人；凌氏绍颐，钱塘人；罗氏肇桢、姚氏炳、张氏于康、洪氏潮、王氏洪，萧山人；陆氏邦烈、邵氏国麟、姚氏之驷，字鲁思，钱塘人；冯氏（毛氏大可讲学萧山，来氏以下皆相与问辨著论，于《曾子问》、《中庸》二篇加详焉，今刻入《西河合集》）；姚氏际恒，字立方，钱塘人，著《九经通论》，中有《礼记通论》，分上、中、下三帖，立义精严，大都为执《周礼》以解礼者痛下针砭；陆氏陇其，字稼书，平湖人；汪氏琬，字尧峰，长洲人，著《尧峰文集》，其言礼详于丧服；李氏光坡，字耜卿，安溪人，著《三礼述注》；徐氏乾学，字健庵，昆山人，著《读礼通考》，专明丧制；朱氏轼，字若瞻，高安人，宗吴氏《纂言》，而以己说附于后；陆氏奎勋，字坡星，平湖人，著《戴礼绪言》；张氏永祚，字景韶，钱塘人；姜氏兆锡，字上均，丹阳人，著《礼记章句》；周氏发，字岱峰，钱塘人，《月令》、《文王世子》二篇，特有见解；方氏苞，字望溪，桐城人，著《礼记析疑》；全氏祖望，字谢山，鄞人，著《经史问答》；任氏启运，字翼圣，荆溪人，著《礼记章句》，改定篇目，类例颇晰；齐氏召南，字次风，天台人，校正汲古阁注疏，间引先儒之说，而参以己见；吴氏颖芳，字西林，仁和人，研求乐律，著《吹豳录》，中有讲解《礼运》、《乐己》诸条。"

② 杭世骏：《续礼记集说·自序》，《续礼记集说》（浙江书局光绪甲辰刻本）卷首；又见《道古堂文集》卷四。

③ 《续修四库全书总目提要》，《经部》，《礼类》，第 553 页。

（五）详列名氏，不施论断

卫氏所列姓氏，有世次，有姓名、字号，并于重要者之师承以及著作，记载卷数、篇次、著作大旨。《礼记义疏》则列有世次，及姓名、字号。杭氏所列，基本上遵循卫氏之例，且对诸家研究重点加以标举（详见《续礼记集说·姓氏》）。不仅如此，卫氏、杭氏还于正文中列出诸人姓氏。此一不攘人善、虚怀谨严的做法，彰显出其能遵循学术规范，亦且体现出其为学风气，较之《礼记义疏》"至本朝儒家，专训戴经外，或注他经，或在别说，义有当引，咸采择以入案中，不另标姓氏"，[①] 是值得称道的。又卫氏著书，其意在吸纳众长，不妄加标新立异，不主张訾议前贤，而寓己见于所列诸论中。杭世骏承继了卫氏此一做法，亦主张"不施论断"，并一再表明遵循卫氏之例（详见《续礼记集说》《自序》、《姓氏》）。所谓"不施论断"，并非作者没有一定之见，而是将己见体现于所择诸儒之论断中，有所取，亦有所舍，实非剽袭雷同、拘泥儒先者可比。

值得指出的是，杭世骏于探讨《礼记》之时，亦对《仪礼》有所探究。其对《仪礼》的关注，大要有二：

一是注重《礼》之"例"。在杭世骏看来：

> 《礼经》经秦火，汉开献书之路，而不尽出。今所存者，不止于断烂而已。补之以三《春秋传》而不足，补之以《春秋外传》而不足，又补之以管、荀诸子，及西汉诸儒所说者，而仍不足，所谓存什一于千百也。《士礼》一十七篇，岂尽士礼哉？《大射》则天子之礼也，《聘》、《燕》则诸侯之礼也，《公食》则大夫之礼也。大事莫重于祭，而天子、诸侯无祭礼；王事莫重于大飨，大飨有七，而其礼久亡。士有丧礼，而诸侯以上无丧礼。天子、诸侯有觐、聘，而征伐无行师用兵之礼。举其大端，其为断

---

① 《钦定礼记义疏·凡例》，《钦定礼记义疏》卷首，江南书局光绪戊子年（1888）十月刊本。

烂也多矣，况起居、服食之繁节乎？郑众、刘实撰《春秋例》，余以为《春秋》可以无例，而《礼》则非例不能贯也。

既然《礼》"非例不能贯"，那么如何来确定"例"呢？于此，杭世骏提出了自己的见解，其言曰：

> 例何所取？吾于孔、贾二疏中刺取之。例立于此，凡郑之注《士礼》，与郑之注《周礼》者，可参观而得也；例彰于彼，凡《士礼》之所不注，与《周礼》之所不注者，孔与贾自默会而明也。深于《礼》者，病《礼》之断烂，而思补其阙；承学之士，又病《礼》之繁富，而不得其门。余特以例为之阶梯，而有志者即以津逮，《礼》元不归之列，而天下亦无难治之经。编葺既竟，为承学导之先路，礼堂写定，传诸其人，余犹斯志也。①

杭世骏此一对《礼》之"例"的阐发，从某种意义上来说，上承江永《礼例》之绪，而下开凌廷堪《礼经释例》之端，于推进《仪礼》的探讨，颇具有承前启后的《礼》学史意义。②

二是关注《仪礼》之校订。在《欣托斋藏书记》中，杭世骏道：

> 《十三经》有国子监本，有提学李元阳本，有常熟毛氏本，经脱、注脱、疏脱、《释文》脱，无经不脱，无本不脱。经之难读者，莫如《仪礼》，亭林顾氏以为脱误尤多，以石经补之。《士昏礼》凡十四字，《乡射礼》七字，《士虞礼》七字，《特牲馈食礼》十一字，《少牢馈食礼》七字。余尝与修《三礼》，同时安溪李少宗伯清植，宜兴吴检讨绂，休宁程中允恂，皆淹通经术之儒，校其误字、衍字、脱字，或改或删或补，一篇之中，丹黄抹杀，无虑百十处，不能尽数。数其大者，《乡射》

---

① 以上引见杭世骏：《道古堂文集》卷4，《礼例序》。
② 详参林存阳：《清初三礼学》，第六章第二节"'以礼代理'到'礼学即理学'"，第314—319页。

"大夫之觯长受而错皆不拜"下，注脱二十字，疏脱五十二字；顾氏所谓脱"士鹿中翿旌以获"七字下，注脱二十一字；《燕礼》"射人作大夫长升受旅"下，脱六节，经八十七字，注七十字，疏百三字；《丧服传》一篇，则《释文》概从刊落；《士虞礼》"将旦而祔则荐"下，疏衍十六字；《特牲馈食礼》"立于主人之南西面北上"下，疏引《礼记》以下，二十三字衍；"俎释三个"下，疏脱三十一字；"卒复位"下，疏衍七字，脱六字；"献次兄弟升受降饮"下，注云亦皆与虑，吴绂以为据疏，则此句上，当有"非执事者"四字，而此节疏脱十三字，衍十字，误九字。老友吴监州廷华，著《章句》一书，分章离句，谓《燕礼》"公又举奠觯，唯公所赐，以旅于西阶上"一节，疑在"席工于西阶上"之前，错简于此；"辩献士，士既献者，立于东方西面北上，乃荐士"，此十八字，疑在"乃荐司正"之上。此皆据朱、黄《集解》、杨《图》、敖氏《集说》而得之，固其思精，由其学邃也。诸经讹误之处，浩如烟海，余特举其难读者，而赵、钱无一言及之，是二人未读经也。①

虽说以上见解乃杭世骏"三礼馆"诸友好所发，但由此亦可见杭世骏对《仪礼》考订的关注，以及对这些见解的认同。正是基于以上对《仪礼》的思考和关注，杭世骏在纂辑《续礼记集说》时，方能以贯通《三礼》的视野来加以探究，此亦杭氏研礼之一特色。

杭世骏所纂辑的《续礼记集说》，虽因其"自谓未经论定，秘不示人者，则采录所未到，均有俟诸异日"② 而不广为人知，但其苦心经营，在客观上却已由《礼记义疏》以及"三礼馆"友好、粤秀书院的弟子们吸纳、流传。也许杭氏之书还很不完善，某些识断抑或有舛误，虽

---

① 杭世骏：《道古堂文集》卷18，《欣托斋藏书记》。
② 《续礼记集说·姓氏》，《续礼记集说》（浙江书局光绪甲辰刻本）卷首；又见《道古堂文集》卷4。

不如乾嘉盛时研礼者之精之深，又不如孙希旦《礼记集解》、朱彬《礼记训纂》之后来居上，然平情而论，《续礼记集说》搜采之博、卷帙之富、用力之勤、存心之苦，实皆有可称道之处。若论有清一代《礼记》学之演进，杭氏之书是应占一席之地的。

尽管《续礼记集说》在当时并没受到多大的重视，然其价值是客观存在的，并逐渐为学人所关注。众所周知，清儒姚际恒曾著有《九经通论》，然惜其亡佚大半，考究无日。夫幸的是，杭世骏所纂辑的《续礼记集说》中，竟存有姚氏《礼记通论》佚文五十余万字，[1] 实乃不幸中之万幸。为使姚氏著作再现，1978 年 9 月，顾颉刚先生发愿编纂《姚际恒遗书汇辑》，并草拟《工作规划》。其中谈到《礼记通论》，顾先生指出："杭世骏《续礼记集说》中，辑录（中）比较完全，可从抄出。"随后，顾先生即委托他人从事辑录工作。[2] 虽然此项工作的进度因顾先生的去世受到影响，但令人欣喜的是，它并没中断，据说目前正在进行中。无独有偶，台湾的简启桢先生亦有辑本。[3] 此一努力，不仅为推进姚际恒研究提供了便利，而且从客观上于彰显杭世骏《续礼记集说》的价值也有很大的促进意义。

第六节　"贾而好儒"的"扬州二马"

明代中叶，徽商开始称雄于中国商界，成为与晋商齐名的重要商

---

① 林庆彰：《姚际恒治经的态度》，载国立中山大学中国文学系编：《第四届清代学术研讨会论文集》，1995 年版，第 84 页。

② 顾潮：《顾颉刚年谱》八十六岁条。转引并参见陈祖武先生：《顾颉刚与〈仪礼通论〉》，《清儒学术拾零》第七章第二节，湖南人民出版社 1999 年版，第 117—119 页。

③ 林庆彰先生于《姚际恒治经的态度》（国立中山大学中国文学系编：《第四届清代学术研讨会论文集》，1995 年版，第 84 页。）一文中指出："再就《礼记》来说，姚氏有《礼记通论》，该书已亡佚，杭世骏的《续礼记集说》引其佚文有五十余万字，近有简启桢的辑本，编入《姚际恒著作集》第二、三册中。"

帮。清代前期，徽商势力达到了高峰，执掌商界之牛耳。他们拥有巨额的资金，以经营盐、典、茶、木为大宗，其所营可谓"无业不居"，其足迹可谓"几遍宇内"。长江中下游一带向有"无徽不成镇"之谚。在扬州的徽籍盐商，既是明清时期两淮盐商中的主要势力，也是整个徽商的中坚力量。

徽商巨擘的崛起是明清社会经济史上引人瞩目的现象之一。徽州盐商在文化上的建树也受到了学术界的关注。梁启超就认为，以徽商为主体的两淮盐商对于乾嘉时期清学全盛的贡献，与南欧巨室豪贾之于欧洲文艺复兴，可以相提并论。他指出："欧洲文艺复兴，固由时代环境所酝酿，与二三豪俊所浚发，然尚有立乎其后以翼而辅之者。……意大利自由市府之豪商阀族，皆沾染一时风尚，为之先后疏附，直接间接提倡奖借者不少，故其业益昌。清学之在全盛期也亦然。……淮南盐商，既穷极奢欲，亦趋时尚，思自附于风雅，竞蓄书画图器，邀名士鉴定，洁亭舍丰馆谷以待，其时刻书之风甚盛，……固不能谓其于兹学之发达无助力。与南欧巨室豪贾之于文艺复兴，若合符契也。"[①]

梁启超的评价总的来说是符合历史事实的。但是，淮南盐商中，也有人"贾而好儒"，"亦贾亦儒"，他们的结交儒林，慷慨资助，并非附庸风雅，而是出于志同道合，热心向学，振兴文化事业。在此，我们以扬州盐商马曰琯、马曰璐兄弟为例，就徽商对清代文化事业的贡献做一次个案考察。

一、"扬州二马"的家世和生平

（一）"扬州二马"的故乡

《清史列传·文苑传》记载："马曰琯，字秋玉，安徽祁门人，原江苏江都籍，诸生，候选知州。性孝友，笃于学，与弟曰璐互相师友，俱

---

① 梁启超：《清代学术概论》，中华书局1954年版，第48页。

以诗名，时称'扬州二马'，比之皇甫子浚伯仲。"① 这段话既说明了"扬州二马"之称的来历，也肯定了他们在清代文化史上的地位。

"扬州二马"的故乡是安徽省祁门县。祁门属徽州府。徽州，地处安徽南陲的黄山白岳之间。北有云烟缭绕的黄山逶迤而去，南有峰峦叠嶂的天目山绵延伸展。秀丽的新安江和阊江将徽州与浙江、江西相沟连。徽州由歙县、休宁、绩溪、祁门、黟县和婺源6个县组成，府治在歙县。

徽州多山，群峰环绕，山谷崎岖，云遮雾障，形成一个相对封闭的地理环境。这就使徽州成为一个乱世避难的桃源世界。东晋、南朝以来，北方士族为避战乱纷纷南迁，入居徽州。两宋之际，大批士族涌入江南，形成又一次人口南迁的高潮。徽州山多地少，生产的粮食不足以供徽州所居之人口，于是经商之事业起。千百年来，徽州以"商贾之乡"著称于世。徽州人"以商贾为第一等生业"，"业贾者什七八"。

入居徽州的北方士族带来了治儒学的家风，使徽州"十家之村，不废诵读"，人文之盛，胜于他邑。南宋以后，这里因是集理学之大成的朱熹故里，儒学更是深入人心。史载："新安为朱子阙里，而儒风独茂。"②"自井邑田野，以至深山远谷，居民之处，莫不有学、有师、有书史之藏。"③ 因此，徽州又被称为"东南邹鲁"、"文献之邦"。

徽人对朱熹极为崇拜，程朱理学渗透于徽州社会生活之中。朱熹的思想和言论，成为徽人思想和行为的准则。奔走于四方的徽商也不例外，他们在各经商地建立的徽州会馆中都崇祀朱子便是明证。加之，传统的中国社会，是一个主要以功名、官位和文采取定威望与地位高下的社会。"贾为厚利，儒为名高。"在这种价值取向下，因从贾而囊丰箧盈的商人，急切地希望以财富弥补社会地位和个人声望。因此，徽商的一

---

① 《清史列传》卷71，《马曰琯》。
② 康熙《绩溪县志续编》卷3，《硕行》。
③ 道光《休宁县志》卷1，《风俗》。

个重要特色就是"贾而好儒"。

明清时期，徽商"贾而好儒"的表现形式是非常丰富的，至少包含有如下三个方面：

第一，由于徽州是一个文化发达的地区，在氤氲儒学的氛围中出现的徽商，大多具有不同程度的文化知识和儒学素养。他们有的自幼读书，弃儒从商后没有忘情于儒业，贾而兼儒；有的先贾后儒，儒贾结合。

例如章策，父亲在浙江兰溪经商，十二岁时，他随父亲来到兰溪，拜名儒赵虹桥为师，攻读举子业。他聪慧好学，心存远志，读书辄解，深得老师的器重。十八岁时，因父亲病逝，不得不弃儒从贾，子承父业，往来兰溪、徽州之间行商。身处商场的章策，"虽不为帖括之学，然积书至万卷，暇辄手一编，尤喜先儒语录，取其有益身心以自励，故其识量有大过人者"，[①] 且多才多艺，善草书，精音律。

又如鲍光甸，"生而颖异，器识过人，弱冠通经史，以食指浩繁不克竟举子业，遂务盐筴于淮扬。生平仁厚，诚悫古道，自期周急拯危，不鸣其德。……性喜古砚旧书，暇则博考图书，并工书法"。[②]

再如汪应诰，自小读书，但几次参加科举考试都未成功。于是远离家乡，服贾于闽越。然而，好读书其天性，雅善诗史，治《通鉴纲目》、《性理大全》诸书，"莫不综究其要，小暇披阅辄竟日"。他还亲自执教儿孙辈，"居家传子一经，课以制举业。长已蜚英辟雍，季则誉重庠序，暨孙若曾，弦诵之声相闻也"。[③]

"业儒"出身，从贾后，好学不倦，保持儒商风范者，在徽商中比比皆是。先贾后儒，从商后努力提高文化修养，成为一介儒商者，在徽商中也屡见不鲜。例如，"吴自亮，字孟明，歙西长林人，业醝两淮。

---

① 《西关章氏族谱》卷 26，《绩溪章君策墓志铭》。
② 程遵锐：《徽州府志》卷 12，《人物志》，《义行》。
③ 《休宁西门汪氏宗谱》，转引自唐力行：《商人与文化的双重变奏》，华中理工大学出版社 1997 年版，第 38—39 页。

幼时器识过人，未及成童即身任劳苦，谋甘旨之供。然勤学好问，夜必篝灯诵读，经书通鉴，能晓大义"。①

徽州人善于处理从贾与业儒的关系，正如他们自己所言："贾为厚利，儒为名高。夫人毕事儒不效，则弛儒而张贾；既侧身飨其利矣，及为子孙计，宁弛贾而张儒。一弛一张，迭相为用。"② 贾儒结合，迭相为用，成为徽州地区普遍的价值取向。徽州人的厅堂里出现了这样的对联："读书好，营商好，效好便好；创业难，守成难，知难不难。"

第二，徽商在经营过程中，大多受到儒家思想的支配，"以儒术饬贾事"，讲求商业信誉，生财有道。

经商需要文化，自古皆然。明清时期，我国封建商品经济已发展到高峰阶段，市场更为扩大，交易更为复杂，行业内外的联系更为密切，这就对商人的判断力、组织管理才能提出了更高的要求。徽商多为弃儒从贾，从贾后又不断学习，其文化知识和儒学素养明显高于其他商帮，这是他们迅速发展的一个重要原因，商业成功的文化优势。

有文化的人，易于学得计然术。徽商大多熟悉儒家的"治生之学"，有敏锐的商业眼光，善于审时度势，正确地选择经营方向和地点，客观地分析供求关系，及时地判断取舍进退，精确地计算收支得失，从而获得厚利。例如黄铺，少时绩学业举，志存经世，后来弃儒经商，转贩于闽、越、齐、鲁之间。他"克洞于天人盈虚之数，进退存亡之道"，所以获利甚多，"赀大丰裕"。又如吴彦先，从商之暇浏览史书，与客纵谈古今得失，即宿儒自以为不及，因而受到群商的拥戴，一切营运必奉其筹划。他不负众望，常常"权货物之轻重，揣四方之缓急，察天时之消长，而又知人善任，故受指而出贾者利必倍"。③

徽商大多崇尚儒家的义利观，讲求商业道德，诚信为本，义中取

---

① 《两淮盐法志》卷 23，《尚义》。
② 汪道昆：《太函集》卷 52，《海阳处士仲翁配戴氏合葬墓志铭》。
③ 《丰南志》第 5 册，《明处士彦先吴公行状》。

利。他们认为，商人"职虽为利，非义不可取"，"诚招天下客"，"无信不立"。因此，在经营活动中，他们提倡货真价实、童叟无欺、以诚待人、重诺守信、互惠互利、拾金不昧等美德，反对投机取巧、坑蒙拐骗等不义的行为。他们还切身体会到，诚信经商有时不一定能立刻致富，但持之以恒必有厚报。放弃眼前一时的"小利"，却能赢得长久的"大利"。对此，他们做过生动的比喻："钱，泉也，如流泉然，有源斯有流。今之以狡诈生财者，自塞其源也；今之吝惜而不肯用财者，与夫奢侈而滥用财者，皆自竭其流也。……圣人言：'以义为利。'又言：'见义不为，无勇。'则因义而用财，岂徒不竭其流而已，抑且有以裕其源，即所谓大道也。"因此，他们强调："生财有大道，以义为利，不以利为利。"①

第三，徽商在致富之后，倡导"富而教不可缓"，大力振兴文教，热心公益事业。

徽商在获利之后，不仅注意提高自身的文化修养，而且重视对子弟的教育。他们的一个重要思想是："富而教不可缓也，徒积资财何益乎。"② 因此，他们在家业隆起之后，立即延师聘教，令子弟业儒，望子成龙。

不仅如此，他们还慷慨解囊助修书院，促进家乡的"儒学之盛"。书院是中国封建社会特有的教育组织形式。从宋代起，书院数量的多少就成了衡量一个地区教育发展水平的重要标志。徽州的书院一直十分发达。据有关学者统计，从宋到清，徽州地区共有书院 124 所（不包括明清时期的书屋、文会），其中宋元所建者 47 所，明清所建者 77 所（不包括对前代书院的重建）。③ 宗族的办学热情和商人在经济上的资助，

---

① 《黟县三志》卷 15，《舒君遵刚传》，转引自张海鹏、唐力行：《论徽商"贾而好儒"的特色》，《中国史研究》1984 年第 4 期。

② 歙县《新馆鲍氏著存堂宗谱》卷 2，《柏庭鲍公传》。

③ 李琳琦：《徽州书院略论》，载周绍泉、赵华富主编：《'98 国际徽学学术讨论会论文集》，安徽大学出版社 2000 年版，第 441 页。

是明清时期徽州书院发展的强大动力。宗族创办的书院，经费来源出于
徽商，似无疑问。其府设、县设书院的经费，主要靠的也是商人的资
助。这方面的材料，在徽州的方志、谱牒中俯拾即是。如歙县的古紫阳
书院，就是徽州盐商于乾隆五十五年（1790）动支营运项款银建造的。
在建造的过程中，因经费缺额，诸商又纷纷捐银，其中鲍志道一人就独
力捐银三千两。① 再如，婺源的紫阳书院在嘉庆年间的重建过程中，合
邑绅商俱踊跃捐献，共捐银三万余两，其中独捐千金者就有十八人。这
十八人中绝大多数都是婺源商人。

与此同时，徽商也重视和资助寄籍地的文教事业。例如，在扬州业
盐的汪应庚，乾隆元年（1736），见扬州府县学官岁久圮坏，"捐银四万
七千两修治，以二千余金制祭器乐器"。② "历三年而后功成，虽曰缮
修，实则重建。""复为久远计，捐金一万三千一十九两，置良田一千四
百九十八亩四厘二毫，输之学，以田租变价缴府库，相两学岁修所费支
给，其余剩者簿积贮公，于大比时分佽文武试士资斧。"③

"贾而好儒"的优良传统，使一些徽商家族人才辈出，世代簪缨。
在两淮业盐者尤为突出。例如，郑氏读书世家，族广英多，科甲蝉联，
文人辈出。"郑钟山字峄漪，仪征学生，业盐两淮。……子宗彝，进士，
官至御史。次子宗洛，内阁中书。"④

程氏名门望族，以科第文章显名于世。袁枚曾经指出："淮南程氏
虽业禹策甚富，而前后有四诗人：一风衣，名嗣立；一夔州，名鉴；一
午桥，名梦星；一鱼门，名晋芳。"⑤ 这四人是淮扬一带提倡风雅最负
盛名的人物。

汪氏科甲兴盛，仕宦不绝。如汪懋麟，字蛟门，休宁人，入籍江

---

① 道光《徽州府志》卷3，《营建志·学校》。
② 嘉庆《重修扬州府志》卷52，《人物·笃行》。
③ 乾隆《江都县志》卷5，《学校》。
④ 嘉庆《重修扬州府志》卷52，《人物》，《笃行》。
⑤ 袁枚：《随园诗话》卷12。

都。"康熙丁未进士，官刑部尚书郎，预修《明史》，以古文诗词推重缙绅间，梓行者甚富。……兄耀麟，字叔定，岁贡生，亦知名士。"①

江氏世族繁衍，名流代出。乾隆年间的盐务总商江春，工制艺，精于诗，与齐召南齐名。著有《水南花墅吟稿》、《深庄秋咏》等。其兄弟子侄中，见于《扬州画舫录》记载的著名诗人、艺术家和鉴赏家，就有十五名之多。"坛坫无虚日，奇才之士，座中常满，亦一时之盛也。"②

据有关学者研究，1371—1643 年间，两淮盐商中出的进士多达一百零六名；及至清代，1646—1804 年间，产生的进士数为一百三十九名。由于两淮盐商的财富创造了高度发达的文化，使得有清一代扬州府的进士总数多达三百四十九名，而且还出过十一名一甲进士，成为国内重要的文化发达地区之一。其中，盐商的贡献是显而易见的。③

在"贾而好儒"的徽州绅商的提倡和影响下，扬州盐商大多风雅好客，喜招名士以自重。巨商大族均以宾客争至为荣。于是扬州成为全国的文化中心之一，"文人寄迹，半于海内"。"社会对于学者有相当之敬礼，学者恃其学足以自养，无忧饥寒，然后能有余裕从事更深的研究，而学乃日新焉。"④ 因此，乾嘉时期，扬州经学之盛，自苏州、常州外，东南郡邑无能与比。扬州学派应运而生。

与此同时，扬州的诗文之会盛况空前。"邗上时花二月中，商翁大半学诗翁。"乃至当时有"扬州满地是诗人"的说法。扬州画坛成了名流竞逐的大舞台，"扬州八怪"脱颖而出。扬州的图书事业蓬勃发展，癖好古董之风也风靡一时，盐商中有人"彝鼎图书之富"，闻名遐迩。

由此可见，徽商对清代文化事业的发展作出了自己独特的贡献。马

---

① 康熙《两淮盐法志》卷 21，《治行》。
② 李斗：《扬州画舫录》卷 12，中华书局 2001 年版，第 274 页。
③ 何炳棣：《明清社会史论》第 2 章，转引自王振忠：《明清徽商与淮扬社会变迁》，生活·读书·新知三联书店 1996 年版，第 127 页。
④ 梁启超：《清代学术概论》，中华书局 1954 年版，第 47 页。

曰琯、马曰璐的故乡就是徽州，"东南邹鲁"之风的熏陶，历代先贤的榜样，对他们的影响无疑是多方面的，也是深远的。

（二）"扬州二马"的家世与生平

马氏是祁门的著姓，其先世为"汉新息侯援，迨宋末造，丞相廷鸾，隶籍鄱阳，生五子，季为端益，始迁婺，再传为真三，始籍祁门，世遂为祁门人"。① 马廷鸾的另一个儿子马端临，字贵与，是宋元之际的史学家，元初任慈湖、柯山两弓院山长。著《文献通考》，历 20 余年始成，是记述历代典章制度的重要著作。马端临是历史文化名人。因此，人们又称："马氏系出鄱阳贵与先生讳端临后，后迁祁门。"②

马曰琯、马曰璐兄弟出生于读书世家，史称"世业儒"。③ 曾祖父大级，字碧筠，明朝诸生，"治经有声"。④ 明清易代之后，他山居读书，不再参加科举考试。这种不忘故国的节义之举，受到了当地人民的尊敬。"乡里高其节，卒葬皆在祁门。"⑤

马曰琯、马曰璐兄弟的祖父承运，迁居于扬州，经营盐业。他"性故宽厚长者，遇事多抗直，以义幅利，以己急人，合古之独行"。⑥ "康熙间设厂赈粥"。⑦ 此后，"马承运以孙曰琯捐职赠朝议大夫，配张氏、胡氏、汪氏并赠恭人"。⑧

马承运曾游天长县的乡沟桥，"乐其川原清旷，有终焉之志，乃经营生圹，手植松柏，左林右泉，秉气辟非，青鸟家金曰吉冢。复买田若干亩，结屋数椽，田将以供祀事，屋所以藏稿秸也。暇时或往，避喧其

---

① 杭世骏：《道古堂文集》卷 43，《朝议大夫候补主事加二级马君墓志铭》。

② 厉鹗：《樊榭山房集》，《文集》卷 7，《朝议大夫候选主事马公暨元配洪恭人墓志铭》，上海古籍出版社 1992 年版，第 816 页。

③ 《两淮盐法志》卷 23，《尚义》，《马承烈》。

④ 杭世骏：《道古堂文集》卷 46，《封太恭人马母陈氏墓志铭》。

⑤ 厉鹗：《樊榭山房集》，《文集》卷 5，《扬州马氏墓祠记》，上海古籍出版社 1992 年版，第 770 页。

⑥ 同上。

⑦ 嘉庆《重修扬州府志》卷 51，《人物》，《文苑》，《马曰琯》。

⑧ 同治《祁门县志》卷 22，《选举志》，《封赠》。

中，琴言酒歌，若忘其为迁化之宅者，人以为知命。其殁也，竟偃当于是，此马氏之墓所自起也"。①

马承运的兄弟承烈，字尔公，"幼遵庭训，中年理盐筴，遂居仪真。言必信，行必果，事亲能养其志，处兄弟极和协，历数十年无间言。学宫颓坏，捐赀修葺，收遗婴，赈荒歉，每好行其德，邑令钦其行谊，礼致宾筵焉"。②

马承熙，字尔敬，"博通经史，练达鹾政，构桥海滨，以弘利济，施衣凶岁，以拯孤寒，生平笃于孝友，立身正直，乡党重之，敕授儒林郎，刻《双桥文集》行世"。③

马曰琯、马曰璐兄弟的父亲谦，字幼执，太学生，州司马，"幼而笃孝，既早孤，事母汪太君逾谨，起居食息，勿离左右，逮殁，丧葬尽礼，里党咸称之"。④

马谦先娶洪氏，继娶陈氏。洪氏生子二，长曰康，次曰楚。陈氏生子二，长曰琯，次曰璐。马谦后因曰琯而获赠朝议大夫，洪氏、陈氏赠恭人。

洪氏是徽州歙县人洪嘉宾之女，是封建时代典型的贤妻良母。马谦的伯兄马恒早逝，嫂汪氏聘而未行，守贞来归。当时，曰康年幼，曰楚出生仅数月。马谦准备将儿子过继一个给汪氏。亲戚中有人认为不必太急。马谦对洪氏说道："主兄公之祀，承长姒之欢，何靳一子，不以慰逝者而安生者乎？"洪氏毅然同意，将曰楚过继给汪氏。不料，曰康早夭，洪氏未再生育，膝下无子。但她处之恬然，毫无怨言。后来，马谦继娶陈氏，生了曰琯、曰璐等子女，洪氏抚之如己出。

---

① 厉鹗：《樊榭山房集》，《文集》卷5，《扬州马氏墓祠记》，上海古籍出版社1992年版，第770页。
② 《两淮盐法志》卷23，《尚义》，《马承烈》。
③ 同上。
④ 厉鹗：《樊榭山房集》，《文集》卷7，《朝议大夫候选主事马公暨元配洪恭人墓志铭》，上海古籍出版社1992年版，第817页。

马谦对兄弟十分友爱，对季弟马勋尤为突出。马勋从小到大，拜师、结婚，马谦都全力操办，细致周到。洪氏亦协力相助，情意敦洽，终身无间言。她为侄子相亲，必择清门世德有家法者。送侄女出嫁，不异己女。弥留之际，还握着弟弟的手，泫然不忍别，以谨厚自立相嘱。闻者皆感动而泣。

洪氏的言传身教，对曰琯、曰璐颇有影响。曰琯兄弟的好友、清代著名诗人厉鹗评价道："今二子束身修行，折节读书，有声士友间，盖亦恭人之教育有以成之也。"因此，也特为洪氏撰写墓志铭，铭曰："千秋之乡，峨峨新阡。乐哉斯丘，左林右泉。善之积也，郁而后宣。利其嗣人，振振绵绵。"①

曰琯、曰璐的生母陈氏出生于江都世族，20岁时嫁入马家。马谦以礼接之，实为箧室。当时马谦因长子曰康早夭，次子曰楚已过继他人，求嗣之心甚迫。陈氏连生二子，令他喜出望外，对这两个儿子充满了父爱之情、望子成龙之意。康熙五十六年（1717），马谦去世，享年58岁。临终前，他对陈氏说道："吾祖碧筼公，前明诸生，治经有声。吾子皆可教，必令其以文学显名。"② 陈氏遵夫训，更加重视对二子的教育。"益延名师友，督诲二子以学。曰琯、曰璐不以俗学缯性，而志不求时名，清思窈渺，超绝尘埃，亲贤乐善，惟恐不及，方闻有道之士过邗沟者，以不踏其户限为阙事。恭人益庀酒食给仆从，流连竟日夕，以申缃衣之好。勾甬全吉士祖望，吴兴姚文学世钰，钱唐厉征君鹗、陈布衣章，仁和张孝廉增，皆天下士也，恒主其家，登堂拜亲，申论古义，言泉浚发。恭人从屏后听之，喜曰：'吾子如此，可以慰先人之志矣。'"③ 因此，陈氏受到了这些名士的敬重。杭世骏曾为其撰写墓志铭，铭曰："猗与母仪，洞识本元。提携二雏，笙典珠坟。行仁蹈义，

---

① 厉鹗：《樊榭山房集》，《文集》卷7，《朝议大夫候选主事马公暨元配洪恭人墓志铭》，上海古籍出版社1992年版，第817页。

② 杭世骏：《道古堂文集》卷46，《封太恭人马母陈氏墓志铭》。

③ 同上。

蔚为清门。劬躬有造，下报厥考。奥隅永藏，坤德弥藻。刻辞贞石，求世可道。"①

曰琯、曰璐的哥哥曰楚，字开熊，自幼过继给伯父。长大后，补邑诸生，贡入成均，候选儒学教谕。其妻汪氏，系福建布政使汪楫之孙女，候选儒学教谕汪寅衷之女。曰楚孝友仁明，性质温粹，博闻勤学，能诗能文。雍正三年（1725），朋友们在一起作《古钱》诗，他的诗中有"人生天地间，谁得如汝寿"之句。朋友们觉得此乃不祥之句。雍正四年（1726），曰楚病逝，年仅三十九岁。葬于天长县乡沟桥的马氏墓地。朋友们深感其年不酬德，良可惋惜。厉鹗为其作墓志铭，"刻铭诗，庶不朽"。②

曰楚去世之后，曰琯、曰璐曾请人画了一幅《奉母图》。他们对好友说道："吾先兄开熊自幼为伯父后，伯父故未婚而夭，而伯母汪孺人实女而不妇，而能守贞逾三十年，抚其所后之子以有成。既旌于朝矣，不幸孺人弃养，而开熊旋亦赍志不禄。吾二人者常恨想吾兄不克相守以老，独记忆孺人母子一色笑、一话言，依依然未有忘去，愿有述焉，以慰吾二人之思，此图所以志也。"③姚世钰观看了此图后，感慨地写道："以孺人之苦节而能慈于所为后之子，则必无不慈于我生者可知矣。此可以劝天下之为母者矣。以开熊善事所后之母，则必无不善于生我者可知矣，此可以劝天下之为人子者矣。秋玉、佩兮不忍死其兄，而追念于兄之所后之母，则其厚于仁而笃于亲又可知矣。此可以劝天下之为人弟者矣。古者有画列女于屏风，而图孝经为横看者，以视兹图，其归于辅教警世宁有异哉。"④

马氏家族中还有一位重要人物，"马荣祖，字力本，曰琯兄弟之族

---

① 杭世骏：《道古堂文集》卷46，《封太恭人马母陈氏墓志铭》。

② 厉鹗：《樊榭山房集》，《文集》卷7，《候选儒学教谕马君墓志铭》，上海古籍出版社1992年版，第812页。

③ 姚世钰：《屏守斋遗稿》卷4，《书奉母图后》。

④ 同上。

也。雍正十年举人，乾隆元年举博学鸿词报罢，后知河南阌乡县。县当
秦蜀之冲，与潼关相望。城久圮，荣祖起而新之，创荆山书院。调鹿
邑，又创鸣鹿书院，治如在阌乡时。荣祖工古文词，作文颂九十二章，
自述并著《石莲堂古文》十三卷。①

另外，《祁门县志》记载：马曰湘，城南人，甘泉籍，康熙五十九
年中举，后任湖北保康县知县，升工部虞衡司。②《两淮盐法志·选举
志》中记载了马氏家族中的两位贡士。"马曰浩，字余若，祁门人，训
导。马曰恕，祁门人。"

曰琯的舅舅也是一位名人。曰琯在《奉题频斋舅氏〈因树楼集〉》
一诗中写道："登楼曾忆十年前，正是花繁夜雨天。红白缤纷都是泪，
亲闻指说曲阑边。贤良吾舅知名久，孺慕闲居七十春。惭愧牢之难得
似，重翻诗卷一伤神。"③

综上所述，马曰琯、马曰璐兄弟的曾祖父是节义之士，祖父、父亲
贾而好儒，乐善好施，母亲、伯母是封建时代典型的贤妻良母，亲朋好
友中不乏名人，或贾而好儒，或为政有声。这些人的言传身教，直接影
响了他们的思想、性格和人生道路。

马曰琯，字秋玉，别字嶰谷，生于康熙二十七年（1688）。④ 马曰
璐，字半查，别字佩兮，生于康熙三十四年（1695）。⑤ 兄弟二人相差
七岁，终身亲密无间，志同道合。

作为兄长，曰琯自幼至性过人，事父母以纯孝称。长大后，德器端
凝，不苟言笑。读书时，据案坚坐，矻然如老儒说经，岳岳不可撼。康
熙四十九年（1710），23 岁的曰琯回故乡祁门县参加考试，充学宫弟

---

① 嘉庆《重修扬州府志》卷 51，《人物》，《文苑》。
② 同治《祁门县志》卷 22，《选举志》。
③ 马曰琯：《沙河逸老小稿》卷 1。
④ 《清史列传》卷 71，《马曰琯》记载："乾隆二十年卒，年六十八。"据此推算，马曰琯
　 生于康熙二十七年。
⑤ 张世进：《著老书堂集》卷 4，有《马半查六十》一诗。此诗作于乾隆十九年，据此推
　 算，马曰璐生于康熙三十四年。

子，后为贡士、候选知州。

康熙五十六年（1717），父亲去世，曰琯承担起了家庭的责任。他善于管理，家业蒸蒸而上。雍乾年间，小玲珑山馆、行庵等建筑的先后落成，可以说是马氏家业兴旺的一个标志。与此同时，他热心公益事业，乐善好施。人们称赞他："以济人利物为本怀，以设诚致行为实务。为粥以食江都之饿人，出粟以振镇江之昏垫，开扬城之沟渠而重腿不病，筑渔亭之孔道而担负称便。葺祠宇以收族，建书院以育才，设义渡以通往来，造救生船以拯覆溺。冬绵夏帐，椟死医羸，仁义所施，各当其厄。"①

曰璐对兄长十分敬重，在为人处事上皆以兄长为楷模。兄弟二人手足情深，志同道合。他们在一起考核文艺、评骘史传、旁逮金石文字，互为师友。春秋佳日，结社吟诗，兄弟二人分吟笺、设佳酌，"砚席相随，不离跬步"。②

马氏昆仲并擅清才，博览旁稽，沉酣深造，俱以诗名。曰琯的诗"缠绵清婉，出入唐宋之间，当世皆知重之"。③曰璐的诗"浏然以清，窈然以深，世之工诗者皆能识之"。④乾隆元年（1736），清廷开博学鸿词科，曰璐名列荐榜。⑤但是，他不赴试，继续与兄长一道，在扬州亦贾亦儒，营造出清代文化史上一道独特的景观。

马氏兄弟居扬州新城东关街，家有园林曰"街南书屋"。街南书屋有十二景，分别名为小玲珑山馆、看山楼、红药阶、觅句廊、石屋、透风透月两明轩、藤花庵、浇药井、梅寮、七峰草亭、丛书楼、清响阁。其中小玲珑山馆最为有名，人们常用它作为整个街南书屋的代称。丛书楼是他们的藏书楼，所藏书画碑版，甲于东南。

① 杭世骏：《道古堂文集》卷43，《朝议大夫候补主事加二级马君墓志铭》。
② 马曰琯：《沙河逸老小稿》卷首，陈章：《沙河逸老小稿序》。
③ 同上。
④ 马曰璐：《南斋集》卷首，蒋德：《南斋集序》。
⑤ 杭世骏：《词科掌录》记载，"通政使司通政使赵之垣荐马曰璐。"马曰琯未与荐，阮元误记（见阮元：《淮海英灵集》乙集卷3）。嗣后梁章钜《浪迹丛谈》等均沿袭阮元之误。

马氏兄弟热情好客，四方名士过邗上者，必造庐相访，缟纻之投，杯酒之款，殆无虚日。全祖望、陈撰、厉鹗、金农、陈章、姚世钰等皆馆其家。马氏兄弟与扬州本地人士和客卿寓贤结邗江吟社，林园往复，迭为宾主，寄兴咏吟，联结常课，人比之为"汉上题襟、玉山雅集"。他们以古书、朋友为性命，不遗余力地访书、购书、抄书，孜孜不倦地读书、校书，毫不保守地将丛书楼的大门向学者名士敞开。不少诗人、学者既是小玲珑山馆的座上宾，又是丛书楼的老读者，利用马氏的丰富藏书，完成了自己的学术著述。马氏兄弟以自己独特的方式为清代文化事业的发展作出了贡献。

马氏兄弟贾而好儒，情怀冲淡，但他们毕竟不是生活在世外桃源，也难免遭遇风波。姚世钰曾写有一首诗，名为《秋玉以无妄牵率北去，令弟佩兮趣装侍行，阙为面别，怅然赋诗》。中云："昨日邀花伴，高馆吟将离（顷昆季招集小玲珑山馆赋芍药诗）。心声岂魄兆，仓皇走京师。"[1] 陈章也在《送嶰谷半查北行》一诗中写道："垂老缘何事，仓皇惜此行。暮天风杂雨，远道弟随兄。慰藉转无语，扶持空有情。它时报归信，放艇笑相迎。"[2] 姚、陈二人的诗中，都用了"仓皇"一词，可见此事十分危急。此事发生于何时？据《孟晋斋诗集》排比，应为乾隆十四年（1749）。因何事牵连北行？现难以考证。好在这场风波不久便平息，兄弟二人得以南归。陈章在《喜闻嶰谷昆季南归之信》一诗中高兴地写道："记得斜风细雨时，消魂滋味是临岐。事因未定愁难释，信有将归喜可知。莫厌缁尘疲半道，已看黄色起双眉。遥怜感激恩波处，北望长安老泪垂。"[3]

乾隆十六年（1751），高宗首次南巡。马曰琯迎驾，高宗亲问姓名，两赐御书克食，宠遇优渥。同年冬，他入京为皇太后祝寿，在慈宁宫荷

---

① 姚世钰：《孱守斋遗稿》卷2。
② 陈章：《孟晋斋诗集》卷12。
③ 同上。

丰貂宫纟之赐。作为一名"贾而好儒"的扬州盐商，清廷的上述赏赐，使曰琯"感激奋勉，凡遇公家之事，不避艰险"。① 但是，他毕竟年过花甲，身体日衰，乾隆二十年（1755）六月二十一日与世长辞，享年六十八岁。十多年后，马曰璐亦去世。

清代著名学者阮元指出："（马氏）征君昆弟业鹾，资产逊于他氏，而卒能名闻九重，交满天下，则稽古能文之效也。当时拥重资过于征君者，奚翅什伯，至今无人能举其姓氏矣。"② 这段话可以说是对马氏兄弟生平的一个很好的总结。

二、在文化事业上的建树

（一）闻名遐迩的丛书楼

丛书楼是马氏兄弟的藏书楼，位于小玲珑山馆之后。清代著名学者全祖望记载道："其居之南有小玲珑山馆，园亭明瑟，而岿然高出者，丛书楼也。迸叠十余万卷。"③ 清代著名诗人沈德潜指出："嶰谷酷爱典籍，七略百家，二藏九部，无不罗致，有未见书，弗惜重直购之，备藏于小玲珑山馆。"④ 阮元评价道："（马氏）酷爱典籍，有未见书，必重价购之"，"以故丛书楼所藏书画碑版，甲于江北。"⑤ 诗人学者异口同声，充分肯定了丛书楼的规模及其价值。

马氏兄弟皆有吟丛书楼的诗。曰琯写道："下规百弓地，上蓄千载文。"⑥ 曰璐写道："卷帙不厌多，所重先皇坟。惜哉饱白蟫，抚弄长欣欣。"⑦ 藏书家的嗜书之情，跃然纸上。

---

① 杭世骏：《道古堂文集》卷43，《朝议大夫候补主事加二级马君墓志铭》。
② 阮元：《淮海英灵集》乙集卷3，《马曰琯》。
③ 全祖望：《鲒埼亭集外编》卷17，《丛书楼记》。
④ 沈德潜：《沙河逸老小稿序》。
⑤ 阮元：《淮海英灵集》乙集卷3，《马曰琯》。
⑥ 马曰琯：《沙河逸老小稿》卷1，《街南书屋十二咏》，《丛书楼》。
⑦ 马曰璐：《南斋集》卷1，《街南书屋十二咏》，《丛书楼》。

如此丰富的具有学术价值的藏书，得来绝非易事。它是马氏兄弟精心访求，不惜重价，四处购买，雇人抄写得来的。全祖望曾以自己的亲身经历向我们描述了马氏兄弟嗜书、访书、购书、抄书的情景。他写道："予南北往还，道出此间，苟有宿留，未尝不借其书。而嶰谷相见，寒暄之外，必问近来得未见书几何？其有闻而未得者几何？随予所答，辄记其目，或借钞或转购，穷年兀兀，不以为疲。其得异书，则必出以示予，席上满斟碧山朱氏银槎，侑以佳果，得予论定一语，即浮白相向。方予官于京师，从馆中得见《永乐大典》万册，惊喜贻书告之。半查即来问写人当得多少，其值若干，从臾予甚锐。予甫为钞宋人《周礼》诸种，而遽罢官，归途过之，则属予钞天一阁所藏遗籍，盖其嗜书之笃如此。"[1]

全祖望将清初几位著名藏书家作了比较，认为："百年以来，海内聚书之有名者，昆山徐氏、新城王氏、秀水朱氏其尤也。今以马氏昆弟所有，几几过之。"这种状况的形成，既有社会根源，也有个人原因；既有经济因素，也有爱好之别。正如全氏所评："盖诸老网罗之日，其去兵火未久，山岩石屋，容有伏而未见者。至今日而文明日启，编帙日出，特患遇之者非其好，或好之者无其力耳。马氏昆弟有其力，投其好，值其时，斯其所以日廓也。"[2]

马氏兄弟置身于"康乾盛世"，贾而好儒，嗜书如命，凭借自己饶富的家产和广泛的交往，很快便使丛书楼的藏书甲于江南。他们不仅大力购书抄书，而且注重考订、精心校雠。全祖望曾感慨地说道："聚书之难，莫如雠校。嶰谷于楼上两头，各置一案，以丹铅为商榷，中宵风雨，互相引申，真如邢子才思误书为适者。珠帘十里，箫鼓不至夜分不息，而双灯炯炯，时闻雠诵，楼下过者多窃笑之，以故其书精核，更无伪本。而架阁之沈沈者，遂尽收之腹中矣。"[3] 全祖望是个严谨的学者，

---

① 全祖望：《鲒埼亭集外编》卷17，《丛书楼记》。
② 同上。
③ 同上。

这段话绝非溢美之辞，而是马氏兄弟聚书校书的真实写照。正如陈章在《丛书楼》一诗中所云："良书贮满楼，雠校无疑迹。翻笑邢子才，思误以为适。"①

清代著名学者钱谦益说过："有聚书者之聚书，有读书者之聚书。"姚世钰认为："其说既美矣，蒙窃以为未尽也。夫聚书而弗读，犹弗聚也，读而不能行，亦犹弗读而已矣。"② 在姚世钰的心目中，马氏兄弟就做到了聚而读，读而行。因此，他写下了这样的《丛书楼铭》："重屋联边，丛书于间。经史子集，搜罗骈阗。学古有获，非托空言。维孝友于，奉以周旋。三才一贯，百行同源。读书种子，此为最先。仰瞻高楼，遥睇陈编。我揭斯义，如日中天。庆云所获，过者式焉。"③

马氏兄弟曾编有《丛书楼书目》，《清史列传》记载："一时名流交相倾倒。"④ 可惜，《丛书楼书目》现在无法找到，我们不能窥见马氏藏书的全貌，不能体会《丛书楼书目》编辑之精妙。好在全祖望写过一篇《丛书楼书目序》，似可弥补这一缺憾。

全祖望写道："乾隆戊午，予为韩江马氏兄弟作《丛书楼记》，于今盖六年矣。《书目》告成，属予更为之序。马氏储书之富，已具见于予记中。吴越好古君子，过此楼者，皆谓自明中叶以来，韩江葛氏聚书最盛，足以掩葛氏而过之者，其在斯乎？予以为此犹浅焉者也。夫藏书必期于读书，然所谓读书者，将仅充渔猎之资耶？抑将以穿穴而自得耶？"

全祖望高度评价道："马氏兄弟服习高曾之旧德，沉酣深造，屏绝世俗剽窃之陋，而又旁搜远绍，萃荟儒林文苑之部居，参之百家九流，如观王会之图，以求其斗杓之所向，进进不已，以文则为雄文，以学则为正学，是岂特闭阁不观之藏书者所可比？抑亦非玩物丧志之读书者所

① 陈章：《孟晋斋诗集》卷3。
② 姚世钰：《孱守斋遗稿》卷3，《丛书楼铭》。
③ 同上。
④ 《清史列传》卷71，《马曰琯》。

可伦也。"① 由此可见，马氏兄弟不仅聚书丰富、读书刻苦，而且编著有成。

尤为突出的是，马氏兄弟还慷慨地将丛书楼的大门向学者名士敞开。许多人曾到丛书楼借书，不少学者是丛书楼的常客。

两淮盐运使卢见曾常向马氏借书，"因题其所寓楼为'借书楼'。……赠秋玉诗云：'玲珑山馆辟疆传，邱索搜罗苦未休。数卷《论衡》藏秘笈，多君慷慨借荆州'"。② 曰琯有《题雅雨先生借书图》诗，诗中写道："会萃书都遍，长须尚往还。高怀轻宦海，绝学寄名山。此地惭题户，谁家足掩关。图成宛转意，终恐一鸥闲。"③ 盐官盐商，儒雅好学，一时传为佳话。

漂泊寒士姚世钰是丛书楼里的常客。他曾满怀深情地写道："薄游扬州，马秋玉、佩兮兄弟为余置榻丛书楼下，膏馥所沾丐，药物所扶持，不知身之在客也。"④ 他在丛书楼里读书、校书，获益良多。在《何批唐三体诗跋》中，他就讲述了利用丛书楼的藏书校勘三体诗的收获。他写道："乾隆辛酉，云中鲍公方官长兴，买得三体诗旧刻，是吴趋书贾誊写，义门校本。汪学山适有此书，属余对勘一过。今年初夏，从马氏丛书楼见新购江村高氏所开，系何批真迹，因复为喆士兄校此。自顾年运而往，于诗学了不长进，惟于何先生书虽屡写而不厌手胝，是亦执鞭欣慕之意，且以知书贾移誊讹脱可笑，未必非一得云。"⑤

久住丛书楼，姚世钰对这里的景物充满了感情。在《丛书楼下井》一诗中，他写道："丛书楼下多时住，长照澄明一镜淹。冬涤砚辞龟手药，夏浮瓜爱沁脾甘。灌花老圃无晨暮，抱瓮邻人或两三。到处交情还

① 全祖望：《鲒埼亭集》卷32，《丛书楼书目序》。
② 李斗：《扬州画舫录》卷10，中华书局1960年版，第231页。
③ 马曰琯：《沙河逸老小稿》卷1，《题雅雨先生借书图》。
④ 姚世钰：《孱守斋遗稿》卷2。
⑤ 姚世钰：《孱守斋遗稿》卷4。

似水，就中性淡是街南。"①

对丛书楼的主人，姚世钰是既感激又钦佩。在《题马佩兮桐阴小像》一诗中，他这样写道："矻矻穷年万卷余，偶来萧洒送居诸。树根片石能分我，咨展君家未见书。"②

利用丛书楼里的藏书而著述斐然者，大有人在。厉鹗、全祖望就是其中的代表人物。

厉鹗是清代著名的诗人，《清史列传》记载："鹗搜奇嗜博，馆于扬州马曰琯小玲珑山馆者数年，肆意探讨，所见宋人集最多，而又求之诗话、说部、山经、地志，为《宋诗纪事》一百卷、《南宋院画录》八卷。又著《辽史拾遗》，采摭群书至三百余种，常自比裴松之《三国志注》。"③由此可见，厉鹗充分利用了丛书楼的藏书。

《宋诗纪事》和《辽史拾遗》是厉鹗的两部力作，受到时人的好评。《四库全书总目》评价道："（《宋诗纪事》）全书网罗赅备，自序称阅书三千八百一十二家。今江南浙江所采遗书中，经其签题自某处钞至某处，以及经其点勘题识者，往往而是。则其用力亦云勤矣。考有宋一代之诗话者，终以是书为渊海，非胡仔诸家所能比较长短也。"④"（《辽史拾遗》）拾辽史之遗，有注有补，均摘录旧文为纲，而参考他书条列于下。凡有异同，悉分析考证，缀以按语。……采辑散佚，足备考证。"⑤

厉鹗去世之后，马曰璐以沉痛的心情写下了《哭樊榭》诗，其中两句"史收辽散佚，诗纪宋英灵。寂寞丛书畔，高楼剩坠萤"，⑥肯定了厉鹗利用丛书楼的藏书，完成《辽史拾遗》和《宋诗纪事》的学术成就，表达了马氏兄弟对这位好友的悼念之情。

---

① 姚世钰：《孱守斋遗稿》卷2。
② 同上。
③ 《清史列传》卷71，《厉鹗》。
④ 《四库全书总目》卷196，《集部》，《诗文评类》2，中华书局1965年版，第1795页。
⑤ 《四库全书总目》卷46，《史部》，《正史类》2，中华书局1965年版，第413—414页。
⑥ 马曰璐：《南斋集》卷4。

全祖望的《困学纪闻三笺》等著述也与丛书楼密切相关。《困学纪闻》20卷，宋王应麟著。清代学者阎若璩、何焯对此书"各有评注，多足与应麟之说相发明"。① 全祖望对阎、何二笺尚有不满之处，故为之作了"三笺"。在《困学纪闻三笺序》中，全祖望写道："岁在辛酉，予客江都，寓寮无事，取二本合订之。冗者删，简而未尽者则申其说，其未及考索者补之，而驳正其纰缪者，又得三百余条。"② 因此，伍崇曜在《沙河逸老小稿跋》中指出："全绍衣寓（马氏）畲经堂中，成《困学纪闻三笺》。"

《宋元学案》由黄宗羲草创，黄百家和全祖望续修。最初分为《宋儒学案》和《元儒学案》，后来才合而为一。全祖望曾经说过："予续南雷《宋儒学案》，旁搜不遗余力。盖有六百年来儒林所不及知，而予表而出之者。"③ 全祖望又指出："予每客扬州，馆于马嶰谷斋中，则与竹町晨夕。竹町居东头，予舍西头。余方修《宋儒学案》，而竹町终日苦吟，时各互呈其所得。"④ 由此可见，《宋儒学案》的续修成功也曾受益于丛书楼。

值得重视的是，丛书楼里的藏书，还为《四库全书》的编纂作出了贡献。乾隆三十七年（1772），清廷开四库馆，下令在全国范围内征书。此时马氏兄弟均已作古，曰琯之子马裕继承家业，"恭进藏书，可备采择者七百七十六种"，⑤ 是南方藏书家献书最多的四家之一。乾隆帝十分高兴，三十九年（1774）五月谕道："今阅进到各家书目，其最多者如浙江之鲍士恭、范懋柱、汪启淑，两淮之马裕四家，为数至五六七百种。皆其累世弆藏，子孙克守其业，甚可嘉尚。因思内府所有《古今图书集成》为书城钜观，人间罕觏。此等世守陈编之家，宜俾专藏勿失，

---

① 《四库全书总目》卷118，《子部》，《杂家类》2，中华书局1965年版，第1024页。

② 全祖望：《鲒埼亭集外编》卷25，《困学纪闻三笺序》。

③ 全祖望：《鲒埼亭集》卷30，《蕺山柜韩旧塾记》。

④ 全祖望：《鲒埼亭集》卷32，《宝甄集序》。

⑤ 李斗：《扬州画舫录》卷4，中华书局1960年版，第88页。

以裨留贻。鲍士恭、范懋柱、汪启淑、马裕四家,著赏《古今图书集成》各一部,以为好古之劝。"① 继之,又赐平定伊犁御制诗三十二咏、平定金川御制诗十六咏、得胜图三十二幅。

乾隆帝还指出:"今进到之书,于纂辑后仍须发还本家。而所撰《总目》,若不载明系何人所藏,则阅者不能知其书所自来,亦无以彰各家珍弆资益之善。著通查各省进到之书,其一人而收藏百种以上者,可称为藏书之家,即应将其姓名附载于各书提要末。"② 因此,在《四库全书总目》中,凡马氏所进之书,皆于书名下标有"两淮马裕家藏本"字样。这是对"扬州二马"及其丛书楼的最好的纪念。

(二)享有声誉的"马版"

扬州自唐宋以来即为我国雕版印刷的重要城市。康熙年间,江宁织造曹寅奉旨监刻《全唐诗》成功后,扬州刻书业更成为全国的楷模。

马氏兄弟既有广博的学识,又有雄厚的经济实力,不仅富于藏书,而且精于刻书。他们慎选良工,把所藏的善本书籍、金石拓片择要刻印,以广流传。其刻书速度之快、雕工之精、版式之美,均属上乘,世人称之为"马版"。正如《扬州画舫录》所记载:"又刻许氏《说文》、《玉篇》、《广韵》、《字鉴》等书,谓之马版。"③

《四库全书总目》介绍过马氏所刻之书,如:《干禄字书》一卷,唐颜元孙撰,"国朝扬州马曰璐得宋椠翻刻之"。④《五经文字》三卷,唐张参撰,马曰璐新刻版本跋云:"旧购宋拓石经中有此,因旧样缮写,雕版于家塾。"⑤《九经字样》一卷,唐元度撰,"近时马曰璐得宋拓本而刊之,犹属完善"。⑥《韩柳年谱》八卷,"近时祁门马曰璐得宋椠柳

---

① 《四库全书总目》卷首,《圣谕》。
② 同上。
③ 李斗:《扬州画舫录》卷4,中华书局1960年版,第88页。
④ 《四库全书总目》卷41,《经部》,《小学类》,中华书局1965年版,第347页。
⑤ 同上书,第348页。
⑥ 同上。

集残帙，其中年谱完好，乃与韩谱合刻为一编，总题此名云"。①

为了繁荣学术文化，马氏兄弟不仅重雕古书，而且不惜重金刊刻时人著作。朱彝尊著《经义考》、王士禛著《感旧集》等书，都是由他们刊于扬州，得以流传的。

朱彝尊，浙江秀水人，自少时以诗古文辞见知于江左之耆儒遗老，又博通书籍，顾炎武、阎若璩皆极称之。康熙十八年（1679），诏举博学鸿儒，以布衣入选，任翰林院检讨。所撰《经义考》共300卷，"仿鄱阳马氏《经籍考》而推广之。自周迄本朝，各疏其大略，分存、佚、阙、未见四门，于十四经外，附以逸经、毖纬、拟经、家学、承师、宣讲、立学、刊石、书壁、镂版、著录，而以通说终焉"。②"上下二千年间，元元本本，使传经原委，一一可稽，亦可以云详赡矣。"③

朱彝尊曾向圣祖进呈《经义考》。圣祖称赞道："朱彝尊此书甚好，……可速刻完进呈。"④然而，因此书规模巨大，囿于财力、物力，朱氏始终未能刻完全书。乾隆年间，马氏兄弟毅然付梓，将此书刻完，使之广为流传。《扬州画舫录》记载："（朱彝尊）著《经义考》，马秋玉为之刊于扬州。"⑤阮元称赞马氏兄弟道："世人愿见之书如朱检讨《经义考》之类，不惜千金付梓。"⑥

王士禛，号阮亭，又号渔洋山人，顺治十五年（1658）进士，次年任扬州府推官，康熙年间官至尚书。居官之余，他潜心著述，专攻诗古文辞，被尊为"诗坛圭臬"，一代文宗，当时文人皆知有渔洋先生。他一生著述甚多，尤以诗学为最，不仅创作了数量丰富的诗歌作品，而且撰写了令人瞩目的诗学论著，对清代诗学的发展产生了重要影响。

---

① 《四库全书总目》卷59，《史部》，《传记类存目》，中华书局1965年版，第537页。
② 《清史列传》卷71，《朱彝尊》。
③ 《四库全书总目》卷85，《史部》，《目录类》，中华书局1965年版，第732页。
④ 杨谦：《曝书亭集诗注》，附《朱竹垞先生年谱》。
⑤ 李斗：《扬州画舫录》卷10，中华书局1960年版，第242页。
⑥ 阮元：《淮海英灵集》乙集，卷3。

王士禛曾撰有《感旧集》，自序云："因念二十年中，所得师友之益为多，日月既逝，人事屡迁，过此以往，未审视今日何如。而仆年事长大，蒲柳之质，渐以向衰，岁月如斯，讵堪把玩。感子桓来者难诬之言，辄取箧衍所藏平生师友之作，为之论次，都为一集。"

《感旧集》成书于康熙十三年（1674），始终未能版行于世。乾隆十六年（1751）冬，卢见曾在京城见到此书抄本，爱不释手，高度评价道："是集自虞山而下，凡三百三十三人，诗二千五百七十二首，遭遇不同，性情各异，而一经先生选次，如金之入大冶，渣滓悉化，融炼一色，洵选家之巨手也。"① "其搜剔也，广而不滥；其持择也，约而不遗。窃谓此书传，我朝之诗与人俱传矣。……我朝之诗人，虽不尽于是集，集中名家之诗，亦非是集所能尽，而人之以诗鸣于我朝之初盛，而必传于后者，已囊括而无遗。后先生而起者，如有志于本朝诗选，舍是集将焉归乎？"②

时逢马曰琯进京为皇太后祝寿，与卢见曾不期而遇。二人谈起《感旧集》，所见相同，一致决定刊刻此书。卢见曾兴奋地写道："马君秋玉又不期而遇于京邸，不忘久要，慨然任剞劂之事。"③

由于此书稿系辗转抄写，讹误较多，为了保证出版质量，马氏兄弟请人再三校雠。卢见曾记载道："玲珑山馆藏书充栋，所与稽者厉樊榭鹗、陈授衣章，皆博雅君子，幸重检阅，而后授梓。"④

《感旧集》的刊刻问世，使诗人、学者十分高兴。张世进在《书阮亭先生感旧集后》一诗中，深有感慨地吟道："尚书老去念朋俦，零落清诗箧底收。截取一方都是锦，汇来千腋始成裘。山川秀气于中聚，生死交情仗此留。谋付枣梨垂不朽，遗编赖有替人搜。"⑤

---

① 王士禛：《感旧集》，卢见曾：《感旧集补传凡例》。
② 王士禛：《感旧集》，卢见曾：《渔洋山人感旧集序》。
③ 同上。
④ 王士禛：《感旧集》，卢见曾：《感旧集补传凡例》。
⑤ 张世进：《著老书堂集》卷4。

马氏兄弟还曾花费千金，为蒋衡装潢所书《十三经》。据《清史列传》记载，蒋衡，字湘帆，江苏金坛人。时吴中书家推杨宾，衡师之。复博涉晋唐以来各家名迹，积学既久，名噪大江南北。性好游，足迹半天下。偶游碑洞，观诸石刻，慨然曰："《十三经》皆当时经生所书，非欧虞笔也。中有舛谬，且残缺。当今崇儒重道，必校正，一手重书，庶足佐圣天子右文之治。"他摒弃一切，专心书写。"至乾隆三年，《十三经》次第毕成。扬州马曰琯为出白金二千镪，装潢成三百册，五十函。四年，总督高斌特疏进呈御览，藏懋勤殿。"①

（三）结社吟诗之盛况

马氏兄弟俱以诗名，曰琯著有《沙河逸老小稿》6卷、《嶰谷词》1卷，曰璐著有《南斋集》6卷、《雪斋词》2卷，颇受士林好评。

清代著名诗人沈德潜高度评价道："马兄嶰谷独以古书、朋友、山水为癖，……具此胸次，发而为诗，溯洄风骚，下上唐宋，回翔于金元明代，斥淫崇雅，格韵并高，由沐浴于古书者久也。忆旧怀人，伤离悲逝，缠绵委挚，唱叹情浃，由敦厚于朋友者至也。至峭刻得山之峻，明净得水之澄，缒险凿幽，潆波叠浪，则又性情与山水俱深矣。嶰谷之诗，非嶰谷之癖所流露而成者耶。"②

清代著名学者杭世骏热情赞扬道："马君半查志洁行芳，秕糠一切，太史所谓皭然泥而不滓者也。诗不立异，亦不苟同，酝酿群籍，抒写性真。吸三危之露，不足以喻其鲜荣；搴九华之云，不足以方其缥缈；煦西颢沆瀣之气，不足以比其清神而澡魄。举一世之工诗者，吾未暇以悉数也，以吾党论之，奸穷怪变，震眩耳目，才力之雄，独于吾半查者有矣。至若幽窗冥坐，孤鹤掠空，夜气既清，天心来复，半查潆然写孤韵而抽清恩，释躁平吟，凡襟尽涤，学之无从，追之不及，微茫之介，形似之辨，非夫超绝尘埃之外，孰与析其旨乎……故

---

① 《清史列传》卷71，《蒋衡》。
② 马曰琯：《沙河逸老小稿》卷首，沈德潜：《沙河逸老小稿序》。

特标'洁'之一字，如子厚之所以品题太史者，而以目吾半查，且愿与天下之深于诗者共论之。"①

马氏兄弟不仅勤学工诗，而且慷慨好客，四方游士过访，适馆授餐，终无倦色。并与扬州本地人士及客卿寓贤结邗江吟社，寄兴咏吟，联为常课，极大地推动了扬州地区诗文之会的兴盛。

乾隆时的扬州文人李斗记载道："扬州诗文之会，以马氏小玲珑山馆、程氏筱园及郑氏休园为最盛。至会期，于园中各设一案，上置笔二、墨一、端研一、水注一、笺纸四、诗韵一、茶壶一、碗一、果盒茶食盒各一，诗成即发刻，三日内尚可改易重刻，出日遍送城中矣。每会酒肴俱极珍美，一日共诗成矣。请听曲，邀至一厅甚旧，有绿琉璃四。又选老乐工四人至，均没齿秃发，约八九十岁矣，各奏一曲而退。倏忽间令启屏门，门启则后二进皆楼，红灯千盏，男女乐各一部，俱十五六岁妙年也。"② 这种集吟诗、听曲、品茶、饮酒诸乐趣的诗文之会，自然具有极大的吸引力，参加者甚众。

马氏兄弟所主持的诗文之会的盛况，可以从《韩江雅集》一书中窥见一斑。

《韩江雅集》是邗江吟社的一部唱和集，传世者十二卷，陆续刻成。卷一有《金陵移梅歌》，乾隆八年（1743）作；卷十二有《霍家桥道中》等，乾隆十三年（1748）作。前后六载之久。卷首有乾隆十二年（1747）沈德潜序，其中写道："韩江雅集，韩江诸诗人分题倡和作也。故里诸公暨远方寓公咸在，略出处，忘年岁，凡称同志、长风雅者与焉。既久成帙，并绘雅集画图共一十六人。"沈氏所说的"雅集画图"，指的是叶震初所绘《行庵文讌图》。关于这幅图，全祖望、厉鹗都曾写有专文。

全祖望在《九日行庵文讌图序》中写道："扬州为江北大都会，居

---

① 马曰璐：《南斋集》卷首，杭世骏：《南斋集序》。
② 李斗：《扬州画舫录》卷8，中华书局1960年版，第180—181页。

民连甍接楹，笙歌舆从，竟日喧窦，其于清歌雅集，盖罕矣。城北天宁寺，为晋谢公驻节时所游息，其中有行庵，吾友马君嶰谷、半查兄弟之小筑也。地不逾五亩，而老树古藤、森蔚相望，皆千百年物，间以修竹，春鸟秋虫，更唱迭和，曲廊高树，位置间适。出门未数百步，即黄尘浊流，极目令人作恶，一至此可，萧然有山林之思。"①

厉鹗在《九日行庵文谦图记》中写道："乾隆癸亥九日，积雨既收，风日清美，遂约同人，咸集于斯。中悬仇英白描陶靖节像，采黄花，酌白醪为供。乃以'人世难逢开口笑，菊花须插满头归'分韵赋诗，陶陶衎衎，觞咏竟日。既逾月，吴中写真叶君震初适来，群貌小像，合为一卷，方君环山补景，命曰《九日行庵文谦图》。"②

图中的十六人是：胡期恒、唐建中、方士庶、闵华、全祖望、张四科、厉鹗、陈章、程梦星、马曰璐、方士庼、汪玉枢、马曰琯、王藻、陆钟辉、洪振珂。

值得注意的是，上述十六人，是诗社的主要成员，而参加过《韩江雅集》的诗人，则不止此数。根据对《韩江雅集》卷一至卷十二所载的人、作品进行排列，我们可以看到除上述十六人外，还有二十五人。他们是史肇鹏、杨述曾、高翔、陆锡畴、黄裕、郑江、张世进、赵昱、丁敬、杭世骏、赵信、赵一清、戴文灯、陈祖范、查祥、姚世钰、张爋、刘师恕、王文充、团升、方世举、释明中、楼锜等。③ 以此推算，邗江吟社的成员约为四十余人，数目相当可观。

在这四十余人当中，全祖望、杭世骏是著名学者；厉鹗是著名诗人；金农、高翔是"扬州八怪"；陈章、陈皋精于诗，有"陈氏二难"之目；赵昱号谷林、赵信号意林，诗文俱佳，有"二林"之目；姚世钰是"俊才"、漂泊寒士；唐建中是侨寓扬州的谪臣；胡期恒官至甘肃巡

---

① 全祖望：《鲒埼亭集外编》卷25，《九日行庵文谦图序》。
② 厉鹗：《樊榭山房集》卷6，《九日行庵文谦图记》。
③ 参见卞孝宣：《从〈扬州画舫录〉看清代徽商对文化事业的贡献》，载安徽大学徽学研究中心编：《徽学》2000年卷，安徽大学出版社2001年版。

抚，罢官归里；程梦星是翰林院编修，宦情早淡，归居扬州；马曰琯、马曰璐是"贾而好儒"的扬州盐商。

由此可见，邗江吟社的人员构成不仅打破了士宦商的界限，也打破了学科的界限，这对拓展诗社成员的视野大有裨益。

沈德潜将韩江雅集与历代有名的诗文唱和活动进行了比较，明确指出："吾谓韩江雅集有不同于古人者。盖贾、岑、杜、王、杨、刘十余人，倡和于朝省馆阁者也；荆、潭诸公，倡和于政府官舍者也；王、裴之于辋川，皮、陆之于松陵，同属山林之诗，然此赠彼答，只属两人；仲瑛草堂谦集，只极声伎宴游之盛；沈、文数子会合素交，量才呈艺，别于贾、岑以后诗家矣，然专咏落花，而此外又无闻焉。今韩江诗人不于朝而于野，不私两人而公乎同人，匪矜声誉，匪竞豪华，而林园往复，迭为宾主，寄兴咏吟，联结常课，并异乎兴高而集，兴尽而止者。"①

这段话充分肯定了马氏兄弟主持的韩江雅集的特征：不于朝而于野，不私两人而公乎同人，不是随兴而集的偶然联咏，而是既久成帙。

马氏兄弟不仅在扬州本地结社吟诗，而且携友出游，登山涉水，吟诗唱和。《焦山纪游集》、《林屋唱酬录》就是这类活动的见证。

乾隆十三年（1748），马氏兄弟携诗友厉鹗、杭世骏、陈章、楼锜、闵华、陆钟辉等同游焦山。他们一行九人，往返两宿南庄，留山中三日，每人各赋诗数首，联句一首，结集为《焦山纪游集》。

厉鹗《焦山纪游集序》写道："京口金、焦二山，为天下绝景。金山去瓜洲咫尺，南北帆樯所经；焦山相去稍远，岩亭幽夐，孤峙盘涡巨浪间，游人迹罕至。东坡云：'同游尽返决独往，赋命穷薄轻江潭。'自非耽奇好事者，未易津逮也。予平生三游，皆马君嶰谷、半查为之主，一在庚戌冬，一在丁巳夏。今年戊辰仲冬之望，复因江月发兴。同游者凡九人，往返两宿南庄，留山中凡三日夕，人各赋诗七

———————————

① 沈德潜：《韩江雅集序》。

首，联句一首，次第为一集，属予予之，以见兹游之不易，而江山倡酬之为可乐云。"①

道光年间，伍崇曜读《焦山纪游集》，神往不已，激动地写道："昔顾阿瑛有玉山纪游一卷，其友袁华所编。游非一地，而必有诗。所与游者……皆一时风雅胜流，而山水清言，琴尊佳兴，风流文采，千载下尚如将见之。今马氏昆仲此游，遍阅卷中姓名，殆足与后先辉映，恨不获厕身于笔床茶灶间也。特重刊之。"②

乾隆十七年（1752），马氏兄弟又携陈章、楼锜、闵華等人南游苏州，他们自扬入吴，过惠山，历虎丘，憩明瑟园，攀天平，历支硎，俯寒泉，蹑华山鸟道，上灵岩，陟邓尉，由天池石壁，渡太湖，探石公、包山、林屋、缥缈峰、消夏湾诸胜。饮明月坡而返，流连唱和，得诗 50 余首，结集为《林屋唱酬录》。

沈德潜欣然作序，《序》中写道："吴中名山，在郡城西，多濒太湖，至石公林屋诸胜，必凌湖涉风寿，约百余里，可携筇屐，故游者殊少，游而发为咏吟者尤少。唐皮袭美、陆鲁望，明高青邱、徐昌谷诸公外，寥寥无闻焉。……今诸君子境无虚过，过必有诗，是古人所不能兼者，而诸君子兼之也。且诸君子远居维扬，维扬称华胝地，乃能涉江航堑，叩寂逃虚，舍明丽之区，入静深之境，以其笔墨发山水之灵，岂陶贞白所云，见朱门广厦，无欲往之心，望高岩，瞰大泽，恒欲就之者与？……读诸君子诗，神往于幽虚左神间矣。"③

道光年间，伍崇曜重新刊刻《林屋唱酬录》，《跋》云："斯游也，乃独与二三布衣之士，泛舟升陟，取畅幽情，借访荔萝，谈讨芝桂，亦可谓放怀事外者矣。偶得传本重刻之，以识景慕之私。"

上述可见，马氏兄弟以古书、朋友、山水为重，结社吟诗，唱和切

① 厉鹗：《樊榭山房集》，《文集》卷 3。
② 《焦山纪游集》，伍崇曜：《焦山纪游集跋》。
③ 《林屋唱酬录》，沈德潜：《林屋唱酬录序》。

剧，极大地推动了扬州地区诗文之会的兴盛。马曰琯在世时，与查为仁（莲坡）齐名，有"南马北查"之誉。马曰琯去世之后，杭世骏哀叹道："查莲坡殁而北无坛坫，马嶰谷殁而南息风骚。"① 阮元沉痛地写道："（马氏）兄弟并好客，主持风雅，勒其朋侣游宴之诗为《韩江雅集》十二卷。……马氏之后，有江橙里先生继之。先生卒后，此风歇绝矣。故元挽先生诗有句云：'从今名士舟，不向扬州泊。'"②

三、乐善好施的义举

杭世骏在马曰琯的墓志铭中，称赞马氏兄弟"以济人利物为本怀，以设诚致行为实务"，③ 并列举了大量事实。在此，仅就马氏兄弟在文化方面的义举进行考察。

（一）慷慨解囊，修建书院

书院是中国历史上特有的一种教育组织形式。其别具一格的教学与组织管理等制度，萌芽于唐，形成于宋，废改于清末，有长达千年以上的发展史，在中国文化史上有着重要的地位。

清朝初年，对于书院这种独立于官学系统之外的教育组织，清廷最初采取了一种抑制发展的政策。顺治九年（1652），清廷下令："不许别创书院，群聚党徒，及号召地方游食无行之徒，空谈废业。"④ 这就清楚地表明，清廷深恐书院聚徒讲学会不利于其统治的稳定。不过，由于书院有着祭祀孔子、程朱等"先贤"的活动，部分书院还以程朱理学作为教学的主要内容，与清廷尊孔崇朱的文化政策相吻合，所以，清廷在宣布禁止别创书院的同时，并未宣布取缔原有书院，对于地方上从顺治初年就已自发展开的修葺或重建书院的活动也未明令禁止。

---

① 杭世骏：《道古堂文集》卷 11，《吾尽吾意斋诗序》。
② 阮元：《广陵诗事》卷 7。
③ 杭世骏：《道古堂文集》卷 43，《朝议大夫候补主事加二级马君墓志铭》。
④ 《古今图书集成·经济汇编·选举典》卷 17。

康熙年间，伴随着清王朝统治的渐趋稳定，清廷对书院的态度明显改观。康熙二十五年（1686），向岳麓书院和白鹿洞书院颁赐御书匾额、经史著作，表明清廷对书院发展的政策已从抑制转为提倡和鼓励。三十二年（1693），颁御书"学达性天"匾额于徽州紫阳书院。四十二年（1703）颁御书"学宗洙泗"匾额，令悬山东济南省城书院。六十一年（1722），颁御书"学道还淳"匾额于苏州紫阳书院。①

雍正十一年（1733），上谕内阁："各省学政之外，地方大吏每有设立书院聚集生徒讲诵肄业者。朕临御以来，时时以教育人才为念，但稔闻书院之设，实有裨益者少，慕虚名者多，是以未尝敕令各省通行，盖欲徐徐有待而后颁降谕旨也。近见各省大吏，渐知崇尚实政，不事沽名邀誉之为，而读书应举者，亦颇能屏去浮嚣奔竞之习。则建立书院，择一省文行兼优之士读书其中，使之朝夕讲诵，整躬励行，有所成就，俾远近士子观感奋发，亦兴贤育才之一道也。督抚驻扎之所，为省会之地，著该督抚商酌奉行，各赐帑金一千两。将来士子群聚读书，须预为筹画，资其膏火，以垂永久。其不足者，在于存公银内支用。封疆大臣等并有化导士子之职，各宜殚心奉行，黜浮崇实，以广国家菁莪棫朴之化。则书院之设，于士习文风有裨益而无流弊，乃朕之所厚望也。"②

从此，清代书院进入了一个蓬勃发展的新阶段。正是在这种环境下，马氏兄弟出资建起了梅花书院。

梅花书院位于扬州广储门外梅花岭。这里早在明朝时期就建有书院，初名甘泉行窝。据《甘泉行窝记》记载：明朝嘉靖年间，湛若水以大司成考绩北上，道出维扬，其门人不期而至者五十人，居一日，秉贽而谒者又几十人。湛若水决定在此停留讲学。门人葛涧特选地城东，创讲道之所，名为行窝。"扬故有甘泉山，蜀冈诸阜咸发脉焉。高二三十

---

① 《清朝文献通考》卷73。
② 《清朝文献通考》卷70。

丈，望五十里，其巅有泉甚洌，曰甘泉，与先生之号不约而同，行窝正当其结聚处。此所以名也。"① 行窝门北有银杏树一株，高十余丈，就树筑土为埠，埠北筑基为堂，题为至止堂。其心性图说在北墉，钟磬在东墉，琴鼓在西墉。二斋在东序，燕居在堂北，厨库在燕居左右，绕以周垣凡六十有二丈，垣外有沟，沟外有树，先门外有池，池上有桥，池水与沟水襟带行窝。行窝之旁，又置田二十余亩，以资四方来学者。

此后，甘泉行窝更名为甘泉书院。万历年间，扬州知府开浚城濠，在此积土为岭，岭上植梅，名为梅花岭。缘岭以楼台池树，名为平山别墅。东西为州县会馆，名为偕乐园。"其堂与楼，为诸生讲学之所。巡按御史牛应元改名为崇雅书院。"② 崇祯年间，因战乱书院废圮。

清朝雍正十二年（1734），马氏兄弟在原址独力兴建，更名为梅花书院。江都教谕吴锐特撰《梅花书院碑记》，详细记载了马氏兄弟的这一义举。

首先，吴锐论述了书院的重要性，明确提出："书院何为设也？稽之王制，既立之党庠术序以处士矣，士于是隶籍其中，争先角艺。先儒又以为恐近喧嚣，乃退求水木清虚之地，相与俯仰揖让，以为扶树道德之所，其功与学校相埒。今所传四大书院是已。"

接着，吴锐强调了在扬州修建书院的必要性和迫切性，认为："维扬为天下之隩，区汇江海，互南互北，五方杂遝，耳目见闻，熏习濡染，非多为之所，恐为风俗忧。文登刘公重选以名进士来佐兹邦，慨然有澄清之志，以为先自士习始，士习端，则民风相率而驯，而遽与研穷精微，辨析同异，将茫茫然无所向方，不若先之以帖括制艺使有所约束驯习，以敛其心，而渐之乎道德之途。于是进阖郡生童而与之约，匝月一课，招之坐隅，讲贯切摩，不啻塾师之督其弟子，间进之以立品立心，敦本敦行之实。久之，赴课者众，而公堂非讲艺之区，官廨非栖士

---

① 嘉庆《重修扬州府志》卷19，《学校》。
② 李斗：《扬州画舫录》卷8，中华书局1960年版，第61页。

之舍。"

随后，吴锐高度评价了马氏兄弟修建梅花书院的义举，热情赞扬道："马君曰琯，种学绩行，吾党之祭酒也！以梅花岭旧有崇雅书院，前明秀水吴公守扬时改筑偕乐园，今毁且久矣。乃寻其遗址曰，是闲且旷，正可为公宏奖人才所也。遂独任其事。减衣节食，鸠材命工，……始于雍正十二年之春，不期月而落戍。"

同时，吴锐详细介绍了梅花书院的布局，使读者如临其境，深感书院之壮美。"前列三楹为门舍，其左为双忠祠，右为萧孝子祠，又三楹为仪门，题以梅花书院之额，从其朔也，升阶而上，为大堂，凡五重，复道四周，又进为讲堂，亦五重，东构号舍六十四间，旁立隙宇为庖厨浴湢之所，西有土阜，高丈许，所谓梅花岭也。岭上构数楹，虚窗当檐，檐以外凭堞而立，四望烟户，如列屏障，下岭则虚亭翼然，树以梅桐杂木，四时花卉。"

最后，吴锐充分肯定了梅花书院的作用及影响，指出：梅花书院建成之后，刘公重选以政余交课，匝月一举。锐以备员江都，追陪席末。而先后授课院中者，既有盐政官员，也有知府县令。一时群才蔚兴，德造并美，如金在镕，如泥在钧。与岳麓、嵩阳、应天、白鹿四大书院并传不朽。所甄拔之士，皆为俊才。扬州人士咸感戴刘公之教泽，颂扬马君慨然复古，以成刘公之志。[①]

厉鹗在《扬州新构梅花书院纪事二十韵为秋玉赋》中，热情地歌颂道："一箦前朝筑，层台久已倾。榛芜谁翦薙，堂庑忽峥嵘。断手由耆旧，同心快落成。乔林书阁迥，疏影墨池横。带草缘文砌，衣鱼走旅楹。人来石仓学，地胜月泉名。都讲堪重席，高材自短檠。俗将歌吹易，气以苣兰更。白雁汇南谶，红羊宋室平。双忠同抗节，百战力婴城。纯孝维桑重，天恩绰楔旌。庭闱因愈疾，笫帼独怀清。血尽栖魂馆，风缠托体茔。异时齐俎豆，列屋若宗祊。始作图经记，姱修月旦

评。功逾文太守，颂遍鲁诸生。丹腹期千襫，青鞿访二黉。无忘等嘉树，有道补由庚。为约春初霁，还寻郭外行。仍持无算爵，共听栗留鸣。"①

乾隆四年（1739），巡盐御史三保重定梅花书院诸生膏火，由运库支给。四十二年（1777），曰琯之子呈请归公，盐运使朱孝纯谕商捐修，并定每年经费，更新其制。梅花书院与扬州安定书院同例，均由盐务延师掌院。"安定书院掌院自王步青始，梅花书院掌院自姚鼐始。""安定、梅花两书院，四方来肄业者甚多，故能文通艺之士萃于两院者极盛。"②

嘉庆十三年（1808），盐政阿克当阿加梅花书院诸生额数，并增膏火，又招孝廉入院肄业，每课奖赏逾格，来学者四远毕至。次年，礼闱中式，济济称盛，洪莹得殿试及第第一人。阿克当阿极为高兴，又建文昌楼五楹，下为孝廉会文堂，并撰《孝廉会文堂碑记》，其中写道："考梅花书院在前明为湛尚书甘泉行窝，……国朝乾隆初，郡人马征君曰琯始重构之，运使朱公孝纯又增葺之，额以梅花书院。虽由岭得名，实取宋广平独步之词，王沂公和羹之语，期学者之由名状元至贤宰相也。兹洪君既已崛兴，斯名为不负矣。"③

（二）交友以心，拯困济贫

沈德潜曾经说过："（马氏兄弟）以朋友为性命，四方人士，闻名造庐，适馆授餐，经年无倦色。……有急难者，倾身赴之，人比之郑庄杨政。"④ 事实确实如此。马氏兄弟交友以心，拯困济贫，留下了许多佳话。故其卒后，袁枚凭吊于小玲珑山馆，深情地吟颂道："横陈图史常千架，供养文人过一生。"⑤

① 厉鹗：《樊榭山房集》卷7。
② 李斗：《扬州画舫录》卷3，中华书局1960年版，第64、66页。
③ 嘉庆《重修扬州府志》卷19，《学校》，阿克当阿：《文昌楼孝廉会文堂碑记》。
④ 马曰琯：《沙河逸老小稿》卷首，沈德潜：《沙河逸老小稿序》。
⑤ 袁枚：《小仓山房诗集》卷27，《扬州游马氏玲珑山馆感吊秋玉主人》。

姚世钰，字玉裁，号薏田，浙江归安人。少嗜学，负俊才，与弟汝金有"二陆双丁"之目。[1] 生平学问，以何焯为宗，贯穿经史，有所考订，必详核精当，诗古文清隽高洁。如此通经学古之士，命运竟"以厄穷加之"，"重之以疾病，甚之以患难，终之以孤茕"，[2] 令人痛惜不已。

他与姐夫王豫同学，二人读书，皆能冥搜神会，颇为士林所重。雍正七年（1729），清世宗借曾静之案大兴文字狱，肆意株连。王豫遭此奇祸，被逮入京师。王豫本羸瘦，"神魂魄力不足以当大难，况家贫甚，银铛就道，一无所资，长系五年，其妻以望夫死"。[3] 他本人也在出狱后数年，含恨辞世。

姚世钰自幼体弱，长年委顿，苶不离手。王豫被捕后，他与姐姐担惊受怕，坐卧不安，终日垂泪。姐姐、姐夫去世之后，他只轮孤翼，漠然无所向，痼疾益甚。集穷厄、疾病、患难、孤茕于一身的姚世钰，来到扬州之后，成为小玲珑山馆的宾客，身心受到慰藉。他深情地写道："淮之南有二马君焉，曰秋玉、佩兮，余得与之交，昆弟间怡怡如也。"[4]

他长期馆于马家，受到马氏兄弟的尊重和款待。马氏兄弟将他安置在丛书楼，供应他的饮食，医治他的疾病，珍本秘籍供他研读，使他深感"不知身之在客也"。在《秋夕寓丛书楼同人各以事散去独坐有作》一诗中，他这样写道："邺侯插架最多书，假我闲房作蠹鱼。"[5] 他在丛书楼里，尽情地读书问学，"卓然成一家之言"。[6]

马氏兄弟不仅向姚世钰敞开了丛书楼的大门，而且向他慷慨赠书。姚世钰的诗文中有不少这类记载。在《马秋玉佩兮昆季寄齐刀及吴娄张氏雕本群经音辨字鉴二书，赋此答谢，并索其新购常熟毛氏所开说文

---

① 《清史列传》卷71，《姚世钰》。

② 全祖望：《鲒埼亭集》卷20，《姚薏田圹志铭》。

③ 全祖望：《鲒埼亭集》卷20，《王立甫圹志铭》。

④ 姚世钰：《孱守斋遗稿》卷4，《书奉母图后》。

⑤ 姚世钰：《孱守斋遗稿》卷2。

⑥ 姚世钰：《孱守斋遗稿》卷首，沈德潜：《序》。

解》一诗中，姚世钰写道："扶风兄弟今原父，遗我钱刀寸径五。函封再展得新篇，墨彩铜花互吞吐。文存半体辨齐公，字鉴经群分帝虎。恭承嘉惠心语口，复取翻看指画肚。劝我为文宜识字，尔雅由来先释诂。"①

姚世钰生病时，马氏兄弟精心照料，问寒问暖。姚世钰感慨地吟道："客病三秋候，根从春种深。猿枯失子泪，雁背去乡心。地主劳相问（谓马氏兄弟），医王须自寻。天和如善养，六气可能侵。"②

明月当空，马氏兄弟与姚世钰倾心交谈，对姚家的遭遇深表同情。马曰璐在《定风波·听薏田谈往事》一词中，以沉重的心情写道："往事惊心叫断鸿，烛残香地小窗风。噩梦醒来曾几日？愁述，山阳笛韵并成空。遗卷赖收零落后，牢愁不畔盛名中。听到夜分唯掩泣，萧寂，一天清露下梧桐。"③

有了好酒，马氏兄弟赠与姚世钰，一同分享。在《玲珑馆主分饷于酒，与喆士对酌，率赋报谢》一诗中，姚世钰写道："少诵虞山诗，颂赞于家酒。美人与君子，比并未曾有。沈吟欲垂涎，安得尝旨否。昨闻渡江航，好事饷吾友。"

姚世钰50岁时，马氏兄弟招集诗友祝贺，觞咏竟日。姚世钰感慨地写道："行年忽五十，栖栖为旅人。暑雨渡江来，雪华霁通津。君家兄弟间，地主宿心亲。招邀四三贤，文宴展殷勤。中厨饬甘馔，明灯灿重茵。悃默窃向隅，念我生不辰。少壮丛忧患，垂暮百酸辛。回头望故园，万感集兹晨。诸弟屈指期，病妇愁眉颦。朋欢固堪恋，乡梦亦已频。曰归又迟迟，此意将谁申。哀歌激冻弦，聊为知音陈。"④

姚世钰归家时，马氏兄弟曾以红船相送渡江。姚世钰记载道："秋

---

① 姚世钰：《屏守斋遗稿》卷2。
② 姚世钰：《屏守斋遗稿》卷2，《秋抄客中病疟》。
③ 马曰璐：《南斋词》。
④ 姚世钰：《屏守斋遗稿》卷2，《五十初度，寓马氏书斋，秋玉、佩兮昆季为余招集诗社诸君觞咏竟日，赋此志感》。

秒言归，又以红船相送渡江。"途中，他赋诗一首，表达了对马氏兄弟的感激之情。诗中写道："自嫌触热走殊乡，只为春明别有坊。作客浑如在家好，款门不厌借书忙。沈绵痼疾三年艾，安稳归人一苇杭。回首离情满江上，寒山千叠正苍苍。"①

姚世钰再度从家乡赴扬州时，途中遇风，阻于京口。他不禁想起了马氏兄弟以红船相送渡江，安稳归家的情景，感慨地吟咏道："去年今日送将归，今年今日重寻去。盈盈一水望瓜州，西北风来横断渡。客愁满眼大江流，谁障狂澜不东注。但得君家红板船，不怕金山塔铃语。"②

乾隆十四年（1749），姚世钰病逝于扬州。③ 曰琯悲伤地吟道："廿年交契宿心亲，一病如何遽殒身。造物忌名从古是，医家察脉几时真。沈忧早结离乡恨，弱质难回辟谷春。留得清风在苕霅，莲花庄上哭故人。"④ 曰璐沉痛地写道："蕙田言高等，神寒乃如此。生长蘅香中，酝浸枣光里。客死离故乡，薄葬无妻子。只有冰雪文，清于苕霅水。"⑤

厉鹗，字太鸿，号樊榭，浙江钱塘人，出身寒门，幼年丧父，家境清贫，其兄以卖烟叶勉强养活他，并准备将他"寄于僧舍"，以减轻家庭负担，因他坚决反对才作罢。生活虽然艰苦，但厉鹗的求知欲却很强。他刻苦用功，"读书数年，即学为诗，有佳句"。⑥ 后来他又广泛涉猎，"于书无所不窥，所得皆用之于诗"，⑦ 并酷爱出游，登山涉水，诗兴勃发，很快就成长为一位诗人。

康熙五十九年（1720），厉鹗参加乡试，考官是内阁学士李绂。在

①　姚世钰：《屏守斋遗稿》卷2。
②　姚世钰：《屏守斋遗稿》卷2，《去年九月初三日，秋玉昆季以红船送余归舟渡江。今重往淮南，阻风京口，亦正是九月初三日。即事感怆，赋此遥赠》。
③　姚世钰：《屏守斋遗稿》卷首，沈德潜《序》云："己巳岁乞身归里，经维扬，过喆士家，时玉裁为西宾，相与剧饮，呼啸订下山砚山之游，乃别不一月，而玉裁遽成古人矣，悲夫悲夫。"己巳为乾隆十四年。
④　马曰琯：《沙河逸老小稿》卷4，《哭姚蕙田》。
⑤　马曰璐：《南斋集》卷5，《五君咏·姚征士蕙田》。
⑥　全祖望：《鲒埼亭集》卷20，《厉樊榭墓碣铭》。
⑦　《清史列传》卷71，《厉鹗》。

试闱中，李绂见到他的试卷，读了他的谢表，感叹道："此必诗人也！"立即录取。[1] 次年，厉鹗入京参加会试，未能入选。

回到家乡后，厉鹗更加热衷于出游吟诗。随着诗名的传播，他与更多的文人名士结为朋友，并成为小玲珑山馆里的常客。自雍正三、四年（1725、1726）起，他几乎年年作客扬州，寄居马家20余年，与马氏兄弟结下了深情厚谊。

在《樊榭山房集》中，厉鹗留下了大量与马氏兄弟交往的诗文。从中我们可以看到，他们一起在山馆对月联句，在行庵雅集吟诗，在丛书楼切磋学问，在焦山寻幽探胜，其乐融融。

二十余年来，厉鹗在马家始终有一种宾至如归之感，间有小别，则相互思念不已。如厉鹗曾在诗中吟道："淮南三载住，追忆忽今宵。旧句开还掩，秋灯短更挑。烟明念佛巷，叶下捣衣桥。多少闲踪迹，相思逐暗潮。"[2] 重逢之时，他们欣喜不已。例如在一次赏菊雅集时，厉鹗恰好自武林来到扬州，曰琯高兴地吟道："秋花爱寄萧闲地，好友能开寂寞怀。"[3] 曰璐愉快地写道："故人适自湖山至，雅调重联断续吟。"[4] 一片真情，跃然纸上。

厉鹗才华横溢，但治生无术，贫病多磨。乾隆二年（1737）夏，他咳嗽气喘，历秋渐痊。乾隆五年（1740），他移居东城，又患足疾。乾隆七年（1742），爱姬朱满娘病逝，他伤心欲绝，作《悼亡姬十二首》，序云："姬人朱氏乌程人。姿性明秀，生十有七年矣。雍正乙卯，予薄游吴兴，竹溪沈征士幼牧为予作缘，以中秋之夕，舟迎于碧浪湖口，同载而归。予取净名居士女字之曰月上。姬人针管之外，喜近笔砚，影拓

---

[1] 《清史稿》卷485，《厉鹗》。
[2] 厉鹗：《樊榭山房集》卷5，《秋夜有怀葭白、祓江、秋玉、佩兮》。
[3] 马曰琯：《沙河逸老小稿》卷3，《重九后二日，樊榭至自武林，同人适有看菊之集，分得佳韵》。
[4] 马曰璐：《南斋集》卷2，《重九后二日，樊榭至自武林，同人适有看菊之集，分韵共赋，得侵韵》。

书格，略有楷法。从予授唐人绝句二百余首，背诵皆上口，颇识其意。每当幽忧无俚，命姬人缓声循讽，未尝不如吹竹弹丝之悦耳也。余素善病，姬人事予甚谨。辛酉初秋，忽婴危疾，为庸医所误，沈绵半载，至壬戌正月三日，泊然而化，年仅二十有四，竟无子。悲逝者之不作，伤老境之无惊，爰写长谣，以摅幽恨。"① 此后，厉鹗身体更加孱弱，不断地受到肺病、齿痛等疾的折磨。

在此期间，厉鹗靠朋友的馈赠、资助维持生活。马氏兄弟给过他不少的帮助。例如，他曾写过一首词，感谢马氏兄弟馈赠人参。词中写道："灵苗合在阮生家，香蕊应须温尉夸。连根便是边鸾画。价兼金难赛他。起沈疴何必丹砂？秋寄逢江雨，晨煎汲井花。此意无涯。"② 惜厉鹗年老无子，马氏兄弟又资助他纳妾。曰琯写诗记载道："竹西自昔多佳丽，名士倾城此一时。闻说蛛丝曾拂面，便看椒实已盈枝。湖边缓唱迎郎曲，桥畔先歌却扇词。双烛影中杯潋滟，寒宵真与意相宜。"③

六十岁生日时，厉鹗曾作诗一首，对自己的一生作了简短的概括，对良朋好友难以忘怀。诗中写道："我生少孤露，力学恨不早。孱躯复多病，肤理久枯槁。干进懒无术，退耕苦难饱。帐下第温岐，归敝庐孟浩。风尘耻作吏，山水事幽讨。结托贤良友，耽吟忘潦倒。"④

乾隆十七年（1752），厉鹗病逝。曰璐哭道："大雅今谁续，哀鸿亦叫群。情深携庾信，义重吴刘贲。望远无来辙，呼天有断云。那堪闻笛后，又作生死分。"⑤ 曰琯悲痛地写下了《哭樊榭八截句》，哀叹："卅载交情臭味亲，砖炉木榻愧留宾。丹铅不断杯盂断，风雨清吟泣鬼神。"⑥

---

① 厉鹗：《樊榭山房续集》卷2，《悼亡姬十二首》。
② 厉鹗：《樊榭山房续集》卷10，词己。
③ 马曰琯：《沙河逸老小稿》卷2，《厉樊榭纳丽》。
④ 厉鹗：《樊榭山房续集》卷8.《六十生日答吴苇村见贻之作》。
⑤ 马曰璐：《南斋集》卷4，《哭樊榭》。
⑥ 马曰琯：《沙河逸老小稿》卷5。

马氏兄弟交友以心，拯困济贫的例子还有许多，限于篇幅不再列举，仅以杭世骏的话作为概括："（马氏兄弟）倾接文儒，善交久敬，意所未达，辄逆探以适其欲。钱唐范镇、长洲楼锜，年长未婚，择配以完家室。钱唐厉征君六十无子，割宅以蓄华妍。勾甬全吉士被染恶疾，悬多金以励医师。天门唐太史客死维扬，厚赗以归其丧。勾吴陆某病既亟，买舟疾趋以就君，曰'是能殡我'。石交零谢，岁时周恤其孥者，指不胜屈也。"①

综上所述，扬州盐商马曰琯、马曰璐是徽州祁门人。徽州是朱熹故里，素称"东南邹鲁"，"文献之邦"。"贾而好儒"是徽商的重要特色。故乡的传统、先贤的榜样，对马氏一家产生了深刻的影响。曰琯、曰璐兄弟的曾祖父是节义之士，祖父、父亲贾而好儒，乐善好施，母亲是封建时代典型的贤妻良母，亲朋好友中不乏名人，或贾而好儒，或为政有声。这些人的言传身教，直接影响了他们的思想、性格和人生道路。曰琯、曰璐兄弟业盐扬州，资产逊于他氏，但名闻九重，交满天下。他们酷爱书籍，不惜重金四处购书、抄书，建起了闻名遐迩的丛书楼。他们既富于藏书、勤于读书、善于编书，又慷慨地将丛书楼的大门向文人学士敞开，其后代还向清廷进献大量藏书，为《四库全书》的编纂作出了贡献。他们还精于刻书，为了繁荣学术文化，不仅重雕古书，而且斥巨资刊刻时人著作，创造了享有声誉的"马版"。他们以朋友为性命，四方人士，闻名造庐，适馆授餐，经年无倦色，并结社吟诗，唱和切劘，大大推动了扬州地区诗文之会的兴盛。他们慷慨解囊，修建梅花书院、资助穷苦文人，留下了许多佳话。"扬州二马"为乾隆间文化事业作出了自己独特的贡献，值得我们认真研究。

---

① 杭世骏：《道古堂文集》卷43，《朝议大夫候补主事加二级马君墓志铭》。其中，"钱唐厉征君六十无子，割宅以蓄华妍"一句不够准确，据朱文藻撰，缪荃孙重订：《厉樊榭先生年谱》记载，马氏助厉鹗纳妾一事，应在乾隆七年，朱满娘去世之后，时厉鹗51岁。

第三章
经史考证主流地位的确立

复原汉儒《易》学,这是乾嘉学派登上历史舞台的标志。惟其如此,乾隆九年,惠栋《易汉学》的完成,遂成一桩具有开风气意义的事情。诚如乾嘉间著名学者钱大昕所云:"汉学之绝者千有五百余年,至是而粲然复章矣。"[1] 惠栋故世,戴震崛起,以乾隆三十八年戴震奉召入京预修《四库全书》为一新起点,汉学得清廷优容,大张其军,如日中天。一时朝中显贵附庸风雅,"皆以考博为事,无复有潜心理学者"。[2] 朝野官绅,"竞尊汉儒之学,排击宋儒,几乎南北皆是矣"。[3] 至此,经史考证之学确立主盟地位,乾嘉学派遂臻于鼎盛。

第一节　戴震学说的历史命运

戴震是活跃在乾隆中叶学术舞台上的一位杰出大师,继惠栋之后,他与之齐名而主持一时学术风会。梳理戴震的为学历程,探讨其学术旨

---

① 钱大昕:《潜研堂文集》卷39,《惠先生赤传》。
② 姚莹:《东溟文外集》卷1,《复黄又园书》。
③ 袁枚:《随园诗话》卷2。

趣，对于准确地把握乾隆中叶的学术大势，进而揭示乾嘉学派的历史特质，显然具有典型意义。

一、从江永到戴震

戴震，字东原，一字慎修，安徽休宁人。生于雍正元年十二月二十四日（1723 年 1 月 19 日），乾隆四十二年五月二十七日（1777 年 7 月 1 日）在北京病逝，得年五十五岁。

休宁地处皖南山区，乏平原旷野，缘地少人多，一方山民每每"商贾东西，行营于外"。[①] 戴震早年家贫，一家生计仰仗其父弁贩布四方维持，十岁始得入塾求学。惟聪颖敏慧，勤学善思，由精读《说文解字》入手，渐及《尔雅》、《方言》，乃至汉儒传注、群经注疏，从而奠定坚实为学根底，走上训诂治经以闻道的治学路径。震晚年曾就此回忆道："仆自十七岁时，有志闻道，谓非求之《六经》、孔孟不得，非从事于字义、制度、名物，无由以通其语言。宋儒讥训诂之学，轻语言文字，是欲渡江河而弃舟楫，欲登高而无阶梯也。为之卅余年，灼然知古今治乱之源在是。"[②] 乾隆五年，震随父贩布江西、福建，并课督学童于邵武，时年十八岁。七年，自邵武归，值儒臣程恂在乡，震遂拜谒师从。恂为雍正二年进士，乾隆元年中式博学鸿词，官翰林院检讨，有"休宁山斗"之称。[③] 此时，婺源著名学者江永正以西席而深得程恂器重。永为一方大儒，学宗朱子，精于《三礼》及天文历算、声韵、舆地。承朱子遗志，早在康熙六十年，永即撰成《礼书纲目》。乾隆初，清廷征集该书入"三礼馆"。之后，永又致力于《近思录》的集注。乾隆五年，入程恂家馆，完成历学书七卷，计有《金水二星发微》、《七政

---

① 戴震：《东原文集》卷 12，《戴节妇家传》。
② 戴震：《戴震全书》之 35，《与段茂堂等十一札》之第九札。又见段玉裁《戴东原先生年谱》乾隆四年、十七岁条。
③ 江锦波、汪世重：《江慎修先生年谱》乾隆五年、六十岁条。

衍》、《冬至权度》、《恒气注历辨》、《岁实消长辨》、《历学补论》、《中西合法拟草》等七种，旨在与梅文鼎遗说商榷。同年八月，永随程氏入都，"三礼馆"臣方苞、吴绂、沆世骏等，皆与之问学论难。翌年八月返皖，自九年至十二年间，江永皆执教程氏家馆。

既秉程恂之教，亦受江永为学影响，乾隆九年至十二年间，戴震相继撰成《筹算》、《六书论》、《考工记图》、《转语》诸书。尤以《考工记图》最为程恂所重，十二、十三年间，曾向儒臣齐召南推荐，获齐氏赞为"奇书"。①

乾隆十四年，戴震学已粗成，以正致力的《大戴礼记》校勘稿，而与歙县学人程瑶田定交。翌年，又经瑶田而交西溪汪氏叔侄。据程瑶田事后追记："庚午、辛未（乾隆十五、十六年——引者）之间，余与稚川及余姊婿汪松岑三人同研席，每论当世士可交而资讲习益者，余曰戴东原也。东原名震，休宁隆阜人。先是己巳岁，余初识东原。当是时，东原方颛于小试，而学已粗成，出其所校《太傅礼》示余。《太傅礼》者，人多不治，故经传错互，字句讹脱，学者恒苦其难读，东原一一更正之。余读而惊焉，遂与东原定交。至是，稚川、松岑亦交于东原矣。"② 此后，震与诸友皆问学江永，成为江氏学术的追随者。震尤为江永所喜，叹为"敏不可及"。③ 时值清廷诏举经学特科，永以年逾古稀而辞荐，并致书戴震，表示"驰逐名场非素心"。④

十六年，戴震补为休宁县学生，年已29岁。十七年，震应汪梧凤聘，执教歙县西溪汪氏家馆。翌年，江永亦来西溪，应聘主持汪氏家馆讲席，于是汪氏一门学人及戴震、程瑶田等，皆得朝夕从永问业。据《江慎修先生年谱》乾隆十八年、七十三岁条记："馆歙邑西溪，歙门人方矩、金榜、汪梧凤、吴绍泽从学。休宁郑牧、戴震，歙汪肇龙、程瑶

① 纪昀：《纪晓岚文集》卷8，《考二记匡序》。
② 程瑶田：《通艺录》之《修辞余抄·王友记》。
③ 洪榜：《初堂遗稿》不分卷，《戴先生行状》。
④ 戴震：《东原文集》卷12，《江慎修先生事略状》。

田，前已拜门下问业，是年殷勤问难，必候口讲指画，数日而后去。"①

乾隆十九年，因与同族有权势者发生坟地纠纷，戴震被迫负笈远游，避仇入都。抵京之后，虽困于逆旅，但却以所擅天文历算、声韵、训诂和古代礼制诸学，广交钱大昕、纪昀、王鸣盛、王昶、朱筠等新科进士，遂以天下奇才而声重京师。钱大昕于此所记甚明："戴先生震，性介特，多与物忤，落落不自得。年三十余，策蹇至京师，困于逆旅，饘粥几不继，人皆目为狂生。一日，携其所著书过予斋，谈论竟日。既去，予目送之，叹曰天下奇才也。时金匮秦文恭公蕙田兼理算学，求精于推步者，予辄举先生名。秦公大喜，即日命驾访之，延主其邸，与讲观象授时之旨，以为闻所未闻。秦公撰《五礼通考》，往往采其说焉。高邮王文肃公安国亦延致先生家塾，令其子念孙师之。一时馆阁通人，河间纪太史昀、嘉定王编修鸣盛、青浦王舍人昶、大兴朱太史筠，先后与先生定交。于是海内皆知有戴先生矣。"② 纪昀、卢文弨亦有专文推尊震学，昀称："戴君深明古人小学，故其考证制度、字义，为汉以降儒者所不能及。"③ 文弨则云："吾友戴君东原，自其少时，通声音文字之学，以是而求之遗经，遂能探古人之心于千载之上。既著《诗补传》、《考工记图》、《句股割圆记》、《七经小记》诸书，又以余力为《屈原赋》二十五篇作注，微言奥指，具见疏抉。"④ 姚鼐甚至致书称戴震为"夫子"，提出师从问学的请求，为震所婉拒。戴震复书云："至欲以仆为师，则别有说。……仆与足下，无妨交相师，而参互以求十分之见，苟有过则相规，使道在人不在言，斯不失友之谓，固大善。昨辱简，自谦太过，称夫子，非所敢当，谨奉缴。"⑤

---

① 江锦波、汪世重：《江慎修先生年谱》乾隆十八年、七十三岁条。
② 钱大昕：《潜研堂文集》卷39，《戴先生震传》。
③ 纪昀：《纪晓岚文集》卷8，《考工记图序》。
④ 卢文弨：《抱经堂文集》卷6，《戴东原注屈原赋序》。
⑤ 戴震：《东原文集》卷9，《与姚孝廉姬传书》。

在京三年，戴震既播扬一己之学，反对"株守"成说，"信古而愚"，[1] 主张合"理义"、"制数"、"文章"为一以求道，[2] 亦不忘表彰江永学术。乾隆二十七年三月江永病逝，五月，戴震即为永撰行状，以供他日史馆采择。文中，记此时史事云："戴震尝入都，秦尚书蕙田客之，见书笥中有先生历学数篇，奇其书。戴震因为言先生。尚书撰《五礼通考》，掇先生说入观象授时一类。而《推步法解》则取全书载入，憾不获见先生《礼经纲目》也。"[3] 晚年的江永，则以戴震的"盛年博学"而引为同志，[4] 据称："余既为《四声切韵表》，细区今韵，归之字母音等，复与同志戴东原商定《古韵标准》四卷、《诗韵举例》一卷，分古韵为十三部，于韵学不无小补。"[5] 而在江永逝世之前，戴震亦有长书一通答永，以讨论《说文解字》的六书学说，从而显示问学江永以来的出兰之获。书中，戴震写道：

> 《说文》于字体、字训，镂漏不免，其论六书，则不失师承。……大致造字之始，无所凭依。宇宙间，事与形两大端而已。指其事之实曰指事，一、二、上、下是也；象其形之大体曰象形，日、月、水、火是也。文字既立，则声寄于字，而字有可调之声；意寄于字，而字有可通之意。是又文字之两大端也。因而博衍之，取乎声曰谐声，声不谐而会合其意曰会意。四者，书之体止此矣。由是之于用，数字共一用者，如初、哉、首、基之皆为始，印、吾、台、予之皆为我，其义转相为注，曰转注。一字具数用者，依于义以引伸，依于声而旁寄，假此以施于彼，曰假借。所以用文字者，斯其两大端也。六者之次第出于自然，立法归于易简，震所以信许叔重论六书

---

[1] 戴震：《东原文集》卷3，《与王内翰凤喈书》。
[2] 戴震：《东原文集》卷9，《与方希原书》。
[3] 戴震：《东原文集》卷12，《江慎修先生事略状》。
[4] 洪榜：《初堂遗稿》不分卷，《戴先生行状》。
[5] 段玉裁：《戴东原先生年谱》乾隆二十八年、四十一岁条引述。

必有师承，而考、老二字，以《说文》证《说文》，可不复
疑也。①

述许慎六书学说而明晰如此，难怪江永于问学诸人中，要独称戴震"敏
不可及"了。②

二、惠栋与戴震

乾隆二十二年冬，戴震离京南还，途经扬州。此时的扬州，正值两
淮盐运使卢见曾驻节，见曾擅诗，雅好经史，一时江南名儒多集于其幕
府，南来北往的学术俊彦，亦每每出入其间。戴震抵扬，恰逢大儒惠
栋、沈大成主卢幕西席，助见曾辑刻《雅雨堂藏书》，以表彰东汉经师
郑玄学说。此后二三年间，戴震皆客居于卢见曾幕。面对饱学务实的前
辈大儒，戴震为宗法汉代经师的风气习染，与先前在京中俯视一辈新科
进士，自是不可同日而语。

惠栋长戴震二十七岁，乾隆十九年即入卢氏幕府，最称前辈，影响
卢氏及一方学术亦最深。惠栋早先即从亡友沈彤处得闻戴震博学，此番
晤面，若旧友重逢。据戴震称："震自京师南还，始觐先生于扬之都转
盐运使司署内。先生执震之手言曰：'昔亡友吴江沈冠云尝语余，休宁
有戴某者，相与识之也久。冠云盖实见子所著书。'震方心讶少时未定
之见，不知何缘以入沈君目，而憾沈君之已不及觏，益欣幸获觏先
生。"③ 戴震同惠栋在扬州的相处，虽不过短短数月，但耳濡目染，潜
移默化，于其尔后的为学，留下了颇深的影响。其大要有三：

首先，是推崇郑玄学说，抨击宋明经学为"凿空"。王昶为惠栋学
说的追随者，早年求学苏州紫阳书院，即问业于惠栋。乾隆二十一、
二十二年间，昶又与栋同客卢见曾幕。二十三年五月，惠栋在苏州病

---

① 戴震：《东原文集》卷3，《答江慎修先生论小学》。
② 洪榜：《初堂遗稿》不分卷，《戴先生行状》。
③ 戴震：《东原文集》卷11，《题惠定宇先生授经图》。

逝，王昶为栋撰墓志铭，文中记云："余弱冠游诸公间，因得问业于先生。及丙子、丁丑，先生与予又同客卢运使见曾所著。尝与华亭沈上舍大成手抄而校正之，故知先生之学之根底，莫余为详。"① 为明一己学术宗尚，王昶青年时代即以"郑学斋"为书室名。乾隆二十四年九月，戴震与王昶同在卢见曾幕府，应昶请撰《郑学斋记》。震文开宗明义即云："王兰泉舍人为余言，始为诸生时，有校书之室曰郑学斋，而属余记之。今之知学者，说经能骎骎进于汉，进于郑康成氏，海内盖数人为先倡，舍人其一也。"继之尊郑玄为一代儒宗，述郑学兴废云："方汉置五经博士，开弟子员，先师皆起建、元之间，厥后郑氏卓然为儒宗。众家之书亡于永嘉，师传不绝独郑氏。及唐承江左义疏，《书》用枚赜所进古文，《易》用辅嗣、康伯二经，涉前儒之申郑者，目曰郑学云尔。故废郑学，乃后名郑学以相别异。"戴震认为，宋明以降，经学的积弊就在"凿空'二字，他说："郑之《三礼》、《诗笺》仅存，后儒浅陋，不足知其贯穿群经以立言，又苦义疏繁芜，于是竞相凿空。"震文以朱子当年的抨弹王安石《三经新义》为例，指斥宋明经学的病痛云："自制义选士以来，用宋儒之说，犹之奉新经而废注疏也。抑亦闻朱子晚年治《礼》，崇郑氏学何如哉！"文末，戴震沿惠栋训诂治经、兴复古学的主张而进，对郑学作出界定，指出："由六书、九数、制度、名物，能通乎其词，然后以心相遇。是故求之茫茫，空驰以逃难，歧为异端者，振其槁而更之，然后知古人治经有法。此之谓郑学。"②

其次，是继承惠栋遗愿，引沈大成为忘年友，致力古学复兴。沈大成少惠栋三岁，邃于经史，通故知今，为惠栋兴复古学事业的志同道合者。惠栋生前，为大成《学福斋集》撰序云：

> 明于古今，贯天人之理，此儒林之业也。余弱冠即知遵尚古学，年大来兼涉猎于艺术，岂复研求于古与今之际，颇有省

① 王昶：《春融堂集》卷55，《惠定宇先生墓志铭》。
② 戴震：《东原文集》卷11，《郑学斋记》。

悟，积成卷帙。而求一殚见洽闻，同志相赏者，四十年未睹一人。最后得吾友云间沈君学子，大喜过望。夫所贵于学者，谓其能推今说而通诸古也。……沈君与余，不啻重规而叠矩，以此见同志之有人，而吾道之不孤，为可喜也。沈君邃于经史，又旁通九宫、纳甲、天文、乐律、九章诸术，故搜择融洽而无所不贯。古人有言，知今而不知古，谓之盲瞽；知古而不知今，谓之陆沉。温故知新，可以为师，吾于沈君见之矣。①

惠栋故世，沈大成与戴震在卢见曾幕府朝夕共处。大成喜震乃"耆古之士"，乾隆二十五年夏，约震复校何焯校本《水经注》。大成有校记云："庚辰初夏，从吾友吴中朱文游敉借何义门校本，复校于广陵。同观者休宁戴东原震，亦耆古之士也。"② 戴震则以得前辈师长的护爱而感念不忘，欣然撰文，尊沈大成为"卓然儒者"。据称："沃田先生周甲子六十之明年夏，以《戴笠图》示休宁戴震。先生在维扬使幕也久，震之得识先生也，于今四年，盖四三见。其见也，漏下不数商而复离，离则时时悬于相似。岂形遇疏者神遇故益亲邪？抑非也？先生于《六经》、小学之书，条贯精核，目接手披，丹黄烂然，而恂恂乎与叔重、康成、冲远诸人辈行而踵蹑也。盖先生卓然儒者。"③

之后，戴震北游，阔别有年。乾隆三十六年，沈大成文集重行纂辑，大成二千里驰书，嘱震为文集撰序。戴震如约成文，文中重申："先生之学，于汉经师授受欲绝未绝之传，其知之也独深。"因此，他认为文章无非沈大成为学的绪余，可传者则是由小学故训入手的治经之道。戴震就此指出：

夫先生之可传，岂特在是哉！以今之去古既远，圣人之道在《六经》也。当其时，不过据夫共闻习知，以阐幽而表微。

① 惠栋：《松崖文抄》卷2，《学福斋集序》。
② 杨应芹：《东原年谱订补》乾隆二十五年、三十八岁条。
③ 戴震：《东原文集》卷11，《沈处士戴笠图题咏序》。

然其名义、制度，自千百世下遥溯之，至于莫之能通。是以凡学始乎离词，中乎辨言，终乎闻道。离词则舍小学故训无所藉，辨言则舍其立言之本无从而相接以心。先生于古人小学故训，与其所以立言用相告语者，研究靡遗。治经之士，得聆一话言，可以通古，可以与几于道。而斯集都其文凡若干篇，绳尺法度，力追古人，然特先生之出其余焉耳。①

　　再次，是弘扬惠栋学术，提出"故训明则古经明"的著名主张。乾隆三十年，戴震客游苏州，曾撰《题惠定宇先生授经图》一文，以纪念亡友惠栋。文中，震于惠栋学术推崇备至，有云："先生之学，直上追汉经师授受，欲坠未坠，埋蕴积久之业，而以授吴之贤俊后学，俾斯事逸而复兴。震自愧学无所就，于前儒大师不能得所专主，是以莫之能窥测先生涯涘。"正是在这篇文章中，戴震承惠栋训诂治经的传统，提出了"故训明则古经明"的著名主张。他说：

　　　　然病夫《六经》微言，后人以歧趋而失之也。言者辄曰："有汉儒经学，有宋儒经学，一主于故训，一主于理义。"此诚震之大不解也者。夫所谓理义，苟可以舍经而空凭胸臆，将人人凿空得之，奚有于经学之云乎哉？惟空凭胸臆之卒无当于贤人圣人之理义，然后求之古经。求之古经而遗文垂绝，今古悬隔也，然后求之故训。故训明则古经明，古经明则贤人圣人之理义明，而我心之所同然者，乃因之而明。②

　　在乾隆中叶的学术界，戴震之所以能与经学大师惠栋齐名，其根本原因不仅在于他能融惠学为己有，而且还因为他进一步把惠学与典章制度的考究及义理之学的讲求相结合，从而发展了惠学。正是由此出发，戴震对惠栋学术作出了创造性的解释，指出：

---

① 戴震：《东原文集》卷11，《沈学子文集序》。
② 戴震：《东原文集》卷11，《题惠定宇先生授经图》。

　　　　贤人圣人之理义非它，存乎典章制度者是也。松崖先生之
　　为经也，欲学者事于汉经师之故训，以博稽三古典章制度，由
　　是推求理义，确有据依。彼歧故训、理义二之，是故训非以明
　　理义，而故训胡为？理义不存乎典章制度，势必流入异学曲说
　　而不自知，其亦远乎先生之教矣。①

　　乾隆三十四年，戴震为惠栋弟子余萧客所著《古经解钩沉》撰序，
重申前说，系统地昭示了训诂治经以明道的为学宗旨。他说：

　　　　士贵学古治经者，徒以介其名使通显欤？抑志乎闻道，求
　　不谬于心欤？人之有道义之心也，亦彰亦微。其彰也是为心之
　　精爽，其微也则以未能至于神明。《六经》者，道义之宗，而
　　神明之府也。古圣哲往矣，其心志与天地之心协，而为斯民道
　　义之心，是之谓道。

　　这就是说，学古治经，旨在闻道。道何在？戴震认为就在《六经》蕴涵
之典章制度。所以震接着又说：

　　　　士生千载后，求道于典章制度，而遗文垂绝，今古悬隔。
　　时之相去，殆无异地之相远，仅仅赖夫经师故训乃通，无异译
　　言以为之传导也者。又况古人之小学亡，而后有故训。故训之
　　法亡，流而为凿空。数百年以降，说经之弊，善凿空而已矣。

　　既然宋明数百年的凿空治经不可取，那么正确途径又当若何？依戴
震之见，就当取汉儒训诂治经之法，从文字、语言入手，他的结论是：

　　　　经之至者道也，所以明道者其词也，所以成词者未有能外
　　小学文字者也。由文字以通乎语言，由语言以通乎古圣贤之心
　　志，譬之适堂坛之必循其阶，而不可以躐等。②

---

①　戴震：《东原文集》卷11，《题惠定宇先生授经图》。
②　戴震：《东原文集》卷10，《古经解钩沉序》。

从惠学到戴学，有继承，更有发展。戴学之继承惠学者，为训诂治经的传统。这一传统导源于清初顾炎武的"读九经自考文始，考文自知音始"，[①] 至惠栋而门墙确立。惠栋于此有云："汉人通经有家法，故有五经师训诂之学，皆师所口授，其后乃著竹帛，所以汉经师之说立于学官，与经并行。五经出于屋壁，多古字古言，非经师不能辨。经之义存乎训，识字审音，乃知其义。是故古训不可改也，经师不可废也。"[②] 戴震一脉相承，播扬南北，遂成乾嘉学派为学的不二法门。离开文字训诂，乾嘉学派将失去其依托。然而，戴学之可贵处则在于发展了惠学，它并不以诸经训诂自限，而只是以之为手段，去探求《六经》蕴涵的义理，通经以明道。因此，在《古经解钩沉序》篇末，戴震指出："今仲林得稽古之学于其乡惠君定宇，惠君与余相善，盖尝深嫉乎凿空以为经也。二三好古之儒，知此学之不仅在故训，则以志乎闻道也，或庶几焉。"[③]

三、戴震学说的传播

出入扬州幕府，倏尔五年过云。其间，继《考工记图》之后，随着《句股割圆记》、《屈原赋注》诸书的先后付梓，戴震学说不胫而走。而凭借多年校勘《大戴礼记》的积累，震又与前辈硕儒卢文弨合作，书札往复，精心切磋，克成《大戴礼记》善本。乾隆二十三年，卢见曾将文弨与戴震所校订《大戴礼记》收入《雅雨堂藏书》，有序记云："《大戴礼记》十三卷，向不得注者名氏，……错乱难读，学者病之。余家召弓太史，于北平黄夫子家，借得元时刻本，以校今本之失，十得二三，注之为后人刊削者，亦得据以补焉。又与其友休宁戴东原震，泛滥群书，参互考订。既定，而以贻余。元以戴书卢注，经千百年后，复有与之同

---

① 顾炎武：《亭林文集》卷 4，《答李二德书》。
② 惠栋：《松崖文抄》卷 1，《九经古义述首》。
③ 戴震：《东原文集》卷 10，《古经解钩沉序》。

氏族者，为之审正而发明之。其事盖有非偶然者，因亟授诸梓。"① 两
年之后，新刻《大戴礼记》蒇事，卢文弨亦有跋称："吾宗雅雨先生，
思以经术迪后进。于汉、唐诸儒说经之书，既遴得若干种，付剞劂氏以
行世。犹以《大戴》者，孔门之遗言，周元公之旧典，多散见于是书，
自宋、元以来诸本，日益讹舛，驯至不可读，欲加是正，以传诸学者。
知文弨与休宁戴君震凤尝留意是书，因索其本，并集众家本，参伍以求
其是。义有疑者，常手疏下问，往复再四而后定。凡二年始竣事，盖其
慎也如此。"②

乾隆二十七年，在经历三年前北闱乡试的挫折之后，戴震于是年秋
举江南乡试，时年四十岁。翌年入都会试，竟告败北。在京期间，震客
居新安会馆，汪元亮、胡士震、段玉裁等追随问学。玉裁且将震所著
《原善》三篇、《尚书今文古文考》、《春秋改元即位考》一一抄誊，后更
自称弟子，执意师从。震虽一如先前之婉拒姚鼐，数度辞谢，终因玉裁
心诚而默许。从此，遂在乾隆中叶以后的学术史上，写下了戴、段师友
相得益彰的一页。

乾隆三十年，戴震致力《水经注》校勘，别经于注，令经、注不相
淆乱，成《水经考次》一卷。卷末，震有识语云："夏六月，阅胡朏明
《禹贡锥指》所引《水经注》，疑之。因检郦氏书，辗转推求，始知朏明
所由致谬之故。"由释胡渭误入手，震进而揭出辨析《水经注》经文、
注文的四条义例，即："《水经》立文，首云某水所出，已下不复重举水
名。而注内详及所纳小水，加以采摭故实，彼此相杂，则一水之名不得
不循文重举。《水经》叙次所过郡县，如云'又东过某县南'之类，一
语实赅一县。而注内则自县西至东，详记水历委曲。《水经》所列，即
当时县治，至善长作注时，已县邑流移。注既附经，是以云径某县故
城，经无有称故城者也。凡经例云'过'，注例云'径'。"篇末，震重

---

① 卢见曾：《雅雨堂文集》卷1，《大戴礼记序》。
② 卢文弨：《抱经堂文集》卷8，《新刻大戴礼跋》。

申："今就郦氏所注，考定经文，别为一卷，兼取注中前后例索不可读者，为之订正，以附于后。是役也，为治郦氏书者梦如乱丝，而还其注之脉络，俾得条贯，非治《水经》而为之也。"①

三十一年，震再度入都会试，复遭挫折。迄于三十七年，历届会试皆名落孙山。其间，震先后作幕晋冀，应聘主持《汾州府志》、《汾阳县志》和《直隶河渠书》纂修事宜。所著《声韵考》渐次成文，凡韵书之源流得失，古韵之部类离析，皆卓然有识，自成一家。戴震的博学多识，一度为在国子监求学的章学诚所倾倒，据章氏称：

> 往仆以读书当得大意，又年少气锐，专务涉猎，四部九流，泛览不见涯涘，妄立议论，高而不切，攻排训诂，驰骛空虚，盖未尝不椟然自喜，以为得之。独怪休宁戴东原振臂而呼曰："今之学者，毋论学问文章，先坐不曾识字。"仆骇其说，就而问之。则曰："予弗能究先天后天，河、洛精蕴，即不敢读元亨利贞；弗能知星躔岁差，天象地表，即不敢读钦若敬授；弗能辨声音律吕，古今韵法，即不敢读关关雎鸠；弗能考《三统》正朔，《周官》典礼，即不敢读春王正月。"仆重愧其言！因忆向日曾语足下所谓"学者只患读书太易，作文太工，义理太实"之说，指虽有异，理实无殊。充类至尽，我辈于《四书》一经，正乃未尝开卷卒业，可为惭惕，可为寒心！②

惟章学诚与段玉裁为人为学之旨趣不一，玉裁心悦诚服，执意师从，学诚无非耸动一时，别有追求。因之，段氏终身光大师门，言必称先生，年届耄耋，依然勤于纂辑《戴东原先生年谱》。而章氏不惟分道扬镳，而且反唇相向，以己之长，形人之短，恶意指斥，喋喋不休，直至戴震故世多年，始终耿耿于怀。

---

① 戴震：《水经考次》卷末，《书后》。
② 章学诚：《章氏遗书》卷22，《与族孙女楠论学书》。

乾隆三十八年二月，清廷开馆纂修《四库全书》。闰三月十一日，任命书馆正副总裁及一应纂修官员，并由民间征调学者来京修书。戴震以能考订古书原委，亦在指名征调之列。据《高宗实录》记，是日，大学士刘统勋等奏：

> 纂辑《四库全书》，卷帙浩博，必须斟酌综核，方免罣漏参差。请将现充纂修纪昀、提调陆锡熊，作为总办。原派纂修三十员外，应添纂修翰林十员。又查有郎中姚鼐，主事程晋芳、任大椿，学正汪如藻，降调学士翁方纲，留心典籍，应请派为纂修。又进士余集、邵晋涵、周永年，举人戴震、杨昌霖，于古书原委，俱能考订，应请旨调取来京，令其在分校上行走，更资集思广益之用。①

此奏为高宗允行，调令下颁。此时，戴震正客游浙东，主持金华书院讲席。闻讯中断教学，临行，至宁波，在宁绍台兵备道署，与章学诚不期而遇。戴、章二人的此次晤面，与七年前初识迥异，双方竟因纂修地方志主张不一，各抒己见，不欢而散。据章学诚记：

> 乾隆三十八年癸巳夏，与戴东原相遇于宁波道署，冯君弼方官宁绍台兵备道也。戴君经术淹贯，名久著于公卿间，而不解史学，闻余言史事，辄盛气凌之。见余《和州志例》，乃曰："此于体例则甚古雅，然修志不贵古雅，余撰汾州诸志，皆从世俗，绝不异人，亦无一定义例，惟所便尔。夫志以考地理，但悉心于地理沿革，则志事已竟，侈言文献，岂所谓急务哉？"余曰："余于体例求其是尔，非有心于求古雅也。……如余所见，考古固宜详慎，不得已而势不两全，无宁重文献而轻沿革耳。"②

---

① 《高宗实录》卷930，乾隆三十八年闰三月庚午条。
② 章学诚：《章氏遗书》卷14，《记与戴东原论修志》。

四、献身《四库全书》

乾隆三十八年八月，戴震奉召抵京，预修《四库全书》。书馆初开，意在自《永乐大典》中辑录散佚古籍，震获授校勘《永乐大典》纂修兼分校官。震校勘《水经注》多历年所，自上年起即在浙东刊刻自定《水经注》，未及四分之一，因奉调入京而中辍。入馆修书，有《永乐大典》可据，校订《水经注》遂成驾轻就熟的第一件工作。同时，则根据其为学所长，分任天文、算法、小学、方言、礼制诸书的辑录。是年十月三十日，戴震致书远在蜀中的段玉裁，告以抵京数月所为，有云："数月来，纂次《永乐大典》内散篇。于《仪礼》得张淳《识误》、李如圭《集释》，于算学得《九章》、《海岛》、《孙子》、《五曹》、《夏侯阳》五种算经。皆久佚而存于是者，足宝贵也。"① 历时年余，震校《水经注》、《九章算术》、《五经算术》诸书相继完成。

乾隆四十年四月，戴震会试又告落第，奉高宗谕，准与贡士一体殿试，赐同进士出身。五月，入翰林院为庶吉士。震初入词馆，即因论学龃龉，先后同蒋士铨、钱载发生争执，尤其是与儒臣钱载的论辩，更成一桩学术公案，二十余年之后，依然为学者重提。翁方纲乃钱、戴二人发生争议时的见证人之一，事后曾就此有专书致儒臣程晋芳，以平停二家争议。据称：

> 昨箨石与东原议论相诋，皆未免于过激。戴东原新入词馆，斥詈前辈，亦箨石有以激戍之，皆空言无实据耳。箨石谓东原破碎大道，箨石盖不知考订之学，此不能折服东原也。训诂名物，岂可目为破碎？学者正宜细究考订诂训，然后能讲义理也。宋儒恃其义理明白，遂轻忽《尔雅》、《说文》，不几渐流于空谈耶？况宋儒每有执后世文字习用之义，辄定为诂训者，是尤蔑古之弊，亢不可也。今日钱、戴二君之争辨，虽词

---

① 戴震：《戴震全书》之35，《与段茂堂等十一札》之第七札。

皆过激，究必以东原说为正也。然二君皆为时所称，我辈当出一言持其平，使学者无歧惑焉。①

当然，这场争议并非以翁方纲一言即可弭平。所以戴震故世二十余年之后，章学诚又借端生事，称："戴东原尝于筵间偶议秀水朱氏，箨石宗伯至于终身切齿，可为寒心。……戴氏之遭切齿，即在口谈。"②

戴震家境本不宽裕，入京修书，官俸微薄，维持一家老少生计，更形拮据。早在入京之初，震即在致段玉裁书札中道出忧虑："仆此行不可谓非幸邀，然两年中无分文以给旦夕。曩得自由，尚内顾不暇，今益以在都费用，不知何以堪之。"③ 修书既已辛劳，又有生计之虞，加之与同官争议所致愤懑，自乾隆四十一年三月起，戴震即已罹患足疾。是年十一月二十二日，震致书段玉裁，开始萌生南旋之意。据称："仆自三月初获足疾，至今不能行动，以纂修事未毕，仍在寓办理。拟明春告成，乞假南旋。久不与人交接，……仆于本月十六，移寓北官园范宅，在海岱门之西，前门之东，更远人迹。"④ 翌年正月十四日，震再致书段玉裁，重申南旋之想："仆自上年三月初获足疾，至今不能出户，又目力大损。今夏纂修事似可毕，定于七八月间乞假南旋就医，觅一书院糊口，不复出矣。"⑤

四十二年春，戴震得悉山东布政使陆燿著《切问斋文抄》，已撰《璿玑玉衡解》、《七政解》二文录入该书卷24《时宪》一门，欣然致书陆氏。书中，论及近儒理欲之说，并告南归心迹。春末，陆氏接书，后复书戴震，作同调之鸣，且邀游济南。据称：

> 春杪接书，久未裁复，纷纭案牍之中，力小任重，日夜惶疚，即此稽缓，亦足见其才力之困也。阁下究心典籍，高出群

① 翁方纲：《复初斋文集》卷7，《理说驳戴震作》附《与程鱼门平钱戴二君议论旧草》。
② 章学诚：《章氏遗书》卷29，《上辛楣宫詹书》。
③ 戴震：《戴震全书》之35，《与段茂堂等十一札》之第八札。
④ 同上。
⑤ 戴震：《戴震全书》之35，《与段茂堂等十一札》之第九札。

儒，修述之事方期身任，胡遽有秋令假归之语？行止何如，临期尚祈示及。如果言旋，倘可迂道济南，一访鹊华之胜，尤所颙跂。来教举近儒理欲之说，而谓其以有蔽之心，发为意见，自以为得理，而所执之理实谬。可谓切中俗儒之病。①

戴震的同样心境，亦见于同年四月二十四日之致段玉裁书。书中有云："仆足疾已逾一载，不能出户，定于秋初乞假南旋，实不复出也。拟卜居江宁，俟居定当开明，以便音问相通。……仆生平论述最大者，为《孟子字义疏证》一书，此正人心之要。今人无论正邪，尽以意见误名之曰理，而祸斯民，故《疏证》不得不作。"②

此札发出二日，戴震病势转重。五月二十一日，强起致书段玉裁，明确告以拟于八月南归："仆归山之志早定，八月准南旋。……仆归后，老亲七十有八，非得一书院不可。陕西毕公欲招之往，太远不能就也。"③殊不知天不遂人愿，七日之后，为庸医所误，一代大儒戴东原即在崇文门西范氏颖园客寓遽然长逝。

自乾隆三十八年八月入《四库全书》馆，迄于四十二年五月二十七日逝世，五年之间，经戴震之手纂录校订的古籍，凡十六种，计为：《水经注》、《九章算术》、《五经算术》、《海岛算经》、《周髀算经》、《孙子算经》、《张丘建算经》、《夏侯阳算经》、《五曹算经》、《仪礼识误》、《仪礼释宫》、《仪礼集释》、《项氏家说》、《蒙斋中庸讲义》、《大戴礼》、《方言》。戴震之于《四库全书》可谓鞠躬尽瘁，死而后已。

五、《孟子字义疏证》及其遭遇

戴震一生著述甚富，由早年著《考工记图》、《句股割圆记》、《屈原赋注》诸书始，迄于晚年成《孟子字义疏证》，多达三十余种、一百余

---

① 陆燿：《切问斋集》卷2，《复戴东原言理欲书》。
② 戴震：《戴震全书》之35，《与段茂堂等十一札》之第十札。
③ 戴震：《戴震全书》之35，《与段茂堂等十一札》之第十一札。

卷。其中，尤以《孟子字义疏证》最成体系，亦最能反映著者一生的学术追求。正如戴震逝世前一月所自言："仆生平论述最大者，为《孟子字义疏证》一书，此正人心之要。今人无论正邪，尽以意见误名之曰理，而祸斯民，故《疏证》不得不作。"①

关于戴震的毕生学术追求，他曾经对其弟子段玉裁讲过这样的话："六书、九数等事，如轿夫然，所以舁轿中人也。以六书、九数等事尽我，是犹误认轿夫为轿中人也。"② 这就是说，文字音韵、训诂考证以及天文历算等，无非戴震为学的工具而已，他的根本追求则别有所在。至于这一追求之具体目标，用戴震的话来说，就是求之《六经》、孔孟以闻道，而闻道的途径只有一条，即故训，所以他说："故训明则古经明，古经明则贤人圣人之理义明。"③

戴震的此一为学宗旨，发轫于早年在徽州问学程恂、江永，确立于中年在扬州与惠栋相识之后。从此，他便开始致力于《六经》理义的阐发。由至迟在乾隆二十八年完稿的《原善》三篇始，中经乾隆三十一年扩充为《原善》三章，再于乾隆三十七年前后修订，相继增补为《孟子私淑录》、《绪言》各三卷。尔后再集诸书精萃，删繁就简，区分类聚，终于在乾隆四十二年逝世前，完成了自己的代表作品《孟子字义疏证》。

《孟子字义疏证》凡三卷，卷上释理，卷中释天道、性，卷下释才、道、仁义礼智、诚、权。全书以文字训诂的方式，就宋明理学家在阐发孟子学说中所论究的上述诸范畴，集中进行探本溯源。尤以对程颐、朱熹等理学大师学术主张的针砭，形成了具有鲜明个性的思想体系。

理与气的关系，这是宋明数百年理学家反复论究的一个根本问题。入清以后，迄于戴震的时代，理学中人重复前哲论究，陈陈相因，依然如故。就这一论究的终极目的而言，它所要解决的，是世界的本原问

---

① 戴震：《戴震全书》之35，《与段茂堂等十一札》之第十札。
② 段玉裁：《戴东原集序》，载中华书局1980年版《戴震集》卷首。
③ 戴震：《东原文集》卷11，《题惠定宇先生授经图》。

题。在这个根本的问题上，戴震不赞成朱子"理先气后"的主张，尤其反对把"理"界定为"如有物焉，得于天而具于心"。《孟子字义疏证》从对理的集中诠释入手，以朱子学说为排击目标，提出了有力的辩诘。

　　戴震认为，理字的本义很平实，并非如宋儒所说出自上天的赋予，而是可以在事物中把握的条理。他称引汉儒郑玄、许慎"理，分也"的解释以证成己说，指出："理者，察之而几微，必区以别之名也，是故谓之分理。在物之质，曰肌理，曰文理（亦曰文缕，理、缕，语之转耳）；得其分则有条而不紊，谓之条理。"① 这就是说，归根结底，所谓理就是事物的条理。他进而把理和情结合起来，加以解释道："理也者，情之不爽失也。"戴震的结论是："苟舍情求理，其所谓理无非意见也。"因此，他否定以一己的意见为转移的私理，主张在事物中求条理。他说："物者事也，语其事，不出乎日用饮食而已矣。舍是而言理，非古圣贤所谓理也。"这样，戴震通过对儒家经典中"理"字本来意义的还原，把理从"得于天"的玄谈召唤到现实的人世。沿着这样的逻辑程序走下去，"理在事中"、"理在情中"的命题，则已呼之欲出。

　　事实上，理气之辨的是非，在戴震著《绪言》时即已解决。他在那部书中说得很明白：

> 　　举凡天地、人物、事为，不闻无可言之理者也，《诗》曰"有物有则"是也。就天地、人物、事为求其不易之则，是谓理。后儒尊大之，不徒曰天地、人物、事为之理，而转其语曰"理无不在"，以与气分本末，视之如一物然。岂理也哉！

因此，戴震断言，"理先气后"说，"将使学者皓首茫然，求其物不得，合诸古贤圣之言牴牾不协"。② 随着他思想的发展，《孟子字义疏证》出，其论究重点已转移到对天理、人欲关系的探讨，试图以此去对宋学进行彻底清算。

---

① 戴震：《孟子字义疏证》卷上，《理》。
② 戴震：《绪言》卷上。

天理、人欲关系的辩证，这是《孟子字义疏证》全书的论究核心，也是戴震思想最为成熟的形态。虽然这一思想在他早先撰写《原善》时即已萌芽，但是作为一种完整的系统的思想主张揭出，则是由《孟子字义疏证》来完成的。

在宋明理学的精致体系中，天理是最高的哲学范畴。理学家将传统的纲常伦理本体化，使之成为至高无上的天理，用以主宰天下的万事万物。在他们看来，与之相对而存在的，便是万恶之源的人欲，因此必须竭尽全力加以遏制。于是"存天理，灭人欲"遂成宋明数百年理学中人标榜的信条。入清以后，经过康熙后期确立朱子学独尊的格局，到戴震的时代，已是"理欲之分，人人能言之"。戴震对此深恶痛绝，为了正人心，救风俗，他与之针锋相对，在《孟子字义疏证》中，系统地提出了自己的理欲一本论。

如同对理气之辨的探讨一样，在理欲观的论证上，戴震也采取了由训诂字义入手的方法。根据以情释理的一贯思想，他对天理的诠释也丝毫没有离开情。他说："天理云者，言乎自然之分理也。自然之分理，以我之情絜人之情，而无不得其平是也。"又说："情得其平，是为好恶之节，是为依乎天理。"这就是说，谈天理不能与人情对立，天理就在人情之中。戴震认为，这才是天理的原始界说。用他的话来说，就叫做："古人所谓天理，未有如后儒之所谓天理者矣。"显然，这同宋儒所说的天理就不是一回事情了。至于人欲，戴震同样没有如理学家那样视若洪水猛兽，他反复称引《诗经》"民之质矣，日用饮食"；《礼记》"饮食男女，人之大欲存焉"的儒家经典中语，以论证人的欲望存在的合理性。在他看来，人欲并不可怕，也不存在有无的问题，关键只是在于节制与否。所以他说："天理者，节其欲而不穷人欲也。是故欲不可穷，非不可有。有而节之，使无过情，无不及情，可谓之非天理乎！"也就是说，只要能以情为尺度加以节制，那么天理就存在于人欲之中。

至此，天理、人欲的鸿沟，在戴震的笔下顿然填平，宋儒"截然分理欲为二"的天理、人欲之辨，也就理所当然应予否定。于是戴震"理者，存乎欲者也"的理欲一本论更宣告完成。他的结论是："凡事为皆有于欲，无欲则无为矣。有欲而后有为，有为而归于至当不可易之谓理。无欲无为，又焉有理！"戴震进而指出，宋儒所喋喋不休的理欲之辨，"适成忍而残杀之具"，是为祸天下的理论根源。因此他断言：

> 古之言理也，就人之情欲求之，使之无疵之为理。今之言理也，离人之情欲求之，使之忍而不顾之为理。此理欲之辨，适以穷天下之人尽转移为欺伪之人，为祸何可胜言也哉！①

以天理、人欲之辨为突破口，戴震一改先前著《原善》和《孟子私淑录》、《绪言》时的闪烁其词，对宋明理学进行了不妥协的批判。他既不再肯定程、朱之学"远于老、释而近于孔、孟"；② 也不再承认"宋儒推崇理，于圣人之教不害"。③ 而是明确指出：

> 自宋儒杂荀子及老、庄、释氏以入《六经》、孔、孟之书，学者莫知其非，而《六经》、孔、孟之道亡矣。④

依戴震之所见，既然程、朱之学的流行，导致《六经》、孔、孟之道的中绝，那么这样一种学说高踞庙堂的局面，自然就不该继续下去了。晚近著名学者王国维先生评戴学，认为戴震"晚年欲夺朱子之席，乃撰《孟子字义疏证》"，⑤ 根据大概就在于此。不过，仅以"夺朱子之席"而赅括戴著宗旨，恐怕还可商量。《孟子字义疏证》的批判精神，绝不仅仅在于与朱熹立异，它还表现为对当权者"以理杀人"黑暗现状的不满和抨击。应当说这才是戴震著述的最终落脚之点。《孟子字义疏证》于此有过一段集中表述：

> 尊者以理责卑，长者以理责幼，贵者以理责贱，虽失，谓

---

① 戴震：《孟子字义疏证》卷下，《权》。
② 戴震：《孟子私淑录》卷下。
③ 戴震：《绪言》卷下。
④ 戴震：《孟子字义疏证》卷上，《理》。
⑤ 王国维：《观堂集林》卷12，《聚珍本戴校水经注跋》。

之顺。卑者、幼者、贱者以理争之，虽得，谓之逆。于是下之人不能以天下之同情、天下所同欲达于上，上以理责其下，而在下之罪，人人不胜指数。人死于法犹有怜之者，死于理其谁怜之！①

这样的社会政治格局，在戴震看来，同样不能再继续下去。因此，他在书中提出了"体民之情，遂民之欲"的政治主张，憧憬"与民同乐"，"省刑罚，薄税敛"，"必使仰足以事父母，俯足以畜妻子"，"居者有积仓，行者有裹粮"，"内无怨女，外无旷夫"的"王道"。戴震的政治思想，虽然并未逾越孟子的"仁政"学说，但是它在乾隆中叶的问世，实质上正是清王朝盛极而衰现实的折射，蕴涵于其间的社会意义是不当低估的。

作为一个杰出的思想家，戴震在《孟子字义疏证》中的理性思维，既是严峻社会现实的反映，也预示着深刻的社会危机已经来临。然而这种盛世危言，在戴震生前不仅没有引起共鸣，反而招致非议，甚至"横肆骂詈"。以进士而事佛学的彭绍升，读《孟子字义疏证》后，专为致书戴震，指斥该书势将"使人逐物而遗则，徇形色，薄天性，其害不细"。② 戴震接信，于乾隆四十二年四月抱病复书驳诘，表明学术旨趣与彭氏"尽异，无毫发之同"。重申正是因为宋儒淆乱《六经》、孔、孟之道，"不得已而有《疏证》之作"。③ 戴震去世后，其同郡后学洪榜为他撰写行状，文中全录答彭绍升书。翰林院编修朱筠见之，竟称："可不必载，戴氏可传者不在此。"④ 一如朱筠的曲解戴学，戴震的生前友好，诸如钱大昕、王昶等，为他撰写的纪念文字，也对《孟子字义疏证》的学术价值不置一词。私淑戴震的凌廷堪撰《东原先生事略状》，

---

① 戴震：《孟子字义疏证》卷上，《理》。
② 彭绍升：《二林居集》卷3，《与戴东原书》。
③ 戴震：《东原文集》卷8，《答彭进士允初书》。
④ 江藩：《国朝汉学师承记》卷6，《洪榜》。

虽然肯定《疏证》为"至道之书',但却以"其书具在，俟后人之定论云尔",① 回避做具体的评价。就连戴震的高足段玉裁，对《疏证》精义也若明若暗，当他著《戴东原先生年谱》时，竟然把该书的成书时间误植于乾隆三十一年。《孟子字义疏证》在当时的遭遇，以及一时学术界的好尚，于此可见一斑。

戴震崛起，正值乾隆中叶汉学发皇。他试图以《孟子字义疏证》去开创一种通过训诂以明义理的新学风。然而在当时的历史条件下，以复兴古学为职志的汉学方兴未艾，知识界沉溺于经史考据之中，如醉如痴，无法自拔。风气既成，要想扭转它，亦绝非一朝一夕可以成就，更非个人意志所能转移。何况训诂之与义理，规律各异，不可取代。戴震所示范的训诂方法，并非探讨义理之学的必由之路。加以清廷文化专制的沉重制约，要企求知识界改弦易辙，实在是不切实际的一厢情愿而已。因此，在戴震生前，他的《孟子字义疏证》罕有共鸣。他逝世之后，其文字训诂、天文历算、典章制度诸学，得段玉裁、王念孙、孔广森、任大椿诸弟子张大而越阐越密，唯独其义理之学则无形萎缩，继响乏人。直到嘉庆间焦循脱颖而出，以《读书三十二赞》对《孟子字义疏证》加以表彰，并称引其说于所著《孟子正义》中，始肯定戴震"生平所得力，而精魄所属，专在《孟子字义疏证》一书"。② 不过，此时与戴震辞世相去近四十年，时移势易，学风将变，显然已不可同日而语了。

第二节　毕沅对经史诸学的倡导

随着乾隆初叶清廷对文化政策的调整，以及惠栋诸儒对古学的倡

---

① 凌廷堪：《校礼堂文集》卷35，《东原先生事略状》。
② 焦循：《雕菰楼集》卷7，《申戴》。

复，经史考证之趋向，愈益受到重视，学术风气因之发生转向。上自帝王、儒臣，下至在野学者，无不注目于经义古学的倡导与研讨。风向所趋，一时成为士林之潮流，经史考证之风尚遂趋于学术主流。继卢见曾之后，身任地方大吏的毕沅，实为奖掖学术之翘楚。毕沅以其独特的学术识见，延揽人才，集思广益，颇倾力于诸子、小学、金石、地理之学的校辑考订，《经训堂丛书》即其卓然成果；而其发凡起例之《续资治通鉴》、《史籍考》，更是对清初以来史学成就的一个总结。

一、毕沅之成学仕宦

毕沅，字纕蘅，一字秋帆，号弇山，自号灵岩山人。其"先世居徽之休宁，明季避地苏之昆山，又徙太仓州，后析置镇洋县，遂占籍焉"。[①] 生于雍正八年（1730）八月十八日，卒于嘉庆二年（1797）七月三日，享年六十八岁。

毕沅父镛自少体弱多病，久谢举业，见沅资质异人，因对沅母张太夫人曰："异日亢吾宗者，必此子也。吾多病，不能自课，君娴文事，宜严督之。"张太夫人因"手授《毛诗》、《离骚》，才一过，辄能复诵"，[②] 由是母教宜励。在母亲的督课下，毕沅自十岁时即开始学作诗。张太夫人"口授《毛诗》，为讲声韵之学。阅一二年，稍稍解悟，继以《东坡集》示之，日夕复诵，遂锐志学诗"。[③]

乾隆六年（1741），毕沅就学于嘉定毛商岩先生，为制义之学，"根

---

① 钱大昕：《潜研堂文集》卷 42，《太子太保兵部尚书湖广总督世袭二等轻车都尉毕公墓志铭》。又毕沅《灵岩山人诗集》卷 24《四十生朝自述三首》曰："吾家老宗系，本是新安分。一迁玉峰麓，再迁娄江濆。"

② 史善长编：《弇山毕公年谱》，雍正十三年乙卯六岁条。

③ 毕沅：《灵岩山人诗集》卷 1，《自题慈闱诗图四首有序》。毕沅《灵岩山人诗集》卷 39《再题一首并序》称："行年十五，先太夫人教之学诗，云：'诗之为道，体接风骚，义通经史，非冥心孤诣，憔悴专一数十年，不能工也。'敬遵慈训，因舍画而专攻诗。"此可见张太夫人课子之取向。乾隆五十五年（1790）刻本、《续修四库全书》本（据嘉庆四年刻本影印）。

底经术，渊雅深醇，一洗时下侧媚之习"。① 因此之故，里中尊宿以文著称者如沈起元、② 顾陈垿诸人，③ 誉之为"后来杰起"。而杨编修绳武更是对毕沅器重有加，每索其近作，亲为评骘，奖借不容口。毕沅因作诗相答，以志其知遇之感。④ 乾隆十三年（1748）四月，毕镛去世，毕沅为之哀痛不已，几无意于学。但在母亲的督促下，乃勉居砚山书堂，复理旧业。当是时，大儒惠栋以"博通诸经，著书数十种，至老弥笃"而闻名乡里，毕沅因"叩门请谒，问奇析疑，征君辄娓娓不倦，由是经学日邃"。⑤ 在《访惠征君定宇栋先生赋赠三首》中，毕沅志当时情形云：

> 老屋寒毡六十年，白头灯火旧因缘。征书束帛邱园贲，校本遗经弓冶传。汉学世谁宗五鹿，清门人自仰三鳣。葑溪即是山阴道，雪夜催开访戴船时荐举经学。

> 蕲烛围炉奉屦绚，精矽秘籥总膏腴。清言直泻瓶中水，妙

---

① 史善长编：《弇山毕公年谱》，乾隆六年三百十二岁条。毕沅《灵岩山人诗集》卷2《晚春陪毛紫沧商岩先生游弇园》曰："西邻竹树翠烟屯，石径苔钱满屐痕。布席谈深应撰杖，下帷业竟许窥园。敦盘江左流风远，骖鹤曼阳暮雨昏。月淡吟魂招不得，梨花如雪掩重门。"又同书同卷《红蕉书馆赋呈紫沧师》曰："寒松骨气鹤姿仪，姓氏元龙四海知。白首名遗千佛榜，青毡老作六经师。云堂每听鲸钟动，家塾仍严鹿洞规。烛跋尚迟请问出，先生未欠伸时。"
② 毕沅《灵岩山人诗集》卷3《谒光禄卿汶敬亭起元先生于学易堂敬呈四律》曰："灵光江左望巍峨，粹德清名迈等伦。一代龙门真理学，三朝虎观旧儒臣。立身乔岳岩岩象，被物光风霭霭春。星斗文章云鹤表，如公方不愧天神。典领雄藩懋守之，舆人为诵口之碑。民争让畔传三辅，吏戒怀金凛四知。身退归来甘拙宦，学纯老去作经师。布袭检点平生事，白日青天总不欺。砚耕壮岁历辛艰，游艺工夫本素娴。偶对云泉临北苑，那烦丝竹伴东山。诗坛垂白挥豪健，易福研朱著意删。自署小斋虚直字，清风劲节共萧闲。儒林循吏两难并，事事光争青史名。制行要师黄叔度，传经合拜郑康成。丝萝谊笃通家契，桃李蹊残感旧情。末坠心香传一瓣，空惭雏凤继新声先君幼年受业先生之门，洒泪感怀，奖勖倍至。"
③ 毕沅《灵岩山人诗集》卷1《赠顾行人亿桐陈垿先生》曰："精力平生尽典坟，眼中余子日纷纷。占星绝学推《灵宪》，解字才源衍《说文》。载酒花溪双屐雨，摊书松阁半床云。吟坛籍盎无同辈，每话前游感离群。"
④ 毕沅《灵岩山人诗集》卷1《杨编修文叔绳武先生索观近制亲为评点奖借倍至即座赋呈》曰："绿衣隅侍最情亲，光霁襟期以饮醇。门第东林钩党裔，文章南国总持身。汗青垂老书初就，头白怜才意更真。海内灵光遗一老，仁皇亲策第三人。"
⑤ 史善长编：《弇山毕公年谱》，乾隆十三年戊辰十九岁条。

义如探海底珠。一线保残存绝学，三才贯串识通儒。元亭问难窥奇字，犹愧多闻近末肤。

曼倩穷愁苦忍饥，买文钱待给晨炊。著书娱老真清福，稽古求荣亦笑资。家守青箱绵祖泽，花开红豆茁孙枝。古欢要结千秋赏，对酒掀髯酌瓦卮。①

其后二年，毕沅又从沈德潜问学。是时，沈德潜"以风雅总持东南，海内翕然宗之"。而毕沅之从沈德潜游，沈氏每称其诗"有独来独往之概，南朱北王不能不让后贤独步"，② 其爱重如此。正是在惠栋、沈德潜的引导之下，加之与李果、吴泰来、王鸣盛、钱大昕、赵文哲、王昶、曹仁虎诸人的诗酒往还，③ 毕沅之学识由是大进。沅所作《杂诗》自称："一事未知，乃吾儒耻。事事尽知，谁测物理。静偃林泉，博涉书史。一耒一竿，伊吕差拟。不逢明时，耕钓老死。"④ 此可见其早年之为学趋向与抱负。

为使毕沅在学业上能开阔视野，张太夫人乃命其往游京师。乾隆十七年（1752）二月就道，夏抵京师。初到京师，毕沅就以所作《病马行》，深得直隶总督方观承和少司空裘曰修的赞赏，而有国士之目。其年九月，毕沅乃访舅氏宝田先生于保阳。"时娄东张助教凤冈先生叙，以经术名于海内，主讲莲池书院，与宝田先生为族舅弟，因是留公肄业，切劘最深"。⑤ 在《呈院长张凤冈叙先生》诗中，毕沅道及从学因缘称：

———————————

① 毕沅：《灵岩山人诗集》卷3，《访惠征君定宇栋先生赋赠三首》。
② 史善长编：《弇山毕公年谱》，乾隆十五年庚午二十一岁条。毕沅《灵岩山人诗集》卷10《将抵都门寄呈归愚先生》曰："师门临去复夷犹，此后重来更几秋。辟峤云凭风雨意，随阳雁切稻粱谋。本非老衲常行脚，未必门生果出头。闻说燕台求骏骨，愧无声价等骅骝。"又史善长编《弇山毕公年谱》乾隆九年甲子十五岁条称："时方卒业《文选》，泛览秦汉唐宋诸大家，穷其正变。诗取径眉山，上溯韩、杜，出入玉溪、樊川之间。盖甫入文坛，已独树一帜矣。"无怪乎沈德潜对之如此器重。
③ 毕沅：《灵岩山人诗集》卷1，《吴企晋泰来邀李丈客山果王凤喈鸣盛钱晓征大昕赵损之文哲王兰泉昶曹来峻仁虎集听雨蓬小饮即席有作》。
④ 毕沅：《灵岩山人诗集》卷1，《杂诗》。
⑤ 史善长编：《弇山毕公年谱》，乾隆十七年壬申二十三岁条。

鹤骨孤支硕果身，光风嘘拂杖头春。从游为笃师门谊，授
粲还因母党亲。上座传灯须此巨，名山付钵定何人？汉儒自有
专家学，愿向遗经一问津。①

按吴下经师，首推惠栋、张叙，而毕沅有幸得兼闻二先生之绪论，故能
"引伸触类，于汉唐诸儒之说，疏证精核，其学大成"。② 此一从学经
历，为毕沅此后注目汉儒之学及主持纂辑《经训堂丛书》打下了根基。

乾隆十八年（1753）八月，毕沅应顺天乡试，中式举人。次年会试
报罢。二十年（1755）岁暮，毕沅补授内阁中书，入直军机处。此后深
得大学士傅恒、汪由敦赏识，以公辅期之。二十五年（1760）三月，毕
沅以内阁中书参加会试，中式第二名进士，五月殿试，高宗对其经学、
屯田二篇嘉奖再三，遂拔置一甲一名，授翰林院修撰，充日讲起居注
官。③ 散馆后，任职翰林院。时掌院为刘统勋，以毕沅"才望夙著，凡
院中文章制诰，悉委公手定"。④ 此后，毕沅于乾隆三十年（1765）二
月升授詹事府右春坊右中允。三十一年（1766）三月升授为翰林院侍
讲，教习庶吉士兼充《一统志》、方略馆纂修官。三十二年（1767）五
月迁右春坊右庶子，掌坊事，仍兼侍讲。是年十月，高宗以毕沅"才大
可用，非词臣能尽其所蕴"，⑤ 特旨补授甘肃巩秦阶道。⑥ 此一任命，正

---

① 毕沅：《灵岩山人诗集》卷 7，《呈院长张凤冈叙先生》。
② 史善长编：《弇山毕公年谱》，乾隆十七年壬申二十三岁条。
③ 毕沅得中一甲第一名，其中还有一个小的插曲。洪亮吉《更生斋集文甲集》卷 4《书毕
　宫保遗事》记道："乾隆庚辰公会式，天揭晓前一日，公与同年诸君重光、童君凤三皆
　以中书值军机。诸当西苑夜直，日未昃，忽语公曰：'今夕须湘衡代直。'公问故，则
　曰：'余辈尚善书，倘获隽，可望前列。须回寓偃息，并候榜发耳。湘衡书法中下，即
　中式，讵有一甲望耶？'湘衡者，公字也。语竟，二人者径出不顾，公不得已为代直。
　日脯，忽陕甘总督黄廷桂奏折发下，臾言新疆屯田事宜。公无事，熟读之。时新疆甫
　开，上方欲兴屯田，及殿试发策试新贡士即及之。公经学、屯田二策条对独详核，遂
　由拟进第四人改第一，诸君次之，童君系第十一。"
④ 史善长编：《弇山毕公年谱》，乾隆二十八年癸未三十四岁条。
⑤ 史善长编：《弇山毕公年谱》，乾隆三十二年丁亥三十八岁条。
⑥ 毕沅《灵岩山人诗集》卷 23《哭毛室三夫人诗二十二首有序》小注曰："丁亥十月外转
　陇西。"又卷 24《四十生朝自述三首》曰："丁亥补外初，乌私念明发。"

好圆了毕沅长久以来从军用世的心愿。自此以后,毕沅开始了其在外奔波的仕宦生涯。

毕沅于乾隆三十三年(1768)四月抵甘肃,总督吴达善知其才略,因奏留综理新疆经费局务,遂驻兰州。三十五年(1770)六月,奉旨调补安肃道。次年正月,补授陕西按察使,五月署理布政使事,十月奉旨补授布政使。三十八年(1773)十一月,补授陕西巡抚。直到乾隆五十年(1785)调补河南巡抚,其间,除丁母忧离任不到一年,及因失察甘肃冒赈事奉旨降为三品顶戴,仍办理陕西巡抚印务而不准支给养廉银一年多外,毕沅一直任职陕西巡抚,且署理西安将军、陕甘总督印务。毕沅于尽心政务、军务之外,"惟以维持风教,激扬士类为己任"。① 其可称述者,有如下几大端:

其一,扶持关中书院,延访通儒,以振兴文教。按书院之设,原为辅翼官学,期于造就真才实学。而院长一职,更关乎士风、学风之趋向。但官场陋习,院长往往为"上官同僚互相推荐,遂尔瞻徇情面,委曲延请,不问其人之是否文行兼优。而各院长等亦惟以修脯为事,不以训迪为心,甚有视为具文。讲席久虚,并不上紧延师,以致师徒星散"。② 针对此一弊病,毕沅为振兴文教,乃就关中书院,"谘访明师,必取博通今古、品行方正者主之。妙选俊髦,潜心教学,共相观摩。后与司道按月轮课,亲赴书院,详加甲乙","并饬各府州县书院,皆实心

---

① 史善长编:《弇山毕公年谱》,乾隆四十年乙未四十六岁条。毕沅之为政,深受其母的熏陶。张太夫人尝作诗箴毕沅曰:"读书裕经纶,学古法政治。功业与文章,斯道非有二。汝宦久秦中,涔膚封圻寄。……我闻经纬才,持重戒轻易。勿以求烦苛,勿以察猥细。勿胶柱纠缠,勿模棱附丽。端己励清操,俭德风下位。大法而小廉,积诚以去伪。西土民气淳,质朴鲜靡费。丰镐有遗音,人文郁炳蔚。……民力久普存,爱养在大吏。润泽因时宜,撙节善调剂。古人树声名,根底性情地。一一践履真,实心贯实事。纍迹永不磨,昔贤庶可践。千秋照汗青,今古合符契。不负生平学,不存温饱志。卓哉韩范贤,治绩前史备。事事规模之,其乃克有济。上酬高厚恩,下为家门庇。我家祖德诒,箕裘罔攸坠。痛汝早失怙,遗教幸勿弃。……"(史善长编:《弇山毕公年谱》,乾隆三十九年甲午四十五岁条。)
② 《清高宗实录》卷976,乾隆四十年二月癸巳条。

延访通人，其姓名、籍贯及更换、开馆日期，具报抚藩衙门察核，兼责成本道访查，有不称职者更之，以收实效、励人才"。① 毕沅不仅身体力行，还将此办法上奏朝廷。高宗对毕沅的做法甚为赞赏，颁谕曰："书院为作育人才之地，如果院长得人，实心课导，自可冀造就英才，以收实效。……其事自当责成督抚，以期实济。著传谕各督抚，嗣后无论省城及各府州县大小书院，务访学行兼优者，俾主讲席。其一切考核稽查之法，并照毕沅所奏办理。"②

其二，以通经向学激励士子，广其名额，加意呵护。毕沅屡次监临文闱、典试武闱，汲汲以选拔人才为己任。其《甲午监临试院即景抒怀四首》有言："青袍芟草又三年，挟策人添数八千陕甘士子每科不过五千，今科来者八千有余，可谓极盛士不通经文扫地，帝方侧席日中天。寸心冥莫搜今古，片纸分明对圣贤。为语诸生须努力，得鱼全怕易忘筌。"又曰："握珠抱璞议纷纭，先正遗型杳不闻。河岳英灵生此辈，国家元气在斯文。人从后部荒庭至天山迤北汉军师后部所属，今科自玉门以西至镇西府迪化州等处，应试来者甚众，真旷古夫有盛事也，学自西京制策分。约得终南琼霭色，画檐来结庆霄云。"③ 喜得人才之情，不觉发于言表。而"士不通经文扫地"的期待，则本现出毕沅对士子的引导趋向。为鼓舞士子向学，毕沅于乾隆四十一年（1776）例选拔贡之时，"以新疆之镇西府迪化州、宜禾、昌吉二县俱经建学，设有附学生，应与内地各属一体考试。如有足称选拔之才者，酌量拔取一二名，以昭鼓励"。④ 此奏得到朝廷认可。毕沅又考虑到新疆二子受长途跋涉之苦，遂奏请"嗣后凡嘉峪关以外镇西、迪化等属，不论乡会试，均照云贵之例，每名给驿马一匹"，⑤ 亦得许可。凡此，皆为西北的士子提供了较为便利的

① 史善长编：《弇山毕公年谱》，乾隆四十年乙未四十六岁条。
② 《清高宗实录》卷976，乾隆四十年二月癸巳条。
③ 毕沅：《灵岩山人诗集》卷29，《甲午监临试院即景抒怀四首》。
④ 史善长编：《弇山毕公年谱》，乾隆四十一年丙申四十七岁条。
⑤ 史善长编：《弇山毕公年谱》，乾隆四十二年丁酉四十八岁条。

条件。

其三，表彰先贤前哲，扶持正学，激励吏治。乾隆四十三年（1778）五月，毕沅因事经过咸阳县北毕原，展谒周公墓，访得其后裔有姬姓奉祀生一人守墓。毕沅"以关、闽、濂、洛诸儒后裔皆有世袭之职，至伯禽少子之食采于东野者为东野氏，已于康熙年间圣祖仁皇帝加恩世袭翰林院五经博士。今咸阳为元圣祠墓，所在宗支单弱，虽有奉祀生之名，实与齐民无异"，因奏请"加恩添设五经博士一员，准将咸阳姬姓嫡派子孙，照曲阜东野氏之例，予以世袭，俾永奉元圣周公及文武成康四王陵祀"。① 奏入，部议允行。毕沅又鉴于黄廷桂、尹继善、陈宏谋、吴达善诸人，在秦时皆有善政，故奏请将他们入祀名宦祠，亦得到应允。② 毕沅此一举措，乃有感于当时的吏治弊病而发。他曾指出："近日之吏病，在贪酷者日事诛求，而良善难安生业；因循者听从胥隶，而闾里鲜得宁居。其中稍有才具者，又复以应酬为能，不以地方为事。"为挽救此颓风，除了"随时厘剔而创惩之，并饬各州县官于本境四乡，或一岁之内，或一季之内，必轻车简从，周遍巡行，按查保甲，稽察游惰。若有利病所关，应行应革事宜，具禀上官，随时查办"外，③ 树立正面的形象，则可收激劝官吏之效。此一取向，显示出毕沅"为政不务察察之行，而综核名实，物无遁情"的个性，④ 吏治遂为之一变。

自调补河南巡抚后，毕沅又于乾隆五十三年（1788）升授湖广总督。乾隆五十九年（1794），陕西安康县、四川大宁县传教案起，皆称系湖北人辗转牵引所致，毕沅因失察被降补山东巡抚。次年正月，高宗

① 史善长编：《弇山毕公年谱》，乾隆四十三年戊戌四十九岁条。又乾隆五十一年丙午五十七岁条称："八月，奉命监临文闱。时汤文正公斌子姓式微，公访得其嫡孙有为诸生，而学臣遗未录送者，径取其名，注册入试，是科果领荐。"
② 参见史善长编：《弇山毕公年谱》，乾隆四十二年丁酉四十八岁条。
③ 史善长编：《弇山毕公年谱》，乾隆四十七年壬寅五十三岁条。
④ 史善长编：《弇山毕公年谱》，乾隆五十五年庚戌六十一岁条。

念毕沅所犯之过并非不可原宥，仍补授其为湖广总督。此后，由于苗民起事及白莲教的传播，毕沅一直奔波于两湖之间，直到嘉庆二年（1797）七月三日卒于湖北辰州行宫。毕沅去世后，虽得到高宗褒扬，晋赠太子太保，其以长孙兰庆改袭轻车都尉世职、次子嵩珠承荫的请求亦得到允准，但因前任湖广总督时的失察传教之咎，则被免予谥。到了嘉庆四年（1799），仁宗在白莲教的困扰下，旧事重提，称："毕沅前在湖广总督任内，声名本属平常。聂杰人等即系彼时起事，楚省各股教匪滋扰，亦多由毕沅酿成。不将伊家产查抄，已属格外施恩，不为已甚。今此项应赔银两，即系失察邪教之款，岂能再邀恩免。所有毕沅名下未完银二万两，仍著落伊家属，如数赔交。"① 嗣又因胡齐仑经手动用军需一案，毕沅受到牵连，仁宗于九月作出如下处罚："毕沅提用银两，及馈送领兵各大员，银数过多。即如永保解交刑部后，毕沅寄送银两，又复帮助恒秀赎罪等事。是毕沅既经贻误地方，复将军需各项，任意滥支，结交馈送，敛法营私，莫此为甚。若毕沅尚在，必当重治其罪。今虽已身故，岂可复令其子孙仍任官职。所有承袭毕沅轻车都尉世职之长孙毕兰庆，及承荫毕沅荫生之次子毕嵩珠，俱著革去，不准承袭。"② 十月，追产入官。③ 经此变故，毕沅一生的形象大受影响。尽管如此，他在为官期间对诸子、小学、金石、地理之学的扶持和辑刻诸书，则在清代学术史上留下了深远的影响。

二、《经训堂丛书》的学术意义

毕沅在学术上的成就，主要体现在乾隆四十六年（1781）至四十九

---

① 《清仁宗实录》卷46，嘉庆四年六月己丑条。
② 《清仁宗实录》卷52，嘉庆四年九月辛丑条。
③ 《清史列传》卷30，《毕沅》。《清仁宗实录》卷56嘉庆四年十二月丁酉条称："赏还原任湖广总督毕沅抄产内坟莹山田、祠堂家庙，并附近坟莹余地及祭田三分之一。"

年（1784）期间，主持辑刻的《经训堂丛书》。《经训堂丛书》计有《山海经新校正》、《夏小正考注》、《道德经考异》、《墨子》、《三辅黄图》、《晋书地道记》、《晋太康三年地记》、《晋书地理志新补正》、《长安图志》、《关中金石记》、《明堂大道录》（《禘说》附）、《易汉学》、《说文解字旧音》、《经典文字辨正书》、《音同义异辨》、《乐游联唱集》等十余种，或为经训堂藏版，或为灵岩山馆藏版，皆属灵岩山馆刻本。其中，除《乐游联唱集》系毕沅与幕宾唱和之作外，凡涉及诸子、小学、地理、金石诸学，而《明堂大道录》、《禘说》、《易汉学》则系惠栋的经学著作。

毕沅之主持辑刻《经训堂丛书》，一方面与承受于惠栋、沈德潜、张叙诸儒的学术取向有关；另一方面，则得力于幕府中人，如吴泰来、严长明、钱坫、庄炘、洪亮吉、孙星衍、黄景仁、徐坚等人之襄助。此诸人中，或长于诗文，或嗜好金石，或熟于地理掌故，或精研音韵文字，无不怀一技之长，而学有根底。洪亮吉尝述当时幕中情形云：

> 公乎称好士，一世冀盼睐。……偶道一士奇，名已入夹袋。严冬十丈雪，深夜理茶焙。爱此说士甘，足若蹲两敦。吾乡数蒙庄炘，屈节近作倅。钱生坫亦经彦，急欲及锋淬。宾筵有时开，灿若列采缋。殊源复千沠，到海一一汇。孙郎才偏奇，近苦性隔碍。人为推甲子，星或入计字。非公鉴其实，世视若弃秽。新年陈华灯，列坐视魂礧。行牵歌袖急，几至酒德悖。维公善调剂，谐语息众怼。前时别公去，感激欲倾肺。公无虑其狂，狂实恃公爱。鄙人最无能，才足守水硾。童年承母训，勤学掌亦焠。今来秦楚大，讵可列廊廒。公也待士均，一一勤劳徕。轩寮皆周行，阙物即颁赉。为开轩楹东，点入山半黛。感今得知己，生世可不悔。虽然受恩深，益不揣冒昧。一

言愿陈公，好丑匪一概。公昌仁覆物，曲木勿姑贷。①

又毛庆善、季锡畴所撰《黄仲则先生年谱》亦曰：

> 毕公抚陕时，爱才下士，校刊古书。时幕府之士甚众，其尤著者为长洲吴舍人泰来、江宁严侍读长明、嘉定钱州判坫及稚存、渊如。先生至，极诗文谦会之乐。②

诗酒宴会，联句吟咏，相携访古，共赏碑拓，于政务、军书旁午之余，可谓极一时之盛会。故史善长弥毕沅："尤好延揽英俊，振拔孤寒，士之负笈担簦走其门者如鹜。片长薄技，罔弗甄录，海内慕为登龙。余姚邵学士二云，经术湛深，阳湖洪编修稚存、孙观察渊如，文章博赡，咸得公讲授汲引之力。逮殁，士林痛伤之。"③ 符葆森《怀旧集》亦曰："弇山宫保情深念旧，尤喜翦拂寒畯。开府秦、豫，不独江左人才半归幕府，而故人罢官者，亦往往依之。余作挽诗有云：'杜陵广厦今谁继，八百孤寒泪下时。'盖道其实也。"④ 由此可见，《经训堂丛书》之成，实与毕沅爱才好士、能集诸幕宾之长有密切关系。

洪亮吉尝曰："灵岩山馆丛书大类有三：小学家一，地理家二，诸

---

① 洪亮吉：《卷施阁诗》卷5，《将赋南归呈毕侍郎六十韵》。洪亮吉又曰："公爱士尤笃，闻有一艺长，必驰币聘请，惟恐其不来。来则厚资给之。"又其记当时幕宾间的摩擦曰："孙君（指孙星衍——引者）见幕厨中不如意者，喜慢骂人，一署中疾之若仇。严侍读长明等，辄为公揭逐之，末言：'如有留孙某者，众即捲堂大散。'公（指毕沅——引者）见之不悦，曰：'我所延客，诸人能逐之耶？必不欲与共处，则亦有法。'因别构一室处孙，馆谷倍丰于前。诸人益不平，亦无如何也。"（以上皆见《更生斋集文甲集》卷4，《书毕宫保遗事》。）有意思的是，后来同客毕沅湖广总督幕府的章学诚和汪中，亦曾因议论不合，几欲挥刃相向（见洪亮吉：《卷施阁诗》卷15，《章进士学诚》）。
② 毛庆善、季锡畴：《黄仲则先生年谱》，乾隆四十六年辛丑三十三岁条。
③ 史善长编：《弇山毕公年谱·跋》，《弇山毕公年谱》卷末。徐世昌《清儒学案小传》卷9《兰泉学案》亦曰："乾隆朝文治极盛，朝士多以学术相尚，宏奖为怀。兰泉博通之才，宗主汉学，虽研经考史未有成书，其说多见诸文集，金石尤为专家。同时弇山毕氏，嗜学爱士，广延通儒，校释古籍，续编《通鉴》。"
④ 参见李桓辑：《国朝耆献类征初编》卷185，《疆臣》37，《毕沅》。

子家三。"① 其实，此三家外，尚有金石、经学以及惠栋《易汉学》等著作。兹分述如下。

作为经史考证之学的基本功，小学有着举足轻重的意义，而许慎所撰《说文解字》无疑是这方面的入门书。朱筠任安徽学政时，即曾刊刻是书以引导士子，使知向学之方。接武其后，毕沅更刊《说文解字旧音》，以畅其说。毕沅揭示许书之旨曰："许君之书，大略皆以文定字，以字定声。其立一为耑者，皆文也；形声相益者，皆字也。故云：'文，物象之本；字，言孳乳而生。'其例有云从某某声，从某某省声，从某从某某亦声，又云读若某。其时，如郑众、郑兴、杜子春及康成之徒注诸经礼，高诱注吕不韦、淮南王等书皆然"，然"自反音而读若之例遂变。反音仿自孙炎，李登作《声类》亦用之。晋吕忱依托许书，又作《字林》，其弟静因《声类》则作《韵集》，韵书实始焉。是编《隋志》次在忱书之下，但云有四卷，而不详撰著姓名及时代。……则是编为沈以前人所作无疑"。但遗憾的是，该书之价值并没为世人所瞩目，"唐世言文字声音者，每兼采许及忱，惟颜籀则文字用许，声音用《声类》，故所著《汉书》急就章注及《匡谬正俗》，皆无许书音"，致使该书流传甚罕。衍及清代，许慎之书所存者，"有徐铉等校定，音并唐韵也；有徐锴《系传》，音朱翱所加也；有《五音韵补》，音则锴所加也，然皆唐以后所改更"。有鉴于此，毕沅认为实有抉发该书价值之必要。他指出："今考其音荼为徒，……此皆舌音之正。……其音剽为数妙反，……又皆唇音之正。……其音汔为巨合反，挺为达鼎反，又皆送声之正。……然据此而论，则是编亦南人所定者矣。反音之法，如正之与乏，因射为应，但古今语有所殊，或致音有所别。然推厥由来，皆可究知其义，故学贵考其原也。"② 虽然该书篇幅不大，却有裨于探讨音之本源。毕沅

---

① 洪亮吉：《晋太康三年地志王隐晋书地道志后叙》，《晋太康三年地志》（《经训堂丛书》本）卷首。
② 以上皆引自毕沅：《说文解字旧音叙》，《说文解字旧音》（《经训堂丛书》本）卷首。

又鉴于"《草木篇》多变旧文，司马相如作诂训书积生诡字，《尔雅》十九篇多俗字"，作为《经典文字辨正书》。按是书凡为五例：一曰正，皆《说文解字》所有也；二曰省，笔迹稍于《说文解字》；三曰通，变易其方而不整于《说文解字》；四曰别，经典之字为《说文解字》所无者也；五曰俗，流俗所用，不本前闻，或乖声义，向壁虚造，不可知者是也。依此五例，毕沅乃"从五百廿部，穷九千余言，遍讨别指，以示专归"，以继唐陆德明、颜元孙、张参、唐元度，周郭忠恕，宋张有诸家之业，而是正其舛失，其意乃在于"举纲叁目，愿无背于往制；去泰去甚，事始契于宿怀。引之能伸，用亦无爽"。而据毕沅自称："余少居乡里，长历大都，凡遇通儒，皆征硕学。初识故元和惠征君栋，得悉其世业。继与今嘉定钱詹事大昕、故休宁戴编修震交，过从绪论，辄以众文多诬，纠辨为先。既能审厥时讹．必当绝其绝诣。门生嘉定钱明经坫，向称道吴江处士声能作通证书，欲以《经典》异文尽归许君定字，是犹余之志也。"① 是可见毕沅之为是书，多受惠栋、钱大昕、戴震、江声诸儒之影响，亦可窥一时学林好尚之所在。毕沅又考虑到"《经典》之文，多通假借之道，非必古人字少，以一字而兼数义之用，皆缘隶写转讹，避繁文而趋便易所成。《说文解字》所有其音同、其义异者，据形著训，杂而不越；分观并举，式镜考资"，② 因著为《音同义异辨》一书，附于《经典文字辨正书》之后，以便考核。

地理学作为一门学问，虽然常被视为历史学之附庸，但讲求实学者则颇对之瞩目。与清初"好言山川形势阨塞，含有经世致用的精神"，以及道咸间"以考古的精神推及于边徼，浸假更推及于域外，则初期致用之精神渐次复活"不同，乾嘉时期的地理学，则"专考郡县沿革、水道变迁等，纯粹的历史地理矣"。③ 顺应时代潮流和学术风气的发展，

① 以上皆引自毕沅：《经典文字辨正书叙》，《经典文字辨正书》（《经训堂丛书》本）卷首。

② 毕沅：《音同义异辨叙》，《音同义异辨》（《经训堂丛书》本）卷首。

③ 梁启超：《中国近三百年学术史》十五，《清代学者整理旧学之总成绩（三）》，东方出版社1996年版，第382页。

毕沅于地理之书，亦颇为究心。其对《山海经》、《晋书·地理志》、《太康三年地记》、《晋书地道记》、《三辅黄图》及《长安志》的校正考订，即是其讲求实事实学的体现。《山海经》一书，向来被视作志怪之作，而毕沅则将其视为地理书来探讨。他认为："刘秀之表《山海经》云：'可以考祯祥变怪之物，见远国异人之谣俗。'郭璞之注《山海经》云：'不怪所可怪，则几于无怪矣；怪所不可怪，则未始有可怪也。'秀、璞此言，足以破疑《山海经》者之惑，而皆不可谓知《山海经》。何则？《山海经》《五藏山经》三十四篇，古者土地之图，《周礼·大司徒》用以周知九州之地域广轮之数，辨其山林、川泽、邱陵、坟衍、原隰之名物；《管子》凡兵主者，必先审知地图，……皆此经之类。故其书世传不废，其言怪与不怪皆末也。"① 基于此一认识，毕沅历时五年，在幕宾的协助下，重新对《山海经》作了校正。其"考证地理，则本《水经注》，而自九经笺注、史家地志、《元和郡县志》、《天平寰宇记》、《通典》、《通考》、《通志》，及近世方志，无不征也"。在广搜博考的基础上，是书于篇目、文字、山名水道等皆有新的发明。孙星衍尝称："先生（指毕沅——引者）开府陕西，假节甘肃，粤自崤函以西、玉门以外，无不亲历。又尝勤民洒通水利，是以《西山经》四篇、《中次五经》诸篇疏证水道为独详焉。常言《北山经》渤泽涂吾之属，闻见不诬，惜在塞外，书传少征，无容附会也。其《五藏山经》，郭璞、道元不能远引，今辅其识者，奚啻十五，恐博物君子无以加诸。"② 即此一端，可知毕沅注重实学、多闻阙疑的治学取向。

从有裨实事实学的思想出发，毕沅对《晋书·地理志》的有关问题进行了考辨。毕沅指出："夫晋世版舆，上承三国之瓜分，下值南朝之侨置，建罢沿革，所系非轻。"但遗憾的是，"马彪撰郡国，既不详安顺

---

① 毕沅：《山海经新校正序》，《山海经新校正》（《经训堂丛书》本）卷首。
② 以上皆引自孙星衍：《山海经新校正后序》，《山海经新校正》（《经训堂丛书》本）卷首。

以后；沈约志州郡，又难究徐兖以西"，而"唐初修《晋书》，不特不旁考诸书，即王隐地道之编，沈约州郡之志，亦近而不采，殊可怪矣"。[①]有鉴于此，毕沅乃据晋世册籍见于沈约《宋书》如《太康地志》、《元康定户》、《晋世起居注》等，见于郦道元《水经注》不著姓氏《晋书地理志》与《晋地记》，王隐、虞预、臧荣绪、谢灵运、干宝诸家所撰《晋书》，王隐《晋书地道记》、《郡国县道记》、《圣贤冢地记》，黄义仲、阚骃之《十三州记》，以及杜预、京相璠注经，徐广注史之皆引近世州郡以证古名者，广征博考，是正讹舛，补正阙失，匡前人之不逮，还旧史之真实。而与考订《晋书·地理志》讹误相辅的是，毕沅对不著撰人之《太康三年地志》和王隐所著之《晋书地道志》的价值予以推扬。经过考证，他指出："二书作于晋，而盛行于齐、梁、北魏之时。沈约撰《宋书》，刘昭注《续汉书》，魏收述《魏史》，所征舆地之书不下数百，然约之州郡，惟准《太康》；昭之注郡国，收之述地形，则一本《地道》。他若郦道元等，又皆悬其片言，视若准的。今观沈约之论曰：'州郡一志，唯以续汉郡国校《太康地志》，参伍异同，用相征验。'魏收之序曰：'班固考地理，马彪志郡国，魏世三分，晋又一统，《地道》所载，又其次也。'足知当时言地理者，自两汉地志之外，于三国及泰始之际，则征《太康》；于晋之东西，则征《地道》，不以别书参之，亦信而有征者矣。"然而，"至唐而《艺文类聚》、《史记注》、《文选注》所征引，始觉寥寥，则是书已不显也。宋初修《太平御览》，尚述是书，故乐史《寰宇记》亦间引之。厥后阙如，盖亡失可知矣"。[②]为弥补此一遗憾，毕沅是以发起刊刻此两书，以为征实者之资。

毕沅既巡抚陕西，其于斯地之地理沿革、风土人情尤为留意，《三辅黄图》、《长安图志》之刻，即体现出其作为一方大吏的为治意趣。

---

① 毕沅：《晋书地理志新补正卷一并序》，《晋书地理志》（《经训堂丛书》本）卷1。
② 毕沅：《晋太康三年地志王隐晋书地道志总序》，《晋太康三年地志》（《经训堂丛书》本）卷首。

《三辅黄图》系记三辅宫观、陵庙、明堂、辟雍、郊畤等事，即所谓旧图也。虽是书不详撰作者何人，但向来为人所称道，如"如淳、晋灼注《汉书》，郦道元注《水经》，宇文恺议立明堂，王元归议上帝后土坛，并称之"。该书《隋志》作一卷，而毕沅所得本为六卷，"盖唐世好事者所辑，故杂用晋以后书，并颜师古说，又多与淳等引据不同"。① 故而，毕沅并加校正，以复旧观。《长安图志》则系据宋敏求《长安志》，合并署名河滨渔者之编类图说（实出元李好文撰《古人地志》）而成。王鸣盛应毕沅之请序是书称：

> 唐以前地志存者寥寥，宋元人作存者不下二十余，然皆南方之书，北方惟有此志，与于钦《齐乘》耳！而长安汉唐都邑所在，事迹尤夥，纪载尤亦加详。宋氏此编，纲条明析，赡而不秽，可云具体。厥后，程大昌《雍录》好发新论，穿凿支离，不及宋氏远矣。先生既刻此，又于其间纠正踳驳，疏释蒙滞，附于逐条之下焉。夫以军民政务之填委，文檄簿牒之旁午，他人竭蹶应之日不暇给，先生乃能以余力表扬坠典，斯其才之大，诚有过人者。若其静察乎考古之足以证今，披图案牒以兴革利弊，其补助化理最切，则尤先生用意之深也。②

此一评论，揭示出了毕沅刊刻是书的用意和价值。此外，毕沅还主持纂辑有《关中胜迹图志》三十卷和《西安府志》八十卷，③ 单刻行世。乾

---

① 毕沅：《重刻三辅黄图序》，《三辅黄图》（《经训堂丛书》本）卷首。
② 王鸣盛：《新校正长安图志序》，《长安图志》（《经训堂丛书》本）卷首。
③ 史善长编《弇山毕公年谱》乾隆四十四年己亥五十岁条称："西安古称天府四塞，自丰镐宅京，而后秦、汉、隋、唐咸建都于此，因是掌故甲于他省。公来抚兹土七年，名山大川，以暨故墟遗井，车马经由过半。……古之纂述，如《关中记》、《三辅决录》、《咸镐古事》、《两京新记》、《两京道里记》，皆散佚不传；幸宋敏求《长安志》，藏书家尚有副本。因属通人搜荟群籍，凡与秦中文献关涉者，计得千五百种。发凡举例，类聚区分，文成数万，为门一十有五，分类五十有一，合成一百卷，亲加裁削，为《西安府志》八十卷。"

隆四十一年（1776）入觐时，曾将《关中胜迹图志》进呈高宗，高宗览后大为欣赏，遂命儒臣撰写提要，钞入《四库全书》中。①

　　清代诸子之学，肇端于傅山、三夫之诸儒，至道咸以降而趋于发皇。其间，乾嘉诸儒在经史考证主流局面下，对诸子之书的正讹发微，无疑有着承前启后的重要作用。其中，毕沅对《墨子》、《道德经考异》及《吕氏春秋》的校正考订，即其代表之一。毕沅之留意诸子之书，早在其任内阁中书时，即已呈露端倪。在乾隆二十四年（1759）所作《读诸子诗十八首》中，毕沅道其情形曰："下直归，偶于书肆购得子书十数种。因每夜读两册，一书竟，即系以诗。非有心得也，聊资谈助而已。"其所购十余种书，计有：《老子》、《关尹子》、《列子》、《庄子》、《管子》、《晏子春秋》、《文子》、《孙子》、《吴子》、《墨子》、《商子》、《鬼谷子》、《荀子》、《韩非子》、《吕氏春秋》、《黄石公素书》、《淮南子》、《扬子》。

　　《墨子》一书之校刻，经始于乾隆四十七年（1782）八月，讫工于四十八年（1783）十月。在此书序中，毕沅就《墨子》一书的悬疑问题提出己见，其大要有如下几端：一是考证墨翟为六国时人，在七十子后，至周末犹存，而其籍贯为楚鲁阳，非鲁卫之鲁。二是对该书的篇目作了梳理，指出："《墨子》七十一篇，见汉《艺文志》。隋以来为十五卷，目一卷，见隋《经籍志》。宋亡九篇，为六十一篇，见《中兴馆阁书目》，实六十三篇。后又亡一篇，为五十三篇，即今本也。本存《道藏》中，缺宋讳字，知即宋本。又三卷一本，即《亲士》至《尚同》十三篇，宋王应麟、陈振孙等仅见此本。"三是对墨子其人加以认可，认为："世之讥墨子，以其节葬、非儒说。墨者既以节葬为夏法，特非周制，儒者弗用之。非儒则由墨氏弟子尊其师之过，其称孔子讳及诸毁词，是非翟之言也。"四是对该书的价值作了肯定，认为："今惟《亲士》、《脩身》及《经上》、《经下》疑翟自著，余篇称子墨子，《耕柱篇》并称子禽子，则是门人小子记录所闻，以是古书，不可忽也。且其《鲁

①　参见史善长编：《弇山毕公年谱》，乾隆四十四年己亥五十岁条。

问篇》曰：……是亦通达经权，不可訾议。又其《备城门》诸篇，皆古兵家言，有寔用焉。"① 故孙星衍评之曰："弇山先生于此书，悉能引据传注、类书，匡正其失。又其古字古言，通以声音训故之原，豁然解释，是当与高诱注《吕氏春秋》、司马彪注《庄子》、许君注《淮南子》、张湛注《列子》，并传于世。其视杨倞、卢辩空疏浅略，则倜然过之。时则有仁和卢学士抱经、大兴翁洗马覃谿及星衍三人者，不谋同时共为其学，皆折衷于先生。"② 按孙星衍是时在毕沅幕府参与该书之校刊，而其对《墨子》一书的见解亦已融入是书中，其所评断，当非虚誉。

众所周知，先秦时期，儒墨并称显学，然自孟子辟杨、墨以来，墨学受到很大冲击。③ 其后虽有相里氏、相夫氏、邓陵氏三家传其学，但在汉代儒术独尊局面的笼罩下，墨学愈趋于式微。自晋鲁胜《墨辩注》、唐乐台《墨子注》以来，《墨子》一书虽一线若存，但鲜有问津者，直到毕沅始为之整理校刊。唐代大儒韩愈虽欲突破视墨学为异端的偏见，④ 然和之者寡，而随着宋明理学正统地位的巩固，墨学被歧视的境遇始终没有大的改观。如此情形，诚如俞樾所揭示的：

> 乃唐以来，韩昌黎外，无一人能知墨子者。传诵既少，注释亦稀。乐台旧本，久绝流传。阙文错简，无可校正，古言古字，更不可晓，而墨学尘霾终古矣。国朝镇洋毕氏，始为之注。嗣是以来，诸儒益加雠校，涂径既开，奥窔粗窥，墨子之书，稍稍可读。⑤

---

① 以上皆引自毕沅：《墨子叙》，《墨子》（《经训堂丛书》本）卷首。
② 孙星衍：《墨子后叙》，《墨子》（《经训堂丛书》本）卷首。
③ 《四库全书总目》卷117《子部》《杂家类一》《墨子》15卷条称："墨家者流，史罕著录，盖以孟子所辟，无人肯居其名。"（第1006页）
④ 韩愈《读墨子》曰："儒墨同是尧、舜，同非桀、纣，同修身正心以治天下国家，奚不相悦如是哉？余以为辩生于末学，各务售其师之说，非二师之道本然也。孔子必用墨子，墨子必用孔子，不相用不足为孔、墨。"《韩愈集》卷11，岳麓书社2000年版，第156页。
⑤ 俞樾：《墨子间诂·序》，《墨子间诂》卷首，中华书局1956年版。

又孙诒让曰：

> 墨子既不合于儒术，孟、荀、董无心、孔子鱼之伦，咸排
> 诘之。汉、晋以降，其学几绝，而书仅存，然治之者殊鲜。故
> 挩误尤不可校，而古字古言，转多沿袭未改。非精究形声、通
> 假之原，无由通其读也。旧有孟胜、乐台注，今久不传。近代
> 镇洋毕尚书沅，始为之注；藤县苏孝廉时学，复刊其误，创通
> 涂径，多所谍正。①

即此可见，毕沅之于《墨子》，洵有阐幽发微之功。虽然毕沅所校不无
疏陋、讹错，所依据之书亦颇有限，但其创辟路径、承前启后之功，则
是不容忽视的。

《墨子》之外，毕沅还对老子及其所著《道德经》进行了考辨。
经过对相关文献的梳理，毕沅认为：老子、李耳、李聃、周太史儋实
为一人，古聃、儋相通；老子与老莱子是二人，老子苦县人，老莱子
楚人；孔子问礼之老子，即著道德书之老子，不得以其或在沛或在周
而疑之；老子本黄帝之言，大率多述而不作；道书有太上老君，亦即
老子也；老子是人而非神，有生亦有死。此一论断，虽未必就成定
论，却推进了对老子其人的历史考察。而就《道德经》一书来看，清
初注解是书者，据《四库全书总目》所列，计有清世祖《御注道德
经》、张尔岐《老子说略》、徐大椿《道德经注》、胡与高《道德经编
注》、汪绂《读道德经私记》、黄元御《道德经悬解》，② 此外尚有王夫
之《老子衍》等，其中唯有张、徐、王之书学术价值较高，然仍缺乏较
为完整的校本。毕沅既早究心于是书，故平时比较注意搜集各家注本，
据其自称："所见老子注家不下百余本，其佳者有数十本，唯唐傅奕多
古字古言，且为世所希传。"毕沅因"就其本互加参校，间有不合于古

---

① 孙诒让：《墨子间诂·自序》，《墨子间诂》卷首，中华书局1956年版。
② 参见《四库全书总目》卷146，《子部》56，《道家类》；卷147，《子部》57，《道家类存
目》。

者，则折众说以定其是"。之所以如此，乃鉴于"近世多读书君子，然浅近者有因陋而无专辨，或好求异说以讨别绪，则动更前人陈迹，在若信若不信之间"。由此，毕沅得出一种认识："字不从《说文解字》出，不审信也。"① 此一认识，体现出毕沅好古求是的为学精神。而值得一提的是，毕沅还曾致力于《吕氏春秋》的辑校，但未列入《经训堂丛书》中。据汪中代毕沅所作《吕氏春秋序》称："《吕氏春秋》世无善本，余向所藏，皆明时刻。循览既久，辄有所是正。于时嘉善谢侍郎（指谢墉——引者）、仁和卢学士（指卢文弨——引者）并好是书，及同学诸君，各有校本。爰辑为一编，属学士刻之。"而毕沅之推赞是书，乃有感于："其所采撷，今见于周汉诸书者，十不及三四。其余则本书已亡，而先哲之话言，前古之佚事，赖此以传于后世，其善者可以劝，其不善者可以惩焉。亦有闾里小智，一意采奇词奥旨，可喜可观，庶几乎立言不朽者矣。"② 由此可见，毕沅之辑刻诸子之书，乃意在扶持和表彰古学。③

小学、地理、诸子之外，毕沅还曾辑有《关中金石记》一书。按金石之学，作为考经证史的文献资源，④ 自宋以来即受到一定的重视。及至清代，更是蔚为大观，诸儒致力于此者甚多，"若昆山顾氏炎武、秀水朱氏彝尊、嘉兴曹氏溶、仁和倪氏涛、大兴黄氏叔璥、襄城刘氏青芝、黄冈叶氏封、嘉兴李氏光映、郃阳褚氏峻、钱塘丁氏敬、山阳吴氏玉搢、嘉定钱氏大昕、海盐张氏燕昌，皆其选也"。⑤ 而毕沅"以金石文字之在六朝前者，多足资经典考证，其唐后所载地理、职官及人物事迹，亦可补

---

① 以上皆引自毕沅：《老子道德经考异序》，《道德经考异》（《经训堂丛书》本）卷首。

② 汪中：《述学》，《补遗》，《吕氏春秋序代毕尚书作》。

③ 四库馆臣《子部总叙》尝称："夫学者研理于经，可以正天下之是非；征事于史，可以明古今之成败，余皆杂学也。"（《四库全书总目》卷91，《子部》，《儒家类一》，第769页。）毕沅在此学术格局下，对诸子学的大力倡导，实有拓展学术门径的意义。

④ 钱大昕《潜研堂文集》卷25《山左金石志序》曰："盖尝论书契以还，风移俗易，后人恒有不及见古人之叹。文籍传写，久而踳讹，唯吉金乐石，流传人间。虽千百年之后，犹能辨其点画而审其异同。金石之寿，实大有助于经史焉。"

⑤ 卢文弨：《关中金石记·叙》，《关中金石记》（《经训堂丛书》本）卷首。

正史传讹误",① 故为官兰州、巡抚陕西时,"案部所次,则有唐姜行本勒石得于塞外,梁折刺史嗣祚碑得于府谷,宝室寺钟铭得于鄜州,汉都君开道石刻、魏李苞题名得于褒城。公又奏修岳祠,而华阴庙题名及唐华山铭始出焉。公释奠学校,而开成石经及儒学碑林复立焉。自余创见,多后哲之未窥,前贤之未录"。② 凡自秦至元,得金十三,瓦三,石七百八十有一,考史正经,订误补亡,裒为《关中金石记》八卷。

毕沅之辑刻《关中金石记》,有以下几方面特色:其一,搜罗繁富。关中作为三代、秦汉、隋唐都会之地,吉金贞石之富,甲于海内。然自唐肃宗乾元中京师坏钟像私铸小钱,唐武宗会昌中李都彦以钟铎纳巡院充鼓铸用,以及宋姜遵知永兴军时,太后诏营浮图,毁汉唐碑碣以代砖甓,关中之金石,日渐亡佚。北宋神宗元丰中,虽有北平田概撰为《京兆金石录》六卷,然仅限于京兆一路,他付阙如;且其书不传,惟见于陈氏《宝刻丛编》之所引。此一局面,显然难于揭示关中丰厚的文化底蕴。有鉴于此,毕沅历官所至,广为搜讨,凡关内、山南、河西、陇右,编摩翻拓,悉著于录。七百九十七通之富,虽不能尽,却已洋洋大观,故钱大昕称:"雍凉之奇秀,萃于是矣。"③

其二,考订详慎。较之田概《京兆金石录》仅纪撰书姓名、年月,而无考证之益,毕沅是书,则为之沿波讨源,考经证史,辨析疑似。钱大昕尝称:"公又以政事之暇,钩稽经史,决摘异同,条举而件系之。正六书偏旁,以纠冰英之谬;桉《禹贡》古义而求汉漾之源。表河伯之故祠,绅道经之善本,以及三藏五灯之秘、七音九弄之根,偶举一隅,都超凡谛。自非多学而识,何以臻此!"④ 卢文弨曰:"考正史传,辨析

---

① 史善长编:《弇山毕公年谱》,乾隆四十六年辛丑五十二岁条。

② 孙星衍:《关中金石记·书后》,《关中金石记》(《经训堂丛书》本)卷首。

③ 钱大昕:《关中金石记·叙》,《关中金石记》(《经训堂丛书》本)卷首,又见《潜研堂文集》卷25。

④ 同上。

点画，以视洪、赵诸人，殆又过之。"① 钱坫曰："巡抚公监兹放失，欲永其传，讲政之暇，日采集焉。又用真知，条证肆考，傅合别否，务得故实。取其片羽，可用为仪，盖蓻然于洪、薛、欧、赵之上矣。"② 孙星衍亦论之曰："重光之岁，月移且相，武橐有缄，嘉禾告瑞。公始从容晨暮，校理旧文，考厥异同，编诸韦册。且夫欧、赵之书，徒订其条目；洪都之著，弟详其年代。公证古之学，奄有征南，博闻之才，通知荀勖，此之造述，力越前修。谈经则马、郑之微，辨字则杨、杜之正，论史则知几之邃，察地则道元之神，旁及《九章》，渊通《内典》，承天谱系之学，神珙字母之传，固已夺安石之碎金，惊君苗以焚砚。君子多乎？于公未也。"③ 以上诸家所言，已清楚地揭示出毕沅是书的学术价值。而尤其值得指出的是，"自宋以来，谈金石刻者有两家，或考稽史传，证事迹之异同；或研讨书法，辨源流之升降"，④ 毕沅之书，可谓兼得两家之长。

其三，有裨实用。毕沅不仅能抉发金石之源流，考订其是非，更为有意义的是，他还将此用之于现实。洪亮吉尝揭示此一意向曰："巡抚毕公再莅陕西，前又两摄兰州之节，凡自潼关以西，玉门以东，其道路险易，川渠通塞，及郡县之兴废，祠庙之存否，莫不画然若萃诸掌，今记中所散见是也。夫欧、赵、洪、薛之撰集金石，仅借以考古，而公则因以兴灌溉之利，通山谷之邃，修明疆界，厘正祀典。既非若道元之注托之空言，又非若欧阳诸书仅资博识，则所得实多焉。公既尝以案部至咸阳，读周文公庙诸石刻，为守墓之裔请于朝，增置五经博士；近又欲考定临晋河伯之祠，郃阳子夏之墓，皆公经世之务之获于稽古者也。"⑤ 此一考古有裨实用的思想取向，体现出毕沅学以经世的

① 卢文弨：《关中金石记·叙》，《关中金石记》（《经训堂丛书》本）卷首。
② 钱坫：《关中金石记·书后》，《关中金石记》（《经训堂丛书》本）卷首。
③ 孙星衍：《关中金石记·书后》，《关中金石记》（《经训堂丛书》本）卷首。
④ 钱大昕：《潜研堂文集》卷25，《郭允伯金石史序》。
⑤ 洪亮吉：《关中金石记·书后》，《关中金石记》（《经训堂丛书》本）卷首。

精神。

《关中金石记》之外，毕沅还于河南巡抚任上，编有《中州金石记》五卷，① 于湖广总督任上，编有《三楚金石记》三卷。② 此外，毕沅由陕西调任山东巡抚后，曾与时任学政的阮元合作，议纂《山左金石志》。虽因改调湖广总督未能尽其事，然发凡起例，毕沅多所参定。钱大昕记其事曰："乾隆癸丑秋，今阁学仪征阮公芸台奉命视学山左，公务之暇，咨访耆旧，广为搜索。其明年冬，毕尚书来抚齐鲁，两贤同心，赞成此举，遂商榷条例，博稽载籍。萃十一府两州之碑碣，又各出所藏彝器钱币、宣私印章，汇而编之，规模粗定。而秋帆移督三楚，讨论修饰润色，一出于公。"③ 即此可见，毕沅之于金石，实是情有独钟。卢文弨有言："夫人苟趣目前，往往于先代所留遗不甚爱惜，而亦无以为后来之地。儒生网罗放失，亦能使古人之精神相焕发，而或限于其力之所不能，必赖上之人宝护而表章之，以相推相衍于无穷，其视治效之仅及于一时者，相什伯也。"④ 毕沅以一方大吏而致力于金石之搜讨，其意义和影响盖有当于卢氏所言。

---

① 史善长编《弇山毕公年谱》乾隆五十二年丁未五十八岁条称："自关中移节，迄今三载，公暇蒐罗金石文字，考其同异，聚而拓之，编为《中州金石记》五卷。"

② 参见史善长编：《弇山毕公年谱·跋》，《弇山毕公年谱》卷末。

③ 钱大昕：《潜研堂文集》卷25，《山左金石志序》。阮元《揅经室三集》卷3《山左金石志序》曰："元以乾隆五十八年秋，奉命视学山左，……归而始有勒成一书之志。五十九年，毕秋帆先生奉命巡抚山东。先是，先生抚陕西、河南时，曾修《关中》、《中州金石》二志，元欲以山左之志属之先生。先生曰：'吾老矣，且政繁，精力不及此，愿学使者为之也。'元曰：'诺。'先生遂检《关中》、《中州》二志付元，且为商定条例，暨搜访诸事。元于学署池上署'积古斋'，列志乘图籍，案而求之，得诸拓本千三百余件，较之《关中》、《中州》多至三培，实始为修书之举。而秋帆先生复奉命总督两湖，继且综湖南北军务矣。……六十年冬，事稿斯定，元复奉命视学两浙，舟车余闲，重为厘订，更属仁和赵晋斋魏校勘，凡二十四卷。……元以是书本与先生商订分纂，先生荏楚，虽羽檄纷驰，而邮筒往复　指证颇多。"又史善长编《弇山毕公年谱》乾隆五十九年乙卯六十六岁条称："公与学政阮公元商议修纂《山左金石志》，搜罗广博，考证精核。会有湖督之命，谆属阮公继成其事。书成凡若干卷，其义例皆公定也。"

④ 卢文弨：《关中金石记·叙》，《关中金石记》（《经训堂丛书》本）卷首。

毕沅尝称："沅于诂训，信好雅言，文字默守许解，经礼则专宗郑学。"[1] 此可见毕沅之为学宗尚。前述小学类即体现出毕沅"文字默守许解"的努力，而《经训堂丛书》中所刊《夏小正考注》，则是其"经礼则专宗郑学"的一种表现。按"《夏小正》一书，原载《大戴礼》中，自《隋志》始别为一卷"。[2] 因其于天象、时制、人事、众物之情无不具纪，故向来为诸儒所瞩目。自戴德传之作于前，北周卢辩注之于后，至宋傅崧卿则分别经传而为之注。其后，宋之朱子、关涊、王应麟，元之金履祥，清之黄叔琳、秦蕙田、戴震、卢文弨、孔继涵等，皆有专本，而分别经传，亦并有异同；他如郑康成、郭璞、孔颖达、欧阳询、徐坚、李善一行诸人，亦皆有所称引。然因"经既残破，传复讹乱，辩注又不传，若据考不精，各以私意类分互证，是诬之矣"。有鉴于此，毕沅乃参校众家，为之疏通考释，以期于正。毕沅之于是书，其"戴之说是，必曲证以申明之；偶得一间，又求之诸经，以附合本旨，庶得尊经后传之义"。经此一番考辨，毕沅不无感慨地说："夫由今以溯传，既二千年矣，由传以溯经，又二千年，历四千余年之久，而通之者卒不多见其人，盖信古者少矣，可不深叹哉!"[3] 其笃好古学之志，于此可见一斑。此外，署名毕沅撰的《传经表》、《通经表》，虽出自洪亮吉之手，但亦可体现出毕沅对经学传授源流的认识。毕沅序《传经表》曰："六经权舆于孔子，六经之师亦权舆于孔子。……上自春秋，迄于三国，六百年中，父以传子，师以授弟，其耆门高义，开门授徒者，编牒不下万人，多者至著录万六千人，少者亦数百人，盛矣! ……暇日采缀群书，第其本末，校正讹漏，作《传经表》一卷。其师承无可考者，复以《通经表》一卷缀之，而通二经以上至十数经者，咸附录焉。……盖周秦汉

---

① 毕沅：《夏小正考注叙》，《夏小正考注叙》（《经训堂丛书》本）卷首。
② 《四库全书总目》卷24，《经部》，《礼类存目二》，《夏小正注》1卷条（黄叔琳撰）。
③ 以上皆引自毕沅：《夏小正考注叙》，《夏小正考注叙》（《经训堂丛书》本）卷首。

魏经学授受之原，至此乃备也。"① 此亦毕沅"信古"之一端。

最后，也是应该特别予以指出的，是毕沅对惠栋之学的表彰，《经训堂丛书》中所刻《易汉学》七卷、《明堂大道录》八卷、《禘说》二卷即其体现。众所周知，乾嘉经史考证之学的形成，惠栋实为一有深远影响的开风气者，其对汉儒之学的倡导和阐扬，开启了一代为学之门径。惠栋在学术上的重大成就，主要本现在《易》学方面，《周易述》即其精华所在，而《易汉学》对汉儒《易》学著作的裒辑，则是其立学的根本。在《易汉学自序》中，惠栋称作此书缘起曰："六经定于孔子，毁于秦，传于汉。汉学之亡久矣，独《诗》、《礼》、《公羊》，犹存毛、郑、何三家。……栋曾王父朴庵先生，尝闵汉学之不存也，取李氏《易解》所载者，参众说而为之传。天、崇之际，遭乱散佚，以其说口授王父，王父授之先君子，先君子于是成《易说》六卷。又尝欲别撰汉经师说《易》之源流，而未暇也。栋趋庭之际，习闻余论，左右采获，成书七卷。自孟长卿以下五家之《易》，异流同源，其说略备。"② 惠栋可谓能世其家学矣。然因惠栋终老诸生，且中寿而殁，故其著作于生前多未能镂板。不过，自卢见曾刊刻《周易述》，李文藻刊刻《易例》之后，惠栋《易》学成就渐显于世。而《易汉学》虽成书于乾隆九年（1744），但直到毕沅辑刻入《经训堂丛书》，始得以广布学林。当然，在毕沅之前，已有人对此书加以表彰传写。如受惠栋托付《易汉学》手稿的王昶，先于乾隆三十二年（1767）撰跋表彰是书之价值，③ 继于三十八年

---

① 毕沅：《传经表序》，《传经表》卷首，《丛书集成初编》本。又见洪亮吉：《更生斋文续集》卷1。

② 惠栋：《松崖文钞》卷1，《易汉学目序》。

③ 王昶《春融堂集》卷43《易汉学跋》曰："汉学废久矣，《易》滋甚。王氏应麟集郑君之遗，未得其解，自后毋论已。定宇世专经术，于注疏尤深。所考《易汉学》，分茅设蕝，一卦气，一纳甲，一世应，一爻辰，一升降，而汉儒以象数说《易》者始备。……夫汉儒诸家之说，今略见于李鼎祚《易传》，颇恨其各摘数条，参差杂出，不获见其全，因不能推而演之也。定宇采撷排次，稿凡五六易。丁丑与余客扬州，始定此本，命小胥录其副，以是授余，盖其所手书者。今下世已十年矣，展复数过，为之泫然。"

（1773）致书四库馆总纂陆锡熊，推誉该书与《周易述》，期望将二书采入《四库全书》。他如钱大昕之钞录，王鸣盛、褚寅亮之考证，以及李文藻之有意刊刻，皆作出了一定的努力。① 然而，一则因诸人未能付诸实施，一则因《四库全书》虽收入是书，但系内府秘藏，外间难以得见，故《易汉学》流布有限。直到毕沅将《易汉学》刻入《经训堂丛书》，惠栋之遗愿及众人之志方得以实现，是书亦得以流行于世。而《明堂大道录》、《禘说》二书，因与《易》互相发明，故毕沅刻《易汉学》时，亦将此二书附刻于后。至此，在卢见曾、李文藻、毕沅的扶持和表彰下，惠栋的《易》学成就，终得以为学界所熟知。而值得指出的是，毕沅之汲汲于表彰惠栋之学，一方面固然与其曾受学于惠栋，有报知遇之恩有关，但更为重要的，是毕沅对惠栋治学取向的认同，惟其如此，始可深入体悟毕沅辑刻《经训堂丛书》的意义和价值。

由上可见，毕沅于小学、地理、诸子、金石、经学，以及对惠栋之学的扶持和表彰，不惟体现出其为学门径的广阔，还体现出其对时代学术潮流的敏锐洞察力。当经史考证之学趋于发皇之时，毕沅《经训堂丛书》之辑刻，实有推波助澜之功。刘锦藻曾曰："沅开府西安，一时经术湛深之士，如孙星衍、洪亮吉、汪中、黄景仁辈，皆从之游。所辑丛书，有校正《吕氏春秋》一种，咸阳宾客，至今有遗风焉。于关中舆地、金石，大有筚路蓝缕，以启山林之毅力。乾隆癸卯校刊于经训堂，

---

① 王昶《春融堂集》卷31《与陆耳山侍讲书》曰："比者征书遍天下，遗文坠简出于荒塚破壁者必多，未审亡友惠君定宇之《周易述》及《易汉学》，当路者曾录其副以上太史否？《周易述》德州（卢见曾）所刊，闻其家籍没后，版已摧为薪。此书本发明李资州《集解》，而《易汉学》为之纲，微《易学》，则《易述》所言不可得而明。此二书，某寓中皆有之。《易学》盖征君手写本，凤喈光禄、播升员外皆覆加考正，尤可宝贵。如四库馆未有其书，嘱令甥瑞应检出，进于总裁，呈于乙览，梓之于馆阁，庶以慰亡友白首穷经之至意。"又钱大昕《与王德甫书一》曰："惠氏《易汉学》，鹤侣大兄现在手钞，此时尚未付还。来春当邮致吴门，决不遗失也。"（见王昶：《湖海文传》卷40。）又李文藻跋《易例》曰："惠定宇先生生平《易》之书，予所见《周易述》、《郑氏易》，先有刻本。……《易汉学》尝录副而复失之。……而《易汉学》一书，予座主詹事钱公有写本，当求而刻之。"（《易例》卷末，《丛书集成初编》本。）

其功亦云巨矣。"① 此论虽揭示得并不全面，然亦得其大体。毕沅虽无专门的著作问世，但其主持辑刻《经训堂丛书》，于学术之演进，则有扶持和倡导之力，功不可没。

三、《续资治通鉴》与《史籍考》

《经训堂丛书》之外，毕沅主持纂辑的《续资治通鉴》和《史籍考》，则是关于史事和史学的两部大书。一如《经训堂丛书》，此两书亦出自众人之手，其中，邵晋涵与章学诚二人，在两书的纂辑过程中付出了大量的精力和心血。

毕沅主持纂辑《续资治通鉴》，乃续司马光《资治通鉴》之作。按司马光撰《资治通鉴》，经始于宋英宗治平二年（1065），至宋神宗元丰七年（1084）十二月，历时十九年而蒇事，成书凡二百九十四卷。其间，刘攽、刘恕、范祖禹诸通儒硕学，皆尝赞襄其事。是书以编年体体裁，纪述了上自周威烈王二十三年（前 403 年）下至后周世宗显德六年（959），共计一千三百六十二年间治乱兴替之史迹。因其"网罗宏富，体大思精"，以及于"名物训诂，浩博奥衍"，② 皆有资于治道，故不仅被推重于当时，而且深为后世所效法。继之而起者，如南宋学者李焘《续资治通鉴长编》一百六十八卷（后《四库全书》厘定为五百二十卷）、李心传《建炎以来系年要录》二百卷、徐梦莘《三朝北盟会编》二百五十卷，或记北宋一祖八宗之事迹，或专记南宋高宗一朝之事，或兼记两宋徽宗、钦宗、高宗三朝与金和战之事，虽详略有差，裁断有别，但于保存有宋一代文献，则是不可或缺的重要依据。然可惜的是，因限于卷帙繁重，诸书流传困难，或竟致失传。故此后陈桱、王宗沐、薛应旂欲续《资治通鉴》，但因"不能网罗旧籍，仅据本史编排，参以

---

① 刘锦藻：《清朝续文献通考》卷 270，《经籍》14，《经训堂丛书》167 卷条，浙江古籍出版社 2000 年版，第 10141 页。

② 《四库全书总目》卷 47，《史部》，《编年类》，《资治通鉴》294 卷条。

他书，往往互相牴牾，不能遽定其是非"。① 是以王氏《续资治通鉴》六十四卷、薛氏《宋元通鉴》一百五十七卷，仅取材于明代官修《续通鉴纲目》；且因时代潮流所趋，二书皆偏重于理学。降及有清一代，昆山徐乾学复在大儒万斯同、阎若璩、胡渭等人的协助下，以得于泰兴季氏所藏李焘不全本，就王氏、薛氏二本而增损之，是为《资治通鉴后编》一百八十四卷。徐氏是书成就虽较王、薛二氏之书为高，但因所得李焘本"所载仅至英宗治平而止，神宗以后乃属阙如"，② 故不无凌乱阙佚，未为定本。这一状况，尚有待进一步整理纂辑，以成一代治典。毕沅之主持纂辑《续资治通鉴》，即有感于此而作。③

关于毕沅《续资治通鉴》纂辑刊刻之过程，冯集梧序该书称：

> 经营三十余年，延致一时轶才达学之士，参订成稿；复经余姚邵二云学士核定体例付刻，又经嘉定钱竹汀詹事逐加校阅。然刻未及半，仅百三卷止。集梧于去岁买得原稿全部及不全板片，惜其未底于成，乃为补刻百十七卷，而二百二十卷之书居然完好。缘系毕氏定本，故稍为整理，不复再加考订。其缮译人、地、官名，亦依原书遵四库馆通行条例改定。……嘉庆六年三月日，桐乡后学冯集梧识。④

钱庆曾续编钱大昕年谱，于嘉庆二年（1797）条亦称：

> 是年为两湖制军毕公沅校刊《续资治通鉴》。……先经邵学士晋涵、严侍读长明、孙观察星衍、洪编修亮吉及族祖十兰先生（指钱坫——引者）佐毕公分纂成书。阅数年，又属公复勘，增补考异，未蒇事而毕公卒，以其本归公子。⑤

---

① 《四库全书总目》卷47，《史部》，《编年类》，《资治通鉴考异》30卷条。
② 《四库全书总目》卷47，《史部》，《编年类》，《续资治通鉴长编》520卷条。
③ 参见王树民：《中国史学史纲要》七，《新史书体裁的创立和史学的新发展》，中华书局1997年版，第120—125、145页。
④ 冯集梧：《续资治通鉴·序》，《续资治通鉴》卷首，中华书局1957年版，第13页。
⑤ 钱庆增：《竹汀居士年谱续编》，嘉庆二年丁巳七十岁条。

又史善长撰毕沅年谱于嘉庆二年（1797）条称：

> 公自为诸生时，读涑水《资治通鉴》，辄有志续成之。凡
> 宋元以来事迹之散逸者，网罗搜绍，贯串丛残，虽久典封圻，
> 而簿领余闲，编摩弗辍，为《续通鉴》二百二十卷。始自建
> 隆，讫于至正，阅四十余年而后卒业。复为凡例二卷、序文一
> 首，毕生精力尽于此书。至是乃付剞劂，艺林鸿宝，海内争欲
> 先睹为快。①

综观冯、钱、史三氏所言，毕沅主持纂辑《续资治通鉴》，大体经过了
以下几个阶段：第一阶段为草创期，约当毕沅任陕西、河南巡抚期间。
是时，严长明、孙星衍、洪亮吉、钱坫诸人客毕沅幕中，除协助毕沅辑
刻《经训堂丛书》外，即分任是书之纂辑。第二阶段为复审期，《续资
治通鉴》成编后，毕沅因不大满意，乃属邵晋涵为之更正，遂大为改
观。② 第三阶段为续订期，经邵晋涵更正后，毕沅又以《举要历》属钱
大昕，且属其复勘全书，且增补考异。第四阶段为刊刻期，此一阶段又
可分为前后两期，前一期为毕沅在世时所刻一百三卷，后一期为冯集梧
于嘉庆六年（1801）年补刻二百二十卷。

然而，章学诚所撰《为毕制军与钱辛楣宫詹论续鉴书》、《邵与桐别
传》二文，则于该书卷数及版本提出了不同的说法。前文称："计字二
百三十五万五千有奇，为书凡二百卷。"③ 后文称："故总督湖广尚书镇

---

① 史善长编：《弇山毕公年谱》，嘉庆二年丁巳六十八岁条。
② 黄云眉编《邵二云先生年谱》乾隆三十九年甲午三十二岁条称："是年，鲁仕骥有答先
　生书云：……如此书言，可知先生后日为毕沅覆审《续通鉴》，固先生之素志。"鲁仕
　骥《山木居士文集》卷4《答邵二云书》曰："比承手书，知自卫河别后三年中，所得
　山水读书之益，至富极宏。……《宋史》浩烦，谬误颇多，足下考异，其中亦稍有驳
　正否？温公《通鉴》之成，当时能读者已不多觏，其书选择精详，法戒备具，锡名
　'资治'，良不虚也。明方山薛氏，采宋元两朝事迹为《续通鉴》，颇不惬于鄙衷，顾粗
　疏未敢轻置议论耳。足下因读《宋史》，而欲续其书，殆亦有见于薛书之未之当与？愿勉
　之慎之焉。"
③ 章学诚：《文史通义》，《外篇三》，又见中华书局本《续资治通鉴》卷首。

洋毕公沅，尝以二十年功，属某客续《宋元通鉴》，大率就徐氏（指徐乾学——引者）本稍为损益，无大殊益。公未惬心，属君（指邵晋涵——引者）更正。君出绪余为之复审，其书即大改观。时公方用兵，书寄军营，读之，公大悦服，手书报谢，谓迥出诸家《续鉴》上也。贻选谨按：先师为毕公复审《续鉴》，其义例详家君《代毕公论续通鉴书》，与毕氏所刻仅就徐氏增损之本迥异。闻邵氏尚有残稿，恐未全耳。公旋薨于军，其家所刻《续鉴》，乃宾客初定之本；君之所寄，公薨后家旋籍没，不可访矣。"① 按章学诚所说，《续资治通鉴》有两种本子，一为邵晋涵更正寄毕沅本，后因毕沅家遭籍没而不可访；一为据宾客初定之本刊刻者，其卷数为二百卷。对此，胡适、黄云眉二先生认为有可疑之处，尝加以论辩。其大要谓：《续资治通鉴》初刻于嘉庆二年（1797），毕沅于是年去世，至嘉庆四年（1799）其家被籍没，是书仅刻得一百三卷，而冯集梧于嘉庆五年（1800）购得全部原稿及不全板片，遂为之补刻，至次年三月刻成二百二十卷。因此，章学诚于嘉庆五年（1800）作《邵与桐别传》时，《续资治通鉴》并未有刻本行世，而邵晋涵更正之本亦非不可访。章学诚代毕沅致钱大昕书，作于乾隆五十七年（1792），② 是时去刻书之时尚

---

① 章学诚：《章氏遗书》卷18，《文集三》，又见中华书局本《续资治通鉴》卷首。

② 陈鸿森先生著《钱大昕年谱别记》则系此文于乾隆五十九年，其《别记》五十九年、六十七岁条称："章氏此信不记撰年，胡适之先生《章实斋年谱》系于五十七年壬子，并无明据。余考此信既言全书'计字二百三十五万五千有奇，为书凡二百卷'，'邵与桐校订颇勤'，是全书大体已经写定。又言'大约明岁秋冬拟授刻矣'。今据《瞿木夫自订年谱》乾隆六十年条载，先生为毕氏阅定考正，即于吴门开雕（原注：详本文明年条下），则章氏此书宜系于本年，庶几近之。"不过，王昶《与毕秋帆制军论续通鉴书》称："去冬武昌话别，忽忽半年，伏惟起居安吉。得来教，谓《续鉴》一书，经二云诸君纂辑成编，惟《举要历》未撰，兹属钱少詹成之，即属以校雠勘定，付诸梓人，甚慰所望。"（《春融堂集》卷32）按王昶于乾隆五十四年（1789）二月任刑部右侍郎，五十五年（1790）九月初十日，奉命往湖北审讯应城县武生李杜控仓书科派买谷又敛钱买马折收草费各款案，十五日至武昌，次日又奉旨赴荆州审讯他案等，至五十六年（1791）二月十九日回到京师。（参见严荣编《述庵先生年谱》有关各年）据此，王昶是书当作于乾隆五十六年，而书中所说《续通鉴》经邵晋涵等人纂辑成编，及属钱大昕撰（转下页）

隔六年，而书中所言"邵与桐校订颇勤"、"全书并录副本呈上，幸为检点舛误"，可知邵晋涵校订之本已于是年完成。按理其后刊刻时仍用宾客初定之本，钱大昕于嘉庆二年（1797）为毕沅复勘是书，增补考异，但未蒇事而毕沅卒，因将其本归还毕沅之子，即使邵晋涵所寄之本不可访，钱大昕所归之本似不应一并亡佚。至于二百卷之说，除章学诚有此说外，钱大昕为毕沅作墓志铭、史善长为毕沅作年谱及冯集梧序《续资治通鉴》，皆称二百二十卷。或章学诚作书后增补二十卷，抑或二百二十卷固为邵晋涵改定本。[①]胡、黄二先生所辩论，确实指出了章学诚二文中的可疑之处。

今据相关文献，更为推广之。安章学诚二百卷之说，所指乃经邵晋涵更正录副后呈请钱大昕校勘之本，此时，目录尚未写就，而所为

（承上页）《举要历》、校雠勘定之事，亦当为此年。又章学诚书中有"闻大著《元史》，比已卒业，何时可以付刻"之语，据钱庆曾《竹汀居士年谱》乾隆五十六年、六十四岁条案语称："撰《元氏氏族表》四卷、《补元艺文志》四卷。谨案：公少读诸史，见《元史》陋略谬盭，欲重纂一书。又以元人氏族，最难考索，创为一表。而后人所撰三史艺文，亦多未尽，更搜辑补缀之。其余纪传志表，多已脱稿，惜未编定。是年精力少差，先以《氏族》、《艺文》二稿誊成清本。又有《元诗纪事》若干卷，以稿属从祖同人及陶凫香两先生编次成书。"是毕沅嘱托钱大昕之事，亦应在乾隆五十六年，与王昶所说时间上正相合。又黄云眉编《邵二云先生年谱》乾隆五十五年庚戌四十八岁条称："是年三月，章学诚有与毛生书云：……此书盖学诚始抵武昌时所发。同时段玉裁亦客武昌，有书致先生云：'客冬得晤，数年契阔，得以稍畅。……近者索居无俚，乃沂江至秋帆先生所一行，月内当即归，不能久滞也。……秋帆先生云，相属纂《宋元明通鉴》，此事亦天地间不可少之事，何日成之？……四月十六日武昌幕中。'"可知乾隆五十五年（1790）时，邵晋涵还在进行《续资治通鉴》的更正工作。但限于更直接的证据，该文究竟成于何时，姑且存疑。

①　参见胡适著、姚名达补订：《章实斋年谱》乾隆五十七年壬子五十五岁条；黄云眉编：《邵二云先生年谱》乾隆五十七年壬子王十岁条。又胡著辩证后附记称："《续通鉴》冯刻本二百二十卷，虽署嘉庆二年，实成于嘉庆六年。板存嘉兴冯氏，同治丁卯归上海道应宝时，补刊六十五板；今归江苏书局。叶德辉《观古堂书目》作三百二十卷，注'嘉庆二年《经训堂》刻本'；《书目答问》亦作三百二十卷，皆误。惟莫友芝《邵亭[书]目》所记作二百二十卷　不误。"又罗澍伟先生所作《毕沅》一文，对此亦有述论，详参陈清泉等编：《中国史学家评传》（中册），中州古籍出版社1985年版，第1028—1038页。

考异，"惟不别为书，注于本文之下"。① 而据王昶《与毕秋帆制军论续通鉴书》称："得来教，谓《续通鉴》一书，经二云诸君纂辑成编，惟《举要历》未撰，兹属钱少詹成之，即属以校雠勘定，付诸梓人，甚慰所望。"可知邵晋涵更正之后，钱大昕续有增益。而以钱大昕之增益，加上目录、《举要历》卷数，较章学诚作书之时增多二十卷，是很有可能的。② 故至嘉庆二年（1797），钱大昕为毕沅作墓志铭、史善长为毕沅作年谱皆称为二百二十卷，而冯集梧嘉庆六年（1801）所刻之本，亦称二百二十卷。由此可见，胡、黄二先生推测章学诚作书后增补二十卷是有见地的。当然，若说二百卷固为邵晋涵改定本，而毕沅去世后其家所刻乃依宾客初定之本，邵本于毕家籍没后不知去向，则大有可疑。按毕沅既曾以邵晋涵改定本录副托钱大昕补撰校勘，而钱大昕在致冯集梧书中，并

---

① 　章学诚：《文史通义》，《外篇三》，《为毕制军与钱辛楣宫詹论续鉴书》，又见中华书局本《续资治通鉴》卷首。阮元《揅经室二集》卷7《南江邵氏遗书序》称："今先生久卒，于官所著书惟《尔雅注疏》先已刊行，今令子秉华等复刊《南江札记》四卷、《南江文钞》若干卷，次第皆成。尚有……《宋元事鉴考异》、……若干卷未刊，将次第刊之，以贻学者。"可知邵晋涵更定《续资治通鉴》，在初定本基础上亦有考异。此后，钱大昕校雠该书，亦续有考异。

② 　按：司马光撰《资治通鉴》，便于正文294卷外，另有《目录》30卷。又按：朱熹《晦庵先生朱文公文集》卷76《资治通鉴举要历后序》称："清源郡旧刻温国文正公之书，有《文集》及《资治通鉴举要历》，皆八十卷。《历》篇之首，有绍兴参知政事上蔡谢公克家所记，于其删述本指、传授次第，以及宣取投进所以然者甚悉。然其传布未甚广，而朝命以其版付学省，则下吏不谨，乃航海而没焉，独《文集》仅存，而历数十年未有能补其亡者。淳熙壬寅（即宋孝宗九年，1182），公之曾孙龙图阁待制侁来领郡事，始至而视诸故府，则《文集》者亦已漫灭而不可读矣。乃用家本雠正，移之别版，且将次及《举要》之书，而未遑也。一日，过客有以为言者，龙图公矍然曰：'吾固已志之矣。'亟命出藏本刻焉。逾年告成，则又以书来语熹曰：……熹窃闻之，《资治通鉴》之始奏篇也，神宗皇帝实亲序之，则既有'博而得要，简而周事'之褒矣。然公之意，犹惧夫本书之所以提其要者有未切也，于是乎有目录之作，以备检寻。既又惧夫目之所以周于事者有未尽也，于是乎有是书之作，以见本末。……顾以成之之晚，既未及以闻于上，而党论继作，科禁日繁，则又不得以布于下。……不幸中间又更放失，以迄于今，乃有闻孙适守兹土，然后复得大传于世，以永休烈。"（《朱子全书》本）据此，司马光之撰《资治通鉴》，除本文和目录外，尚有《举要历》80卷。王昶《与毕秋帆制军论续通鉴书》所称"惟《举要历》未撰，兹属钱少詹成之"，当系指此而言。虽然钱氏成书卷数不甚明了，然《举要历》应为毕沅《续资治通鉴》之组成部分，则当予以充分关注。

没对冯氏所称据原稿刊刻提出疑议，若冯氏所据乃宾客初定本，以钱大昕亲承其事，何以分辨不出冯氏所刻系邵本抑或宾客初定之本？而此书卷帙之繁富，以邵晋涵一人之力，于寄呈毕沅军中之前，短时间内录为副本的可能性不大。即使有副本，章学诚亦未曾得见，故其在《邵与桐别传》中所称"闻邵氏尚有残稿，恐未全耳"云云，[①] 则显系推测之词，难为别有邵本之依据。[②]

而章学诚《邵与桐别传》所说"故总督湖广尚书镇洋毕公沅，尝以二十年功，属某客续《宋元通鉴》，大率就徐氏本稍为损益，无大殊益"，[③] 亦有两可疑处。一则据前引钱庆曾所称，当时佐毕沅纂辑《续资治通鉴》者，有严长明、孙星衍、洪亮吉、钱坫诸人，并非仅"某客"所为。二则据章学诚代毕沅致钱大昕书称："今宋事据丹稜、井研二李氏（指李焘、李心传——引者）书而推广之，其辽金二史所载大事，无一遗落，又据旁籍以补其逸，亦十居三四矣；元事多引文集，而说部则慎择其可征信者。"[④] 又冯集梧序称："兹书以宋、辽、金、元四朝正史为经，而参以《续资治通鉴长编》、《契丹国志》等书，以及各家说部、文集，约百十余种。"也就是说，毕沅主持纂辑《续资治通鉴》，

---

① 章学诚：《章氏遗书》卷18，《文集三》，《邵与桐别传》，又见中华书局本《续资治通鉴》卷首。

② 章学诚与朱锡庚书曾曰："即如足下屡促仆为邵先生传，仆亦自谓邵君之传，实有一二非仆著笔不得其实者，盖平日实有印证，非漫言也。然能言其意而无征于实，则文空而说亦不为人所据信，故从其家问遗弓。……邵氏次君，自命读父书者，遇仆求请，辄作无数惊疑猜惧之象，支离掩饰，殊难理喻。仆初犹未觉，后乃至于专书不报，姚江赴杭至郡，又过门不入，仆甚疑骇。久乃得其退后之言，直云仆负生死之谊，盗卖毕公《史考》，又将卖其先人笔墨，献谄于谢方伯，是以不取于仆。"（《章学诚遗书佚篇》，《又与朱少白》）又《邵与桐别传》亦称："然君卒数年矣，余屡就其家求其遗书坠绪，庶几征乎所知，乃竟不可寻。"（《章氏遗书》卷18，《文集三》）可见章学诚对邵晋涵的遗著并不了解。

③ 章学诚：《章氏遗书》卷18，《文集三》，《邵与桐别传》，又见中华书局本《续资治通鉴》卷首。

④ 章学诚：《文史通义》，《外篇三》，《为毕制军与钱辛楣宫詹论续鉴书》，又见中华书局本《续资治通鉴》卷首。

是参考了大量文献的，尤其是徐乾学所得李焘《续资治通鉴长编》不全本，经四库馆臣之辑佚而成完编，毕沅因得以为资。而章学诚所说"某客""大率就徐氏本稍为损益，无大殊益"，则显与前文自相矛盾。况且在文献丰富的情况下，毕沅又何以能认可"某客"如此草率地处理？而以严长明、孙星衍、洪亮吉、钱坫诸人之才学，当不至疏漏如此之甚。退一步说，即使"某客"确实如此做了，毕沅因此而不满意，遂属邵晋涵再加整理，但以邵晋涵一人之力，是不可能推翻重来的。章学诚称邵晋涵"较订颇勤"，冯集梧称"复经余姚邵二云核定体例付刻"，可见邵晋涵所做工作主要在于订前稿之不足。且除章学诚言及毕沅对初稿不满意外，他人无道及者。盖毕沅一生于《续资治通鉴》倾注了大量心血，为慎重起见，才属长于史学的邵晋涵和钱大昕为之更正校雠，但这并不意味着初稿粗陋不堪。如此看来，章学诚文中对"某客"的不满，似另有所指。

　　考章学诚于乾隆四十六年（1781）所作《与邵与桐书》，其中谈到托邵晋涵致书毕沅欲谋一席之事，曰："夏间接读手示，以关中一席，毕中丞复以缓商，不识中丞复意如何？倘淡漠无意，则无可投矣。若犹有平原旧意，或未得坐拥皋比，即从事编摩术业，不无少有所获。惟足下斟酌为之，度其不可，则竟不须饶舌；如在可否之间，则再以一牍讯问。"接着，章学诚不无感慨和遗憾地指出："往者竹君先生泛爱及众，有所举于中丞，皆一时之选。然亦有拯悯饥寒，仅就尺短寸长，使之有以自效。中丞雅善衡量，亦既随其器之大小，有以满其剂量，以是人称中丞能得士矣。而斯人亦出竹君先生门下，袖手冷笑，独谓人世不必更求知音，倔强自喜，不复顾屑，以至于今，故困穷转出藩篱鹦雀下也。某属公门下，辱知为深，当此相须股而相遇甚疏之际，苟不为公一言，则负知遇之恩，莫斯为大。"① 按章学诚书中所特意指出之"斯人"，既

_____

① 章学诚：《章学诚遗书》卷 29，《外集三》，《与邵与桐书》。书中称："连接儿子来书，竹君先生竟作古人。"末署："十月初三日。"按朱筠卒于乾隆四十六年（1781）六月二十七日，故章氏此书当作于是年。

出朱筠门下又受知于毕沅，考当时毕沅幕府中严长明、吴泰来、孙星衍、洪亮吉、钱坫诸人，惟有洪亮吉尝与章学诚同客朱筠幕，且有同门之谊；而洪亮吉《将赋南归呈毕侍郎六十韵》有言："偶道一士奇，名已入夹袋。"① 是可见洪亮吉之见重于毕沅。然观洪亮吉诸作，并未言及有举荐章学诚之事。因此，章学诚书中所指"斯人"，盖针对洪亮吉而言。② 因为章学诚、邵晋涵、洪亮吉皆曾同客朱筠幕府，故章学诚以"斯人"指代而不直书其名，邵晋涵是能领会的。此一事件，无疑在章学诚心中种下了遗恨。而章学诚在致朱锡庚的书中又指出："洪、孙诸公，洵一时之奇才，其于古文辞，乃冰炭不相入，而二人皆不自知香臭。……以洪君之聪明知识，欲弹驳弟之文史，正如邵先生所云：'此等拳头，只消谈笑而受，不必回拳，而彼已跌倒者也。'彼驳邵之《尔雅》，方长篇大章，刻入文集，以为得意，而邵之议论已如此。今彼刻驳弟之书，乃因诎于口辨，而遂出于装点捏造，殆较驳邵为更甚矣。此书即使出弟身后，儿辈力量，尚能驳正。……邵先生行事细碎，宜即动手记之。即如受洪书而不报，此虽不便明记，亦可暗指其事，而形其雅量也。"③ 由此可见，章学诚不仅因没得到洪亮吉的举荐而衔恨，更因论学不合而不以洪亮吉为然。不惟在古文辞方面章学诚与洪亮吉、孙星衍路数不合，即整体为学趋向，亦"绝不相入"。章学诚致朱锡庚书有言："盖渊如天分虽高，却为名心甚急，故用功不懈，至今无自得之学者，名心为之累也。功浅之时，求人赏鉴；今功稍深，又求胜人。……洪稚存近来所得不知如何？彼天分稍逊渊如，而用功似较渊如沉着。如阮学使亦颇高明，所得似在

---

① 洪亮吉：《卷施阁诗》卷5，《将赋南归呈毕侍郎六十韵》。

② 当时，与洪亮吉同出朱筠门下而曾客毕沅幕中者，尚有黄景仁、程晋芳，但二人留住时日甚短，详参毛庆善、季锡畴纂：《黄仲则年谱》，乾隆四十六年、四十八年各条，及吕培等：《洪北江先生年谱》，乾隆四十九年条。

③ 章学诚：《章学诚遗书》，《补遗》，《又答朱少白书》。洪亮吉驳邵晋涵、章学诚之文，见《卷施阁文甲集》卷7《释大别山一篇答郡编修晋涵》（附《汉水释》）、《又与邵编修辨尔雅斥山书》、《与章进士学诚书》。而章学诚之驳洪亮吉之说，见《地志统部》（《章学诚遗书》卷14，《方志略例一》）。

孙、洪之间，但不致放言高论。……此数公皆与鄙人路数绝不相入，故无争竞之心，亦无附会之意。阮学使与洪稚存在河南抚署日，作书与洪稚存曰：'会稽有章实斋，所学与吾辈绝异，而自有一种不可埋没气象，不知是何路数，足下能定之否？愚意此亦一时之奇士也'云云。观此，则诸君至今不知鄙为何许人矣。"① 即此可见，章学诚之于洪、孙诸人，已判然两途矣。更可指出的是，章学诚每以史学义例、褒贬自任、自高，亦每欲以己之所学讥弹洪、孙，但章学诚之史学却并不为当时学人所认可。这不能不引起他对他人的批判，除了以较为委婉的"规劝"形式提出商榷外，有意无意间流露出的"影射"，则成了其发泄心中郁闷的途径。② 以洪亮吉、孙星衍诸人得以参与《续资治通鉴》的前期纂辑工作，而章学诚既曾衔恨于洪亮吉，又其于洪、孙论学之不合，因此而生发怨气，以至于闪烁其词地发为"某客"、"宾客初定之本"之说，是很有可能的。通过以上梳理，我们可否得出如下认识：章学诚所称"某客"，乃影射洪亮吉；冯集梧刻本即系经洪亮吉、孙星衍诸人初定，而经邵晋涵更正、钱大昕增补之本，而章学诚所说邵本不可访则系推测之言。至于该书卷数问题，很大的可能性是章学诚代毕沅致书钱大昕后，

---

① 章学诚：《章学诚遗书佚篇》，《与朱少白书》。

② 章学诚规劝孙星衍，见《与孙渊如观察论学十规》（《章学诚遗书佚篇》），又其与朱锡庚书中，亦屡屡道及，如其批评孙星衍《问字堂集》曰："渊如则本无所得，全恃聪明，立意以掀翻古人为主，而力实未能，故其文集疵病百出。鄙所纠正，特取与《文史通义》相关涉者而已，其余非我专门，不欲强不知以为知也。倘他篇又别有专门之人如鄙之纠驳，则身无完肤矣。"（《章学诚遗书》，《补遗》，《又与朱少白书》。）而章学诚虽以史学自高，但其史学则与钱大昕诸人不同，即与论学相得之邵晋涵亦有差别。章学诚《又答朱少白书》尝称："……此事（指前论作志传之法）与流俗言则不解，与通人言又每多不以为然，斯道之所以难也。辛楣先生尚不谓然。"（《章学诚遗书》，《补遗》。）又《家书五》称："《廿一史》中，《宋史》最为芜烂，邵欲别作《宋史》。……然邵长于学，吾善于裁。如不可以合力为书，则当各成一家，略如东汉之有二谢、司马诸书，亦盛事也，但恐不易易耳。"（《文史通义》卷9，《外篇三》。）而钱大昕《廿二史考异序》曰："更有空疏措大，辄以褒贬自任，强作聪明，妄生疵病，不稽年代，不揆时势，强人以所难行，责人以所难受，陈义甚高，居心过刻，予尤不敢效也。"（《潜研堂文集》卷24）盖亦针对章学诚而发。章学诚于一时学界之寡合，于此可见一斑。

增补了《目录》及钱大昕补撰之《举要历》。此一认识能否成立，尚需学界同仁做进一步的衡定。

　　尽管因章学诚之言，《续资治通鉴》被蒙上了一层"疑团"，但该书的价值则是应予肯定的。较之此前陈桱、王宗沐、薛应旂、徐乾学诸家所续之书，毕沅主持纂辑的《续资治通鉴》，不惟在文献依据方面有了大大的超越，而且其篇幅之繁富和考订之详审，亦非前此诸家所可拟。[①]此外，是书之于家法、裁断，亦有所发明。章学诚《为毕制军与钱辛楣宫詹论续鉴书》于此揭示道：

　　　　按司马氏书，于南北朝之争相雄长，五代十国之角掎鼎峙，其详略分合，本于《左氏春秋》之详齐鲁。而陈、王、薛三家，纷纷续宋元事，乃于辽、金正史束而不观，仅据宋人纪事之书，略及辽、金继世年月，其为荒陋，不待言矣。徐昆山书最为晚出，一时相与同功如万甬东、阎太原、胡德清诸君，又皆深于史事，宜若可以为定本矣。顾《永乐大典》藏于中秘，有宋东都则丹棱李氏《长编》足本未出，南渡则井研李氏《系年要录》未出，元代则文集。说部散于《大典》中者亦多逸而未见，于书虽称缺略，亦其时势使然，未可全咎徐氏。然辽、金正史止阅《本纪》，间及一二名人列传，而诸传志表，全未寓目；宋嘉定后，元至顺前，荒略至于太甚，则不尽关遗编逸事之未出矣。至于偶据所见，骋其繁富，如西夏备述姻戚世系，元末琐事取资《铁崖乐府》，编年之书，忽似谱牒，忽似诗话，殊为失于裁制。然其征材较富，考核较详，已过陈、王、薛氏数倍，则后起之功，易于藉手，亦其道也。

---

① 王昶《春融堂集》卷32《与毕秋帆制军论续通鉴书》曰："闻是书搜采繁富，考据精审，如李焘、徐梦莘、李心传诸书，为前人所未见者，皆分别甄录，辨其异同，而补其疏略，诚所谓体大而思精，继温国之后，而前此所未有者也。"

　　夫著书义例，虽曰家法相承，要作者运裁，亦有一时风
气。即如宋元编年诸家，陈、王、薛氏虽曰未善，然亦各有所
主。陈氏草创于始，亦不可为无功；薛氏值讲学盛行之时，故
其书不以孤陋嫌为，而惟详于学派；徐氏当实学竞出之际，故
其书不以义例为要，而惟主于多闻。鄙则以为风尚所在，有利
即有其弊，著书宗旨，自当因弊以救其偏，但不可矫枉而至
于过尔。今兹幸值右文盛治，四库搜罗，典章大备，遗文秘
册，有数百年博学通儒所未得见，而今可借钞于馆阁者。纵
横流览，闻见广于前人，亦藉时会、乘便利有以致此。岂可
以此轻忽先正苦心，恃其资取稍侈，栩然自喜，以谓道即
在是！

此即其"古人著书，贵有家法，闻见猥陋，不足成家；而好骋繁富，不
知所裁，亦失古人著书宗旨"取向的体现。正是基于此一通达之见，毕
沅一反李焘避司马光之嫌而谦称其书为《资治通鉴长编》，认为"班
《书》而后，范、沈、萧、李所为纪传，其文虽去班《书》远甚，未尝
谦避而不敢名'书'，人不以为僭也；则马《鉴》而后，续者似可不以
《通鉴》为讳"，故不取邵晋涵"宋元事鉴"、章学诚"宋元文鉴"之建
议，而直名其书曰《续资治通鉴》。至于司马光"臣光曰"、徐乾学"臣
乾学"之体例，在毕沅看来，"据事直书，善恶自见，史文评论，苟无
卓见特识，发前人所未发，开后学所未闻，而漫为颂尧非桀，老生常
谈，或有意骋奇，转入迂僻，……斯为赘也"，[①] 因付之阙如。凡上所

―――――――――――――――――

① 　以上皆引自章学诚：《文史通义》，《外篇三》，《为毕制军与钱辛楣宫詹论续鉴书》，又
　见中华书局本《续资治通鉴》卷首。据钱大昕致冯集梧书称："盖史以寓褒贬，其用意
　所在，唯著书人可以自言之。今秋帆既未有序，身没之后，先生得其遗稿续成之，大
　序但志刊刻始末，不言其撰述之旨，最为得体。"（中华书局本《续资治通鉴》卷首）
　毕沅既未序该书，而其撰述意旨仅见于章学诚代书中，章氏所言虽然不能完全体现毕
　沅之意，但大体上是得到毕沅认可的。按：前引史善长编《弇山毕公年谱》尝称毕沅
　"复为凡例二卷、序文一首"，与钱大昕所云"今秋帆既未有序"有异。

述，大略可体现出毕沅主持纂辑《续资治通鉴》的取舍和意向，而是书之意义，亦可由此窥其一斑。[1] 故莫友芝在《修补毕氏续资治通鉴刊板跋》中称："逮秋帆尚书际四库告成册备之余，得因徐氏旧编，罗放失，翦榛芜，又有史家宿学王西庄、钱竹汀、邵二云诸老辈，为之质证往复，以成定本。虽纪四百年事，较温公纪千数百年者，卷帙遂有三之二，犹启后来议端，续温公书诚不易易。然其缜密详赡，在二代编年家，固未能或之先也。"[2] 洵可谓平情之论。

《续资治通鉴》外，毕沅还于晚年主持了另一项史学著作——《史籍考》的纂辑工作。前面提及，章学诚尝于乾隆四十六年（1781）托邵晋涵致书毕沅，欲谋一席而未果。但章学诚并没因此次的受挫而灰心，仍然等待时机，以图得到毕沅的赏识。这一心愿终于在友人周震荣的启发下得到实现。

乾隆五十二年（1787），周震荣以矢彝尊虽有《经义考》之作，然未及于史，实为学途之阙事，因激厉章学诚向毕沅致意。章学诚采纳了周震荣的建议，遂毛遂自荐，致书毕沅。在信中，章学诚一方面表达了

---

[1] 王昶《春融堂集》卷32《与毕秋帆制军论续通鉴书》尝称："窃谓史书之作，在收采之宏富，而尤在持论之方严，盖将以明古今之治乱，而治乱所以肇，实本乎贤奸忠佞之分。……是书卷帙重大，须佽助者必多，愿以此告少詹，并告同局诸君子，为世道人心计，不独以收采宏富为能。……执事作是书，某备闻绪论久矣。……今闻书已将成，为之喜而不寐。又虑同事者修其繁博，而不足以昭炯戒，且接娶洮溷世俗之为也。敢忘其愚而言之，愿稍留意焉。"依王昶之意，当时参与纂辑《续资治通鉴》者，似主于广搜博考，而略于议论褒贬，故提出商榷意见，希望毕沅能够注意此一层意思。

[2] 莫友芝：《邵亭遗文》卷3，《修补毕氏续资治通鉴刊板跋》，《续修四库全书》本。而该跋于毕沅《续资治通鉴》之流传、补刻情形亦有揭示，其言曰："同治丙寅春，李肃毅伯开书局金陵，刊《六经注》成，且及史汉。问继者何亟？友芝以《通鉴》对，续宋元则取镇洋毕氏。即承命，求诸果泉仿元本备复刊。闻毕书板在嘉兴冯氏者，军兴取供炊薪，仅损未百块，其部遭掊薪村易去。舌定，又不能缀完。戴礼庭秀才方议售，且就，而礼庭亡。肃毅提师赴句济，应敏斋观察亟为购致，刊补亡失，以行江浙。四部巨编，板刻燹毁几尽，惟此项果摇摇将不自存，遂得拔出尘囊，为士林嘉会，观察之为政可思矣。"又张之洞《书目答问》于毕沅是书称："宋、元、明人续《通鉴》甚多，有此皆可废。"（范希曾：《书目答问补正》卷2，《史部》，《续资治通鉴》320卷条，上海古籍出版社1986年版，第110页。）

对毕沅的仰慕之情，且述及自己目前的困境；另一方面，则以旧刻《和
州志例》二十篇、《永清县志》二十五篇为赘，且言及所著之《校雠通
义》、《文史通义》，期望以自己的史学才能得到毕沅的重视。① 大概缘
于周氏为毕沅门生之故，或毕沅对章学诚编纂史学的想法感兴趣，是以
毕沅招章学诚前往河南巡抚官署。这一转机，对身处窘境的章学诚来
说，无疑是百感交集的，故他于是年十一月不顾天寒地冻，欣然就道。
但因一直未曾与毕沅谋面，章学诚在未见到毕沅之前，一路上的心情始
终处于忐忑不安的状态。及至到了河南与毕沅会面，将自己的想法一一
道出，而深为毕沅所赞许。② 因而，在毕沅的主持下，遂开局修《史籍
考》，而由章学诚经营其事。

《史籍考》开局之后，章学诚即与洪亮吉、凌廷堪诸人"泛览典
籍"，③ 投入此项工作中去。大概为了修书的便利，章学诚于乾隆五十
三年（1788）二月，承毕沅之命就职归德府之文正书院。④ 而大约在与
毕沅晤谈前后，章学诚作有《论修史籍考要略》一文，详悉阐述了修书
缘由及编撰体例。其言曰：

> 校雠著录，自古为难。二十一家之书，志典籍者，仅有
> 汉、隋、唐、宋四家，余则阙如。《明史》止录有明一代著述，
> 不录前代留遗，非故为阙略也，盖无专门著录名家，勒为成

---

① 参见章学诚：《章学诚遗书》卷22，《文集七》，《上毕抚台书》。
② 参见章学诚：《章氏遗书》，《补遗》，《上毕制府书》。在《丁巳岁暮书怀投赠宾谷转运
因以志别》诗中，章学诚回忆当时情形曰："晏岁仓皇走梁宋，才拙岂可辞贱贫。镇洋
太保人伦望，寒士闻名气先壮。载门长揖不知惭，奋书自荐无谦让。公方养府典谒辞，
延见卧榻犹嫌迟。解推遽释目前困，迎家千里非逶迤。宋州主讲缘疑凤，文正祠堂权
庙祝。"（《章学诚遗书》卷28，《外集一》）
③ 章学诚：《章学诚遗书》卷29，《外集二》，《与孙渊如书》。谢启昆《树经堂诗初集》卷
4有《送凌仲子之河南》，诗末注曰："时约从覃溪师游庐山，仲子以往中州不果。"按
该诗作于乾隆五十二年（1787），可知是年凌廷堪已在河南。
④ 章学诚：《章学诚遗书》卷28，《外集一》，《崔母屏风题词》曰："乾隆五十三年戊申，
余承乏来主文正书院讲席。"

书，以作凭借也。史志篇幅有限，故止记部目，且亦不免错
讹。私家记载，间有考订，又就耳目所见，不能悉览无遗。朱
竹垞氏《经义》一考，为功甚巨，既辨经籍存亡，且采群书叙
录，间为案断，以折其衷。后人溯经艺者，所攸赖矣。第类例
间有未尽，则创始之难；而所收止于经部，则史籍浩繁，一人
之力不能兼尽，势固不能无待于后人也。今拟修《史籍考》，
一仿朱氏成法，少加变通，蒇为钜部，以存经纬相宣之意。

有鉴于此，章学诚提出修书十五列：一曰古逸宜存；二曰家法宜辨；三
曰翦裁宜法；四曰逸篇宜采；五曰媺名宜辨；六曰经部宜通；七曰子部
宜择；八曰集部宜裁；九曰方志宜选；十曰谱牒宜略；十一曰考异宜
精；十二曰板刻宜详；十三曰制书宜尊；十四曰禁例宜明；十五曰采摭
宜详。至其编纂之法，章学诚指出："理宜先作长编，序跋评论之类，
钞录不厌其详。长编既定，及至纂辑之时，删繁就简，考订易于为力。
仍照朱氏《经考》之例，分别存、佚、阙与未见四门，以见征信。"[1]
即此来看，《史籍考》所录，已非仅仅局限于史部一门，而实有"取多
用宏，包经而兼采子集"的宏大气象。当然，此一取向，乃缘于章学诚
"以为盈天地间，凡涉著作之林，皆是史学，《六经》特圣人取此六种之
史以垂训者耳。子集诸家，其源皆出于史"的独特认识。[2] 而就此十五
例而言，除第十三、十四两条外，其他所论皆属通达之见，以此从事，
确能收广采博稽之益。

　　章学诚到了文正书院以后，因尚未考录生徒入院，故除必要的官场
应酬之外，得以有充足的时间从事编摩。不过，由于文正书院藏书甚少

---

① 以上皆引自章学诚：《章学诚遗书》卷 13，《校雠通义外篇》，《论修史籍考要略》。章学
　 诚初拟体例后，尝致书邵晋涵以相商。章学诚《与邵二云书》曰："自到河南，三度致
　 书，想俱邀鉴矣。……所商《史籍考》事，亦有所以教正之耶？望不吝也。"（《文史通
　 义》卷 9，《外篇三》。）
② 章学诚：《文史通义》卷 9，《外篇三》，《报孙渊如书》。

（自《明史》外，他不多见），而城中士绅陈濂家虽有藏书可借，亦不甚富，其他旧家如侯氏、宋氏虽向有子弟在院肄业，但因未开馆，一时亦难于就访，这在客观上给章学诚修书造成了困难。条件虽然艰难，但章学诚的热情却不减。除了利用有限的文献资源，章学诚遂向洪亮吉、孙星衍等人寻求援助，且就有关事宜提出自己的想法。三月初一日，章学诚致书洪亮吉曰：

> 三月朔日为始，排日编辑《史考》。检阅《明史》及《四库》子部目录，中间颇有感会，增长新解，惜不得足下及虚谷（指武亿——引者）、仲子（指凌廷堪——引者）诸人，相与纵横其议论也。然蕴积久之，会当有所发洩。不知足下及仲子，此时检阅何书？史部提要已钞毕否？《四库》集部目录，便中检出，俟此间子部阅毕送上，即可随手取集部，发交来力也。《四库》之外，《玉海》最为紧要，除艺文、史部毋庸选择外，其余天文、地理、礼乐、兵刑各门，皆有应采辑处，不特艺文一门已也。此二项讫工，廿三史亦且渐有条理，都门必当有所钞寄。彼时保定将家既来，可以稍作部署。端午节后，署中聚首，正好班分部别，竖起大间架也。至检阅诸书，采取材料，凡界疑似之间，宁可备而不用，不可遇而不采，想二公有同心也。兹乘羽便，先此布闻，其余一切，须开学后，接见诸生与此间人士，多有往返，性情相喻，乃可因地制宜。①

从这封信中可以看出，当时参与其事者有三处：除章学诚在归德外，洪

---

① 章学诚：《章学诚遗书》卷22，《文集七》，《与洪稚存博士书》。又《报孙渊如书》曰："承询《史籍考》事，……不特如所问地理之类已也。前有条例与邵二云，求其相助。如足下从事校雠，其于古今载籍，耳目所及，幸有以指示之也。至义例所定有应采者，邵君处已有大凡，可就询之。此间编得十卷八卷，亦当寄京，请足下辈为参定也。"（《文史通义》卷9，《外篇三》。）

亮吉、凌廷堪、武亿等人在毕沅开圭幕府，另外一处即京师，邵晋涵、孙星衍、章宗源等人与之遥相呼应，互通信息。① 不久，章宗源即将承担的《逸史》一部分邮寄给章学诚，章学诚认为"甚得所用"，且肯定了章宗源所说"撮逸之多，有百余纸不止者，难以附入《史考》，但须载其考证"的看法。而在四月二十二日致邵晋涵的信中，章学诚又对搜求逸史的方法，提出以下凡例：

> 自唐以前诸品逸史，除搜采尚可成卷帙者，仿丛书例，另作叙跋较刻以附《史籍考》后，其零章碎句，不能成卷帙者，仍入《史籍考》内，以作考证。至与之另刻，不过以其卷页累坠，不便附于各条之下，其为题裁，乃是搜逸，以证著录与零章碎句之附于各条下者，未始有殊。叙文虽另刻，必于本条著录之下，注明另刻字样，以便稽检。鸿编巨制，取多用宏，创例仅得大凡。及其从事编摩时，遇盘根错节，必须因时准酌，例以义起，穷变通久，难以一端而尽，凡事不厌往复熟商。今之所拟，不识高明以为何如？至宋元以来，史部著述浩繁，自诸家目录之外，名人文集有序文题跋，杂与说部有评论叙述，均须摘抉搜罗。其文集之序跋，不无仰资窀阁，说部则当搜其外间所无者。……若得此二事具，则采择之功，庶几十得其八九矣。又文集内有传志状述，叙人著述，有关于史部者，皆不可忽。

此一凡例，较之此前《论修史籍考要略》所说"古逸宜存"、"逸篇宜

---

① 黄云眉编《邵二云先生年谱》乾隆五十二年丁未四十五岁条称："宗源字逵之，会稽人。以宛平籍中式乾隆丙午科举人。为清代有数之辑佚家。所辑甚夥。今所传有《隋书经籍志考证》十三卷，凡隋以前乙部诸佚书，采撮略尽，盖即与学诚《史籍考》最有关系之书。余书不传，传者亦经孙星衍、严可均、洪颐煊之补订，非复章辑之旧。先生（指邵晋涵——引者）于辑佚既多致力，宗源则承先生之教，而毕生从事于此等工作者。阮元《菇辑十种古逸书序》称：'昔元二十岁外，入京谒邵二云先生。先生门徒甚多，各授以业。有会稽章孝廉逢源源当作之者，元见先生教以辑古书，开目令辑，至今犹记其目中有《三辅决录》、《万毕术》等书。章孝廉力其业，不数年成书盈尺。惜孝廉病卒，书不知零落何处'云云，可知其渊源所自矣。"

采"，更为明晰、具体，便于操作。而章学诚对此项工作的未来成就，亦抱有很大的信心。他不无自豪地说："其书既成，当与余仲林《经解钩沉》可以对峙，理宜别为一书，另刻以附《史考》之后。《史考》以敌朱氏《经考》，《逸史》以敌余氏《钩沉》，亦一时天生瑜、亮，洵称艺林之盛事也。但朱、余二人，各自为书。故朱氏《经考》，本以著录为事，附登纬候逸文；余氏《钩沉》，本以搜逸为功，而于首卷别为五百余家著录。盖著录与搜逸二事，本属同功异用，故两家推究所极，不侔而合如此。今两书皆出弇山先生一人之手，则又可自为呼吸照应，较彼二家更便利矣。"[1] 以上即为《史籍考》开局之后的草创阶段。

正当《史籍考》编撰顺利进行的时候，事情却发生了变化。先是，毕沅于乾隆五十三年（1788）秋，调任湖广总督，这一职务调动，遂使《史籍考》编纂一度搁置。更为糟糕的是，章学诚亦因毕沅的离去，而受到归德官员的冷遇，以至于是年冬失去文正书院讲席，一度陷入无可依凭的窘境。无可奈何之下，章学诚不得不投奔官亳州知州的友人裴振，聊作栖身之地。[2]《史籍考》编撰一事，遂暂告中断。据吕培等编洪亮吉年谱称，章学诚尝于是年岁暮至毕沅武昌节署，大概因当时荆州水患未靖，毕沅无暇顾及修书之事，故章学诚仅作短暂停留后即返回。[3] 乾隆五十四年（1789），章学诚先是馆于安徽学政徐立纲

---

① 以上皆自章学诚：《章学诚遗书》卷13，《校雠通义外篇》，《与邵二云书》。
② 章学诚《上毕制府书》曰："事未及殷，而阁下移节汉江。学诚欲褫被相从，则妻子无缘寄食；欲仍恋一毡，则东道无人为主。盖自学诚离左右之后，一时地主，面目遽更，造谲难通。疣之赘，尚可言也；毛无附，将焉置此？阁下抚豫数年，学诚未尝一来；及其来也，阁下便去，进退离合，夫岂人谋？不得已还往亳州。"（《章学诚遗书》，《补遗》）又《丁巳岁暮书怀投赠宾谷转运因以志别》曰："戊秋洪水割荆州，大府移镇苏度刘。坐席未煖又偬偬，故人官亳聊相投。"（《章学诚遗书》卷28，《外集一》）
③ 吕培等编《洪北江先生年谱》乾隆五十三年四十三岁条称："八月，毕公擢督两湖，先生偕行，以九月五日抵武昌节署。……岁暮，毕公甫自荆州堤工回署，汪明经中、毛州判大瀛、方上舍正澍、章进士学诚，亦先后抵署，谈燕之雅，不减关中。"又按史善长编《弇山毕公年谱》，毕沅于乾隆五十三年（1788）八月驰抵荆州视事，经营水患事宜，至十一月抵武昌，次年二月又至荆州，直到十二月返武昌。可知毕沅这一段时间主要精力放在了政务上，一时顾不上修《史籍考》的事。

署，继访荐师沈业富于扬州，又游湖北，见时任湖北乡试正考官的弟子史致光，十月返回亳州后，即为裴振修州志。辗转之余，章学诚除致力于《文史通义》撰作外，于修《史籍考》一事仍念念不能去怀，故于是年十二月二十九日，借为毕沅庆祝六十大寿之机，再次提及修《史籍考》事，希望能得到毕沅的支持。其中称："倘得驰一介之使，费崇朝之享，使学诚得治行具，安家累，仍充宾从之数，获成《史籍》之考。曰期曰颐，常饫寿尊之余沥；善祷善颂，冀美盛德之形容。"① 此番表白，大概博得了毕沅的同情，是以章学诚有次年三月的湖北之行。

自乾隆五十五年（1790）至五十九年（1794）的五年间，是《史籍考》再次开馆修撰的高潮期。② 章学诚抵达湖北后，因"襄阳馆未成"，毕沅为章学诚编书便利计，"即令于武昌择一公馆，在省编摩"。③ 此一时期，胡虔受毕沅之聘，亦参与了《史籍考》的修撰。④ 据章学诚致阮元书中称："鄙人楚游五年，秋帆制府《史考》功程，仅什八九。"⑤ 可见此一阶段的工作是取得了很大进展的。然而，随着毕沅于乾隆五十九年（1794）九月降补为山东巡抚，《史籍考》的修撰又一次陷入困境。而章学诚亦因失去毕沅的奥援，遂自湖北返回家乡。其后，毕沅虽于乾隆六十年（1795）正月即复任湖广总督，然因疲于应付湖南苗民和湖北白莲教的起事，已无暇顾及修书之事。而章学诚虽期待毕沅军事稍息，

---

① 章学诚：《章氏遗书》，《补遗》，《上毕制府书》。

② 章学诚《丁巳岁暮书怀投赠宾谷转运因以志别》曰："己酉春夏江南北，驰驱水陆无休息。秋冬往还江汉间，炎平岁稔荘门闲。庚戌重来启书局，编摩万卷书撑屋。……自庚徂甲五春秋，饱看山青江汉流。"（《章学诚遗书》卷28，《外集一》）

③ 章学诚：《文史通义》卷9，《外篇三》，《与邵二云论学》。

④ 章学诚《胡母朱太孺人墓表》曰："桐城胡虔，修洁好学，善为古文辞。乾隆五十六年，与学诚同客武昌。"（《章学诚遗书》卷16，《文集一》）方损之《胡虔传》亦曰："先是，毕尚书沅督两湖日，聘君纂修《两河通志》及《史籍考》等书。"《柿叶轩笔记》卷首，赵诒琛1916年重刻《峭帆楼丛书》本。按：方损之即方东树，该文又见《仪卫轩文集》卷10《先友记》，惟校个别文字稍有差异。此一期间，方正澍、孙云桂、史善长、王藕夫、王石亭、张映山诸人亦客毕沅幕府，但不详是否参与修撰《史籍考》。

⑤ 章学诚：《章学诚遗书》卷29，《外集二》，《与阮学使论求遗书》。

即再作湖北之行，但终未成行。[①] 但为了完成《史籍考》未竟之业，章学诚一方面独自继续编摩，[②] 另一方面则于嘉庆元年（1796）九月十二日致书朱珪寻求援助（是年八月，朱珪奉命调补安徽巡抚，十月底到任），请求他能代向直隶总督梁肯堂或河南巡抚景安，谋求莲池书院或大梁书院讲席（时邵中英、沈步垣因居忧报阙），以资修《史籍考》之困。在信中，章学诚不无凄婉地称：

> 弇山制府，武备不遑文事。小子《史考》之局，既坐困于一手之难成，若顾而之他，亦深惜此九仞之中辍。迁延观望，日复一日。今则借贷俱竭，典质皆空，万难再支。只得沿途托钵，往来于青、徐、梁、宋之间，惘惘待傥来之馆谷，可谓惫矣。……夫以流离奔走之身，忽得藉资馆谷，则课诵之余，得以心力补苴《史考》，以待弇山制府军旅稍暇，可以蔚成大观，亦不朽之盛事，前人所未有也。而阁下护持之功，当不在弇山制府下矣。[③]

殷殷之情，足见章学诚于《史籍考》之孜孜。然事情并没像章学诚所预料的那样顺利，不知何故，此事却不了了之。但章学诚并未就此灰心，次年（1797）正月十七日，因得胡虔书称浙江学政阮元、布政使谢启昆

---

① 章学诚于乾隆六十年（1795）冬致书阮元曰："拟明年赴楚，终其役耳。"（《章学诚遗书》卷29，《外集二》，《与阮学使论求遗书》。）又嘉庆元年（1796）三月十八日致书孙星衍曰："《史考》底稿已及八九，自甲寅秋间，弇山先生移节山东，鄙人方以《通志》之役，羁留湖北，几致受楚人之钳。乙卯方幸弇山复镇两湖，而逆苗扰扰，未得暇及文事。鄙人狼狈归家，两年坐食，困不可支，甚于丁未扼都下也。"（陈烈：《田家英与小莽苍苍斋》第一篇，《小莽苍苍斋收藏管窥》录章氏书札。）

② 章学诚《与邢会稽》曰："所要诸家著录，有钞本未传于外者，多在扬州行箧，当为检寄。亦尚有数种未购集者，方当为毕制军访购，不时寄家。如尊处欲用，但遣一介之使，向小儿索取，必可得也。鄙意终以先定全秦人物表为主，如人物表已有稿底，必须草一副本交小儿处，则将来《史考》局中，但有所见，即须凭表摘录，易为功矣。弟闻毕制军仍督两湖，如楚棼稍靖，即当赴楚一行，年内仍当归里，大约书局仍不离扬州。长兴不远，往反时可通音问也。"（《章学诚遗书》卷28，《外集一》）是可见章学诚依然致力于《史籍考》的修撰。

③ 章学诚：《章学诚遗书》卷28，《外集一》，《上朱中堂世叔》。

有合作辑《两浙金石考》,[1] 及设局百湖辑小学之消息,故再次致书朱
珪,请其代向阮、谢等谋一职位,借以编摩《史籍考》。在信中,章学
诚道其原委称:

> 小子未与诸公交涉,必须阁下专书托阮学使为之地步。阮
> 虽素知小子,而未知目下艰难,又未悉伊等所办之事,于《史
> 考》有互资之益,须阁下详论已上情形,则彼必与谢藩伯、张
> 运台通长计较矣。既明小子二彼者书有益,又明《史考》得藉
> 杭州告成,则秋帆先生必不忘人功力,将来必列伊等衔名,如
> 秦尚书《五礼通考》列方制军、卢运使、宋臬台,亦其例
> 也。……阮公又与诸公联属,将有所为,小子如得所安顿,则
> 于彼之所为,既有所补,即《史考》之本业,又使诸公亦列其
> 名。若嘱阮公以此意歆动诸公,度必可动。但学使不时出巡,
> 必须及早致书,俾得与司道诸公相商。二月中旬,出按外郡。而小
> 子此间他无可图,藉看一两棚考卷,以作盘费。彼时阮公正可
> 有回书,便于作进止矣,惟阁下亟图之。如阮公之外,更有可
> 嘱之书,则更有济也。学诚不胜翘企之至,谨禀。[2]

此一请求,不知何故,亦没有下文,章学诚欲借他人之力的计划再一次
落空。其后,章学诚先是于三月校文安徽桐城,继于五月因陈奉滋之介,
依盐运使曾燠扬州署。而是年七月三日毕沅的去世,对艰难经营《史籍
考》的章学诚来说,无疑雪上加霜。在《丁巳岁暮书怀投赠宾谷转运因以
志别》诗中,章学诚痛心地感叹道:"残篇自为运筹停,终报前军殒大星。
三年落魄还依旧,买山空羡林泉茂。毕公许书成之日,赠买山资。只合驰驱毕
此生,辞官翻似羁官守。"[3] 哀婉失落之情,不觉溢于言表。

据前引章学诚致阮元、孙星衍二,其在湖北修撰《史籍考》的功
程,已具什之八九。又据史善长嘉庆三年(1798)跋所作《弇山毕公年

---

① 谢启昆:《树经堂诗初集》卷 14,《嘉辰二年正月十日抵浙藩之任纪》。
② 章学诚:《章学诚遗书》,《补遗》,《又上朱二司马书》。
③ 章学诚:《章学诚遗书》卷 28,《外集一》,《丁巳岁暮书怀投赠宾谷转运因以志别》。

谱》称："《史籍考》一百卷。"① 可见，毕沅去世时，《史籍考》乃未完成之作，而成书仅得一百卷。而章学诚《史考释例》称，毕沅所规划的子目为一百一十二。② 凡此，合以前揭章学诚所作《论修史籍考要略》，以及修撰过程的考述，即为《史籍考》在毕沅主持下的大略情形。

然而，章学诚修撰《史籍考》的努力，并没因毕沅的去世而就此终结。嘉庆三年（1798），章学诚在求得谢启昆的支持下，于谢氏布政使官署之兑丽轩，重新开始《史籍考》的修撰。谢启昆之支持章学诚此举，一方面与其补朱彝尊《经义考》之阙的努力有关，另一方面盖缘于朱珪和胡虔的绍介。按朱彝尊《经义考》之作，于说经之书，"博稽传注，作述源流，最为赅洽"，③ 然于小学一门，止详《尔雅》，他付阙如，更不及史学，致遗憾于学林。其后，翁方纲有《经义考补正》之作，"又欲广小学一门"，④ 时向门人谢启昆道及，然有志未果。谢启昆既得闻翁方纲之绪论，又"以小学实经义之一端，为论经始肇之事"，⑤"古者书必同文，政先正名，小学为经艺、王政之本"，⑥ 乃依朱彝尊之例，在钱大昭、胡虔、陈鳣等人的佐助下，分训诂、文字、声韵、音义四门，续为《小学考》五十卷。⑦ 此为谢启昆支持章学诚修《史籍考》

① 史善长：《弇山毕公年谱·跋》，《弇山毕公年谱》卷末。
② 参见章学诚：《章氏遗书》，《补遗》，《史考释例》。
③ 钱大昕：《潜研堂文集》卷24，《小学考序》。
④ 谢启昆：《小学考序》，《小学考》卷首。
⑤ 姚鼐：《惜抱轩文集》卷4，《小学考序》。
⑥ 谢启昆：《小学考序》，《小学考》卷首。
⑦ 谢启昆纂辑《小学考》，肇始于乾隆五十九年（1794），至嘉庆三年（1798）成书，而于嘉庆七年（1802）重加厘定，付梓刊行。（参见谢启昆：《树经堂诗初集》卷14，《新作广经义考斋既成赋诗纪事》，《小学考序》。）而钱大昕应谢启昆之请评此书之价值称："六经皆载于文字者也，非声音则经之文不正，非训诂则经之义不明。……方伯南康谢公蕴山枕葄经史，博综群言，……每念通经必研小学，而古今流别，议论纷如，乃遵秀水之例，续为小学考。……分训诂、文字、声韵、音义为四门，为卷凡五十。既成，贻书见示，属余两阅月而毕。彬彬乎！锵锵乎！采摭极其博，而评论协于公，洵足赞圣世同文之治者乎！夫书契之作，其用至于百官治，万民察。圣人论为政，必先正名，其效归于礼乐兴，刑罚中。张敞、杜林以识字而为汉名臣，贾文元、司马温公以辨音而为宋良相，然则公之于斯学，固有独见其大者。因文以载道，审音而赞政，熟为文学经济为两事哉！"（《潜研堂文集》卷24，《小学考序》；谢启昆：《树经堂文集》卷3，《与钱竹汀少詹》。）

的内在原因。而就外在因素来看，前已提及，章学诚尝致书朱珪代向阮
元、谢启昆等寻求援助，虽然当时没有下文，朱珪向谢启昆谈及是有可
能的，而章学诚援秦蕙田刊《五礼通考》之说，当亦对谢启昆有一定的
诱惑力。而久客谢氏幕府且深得其赏识的胡虔，① 既曾与章学诚同客毕
沅武昌幕参与修《史籍考》，又建议章学诚寻求阮元、谢启昆等人的援
助，且与章学诚论学甚为相得，故能以在谢氏幕府参与纂辑《小学考》
的便利，向谢氏引荐章学诚。各种机缘的巧合，最终促成了谢氏与章学
诚的合作。

谢启昆于嘉庆三年（1798）秋日作《兑丽轩集序》称："竹垞《经
义考》之阙，予既作《小学考》以补之，成五十卷矣。又扩史部之书为
《史籍考》，以匹《经义》。因葺官廨西偏屋数十楹，聚书以居友
人。……凡古来政治之得失，山川人物之同异，上下数千年间，得诸友
人相与商校；又深契乎丽泽讲习之意，遂以名西偏之廨曰'兑丽
轩'。"② 而谢氏于次年（1799）八月二十六日，遂迁任广西巡抚，是知
其主持《史籍考》的修撰时间并不长，仅一年有余。而据其所作《三子
说经图》称：

> 铿铿嘉定钱可庐，《毛诗》古训穷爬梳。结跏跌坐撚其须，
> 旁有抱膝清而腴。安定之望柜城胡，古文今文述《尚书》。髻
> 也超群娴且都，三家识坠思萦纡。是为海宁陈仲鱼，地之相去
> 千里殊。二士门出陈与朱，陈东浦方伯官安徽时举雏君，移任苏州举可
> 庐；雏君寻为朱石君尚书疏荐。其一乃厕苏潭徒。学有专家异辙途，
> 胡为绘事同一图？方今诏令征醇儒，东南薮泽多璠玙。其尤著

① 方东树《仪卫轩文集》卷 10《先友记》曰："胡虔，字雏君。……乾隆丙午，翁学士方
纲视学江西，君在其幕。时南康谢公启昆居忧在籍，因得与订交。谢故学士门生也。
其后，谢官江南河库道、浙江按察使，皆邀君至其署。惟任山西藩司，以道远不获同
行，遂入秦观察瀛幕。及谢调浙藩，以至巡抚广西，自是君皆相从，与之终始焉。谢
所纂《西魏书》、《小学考》、《广西通志》，皆出君手。"
② 谢启昆：《树经堂诗续集》卷 1，《兑丽轩集序》。

者越与吴，举三君可概其余。……近者研北同操觚。兑丽轩开实佐余，《小学考》补如贯珠。史籍日夕供呀唔，闲来接席笑言俱。①

又《己未三月七日同覃溪师饭于莫京兆韵亭三花树斋赋诗赠行和韵二首》诗末注曰："师诗末句兼怀钱晦之、胡雒君，二君助予修史籍、小学二考者也。"② 而阮亨有言："甬上袁陶轩征士钧，予兄所举士也，从谢蕴山中丞、秦小岘观察游最久。尝客中丞丽泽轩（"丽泽轩"当为"兑丽轩"——引者），修辑《史籍考》。"③ 即此可见，当时佐谢启昆修撰《史籍考》者，除章学诚外，尚有钱大昭、胡虔、陈鱣、袁钧，及阮元幕客张彦曾诸人。而钱、胡、陈三人，皆一时好古之士，鼎足而立，蔚为东南人才之望。其既佐谢氏纂辑《小学考》，再参与《史籍考》的修撰，可谓堪当其任。④

谢启昆此次主持续撰《史籍考》，较之毕沅当时，无论体例抑或篇幅，皆有相当大的改变。就体例而言，较之《论修史籍考要略》的十五

① 谢启昆：《树经堂诗续集》卷1，《三子说经图》。
② 谢启昆：《树经堂诗续集》卷2，《己未三月七日同覃溪师饭于莫京兆韵亭三花树斋赋诗赠行和韵二首》。
③ 阮亨：《瀛舟笔谈》卷10，嘉庆二十五年（1820）夏刊本。
④ 谢启昆于嘉庆七年（1802）所作《怀人诗二十首》中，曾道及胡虔、章学诚、钱大昭、袁钧、陈鱣诸人。其《胡雒君》曰："循良有贤裔，安定抱遗经。万卷高楼在，环山一片青。香云书共校，砚舫字同铭。耐久真吾友，相期采茯苓。"《章实斋》曰："登第不求官，空斋耐岁寒。耳聋挥牍易，鼻垩运斤难。晚境贫愈甚，芳情老未刊。近来稽水侧，谁授故人餐？"《钱可庐》曰："学士吾前辈谓辛楣先生，相顾有可庐。一家传著述，六籍当蕾奋。缺补蔚宗表，笺详叔重书。三征头半白，江上侣樵渔可庐著《说文统训》、《后汉书补表》。"《袁陶轩》曰："髻华嗟不第，陇上鹤书稀。应聘全初服，传家尚布衣陶轩祖有《布衣歌》。柳词花簇锦，郑学草生扉陶轩词，近辑《郑氏遗书》。鲒埼人高卧，蝉鱼不疗饥。"《陈仲鱼》曰："灯分兑丽轩浙藩署轩名，一笑紫髯换。尚友青云上，读书松树根仲鱼有《尚友》及《岁寒读书》二图。议谈惊上座，训诂证《方言》。坤雅农师继，于今小学尊仲鱼著《说文正义》。"又《嘉定县志》卷19称张彦曾："受业钱大昕，通经史算术。……尝佐谢巡抚启昆纂《史籍考》。"（《人物志四》，《文学》）阮亨：《瀛舟笔谈》卷7曰："嘉定张农闻彦曾，为兄丙辰督学浙江时幕中之友。少师事其乡先达钱竹汀先生，通经史学，工小篆。为文章沈雄壮丽，有王伊人、周宿来之风，而典核过之。"

条例，以谢启昆的名义而实由章学诚代作的《史考释例》，在承继著录与考订并重、由史部而融贯经、子、集的总体取向下，则对史学之源流、史部与经、子、集等的密切关系，以及分纲析目的原委、去取标准等，以"通"的观念，作了十分详悉的剖析和阐发。与毕沅一百一十二子目相较，谢启昆则整合为十二纲（部），而并省为五十七子目。其具体情况为：一为制书二卷，下分御制、敕撰，乃依朱彝尊《经义考》之例。二为纪传部，下分正史十四卷、国史五卷、史稿二卷，史稿乃属创例。三为编年部，下分通史七卷、断代四卷，此二目原系纪传；又记注五卷，乃合原分实录、记注二门而成；图表三卷，年号之书附。四为史学部，乃"合诸史或一二家之史以为学者"，下分考订一卷、义例一卷、评论一卷、蒙求一卷。五为稗史部，下分杂史十九卷，乃合并原分外纪、别裁、史纂、史钞、政治、本末、国别七门而成；霸国三卷，系合并割据、霸国为一门。六为星历部，下分天文二卷、历律六卷、五行二卷、时令二卷。七为谱牒部，下分专家二十六卷、总类二卷、年谱三卷、别谱三卷。八为地理部，下分总载五卷、分载十七卷、方志十六卷、水道三卷、外裔四卷，乃整合原分荒远、总载、沿革、形势、水道、都邑、方隅、方言、宫苑、古迹、书院、道场、陵墓、寺观、山川、名胜、图经、行程、杂记、边徼、外裔二十一门，以类相从者。九为故事部，原分十六门，今合并为十门，即训典四卷、章奏二十一卷、典要三卷、吏书二卷、户书七卷、礼书二十三卷、兵书二卷、刑书七卷、工书四卷、官曹三卷；为使此部不与后面的传记部相混，本部所收系"确守现行者"，而传记乃"规于事前与志于事后"者；至于吏书之于官曹，前者"乃铨叙官人，申明职守之书"，后者"乃即其官守而备尽一官之掌故"。十为目录部，下分总目三卷、经史一卷、诗文（即文史）五卷、图书五卷、金石五卷、丛书三卷、释道一卷。十一为传记部，原分十七目，合并为十三，即记事五卷、杂事十二卷、类考十三卷、法鉴三卷、言行三卷、人物五卷、别传六卷、内行三卷、名姓二卷、谱录四卷。十二为小说部，下分琐语二卷、异闻四卷。合此十二纲五十七子目，总计三百二十五卷。至于著录之法，则仿朱彝尊四柱之例，"首著书名，名下注其人名；次行列其著录卷数；三行判其存、佚及阙与未见也"，而鉴于朱书"著录卷数，间有不注所出"，"今则必标出处，视朱为稍密矣"。① 此一取舍，显然较《论修史籍考要略》更为细致、合理，而在规模上亦更有所扩充。但据吴兰庭致章学诚书称："《史籍考》经所裁定，足为不刊之典，然恐亦未能悉如所拟。盖意见参差，不无迁就，天下事大抵如斯矣。"② 可见此一条例的制定，主要出自章学诚之手，亦蕴涵着谢启昆等人的意见，而在实际修撰过程中则未必完全予以实现。

就篇幅来说，毕沅原稿仅一百卷，而谢启昆经手后，则进行了大幅度的增益。据章学诚代谢启昆所拟《史考释例》称："此书（指《史籍考》——引者）为镇洋赠宫保毕公所创稿，遗编败蕉，断乱无绪。予既为朱氏补《经考》，因思广朱之义。久有斯志，闻宫保既已为之，故辍笔以俟观厥成焉。及宫保下世，遗绪未竟，实为艺林阙典。因就其家访得残余，重订凡例，半藉原文，增加润饰，为成其志，不敢掩前人创始之勤也。"③ 可见谢启昆之续撰《史籍考》，是在毕沅原稿基础上进行的。其后，在钱大昭等幕客的佐助下，予以"增加润饰"，谢启昆主持的《史籍考》，据《史籍考总目》所列，乃续增至三百二十五卷。而谢启昆于嘉庆三年（1798）致书陈奉滋尝称："仆所作《小学考》，昨甫脱稿；《史籍考》年内亦可告竣。书籍友朋，此间最盛，仆之复来浙江，所得惟此耳。"④ 可见《史籍考》的进展是相当迅速的。又谢启昆于嘉庆四年（1799）致书孙星衍称："毕宫保《史籍考》之稿，将次零散，

① 以上皆引自章学诚：《章氏遗书》，《补遗》，《史考释例》，《史籍考总目》。按胡适先生著《章实斋年谱》，于嘉庆三年（1798）条引马叙伦先生抄杨复先生所藏《史籍考总目》，谱录作 4 卷，而《章学诚遗书》《补遗》所引则作 6 卷。但不论 4 卷抑或 6 卷，合计所得，一为 320 卷，一为 322 卷，皆于所称 325 卷有出入。

② 吴兰庭：《胥石文存》（原名《族谱稿存》），《答章实斋书》，《续修四库全书》本。

③ 章学诚：《章学诚遗书》，《补遗》，《史考释例》。

④ 谢启昆：《树经堂文集》卷 4，《与陈东浦方伯戊午》。

仆为重加整理，更益以文渊阁《四库全书》，取材颇富，视旧稿不啻四倍之。腊底粗成五百余卷，修饰讨论，犹有待焉。"信中所云"腊底粗成五百余卷"，足见谢氏在《史籍考总目》所列三百二十五卷的基础上又有了新的辑补。更可注意的是，毕沅当初经营时，章宗源已有逸史之辑，然谢氏信中又称："竹垞《经义考》有逸经一门，今《史考》无逸史者，以史多不胜载故也。敝乡王教授谟，集其子弟生徒，专力搜辑逸书，不下百数十种，逸史亦网罗殆备，现已次第刊行，不识与章逢之孝廉书多寡何如？"也就是说，不管三百二十五卷抑或五百余卷，是不包括章宗源所辑逸史在内的。不过，谢启昆于是年八月即迁任广西巡抚，而毕沅家因胡齐伦案受牵连，于是年十月遭到籍没。鉴于当时毕沅政治地位的一落千丈，谢氏《史籍考》之修撰，因之中辍，故其五百卷之说，盖迁调前的设想（谢氏信中有"文旌何时来浙"之语），其后并没付诸实施，但在三百二十五卷的基础上有所增加，是有可能的。

　　谢氏之得以对《史籍考》续有增补，一方面得力于章学诚不断的积累，另一方面，则与杭州繁富的文献资源，以及文澜阁《四库全书》的贮藏有极大的关系。较之毕沅于河南、湖北有限的文献资源，谢氏在杭州之举，是有着得天独厚的便利条件的，故其能在毕沅一百卷原稿的基础上，续增至三百二十五卷，甚或更多。即便如此，谢氏之稿，仍属未定稿，其"修饰讨论，犹有待焉"。[①] 这就为其后潘锡恩的再次增补埋下了伏笔。

　　按说以谢启昆之有志补朱彝尊《经义考》之阙，及以毕沅会试同年的身份，而欲成毕沅未竟之业，与一直苦心经营《史籍考》的章学诚合作，无疑是嘉惠学林的一件大好事。但也由此引起了章学诚"负生死之谊，盗卖毕公《史考》"之说，遂使此事蒙上了一层疑团。此一风波的披露，缘于章学诚欲为邵晋涵撰传，而就其家访邵氏遗著，然邵氏之次子秉华先是"作无数惊疑猜惧之象，支离掩饰"，"后乃至于专书不报"，

————————————————

① 以上皆引自谢启昆：《树经堂文集》卷4，《复孙渊如观察》。

而自"姚江赴杭，至郡又过门不入"，这使章学诚甚为纳闷。后来，章学诚"乃得其退后之言，直云仆负生死之谊，盗卖毕公《史考》，又将卖其先人笔墨，献媚于谢方伯，是以不取于仆"。于此，章学诚在致朱锡庚的信中，不无委屈地道：

> 《史考》之出于毕公，自十数年前，南北艺林，争相传说。谢公有力，能招宾客，纂辑考订，何事不可由己出之，而必掩耳盗铃，暗袭众目皆知之毕氏书为己所创，人情愚不至此。况浙局未定之前，仆持《史考》残绪，遍吁请于显贵有力之门。君家官保（指朱珪——引者），亦曾委折相商，且援桐城方制军、德州卢转运共勷秦大司寇《五礼通考》为例。当时知其事者，并无疑仆有如盗卖献媚。……邵君《雅疏》未出，即有窃其新解，冒为己说，先刊以眩于人，即君知之，转改己之原稿以避剿嫌。……辛楣詹事尝有绪言未竟，而黠者已演其意而先著为篇。……君家宋镌秘笈，李童山借本重刊，亦胜事也，其转借之人冒为己所箧藏，博人叙跋，誉其嗜奇好古，亦足下所知也。此辈行径，大者不过穿窬，细者直是胠箧。……然吾党子弟，用此相猜，则世道人心，实不胜其忧患。……此番书辞，乞与邵楚帆侍御、邵耿光中翰及家逢之、正甫二孝廉，此外邵君弟子有能真知其师者，可共观之。……长者行事不使人疑，今遭疑如是，仆亦良自愧也。如何如何！①

此一表白，虽然道出了某些事实，然亦有不尽与事实相合之处。如其辩解谢启昆有力，"能招宾客，纂辑考订，何事不可由己出之，而必掩耳盗铃，暗袭众目皆知之毕氏书为己所创"。然考《史考释例》中所云"半藉原文，增加润饰"，则谢氏《史籍考》之作，绝非己创，而是承于毕氏原稿。又如援秦蕙田修《五礼通考》之例，乃系章学诚上书朱珪所

———————
① 以上皆引自章学诚：《章学诚遗书佚篇》，《又与朱少白》。

谋划，并非朱珪"委折相商．且援桐城方制军、德州卢转运共勤秦大司寇《五礼通考》为例"的结果。而且，章学诚援他人剽窃之例，亦难以为自己的行为做有力的开脱。虽然他人的指责并不一定属实，然章学诚辩解的自相矛盾之处，终不利于对事实的澄清。按说借他人之力来完成毕沅未竟之业，或在原稿的基础上续加增益，无论如何都是一件有功学林的事，又何必为此而支离其词，自相矛盾？不知章学诚究竟有何难言之隐？

而有意思的是，章学诚在信中称，邵秉华之猜疑，系受其所结交的"近日一种名流，所谓好名争胜．门户忮忌之辈，阴教导之"。① 那么，这位名流指谁呢？考阮元《南江邵氏遗书序》称："今先生久卒，于官所著书，惟《尔雅注疏》先已刊行，今令子秉华等复刊《南江札记》四卷、《南江文钞》若干卷，次第者成。尚有《南江诗钞》十卷、……若干卷未刊，将次第刊之，以贻学者。元既心折于先生之学行，又喜获交于令子秉华，能辑先生之书，俾元受而读之，得闻先生未罄之绪论也。谨记数言，以谂同学者。"② 可见阮元与邵秉华的关系是相当密切的，故邵秉华将所刊父之遗书送请阮元阅正。而章学诚致朱锡庚的书中，尝对洪亮吉、孙星衍、阮元提出批评。其中有言："如阮学使亦颇高明，所得似在孙、洪之间，但不致放言高论。……然其论刻石如史官纪事之类，则不免乱道矣。……此数公皆与鄙人路数绝不相入。……观此，则诸君至今不知鄙为何许人矣。"③ 因此可见，章学诚之欲观邵晋涵遗书而遭邵秉华猜疑，邵秉华则将所刊遗书送请阮元请正，而章学诚之于阮元、洪亮吉、孙星衍为学路数，又"绝不相入"，加之章学诚请朱珪代向阮元谋求援助而未果，凡此种种，不能不使章学诚对阮元产生某些想法。由此来看，章学诚书中所暗指的那位名流，很有可能针对阮元

① 章学诚：《章学诚遗书佚篇》，《又与朱少冯》。
② 阮元：《揅经室二集》卷7，《南江邵氏遗书序》。
③ 章学诚：《章学诚遗书佚篇》，《与朱少白书》。

而发。

由于章学诚"盗卖毕公《史考》"风波的乍起，以及毕沅家遭籍没的厄运，谢启昆续撰《史籍考》的努力，不能不受到影响。因此之故，谢启昆除偶尔提及修《史籍考》的事外，其诗文集中并没收录《史考释例》、《史籍考总目》等文。其于章学诚，除《怀人诗》中有所论及外，所涉文字甚鲜。至于五百卷的设想，亦不能不因毕沅的遭遇而成空愿。而姚鼐为谢氏作墓志铭，除表彰其《小学考》、《广西通志》等著作外，则没言及《史籍考》。① 章学诚亦复如此。如章学诚逝世前数月，尝以一生文稿送友人王宗炎，嘱代为编定成集。王氏在复书中，论编次之例曰："至于编次之例，拟分内外二篇。内篇又别为子目者四：曰《文史通义》，凡论文之作附焉；曰《方志略例》，凡论志之作附焉；曰《校雠通义》；曰《史籍考叙录》。其余铭志、叙记之文，择其有关系者录为外篇，而以《湖北通志传稿》附之。此区区论录之大概也。"② 可见，依王氏之意，《史籍考叙录》是作为内篇的一个重要子目的。但是，无论章学诚次子华绂道光十二年（1832）的大梁本（刘师陆、姚椿为之复勘），还是其他刊本，皆未将《史籍考叙录》作为一大部分予以重视。除刘承干《章氏遗书》载《论修史籍考要略》于《校雠通义外篇》外，如《史考释例》、《史考摘录》，则只能以《补遗》、《佚篇》的形式，而一线幸存。而阮元、杨秉初等所辑《两浙輶轩录补遗》，则径称章学诚"为毕秋帆尚书撰《湖北通志》、谢苏潭侍郎修《史籍考》，皆未就"。③ 所有这些，不能不说与"盗卖毕公《史考》"风波和毕沅的遭际有一定的关系。

---

① 姚鼐：《惜抱轩文后集》卷 7，《广西巡抚谢公墓志铭》。阮亨《瀛舟笔谈》卷 8 曰："谢蕴山中丞，博学好古，在浙藩时，公余无事，辄采访金石，晋接贤士，征图考士，孜孜不倦。辟丽泽轩（当为"兑丽轩"——引者）以延宾客，……。著《西魏书》、《史籍考》。……时兄（指阮元——引者）以少宗伯学政任满入都，有诗留别云：……中丞和诗送行云：……后一年，兄奉命来抚浙，竟应再来之约。时公已巡抚粤西，不及相见。"
② 王宗炎：《晚闻居士遗集》卷 5，《复章实斋书》。
③ 阮元、杨秉初等辑：《两浙輶轩录补遗》卷 7，《章学诚》。

　　然而，学术的发展并不因一时的波折而就此停顿。《史籍考》的修撰，虽因种种原因一再中辍，但其价值则是不容磨灭的。故至道光二十六年（1846），继毕沅、谢启昆之后，时任南河总督的潘锡恩，再度对《史籍考》加以增订。于此，姚名达、王重民、袁行云诸先生皆有所揭示，[①] 兹据诸先生所论，参以相关文献记载，以观其大略。

　　潘锡恩于道光二十二年（1842）十一月由吏部左侍郎授为南河总督后，除究心于水利问题外，对文献亦颇为关注。编纂《乾坤正气集》，增订《史籍考》，可谓一时盛事。潘锡恩之子骏文于光绪元年（1875）跋《乾坤正气集》曰："因念先公尚有增订《史籍考》一书，亦与斯集同时雠校，系因毕秋帆、谢蕴山两先生原本，为卷三百卅有三。第原书采择未精，颇多复漏，先公因延旌德吕文节、日照许印林瀚、仪征刘伯山毓崧、同邑包孟开慎言诸先生，分类编辑，删繁补缺。"[②] 又刘寿曾跋包慎言所著《广英堂遗稿》曰："道光丙午（即二十六年——引者）秋，先生客游袁浦，与先君子（指刘毓崧——引者）同校《史籍考》，共晨夕者两载，忘年折节，谈艺极欢。"[③] 由此可见，当时在袁浦[④]佐潘锡恩增订《史籍考》者，有许瀚、刘毓崧、包慎言，以及领衔署名的清河书院山长吕贤基[⑤]等人，而许瀚在当时起了很重要的作用。由于许、

① 详见姚名达先生：《中国目录学史》之《专科目录篇·历史目录》，商务印书馆1957年版；王重民先生为姚先生《中国目录学史》所作《后记》，商务印书馆1957年版，第419—425页；袁行云先生：《许瀚年谱》，道光二十六（1846）、二十七（1847）各条，齐鲁书社1983年版。此外，付金柱《章学诚与〈史籍考〉》一文，对《史籍考》的编纂经过与特点，亦有所论述，详见《图书馆杂志》2003年第11期。

② 潘骏文：《乾坤正气集跋》，顾沅辑：《乾坤正气集》卷末，道光二十八（1848）袁江节署止永是斋刊本。

③ 刘寿曾：《广英堂遗稿·跋》，包慎言：《广英堂遗稿》卷末。

④ 袁行云编《许瀚年谱》道光二十六年、五十岁条注称："清江浦，时称袁浦、袁江，江苏省清河县。清中叶设北东南三河道总督，南河道总督驻此，故盛极一时，又名南清河。民国三年，因与河北省清河县重名，改为淮阴。今由县改市，名清江市。"

⑤ 袁行云《许瀚年谱》道光二十六年、五十岁条称："王重民云'吕贤基似未参加实际工作'，此说是。吕贤基时为崇实书院山长（崇实书院即清河书院，见钱大昕《潜研堂文集》卷20《崇实书院记》），当系领衔署名。"

刘、包诸人皆一时饱学之士，故此次增订取得了不少成效。

首先，在体例上，许瀚于道光二十六年（1846）清明前三日拟议的《拟史籍考校例》，较章学诚所拟《史考释例》有了进一步的提高，亦体现出此次增订的主要取向所在。其大略谓：

> 近校阅《目录》一门，繁冗、重复、漏略、舛误均所不免。恐他门亦复类是。谨拟（"拟"字疑当为"据"——引者）所见，拟《校例》四则：一曰繁冗者宜删。案《四库全书提要》于《经义考》议其序跋诸篇，与本书无所发明者，连篇备录，未免稍冗。本书体例全仿《经义考》，此弊首宜湔除。今拟《提要》全录，自序、自跋全录，诸家著录有解题全录。至各家序跋，必于其书义例原委有关系者全录，其或空言腐论，旁生枝节，横发牢骚，实与本书无涉，酌为芟薙。……凡此之类，皆为繁冗，或当存要语，或竟削全文，惟求于本书有发明而已。……此类不惟删其序跋，拟兼删其目。一曰重复者宜并。……凡此之类，不可胜举，均宜删并。至作者姓字爵里，节采史传，亦当与诸题跋详细相因。其或一人数书，当详于初见，以后但注见某处可也。一曰漏略者宜补。采辑书目多据焦竑《国史经籍志》，而焦书未著。……盖古今载籍实繁，必欲囊括无遗，诚非易易。惟应就耳目所及，准以年限，量为辑补。其余但采解题，原书序跋未经入录者，遇有所见，当亦补之。此皆失之眉睫之前。至于希有之珍，流传未广，群书所载，搜寻偶疏，更不知凡几。一曰舛误者宜正。……今既重为编校，亦当附案语剖明。至脱文误字，满目皆是，实难缕数。①

据此，潘锡恩此次主持增订《史籍考》，主要对毕、谢原稿做了删繁、

---

① 袁行云：《许瀚年谱》，道光二十六年、五十岁条，据山东图书馆藏许瀚手稿写录。

合并、补漏、正误四个方面的工作。此一取向，弥补了章学诚原拟《史考释例》之不足和不尽合理之处。

其次，在删繁补缺、分类编辑的基础上，此次增订在篇幅上做了一定的调整。按章学诚《史籍考总目》所列，为卷三百二十有五，而谢启昆致孙星衍书中，则有成五百卷的设想，似在《史籍考总目》之后又有所增补。据上引潘骏文称，此次增订所依据的毕、谢二氏原本，为三百三十三卷。可见谢氏于《史籍考总目》后，确曾做了增补工作，但数量不大。基于删繁补缺的增订原则，潘锡恩此次增订的主要成就，就是"补录存佚之书，视原稿增四之一"，从而在质量上有了很大提高，"详审顿觉改观"。① 不过，潘氏在篇幅上并没一味求多，而是依朱彝尊《经义考》之数，厘定为三百卷。看似较谢氏时原稿减少了，但在内容取舍上则更为严谨、精练。

然而，可惜的是，潘锡恩此次增订，一如毕、谢二氏，亦未能终成其事。许瀚《与沈匏庐观察书》称："承询《史籍考》，《金石》一门，瀚曩助修校，略已成书。嗣因芸阁（潘锡恩字——引者）先生染痁，遽尔收回，时瀚亦抱病在舍，未及录副。阁下必欲得此稿，当向芸阁先生问之。唯闻此稿收回后，颇经支菹，不审果否？"《与王箓友书》曰："时芸阁翁告病，收还《史籍考》不办，弟就彭雪嵋同年馆，带病校书，每日无多。"② 而吴重熹《谒印林师墓》（印林为许瀚字——引者）亦曰："文慎泾县河帅考史籍，欲并经籍驱。编纂未卒业，大愿付子虚。文慎欲修《史籍考》，以继朱氏《经义考》，业三未成。"③ 按潘锡恩于道光二十八（1848）年九月，因病离南河总督任，而据上言，其离任时已将许瀚等人所撰之稿收回。而据潘骏文称，此次增订《史籍考》已"写成清本，待付手民"，④ 是知潘锡恩收回许瀚等人稿后，尚进行了整理工作。但

---

① 潘骏文：《乾坤正气集跋》，顾沅辑：《乾坤正气集》卷末。
② 许瀚：《攀古小庐文补遗》，转引自袁行云：《许瀚年谱》，道光二十七年、五十一岁条。
③ 吴重熹：《石莲闇诗》卷3，《谒印林师墓》，《续修四库全书》本。
④ 潘骏文：《乾坤正气集跋》，顾沅辑：《乾坤正气集》卷末。

可惜的是，由于受太平天国起义的影响，此一清本没来得及刊刻。更为令人遗憾的是，咸丰六年（1856）潘家因战乱而遭殃及，"所居毁于火，藏书三万余卷，悉为煨烬"，而《史籍考》亦"与藏书同归一炬，并原稿亦不复存"。①《史籍考》久历曲折后，终灰飞烟灭于天地间，甚为学林之一大憾事。②

如果从乾隆五十二年（1787）冬章学诚赴河南与毕沅相晤算起，至潘锡恩道光二十八年（1848）九月离任止，《史籍考》历经六十个春秋，三易其主，而章学诚、胡虔、许瀚等十余位学者先后倾心其中，洵为学林一大学术盛事。然而，令人实在惋惜的是，此一蕴涵着几代人心血，体现着乾、嘉、道三朝学术演进精神的煌煌巨帙，却不幸被付之一炬，使后人仅得以摩娑只鳞片爪，而对不能窥读全豹，生发无限的浩叹！

钱大昕为毕沅作墓志铭尝曰："性好著书，虽官至极品，铅椠未尝去手。谓经义当宗汉儒，故有《传经表》之作。谓文字当宗许氏，故有《经典文字辨正书》及《音同义异辨》之作。谓编年之史，莫善于涑水，续之者有薛、王、徐三家，徐虽优于薛、王，而所见书籍犹未备，且不无详南略北之病。乃博稽群书，考证正史，手自裁定，始宋讫元，为《续资治通鉴》二百二十卷，别为《考异》附于本条之下，凡四易稿而成。谓史学当究流别，故有《史籍考》之作。谓史学必通地理，故于《山海经》、《晋书·地理志》皆有校注，又有《关中胜迹图记》、《西安

---

① 潘骏文：《乾坤正气集跋》，顾沅辑：《乾坤正气集》卷末。
② 关于《史籍考》的去向，20世纪20年代末，尝有见于美国国会图书馆的传言，而姚名达先生核无其事。姚先生于《中国目录学史》中曰："一九二八年，著者有意另撰，以补学诚之遗憾。忽睹北平各报新闻，谓此书忽发现于美国国会图书馆。及驰书问讯，该馆中文部主任 Prof. Arthur W Hummel 复书否认，乃知其诬。著者又亲往绍兴章氏、南康谢氏访查，亦未发现。"（《专科目录篇》）而王重民先生在为该书所作《后记》中，则援引潘骏文《乾坤正气集》跋语，揭示潘锡恩据毕、谢二氏之稿增订之《史籍考》，实毁于战火，并指出："《史籍考》这一悲惨结局很少有人知道，因而才有流出国外的谣传。"袁行云先生所作《许瀚年谱》，亦以王重民先生此一判断为是。

府志》之作。谓金石可证经史，宦迹所至，搜罗尤博，有《关中》、《中州》、《山左金石记》。"① 此一概括，揭示出了毕沅一生的学术取向和成就所在。而毕沅学术取向的确立，以及所取得的巨大成就，则为当时经史考证主流地位的确立，产生了很大的促进作用。

第三节　钱大昕与苏州紫阳书院

清代学术，以整理和总结中国数千年学术为其特征，而最能体现此一历史特征者，则为乾嘉学派与乾嘉学术。如同中国学术史上的众多学术流派和不同历史时段的学术形态一样，乾嘉学派与乾嘉学术也经历了一个形成、发展、总结、嬗变的演进过程。② 在此过程中，书院特别是设于省会的大书院，于人才之乐育、学风之扬励，起到了相当大的促进作用。而院长及肄业士子的为学取向，更在一定程度上体现出一时学术趋势。钱大昕肄业及掌教的苏州府紫阳书院，即是乾嘉时期经史考证学风，由兴起到主流地位确立演进历程的一种体现。

一、苏州紫阳书院的创立与发展

清政权入据中原以来，随着其统治的日益巩固，统治者在艰难的文化抉择中，逐渐确立起"崇儒重道"的为治方针。清廷对儒家传统文化的认同，以及对朱熹理学正统地位的张扬，昭示出一代王朝的政治文化意向。与此意向相应，清廷不惟恢复了相沿已久的科举取士制度，且于京师之国子监，地方之府州县官学，亦颇能更张。然鉴于明中后期书院

① 钱大昕：《潜研堂文集》卷 42，《太子太保兵部尚书湖广总督世袭二等轻车都尉毕公墓志铭》。
② 参见陈祖武先生：《乾嘉学术编年·编纂缘起》。

讲会议政对政治所产生的影响，清廷于书院的发展，则采取了相当保守的思路。大体而言，"清初至雍正中采取限制与笼络并行的政策，此后则推行发展与加强控制相结合的政策"。①

书院遭到限制，乃缘于顺治九年（1652）世祖所颁的一道上谕。其言曰："各提学官督率教官、生儒，务将平日所习经书义理，着实讲求，躬行实践。不许别创书院，群居徒党，及号召地方游食无行之徒，空谈废业。"② 自此以后，书院的发展遂陷入沉寂状态。但随着官学教育的僵化，以及科举取士种种弊端的呈露，清廷对书院教育相对灵活性的优势，逐渐有所关注。顺治十四年（1657），偏沅巡抚袁廓宇疏请修复衡阳石鼓书院，得到应允。③ 至此，"不许别创书院"的规定开始松动，承此时势，各地书院陆续兴复起来。此后，圣祖之赐额"学达性天"于白鹿、岳麓及徽州紫阳书院，"学宗洙泗"于济南省城书院，"学道还淳"于苏州紫阳书院，④ 更对书院在教育系统中的地位，予以了进一步的肯定。

苏州紫阳书院之建立及发展，即是因清廷对书院态度的转变而兴起的。按苏州向无书院，至张伯行巡抚江苏时，方于此地创建紫阳书院。张伯行（1651—1725），字孝先，号恕斋，晚号敬庵，河南仪封人。其为学宗尚朱子理学，历官所至，颇能以兴学育才为己任，而皆以理学化导士子。当是时，朝廷又加意于理学，而康熙五十一年（1712）升朱子十哲之次，五十二年（1713）《御纂朱子全书》告成暨次年颁行，理学

---

① 李国钧、王炳照总主编，马镛著：《中国教育制度通史》（第五卷清代上），山东教育出版社 2000 年版，第 202 页。

② 《古今图书集成·选举典·学校部》。

③ 参见：《清朝文献通考》卷 69，《学校七》，《直省乡党之学》。按袁廓宇疏云："衡阳石鼓书院，崇祀汉臣诸葛亮及唐臣韩愈、宋臣朱熹等诸贤，聚生徒讲学其中，延及元明不废。值明末兵火倾圯，祀典湮坠。今请倡率捐修，以表彰前贤，兴起后学，岁时照常致祭。"对于此一事件的意义，刘锦藻尝评论曰："古无所谓书院也，序库而已。我朝自顺治十四年从抚臣袁廓宇请修复衡阳石鼓书院，嗣后各直省以次建设，始未尝不师生蛊没研究道艺，为国光宠。"（《清朝续文献通考》卷 100，《学校考七》，《书院》。）

④ 参见《清朝文献通考》卷 69，《学校七》，《直省乡党之学》。

之政治地位愈益巩固。承此形势，康熙五十二年（1713）冬十一月，时任江苏巡抚的张伯行，鉴于"时来学者众，公命于沧浪亭读书，地窄不能容，乃于府学东建紫阳书院。乔吴江泾僧水北庵材木以供用，又藉其田三百余亩以为诸生膏火资"。① 至翌年三月，紫阳书院落成。其规制，"前堂设朱子神位，中建讲堂，后建大楼，两旁建书舍"。而聘"崇明县教谕郭正宗、吴江县教谕夏声董其事"。一时士子，为之鼓舞。风气既张，不独江南人士，即浙江、福建、江西、山东等地学子，亦"多有负笈来者"，"生舍至不能容"。张伯行议更加增广，而未果。②

紫阳书院建成后，张伯行尝为文以志其缘起，并阐发建紫阳书院的用意所在。其言曰：

> 今天子重道崇儒，已于位于十哲之列，复颁集于各学之中，令诸生诵习惟勤，俾万世咸遵实学。道既高而且美，教已遍而弥长，真可为吾道干城，洵足称人伦师表。……将见三吴士子来肄业者，皆恂恂执玉之容；四海儒生愿追随者，懔抑抑循墙之诚。庶乎道明德立，操修闾间，晨昏致知，力行践履，无虚岁月。自是居仁由义，于以见斯道之大行，从兹希圣希贤，方不失吾儒之正脉。幸成规之尚在，瞻遗范之犹存。③

又曰：

> 窃念服膺于朱子之教有年，稍能窥学问之大概，今为诸士子陈之。昔吾夫子设教洙泗，及门之士至三千有余，而惟颜曾为入室，其余虽各有所造就，而不无偏全之别。及至后世，尊德性，道问学，分门立户，几成聚讼。朱子之道，迭明迭晦，

---

① 张栻、张载编：《张清恪公年谱》卷下，康熙五十二年癸巳公年六十三岁条，清乾隆间刻本。

② 以上皆引自张栻、张载编：《张清恪公年谱》卷下，康熙五十三年甲午公年六十四岁条，清乾隆间刻本。

③ 张伯行：《正谊堂续集》卷8，《紫阳书院落成或告朱夫子文》。

于五百年之间，迄未有定论。惟我皇上学术渊深，躬行心得，默契虞廷十六字真传，独深信朱子所云，居敬以立其本，穷理以致其知，返躬以践其实。其道大中至正而无所于偏，纯粹以精而无所于杂。钦定紫阳《全书》，以教天下万世，其论遂归于一。始知学者之所以为学，与教者之所以为教，当以紫阳为宗，而俗学异学，有不得而参焉者矣。不佞乐与多士恪遵圣教，讲明朱子之道而身体之。爰建紫阳书院，……诸士子可以朝斯夕斯，若工人之居肆以成其器矣。夫所谓道者，在人伦日用之间，体之以心，践之以身，蕴之为德行，发之为事业，非徒以为工文辞取科第之资已也。诸士子勉旃，勿务华而离其实，亦勿求精而入于虚，他日学成名立，出而大有为于天下，庶无负不佞养贤报国之志云。①

其以朱子理学为归的思想取向，即此可观其大概。

而更可注意的是，张伯行鉴于"近日士尚浮华，人鲜实学，朝夕揣摩，不过为猎取科名计，于身心性命家国天下之大，茫乎概未有得"的为学弊病，为使有志之士讲求正学，遂师宋胡瑗先生以经义、治事为教之意而增益之，立为课程八则。其大意谓：士子当致力于《四书》、《五经》，以体悟内圣外王之道；明道统以程朱理学为归，而辟陆王心学之弊；互相讲论，虚心质证，以免独学无友之隘；深究用世之道，淹贯博通，以裨实用；讲明心得，羽翼经传；勤作札记，以资省览；专心读书，勿耽游乐；励志立品，严加检束。② 以上诸端，乃其大纲。至若读书日程，张伯行更从经书发明、读史论断、古今文、杂著四个方面，予以详悉阐发。在他看来，"人生一日不读书，与读书而无法程，虽勤惰不同，其为失则均也。……夫夜以继日者，周公之勤也；不寝忘食者，尼父之敏也；分治事与穷经者，苏湖之教也。诗书濯其灵腑，史籍长其

———————————————

① 张伯行：《正谊堂文集》卷9，《紫阳书院碑记》。
② 详见张伯行：《正谊堂文集》卷12，《紫阳书院示诸生》。

精神，文章抒其见识，又学者无穷之乐也。慵废荒经，不学墙面，玩愒
既久，岁月坐消，纵桑榆思奋，而羲御已驰。匪惟余身之是忧，亦二三
子之所羞也"。① 张伯行之立学规模，即此可谓详而且备。于此，杭世
骏尝有"讲贯课士之法，略与伍同，士风丕变，敛华就实"之评，② 洵
为知言。而圣祖于六十一年（1722）之颁"学道还淳"匾额于紫阳书
院，更可见其与时消息之意义。

继张伯行之后，鄂尔泰于雍正元年（1723）任江苏布政使时，对紫
阳书院又加整葺，以储人才。③ 鄂容安记其事曰："吴地旧有紫阳书院，
公乃重加整葺。访有紫阳后裔、退老词林朱公讳启昆者，延为馆师，而
以所取诸生读书其中。馆师则丰其礼币，诸生则厚给膏火。戒之曰：
'书院所以为国储材也，慎毋勿忘。'"④ 鄂尔泰又于张伯行所建春风堂
之后，更道山之亭为春风亭，将增屋数十间，集南邦人士诵读其中，屋
尚未成，而来学者已踵相接矣。其后，鄂尔泰"每会课于紫阳书院之春
风亭，与贤卿名士互相唱和，时集数十百人；而四方从游，公余少暇，
辄与论经史，谈经济，多前贤所未发，学者无不倾心动魄，恨闻道之
晚。公乃分为古今文集，俱题曰《南邦黎献》，取黎献思臣之意。风行
海内，纸贵一时。及公去矣，诸生于紫阳书院之旁，复建春风亭书院，
朝夕瞻礼，如对师承，后多显名。一时，皆以得称西林先生弟子为荣幸
云"。⑤ 华希闵尝作《慎时哉轩谦集记》，称一时盛事云："西林先生既
以三月二十四日会诸文士于春风亭，凡成经义及诗赋、诏诰、序记、赞

---

① 张伯行：《正谊堂文集》卷12，《紫阳书院读书日程》。
② 杭世骏：《道古堂文集》卷31，《礼部尚书张公伯行传》。
③ 按《（乾隆）江南通志》称："雍正二年，江苏布政使鄂尔泰重为修葺，增廓其制。"
（尹继善、赵国麟修，黄元隽、章士凤纂，乾隆元年刻本。）而鄂容安为其父鄂尔泰所
编年谱，则系此事于雍正元年（1723）。兹取鄂容安说。
④ 鄂容安等撰：《襄勤伯鄂文端公年谱》，雍正元年癸卯四十四岁条。
⑤ 鄂容安等撰：《襄勤伯鄂文端公年谱》，雍正三年乙巳四十六岁条。又《（乾隆）江南通
志》曰："征七郡之士，弦诵其中，间以政眼，聚于春风亭，亲与唱和，士风一时振
起。刻有《南邦黎献集》二种—制义 一古文诗赋。预升任后，士庶于书院旁构堂，颇为西
林氏讲学处。"（尹继善、赵国麟修，黄元隽、章士凤纂，乾隆元年刻本。）

颂若干篇。越二日，复延入署之慎时哉轩，则亲为甲乙其高下，而剖其得失之所以然，诸生即席赋诗若干首。"① 士子为之振奋，多从而就学。

自张伯行至鄂尔泰，紫阳书院不仅在规模上有所扩大，其为学风气亦因倡导者的更替而发生转移。柳诒徵先生尝论之曰："紫阳创于张伯行，而盛于鄂尔泰。雍正初年，鄂尔泰为苏藩，访求才彦，召集省会，为春风亭会课，躬宴之于署斋，已复留若干人肄业于书院。鄂尔泰与苏之绅耆，及一时召集之士所作之文若诗，汇刻为《南邦黎献集》。书院之由讲求心性，变为稽古考文，殆以是为津渡。此康熙以降书院之美谈也。"② 由张伯行之"讲求心性"经鄂尔泰而趋向"稽古考文"，亦即由宗尚理学而演为宗尚经史诗赋，为学风气之转移，于此可见一端。

而雍正十一年（1733）世宗所颁上谕，③ 一则肯定了书院发展的必要性，一则对书院给予财政扶持（赐帑金一千两，令地方官置田以资师生膏火）。此一政治态度的根本转变（有将书院变为准官学化的政治用意），对紫阳书院的发展来说，实为一新的契机。雍正十三年（1735），

---

① 柳诒徵：《江苏书院志初稿》，《江苏国学图书馆年刊》第四期（1931 年），第 57 页。
② 同上书，第 56 页。
③ 世宗谕曰："各省学校之外，地方大吏，每有设立书院，聚集生徒，讲诵肄业者。朕临御以来，时时以教育人才为念。但稔闻书院之设，实有裨益者少，而浮慕虚名者多，是以未曾敕令各省通行，盖欲徐徐有待，而后颁降谕旨也。近见各省大吏，渐知崇尚实政，不事沽名邀誉之为；而读书应举之人，亦颇能屏去浮嚣奔竞之习。则建立书院，择一省文行兼优之士，读书其中，使之朝夕讲诵，整躬励行，有所成就，俾远近士子观感奋兴，亦兴贤育才之一道也。督抚驻扎之所，为省会之地，著该督抚商酌举行，各赐帑金一千两。将来士子群聚读书，豫为筹画，资其膏火，以垂永久。其不足者，在于存公银两内支用。封疆大臣等，并有化导士子之职，各宜殚心奉行，黜浮崇实，以储国家菁莪棫朴之选。如此，则书院之设，有裨益于士习民风，而无流弊，乃朕之所厚望也。"（见《钦定学政全书》卷 63，《书院事例》，嘉庆十七年（1812）礼部刊本；又见《钦定大清会典事例》卷 395，《礼部》，《学校各省书院》。）又卢见曾：《雅雨堂文集》卷 3，《问津书院碑记》曰："世宗皇帝御宇，饬天下省会各立书院。盖缘教授等官部选，拘于年例，不必尽贤且文。又弟子员散处，无由朝夕相见，一一端其德行，而课其材艺。乃于学宫庠校之外，别建一肄业之所，礼聘名儒掌其教，拔庠士之尤秀者，资以膏火之费，使朝夕与居，以授经而讲艺焉。其为兴德育才之计，至深远也。嗣是，郡县有司承上意旨，通都大邑，往往设有书院，士习蒸蒸进而益上。"

巡抚高其倬是以"拨给赎锾，并变卖废祠银置田"。① 高宗登基，承其父之意，于乾隆元年（1736），进而对书院院长、入学士子之资格、奖励及课程，以及对其稽查事宜等，作出明确规定，从而奠定了书院的格局。② 不惟如此，高宗还对书院的讲授内容做了明示。其言曰：

> 书院肄业士子，应令院长择其资禀优异者，将经学、史学、治术诸书，留心讲贯，而以其余功兼及对偶声律之学。其资质难强者，当先攻八股，穷究专经，然后徐及余经，以及史学、治术、对偶、声律。至每月之课，仍以八股为主，或论，或策，或表，或判，听酌量兼试，能兼长者酌赏，以示鼓励。③

> 再各省学官，陆续颁到圣祖仁皇帝钦定《易书诗春秋传说汇纂》，及《性理精义》、《通鉴纲目》、《御纂三礼》诸书，各书院院长自可恭请讲解，至《三通》等书，未经备办者，饬督

---

① 李铭皖、谭钧培修，冯桂芬纂：《（同治）苏州府志》卷25，《学校一》，光绪八年（1882）江苏书局刻本。

② 《钦定大清会典事例》卷395，《礼部》，《学校各省书院》载高宗之谕旨曰："乾隆元年谕：书院之制，所以导进人才，广学校所不及。我世宗宪皇帝命设之省会，发帑金以资膏火，恩意至渥也。古者乡学之秀，始升于国。然其时诸侯之国皆有学，今府州县学并建，而无递升之法。国子监虽设于京师，而道里辽远，四方之士不能膏会。则书院即古侯国之学也。……该部即行文各省督抚、学政，凡书院之长，必选经明行修，足为多士模范者，以礼聘请。负笈生徒，必择乡里秀异、沈潜学问者，肄业其中。其恃才放诞、佻达不羁之士，不得滥入。书院中酌仿朱子《白鹿洞规条》，立之仪节，以检束其身心；仿分年读书之法，于之程课，使贯通乎经史。有不率教者，则摒斥毋留。学臣三年任满，谘访考核，如果教术可观，人才兴起，各加奖励。六年之后，著有成效，奏请酌量议叙。诸生中才器尤异者，著令荐举一二，以示鼓舞。又议复：嗣后书院讲席，令督抚、学臣悉心采访，不拘本省邻省，亦不论已仕未仕，但择品行方正，学问博通，素为士林所推重者，以礼延聘，享给廪饩，俾得安心训导。仍令于生徒学业，时加考核，并宽其程期，以俟优游之化。如果六年著有成效，该督抚、学臣酌量题请议叙，毋得视为具文，亦不准滥行题请。"又乾隆九年（1744），高宗再申此旨，曰："通行各省督抚，会同学政，将现在书院生徒，细加甄别，务使肄业者，皆有学有品之人，不得莠良混杂，即令驻省道员专司稽查。又议复：嗣后各省书院肄业之人，令各州县秉公选择保送，各布政司会同专司稽查之道员，再加考验。其果才堪造就者，方准留院肄业，毋得滥行收送。"

③ 《钦定学政全书》卷63，《书院事例》，嘉庆十七年（1812）礼部刊本。

抚行令司道各员，于公用内酌量置办，以资诸生诵读。①

此一导向，无疑使紫阳书院的"稽古考文"得到了政治保障。而高宗于乾隆十六年（1751）赐紫阳书院"白鹿遗规"额，② 及颁发武英殿《十三经》、《二十一史》，更对士子一意于稽古之学，颇多鼓舞。③

与高宗的以上意向相应，地方大吏于紫阳书院的建设，每多加意。乾隆三年（1738），巡抚杨永斌奏请拨银四万两生息，以增诸生膏火。十年（1745），巡抚陈大受以元和县学训导吴中衡，"请岁于田租内拨银八两，供书院中朱子祀事，袝以张清恪公伯行及高文良公其倬"。十三年（1748），苏州知府傅春重修紫阳书院，改建大门为东向。④ 而陈宏谋（1696—1771）再任江苏巡抚时，有感于"吴会为文献名邦，紫阳书院尤为育才胜地。历任抚军修理废坠，捉拔英贤，延聘名师，优给膏火，无非乐育群才，讲求实学至意。恭逢圣驾南巡，御诗褒美，训勉师生，至优极渥，诸士奋兴，千载一时"，于乾隆二十四年（1759），对历次规条"前后参差，不能画一者，谨加参酌，删繁就简"，以为士子表率。凡肄业士子之资格、名额、膏火、考课、优劣、治学、仪范等，皆为之厘定，以资遵循。⑤ 此后，巡抚魏元煜于道光二年（1822）对紫阳书院再加修整。陶澍巡抚江苏时，"书院肄业生达千数百人，澍为增广

---

① 《钦定大清会典事例》卷395，《礼部》，《学校各省书院》。

② 《清高宗实录》卷383，乾隆十六年辛未二月己丑条。

③ 《清高宗实录》卷384，乾隆十六年辛未三月戊戌条。在谕中，高宗指出："经史，学之根底也。会城书院，聚黉序之秀而砥砺之，尤宜示之正学。朕时巡所至，有若江宁之钟山书院，苏州之紫阳书院，杭州之敷文书院，各赐武英殿新刊《十三经》、《二十二史》一部，资髦士稽古之学。"阎泰和等纂：《钦定礼部则例》卷78，《仪制清吏司》，《颁发书籍》曰："凡省会书院，奉有钦颁书籍者，应敬谨藏贮，以资诸生诵习。其《三通》、经史诸书，有应随时购买者，许该督抚及专司书院之道员，于存公银两内购买颁发，仍令该管官，前后交代。按：乾隆十六年，皇上南巡，赐江宁钟山书院、苏州紫阳书院、杭州敷文书院新刊《十三经》、《二十一史》各一部。"（乾隆四十九年刻本）

④ 参见李铭皖、谭钧培修，冯桂芬纂：《（同治）苏州府志》卷25，《学校一》，光绪八年（1882）江苏书局刻本。

⑤ 详见陈宏谋：《培远堂偶存稿》卷44，《江苏巡抚再任·书院条规示乾隆二十四年正月》。

课额，兼示为学之要"。① 其所立规条，大要劝士子为学必先立志、为学必须植品、为文宜先宗经、读书宜亲师友，唯有如此，"功修宜密，循名责实，始有真儒"。② 咸丰十年（1860），紫阳书院毁于兵，后借梵门桥巷邵氏宅为考校之所。同治十年（1871），巡抚张之万拨给藩库银六千两生息，增诸生膏火。至十三年（1874），巡抚张树声重建旧地，奏颁御书"通经致用"额。③ 紫阳书院于有清一代之兴废，大略如是。

朝廷及地方大吏的倡导与扶持，固然对紫阳书院的发展影响甚大，但从根本上来说，执掌书院者的学术根底与宗尚，则更关乎一时士子的为学取向。紫阳书院之所以显称于世，即与历任院长传道、授业、解惑的努力息息相关。据同治朝修《苏州府志》所列掌院题名，历任紫阳书院者，计有冯昌、朱启昆、韩孝基、陈祖范、吴大受、王峻、沈德潜、廖鸿章、韩彦曾、彭启丰、蒋元益、钱大昕、冯培、吴省兰、吴蔚、吴俊、石韫玉、朱珔、翁心存、董国华、赵振祚、俞樾、程庭桂、夏同善、潘遵祁。诸人之中，或耽于经术，或擅长诗赋，或融贯经史，或兼备众学，故于士子之陶铸，学风之推扬，多有佳绩可称。其中，主持紫阳书院讲席长达十六年之久的钱大昕，于一时学风之转移，实为一承前启后的关键人物。

二、钱大昕肄业苏州紫阳书院

钱大昕，字及之，又字晓征，号辛楣，又号竹汀，江苏嘉定（今上海市）人。雍正六年（1728）正月初七日，生于嘉定望仙桥河东宅，嘉庆九年（1804）十月二十日，卒于苏州紫阳书院，享年七十有七。④

---

① 柳诒徵：《江苏书院志初稿》，《江苏国学图书馆年刊》第四期（1931年），第58页。

② 陶澍：《陶文毅公全集》卷50，《苏州紫阳正谊两书院条示》，道光二十年（1840）刻本。

③ 参见李铭皖、谭钧培纂，冯桂芬纂：《（同治）苏州府志》卷25，《学校一》，光绪八年（1882）江苏书局刻本。历代增置紫阳书院的田数，府志亦有记载，兹不具列。

④ 参见钱东壁、东塾：《皇清诰授中宪大夫上书房行走日讲起居注官詹事府少詹事兼翰林院侍读学士提督广东全省学政显考竹汀府君行述》，《嘉定钱大昕全集》第一册，江苏古籍出版社1997年版，下同。

　　钱大昕一生，大体可分为三个阶段。乾隆十六年（1751）迎驾献赋之前，为发蒙求学期；乾隆四十二年（1777）服阕（丁父忧）后至去世，为主持诸书院讲席期；中间则为仕宦期。其中，第一阶段后期，钱大昕肄业于紫阳书院；而第三阶段后期，钱大昕则执教于紫阳书院。既学又教，此可见钱大昕于紫阳书院之因缘。

　　钱大昕为学之发蒙，开启于祖、父之庭训。其祖王炯，字青文，号陈人，县学生。夙精小学，著有《字学海珠》三卷、《星命琐言》一卷。① 父桂发，字芳五，号小山，县学附生。"少承庭训，以读书立品为务，性耿介，不妄与人交，友朋有过失，规箴必尽所欲言。……好读先正举业文，耻流俗腐滥之习"，② 著有《方壶吟稿》三卷。因王炯年逾六十始得孙大昕，故对之喜爱弥笃。大昕刚满周岁，王炯即教之识字。及大昕五岁，"亲授以经书，稍暇，即与讲论前代故事，详悉指示，俾记忆勿忘乃止，如是者殆十年"。③ 乾隆二年（1737），王炯馆于望仙桥杨氏，大昕是时十岁，从祖受业，初学为八股，而于训诂、音韵，颇能贯通大意。王炯是以有"此子所造，必远过于我，虽入许、郑之室，无难也"之期望。④ 此后，大昕父桂发于乾隆四、五年（1739、1740）及六年（1741），设馆于外冈族父元礼（名楷）及族兄彦辉（名燿）家，皆携大昕自随，晨夕督课。此时，"举业家多不习诗，生徒或私作韵语，则父师相诟病，以为妨于制义也"。桂发不以为然，独喜教大昕为诗，"示以唐人安章宅句之法，又谓诗文非空疏无学者所能为"，且贷钱为大

① 钱大昕：《潜研堂文集》卷50，《先大父赠奉政大夫府君家传》曰："家贫，以课徒自给，亲旧家有藏书，辄借读之，虽盛暑沍寒，未尝一日少辍。又谓读书必先识字，故于四声清浊，辨别精审，不为方音所囿。其教子弟《五经》句读，字之偏旁，音之平仄，无少讹溷。士大夫有难字疑义，从府君取决，皆得其意以去。……府君于四部书靡不研究，旁及卜筮禄命之术，辄有奇验，唯不喜二氏学。"
② 钱大昕：《潜研堂文集》卷50，《先考赠奉政大夫府君家传》。
③ 钱大昕：《潜研堂文集》卷50，《先大父赠奉政大夫府君家传》。
④ 钱东壁、东塾：《皇清诰授中宪大夫上书房行走日讲起居注官詹事府少詹事兼翰林院侍读学士提督广东全省行政显考竹汀府君行述》。

昕购书，"恣其缥阅"。① 其后，钱大昕之以献赋召试通籍，以及不数年而朝廷有乡会闱岁科试皆兼试诗之诏，此可见桂发之先识，且善教子，亦可见大昕成学之渊源。

庭训之外，钱大昕又得益于塾师之教。雍正十年（1732），大昕年五岁，"始从塾师曾献若先生问字"。② 曾献若，名佳，大昕父桂发业师。父子同师，亦称佳话。乾隆七年（1742），大昕年十五，负笈入城，师从曹桂芳问学，同学者有陆授诗、李斗祥、韩本、徐瀛秀，及桂芳子仁虎（字来殷，号习庵）。③ 大昕尝记其事曰："檀溻先生（指曹桂芳，檀溻其号——引者）自县之外冈，徙居城东清镜塘之南，再徙乃定居焉。是时，大昕方十五六岁，从先生受经义，与同学十数人下榻先生所，仅老屋数椽，东西相向，无所为堂也。"④ "受经义"云云，可知曹氏教学之内容。而大昕评曹仁虎之学曰："习庵于学无所不通，而于诗尤妙绝一世。每分韵联句，同人皆争奇斗巧，自诩绝出，及见习庵作，咸退避无间言。古风近体，流播人间，海外异域，多有传其稿者。"⑤ 由此一端，可见曹桂芳教学之成效。大昕之明经义，盖由曹氏启之。

钱大昕从学曹桂芳当年，其夏立童子试，即受知于学政内阁学士刘藻（原名玉麟，字素存，山东菏泽人）。复试日，刘公见大昕方髫龄，遂别置笔砚于他所试之，大昕文较原卷更佳。次日，又特招复试，题为"焉知来者之不如今也"，阅后大悦，倍加奖励，且赠以笔墨数事。刘公又对人称："吾视学一载，所得惟三生鸣盛、钱生大昕两人耳！"其推重如此。是时，始与王鸣盛（字凤喈，号礼堂，又号西庄）定交。鸣盛于侪辈少许可，独于大昕文，极口称赞。而鸣盛父尔达，见大昕文，"亦

---

① 钱大昕：《潜研堂文集》卷50，《先考小山府君行述》。
② 钱大昕：《竹汀居士年谱》，雍正十年壬子年五岁条。
③ 参见钱大昕：《竹汀居士年谱》，乾隆七年壬戌年十五岁条，钱庆曾校注。
④ 钱大昕：《潜研堂文集》卷21，《雪镜堂记》。
⑤ 钱大昕：《潜研堂文集》卷26，《习庵先生诗集序》。

以为不凡。明年始有昏姻之约”。① 大昕成诸生后，曾一度授徒坞城顾氏。顾氏家颇多藏书，如《资治通鉴》、《二十一史》（不全）等，钱大昕资以“晨夕披览，始有尚论千古之志”。② 其据《晋书》以纠苏轼戏作《贾梁道诗》，亦颇见其考据之功底。次年，大昕又读李延寿所著《南北史钞》，撮故事为《南北史隽》一册，③ 是其于史学亦有所得。大昕子东壁、东塾称：“馆纪王庙顾氏，其家藏书颇富，府君一一遍观，遂斐然有述作意，读书所得，著为札记。府君殚心经学，自此始。”④ 由此可见，钱大昕授徒顾氏期间，在学问上已有一定的进境。

钱大昕自承祖、父及曾、曹两塾师之教，又资顾氏藏书以纵览，于小学、诗赋、经史诸学，已略窥其端绪。而乾隆十四年（1749）钱大昕之入紫阳书院肄业，对其来说，则是求学历程中的一大关键。大昕一生为学之根基，即奠定于此一时期。

钱大昕之得以入紫阳书院肄业，乃因妻兄王鸣盛之介，而得力于院长王峻之推扬。王昶曾说：“乾隆十三年夏，昶肄业于苏州紫阳书院。时嘉定宗兄凤喈先中乙科，在院同学，因知其妹婿钱君晓征幼慧，善读书，岁十五补博士弟子，有神童之目。及院长常熟王次山侍御询嘉定人才，凤喈则以君对。侍御转告巡抚雅公蔚文，檄召至院，试以《周礼》、《文献通考》两论，君下笔千余言，悉中典要。于是院长惊异，而院中诸名宿莫不敛手敬之。”⑤ 大昕亦曰：“巡抚觉罗樗轩公雅尔哈善闻予名，檄本县具文送紫阳书院肄业。时侍御王艮斋先生为院长，阅居士课义诗赋论策，叹赏不置。曰：‘此天下才也。’自是课试常居第一。”⑥

---

① 以上皆引自钱大昕：《竹汀居士年谱》，乾隆七年壬戌年十五岁条。
② 钱大昕：《竹汀居士年谱》，乾隆十年乙丑年十八岁。
③ 钱大昕：《竹汀居士年谱》，乾隆十一年丙寅年十九岁条。
④ 钱东壁、东塾：《皇清诰授中宪大夫上书房行走日讲起居注官詹事府少詹事兼翰林院侍读学士提督广东全省学政显考竹汀府君行述》。
⑤ 王昶：《春融堂集》卷55，《詹事府少詹事钱君墓志铭》。
⑥ 钱大昕：《竹汀居士年谱》，乾隆十四年己巳年二十二岁条。

又称："大昕少而钝拙，无乡曲誉。先生闻其可与道古也，荐之使学于紫阳书院。先生于诸生中最赏者仅三数人，顾独称大昕不去口。"① 此可见王峻对钱大昕之知遇。

王峻（1694—1751），字次山，号艮斋，江苏常熟人。少敏慧，读书数行俱下。年十八补诸生，才名籍甚。尝与同里宋玉才受业于陈祖范，② "一时称为王、宋"。历官至江西道监察御史，因劾左都御史彭维新"素行不叶人望"，直声震京城，亦因此而罢官。旋因丁母忧，遂不复出。归田后，先后执教于扬州安定书院、徐州云龙书院及苏州紫阳书院，而于紫阳书院尤久，"以古学提唱后进，所赏识后多知名"。其为学长于史，"尤精地理之学，谈九州山川形势，曲折向背，虽足迹所未到，咸了如指掌。尝谓《水经》正文与注混淆，欲一一厘正之，而唐以后水道之变迁，地名之同异，郦注所未及者，则摭正史及传记小说、近代志乘以补之，名曰《水经广注》，手自属稿，未暇成也"。③ 所成者，为《汉书正误》四卷，但付之梨枣，已距其下世四十余年。④

王峻既受业于陈祖范，师弟又先后主紫阳书院讲席（中隔吴大受），学术师承，就教者多为陶铸。钱大昕尝言："予年二十有二，来学紫阳书院，受业于虞山王艮斋先生。先生诲以读书当自经史始，谓予尚可与

① 钱大昕：《潜研堂文集》卷13，《江西道监察御史王先生墓志铭》。
② 钱大昕：《潜研堂文集》卷38，《陈先生祖范传》曰："居数年，有诏天下设书院以教士，诸大吏闻先生通儒，争先延青为师，先生勉应之。在苏州紫阳书院三年，训课有法，士子至今思之。……先生于学，务求心得，不喜驰骋其说，与古人争胜，尤耻剿袭成言，以为己有，盖合于《论吾》之'君子儒'焉。"
③ 以上皆引自钱大昕：《潜研堂文集》卷43，《江西道监察御史王先生墓志铭》。
④ 乾隆六十年（1795）十一月，钱大昕为其师王峻遗著《汉书正误》撰序，有言曰："先生归道山四十余年，仲子恳谷郡丞，将以《汉书正误》四卷付剞劂，属予校勘。循环读之，如见当日下帷抱椠，丹黄是正之勤焉。……宋儒好讲史学，于是有三刘氏、吴氏《刊误》之作。然刘书既无全本，吴虽博洽，往往驰骋而不要其归。本朝则何义门、陈少章两君，于是书考证最有功。先生与少章子和叔交最善，故于二家之说多有采取。其云正误者，正小颜之误也。所征引必识其名，不欲掩人之善也。此书出，当驾三刘与吴而上之。予故接闻先生绪论者，谨识梗概如右。"（《潜研堂文集》卷24，《汉书正误序》。）

道古，所以期望策厉之者甚厚。予之从事史学，由先生进之也。"① 大昕此后在史学方面的造诣，推其原始，王峻淬励之功当不可没。然不无遗憾的是，乾隆十五年（1750），王峻以疾辞去。大昕遂与诸同学联句作诗，以志师恩。其言曰：

> 朔雪冻差差，憭慄寒气重王鸣盛。先生怀故园，浩然归计勇王昶。冷雪武丘凝，秀嶂虞山耸钱大昕。装轻仆无痡，帆举浪犹涌曹仁虎。养疴公志便，问字我忱壅鸣盛。结添卜商衣，履曳原宪踵昶。叩钟聆嘡吰，带经锄亩垄大昕。游尝异舆从，学叹望洋恐仁虎。呜呼文教衰，流传多缪种鸣盛。《七略》谁囊该，《九师》空杂冗昶。吊诡卜火珠，荒诞搜《汲冢》大昕。衮衮逐积澜，纷纷博世宠仁虎。先生笁道枢，词林作梁栱鸣盛。砭俗论必严，匹古意未恫昶。罩思斡元造，购籍损官奉大昕。幽键启突奥，铦斤斫拳踵仁虎。十道九域探，三箧百城拥鸣盛。当其乌台迁，屹然白简捧昶。默默噬寒蝉，啾啾嘲群蛰大昕。正色排婘婜，直笔刺微疃仁虎。然犀烛罔象，伏弩射阚隆鸣盛。独立仰丰规，先鸣振偄鰌王昶。乃知一士愕，足令千夫悚大昕。旋解紫绶还，间薙碧草茸仁虎。酒兵整鞲韝，骚坛集球琪鸣盛。遂初欣归吴，耽荣耻得陇昶。吾谷峰嶙嶙，尚湖波溶溶大昕。闲身侣鸥鹭，尘鞅脱桎拲仁虎。五年主讲席，诗礼诚发冢鸣盛。教化时术蛾，文喻吐丝蛹。执经纡矩步，解惑快曲踊大昕。情怆《骊驹》歌，令纪鸟兽舐仁虎。往矣冰蹩纹，来思花坼甬鸣盛。伫立望河干，霜风浩呼淘昶。②

依依惜别之情，高山仰止之思，师弟厚谊，感慨良多。③

---

① 钱大昕：《潜研堂文集》卷24，《汉书正误序》。
② 钱大昕：《潜研堂诗集》卷2，《用昌黎会合联句韵送王艮斋先生归海虞》。
③ 王峻去世后，钱大昕尝作挽诗二首，以志伤感。其言曰："西台真御史，东观旧词臣。赋草凌云笔，车埋当道轮。平生尚风义，傲骨独嶙峋。辛苦遗孤在，谁为分宅人"；"掌梦巫阳眘，催人鬼伯侵。讣来犹恐误，悲极不成吟。寥亮山阳笛，摧残罋下琴。半生知己感，凄断竟难禁。"（《潜研堂诗集》卷3，《王次山先生挽诗二首》）

王峻之后，沈德潜于乾隆十六年（1751）正月，[1] 继主紫阳书院讲席。沈德潜（1673—1769），字确士，号归愚，又号峴山，江苏长洲人。乾隆四年（1739）进士，由编修累官至礼部尚书衔，逝后谥文悫。沈德潜自授职编修，即得高宗赏识，是以有"江南老名士"之称。乾隆十二年（1747），德潜迁礼部侍郎，高宗谕诸臣曰："沈德潜诚实谨厚，且怜其晚遇，是以稠叠加恩，以励老成积学之士，初不因进诗而优擢也。"话虽如此，高宗之赏识于德潜者，三要还在德潜工于为诗。故沈德潜休致时，高宗有"朕于德潜，以诗始，以诗终"之谕，[2] 此后更有"九峡诗仙"之誉。而高宗序德潜所著《归愚集》曰："德潜之诗，远陶铸乎李、杜，而近伯仲乎高、王（指高启、王士祯——引者）矣。乃独取义于昌黎归愚之云者，则所谓去华就实，君子之道也。昌黎因文见道，始有是语，而归愚叟乃能深契于此，识夷守约，敛藻就澹，是则李、杜、高、王所未言，而有合于夫子教人学诗之义也。"及至德潜去世，高宗悼之曰："寿纵未能臻百岁，诗当不朽照千秋。"[3] 虽然沈德潜逝后，于乾隆四十四年（1779）因徐述夔《一柱楼集》案受到牵连（德潜尝为徐述夔作传，称其品行文章皆可为法），遭到夺赠官、罢祠削谥、仆其墓碑的惩罚，但次年高宗御制《怀旧诗》中，仍列德潜五词臣末。

沈德潜虽以工诗受知高宗，且因论次唐以后列朝诗为《别裁集》而饮誉文坛，但其执教紫阳书院时，所汲汲引导士子者，则在务为返躬践履、行己治人之有体有用之学，其根则在经史、古学之体悟发明。乾隆十六年（1751），高宗首次南巡江浙，沈德潜迎驾，乞额紫阳书院。高宗因颜之曰"白鹿遗规"，且制五言古诗以勉德潜振兴乡教。其言曰：

　　　椷朴重育贤，菁莪厓即俊。矧兹文雅都，造士方应慎。书

———————————

[1]　沈德潜：《沈归愚自订年谱》，乾隆十六年辛未年七十九岁条称："正月，……巡抚王公讳师，延予掌紫阳书院。"（乾隆二十九年刻本）
[2]　参见：《清史稿》卷305，《列传九十二》，《沈德潜》。
[3]　以上皆引自李元度：《国朝先正事略》卷18，《名臣》，《沈文悫公德潜》。

院号紫阳，义盖由慕蔺。德潜纵悬车，乡教犹能振。乞我四字
额，更无他语训。白鹿有芳规，气贵消鄙吝。学非豢贫地，贫
乃士之分。学复不重华，华乃实之衅。功或亏一篑，山弗成九
仞。诗虽夙所耽，不足示后进。努力崇实修，佐我休明运。①

德潜感斯言，因于是年五月，成规条十则，以示士子为学门径。其大
要谓：

> 书院之设，所以辅翼学校，使肄业其中者，分义利，审出
> 处，明先王之道，通当世之务也。若只争长于文辞藻耀之间，
> 是舍其本而务末矣。况徒饰虚名，并文辞不求其工耶？愿诸君
> 返躬践履，实用力于行己治人，庶不负国家建立书院意。……
> 今鹿洞规条具在，主敬存诚之功，昭然《朱子全书》，士当循
> 序而详求之。文贵抉经之心。……既能宗经，又当证之史学，
> 以广知人论世之实。然必蕴涵史事，上下千古，乃为得之。倘
> 直写史语，刺人眼目，又非制义选言纯粹体也。……文无定
> 态，纯古淡泊，明白俊伟，与夫寓绳尺于纵横之中，取神韵于
> 意言之外者，各自成家。……制艺所以宣圣贤语意，而经国大
> 业，不朽盛事，仍在古学。但揣摩八股，而于古学蔑如，将枵
> 然蝉腹，终矻矻于试牍墨卷中，适增儒林之恧而已。诸君于制
> 义之余，兼攻古文，余事并及韵语。……学人砥砺，首重立
> 行，次重实学。若品第前后，无关重轻也。……文章声价，自
> 有定评。其高者，虽怨家不能埋没；其下者，虽周亲不能揄
> 扬。寸心之公，灼然难昧也。……愚叨一日之长，故于院中诸
> 生，均望其敦本勤学，成德达材，以为有体有用之士，以上副

---

① 清高宗撰，蒋溥等奉敕编：《御制诗集二集》卷 24，《紫阳书院题句》。又高宗示江苏学
政庄有恭诗称："从来庠序储才地，观国之光利用宾。所贵清真兼雅正，莫容中鬼及蛇
神。春华秋实崇经术，廷献家修重大伦。自是此邦文胜质，丁宁致勖务还淳。"（《御制
诗集二集》卷 23，《示江苏学政庄有恭》。）是可见高宗对江南教育之厚望。

圣训谆勉之心，此愚所乐为欲助者也。①

此可见沈德潜训课士子之规模。循此规模，紫阳书院诸生于经义古学多能有所深造。钱大昕熏染其间，虽时日无多，但亦有所感悟。②

钱大昕既受王、沈二师之教泽，又与诸同舍王昶、褚寅亮、③褚廷璋、王鸣盛、曹仁虎等人，"以古学相策励"。④王鸣盛为大昕妻兄，且

---

① 沈德潜：《归愚文钞余集》卷7，《紫阳书院规条十则》。又沈德潜《归愚文钞余集》卷3《紫阳书院课艺序》曰："制义之道别无他奇，理取其正，法取其合，辞取其典，气取其昌。宗乎经，准乎先正，流衍于古大家文，而以一己之灵明运之，以求肖乎圣贤之神吻，如是而已矣。……制义其英华也，殖其英华之所从出也。诸生由趋向之正，而益养其根，益加其膏，他日发抒所得，以羽翼经传，以进于道德之途，应更有焯乎可传者，而岂惟制义之工，足以取科名而荣当世已耶？"同卷《紫阳书院课艺二集序》曰："然宜专二集所选之文，经义古学，多矫矫拔俗，不至于良楛杂出也。抑又思国家设立书院之意，与诸当路期望多士之心，有不止于工文辞、取科名而已者。盖文辞科名末也，德行功业本也。圣贤之言无一非切于实用，学者果一一体之于心，验之于身，操存涵养之有要，扩充措施之有方，将为真文章者，必能立真人品，立真人品者，必能建真事功。纯儒出其中，名臣亦出其中矣。诸生其体会斯言也夫！"

② 先是，乾隆十五年（1750）五月，沈德潜告归后，钱大昕尝与王昶、王鸣盛、曹仁虎从其问学。（严荣：《述庵先生年谱》，乾隆十五年二十七岁条："五月，礼部侍郎沈公归愚德潜，以年八表予告归，凤喈、晓征、来殷及先生，皆游其门。"）又蔡冠洛：《清代七百名人传》第四编，学术，朴学，《钱大昕》称："初从长洲沈德潜游，辞章之学，为吴中七子之冠。既忽叹曰：'经之未通，乃从而绣其鞶帨乎！'由是博览群籍，综贯六艺。"

③ 钱大昕尝评褚寅亮之学曰："同年友褚孝鹤侣于经学最深，持论最平，从事《礼经》者几三十年，乃确然知郑义之必可从，而敢说之无所据。尝谓予曰：'君意似不在解经而专与郑立异，特其言含而不露，若无意于排击者，是以入其玄中而不悟。至于说有不通，甚且改窜经文以曲就其义，不几于无忌惮乎！'予益拊掌叹服，以为笃论，然未得读其全稿也。鹤侣没后，中子鸣哕始出其《仪礼管见》稿本，将付诸梓，而属予序之。披读再四，乃知鹤侣用心之细密。……皆贯串全经，疏通证明，虽好辩者莫能置其喙。夫经与注相辅而行，破注者，荒经之渐也。教书今虽未大行，然实事求是之儒少，而喜新趋便之士多，不亟辞而辟之，恐有视郑学为可取而代者，而成周制作之精意益以茫昧，则是编洵中流之砥柱矣夫。"（《潜研堂文集》卷24，《仪礼管见序》。）

④ 钱大昕：《竹汀居士年谱》，乾隆一四年己巳年二十二岁条。钱大昕《潜研堂诗集》自序曰："年二十以后，颇有志经史之学，不欲专为诗人。然是时客吴门，与礼堂、兰泉、来殷诸君子日唱和，所得诗亦渐多，既而遂以有韵之文通籍。"严荣：《述庵先生年谱》，乾隆十四年二十六岁条曰："一四年已巳，二十六岁。巡抚宗室雅尔哈善课所属州县诸生能文者，取入紫阳书院肄业，先生试第一。监察御史王公次山峻为院长，同院中如褚播升秀才寅亮、钱晓征秀才大昕、曹来殷秀才仁虎，皆以经术、诗古文互相砥砺。"

早在乾隆七年（1742）即与大昕定交。王昶亦于乾隆九年（1744）乡试时，与大昕定交。① 而曹仁虎乃大昕塾师曹桂芳之子，且同笔砚者两年。此时相聚共学于紫阳书院，朝夕论学，质疑问难，友朋之益，自有一番进境。钱大昕尝论与王鸣盛、曹仁虎之交谊曰："西庄长予六岁，而学成最早，予得闻其绪论，稍知古学之门径。习庵少予三岁，而辩悟通达，胜予数倍。两君者，天下之善士也，置之古人中，无不及焉。而在吾乡，吾皆得而友之。既而先后通籍，遍交海内名流，阅历四十余年，而屈指素心，无如吾两君者，不独颂读其诗书，并亲炙其性情学问。古来称齐名者，李、杜，元、白，韩、孟，皮、陆，俱非同在一乡，而两君乃近得之望衡对宇之际，此生平第一快事也。"② 又曰："予与西沚总角交，予妻又其女弟，幼同学，长同官，及归田，衡宇相望，奇文疑义，质难无虚日。予驽缓，西沚数镞厉之，始克树立。平生道义之交，无逾西沚，常以异姓轼、辙相况，匪由亲串昵就，辄相标榜也。"③ 知己之叹，论学之感，情发于中，亦可见当日共学之情形矣。

乾隆十八年（1753），沈德潜之录刊《七子诗选》（七子指王鸣盛、王昶、钱大昕、曹仁虎、吴泰来、黄文莲、赵文哲），序称：

> 七子者，秉心和平，砥砺志节，抱拔俗才，而又亭经藉史，以培乎根本。其性情，其气骨，其才思，三者具备，而一归自然。故发而为诗，或如巨壑崇岩，龙虎变化；或寒潭峭壁，冰雪峥嵘。曷常沾沾焉摹拟刻划，局守一家之言哉！而宗旨之正，风格之高，神韵之超，逸而深远，自有不期而合者。

---

① 钱大昕：《潜研堂文集》卷23，《述庵先生七十寿序》称："大昕从公游最久，始同学，继同进士，又同官于朝，嗜好亦略相同。"又卷41，《封资政大夫大理寺卿加十四纪王公神道碑》曰："大昕弱冠后，即从当代贤士大夫游，窃取其绪论，得粗知古人立言之旨。其交最久，而莫逆于心者，则今大理寺卿王公昶也。"

② 钱大昕：《潜研堂文集》卷26，《习庵先生诗集序》。又《潜研堂诗续集》卷8，《西沚光禄挽诗四首》之一有曰："海内知心有几人，垂髫直到白头新。经传马、郑专门古，文溯欧、曾客气驯。"

③ 钱大昕：《潜研堂文集》卷48，《西沚先生墓志铭》。

> 犹两界河山，条分南北，山不同而峻嶒之体则一也，水不同而
> 混茫之态则一也，谓非诗教之正轨也耶？①

此可见诸人为学之根底。无怪乎钱大昕、褚寅亮于乾隆十六年（1751）
进献诗赋被取中一等，王鸣盛、钱大昕、王昶中乾隆十九年（1754）进
士，② 而乾隆二十二年（1757）召试古学时，王昶、曹仁虎、褚廷璋被
录取。③ 学有所成，以古学相策励之成效，于此可见一斑。

　　更为幸运的是，钱大昕在紫阳书院肄业期间，还曾结识了许多吴中
老宿，如惠栋、沈彤、李果、赵虹、许廷铼、顾诒禄诸人，而"引为忘
年交"。④ 诸人或沉潜经术，或精研礼学，或雄于古文，或擅长为诗，
皆一时饱学之士。李元度称许廷铼、李果之学曰："吴中诗人最著者，
曰潘南村、许子逊、李客山、盛青嵝、翁朗夫。……许子逊，名廷铼，
长洲人。……诗严于唐、宋之界，五言律、七言绝句尤工。……李客
山，名果，长洲布衣。……诗格苍老，有一二字未安，屡改不倦。晚年
文誉蔼郁，过吴门者争识其面，几以鲁灵光目之。"⑤ 严荣称述王昶与
惠栋、沈彤、李果交往有言："定宇博通经术，于汉学最深。冠云通
《三礼》，又与客山并以古文称。"⑥ 又沈德潜叙次沈彤为学曰："家冠云
征士，少岁喜词章之学。籍学官后，知学以体道达用为贵，遂穷究六

① 沈德潜：《七子诗选·序》，《七子诗选》卷首，乾隆十八年（1753）刻本。
② 钱大昕：《竹汀居士年谱》，乾隆十九年己戌年二十七岁条称："三月会试，中式第十九
　　名。……是科，文敏公（指钱维城——引者）自撰策问条目。闱中遍搜三场，所得如王
　　礼堂、王兰泉、纪晓岚、朱竹均、姜石贞、瞿大川辈，皆称汲古之彦。揭晓之次日，午
　　门谢恩。文敏公谓诸公曰：'此科元魁十八人，俱以八股取中，钱生乃古学第一人也。'"
③ 参见沈德潜：《沈归愚自订年谱》，乾隆十六年、十九年、二十二年各条，乾隆二十九
　　年（1764）刻本。
④ 钱大昕：《竹汀居士年谱》，乾隆十四年己巳年二十二岁条。又江藩《国朝汉学师承记》
　　卷3《钱大昕》称："先是，征吴门时，与元和惠定宇、吴江沈冠云两征君游，乃精研
　　古经义声音训诂之学，旁及壬遁太乙星命，靡不博综而深究焉。"又严荣：《述庵先生
　　年谱》，乾隆十三年二十五岁条称："五月，见惠定宇秀才栋，因识沈冠云贡生彤、李
　　客山布衣果。……自是潜心经术。吴下诗人，年齿倍于先生者亦多，为忘年交。"
⑤ 李元度：《国朝先正事略》卷40，《杜紫纶先生事略》附。
⑥ 严荣：《述庵先生年谱》，乾隆十三年二一五岁条。

经，二三十年不辍。自礼乐、律吕，以及田赋、官禄、学校、兵刑诸大端，皆能辨异审同，要归至当。发而为文，往往具古圣之义法，可依仿而通行。即序传碑状等作，亦各有美言懿行之实，而非若世之著文者，诡奇炫饰以相夸诩也。"① 王峻为沈彤文集撰序亦称：

> 余往在都门，少宗伯方望溪先生，每为余称吴江沈君冠云之著述能守朴学，不事浮藻。时余以书馆事繁，仅获观一二，未遑多索也。今年，余在紫阳书院，冠云亦授徒郡城，因出其所著古文一编视余。展读既竟，乃叹曰：甚矣！望溪之能知冠云之文也。……今冠云之学，笃古穷经，尤精《三礼》。其解经诸文，于群疑聚讼之处，疏通证明，一句一字，必获其指归而后已。其记、序、碑、铭诸作，亦皆具古人之法，而立义醇懿。盖凡在兹编，无不有用而可久，非犹草木之花之能成其实者乎！望溪之称其守朴学而舍浮藻，其知之深矣。②

而顾诒禄尝受业于沈德潜之门，于诗亦称擅长。且诸人以友道相处，往还论学，彼此切劘，引为知己同调之鸣。一时交游氛围，亦可见学风之好尚。钱大昕熏陶于此一学术环境，自然获益良多，于学问大有进境。

诸老宿之中，惠栋对钱大昕的影响尤为突出。③ 钱大昕在为惠栋《古文尚书考》所撰序中曾说："予弱冠时，谒先生于泮环巷宅，与论《易》义，更仆不倦，盖谬以予为可与道古者。忽忽卅余载，楹书犹在，而典型日远，缀名简末，感慨系之。"④ 而其所作《题惠松崖征君授经

---

① 沈德潜：《果堂集序》，沈彤：《果堂集》卷首。江藩：《国朝汉学师承记》卷2，《沈彤》亦称："康熙、雍正间，何学士焯以制义倡导学者，四方从游弟子著录者四百余人。弟子中惟陈季方、陈少章及彤最知名。季方工文词，少章精史学，彤独以穷经为事，核先儒之异同而求其是，为文章不贵词藻，抒心自得而已。"

② 王峻：《王艮斋文集》卷1，《沈冠云文集序》。

③ 钱大昕之获交惠栋，王峻当亦有绍介之功。王昶：《春融堂集》卷55，《惠定宇先生墓志铭》曰："先生以名贤后裔蔚为大儒，同里蒋编修恭棐、杨编修绳武深相器重，而常熟御史王公峻，尤重之。"

④ 钱大昕：《潜研堂文集》卷24，《古文尚书考序》。

图》诗亦称："吾生亦有好古癖．问奇曾许抠衣进。廿年聚散等浮沤，宿草青青老泪抆。展图仿佛见平生．苦井长智几时浚？黄门精熟继长翁，试听它年石渠论。"[1] 仰慕之情．教诲之感，可见两人相知之深。不惟如此，钱大昕在惠栋的熏陶下，对治经方法深有体悟，提出"以经证经"之说。而这一方法的提出，正是受了惠栋《周易述》的启发。在致王昶的信中，钱大昕阐发道："《周易》李氏《集解》，蒐罗荀、虞之说最多，古法尚未尽亡。松崖任君《周易述》，摧陷廓清，独明绝学，谈汉学者无出其右矣。《尚书》逸古文虽亡，然马、郑诸家之传注，至唐犹存，今则惟存梅氏一家。大约经学要在以经证经，以先秦、两汉之书证经，其训诂则参之《说文》、《方言》、《释名》，而宋元以后无稽之言，置之不道。反复推校，求其会通，故曰必通全经而后可通一经。若徒蒐采旧说，荟为一编，尚非第一义也。"[2] 而寻其根源，惠栋治经的思想和方法，乃在于"经之义存乎训，识字审音，乃知其义。是故古训不可改也，经师不可废也"。[3] 此一为学取向的提出．引发出以下两种新的思路：其一，戴震在惠栋的影响下，提出"故训明则古经明，古经明则贤人圣人之理义明，而我心之所同然者乃因之而明。贤人圣人之理义非它，存乎典章制度者是也"的学术主张；[4] 其二，即钱大昕所提出的"以经证经"思路。乾嘉学派之形成及发皇，即是循此治经取向展开的。论者每谓钱大昕的学术成就在史学，然探其根源，其以治经方法而治史的思路，实发端于"以经证经"为学主张。钱穆先生揭示钱大昕为学主旨曰：

> 当竹汀之世，论学者已树汉、宋之壁垒，而又为经、史分门庭。若论史学，则必群推竹汀为巨擘。然竹汀论学，固常盛推经术，其言已如上引。而竹汀之论史，亦与时风众趋有不同。……是竹汀实一本其平日所揭橥之论学宗旨以治史，在其

---

① 钱大昕：《潜研堂诗集》卷10，《题惠松崖征君授经图》。
② 钱大昕著，陈文和辑校：《潜研堂文集补编》，《与王德甫书一》。
③ 惠栋：《松崖文钞》卷1，《九经古义述首》。
④ 戴震：《戴震集》卷11，《题惠定宇先生授经图》。

心中，并不见有经学、史学之鸿沟，更亦绝无以史学名家，求与当时经学相抗衡之意也。……窃谓竹汀之为学，固不限于史。其成学之所至，亦不得仅以史学名。其学浩博无涯涘，不得已而必为之名，则不如直承清初诸大儒如亭林之俦而名之曰"经史实学"，庶乎近是。……竹汀于经史外，又注意文章之学。……此其论学，实欲汇道学、儒林、文苑而一之。经术、性理、文章，皆通儒实学所宜备。又岂当时争门户、分汉宋、别经史者之所与知乎？……然竹汀之论诗文，即必源本于性情，植根于经史，而尤关心于教化。①

又李斗尝评大昕之学，称："合惠、戴二家之学集为大成。"② 此可见大昕立学取向之所在。③

---

① 钱穆：《中国学术思想史论丛（八）》二十一，《钱竹汀学述》，《钱宾四先生全集》第22册，第393—401页。

② 李斗：《扬州画舫录》卷10，《虹桥录上》。钱大昕：《潜研堂文集》卷24，《左氏传古注辑存序》曰："夫穷经者必通训诂，训诂明而后知义理之趣。后儒不知训诂，欲以乡壁虚造之说求义理所在，夫是以支离而失其宗。汉之经师，其训诂皆有家法，以其去圣人未远。"同卷《经籍纂诂序》曰："有文字而后有诂训，有诂训而后有义理，训诂者，义理之所由出，非别有义理出乎训诂之外者也。……夫六经定于至圣，舍经则无以为学。学道要于好古，蔑古则无以见道。"又同卷《臧玉林经义杂识序》曰："尝谓六经者，圣人之言，因其言以求其义，则必自训诂始。谓训诂之外别有义理，如桑门以不立文字为最上乘者，非吾儒之学也。训诂必依汉儒，以其去古未远，家法相承，七十子之大义犹有存者，异于后人之不知而作也。三代以前，文字、声音与训诂相通，汉儒犹能识之。以古为师，师其是而已矣，夫岂陋今荣古，异趣以相高哉！"是可见大昕能融贯惠、戴之学矣。

③ 惠栋为学方法的影响，亦可从王昶、王鸣盛两人身上体现出来。严荣：《述庵先生年谱》，乾隆十三年二十五岁条称："五月，见惠定宇秀才栋，因识沈冠云贡生彤、李客山布衣果。……自是潜心经术。"阮元：《揅经室二集》卷3，《诰授光禄大夫刑部右侍郎述庵王公神道碑》曰："公之为学也，无所不通。……治经与惠栋同，深汉儒之学，《诗》、《礼》宗毛、郑，《易》学荀、虞，言性道则尊朱子，下及薛河津、王阳明诸家。"钱大昕：《潜研堂文集》卷48，《西沚先生墓志铭》曰："又与惠征君松崖讲经义，知诂训必以汉儒为宗。"李元度：《国朝先正事略》卷34，《王西庄先生事略》曰："早岁与元和惠定宇、吴江沈冠云精研经学，一以汉人为师，许、郑尤所晷宗。"王鸣盛：《西庄始存稿》卷24，《古经解钩沉序》自言："学莫贵乎有本，而功莫大乎存古。……盖俗学之病，在于无本，而不好古。……吾交天下士，得通经者二人，吴郡惠定宇、歙州戴东原也。间与东原从容语：'子之学于定宇何如？'东原曰：'不同。定宇求古，吾求是。'嘻！东原虽自命不同，究之求古即所以求是，舍古无是者也。"戴震、钱大昕、王昶、王鸣盛皆一时大儒，其为学取向如此，亦可见惠栋学说影响之巨。

　　乾隆十六年（1751），高宗首次南巡，江、浙、吴中士子纷纷献赋，钱大昕亦在其列。高宗考虑到献赋士子"工拙既殊，真赝错出"，为免"鱼目碔砆，得混珠玉"，遂命大学士傅恒、协办大学士梁诗正、侍郎汪由敦，会同该总督、学政，详议考试办法。傅恒等奏言："江苏、安徽进献诗赋之士子，经该学政取定者，俱令赴江宁一体考试；浙江进献诗赋取定者，令在杭城候试。统俟驾临杭州、江宁，酌期请旨，派大臣监试。届期，学政等恭请钦命试题，收卷进呈。并令各该督抚，饬备士子茶饭。"① 此奏得高宗认可后，考试按计划进行。三月三十日，高宗发布江苏、安徽考取士子情况，下谕："此次考中之蒋雍植、钱大昕、吴烺、褚寅亮、吴志鸿，著照浙江之例，特赐举人，授为内阁中书学习行走，与考取候补人员，一体补用。其进士孙梦逵，著授为中书，遇缺补用。"② 钱大昕以一等二名荣获此选，心中自是无比的高兴，因作诗二首以志怀。诗曰：

　　　　俳优薄技拟枚皋，给札金门异数叨。五色霏微承紫诰，十年蕉萃愧青袍。登科仍许陪先进，通籍何须谒选曹。小草自来无远志，也蒙搜采到蓬蒿。

　　　　趋承行殿谢恩齐，冰样头衔纸尾题。葵藿忽回初日照，鹭鸠何分上林栖。青绫被暖中宵泪，红药花翻入户低。却笑杜陵夸献赋，五年才得尉河西。③

求学的艰辛，科场的失意（钱大昕曾三次乡试不售），多年的心血终算有了回报，大昕能不为之兴奋！此次成功，遂意味着钱大昕将步入仕

① 《清高宗实录》卷383，乾隆十六年二月乙未条。
② 《清高宗实录》卷383，乾隆十六年三月丁卯条。钱大昕：《竹汀居士年谱》，乾隆十六年辛未年二十四岁条记："是岁，六驾始南巡，江、浙、吴中士子，各进献赋诗。大昕进赋一篇，学使番禺庄公滋圃选入一等。有诏召试江宁行在，钦命题《蚕月条桑赋》、《指佞草诗》、《理学真伪论》。阅卷官二学士满洲高文定公、兵部侍郎休宁汪文端公、刑部侍郎嘉兴钱文端公，拟定一等二名，特赐举人，授内阁中书学习行走。"
③ 钱大昕：《潜研堂诗集》卷3，《奉旨特赐举人授中书舍人纪恩二首》。

途，而告别紫阳书院的求学生涯。①

三、钱大昕掌教苏州紫阳书院

阔别三十八年之后，钱大昕于乾隆五十四年（1789）正月，应江苏巡抚闵鹗元之聘，来主紫阳书院讲席。追忆往昔就学情景，钱大昕有感于自己为学实"赖名师益友，切磋琢磨之力，得窥古人堂奥"，遂"奋然以振兴文教，继美前修为己任"。自是十六年间，"与诸生谭经史性命之恉，切论以浮慕虚名，无补实学。由是士之驰逐声华者，渐变气质"，② 而"东南人士，依为师表"。③

先是，钱大昕尝于乾隆三十九年（1774）七月，奉命充河南乡试正考官。试毕，将返京，高宗复有提督广东学政之命，且谕以无需来京请训，即赴新任。大昕接旨后，遂于是年十一月到任。到任后，钱大昕一方面申严月课之令，"每季出题，委教职申解课卷至院，亲阅而甲乙之，士子无敢托故不与课者"；一方面鉴于"士子多不肯读经"之陋习，"每考试，经题务避熟拟。《四书》艺虽可观，而经义违失者，痛斥之，仍榜示某某卷，以荒经遗落之"。自是之后，"诸郡闻风，童子皆知读全经矣"。④ 此乃钱大昕以经义训士之始。

正当钱大昕课士初有成效之时，忽遭其父桂发之丧，因家居守制。服阕后，以母沈太恭人年届八旬，大昕遂无意于官场，不复入都供职。家居后，钱大昕的生活相当贫约，本不喜为人师的他，亦不得不答应总督高晋延主江宁钟山书院之请。大昕之所以就钟山书院讲席，一是可藉束脩

---

① 钱大昕获选后，于四月二日到扬州香草寺行宫谢恩，其秋，被高斌延入清江浦幕府，直到乾隆十七年（1752）三月，始束装入都。参见钱大昕：《竹汀居士年谱》，乾隆十六年辛未年二十四条、十七年壬申年二十五条。

② 以上皆引自钱东壁、东塾：《皇清诰授中宪大夫上书房行走日讲起居注官詹事府少詹事兼翰林院侍读学士提督广东全省学政显考竹汀府君行述》。

③ 阮亨：《瀛舟笔谈》卷7，嘉庆二十五年（1820）刻本。

④ 以上皆引自钱大昕：《竹汀居士年谱》，乾隆四十年乙未年四十八岁条。

以供甘旨；一是考虑到江宁离家不远，便于岁时回家省母。[①] 乾隆四十三年（1778）五月，[②] 钱大昕到书院，遂与“诸生讲论古学，以通经读史为先”。[③] 如是者四年，“士子经指授成名者甚众，而江浦韩明府廷秀，上元董方伯教增、鲍文学琏，宣城孙州牧元玿，尤所奖赏者也”。[④]

乾隆四十六年（1781）夏末，钱大昕归省，因念沈太恭人饮食渐少，心忧之，遂不赴钟山书院馆。至九月十四日太恭人去世，大昕因家居服丧守制。服除后，虽“有司敦劝入都供职”，但大昕因“衰疾日臻，两目昏眊，遂无出山之志矣”。[⑤] 后又患风痹之疾，因于病中自编年谱一卷，且记生平所见碑刻家中未有者三百余种，附于《金石后录》之末，凡二卷。病稍愈后，大昕遂应巡道章攀桂之请，于乾隆五十年（1785）就教松江娄东书院。在娄东书院凡四年，[⑥] 其训导士子，一如钟山书院之法，“所赏者，如陆君元吉、杨君云璈、陆君学钦、汪君学铭、胡君金诰，暨萧君揆抡、沈君端靖，皆一时之彦也”。[⑦] 乾隆五十三年（1788）十一月，江苏巡抚闵鹗元又延请大昕明年主苏州紫阳书院，大昕因于次年正月赴紫阳书院讲席。[⑧]

---

① 参见钱大昕：《竹汀居士年谱》，乾隆四十三年戊戌年五十一岁条。

② 钱大昕：《竹汀日记》，乾隆四十三年戊戌岁三月十九日己卯条称：“晴。午后秦太守来，致江宁高相国札，延予主钟山书院讲席，前院长卢抱经学士以母老辞归故也。并致布政陶公易、十府粮道孙公廷槐、监道朱公履忠会衔帖，江宁府章公攀帖。随作札复高公，并回各宪帖，付江宁来人，约四月下旬赴江宁。”

③ 钱大昕：《竹汀居士年谱》，乾隆四十三年戊戌年五十一岁条。

④ 钱大昕：《竹汀居士年谱》，乾隆四十六年辛丑年五十四岁条。按钱东壁、东塾《行述》，被奖赏者中，又列有谈泰。

⑤ 钱大昕：《竹汀居士年谱》，乾隆四十八年癸卯年五十六岁条。

⑥ 据《竹汀居士年谱》，钱大昕主娄东书院讲席时间，为乾隆五十年（1785）至五十三年（1788），凡四年。而钱东壁、东塾所撰《行述》则称“留三载”，钱庆曾校注《竹汀居士年谱》亦称“公主讲娄东三载”，盖偶误。兹从钱大昕之说。

⑦ 钱东壁、东塾：《皇清诰授中宪大夫上书房行走日讲起居注官詹事府少詹事兼翰林院侍读学士提督广东全省学政显考竹汀府君行述》。

⑧ 钱大昕：《竹汀居士年谱》，乾隆五十三年戊申年六十一岁条；乾隆五十四年己酉年六十二岁条。钱庆曾于乾隆五十四年己酉条校注曰：“紫阳书院旧院长为蒋侍郎元益，于去冬谢世。中丞闵公博访舆论，惟公克称斯席，遂以公品粹学淳，居乡端谨入奏。”

自乾隆五十四年（1789）至嘉庆九年（1804），钱大昕主紫阳书院讲席者凡十六年。在此十六年中，钱大昕以其博洽的学识，益以先前提督广东学政课士，及钟山、娄东两书院期间通经读史、讲论古学的教学经验，于人才之陶铸，后进之奖掖，友朋之辩难，成效更为显著。何元锡有言："嘉定钱竹汀先生，主讲吴郡之紫阳书院，四方贤士大夫及弟子过从者，殆无虚日。所见古本书籍，金石文字，皆随手记录，穷源究委，反复考证，于行款格式，纤悉备载，盖古人日记之意也。"①钱庆曾亦称：

> 公在紫阳最久，自己酉至甲子，凡十有六年，一时贤士受业于门下者，不下二千人，悉皆精研古学，实事求是。如李茂才锐之算术，夏广文文焘之舆地，钮布衣树玉之《说文》，费孝廉士玑之经术，张征君燕昌之金石，陈工部稽亭先生之史学，几千年之绝学，萃于诸公，而一折衷于讲席。余如顾学士莼、茂才广圻、李孝廉福、陈观察钟麟、陶观察樑、徐阁学颎、潘尚书世恩、户部世璂、蔡明经云、董观察国华辈，不专名一家，皆当时之杰出者也。②

钱东壁、东塾更详列其父大昕与一时四方之士及受业弟子论学情形曰：

> 府君一生无疾言遽色，无私喜盛怒，不轻许可，不滥交游。力学敦品之士，不惜奖借而诱进之，虽其人至终身偃蹇坎轲，而称赏未尝去口。四方贤士大夫，下逮受业生徒，咸就讲席，折中辨论文史。如卢学士文弨、袁太史枚、赵观察翼、孙观察星衍、段大令玉裁、周明经锡瓒、张征君燕昌、梁孝廉玉绳、陈进士诗庭、黄主政丕烈、何主簿元锡、钮君树玉、夏君文焘、费君士玑、徐君颎、张君彦曾、袁君廷梼、戈君宙襄、

① 何元锡：《竹汀先生日记钞·跋》，《竹汀先生日记钞》卷末。
② 钱庆曾：《竹汀居士年谱续编》，乾隆五十八年癸丑年六十六岁条。

李君向、顾君广圻、吴君嘉泰、沈君宇、李君福、王君兆辰、孙君延辈，或叩问疑义，或商论诗文，或持示古本书籍，或鉴别旧拓碑帖、钟鼎款识，以及法书名画，府君无不穷源竟委，相与上下其论议，至人各得其意以去。而从兄弟东垣、绎、侗暨妹倩瞿君中溶、许君荫堂，尤朝夕过从。府君每与谈艺，必引申触类，反复讲求。有时日旰烛跋，听者跛倚，而府君语犹谆谆不已。即至愚不肖如不孝等，偶有质疑，亦必周详指示。盖府君乐育后进之怀，出于至诚，未尝有不屑之教诲焉。①

钱大昕于一时士风、学风之影响，曰此可观其大概。

钱大昕对受业生徒的陶铸，可由何元锡所整理的《竹汀先生日记钞》卷三《策问》中略窥一二。据何元锡嘉庆十年（1805）九月跋称："元锡昔日过吴，谒先生于讲墅，得见稿本。今先生往矣，单词片语，悉可宝贵。今年秋七月，晤先生从子绎于长兴县斋，谈及遗书，遂假录清本以归。编成三卷，付之梓版。末卷策问，为书院课题，皆文集所未载也。"②《策问》共计43条，涉及经史、《四书》、小学、舆地、氏族、诗文等。兹摘录数端，以见大昕课士重心之所在。其课经义曰：

> 太学石经，昉于汉代，五经、六经、七经，一字、三字，说者各殊，能折其中欤？中郎而外，同时挥翰者何人？其称为鸿都者，误于何始？汉魏石经，宋时尚有存者，能举其目欤？唐、后蜀、宋皆立石经，或只有经文，或兼及传注，或真或篆，或存或佚，刻于何时？立于何地？书之者何人？考其异、补其阙者，又何人也？其别白言之。
>
> 《春秋》有古文、今文之异，汉熹平、魏太和所刻者，今

---

① 钱东壁、东塾：《皇清诰授中宪大夫上书房行走日讲起居注官詹事府少詹事兼翰林院侍读学士提督广东全省学政显考竹汀府君行述》。
② 何元锡：《竹汀先生日记钞·跋》，《竹汀先生日记钞》卷末。

钦古钦？汉儒说左氏者，莫精于服虔，自杜解行，而服氏遂废，其逸义犹有可考否？何平叔之《论语》，范武子之《穀梁》，皆称集解，与杜氏同，何、范具列先儒姓名，杜何以独异？郑康成引《公羊传》文，往往与何休本异，又何故也？

《易》者，象也，《说卦》言八卦之象详矣，荀、九家、虞仲翔所补逸象尤多。王辅嗣以忘象言《易》，毋乃非古法钦？孟氏说卦气，费氏说分野，郑氏说爻辰，虞氏说旁通，其义例可得闻钦？《左传》占筮多奇中，以何术推之？京君明传，所言世应纳甲，与今卜筮家合，其余飞伏、积算、五星、列宿之例，可推衍之钦？

礼所以安上全下也，礼之目曰三、曰五、曰六，其分别何在？《仪礼》十七篇，于五礼何属？其称《士礼》，又何取也？礼古经多于今礼若干篇，其篇名犹有可考者钦？古今文字不同，其见于注者，能悉数钦？监本经文多脱误，不如唐石经之精审，能举其一二否？张氏《识误》一篇，果无遗憾否也？

其课史学曰：

史学与经并重，魏晋时已有三史之名，果何所指钦？十史及十三、十七、十八、十九、廿一之目，能胪列言之钦？陈承祚创为《三国志》，厥后十六国、三十国、三国、九国、十国，各有纪载，撰述者何人，能详举其名目钦？

《史记》、两《汉书》，为史学之宗。本纪、表、书、世家、列传，其例创于龙门，孟坚有列传而无世家，后来多因之，而亦有别立世家者，其体例果同钦？志即书也，而分合不同，名目互异。列传别为标目者几篇？或增或革，各有异同，能一一言之钦？史公书元阙几篇？本未阙，而褚先生又补缀者几篇？褚之后，又有窜入者何篇？小司马所补者何篇？所欲更定者何篇？班书元阙几篇？注班书者几家？刊其误者几家？补班志者何人？补范表者何人？太史公未尝自名其书为《史记》，名之者何人？范史阙志，志出于何人？何时并合范书？世以马、班、范为三史，然范书未出以前，已有三史之名，又何指欤？

史家之有述赞，昉于龙门，而班氏因之，小司马讥述赞为未安，果何所见欤？后代史或称论，或称赞，或有论又有赞，或有论无赞，或论赞俱无之。其论或称制，或称史臣，或偶称史臣之名，又有不称论而称评者。例各不同，能详言其所自欤？

其课《四书》曰：

《四书》义以朱子为宗，然章句集注，各为一编，并称《四书》，始于何代？朱子于《中庸》有辑略，于《论》、《孟》有集义，能言其大略欤？《大学》本《礼记》之一篇，宋儒始分为经传，而二程考定之本，与朱子又不尽同，其故何在？集注所引洪氏、吴氏、周氏、黄氏、张氏、丰氏，及王勉、潘兴嗣、何叔京诸家，可考其名字、爵里否？所称刘侍读、吕侍讲、刘聘君者，又何人也？

紫阳朱子之书，学者童而习之，亦尝论其世而考其学术之源流乎？朱子之学，出于程门。递相授受者何人？少时师事者何人？交游最密者何人？其门下士见于正史者几人？录其语者几家？类而编之者又何人？其各条举以对。

其课小学曰：

古者八岁而入小学，教以六书。汉世闾里书师所受《仓颉篇》，出于何人？所作凡若干章，续之者又若干章，其体例可得闻欤？许氏《说文解字》，所收九千三百余文，较之《仓颉篇》为多，以今经典相承字证之，转有脱漏，岂转写失其旧欤？许氏所引经文，往往与今本异，且有两引而字各异者，又何故也？

叶韵之说，始于吴才老《韵补》，而朱子注诗多采用之。近儒考求古音，别为十余部，谓三百篇皆有定音，非一字而可两叶，其说尤精当。然《周颂》多无韵之篇，风、雅亦有无韵之句，又何以说焉？且三百篇中，仍有一字而两读者，孔子赞《易》，间有用韵，而与《诗》不合者，或疑为方言之异，然乎？否乎？

七音字母之学，宋以来始盛行之，然孙叔然创为翻切，六朝人多解双声。声韵之理，出于天籁，古贤早有先觉者矣。或谓字母本于《华严》，然四十二与三十六，多寡悬殊，二合三合之母，华音未始有也，毋亦循其名而未考其实欤？司马、郑、刘诸家之谱，先后次第，亦复互异，试别而言之。

训诂之学，莫尚于《尔雅》。《尔雅》何人所作？何人所补？其增补之处，能指其一二欤？郭景纯注本，与古本文字句读，间有异同，石经与坊本，亦各有异，能分别言之欤？郭注亦有为后人删落者，能言其脱漏所在欤？

其课氏族曰：

氏族之学，古人所重，姓与氏奚以分？宗与族奚以别？《世本》久不传，其见于他书所引者，能掇缕言之欤？唐人有以能言三桓七穆，垂名正史者，今推其例，若二惠、二穆、十四姓、八姓、七姓、六族、七族、十一族、九宗、五宗、三闾之等，皆可枚数也？仆将敬而听之。

其课诗文曰：

文莫高于韩、柳，而韩尤高于柳。诗莫工于李、杜，而杜尤工于李。前贤议论具在，孰得其要领欤？注韩、柳者，各五百家，注杜者千家，以何家为最优？宋元刊行之本，以何本为

最善？柳四家集中，间有赝作，或杂以他人之作，能别而出
之欤？①

大昕之教如此，无怪乎受业门下者，或专擅一艺，或兼善数长，而各得其
意。以视埋头讲章、心系膏火、斤斤科名是求者，其高下悬殊，判若天壤。

课艺论学之外，钱大昕在紫阳书院十六年间，还将前此之学术积
累，愈加推阐发明，著之篇什。如乾隆五十四年（1789）春，校勘应劭
《风俗通义》，并辑录他书所引逸文以补之，冬重订《金石录》，前后收
藏共得二千通，迄元而止；② 五十六年（1791），撰《元氏族表》四卷、
《补元艺文志》四卷；六十年（1795）夏，复校《宋史考异》付刊；嘉
庆元年（1796）夏，刊《元史考异》；二年（1797）二月，补校《四史
朔闰考》，刊《金史考异》，又为毕沅校刊《续资治通鉴》，且增补考异；
四年（1799），校定臧琳《经义杂记》，校刊《金石文跋尾三集》成，编
定《十驾斋养新录》；③ 六年（1801），应长兴令邢澍之请与修县志；八

---

① 以上皆引自钱大昕撰、何元锡整理《竹汀先生日记钞》卷3，《策问》。又《潜研堂文
集》卷4至卷15之《答问》，所涉凡《易》、《书》、《诗》、《三传》、《三礼》、《论语》、
《孟子》、《唐初删定五经正义》、《古以八音应八风》、《七经纬不载于汉艺文志》、《尔
雅》、《广雅》、《说文》、《诸史》、《算术》、《音韵》诸学，亦即经史、小学、音韵、算
术之学，虽问者为谁并不明确，但大体应包括友朋、门下弟子在内。若其中有门下弟
子的请教，亦可见钱大昕教诲士子之趋向。如果说《策问》是以课题的形式引导士子
致力于为学之根底的话，那么，《答问》则是在深层次上对经史之学中具体问题的辨难
解惑，两者合观，更可较为全面地体会钱大昕对士子为学的影响。又张舜徽先生《清
人文集别录》卷7《潜研堂文集》称："是集卷四至十五，为《答问》十二卷，而涉及
群经者凡七卷。凡所辨证，确当可依。论《说文》，则兼求群经通假之字；论音韵，则发
明古今声变之理，推阐尽致，多为前人所未道。"（中华书局1980年5月版，第199页。）
② 钱大昕：《竹汀居士年谱》乾隆五十四年己酉年六十二岁条，钱庆曾校注曰："公自丁
丑岁，收采金石文字，以考正经史。凡知交历官乡之地，莫不遍托搜罗。至身所经
历，山崖水畔，爨宫楚宇，有断砠残至，必剔藓拂尘，摩挲审读，或手自椎拓。积三
十余年，遂成巨富，著《跋尾》八百余篇。每积二百余篇，辄为门弟子转写付梓。故
先后共成四集，其目录八卷。随时增入，至公殁后，祖姑父瞿公中溶、许公希冲校刊
时，又不止二千通云。"
③ 钱庆曾：《竹汀居士年谱续编》，嘉庆四年己未年七十二岁条曰："公弱冠时，即有述作
意，读书有得，辄为札记，仿顾氏《日知录》条例。后著各书，即于其中挹注，又去
其涉于词华者，尚蔚然成集。是至，重加编定，题曰《十驾斋养新录》。"

年（1803），《金石文跋尾四集》刊成，刊《十驾斋养新录》手定本凡二十卷。又《竹汀先生日记钞》前二卷之"所见古书"、"所见金石"，于古籍、金石皆有考订。合以前此所著《三统术衍》、《廿二史考异》、①《金石后录》（后更名为《金石文字目录》）、《通鉴注辨正》、《疑年录》、《潜研堂诗文集》，参订秦蕙田《五礼通考》，与修《音韵述微》、《热河志》、《续文献通考》、《续通志》、《一统志》、《天球图》、《鄞县志》等，洵可谓洋洋大观、著述等身矣。甚至其逝世当天（十月二十日），依然校《十驾斋养新录》刊本数页，评定巡抚汪志伊新诗，"谓所作有关名教，非仅诗人能事，手书小笺报之"，② 且与门人孙延晤谈。钱大昕之孜孜学问，可谓终身不倦。

钱大昕去世之次日（十月二十一日），阮元在为《十驾斋养新录》所撰序中，盛赞大昕为学之精博曰：

> 学术盛衰，当于百年前后论升降焉。元初学者，不能学唐宋儒者之难，惟以空言高论，易立名者为事。其流至于明初，《五经大全》易极矣。中叶以后，学者渐务于难，然能者尚少。我朝开国，鸿儒硕学，接踵而出，乃远过乎千百年以前。乾隆中，学者更习而精之，可谓难矣，可谓盛矣。国初以来，诸儒或言道德，或言经术，或言史学，或言天学，或言地理，或言文字音韵，或言金石诗文，专精者固多，兼擅者尚少，惟嘉定钱辛楣先生能兼其成。由今言之，盖有九难。先生讲学上书房，归里甚早，人伦师表，履蹈粹然，此人所难能一也。先生深于道德性情之理，持论必执其中，实事必求其是，此人所难能二也。先生潜研经学，传注疏义，无不洞彻原委，此人所难

---

① 钱大昕：《竹汀居士年谱》乾隆四十七年壬寅年五十五岁条，钱庆曾校注曰："谨案：《廿二史考异》于是年编定，后有所得，为考史拾遗，凡三史五卷，诸史五卷。"
② 钱庆曾：《竹汀居士年谱续编》，嘉庆九年甲子年七十七岁条。

能三也。先生于正史杂史，无不讨寻，订千年未正之讹，此人所难能四也。先生精通天算，《三统》上下，无不推而明之，此人所难能五也。先生校正地志，于天下古今沿革分合，无不考而明之，此人所难能六也。先生于六书音韵，观其会通，得古人声音文字之本，此人所难能七也。先生于金石，无不编录，于官制史事，考核尤精，此人所难能八也。先生诗古文词，及其早岁，久已主盟坛坫，冠冕馆阁，此人所难能九也。合此九难，求之百载，归于嘉定，孰不云然！①

而胡培翚亦表彰大昕曰：

> 古之儒者，通天地人。三才万象，一道弥纶。功归约礼，教始博文。陋彼墙面，浅见寡闻。师师传效，大道以湮。我朝振之，宿学连翩。黄（梨洲）、顾（亭林）、阎（百诗）、胡（东樵），力浚厥源。梅（勿庵）、江（慎修）特立，惠（定宇）、戴（东原）并延。儒术之盛，如日中天。先生蔚起，益扩其传。九流六艺，洞悉贯穿。囊括史籍，上下千年。发为著

---

① 阮元：《十驾斋养新录·序》，《一驾斋养新录》卷首。又段玉裁《潜研堂文集·序》曰："先生始以辞章鸣一时，既乃研揅经丰，因文见道；于经文之舛误，经义之聚讼而难决者，皆能剖析源流。凡文字、音韵、训诂之精微，地理之沿革，历代官制之体例，氏族之流派，古人姓字、里居、官爵、事实、年齿之纷繁，古今石刻画篆隶可订六书故实、可裨史传者，以及《古九章算术》，自汉迄今中西历法，无了如指掌。至于累朝人物之贤奸，行事之是非疑似难明者，大典章制度昔人不能明断其当否者，皆确有定见。盖先生致知格物之功可谓浤矣！夫自古儒林，能以一艺成名者罕；合众艺而精之，殆未之有也。"（《潜研堂文集》卷首）江藩《国朝汉学师承记》卷3《钱大昕》亦曰："先生不专治一经，而无经不通；不专攻一艺，而无艺不精。经史之外，如唐、宋、元、明诗文集、小说、笔记，自秦汉及宋元金石文字，皇朝典章制度，满洲、蒙古氏族，皆研精理据，不习尽工。……戴编修震尝谓人曰：'当代学者，吾以晓征为第二人。'盖东原毅然以第一人自居。然东原之学，以肆经为宗，不读汉以后书。若先生学究天人，博综群籍，自开国以来，斠然一代儒宗也。以汉儒拟之，在高密之下，即贾逵、服虔亦瞠乎后矣，况不及贾、服者哉！"

作，旁礴垓埏。解蔽祛惑，绩著简编。①

阮、胡二人所评，堪为学林共论。

综而言之，自世宗倡兴书院、高宗加意书院建设以来，② 紫阳书院作为被关注的重点书院之一，不仅享受到朝廷赋予的各项优惠政策，而且得到地方大吏的扶持与优容。承此时势，一时名儒硕彦，汲汲以经史、古学、词章诸学引导后学，而吴中及四方问学之士，亦颇能以此诸学相磨砺，师弟授受，蔚为一时风气。较之当世某些书院院长，视讲席为进身之地，"漫无考核，既无以为激劝之资，则日久因循，未免怠于训课，惟知恋栈优游，诸生或且习而生玩，恐于教学无裨"之陋习，③紫阳书院师生之课、学，可谓别具一格。钱大昕生当其时，早年既受业于紫阳书院，晚年又主讲、终老于紫阳书院，其于紫阳书院亦称终身系之矣。当肄业紫阳书院时，大昕沐于王峻、沈德潜之教泽，又得惠栋、沈彤、李果诸儒之指授，益以同舍王鸣盛、王昶、曹仁虎诸友之策励，故于经史古学，得窥其堂奥，学殖益富。是以发为文章、诗赋，能擅一时之雄，得遇特达之知；而根底之学，自此立矣。其后，随着清廷对经

---

① 胡培翚：《研六室文钞》卷8，《钱竹汀先生入祀钟山书院记》，光绪四年（1878）刻本。

② 《清史稿》卷106，《志八十一》，《选举一》称："各省书院之设，辅学校所不及，初于省会设之。世祖颁给帑金，风励天下。厥后，府、州、县次第建立，延聘经明行修之士为之长，秀异多出其中。高宗明诏奖励，比于古者侯国之学。儒学寖衰，教官不举其职，所赖以造士者，独在书院。其裨益育才，非浅尠也。"按：世祖"祖"字误，当为"宗"。

③ 《钦定大清会典事例》卷395，《礼部》，《学校各省书院》，乾隆三十年（1765）上谕。又高宗谕毕沅奏陕西关中书院延请掌教一折曰："书院为作育人才之地，如果院长得人，实心课导，自可冀造就英才，以收实效。如江苏紫阳书院之沈德潜、彭启丰，尚堪称师儒之席，各省类此者，自不乏人。而如毕沅所称，上官同僚互相推荐，遂尔瞻徇情面，委曲延请，不问其人之是否文行兼优，而各院长等亦惟以修脯为事，不以训迪为心，甚有视为具文，讲席久虚，并不上紧延师，以致师徒星散，有名无实者，所在谅皆不免。其事自当责成督抚，以期实济。著传谕各督抚，嗣后无论省城及各府州县大小书院，务访学行兼优者，俾主讲席。"（《清高宗实录》卷976，乾隆四十年二月癸巳条。）

史之学的大力提倡，①钱大昕更以其高洁的人品、博洽的学识，为闵鹗元、汪志伊诸大吏所推扬，而主紫阳书院讲席者十有六年。在此期间，大昕以通经博古为士子倡，质疑解惑，辩难发覆，诲之不倦。而受业门下者，"钦其学行，乐趋函丈"，二千余人之中，"其为台阁侍从，发名成业者，不胜计"。而尤可称道者，在钱大昕的影响之下，亲炙教泽者，或得其一端以成专门之学，或学兼数长正成通儒之业，几千年之绝学，萃于一门，诚可谓"海涵地负参精微，儒林艺苑资归依"！②是以阮元论百年学术之盛衰，推钱大昕为能兼清初以来诸学之大成，江藩赞大昕"学究天人，博综群籍，自开国以来，蔚然一代儒宗也"，③而胡培翚亦有"博洽经训，尤精史学，通六书、九数、天文、地舆、氏族、金石，熟于历代官制及辽、金、元国语世系，……盖乾隆中一大儒也"之誉。④此可见钱大昕之学术地位。总之，钱大昕之于紫阳书院，继武前修，开启后学，于乾嘉时期经史考证主流地位的确立，实为一主持风会之人。

---

① 清高宗于乾隆四十四年（1779）谕曰："文以明道，宜以清真雅正为宗，朕曾屡降谕旨，谆谆训诫。无如听之藐藐，恬不为怪。读书人于此理尚不能喻，安望他日之备国家任使乎？大抵近来习制义者，只图迎合，而不循正轨，每以经籍束之高阁，即先正名作，亦不暇究心，惟取庸陋墨卷，剽袭寻撦，效其浮词，而全无精义。师以是教，弟以是学，学子以是为揣摩，试官即以是为去取。且今日之举子，即异日之试官，不知幡然悔悟，岂独文风日散，即士习亦不可问矣。嗣后作文者，务宜沉潜经义，体认儒先传说，阐发圣贤精蕴，务去陈言，辞远理举，以薪合于古人立言之道，慎毋掉以轻心。"（《清高宗实录》卷1088，乾隆四十四年八月甲寅条。）五十六年（1791）谕曰："自汉、唐、宋以来，皆有石经之刻，所以考定圣贤经传，使文字异同归于一是，嘉惠艺林，昭垂奕祀，甚盛典也。……我朝文治光昌，崇儒重道，朕临御五十余年，稽古表章，孜孜不倦。前曾特命所司，创建辟雍，以光文教，并重排石鼓文，寿诸贞珉，而《十三经》虽有武英殿刊本，丰经勒石。因思从前蒋衡所进书《十三经》，曾命内廷翰林详核舛讹，藏弆懋勤殿有年，允宜刊之石版，列于太学，用垂永久。"（《清高宗实录》卷1391，乾隆五十六年十一月壬辰条。）又五十九年（1794）谕曰："圣贤垂教之义，原不在章句之末，即流传专本，儒先各守训师家法，未必无讹误承讹。士子等操觚构艺，惟期阐发经旨，亦不必以一二字之增损，偏旁之同异，为去取也。"（《清高宗实录》卷1463，乾隆五十九年十月庚午条。）
② 以上皆引自王昶：《春融堂集》卷55，《詹事府少詹事钱君墓志铭》。
③ 江藩：《国朝汉学师承记》卷3，《钱大昕》。
④ 胡培翚：《研六室文钞》卷8，《钱竹汀先生入祀钟山书院记》，光绪四年（1878）刻本。

第四节　从汪中到高邮二王

　　扬州为运河枢纽，大江东去，运河纵流，明代以来，这里一直是两淮盐运使官署所在地。入清之初，虽罹兵燹，疮痍满目，但自康熙中叶以后，百废俱兴，经济复苏。便利的交通，富庶的经济，使之成为人文荟萃、商旅辐辏之区。有清一代学术，扬州诸儒皆耕耘其间，由陈厚耀、王懋竑，迄刘文淇、刘师培，后先接武，名家辈出，占有一席重要地位。其中，尤以清代中叶诸大师，总结既往学术，开启晚清先路，贡献最称卓著。将此一时期的扬州地域学术作为解剖对象，通过论究诸大师为学的历史个性，对于深化乾嘉学派和乾嘉学术的研究，无疑是有重要意义的。

一、汪中的先秦诸子研究

　　乾隆中叶以后的扬州诸儒，接受惠栋、戴震之学影响且卓然成家者，当首推汪中。

　　汪中，字容甫，扬州府属江都人。生于乾隆九年（1744），卒于乾隆五十九年（1794），终年五十一岁。他自幼丧父失学，随寡母茹苦含辛，备受煎熬。由于生活所迫，自十四岁起，即受雇于书商。贩书之余，他从学于其父生前友好，浏览经史百家，尤喜为诗，借以写状孤贫之境。乾隆二十八年，初应童子试，取得附学生员资格，时年二十岁。此后，他作幕四方，卖文为生，常年往来于大江南北，浙水东西。乾隆四十二年选为拔贡士后，以患怔忡之症而绝迹科场，专意于《述学》一书的撰写。后应聘校勘文宗、文澜二阁入藏《四库全书》，因心脏病猝发逝世于杭州校书处。

　　乾隆中叶以后的思想界，戴震、章学诚、汪中若三峰鼎峙。从形式上看，三家学虽不尽相同，但实事求是，殊途同归，都力图以各自的学术实践去开辟一时为学新路。戴震从文字训诂入手，以阐发经籍义理为归宿，承先启后，卓然大家。章学诚别辟蹊径，究心史学义理、校雠心法而独树一帜。汪中则以其对先秦子学的创造性研究，领异立新，雄视一时。

春秋战国间，儒墨名法，百家争鸣，在我国古代学术史上，写下了诸子之学并肩媲美的一页。西汉初，罢黜百家，独尊儒术，沿及魏晋六朝，经学盛而子学微。经历唐宋元明，佛学、理学，盛衰更迭，尤其是宋明数百年间，理学一统，诸子百家形同异端。迄于明清之际，在对理学积弊的反省之中，傅山、王夫之、顾炎武诸大师重理子学，傅山更以其经子并尊之说而开一代子学复兴先河。乾隆初，古学复兴，以《四库全书》开馆为标志，对传统学术的全面整理和总结成为一时风气。汪中的子学研究，就是在此一背景之下应运而生的。

汪中之于子学，最先致力的是《荀子》。乾隆四十一年，他幕居南京，与安徽歙县著名学者程瑶田定交。从瑶田处，他得知戴震学术大要，于是接踵戴震对荀子学说的董理，与同时学者王念孙、卢文弨等唱为同调，治戴学而兼及《荀子》。汪中治《荀子》从校勘始，自当年二月至五月，将全书大体校核一遍。后即据校勘所得，撰为《荀卿子通论》一篇，并制成《荀卿子年表》一部。当时，校勘《荀子》者虽不止汪中一家，但敢于肯定荀学为孔学真传，则应属汪中首倡。自宋代理学家推尊孟子"性善"之说，斥荀子"性恶"说为异端，扬孟抑荀，历数百年而不改。汪中以对旧学的批判精神，博稽载籍，提出了富有个性的见解。

据汪中考订，荀子之学源自孔子高足子夏、仲弓，其学以礼见长，兼善《周易》，对于儒家经典的流传，其承前启后之功，尤不可没。他指出，《毛诗》、《鲁诗》、《左氏春秋》、《穀梁春秋》，皆传自荀子，《礼经》则是荀子的支流余裔，而《韩诗》亦无异于"荀卿别子"。因此他断言："自七十子之徒既殁，汉诸儒未兴，中更战国、暴秦之乱，六艺之传赖以不绝者，荀卿也。"汪中以一个学术史家的识见，勾勒出他心目中的先秦儒学统绪，这就是："周公作之，孔子述之，荀卿子传之，其揆一也。"①

汪中的《荀子》研究，虽草创未精，以致某些立论贻后世以"武断"之讥，但为他所得出的"荀卿子之学出于孔氏，而尤有功于诸经"的结论，则是不可推翻的。他的研究所得，与同时学者钱大昕、王念孙等对《荀子》"人之性恶，其善者伪也"一语的辩证，异曲同工，互为声援，于一代《荀子》学术的复兴，皆有摧陷廓清之功。

继《荀子》之后，汪中又致力于《商子》、《老子》、《晏子春秋》、《贾谊新书》、《墨子》等诸家学说的研究。其中，尤以《墨子》研究历时最久，用力最勤，创获亦最多。

在我国古代学术史上，自儒学于西汉间取得独尊地位以来，同《荀子》相比，《墨子》的遭遇就更其不公。《荀子》之被视作异端，毕竟是宋代理学勃兴以后的事情，而《墨子》则早在孟子的时代，即已与杨朱并斥，诋为"无父"，声称"杨墨之道不息，孔子之道不著"。惟其如此，汉初，墨学已告衰微，迄于魏晋，则几成绝学。宋明之世，孟子以"亚圣"高踞庙堂，他对墨学的诋斥，经程颐、朱熹表彰而成为儒家经典的构成部分。于是视墨学为异端邪说，众口一词，俨若不可推翻的铁案。承清初诸儒对墨学的阐幽发复，汪中以求实存真的批判精神，对历史进行实事求是的考察，终于还原了先秦时代儒墨并称"显学"的历史真实。

兼爱，这是墨学的一个重要主张，也是孟子据以否定墨子的把柄所在。汪中即由此入手，辨明是非。他首先论证兼爱与"先王制为聘问、吊恤之礼，以睦诸侯之邦交者"实无不同，进而指出："彼且以兼爱教天下之为人子者，使以孝其亲，而谓之'无父'，斯已过矣。"同时，于杨、墨并举之说，汪中亦断然否定，他说："历观周、汉之书，凡百余条，并孔墨、儒墨对举。杨朱之书，惟贵放逸，当时亦莫之宗，跻之于墨，诚非其伦。"②

---

① 汪中：《述学》补遗，《荀卿子通论》。
② 汪中：《述学》内篇三，《墨子序》。

在为墨子辨诬的基础之上，汪中进而阐明了他的墨学观。汪中认为，墨子之学是旨在救世的仁人之学。在他看来，从学以经世这个意义上说，儒墨两家虽然"不相为谋"，但"其意相反而相成"，其间无所谓正统与异端之别。至于墨子之攻驳孔子，他认为这在春秋战国间不足为奇，"诸子百家，莫不如是"。因此，断不能以之作为诋诬墨子的罪名。汪中引《吕氏春秋》的《去私》、《尚德》二篇和《韩非子》的《显学篇》为证，指出在先秦诸子中，唯有儒家足以同墨子相抗衡。他说："自墨子殁，其学离而为三，徒属充满天下。"儒、墨并称"显学"，这才是当时学术界的本来面目。

汪中的墨子研究，洋溢于其间的批判精神，在乾隆后期严酷的文化专制之下，显然是不能见容于世的。因此，还在汪中生前，便遭到内阁学士翁方纲的猛烈抨击，詈之为"名教之罪人"，主张"褫其生员衣顶"。[①] 而素以识力自负的章学诚，也与翁方纲沆瀣一气，在汪中逝世不久，即撰文肆意讥弹，诋其墨子研究为"好诞之至"，且斥汪中学"不知宗本"，"大体茫然"。[②]

平心而论，尺短寸长，学有专攻，章、汪学术，蹊径各异，未可轩轾。然而汪中的子学研究，能以反传统的批判精神和实事求是的为学态度，道人之所不能道，言人之所不敢言，这在当时不仅需要足够的理论勇气，而且更要具备过人的学术见识。章学诚攻其一点，不及其余，竟统而訾之为"大体茫然"，显然失之轻率。章、汪二人交恶，是乾嘉学术史上的一桩旧案，前哲时贤多有理董。其实，他们之间的分歧，固然有个人恩怨，也有旧时代读书人的痼疾作祟，但是之所以酿成唇枪舌剑，直至"竟欲持刀抵舌锋"，恐怕还有深层的原因。汪中的墨子研究，恰好透露了个中消息。质言之，一个要尽力维护纲常名教，一个则公然蔑视儒家经典，敢于向其挑战，这或许才是问题的症结所在。

---

① 翁方纲：《复初斋文集》卷一五，《与墨子》。
② 章学诚：《文史通义》（遗书本）外篇一，《述学驳文》。

二、焦循的经学思想

清代的扬州经学，开风气于康熙、雍正间。泰州陈厚耀，穷究天文历算，接武宣城梅文鼎；宝应王懋竑，精研朱熹学术，撰写《朱子年谱》并《考异》十卷，以经学醇儒为天下重。乾隆六十年间，高邮王念孙、贾稻孙、李惇首倡于前，宝应刘台拱、江都汪中、兴化任大椿、顾九苞相继而起，后先辉映，蔚成大观。至焦循出，终以通儒而结成硕果。

焦循，字理堂，一字里堂，晚号里堂老人，扬州府属甘泉人。生于乾隆二十八年（1763），卒于嘉庆二十五年（1820），终年五十八岁。他早年为诸生，攻举子业，习诗古文。科场角逐，叠经颠踬，至嘉庆六年（1801）举乡试，时已三十九岁。翌年入都会试，再遭落第。不堪举业蹉跎，自此绝意仕进，托疾不出，蛰居于所葺雕菰楼中，以著述授徒终老乡里。其学博大通达，天文数学、经史艺文、音韵训诂、性理词章、地理方志、医药博物，广为涉足，多所专精。一生所著甚富，卷帙之积，几近三百卷。其中，尤以《里堂学算记》、《易学三书》、《孟子正义》享盛名于学术界，一时有"通儒"之称。

焦循早年，得一方经学风气熏陶。乾隆四十四年，与讲求经学的同窗顾凤毛结为友好，时年十七岁。凤毛为著名经师顾九苞之子，承其家学，每有论说，多精核简要，极为焦循所叹服。两年后，焦循以攻治《毛诗》开始了他的经学研究。乾隆五十二年，顾凤毛将家藏《梅氏丛书》赠与焦循，勉励道："君善苦思，可卒业于是也。"[1] 从此，焦循究心梅文鼎遗著，转而研讨数学。

在中国古代，数学为经学附庸，经师而兼治数学，历代皆然。入清以后，梅文鼎、王锡阐、薛凤祚等，就都是以经师而精研数学的名家。到乾嘉学派崛起，江永、戴震、钱大昕等著名经学家，也同时以精于数

---

[1] 焦廷琥：《先府君事略》，载《焦氏遗书》附录。

学名世。戴震在《四库全书》馆所辇校《算经十书》，钱大昕所撰《三统术衍》及《廿二史考异》中于历代《历律志》的补阙正讹，皆是一时引人注目的佳作。焦循继承此一传统，在迄于嘉庆六年的十余年间，从钻研梅氏遗著入手，会通中西，撰写了一批富有成果的数学著作。后汇为《里堂学算记》刊行，成为此一时期数学成就的总结。

在致力于数学研究的同时，焦循还究心《三礼》，撰写《群经宫室图》上下三十一篇。他又将诠释《毛诗》旧稿六度改易，订为《毛诗鸟兽草木虫鱼释》十一卷。这两部著述同他的数学诸作一道，成为焦循步入乾嘉之际学术界的成名作品。如果说数学研究之所得，使焦循在人才如云的乾嘉学术界赢得了一席地位，那么他的《周易》研究，则使之卓然名家，一跃而跻身领先行列。

清代的《周易》研究，经过清初诸《易》学大师对宋儒《易》学的批判，迄于乾隆初叶，惠栋撰《易汉学》、《周易述》，考明古义，表彰汉《易》，已渐向复兴汉《易》一路走去。张惠言继起，专宗虞翻《易》说，推出《周易虞氏义》、《虞氏消息》诸书，孤家绝学，大明于世。水到渠成，一呼百应，究心汉《易》遂成一时《易》学主流。风气既成，"唯汉是求"声浪由《易》学推扩，迅速席卷整个经学研究和知识界。历史地看来，中国古代经学，由汉唐注疏演为宋明义理，是一个必然的发展过程。这个过程是历史的进步，而非倒退，理所当然应予肯定。宋儒治经，固有武断臆解之失，因而通过对传统经典的整理和总结，实事求是地还儒家典籍以本来面目，就是一桩很有必要的工作。但是唯古是信，唯汉是求，专以儒家经典疏解的还原为务，则未免失之矫枉过正。

有鉴于此，焦循对"唯汉是求而不求其是"的倾向进行了批评。他认为，乾嘉之际弥漫于学术界的汉学之风，"述孔子而持汉人之言，唯汉是求而不求其是，于是拘于传注，往往扞格于经文。是所述汉儒也，非孔子也"。对于当时汉学诸家治经的蓄意贬抑宋儒，焦循提出了尖锐的质疑，指出："唐宋以后之人，亦述孔子者也，持汉学者或屏之不使犯诸目，则唐宋人之述孔子，岂无一足征者乎？学者或知其言之足征，而取之又必深讳其姓名，以其为唐宋以后之人，一若称其名，遂有碍乎其为汉学者也。噫，吾惑矣！"①

焦循治经，一反盲目尊信汉儒的积弊，力倡独立思考，提出了"证之以实而运之于虚"的方法论。他说："经学之道，亦因乎时。汉初，值秦废书，儒者各持其师之学。守之既久，必会而通，故郑氏注经，多违旧说。有明三百年，率以八股为业，汉儒旧说，束诸高阁。国初，经学萌芽，以渐而大备。近时数十年来，江南千余里中，虽幼学鄙儒，无不知有许、郑者，所患习为虚声，不能深造而有得。盖古学未兴，道在存其学；古学大兴，道在求其通。前之弊患乎不学，后之弊患乎不思。证之以实而运之于虚，庶几学经之道也。"② 何谓"证之以实而运之于虚"？用焦循的话来说，就是"博览众说，各得其意，而以我之精神气血临之"。③ 这种精神，一言以蔽之，即学求是，贵在会通。焦循的《易》学研究，正是这种治经精神的集中反映。

治《易》为焦循家学，其曾祖源、祖镜、父葱，世代相守。其父且兼得岳家王氏说《易》之法，还在焦循十四岁时，便给他提出了读《易》的一个值得注意的问题。即为什么"密云不雨，自我西郊"的语句，既见于《小畜》，又见于《小过》。此后，他受这一问题启发，进而探讨"号咷"之再见于《同人》、《旅》；《蛊》、《巽》二卦的重复出现"先甲"、"后甲"、"先庚"、"后庚"；《明夷》、《涣》二卦同有"用拯马状，吉"诸现象。然而历时近三十年，四处请教，遍求说《易》之书，终百思而不得其解。嘉庆七年会试落第，决意专力治《易》。自十五年起，更摒除一切外务，潜心《易》学，终于在三年之后，陆续完成了他的《易学三书》，即《易通释》、《易图略》、《易章句》。当三书中的最后一部《易章句》于嘉庆二十年脱稿誊清，焦循时已年逾半百。

---

① 焦循：《雕菰楼集》卷 7，《述难四》。
② 焦循：《雕菰楼集》卷 13，《与刘端临教谕书》。
③ 焦循：《里堂家训》卷下。

在《易》学园囿中，焦循辛勤耕耘数十年。始究程颐、朱熹，渐探服虔、郑玄，自汉魏以来，历唐宋元明，迄于当代惠栋、张惠言诸家，凡说《易》之书，皆摘其糟要，记录于册。然后运用其先前数学研究之所得，"以数之比例，求《易》之比例"。① 同时，又将文字训诂学中的六书假借、转注诸法引入《易》学。终于摆落汉宋，自成一家。焦循说《易》，不赞成朱熹将《周易》视为卜筮之书的界定，将《易》定性为"圣人教人改过之书"。② 由此出发，他既否定了宋儒的先天《易》学，同时也不取汉儒的纳甲、卦气诸说，而是通贯经传，一意探求卦爻变化的"比例"。焦循将《周易》卦爻的推移法则总结为三条，即旁通、相错、时行。三者的核心，则在变通。他说："能变通则可久，可久则无大过，不可久则至大过。所以不可久而至于大过，由于不能变通。变通者，改过之谓也。……舍此而言《易》，岂知《易》哉！"这样的变通，③ 其归宿就在于通过《周易》的讲求，达到"己所不欲，勿施于人"的和谐境界。

焦循的《易》学研究，通贯经传固是其所长，而混淆经传也是其所短。他忽略了《周易》经传非一时一人所做这样一个基本认识，加以历史的局限，又过分尊信《周易》为伏羲、文王、周公、孔子"四圣人"之作。因而他的治《易》三法，未免先入为主，多有牵强附会之失。但是会通汉宋，独抒心得，对学术真理的追求，其精神则是可贵的。焦循实事求是的治经精神，不仅体现于他的《易》学研究，而且也贯穿在群经补疏之中。诸如力排众议，肯定王弼《易》注的价值，认为《尚书》伪孔传可据以研究魏晋间经学等，皆不失为通达持平之论。焦循学求其是，贵在会通的经学思想，是对乾嘉汉学的一个批判性总结。它标志着汉学的鼎盛局面已经结束，以会通汉宋去开创新学风，正是历史的必然。

---

① 焦循：《易通释》卷首，《自序》。
② 焦循：《易通释》卷1。
③ 焦循：《易图略》卷3。

三、高邮王氏父子对乾嘉学术的总结

晚近著名学者王国维先生论清代学术，有一段言简意赅的归纳，他说："国初之学大，乾嘉之学精，而道咸以来之学新。"[1] 王先生以一个"精"字来概括乾嘉学术，实为得其肯綮。乾嘉学术，由博而精，专家绝学，并时而兴。惠栋、戴震之后，最能体现一时学术风貌，且以精湛为学而睥睨一代者，当属高邮王念孙、王引之父子。

王念孙，字怀祖，号石臞，扬州府属高邮人。生于乾隆九年（1744），卒于道光十二年（1832），终年八十九岁。其子引之，字伯申，号曼卿，卒谥文简。生于乾隆三十一年（1766），卒于道光十四年（1834），终年六十九岁。

高邮王氏，为仕宦之家。念孙父安国，以雍正二年（1724）进士，官至吏部尚书。念孙则以乾隆四十年进士，历官工部主事、陕西道御史、吏科给事中。引之一如父祖，以嘉庆四年进士，官至吏部尚书。王门祖孙，既以官显，亦以学著，史称："国朝经术，独绝千古。高邮王氏一家之学，三世相承，自长洲惠氏父子外，盖鲜其匹云。"[2] 念孙早年，随父宦居京城，十余岁即遍读经史，为学根底奠立甚厚。乾隆二十年前后，戴震避仇入京，王安国聘入家塾，课督念孙。日后念孙父子之为学，即承戴东原而进，发扬光大，卓然名家。王念孙著《广雅疏证》、《读书杂志》，王引之著《经义述闻》、《经传释词》，合称"王氏四种"，博大精微，海内无匹。

王氏父子之学，以文字音韵最称专精。在我国古代学术史上，文字音韵学本为经学附庸，乾嘉诸儒治经，讲求文字训诂，奉"读九经自考文始，考文自知音始"为圭臬，风气既成，共趋一途，终使附庸而蔚为大国。

---

① 王国维：《观堂集林》卷 23，《沈乙庵先生七十寿序》。
② 《清史列传》卷 68，《王念孙》。

王念孙初从戴震受声音文字训诂，于《尔雅》和《说文解字》多所用功。本拟各撰专书，后见邵晋涵《尔雅正义》、段玉裁《说文解字注》疏解甚善，遂转治三国魏人张揖著《广雅》，撰为《广雅疏证》三十二卷。念孙结撰此书，日以三字为程，历十年而始成。著者认为："训诂之旨，存乎声音。字之声同声近者，经传往往假借。学者以声求义，破其假借之字而读以本字，则涣然冰释。"① 于是博采《仓》、《雅》古训，就古音以求古义，引伸触类，多发义例于《尔雅》、《说文》之外。书成，一时学者多所折服。阮元取与张氏原书及惠、戴二家所著比较，评为"藉张揖之书以纳诸说，实多张揖所未及知者，而亦为惠氏定宇、戴氏东原所未及"。②

王引之秉过庭之训，从古音以求古义，与其父唱为同调。所撰《经传释词》十卷，知难而进，专意搜讨经传虚词，比类而观，寻绎义例，于后世读古文者，确有涣然冰释之效。阮元于此书极意推崇，惊叹"恨不能起毛、孔、郑诸儒而共证比快论也"。③

乾嘉学派之于音韵学，因系为治经服务，故沿袭清初顾炎武所开路径，不取宋儒叶韵说，专就上古音韵做深入研究，以还经籍原貌。所以一时经师之音韵学成就，主要表现为对古韵部类的离析。顾炎武的《音学五书》，在宋人郑庠以六部分类的基础上，分古韵为十部。江永继起，著《古韵标准》，则作十三部。段玉裁虽为戴震弟子，但于古韵离析则有出兰之获，所著《六书音韵表》，更加密十七部。戴震受其启发，援段说入《声类表》，增作十八部。至王念孙、王引之父子崛起，则依据《诗经》，博及经传、《楚辞》之韵，析作二十一部。其中，于支、脂、之三部之分，固为段玉裁《六书音韵表》所见及，而分至、祭、盍、辑为四部，则是段书所未及。同时人江有诰不谋而合，所著《诗经

① 王引之：《经义述闻》卷首，《序》引述王念孙语。
② 阮元：《王石臞先生墓志铭》，载《清代碑传集补》卷39。
③ 阮元：《揅经室一集》卷5，《王伯申经传释词序》。

韵读》、《群经韵读》、《先秦韵读》，亦析古韵为二十一部。有此愈阐愈密的古韵离析，宋人叶韵说不攻自破，不惟改经之弊失其依托，且读先秦古籍亦不致因训诂不明而生歧解。晚近学者治古音学，虽有章太炎二十三部、黄侃二十八部之分，但加详而已，终未能出王氏父子之所得。

乾嘉时代，校勘、辑佚之学空前发皇。在中国古代学术史上，运用校勘辑佚于学术研究，并不自乾嘉诸儒始，然而如同乾嘉学派中人的视之为专门学问而蔚成风气，甚至作为一种个人的学术事业，竭毕生心力于其中而不他顾，则是没有先例的。由于好尚相同，用力专一，因而乾嘉诸儒在古籍整理上取得了很大成绩。在这方面，王氏父子以其精湛的校雠学造诣，贡献尤为卓著。

王念孙所著《读书杂志》八十二卷，为其一生治学精萃之汇辑。其间所精心校勘者，博及子史词章，计有《逸周书》、《战国策》、《史记》、《汉书》、《管子》、《荀子》、《晏子春秋》、《墨子》、《淮南子》、《汉隶拾遗》、《后汉书》、《庄子》、《老子》、《吕氏春秋》、《韩非子》、《法言》、《楚辞》、《文选》等十余家。凡古义之晦误，历代之妄改，在王念孙笔下，皆旁征博引，一一是正。书出，遂以其原原本本，多可据依，而成为一代校勘学名著。王引之著《经义述闻》三十二卷，亦系毕生心力所萃，历时数十年始成完书。其书阐发庭训，断制精审，凡为历代儒林中人所误解者，无不旁征曲喻，而得其本义之所在。引之此书，与其父《读书杂志》若双璧辉映，并称校雠名著。

若专就先秦子书的校雠而言，王氏父子承乾嘉诸儒矩矱，于《荀子》、《墨子》、《管子》三书用力尤勤，所获亦甚巨。

《荀子》三十二篇，旧有唐人杨倞注，宋明间皆有校刻本，但讹夺不少，有待整理。乾隆中叶以后，王念孙与汪中、卢文弨等共治荀学，开乾嘉诸儒治荀学的先路。后江苏学政谢墉得卢文弨助，校刻《荀子笺释》刊行。至此，《荀子》一书始有善本。卢、谢书出，复经王念孙、顾广圻、郝懿行、刘台拱诸人理董，拾遗补阙，是正文字，荀学始渐复兴。

《墨子》一书，据《汉书·艺文志》载，原有七十一篇，今存五十三篇。旧有唐人乐台注，久佚。宋明间虽有刻本，但"阙文错简，无可校正，古言古字，更不可晓"，[1] 墨学几成绝学。乾隆中叶以后，汪中、卢文弨、孙星衍、毕沅等人皆治墨学。毕沅集诸家之成，于乾隆四十八年成《墨子注》十六卷刊行。尔后，顾广圻、王念孙等续事校勘训释，于是汉晋以降，潜沉两千年的墨学渐趋复兴。同《荀子》、《墨子》相比，《管子》文字古奥，错简误字，问题更多，"讹谬难读，其来久矣"。[2] 书凡二十四卷，原作八十六篇，今存七十六篇。旧有唐人房玄龄注，一题尹知章注，惟牴牾甚多，几不可卒读。嘉庆间，王念孙、王引之父子与孙星衍、洪颐煊等皆潜心于《管子》校勘。洪颐煊据王、孙二家所校，先成《管子义证》八卷。其后，王念孙续加校补，成《读管子杂志》二十四卷，录入所著《读书杂志》中。念孙书出，《管子》理董，风气渐开。晚清，终于演成子学复兴的局面。

第五节　阮元与《皇清经解》

乾嘉之际，阮元崛起，迄于道光初叶，以封疆大吏而奖掖学术，振兴文教，俨然一时学坛主盟。为他所主持编纂的《皇清经解》，将清代前期主要经学著作汇聚一堂，成为近二百年间经学成就的一个集萃。阮元亦以之对乾嘉学派和乾嘉学术做了一个辉煌的总结。

一、汉学护法与经学名臣

阮元，字伯元，号云台，一号芸台，又号雷塘庵主，晚号颐性老人，卒谥文达，扬州府属仪征人。生于乾隆二十九年（1764），卒于道

---

① 俞樾：《墨子序》，载孙诒让：《墨子闲诂》卷首。
② 戴望：《管子校正》卷首，《凡例》。

光二十九年（1849），终年八十六岁。乾隆五十四年进士，以翰林院编修，历仕乾隆、嘉庆、道光三朝。外而累官山东、浙江学政，浙江、江西、河南巡抚，漕运、湖广、两广、云贵总督，内而叠任詹事府詹事、都察院都御史、诸部侍郎、尚书等。道光十八年，以体仁阁大学士告老还乡。晚节自重，著述以终。

阮元幼承家学，其父承信，熟悉史籍，究心《资治通鉴》，教以"读书当为有用之学，徒习时艺无益也"。后相继问学于乔椿龄、李道南，乔、李皆通经术，为一方特立独行之儒。家学师教，确立了阮元早年的为学藩篱。自乾隆四十五年起，他在扬州及京城陆续结识经史学家凌廷堪、邵晋涵、王念孙、任大椿等，为一时学术风气习染，训诂治经，终身不改。

乾隆末，阮元初入翰林院，即奉敕编《石渠宝笈》，校勘石经。出任山东学政，留意金石碑刻，主持纂修《山左金石志》。嘉庆初，奉调北京，倡议并主持编纂《经籍籑诂》、《畴人传》、《淮海英灵集》、《两浙輶轩录》、《两浙金石志》、《十三经校勘记》、《经郛》、《皇清碑板录》诸书，立"书藏"于杭州灵隐云林寺。创建诂经精舍，集两浙有志经学者于其中，风厉实学，作育人才，于一时书院建设影响甚大。他还汇编汉学著述，辑刻《文选楼丛书》。又集《四库全书》未收诸书，主持撰写《四库未收书目提要》。十五年，再入翰林院，兼任国史馆总辑，创编《儒林》、《文苑》二传，开整理当代学术史风气之先声。十九年，巡抚江西，刊刻宋本《十三经注疏》。嘉庆末、道光初，总督两广，沿诂经精舍规制，创学海堂，提倡经史，表率一方。且主持重修《广东通志》，编写《粤东金石略》、《两广盐法志》，赞助刊行《国朝汉学师承记》，辑刻《皇清经解》、《江苏诗征》等。移节云贵，又有编纂《云南通志》之举。

阮元博学多识，尤长考证。一生为学以研治经学为主，博及史学、金石、考古、方志、谱牒、舆地、天文、历法、数学、音韵、文字、目录、诗文诸学。著述宏富，多达三十余种，数以百卷计。除前述主持编纂诸书之外，主要著述尚有《三家诗补遗》、《考工记车制图解》、《曾子注释》、《诗书古训》、《性命古训》、《积古斋钟鼎彝器款识》、《定香亭笔谈》、《小沧浪笔谈》等。其他诗文杂著，自道光三年起，先后辑为《揅经室一集》、《二集》、《三集》、《四集》、《续集》、《外集》、《再续集》刊行。在乾嘉学派诸大师中，阮元虽不以专学名家，但主持风会，倡导奖掖，其学术组织之功，实可睥睨一代。梁启超先生早年著《清代学术概论》，因之而称阮元为汉学"护法神"。[①] 钱宾四先生著《中国近三百年学术史》，亦称其"弁冕群材，领袖一世，实清代经学名臣最后一重镇"。[②] 大师定评，足称不刊。

二、从《经郛》到《皇清经解》

阮元一生，于学术事业贡献至大。其最可表彰者，则是主持纂修《皇清经解》。阮元的发愿纂修《皇清经解》，经历了一个较长时间的酝酿过程。由他早年在浙江创诂经精舍，到总督两广，建学海堂于广州，从各方面为之进行了充分的准备。

诂经精舍为清中叶著名书院。嘉庆二年，阮元任浙江学政，倡议编《经籍籑诂》。五年，书成，升任浙江巡抚，遂以往日修书用屋五十间，选两浙诸生有志经史古学者读书其中，题名为诂经精舍。精舍本汉代生徒讲学之所在，阮元借用古名，意在崇奖汉学，所以舍中立郑玄、许慎木主，师生皆定期拜祀。精舍而称诂经，则是阮氏学术旨趣的体现。他认为"经非诂不明"，"舍诂求经，其经不实"，于是题名学舍，以示"不忘旧业，且勖新知"。[③] 精舍初立，阮元并聘王昶、孙星衍主持讲席，且捐俸以为教学费用。每月一次，三人轮番授课，命题评文。舍中不讲八股文，不用试帖诗，重在解经考史，兼及诗词古文。其中的优秀

① 梁启超：《清代学术概论》十八。
② 钱穆：《中国近三百年学术史》第十章，《焦里堂阮芸台凌次仲》。
③ 阮元：《揅经室二集》卷7，《西湖诂经精舍记》。

篇章，以《诂经精舍文集》结集刊行。迄于十四年阮元奉调离浙，一时两浙名士多讲学其间，振兴一方学术，作育人才甚众。日后为阮元具体从事《皇清经解》编纂的严杰，即系当时精舍培养的高才生。

继诂经精舍之后，学海堂成为又一名噪南北的书院。嘉庆二十二年冬，阮元就任两广总督。为倡导经史实学，二十五年三月，沿杭州诂经精舍规制，借广州城西文澜书院旧址，创立学海堂，以经史古学课督一方士子。经数年规划营建，道光四年十二月，堂舍另辟新址，在粤秀山麓落成。就学士子经史诗文，阮元亲为审阅遴选，辑为《学海堂集》刊行。翌年秋，《皇清经解》始修，堂中士子则成为校订协修的干才。

从诂经精舍到学海堂，阮元除为《皇清经解》的纂修培育出众多人才之外，还有过几次重大的经学编纂活动。一是《十三经注疏校勘记》的完成，二是校刻宋本《十三经注疏》，三是编纂大型经学专书《经郛》。其中，以《经郛》同《皇清经解》最为有关。

《经郛》的结撰，始于嘉庆八年夏，实际从事者为阮元弟子陈寿祺及诂经精舍诸高材生。此书取法唐人李鼎祚《周易集解》，以汇集唐以前诸儒经说为务。陈寿祺《上仪征阮夫子请定经郛义例书》，于此有云："乃者仰蒙善诱，俯启梼昧，将于九经传注之外，裒集古说，令寿祺与高才生共纂成之。"可见它是要钩稽古说于九经传注之外。而寿祺所拟之该书义例，则更将其具体化，据称："《经郛》荟萃经说，本末兼该，源流具备，阐许、郑之闳渺，补孔、贾之阙遗。上自周秦，下迄隋唐，网罗众家，理大物博。汉魏以前之籍，搜采尤勤，凡涉经义，不遗一字。"[①] 工程如此之浩大，规格如此之崇高，其艰难可想而知，当然成功非易。所以，陈寿祺虽与诂经精舍诸高才生竭尽全力，历时数月，但所成初稿却并未达到预期的构想。嘉庆八年冬，陈氏北去，阮元公务繁忙，无人再能挂帅增订，此事也就搁置下来。十五年，阮元因浙江学政舞弊案牵连，左迁翰林院编修。再入词馆，略有闲暇，遂重理《经郛》

---

① 　陈寿祺：《左海文集》卷4，《上仪征阮夫子请定经郛义例书》。

旧稿。迄于十六年四月，改订一过，得稿一百余卷。终缘"采择未周，艰于补遗"，[1] 以致长期束之高阁，未能付刻。

嘉庆二十二年冬，阮元抵广州莅任。翌年除夕，为幕友江藩著《国朝汉学师承记》撰序，遂将先前结撰《经郛》的初衷略加改变，发愿沿用其体例，专辑清儒经解为一书，题为《大清经解》。他说：

> 国朝诸儒，说经之书甚多，以及文集说部，皆有可采。窃欲析缕分条，加以剪截，引系于群经各章句之下。譬如休宁戴氏解《尚书》"光被四表"为"横被"，则系之《尧典》；宝应刘氏解《论语》"哀而不伤"，即《诗》"惟以不永伤"之"伤"，则系之《论语·八佾篇》，而互见《周南》。如此勒成一书，名曰《大清经解》。[2]

至此，《皇清经解》的纂修已然提上日程。

阮元倡议纂修《皇清经解》，其发愿之初，本寄厚望于江藩、顾广圻诸名儒，所以他说："徒以学力日荒，政事无暇，而能总此事，审是非，定去取者，海内学友惟江君（藩）与顾君千里二三人。他年各家所著之书或不尽传，奥义单辞，沦替可惜，若之何哉！"[3] 然而江、顾等人，或远居三吴，艰于南行，或近在咫尺，他务缠身，皆未能担此重任。时隔七年，托无其人，于是阮元只好依靠南来的弟子严杰并学海堂诸生，放弃旧日所构想的体制，改以丛书的形式，汇编清儒经学著述为一书。

一如早先《经郛》之委以陈寿祺，《皇清经解》的纂修，始终其事者，则是阮元的弟子严杰。杰字厚民，号鸥盟，浙江余杭人，因寄居钱塘，故又称钱塘人。其生卒年未详。据光绪间重修《杭州府志》载，晚清，诸可宝为其撰有传记一篇，惟笔者孤陋寡闻，用力不勤，竟未能觅

---

① 阮常生续编：《雷塘庵主弟子记》卷4，四十八岁条。

② 阮元：《揅经室集》卷11，《国朝汉学师承记序》。

③ 同上。

得一读。严杰初为诸生，曾师从段玉裁问学。阮元督学浙江，聘其助修《经籍籑诂》。继之阮氏抚浙，创诂经精舍于杭州，严杰入舍就读，成为其间之佼佼者。嘉庆十五年，阮元离浙还朝。翌年，厚民远道相随，课督阮元女安，留京师一年余。后阮元与江都张氏联姻，严杰又成为阮安未婚夫张熙师。嘉庆二十五年春，学海堂初开，严杰亦于此时陪伴张熙来粤完婚。熙本患肝疾，体质虚弱，婚后未及一年即告夭亡。之后，严杰遂留于粤中阮元幕署。道光四年冬，学海堂新舍建成。翌年八月，严杰即受阮元之命，集阮氏藏书于堂中，辑刻《皇清经解》。

作为经学丛书，《皇清经解》的纂修体例，既不同于康熙间《通志堂经解》，又有别于乾隆间修《四库全书》。它没有按照前二书的编纂方式，区分类聚，人随书行，而是以作者为纲，按年辈先后，依人著录，或选载其经著，或辑录其文集、笔记。上起清初顾炎武、阎若璩、胡渭，下迄道光初依然健在的宋翔凤、凌曙，终以严杰所辑《经义丛钞》。所录凡七十四家，著述一百八十余种，计一千四百卷。

道光六年六月，阮元奉调改任云贵总督。此时，《皇清经解》辑刻将及一载，已得成书千卷。离粤前夕，他将《经解》主持事宜托付给广东督粮道夏修恕。至于编辑重任，则仍委之严杰。道光九年十二月，三十函《皇清经解》寄达滇南，阮元苦心孤诣，数十年夙愿终成现实。

阮元一生为官所至，振兴文教，奖掖学术，于清代中叶学术文化的发展作出了卓越的贡献。《皇清经解》作为他晚年的一项重大学术编纂活动，接武早先的《十三经注疏校勘记》，以其所取得的巨大成功，在清代学术史上写下了辉煌的一页。其继往开来之功，主要在于如下三个方面：

首先，《皇清经解》将清代前期的主要经学著述会聚一堂，对此一时期的经学成就，尤其是乾嘉学派的业绩，做了一次成功的总结。清代前期的经学，自清初顾炎武诸儒发端，经胡渭、阎若璩、毛奇龄等经师张大旗帜，已然摆脱宋明理学的拘绊，向复兴古学、朴实穷经一路走去。乾隆初，惠栋诸儒崛起，以复原汉《易》为职志，拔宋帜而立汉帜，经学遂成一代学术中坚。继惠栋、江永之后，戴震领风骚于一时，其学得段玉裁并王念孙、王引之父子及扬州诸儒发扬光大。在中国古代学术史上，清代经学终得比美宋明理学而卓然自立。与之同时，由庄存与开启先路，中经孔广森、张惠言诸儒阐发，至刘逢禄出，而今文经学异军突起，在清代经学中别辟新境，蔚为大观。从顺治到道光，近二百年间，清代经学所走过的发展历程，在《皇清经解》之中，以著述汇编的形式得以再现。全书编选有法，大本允当，为了解此一时期的经学成就，提出了一个较为集中的依据。

其次，《皇清经解》的纂修，示范了一种实事求是的良好学风，对于一时知识界，潜移默化，影响深远。清儒为学，以务实为旨趣。清初，鉴于明季心学末流泛滥无归而酿成的学术弊端，弃虚就实，学以致用，风气渐趋健实。自康熙中叶，以迄乾隆一朝，务实学风经百余年培养，敦崇实学，实事求是，朝野莫不皆然。阮元师弟训诂治经，学风平实，可谓是康乾诸儒嫡传。以此而编选一代经师解经之作，从顾亭林的《左传杜解补正》始，中经惠定宇的《周易述》、《九经古义》，江慎修的《周礼疑义举要》、《群经补义》，再到戴东原的《杲溪诗经补注》、《考工记图》，又及段若膺的《说文解字注》、王怀祖的《广雅疏证》、《读书杂志》，王伯申的《经义述闻》、《经传释词》，并载刘申受的《春秋公羊经何氏释例》，凌晓楼的《公羊礼说》，终以阮云台师弟的《十三经注疏校勘记》、《经义丛钞》，原原本本，笃实可依。洋溢于其间的实事求是学风，对于一时知识界良好学风的培养，产生了积极的影响。之后，《皇清经解》不胫而走，广为流传，成为学术界解经圭臬。咸丰间，版片多为兵燹毁损，复得两广总督劳崇光倡议酸资补刻。迄于光绪中，王先谦以江苏学政承阮元遗风，再事纂辑，匡补阮元书之所未收，又录咸、同以降经师著述，终成无愧前哲的《皇清经解续编》。

再次，《皇清经解》集清儒经学精萃于一书，对于优秀学术文化成果的保存和传播，确乎用力勤而功劳巨。清代前期，诸儒经学著作，汗牛充栋，浩如烟海，限于客观条件，流传未广，得书非易。即以当时的广州论，虽为通商口岸，经济繁荣，而士子尚以不能觅得前哲时贤经学著述一读为憾，其他偏远落后地区，则其苦自然更甚。因此，阮元师弟将清代前期经学著述整理比勘，汇辑成册，不惟传播学术，有便检核，而且保存文献，弘扬古籍，亦可免除意外灾害及其他因素造成的图书散佚毁损之虞。一举而兼数得，实为清代学术史上的一桩盛举。

从乾隆初惠栋、江永崛起而辟乾嘉学派先路，中经清廷开《四库全书》馆，戴震、邵晋涵、纪昀、任大椿诸儒云集其间而成乾嘉学派如日中天之势。迄于嘉庆、道光间，此一学派盛极而衰，始由扬州诸儒对之作出历史总结。汪中、焦循、王念孙、王引之、江藩、阮元等，皆此一时期扬州儒林翘楚。乾嘉学派与乾嘉学术之能得一辉煌总结，扬州诸儒辛勤其间，功至伟矣！

三、孔子仁学与阮元的《论语论仁论》

孔门之教，以求仁为本。为探寻孔子仁学义蕴，古往今来，几多贤哲后先相继，孜孜以求，可谓著述如林，汗牛充栋。然而由于视角不同，方法各异，以致仁者见仁，智者见智，结论亦每多歧出。清儒阮元，当朱子《四书章句集注》大行之后，摒《集注》不取，远承汉儒郑玄遗说，独辟蹊径，训诂解经，撰为《论语论仁论》。阮氏之所著，以朴学释仁，虽立异理学，心存门户，但原原本本，务实切己，于把握孔子仁学精要多所裨益。

（一）《论语论仁论》杂识

阮元撰《论语论仁论》，一卷，未见单行刊本，道光三年辑《揅经室集》，录入一集卷八。惟无序跋、题记一类文字，故此篇何时撰成未得明确。阮氏弟子、后人所辑年谱，于此亦未做明文交代。据张鉴辑《雷塘庵主弟子记》卷一记，嘉庆三年，阮元任浙江学政，成《曾子注释》十篇，时年三十五岁。元三子阮祜，于此条有注云："是时，《论语论仁论》、《性命古训》三卷尚未撰。"可见《论语论仁论》的结撰应在嘉庆三年以后。后于何时？据阮元致其门人陈寿祺札称："生近来将胸中数十年欲言者，写成《性命古川》一卷。大抵欲辟李习之复性之书，而以《书》《召诰》节性为主，少暇当再抄寄。又《论仁论》二卷奉政。"[1] 此札写于道光元年四月，《揅经室集》未录，见于陈氏《左海全集》卷首。据此，则《论语论仁论》的脱稿不会晚于道光元年。再检江藩著《国朝汉学师承记》，则此一问题的解决又可前进一步。江氏书述阮元学行有云："伯元名元，一字芸台，仪征人。乾隆丙午举人，己酉进士，授编修，官至浙江巡抚，今官詹事府少詹事。于学无所不通，著有《考工车制考》、《石经校勘记》、《十三经注疏校勘记》、《曾子注》、《论语论仁论》、《畴人传》等书。"[2] 据考，江藩书稿初成于嘉庆十七年，而阮元自上年七月二十三日至是年五月初八日，适任詹事府少詹事。江氏书"今官"云云，应属实录。因此，《论语论仁论》的完稿时间，当可提前至嘉庆十六七年间。倘若辅以焦循、凌廷堪诸儒对阮元仁学思想的影响，那么此一判断与历史实际相去大致不会太远。

阮元何以要在此时撰写《论语论仁论》？就篇中所涉及的内容看，这个问题似可从两个方面来思考。一个是当时大的学术环境，另一个是阮元在仁学方面所接受的具体学术影响。

嘉庆末，国家多故，世变日亟。学术随时势而移易，以江藩《国朝汉学师承记》的结撰为标志，汉学已然日过中天，趋向批判和总结。而与之同时，宋学的颉颃则日渐强劲。尽管如此，自清初毛奇龄《四书改错》发端，迄于乾隆后期戴震《孟子字义疏证》推出，竞尊汉儒，排击宋儒，非议朱子学的风气却依然并未过去。阮元虽未能见到毛奇龄、戴震，但他为学伊始，即读过毛奇龄的著述。督学浙江，因服膺毛氏学说，更将《西河全集》撰序刊行，加以表彰。据称："国朝经学盛兴，

---

[1] 阮元致陈寿祺札，《揅经室集》未录，载于陈寿祺《左海全集》卷首。

[2] 江藩：《国朝汉学师承记》卷7，《凌廷堪》。

检讨首出，于东林、蕺山空文讲学之余，以经学自任，大声疾呼，而一时之实学顿起。当是时，充宗起于浙东，朏明起于浙西，宁人、百诗起于江淮之间，检讨以博辨之才，睥睨一切，论不相下，而道实相成。迄今学者日益昌明，大江南北著书授徒之家数十，视检讨而精核者固多，谓非检讨开始之功则不可。"① 至于戴震之学，阮元虽尚有所保留，但由训诂以明义理，此一戴氏所倡治经方法论，则是一脉相承，笃信谨守。身为汉学后劲，且主持风会，领袖四方，阮元当然要与江藩作同调之鸣，去为自己的学派固守壁垒。惟其如此，晚近梁启超先生撰《清代学术概论》，称阮元为汉学"护法神"，② 实在是再恰当不过的。

在阮元仁学思想的形成过程中，予他影响较大者，主要是四个人。第一个是他的姻亲刘端临。端临为一时著名经师，学术、人品为学坛备极推重，卒于嘉庆十年。所著《论语骈枝》，阮元在浙江巡抚任上即已刊行，而且曾携往京中，送请前辈学者翁方纲审阅。翁氏《复初斋集》中，于此有过记录。据云："刘台拱深于《论语》，昨阮侍郎元以所锓台拱之书来示，其《论语》卷中有精审者，亦有偏执者。"③ 第二个是臧庸。庸为康熙间经师臧琳的后人，又从学于一时名儒卢文弨、钱大昕、王昶、段玉裁等，家学渊源，师承有自，经学根底甚为坚实。阮元督学浙江，曾聘庸助辑《经籍籑诂》。后巡抚浙江，再延臧氏入幕府。臧庸卒于嘉庆十六年，所著《拜经日记》即有涉及《论语》仁学之见，为阮元所钦佩。

第三个直接影响阮元的仁学观者，则是先于他将《论语》区分类聚，撰为专书的焦循。焦循与阮元同里同学，且系其族姊夫，一生潜心治学，博识多通。嘉庆二十五年病故，阮元为之撰传，冠以"通儒"之称，誉为"儒林大家"。据云："焦君与元年相若，且元族姊夫也。弱冠

① 阮元：《揅经室二集》卷7，《毛西河检讨全集后序》。
② 梁启超：《清代学术概论》十八。
③ 翁方纲：《复初斋集》卷7，《参订论》中之二。

与元齐名，自元服官后，君学乃精深博大，远迈于元矣。"① 焦循私淑
戴震，早在嘉庆九年，即仿戴氏《孟子字义疏证》，撰为《论语通释》。
该书类聚孔子论学语，凡分圣、大、仁、一贯忠恕、学、知、能、权、
义、礼、仕、君子小人等十二门，"仁"即为其中之一门。

　　第四个，也是影响阮元仁学思想的最大者，当为凌廷堪。阮元十八
岁即与廷堪订交，时当乾隆四十六年，迄于嘉庆十四年凌氏病逝，论学
问难，终身莫逆。廷堪亦私淑戴震，尤以礼学最称专精。嘉庆十三年，
应阮元邀南游杭州，尽出所著书相示。阮元大为折服，命长子常生师从
问学。所著《礼经释例》及《校礼堂集》中《复礼》三篇，于阮元《论
语论仁论》的结撰，影响最为巨大，不啻阮氏立论依据。凌廷堪认为：
"圣人之道，至平且易也。《论语》记孔子之言备矣，但恒言礼，未尝一
言及理也。"他指出："夫仁根于性，而视听言动则生于情者也。圣人不
求诸理而求诸礼，盖求诸理必至于师心，求诸礼始可以复性也。"因之
断言："夫《论语》，圣人之遗书也，说圣人之遗书，必欲舍其所恒言之
礼，而事事附会于其所未言之理，是岂圣人之意邪！"② 阮元据以立论，
亦步亦趋，《论语论仁论》开宗明义，即指出："《论语》言五常之事详
矣，惟论仁者凡五十有八章，仁字之见于《论语》者，凡百有五，为尤
详。若于圣门最详切之事，论之尚不得其传而失其旨，又何暇别取《论
语》所无之字，标而论之邪！"③

　　阮元自青年时代即入宦海，之后巨因公务缠身，其学不能如前述诸
家之专精，但朝夕切磋，历有年所，加以得天独厚的特殊地位，亦使他
在学术上能多有所成。嘉庆十六年前后，阮元于论学诸友择善而从，沿
凌廷堪"以礼代理"遗意，取焦循类聚《论语》旧规，合众家之长而成
《论语论仁论》，高扬"以仁代理"的大纛，就宛若水到渠成，不期而

---

① 阮元：《揅经室二集》卷4，《通儒扬州焦君传》。
② 凌廷堪：《校礼堂文集》卷4，《复礼》。
③ 阮元：《揅经室集》卷8，《论语论仁论》。（以下凡引阮元语而未注出处者，皆为此篇。）

然。其间学术发展的内在逻辑，实非个人意志所能转移。

（二）阮元的仁学观

《论语论仁论》由汉儒郑玄对"仁"的训释入手，凡三部分。第一部分为发凡，提纲挈领，绍介撰述宗旨。第二部分为《论语》论仁诸章分类辑录，兼有作者按语，以阐释各章大要。第三部分为结语，重申古训，以与篇首宗旨相呼应。阮元的仁学观寄寓其间，概括起来，主要有三个方面。

1. "仁"字本训

阮元释仁，溯源古训，极力从古籍中去寻觅字源。据他考证，"仁"字既不见于《尚书》中的虞、夏、商书，又不见于《诗经》中的三颂和《周易》的卦爻辞。儒家经典中最早出现此字，当为《诗经》小雅的《四月》篇。篇中所云"先祖匪人，胡宁忍予"，此"人"字即为"仁"字。其后则是郑风《叔于田》篇的"洵美且仁"。因此，阮元认为，就由语言到文字的次第而言，仁在"周初，有此言而尚无此字"，当时，凡仁字，"但写人字，《周官礼》后始造仁字也"。①

周初以后的仁字，又当作何解释？阮元先是引许慎《说文解字》为据，许书释仁云："仁，亲也，从人二。"继之又引段玉裁《说文解字注》为解："亲者，密至也，会意。"随后则是郑玄的《中庸注》。《中庸》曰："仁者人也。"郑玄注云："人也读如相人偶之人，以人意相存问之言。"何谓"相人偶"？阮元于此，旁征博引，证成己说。《仪礼》中《大射仪》"揖以偶"，郑玄注："以者偶之事成于此，意相人偶也。"《聘礼》"每曲揖"，郑玄注亦云："每门辄揖者，以相人偶为敬也。"《公食大夫礼》"宾入三揖"，郑玄同样注云："相人偶。"《诗经》国风中的《匪风》篇，有"谁能烹鱼"、"谁将西归"诸句，郑玄笺诗亦称："人偶能割烹……人偶能辅周道治民。"贾谊《新书》的《匈奴篇》曰："胡婴

---

① 阮元：《揅经室集》卷8，《论语论仁论》。

儿得近侍侧，胡贵人更进得佐酒前，上使人偶之。"阮元备举诸多例证。归纳出如下结论："古所谓人偶，犹言尔我亲爱之辞，独则无偶，偶则相亲，故其字从人二。"于是他据以重申仁字本训："仁字之训为人也，乃周秦以来相传未失之故训。东汉之末，犹人人皆知，并无异说。康成氏所举相人偶之言，亦是秦汉以来民间恒言，人人在口，是以举为训。"据此，阮元推本古训，对《论语》①的仁字提出了新的界说，他说："春秋时，孔门所谓仁也者，以此一人与彼一人相人偶，而尽其敬礼忠恕等事之谓也。"

2. 对孔子仁学的把握

阮元之学，切己务实，以实事求是为特征。他曾经说过："儒者之于经，但求其是而已矣。是之所在，从注可，违注亦可，不必定如孔、贾义疏之例也。……株守传注，曲为附会，其弊与不从传注，凭臆空说者等。"① 他对孔子仁学的把握，实最能体现这一为学个性。阮元认为，探讨孔子仁学，切忌"务为高远"，"当于实者、近者、庸者论之"。本此宗旨，他将《论语》论仁诸章区分类聚，由《雍也》、《述而》二篇始，迄于《子罕篇》终，或章自为类，或多章并析，对孔子的仁学做了广泛而深入的探讨。阮元之论孔子仁学，大要有三。

第一，"己欲立而立人，己欲达而达人"。

阮元既以"相人偶"为释仁出发点，因而《论语·雍也篇》孔子与子贡的问答，便成为他心目中孔子仁学的核心。孔子说："夫仁者，己欲立而立人，己欲达而达人。"阮元紧紧抓住这一核心，取《雍也篇》此章冠于诸章之首，使之同"相人偶"的古训水乳交融，从而俨若贯穿全篇的一根红线。他先是说："所谓仁者，己之身欲立则亦立人，己之身欲达则亦达人，所以必须两人相人偶而仁始见也。"继之再说："圣贤之仁，必偶于人而始可见。故孔子之仁，必待老少始见安怀。若心无所著，便可言仁，是老僧面壁多年，但有一片慈悲心，便可毕仁之事，有

---

① 阮元：《揅经室集》卷11，《焦里堂群经宫室图序》。

是道乎?"随后又说:"但能无损于人,不能有益于人,未能立人达人,所以孔子不许为仁。"篇末还说:"夷、齐让国,相偶而为仁,正是己立立人,己达达人之道。"首尾照应,三致意焉,足见孔子此一命题在其仁学思想中的极端重要。

第二,"克己复礼为仁"。

"克己复礼为仁",是孔子在《论语·颜渊篇》中,就仁学所提出的又一个重要命题。孔子说:"克己复礼为仁。一日克己复礼,天下归仁焉。为仁由己,而由人乎哉?"如何解释这个命题,在学术史上,汉宋歧说,莫衷一是。汉儒马融,训"克己"为约身。后儒虽间有异解,但多从其说。南宋间,朱子注《论语》,别出新解,释云:"仁者,本心之全德。克,胜也。己,谓身之私欲也。礼者,天理之节文也。"① 阮元于此最为不满,视之为儒释分野之所在,因而据理力争,详加辨析,成为《论语论仁论》中篇幅最大,亦最为突出的部分。他首先考证,"克己复礼"本为古语,故既见《论语》,又见《左传》。孔子以人己对称,正是尔后郑玄以"相人偶"释仁之所本,断不能如朱子所训,释己为私欲。否则乖违《论语》原意,实是方枘圆凿。所以阮元推本古训,指出:"'克己'己字,即自己之己,与下为仁由己相同。言能克己复礼,即可并人为仁。一日克己复礼,而天下归仁,此即己欲立而立人,己欲达而达人之道。仁虽由人而成,其实当自己始,若但知有己,不知有人,即不仁矣。"

第三,"无求生以害仁,有杀身以成仁"。

在孔子的仁学中,仁的涵盖浸润至为广大深厚,它发源于孝悌,既兼恭、宽、信、敏、惠于一体,又合忠、清、敬、恕诸德于一堂,最终成为一种崇高的精神境界和理想的追求。所以孔子说:"志士仁人,无求生以害仁,有杀身以成仁。"② 又说:"富与贵是人之所欲也,不以其

---

① 朱熹:《论语集注》卷6,《颜渊》。
② 《论语·卫灵公》。

道得之，不处也。贫与贱是人之所恶也，不以其道得之，不去也。君子去仁，恶乎成名。君子无终食之间违仁，造次必于是，颠沛必于是。"① 还说："民之于仁也，甚于水火。水火，吾见蹈而死者矣，未见蹈仁而死者也。"② 因而孔子主张："当仁不让于师。"③ 对于齐国管仲"不以兵车"，"相桓公，霸诸侯，一匡天下"的历史功绩，孔子倾心赞许，叹为"如其仁！如其仁！"④ 阮元罗列诸章，阐发精要，据以归纳出对孔子仁学的宏观把握。他指出，"仁之有益于人民者甚大"，"为富贵生死所不能夺"。针对孔子之论管仲功过，阮元尤为强调："仁道以爱人为主，若能保全千万生民，其仁大矣。故孔子极许管仲之仁，而略其不死公子纠之小节也。"

3. 求仁的途径

一如前述，根据阮元的探讨，仁在孔子的思想体系中，细而言之，当为处理人际关系的准则，"己欲立而立人，己欲达而达人"，"己所不欲，勿施于人"，意在谋求人与人之间的和谐。宏观而论，因其涵盖浸润之深广，它又是一种崇高理想的追求。因而如何去求仁，既是孔子仁学的一个组成部分，也是实践孔子仁学的重大课题。

对于求仁的途径，孔子或者说"能近取譬"，⑤ 或者说"能行（恭、宽、信、敏、惠）五者于天下"，⑥ 或者说"用其力于仁"，⑦ 讲的都是平实的道德践履，身体力行。至于他的弟子之所论，亦同样笃实不虚。子夏说："博学而笃志，切问而近思，仁在其中矣。"⑧ 曾子也说："士不可以不弘毅，任重而道远。仁以为己任，不亦重乎？死而后已，不亦

---

① 《论语·里仁》。
② 《论语·卫灵公》。
③ 同上。
④ 《论语·宪问》。
⑤ 《论语·雍也》。
⑥ 《论语·阳货》。
⑦ 《论语·里仁》。
⑧ 《论语·子张》。

远乎？"① 阮元本之而论求仁，认为其途径唯在身体力行。他说："凡仁必于身所行者验之而始见，亦必有二人而仁乃见。"因而他反对闭户修持、虚悟远求，指出："一部《论语》，孔子绝未尝于不视、不听、不言、不动处言仁也。"又说："仁必须为，非端坐静观即可曰仁。"阮元进而断言："若一人闭户斋居，瞑目静坐，虽有德理在心，绝不得指为圣门所说之仁矣。"

至此，阮元通过学理的探讨，确立了积极经世、身体力行的仁学观。

（三）余论

仁学是一个历史范畴。在中国思想史上，这一学说自孔子创立，尔后不同的历史时期，不同的学术流派和思想家，皆就各自的经济、政治和学术利益，对其进行阐释，从而使之得到发展，成为中国古代儒学的一个重要组成部分。清代学术，以总结和整理中国传统学术为其基本特征。阮元的《论语论仁论》，正是对孔子仁学的一次历史总结。他的总结，直接导源于宋儒对孔子仁学的阐释。因其对宋儒释仁的不满，故而力图通过对孔子仁学的表彰，以恢复儒家仁学的本来面目。

宋儒释仁，以朱子为集大成者。朱熹曾撰有《仁说》一篇，文中发展二程，尤其是小程子的仁学思想，以"爱之理"、"心之德"释仁，对两宋间诸儒的仁学思想做了批评和总结。他说："故语心之德，虽其总摄贯通，无所不备，然一言以蔽之，则曰仁而已矣。"又说："程子之所诃，以爱之发而名仁者也。吾之所论，以爱之理而名仁者也。"② 后来著《论语集注》，于《学而篇》"其为仁之本与"一句，朱子释仁更为简截，他说："仁者，爱之理，心之德也。"

朱子故世，其高足陈淳撰《北溪字义》阐发师说，于古代仁学源流，有过梳理。陈氏说："自孔门后，人都不识仁。汉人只把做恩惠说，

---

① 《论语·泰伯》。
② 朱熹：《朱文公文集》卷67，《仁说》。

是又太泥了爱。又就上起楼起阁，令仁看得全粗了，故韩子遂以博爱为仁。"唐儒韩愈著《原道》，称"博爱之谓仁"，① 二程、朱熹皆所不取。程颐答弟子问，主张"将圣贤所言仁处，类聚观之，体认出来"。于韩愈之论仁，明斥其非，指出："仁者固博爱，然便以博爱为仁，则不可。"② 陈淳之说，即源此而来。接下去，陈氏又本程颐"爱自情，仁自是性"之教，对宋儒仁学进行总结。他说："至程子始分别得明白，谓仁是性，爱是情。然自程子此言一出，门人又将爱全掉了，一向求高远去。不知仁是爱之性，爱是仁之情，爱虽不可以正名仁，而仁岂能离得爱？"于是遵朱子遗训，对程门弟子谢良佐、杨时等的仁学主张，陈淳断然否定，评为"殊失向来孔门传授心法本旨"。他的结论是："程子论'心譬如谷种，生之性便是仁'，此一语说得极亲切。只按此为准去看，更兼所谓'仁是性，爱是情'及'仁不可训觉与公，而以人体之，故为仁'等数语相参照，体认出来，则主意不差而仁可得矣。"③

　　从二程经朱熹到陈淳，宋儒的仁学，其主流无疑是应当肯定的。宋儒为学善演绎，正是在对先哲学理的演绎之中，以"生之性便是仁"、"爱之理，心之德"等思想，发展了孔子的仁学。

　　清儒之为学，其门径虽由宋儒而来，但自清初顾炎武、阎若璩一辈大师，已别张一军，向朴学一路走去。至乾隆间戴震崛起，遂唱以朴学释仁先声。戴氏名著《孟子字义疏证》，专辟"仁义礼智"一门，书中释仁云："仁者，生生之德也。民之质矣，日用饮食，无非人道所以生生者。一人遂其生，推之而与天下共遂其生，仁也。"本此而合四德于一体，戴震进而指出："自人道溯之天道，自人之德性溯之天德，则气化流行，生生不息，仁也。由其生生，有自然之条理，观于条理之秩然有序，可以知礼矣。观于条理之截然不可乱，可以知义矣。在天为气化

---

① 韩愈：《昌黎先生集》卷11，《原道》。
② 程颐：《河南程氏遗书》卷18，《伊川先生语》四。
③ 陈淳：《北溪字义》卷上，《仁义礼智信》。

之生理，在人为其生生之心，是乃仁之为德也。在天为气化推行之条理，在人为其心知之通乎条理而不紊，是乃智之为德也。唯条理，是以生生；条理苟失，则生生之道绝。"① 戴震不取宋儒天理说，而释理为条理，别开新境，自成一家，显示出其理论探索的勇气。而他又独能把握住宋儒关于仁有生意的卓见，赋予仁以生生不息之德，从而发展仁学，则是戴震在乾嘉时代的卓绝过人处。

戴震为学之初，本受乡里宋学遗风熏陶，尽管力图弃宋而归汉，但是探寻义理，始终如一，因而他的释仁颇多演绎而非尽归纳。惟其如此，所以朴学家阮元并不赞成这条路子。于是私淑戴氏的凌廷堪，本郑玄"相人偶"之说释仁，遂成阮元结撰《论语论仁论》的先导。阮元以朴学释仁，与宋儒的以理学释仁，各尽其得，殊途同归，同样有功于仁学的发展。孔子仁学以道德修持为入手，其归宿则在积极经世。从恢复孔子仁学本来面目的意义上说，阮元的《论语论仁论》无疑取得了成功，而且也较之宋儒前进了一步。然而不分精华糟粕，一味揶揄宋儒，尽弃程朱仁说于不取，亦是阮元的缺乏识见处。这就难怪曾经做过他幕宾的方东树一度与之辩难，在所著《汉学商兑》中，要集矢于阮元的仁论了。② 晚清，朱一新著《无邪堂答问》，仍旧故案重理，原因也在于此。③

自孔子倡导仁学，数千年来，中华民族一直有着讲求和实践仁学的好传统。仁学在中国历史上的演进，深刻地作用于中国社会，使之成为我们民族自强不息的一个深层依据。积数千年的历史经验，归结到一点，便是求仁的好传统断不可丢弃。我想，无论未来的社会如何发展，亦无论后世如何释仁，作为一种积极的经世学说，仁学终将同我们的民族、同我们的子孙后代所生活的世界共存。

---

① 戴震：《孟子字义疏证》卷下，《仁义礼智》。
② 方东树：《汉学商兑》卷中之上。
③ 朱一新：《无邪堂答问》卷1。

第四章
乾嘉儒林举隅

乾嘉时期的学术界，灿若群星的南北学人，追踪前哲，董理群籍，或校勘辑佚，或考证训诂，对我国数千年学术进行整理和总结。严谨笃实，用力专一，多历年所而成比美汉唐之业绩。以下，拟大致按年辈先后为序，撷取二三学人生平，秩事排比，联缀成篇，借以略窥乾嘉儒林之一隅。

第一节　"三礼馆"总裁方苞

乾隆元年六月，清廷开馆纂修《三礼义疏》。七月，方苞以三朝儒臣而出任书馆副总裁。四年之后，未待全书纂竣，方氏即告老还乡。方苞之在"三礼馆"匆匆来去，实非偶然。

方苞，字凤九，一字灵皋，晚年自号望溪，江南安庆桐城县（今安徽省桐城县）人。生于康熙七年四月十五日（1668 年 5 月 25 日），卒于乾隆十四年八月十八日（1749 年 9 月 29 日）。他集达官、文士、学者于一身，以倡导古文义法影响一代文风，或为清代桐城古文的开派宗师。

桐城方氏为一县望族，素以宦达著称。明末，自方苞曾祖象乾迁居南京后，家道中落。入清，每况愈下。康熙初，苞祖帜尚为学官，先后出任芜湖、兴化二县训导、教谕。到他的父亲仲舒，就不过一名国子监生而已。由于家庭经济拮据，无力外出求学，方苞以他的父亲为启蒙教师，在家中度过了少年时代。方仲舒，字南董，号逸巢，工于吟咏，与一时耆旧钱澄之、方文及杜浚、杜岕兄弟相唱和，作诗多达三千余首。尽管如此，方仲舒却不让方苞步其后尘，而是始终以古文相引导。根据方仲舒的文学主张，"必读书之深而后见道也明，取材也富，其于事实乃知也悉，其于情伪乃察也周，而后举笔为文，有以牢笼物态而包孕古今"。① 方苞以这样的思想为指导，自幼读《四书》、古文，接受了"文以载道"的传统教育。在将他父亲的文学主张付诸实践的过程中，方苞的哥哥方舟走在他的前面。方舟，字百川，虽年长方苞三岁，但天资过人，八九岁时即已开始读《春秋》。方苞七岁那年，方舟还背着父亲取出祖上留下的《史记》，讲述古代战争胜负的原因。到方苞十三岁时，他的哥哥"以诸生之文而横被六合"，② 成为他的时文教师。方舟认为，作时文不可苟且随俗，应当"理正而皆心得，辞古而必己出"。③ 在方舟的影响下，方苞起步伊始，便用古文的法度来写时文，逐渐形成具有个性的文章风格。康熙二十五年（1686），方苞随父到安庆参加科举士子入学考试。三年后，他以岁试第一名取得了举人考试资格。在来年的乡试中，他虽然落选，但是所写的应试时文"深醇而朴健"，④ 大为学政高裔所赏识。当时正在江苏的内阁学士韩菼见到方苞的考卷后，更是叹为"近世无有"，⑤ 并且立即推荐给在京的原刑部尚书徐乾学，以便编入当年乡试文选。三十年（1691），方苞得到高裔的资助，随同北上，寄居于其北京寓所，准备改应顺天府乡试。这时的北京，名士云集。戴

---

① 戴名世：《戴名世集》卷2，《方逸巢先生诗序》。
② 方苞：《方苞集》卷7，《兄百川墓志铭》。
③ 方苞：《方苞集》卷4，《储礼执文稿序》。
④ 方苞：《方苞集外文》卷4，《余西麓文稿序》。
⑤ 韩菼：《有怀堂文稿》卷5，《方百川文序》。

名世、王源的古文，刘齐、徐念祖的时文，都名噪一时。方苞以文会友，同他们相继结为友好。他"学行继程、朱之后，文章介韩、欧之间"的立身趋向，[1] 不仅在做幕宾的文士中产生共鸣，而且也引起了公卿显贵的注意。当时任兵部侍郎的李光地就此评价道："当与韩、欧争列，北宋后无此人也。"[2] 独有以布衣预修《明史》的学者万斯同不以为然，他告诫方苞切莫沉溺于古文，指出："唐、宋号为文家者八人，其余道粗有明者，韩愈氏而止耳，其余则资学者以爱玩而已，于世非果有益也。"[3] 三十五年（1696），方苞在两度为顺天乡试淘汰后，颓然南归。临行，万斯同在寓所为他送别，语重心长，将完成《明史》的希望寄托给方苞。万斯同说："子诚欲以古文为事，则愿一意于斯，就吾所述，约以义法而经纬其文，他日书成，记其后曰：'此四明万氏所草创也'，则吾死不恨矣。"[4] 尽管后来方苞并没有去继承万斯同的事业，但是前辈的信赖却给了他以很大的激励，"每诵知己之言而忻与惕并"。[5] 从此，他"收敛其才气，浚发其心思，一以阐明义理为主，而旁及于人情物态"。[6] 正如他后来缅怀万斯同时所说："余辍古文之学而求经义，自此始。"[7]

三十八年（1699）秋，方苞在江南乡试中荣登榜首。他踌躇满志，试图以自己的文章去改变一时的科场文风，于是第一次将他的应试时文刊行于世。随着文章的四处流传，方苞声名大起。当时的文士甚至把方氏兄弟比作宋代四川眉山的苏轼、苏辙兄弟。[8] 然而八股时文积习难除，在方苞向进士攀登的路途中，他因此而迭遭挫折。四十五年

---

① 汪兆符：《望溪先生文集序》，见《方苞集》附录三。
② 雷鋐：《经笥堂文钞》卷下，《方望溪先生行状》。
③ 方苞：《方苞集》卷12，《万季野墓表》。
④ 同上。
⑤ 方苞：《方苞集》卷6，《与万季野先生书》。
⑥ 戴名世：《戴名世集》卷2，《方灵皋稿序》。
⑦ 方苞：《方苞集》卷12，《万季野墓表》。
⑧ 戴名世：《戴名世集》卷7，《方舟传》。

（1706），方苞总算如愿以偿，在当年春天的会试中，他以贡士第四名获准殿试。眼看成功在即，却发生了一桩意外的事情，他母亲病危的消息忽然从家中传来，这样他未等殿试举行，便匆匆南归。第二年，因为他父亲的病故，随后又是戴名世《南山集》案的株连，参加殿试的事也就长期搁置下来。

康熙五十年（1711）十月，左都御史赵申乔挟嫌弹劾翰林院编修戴名世，指责戴的文集《南山集》"肆口游谈，倒置是非，语多狂悖"。① 康熙帝下令"严察审明"，于是演为文字冤狱。方苞因曾为《南山集》作序，② 于同年十一月被逮，随即押解京城关入刑部监狱。翌年一月，刑部提请对戴名世"即行凌迟"，"汪灏、方苞为戴名世悖逆书作序，俱应立斩"。③ 四月，康熙帝颁谕："汪灏在内廷纂修年久，已经革职，著从宽免死，但令家口入旗。"④ 方苞的文学才能素来为大学士李光地器重，由于有了宽宥汪灏的先例，因而也就为李光地搭救方苞提供了可能。十月，翰林院修撰汪霦病故，清圣祖在召见李光地时不无惋惜地喟叹："汪霦死，无复能为古文者矣。"李光地趁机保奏方苞，他说："必如班、马、韩、柳，诚急未得其人，若如霦者才固不乏，即若某案中之方苞，其古文词尚当胜之。"⑤ 这次搭救果然奏效，五十二年（1713）二月，《南山集》案结案，三月，康熙帝即就方苞的去向作出批示："戴名世案内方苞，学问天下莫不闻，下武英殿总管和素。"⑥ 以这次朱批

---

① 《清圣祖实录》卷 248，中华书局 1985 年影印《清实录》第 6 册，第 455 页。
② 关于《南山集》卷首的方苞序，在案件审理过程中，据戴名世供词："《南山集》系尤云鹗刻的，云鹗是我门生，我作了序，放他的名字。汪灏、方苞、方正玉、朱书、王源序是他们自己作的。"方苞也供认不讳，他说："我不合与戴名世作序收板，罪该万死。"但结案出狱后，据李塨：《恕谷后集》卷 3，《甲午如京记事》载，方苞却又矢口否认，他说："田有文不谨，予责之，后遂背予梓《南山集》，予序亦渠作，不知也。"此说显然不足信。
③ 《清圣祖实录》卷 249，《清实录》第 6 册，第 465 页。
④ 《清圣祖实录》卷 250，《清实录》第 6 册，第 433 页。
⑤ 李清植：《李文贞公年谱》七十一岁条。
⑥ 方苞：《方苞集》卷 18，《两朝圣恩恭纪》。

为转机，方苞不仅得以死里逃生，而且也为他进入官场铺平了道路。

方苞获赦的次日，应召进入南书房，奉命撰成《湖南洞苗归化碑文》。第二天，又撰成《黄钟为万事根本论》。第三天，再度写成《时和年丰庆祝赋》。三篇体裁各异的文章，显示了他不同寻常的文学才能，尤其是第三篇赋更是得康熙帝嘉赏，称赞道："此赋即翰林中老辈并旬就之，不能过也。"[1] 经过连续三天的考核，方苞便以一个没有任何官职的文士，陡然间成为皇帝的文学侍从。八月，康熙帝授意编纂乐律、数学等书，由诚亲王胤祉领衔，开书馆于畅春园内蒙养斋。方苞又奉命供职蒙养斋，预修《律吕正义》。蒙养斋是当时诸皇子读书的地方，方苞得以深入皇家禁地，预修御制图书，使他不得不格外小心翼翼。无论寒暑，他总是头戴一顶黑布小帽，谨守职责，除了按命令答复询问，"外此不交一言"。[2] 由于在书馆共事的徐元梦、顾琮等都是满人，学识涵养远不及方苞，久而久之，他便以自己的学行赢得了诚亲王的信任，还当上了王子的老师。在内廷立定脚跟之后，方苞于修书余暇，沉潜经学，致力于《春秋》和《周礼》的考索。自康熙五十五年至六十年间，他先后完成了《春秋通论》、《周官集注》、《周官析疑》等著作。六十一年（1722）六月，他被任命为武英殿修书总裁，并奉旨校勘《御制分类字锦序》。按照惯例，以皇帝的名义颁发的诗文，事先往往责成有关大臣会同校勘，能够获得独阅信任的，在康熙一朝的文臣中，仅有熊赐履和张英二人。方苞得此殊荣，身价倍增。

世宗即位，颁诏大赦，方苞全家恩准出旗，"赦归原籍"。雍正元年（1723）三月，方苞就此拜札谢恩，庄亲王胤禄传谕："朕以苞故，具知此事，其合族及案内肆赦皆由此，其功德不细。"[3] 三年（1725）三月，世宗在养心殿破例召见方苞，尊他为"老学"，并且重申圣祖给他的武

① 方苞：《方苞集》卷 18，《两朝圣恩恭纪》。
② 方苞：《方苞集》卷 10，《翰林院编修查君墓志铭》。
③ 方苞：《方苞集》卷 18，《两朝圣恩恭纪》。

英殿修书总裁的任命，进一步肯定了方苞在朝廷中的特殊地位。这时，他已经年近花甲，因患足疾，行走艰难，世宗又特"赐拄杖入朝"。从此，方苞扶摇直上，九年（1731）冬，特旨授官詹事府左春坊左中允。翌年，进入翰林院，官侍讲学士。十一年，擢升内阁学士兼礼部侍郎，教习庶吉士，相继以总裁、副总裁主持《一统志》馆和《皇清文颖》馆编纂事宜。

高宗即位后，方苞以先朝旧臣，连上《请定征收地丁银两之期》、《请定常平仓谷粜籴之法》和《请复河南漕运旧制》等三疏，就国计民生攸关的赋税、漕粮等陈述意见，请求恢复康熙旧制。乾隆元年（1736），他再入南书房，奉命编选明代及清初《四书》制义，任《三礼义疏》馆副总裁。同年九月，博学鸿词科在京举行。方苞自恃学问优长，为他所荐举应试的，竟达十五人之多。结果一无录取，同僚中对此事多有訾议。方苞素喜结交朝廷显贵，康熙时的大学士李光地，雍正朝显赫一时的徐元梦、鄂尔泰、张廷玉等，无不与他有密切往来。他不仅通过这些人奏陈政见，影响国事，而且还利用文学侍从的便利，在奉旨召见时，进行秘密陈奏。这种趋炎附势的痼疾和诡秘莫测的劣习，日渐激起同僚憎恶。同河道总督高斌的倾轧，更把他假道学的虚伪面孔暴露无遗。方苞早年供职于蒙养斋时，便与高斌结识，当时他曾经恭维高斌日后必然跻身显贵，二人间一度相好无间。雍正十三年，高斌任河道总督后，方苞秘密致书，要求提拔他在高斌手下任职的一个门生。这件事高斌未予照顾，方苞耿耿于怀。乾隆元年，因黄河下游连年水患，高斌疏请在南岸砀山毛城铺开河分洪。御史夏之芳、甄之璜、钟衡等相继上疏反驳。经廷臣集议，高宗采纳了高斌的意见，并将抗颜力争的夏、甄等人监禁。方苞就此事找到徐元梦，通过徐说情使夏、甄获释。同时，他又密呈奏章，告讦高斌刚愎自用。高斌获悉内情，便把方苞先前营私的信件上呈乾隆帝。方苞一败涂地。这以后，凡是他所上的奏章，诸如禁烟草、禁烧酒等，乾隆帝批交九卿议奏，无不以迂阔难行而"合口梗之"。

已届七十高龄的方苞，在官场倾轧中受挫后，于乾隆二年十二月，以老病为由，疏请辞去礼部右侍郎任。高宗准许了他的请求，命他在翰林院以原衔教习庶吉士。如果方苞自此专意课徒授业，或许还可望争取一个较好的晚景，但是封建官僚以权营私的痼疾驱使他不能甘于寂寞，最终搬起石头砸了自己的脚。方苞与原任礼部尚书魏廷珍早年同为李光地亲信，关系密切。世宗安葬后，魏廷珍奉命以尚书衔守护泰陵，京中魏邸交由方苞居住。乾隆三年十一月，方苞故态复萌，向高宗上呈秘折。在召见过程中，高宗向他征求对魏廷珍的看法，透露了打算任命魏廷珍为左都御史的意向。方苞很快搬离魏邸，迁居城外，暗示魏廷珍将有新的任命。魏廷珍上任后，他又私下泄露召见机密，说此次任命为他所推荐。流言既出，朝议纷纷，高宗下令追查，并派大学士对他传旨训饬。这次人事任免风波还未过去，方苞又给自己制造了新的麻烦。四年五月，庶吉士学习期满，考选日期早经确定上报，可是方苞却又临时补请耽误考期的吴乔龄参加考试。由于他搬离魏邸后，即移居吴乔龄宅，因此他的敌对势力便据以参奏，指责他受托营私。接连发生的上述事情，终于激怒了高宗。乾隆帝严斥方苞"假公济私，党同伐异"，下令"将侍郎职衔及一切行走之处悉行革去，专在'三礼馆'修书，效力赎罪"。[①] 同年冬，方苞完成了《周官义疏》的纂修。一则年事已高，再则二十余年的宦海浮沉，树敌太多，最后竟连自己推荐修书的人也加入了敌方营垒。这样，方苞于第二年春天得到高宗的宽宥，以翰林院侍讲衔告老还乡。

在迄于逝世的八年间，方苞专意于《仪礼》的研究。他还在南京建宗祠，定祭礼，设义田，将早年购置的田产"尽捐为祭田"。据他声称："服官后未增一亩。"[②] 一说他告归后，"惟以殖财为事，菲薄科目，讥刺时政，至与民争龙潭鱼利，举其生平而尽弃之"。[③] 十四年秋，方苞

① 《清高宗实录》卷92，《清实录》第10册，第417页。
② 方苞：《方苞集外文》卷10，《与陈占咸》。
③ 萧奭：《永宪录》卷3，中华书局1959年版，第224页。

撰成毕生的最后一部经学著作《仪礼析疑》，以此结束了自己的人生途程。

方苞一生，以"学行继程、朱之后"标榜于世，他治经学虽与后来汉学家路数有别，但原原本本，训诂简明，于《周礼》、《春秋》研究都确有所得。乾隆中叶修《四库全书》，对他的经学著述多有著录，除《礼记析疑》被讥为"不效宋儒之所长，而效其所短，殊病乖方"之外，其他则都有肯定评价。在论及他的《春秋通论》时，曾比之于元儒吴澄，认为方苞"以经求经，多有协于情理之平，则实非俗儒所可及，譬诸前修，其吴澄之流亚欤"。① 然而方苞一生所长，则主要在于文学。由于他有经学和史学为根底，因而在长期的文学实践中，形成了具有鲜明的时代特征和个性的文论，创作出大量恬淡、雅洁的散文。诸如《狱中杂记》、《左忠毅公逸事》等，都一直是脍炙人口的佳构。方苞对《春秋》和《史记》都从文学角度做过较深入的研究，依据《周易》"言有物"、"言有序"的经义，概括出散文创作的义法说。他早年读《史记》即指出："《春秋》之制义法，自太史公发之，而后之深于文者亦具焉。义即《易》之所谓'言有物'也，法即《易》之所谓'言有序'也。义以为经而法纬之，然后为成体之文。"② 中年以后，对此说不断重申。晚年评阅门生文稿，他又加以具体化，认为："南宋、元、明以来，古文义法久不讲，吴越间遗老尤放恣。或杂小说家，或沿翰林旧体，无一雅洁者。"他进而指出："古文中不可入语录中语，魏、晋、六朝藻丽俳语，汉赋中板重字法，诗歌中隽语，南、北史佻巧语。"③ 后来他的古文义法说，经过他的弟子刘大櫆和再传弟子姚鼐等人的充实和发挥，在清代的散文创作中，由涓涓细流而蔚为大国，形成源远流长的桐城文派。方苞一生所写文章，在他生前，曾由其弟子王兆符、程崟两次结

---

① 《四库全书总目》卷 29，经部春秋类 4，《春秋通论》。

② 方苞：《方苞集》卷 2，《又书货殖传后》。

③ 沈廷芳：《隐拙斋集》卷 41，《方望溪先生传书后》。

集。故世后，历经后人撼拾散佚，厂事收寻，于咸丰初以《望溪先生文集》和《望溪先生集外文》合并刊行，后附苏惇元辑《方望溪先生年谱》。近年，上海古籍出版社又据以校订排印，改题《方苞集》刊行。

第二节 举业叛逆吴敬梓

乾隆初年之儒林，为清廷意向所左右，先是博学鸿词，继以经学特科，抡才大典，旷世盛举，几多学人为之心潮起伏。吴敬梓沉浮其间，超然拔足，以《儒林外史》的结撰，演为科举取士叛逆的悲壮一幕。

吴敬梓，字敏轩，一字粒民，号文木，又号秦淮寓客，安徽全椒人。生于康熙四十年（1701）五月，卒于乾隆十九年十月二十八日（1754年12月11日）。他的名字同其所著长篇讽刺小说《儒林外史》相连，在中国文学史上熠熠生辉，永垂不朽。

全椒吴氏，自明末以来，累代科甲。吴敬梓的曾祖国对，顺治十五年〔1658）以一甲三名进士及第，官至翰林院侍读，康熙初，先后典试福建，提督顺天学政，一时名公巨卿若李光地等多出其门下。国对兄弟五人，四人皆为进士。"家门鼎盛"，历五十年未衰。到吴敬梓诞生时，吴氏家族已越过巅峰下滑。他的父辈弟兄十余人中，竟无一人考中举人而出仕，仅有嗣父霖起以拔贡生出任江苏赣榆县教谕。霖起为吴国对长孙，两世单传，由于无嗣，所以吴敬梓遵生父雯延命，自幼随姊过继长房。

富有的书香门第，为少年时代的吴敬梓提供了良好的读书条件。然而他志气卓荦，爱好广泛，并不拘泥于科举士子用以猎取功名的《四书》、《五经》。十三岁那年，他母亲病逝，吴敬梓如同成人般"屏居一室"，以读书寄托哀思。他不仅"穿穴文史"，而且还为描写男女私情的所谓"淫词小说"所吸引，沉溺其中，爱不释手，"从兹便堕绮语障，吐丝自缚真如蚕"。翌年，他随嗣父宦游赣榆。赣榆地处苏北海滨，与全椒相去上千里。吴敬梓虽自幼育于水乡，但无论是故乡的襄河，还是咫尺之隔的长江，都远远没有浩瀚天际的沧海那样的宏大气魄。极目远眺，天水相连，大自然的壮观孕育了少年诗人的激情，于是他写下了留存至今的第一首诗《观海》。诗中写道："浩荡天无极，潮声动地来。鹏溟流陇域，蜃市作楼台。齐鲁金泥没，乾坤玉阙开。少年多意气，高阁坐衔杯。"① 诗意虽无奇特，且嫌幼稚，但作者难以羁縻的个性已经跃然纸上。这以后，他遵嗣父命，回乡从师学习，以期接武先人，耀祖光宗。为了取得一个秀才资格，吴敬梓长年"往来江淮北复南"，奔忙于赣榆、全椒间。只是由于他心思所寄并不专在举业，多为诗文词曲，枰上对弈，因而八年过去，一事无成，依然被拒之县学门外。

康熙六十一年（1722），吴霖起因获罪上司，被无端罢任，翌年，含恨辞世。一个"守规矩与绳墨"的举业教师，仅仅因为不能阿谀逢迎，就这样淹没于尔虞我诈的宦海。吴敬梓从他嗣父的遭际，第一次尝到了人生的苦味。尽管此时进学的喜报已到，但是"青衫未得承欢笑，麻衣如雪发鬖鬖"，区区秀才名分又怎能告慰死者于九泉！

吴霖起死后，留下了"二万余金"的家业田产。这笔丰厚的遗产，引起家族中人的觊觎。"兄弟参商，宗族诟谇"，吴敬梓茕茕孑立，身陷重围。同胞骨肉挑起的"家难"，让他再度领略了世间的辛酸苦辣。吴敬梓本来就愤世嫉俗，旷达不羁，莫名的怅惘和愤恨把他推向极端：挥金如土，放浪形骸。"一朝愤激谋作达，左馔史妳恣荒耽"；"迩来愤激恣豪侈，千金一掷买醉酣"。

雍正七年（1729）八月，眼看中举在即，殊不知榜发竟名落孙山。"文澜学海，落笔千言徒洒洒。家世科名，康了惟闻觇觎声"。② 与之同时，呻吟病榻的妻子永远舍他而去，过早地离开了人世。昔日呼前拥后

---

① 吴敬梓：《文木山房集》卷 2，《观海》。
② 吴敬梓：《文木山房集》卷 4，《减字木兰花》。

的家仆，也随着家境的败落，纷纷离去。田宅变卖，坐吃山空，数十年的祖业家声，就此化为乌有。

　　吴敬梓生性豪爽，视金钱若粪土，一方面他固然由于纵情声色而一掷千金，另一方面也确实"遇贫即施"，周济了不少穷愁困顿的友人。然而以此换来的，却是"似以冰而致蝇，若以狸而致鼠"，格格不入，去之唯恐不远。其中的势利之辈，见他已非往日富贵公子，更是一反故态，"造请而不报，或至对宾而杖仆"，蓄意怠慢羞辱。这一切在吴敬梓心中留下了巨大的创伤。于是他几经徘徊，终于决意离开这个龌龊的环境。雍正十一年（1733）二月，他偕新婚妻子叶氏移家南京。

　　选定南京作侨居地，这是吴敬梓的多年心愿。秦淮河上，"歌吹沸天，绮罗扑地"，使之朝思暮想。还在三十岁那年，他再游南京，除夕不归，就萌发出迁居之念，表示："秦淮十里，欲买数椽常寄此。"[①] 抵达南京后，吴敬梓果然在十里秦淮觅得一处名称秦淮水亭的园宅。秦淮水亭位居秦淮与青溪汇流处的淮青桥畔，南朝梁陈间，这一带曾经是尚书令江总的宅邸，占地三亩余。北宋时，又成为职方郎中段缝致仕颐养之地。历尽沧桑，至明中叶衰而复振，经正德间南京刑部尚书顾璘修葺一新，题额息园，再成一方名胜。入清，兵燹之后，虽改称秦淮水亭，已非昔日名园华贵气象，但良好的地理环境，使它依然不失诱人魅力。康熙间，儒臣施闰章就曾于此邀集文士听艺人度曲，尽欢而散。秦淮水亭与秦淮河相连一端，"笙歌灯火称极盛"，自是一派熙熙攘攘。而"路入青溪"一段，"两岸皆竹篱茅舍，渔唱樵歌，互答于冷烟衰草之外，耕夫扶犁，渔家晒网"，又宛若桃源般的宁静幽雅。吴敬梓精心寻觅的这一侨居园宅，正是他此时矛盾重重心境的集中反映。一方面虽家已中落，但仍旧不能忘却昔日的富贵；另一方面既悲观厌世而欲与隐居林泉的古人为伍，却又割舍不掉那声色所在的十里秦淮。

　　移家之初，由于吴敬梓手头还有一些钱财，因而道贺乔迁的友人充

---

① 吴敬梓：《文木山房集》卷1，《移家赋》。

溢门庭。他邀集诗文友好，借酒浇愁，喟叹："南北史，有几许兴亡，转眼成虚垒。……人间世，只有繁华易委。"表示："身将隐矣，召阮籍、嵇康，披襟箕踞，把酒共沉醉。"① 四方的文酒之士也投其所好，共推他为诗坛"盟主"，"登高舒啸，临流赋诗"，使之沉浸在虚假的移家之乐中。朝斯夕斯，不觉冬去春来。随着钱财的耗尽，借诗觅食的酒肉相好悄悄散去，"泥沙一掷金一担"的秦淮美梦已成海市蜃楼。"残灯高枕夜，梦里故山遥"，秦淮水亭短短二年间所经历的聚散，勾起了吴敬梓的思乡之情，生发出对昔日放浪形骸的忏悔和"失计辞乡土"的反省。他在此时所写的《古意》诗中，以已过盛年的女子自况，不胜哀婉地写道："岂知盛年去，空闺自长嗟。五陵轻薄儿，纷纷斗骄奢。遂言邻女美，弃妾不复夸。"② 面对眼前的窘境，吴敬梓虽已意识到"近市居原误，无由学灌园"，但他心犹未甘，依旧眷恋那"家声科第从来美"的富贵家世，幻想有朝一日科场折桂，功成名就，"也略解，此时耻"。

乾隆元年，吴敬梓终于赢得了一次重温昔日富贵旧梦的极好机会。还在此前三年，清世宗仿圣祖于康熙十七年诏举博学鸿儒故事，颁谕内外大臣荐举"枕经葄史，殚见洽闻"的博学真才。然而事过二年，应者寥寥。十三年八月，世宗死，高宗即位，重申前谕，令应荐人员一年内齐集京城。当时任江宁县学训导的唐时琳与吴敬梓相友善，便将他推荐给上江督学郑江和安徽巡抚赵国麟。乾隆元年二月，吴敬梓赴安庆预试。他所作三诗二赋，为赵、郑二人"交口称不置"，欣然应允向朝廷举荐。对这样的知遇之恩，吴敬梓念念在怀，久久不忘。他在当时及随后所写的诗篇中，诸如"知遇真难报"、"感恩望霄汉"和"旌门幕府，有多少感恩知遇"等诗句，就都是感恩心理的真实抒发。五月，吴敬梓回到南京。赵国麟也同时颁文全椒，责令地方官绅为吴敬梓出具保证。正当荐举事宜如期进行的时候，旧病的复发却使他功败垂成。吴敬梓素

---

① 吴敬梓：《文木山房集》卷4，《买陂塘》。
② 吴敬梓：《文木山房集》卷2，《古意》。

来多病，虽然当时他不过三十六岁，但已为难以根治的糖尿病困扰多年。而这次病魔纠缠，其来势之猛竟折磨得他卧床不起。由于行期迫促，他只好向安徽地方当局告病辞荐。赵国麟闻讯，自然就从荐牍将他除名。两月之后病体初愈，再云会晤唐时琳，面对"躬膺盛典，遇而不遇"的现实，二人唯有相向叹息而已。

荐举良机的得而复失，把一个严峻的选择推到吴敬梓面前：要么一如既往，在科场角逐中去为富贵功名作无休止的搏击；要么毅然拔足，摆脱科举制度的桎梏，去充分发挥自己的诗文素养。为了作出生活道路上的这一重要抉择，吴敬梓经历了整整三年的痛苦思索。其间，他不仅对家族和自己的既往进行反思，而且也把周围友人的境遇作为镜子。从这一面面镜子中，他看到在经学上比自己造诣深邃的程廷祚，在文学上足与自己匹敌的从兄吴檠，以及当初同在安庆预试的江其龙、梅兆颐、李常稷等人，虽都有幸应荐进京，且又皆无一例外地受黜而归。尤为痛心的是，李常稷抱病应试，试毕即病逝京城。同友人们的遭际相比，吴敬梓反而感到自己的因病却聘到是一桩幸事。他吟道："亦有却聘人，灌园葆真素。"到乾隆四年，吴敬梓最终完成了这一艰难的抉择。这年五月，是他的三十九岁生日，他特地写下《内家娇》词一阕。词中，他清醒地认识到："壮不如人，难求富贵。老之将至，羞梦公卿。"因此毅然作出决断："恩不甚兮轻绝，休说功名。"① 从此，吴敬梓放弃秀才资格，不再参加科举考试，迈上了创作《儒林外史》的人生新路。

释去科举制度加予的多年重负，吴敬梓感到从未有过的轻松，正如他在《儒林外史》中借主人公杜少卿之口所痛快地道出的："好了，我做秀才有了这一场结局，将来乡试也不应，科、岁也不考，逍遥自在，做些自己的事吧！"② 在此后的十二间，吴敬梓把全部身心倾注于《儒林外史》的创作。无论是在秦淮水亭，还是南来北往的日日夜夜，他广

---

① 吴敬梓：《文木山房集》卷4，《内家娇》。
② 吴敬梓：《儒林外史》第三十四回。

泛交友，留心观察生活，收集见闻，然后经过艺术加工而典型化，不断地去丰富自己的创作。

倡议并捐款修复南京雨花台先贤祠，是吴敬梓在创作《儒林外史》期间的一项重要活动。南京旧有先贤祠，宋明以来，迭经兴废，清初又复荒芜。康熙间，江苏地方当局为推崇儒学，抑制释道，曾事重建。吴敬梓挚友程廷祚的父亲京萼，便是当时的积极首倡者。程廷祚既秉承其父重视儒家礼乐的遗教，又师从李塨，接受颜李学派力主恢复"周孔正学"的影响。于是对礼乐的探讨，成为吴敬梓与他交往中的重要内容。乾隆五年，吴、程二人经与樊明征、周榘、吴培源等商议，集资修葺业已倾圮的先贤祠，试图"借此大家习学礼乐，成就出些人才，也可以助一助政教"。① 吴敬梓慨然将故里仅存的"江北老屋"出卖，捐作修缮费用。这次修祠的倡议及祭祀过程，后来吴敬梓都写进了《儒林外史》。同年，他的一个毕生困于场屋的舅父去世。对老人"弱冠为诸生，六十犹迍邅"的可悲境遇，吴敬梓产生强烈共鸣，同样加以采摘成为他作品的创作素材。乾隆十一年前后，江宁知县袁枚审议松江才女张宛玉逃婚一案。张宛玉的不嫁俗商匿身尼庵，扣动吴敬梓的心弦，他把"瑰琦俶傥，不少概见"的"茸城女士"，与具有同样品格的少女相糅合，在《儒林外史》中塑造出叛逆女性沈琼枝的崭新艺术形象。此外，他数十年生涯中所接触的形形色色的人物，以及耳闻目睹的斑驳陆离的事情，都通过他创造性的艺术思维，熔铸进《儒林外史》中去。

乾隆十四年前后，《儒林外史》脱稿。全书五十六回，② 紧紧扣住抨击科举取士制度弊病的主题，通过对这一制度桎梏之下知识界状况的

---

① 吴敬梓：《儒林外史》第三十三回。

② 关于《儒林外史》的卷数，有五十、五十五、五十六、六十回诸说。五十回本迄未发现，可以存疑。六十回本晚出，其中四回系他人妄增，此点前人已有定评。通行本为五十六回本，祖本系该书现存最早刻本，即嘉庆八年（1803）卧闲草堂巾箱本。某些研究者认为，末回"幽榜"系伪作，故删除而成五十五回。固然末回的真伪尽可讨论，以求一是，但在取得定论之前，作为文献原貌，似不宜轻改，故从五十六回说。

真实描绘，活画出一时官场情态、人际关系以至整个社会风俗。在作者的笔下，儒林群丑，或如汤知县、王太守一类出仕为贪官污吏；或如严贡生、严监生之辈居乡为土豪劣绅。鱼肉百姓，横行四方，一个个都成为败坏社会风气的毒菌。贪婪成风。贿赂公行，"钱到公事办，火到猪头烂"，"有了钱就是官"。《儒林外史》所揭露的如此黑暗的现实，激起读者跟随作者的思想轨迹去沉思。吴敬梓认为，这一切的罪恶渊薮便是八股取士制度，因此他在小说第一回楔子中，通过主人公王冕之口说道："这个法却定的不好，将来读书人既有此一条荣身之路，把那文行出处都看轻了。"对儒林中人的绝望，使吴敬梓把希望寄托于市井"奇人"。靠卖字为生，而"任你王侯将相，大捧的银子"也不屑一顾的季遐年；在棋枰上让帮闲文士先行，中盘即迫使其推棋认输，奉酒不饮，扬长而去的卖火纸筒子小贩王太；目食其力的茶馆主人盖宽；"又不贪图人的富贵，又不伺候人的颜色，天不收，地不管"的裁缝荆元；等等。他们都成了作者心目中的理想人物。正是在对这些凡夫俗子饱含倾慕的赞美和表彰之中，吴敬梓豁然拌出了自己的叛逆性格和追求自由平等的社会理想。

　　完成《儒林外史》之后，吴敬梓已经年届五十。此时，正值清高宗崇奖经学，颁谕荐举"纯朴淹通之士"，经学特科举行在即。以吴敬梓的学术修养，他完全有资格列名荐牍。因为他不仅诗文作得精彩，而且对经学也多有留意，尤其是作为家学的《诗经》，更属当行。在他业已完成的《诗说》中，就超然于汉宋学门户之外，出入前人经说，"抉其奥，解其症结，猎其精英"，提出了既不同于郑玄、孔颖达等人的笺疏，又不盲从朱熹《诗集传》的治经主张。与之相一致，他在给友人江昱所著《尚书私学》作序时，也同样阐述了实事求是的治经风格。他重申："若兢兢乎取先儒之成说而坚守之，失之儒；必力战而胜之，亦失之躁也。"[①] 然而与十五年前截然相反，吴敬梓"企脚高卧向棚床"，心如死灰，深藏不出。

----

① 吴敬梓：《尚书私学序》，载江昱《尚书私学》卷首。

这以后，虽然他的长子吴烺于乾隆十六年一月高宗南巡时，因献赋行在而获赐举人，授官中书舍人，但家境却每况愈下，贫寒不堪，甚至"赍饼而食"。尽管如此，吴敬梓依然故我，豁达无忧。冬夜无钱购炭取暖，他每每邀集友好乘月出游，歌吟啸呼，且戏称为"暖足"。一次秋雨连绵，三四日不绝，南京城中米价陡涨，友人程丽山想起居住市郊的寒友吴敬梓，便令家人持米三斗、钱二千前去探望。粮钱送至，始知他家已断炊二日。得钱之后，吴敬梓"饮酒歌呶，未尝为来日计"。

乾隆十九年，吴敬梓偕妻及幼子客游扬州。十月，挚友程廷祚的族孙晋芳由淮安来扬。程晋芳早先时常接济吴敬梓，还曾将他迎至淮安小住，如今这个盐商子弟家境也已败落。客舍再晤，相对欷歔。平素从未为自己的贫苦而落泪的吴敬梓，却愁友人之所愁，不禁老泪盈眶。临别，他握着程晋芳的手喟叹："子亦到我地位，此境不易处也，奈何？"① 送别友人之后，吴敬梓酣饮如常，只要怀中有几文钱，他总是倾囊而出，邀友集饮。糖尿病人最忌饮酒，而吴敬梓却嗜酒成癖，终老不舍，久而久之，更把身体糟蹋坏了。面对越来越坏的健康状况，他大概自知不久于人世，于是酒酣之际，唐代诗人张祜《纵游淮南》诗中"人生只合扬州死，禅智山光好墓田"的诗句不由脱口而出。十月，吴烺的同僚王又曾由京中南还停舟扬州。王又曾久慕吴敬梓的学行，以不得一见引为憾恨。吴敬梓登舟见访，二人"纵谈古今，且订又曾作客邸销寒，竭欢乃已"。舟中归来，吴敬梓余兴未尽，置酒"薄醉"而卧。不料，顷刻间"痰壅如流渐"，未留下片言只字就遽然长逝。

吴敬梓一生卓越的文学才能，不仅集中反映在他的不朽杰作《儒林外史》中，而且他于诗词歌赋、传奇度曲莫不当行，"奇情勃发"，"力追汉唐"，每多名篇警句传诵一时诗坛。乾隆初所刻《文木山房集》及今本《吴敬梓集外诗》，皆可窥见一斑。

---

① 程晋芳：《勉行堂文集》卷6，《文木先生传》。

第三节 朴学大儒王昶

乾嘉两朝的八十余年间，经史考据，朴学大兴。江南大儒王昶，一生几与此一历史时期相终始，不啻乾嘉学术演进的一个缩影。

王昶，字德甫，号述庵，一号兰泉，又号琴德，江苏青浦县人。生于雍正二年十一月二十二日（1724 年 2 月 6 日），卒于嘉庆十一年六月初七日（1806 年 7 月 20 日）。一生为官南北，既以处理政务的卓越才能被高宗赞为"人才难得"，[①] 又以对经史考据学风的表彰和良好的诗词古文素养而"炳著当代"，[②] 与倡议编纂《四库全书》的朱筠齐名，并称"北朱南王"。[③]

王昶祖籍浙江兰溪，自高祖茂忠迁居江苏青浦。经数代努力农事，到他出世时，已是一户小康的殷实人家。昶七岁入塾，先后受业于同县及昆山县秀才蔡珑、陈麟诗等人，开始接触唐人诗词和明人归有光文集。乾隆六年，以第一名考入府学。青年时代的王昶，"好为诗古文，厌薄时文科举之学"，[④] 因而屡挫乡试。十四年，江苏巡抚雅尔哈善整顿苏州紫阳书院，录取工于诗文的秀才入学。昶以第一名与钱大昕、褚寅亮、曹仁虎等成为书院的同届学生。因得问业苏州大儒惠栋。[⑤] 翌年五月，礼部侍郎、诗坛大家沈德潜致仕返苏，王昶等人纷纷投其门下。十六年，沈氏接替王峻任紫阳书院院长，为奖掖后进，编选王昶、王鸣盛、钱大昕等七人诗篇为《吴中七子诗选》。这本诗集行世之后，王昶能诗声起。后来，读到诗集的日本诗人头默真边曾致函沈德潜，并寄诗王昶，以不得聚会吟唱为憾。诗中写道："我欲居吾同咏啸，沧溟何处觅灵槎。"[⑥]

① 王昶：《雪鸿再录》，乾隆五十三年九月十六日条。
② 江藩：《国朝汉学师承记》卷 4，《王兰泉先生》。
③ 王昶：《春融堂集》卷 58，《翰林院编修朱君墓表》。
④ 王昶：《春融堂集》卷 60，《邵眠皋墓志铭》。
⑤ 王昶：《春融堂集》卷 55，《惠定宇先生墓志铭》。
⑥ 严荣：《述庵先生年谱》卷上，三十二岁条。

十八年秋，王昶举江南乡试。翌年春，北上京城会试，以二甲七名成进士，后经殿试，以列名三等不予授官，改为归班候选。时值秦蕙田方纂《五礼通考》，昶与北游京城的戴震，皆应聘入秦氏家馆，协助修书，"凡五阅月而已"。① 南归途中，王昶客居扬州，作幕于两淮盐运使卢见曾，追随惠栋、沈大成助卢氏辑校《雅雨堂藏书》。两年之间，王昶得与惠栋朝夕相处，尽读惠氏著述，且一一为之抄校。② 惠栋逝世前，将所著《易汉学》手稿托付于昶。十年之后，王昶撰文纪念有云："汉学废久矣，《易》滋甚。王氏应麟集郑君之遗，未得其解，自后毋论已。定宇世传经术，于注疏尤深。所著《易汉学》，……采掇排次，稿凡五六易。丁丑与余客扬州，始定此本，命小胥录其副，以是授余，盖其所手书者。今下世已十年矣，展复数过，为之泫然。"③

进士候选知县，陋规甚多，旷日持久，而一个偶然的机遇，则使王昶越过铨选而入仕。二十二年二月，高宗南巡抵达江苏，王昶献诗赋为贺，经江苏学政李因培送呈。三月，献诗赋士子齐集南京应试，高宗擢王昶为头名，授官内阁中书舍人。翌年春，王昶举家北迁，开始了他的仕宦生涯。二十四年十月，昶以协办内阁侍读身份，入军机处供职。此后近十年间，作为高宗扈从，昶西谒泰陵，祭扫东陵，避暑承德，木兰秋狝，五任顺天乡试及会试同考官，预修《通鉴辑览》、《西域同文志》、《平定准噶尔方略》和《续三通》等史籍。三十二年，清廷开经咒馆，以满、蒙、汉、梵四种文字，重译《首楞严经》及诸经秘密咒语。王昶奉命兼职经咒馆，向译书西藏僧人讲解汉唐文字。

中年时代的王昶在仕途一帆风顺，拾级而上。始任刑部山东司主事，继为刑部浙江员外郎，到乾隆三十三年春，已官至刑部江西司郎中。翌年夏，风波骤起。致仕在乡两淮盐运使卢见曾，被指控任上接受

① 王昶：《春融堂集》卷55，《戴东原先生墓志铭》。
② 王昶：《春融堂集》卷55，《惠定宇先生墓志铭》。
③ 王昶：《春融堂集》卷43，《易汉学跋》。

不法盐商贿赂，通同舞弊，私吞盐课。高宗下令："将卢见曾原籍赀财即行严密查封，无使少有隐匿寄顿。"① 王昶早年既为卢氏幕宾，见曾子孙又与其有师生之谊，在获悉此一机密后，便暗中透露给在京应试的卢见曾孙荫恩。卢氏闻讯，先于查封令下，迅速将家财疏散。七月，据查抄卢寓的山东巡抚富尼汉奏报："卢见曾家产，仅有钱数十千，并无金银、首饰，即衣服亦甚无几。"② 疏上，高宗对近臣泄密大为恼怒，下令："严切究审，令将得自何处、何人，实情供吐，不得任其稍涉含糊。"③ 后经大学士刘统勋审讯，卢荫恩招供，消息来自翰林院侍读学士纪昀、刑部郎中王昶等人。于是高宗颁谕："所有漏泄此案情节之纪昀、王昶、黄骏昌，均著革职，交刘统勋等分别严审具奏。"④ 刘统勋尊谕，奏请以徒刑惩处"漏泄通信"的王昶和军机处行走中书赵文哲。⑤

清承明制，以笞、杖、徒、流、死为五刑。所谓徒，即罚作苦役。王昶被判三年徒刑，应分派到有关衙门做苦役，后因得原伊犁将军阿桂保奏，连同赵文哲均改为随阿桂军远征缅甸。当时，中缅双方因边境土司的归属发生纠纷。缅甸国王孟驳（一作猛驳，又作懵驳）穷兵黩武，多次入境寻衅。高宗及历任云南督抚刘藻、杨应琚、明瑞等人，轻率诉诸武力。兵败，刘藻畏罪自杀，杨应琚被赐死，明瑞伤重身亡。自乾隆三十一年以来，连年的损兵折将，并未使高宗对错误决策反省，反而于三十三年二月，任命大学士傅恒为经略，户部尚书阿里衮、伊犁将军阿桂为副将军，大举征缅。阿桂父阿克敦，是王昶参加会试时的殿试读卷官，依靠这一关系，昶遂获阿桂庇护。

同年十月，王昶随索伦旗军离京，年末抵达云南。由于阿桂已先期驻军腾越（今腾冲），昶继续西去，次年一月底，到达大本营永昌（治

---

① 《清高宗实录》卷813，乾隆三十三年六月辛巳条。
② 《清高宗实录》卷814，乾隆三十三年七月癸巳条。
③ 同上。
④ 《清高宗实录》卷814，乾隆三十三年七月乙亥条。
⑤ 《清高宗实录》卷815，乾隆三十三年七月己酉条。

所在今云南保山)。三月初,应阿桂召至腾越。七月,随军入缅。劳师袭远,人地生疏,加以气候湿热,粮草不济,清军屡屡受挫,全军上下"皆惮水土瘴疠,争愿罢兵"。① 十一月,缅方要求议和,表示"愿如约,永不犯边"。② 十二月,清军撤归永昌,傅恒置酒庆贺。昶赋诗呈阿桂,诗中写道:"入坐风霜催岁暮,当筵钟鼓乐时清。祝公借箸休三叹,闾左齐闻快息兵。"③

中缅战事平息,阿桂留滇处理善后事宜。由于幕中事情不多,王昶便以余暇整理随军日记,撰为《滇行日录》、《征缅纪闻》各三卷。二书据亲身经历如实记录,对于了解乾隆间各地风土人情,尤其是中缅战事始末,提供了富有价值的史料。乾隆三十六年,因缅方未履行诺言,不仅未如约纳贡,而且还扣留清使苏尔相,高宗密令阿桂"于秋冬酌遣偏师扰之"。④ 阿桂提出异议,认为:"缅人村落在蛮暮、木邦、猛密三土司外,偏师不可深入。宜休息数年,为大举计。"⑤ 阿桂因轻议大举被罢官,军职改由理藩院尚书温福取代,王昶改入温福幕佐理军务。时值清廷用兵川西,九月,温福奉命移师入川,王昶以幕宾随行,阿桂则带罪在军。由于三年刑期届满,赴川途中,王昶奉旨赏主事衔。抵蓉后,实授吏部考功司主事。

三十七年二月,温福与参赞大臣五岱严重不和,五岱罢官,阿桂复起。三月,王昶随阿桂前往金川北山接管五岱所部,转战川西,"日夜治文书章奏"。⑥ 同年十二月,升署吏部员外郎。翌年六月,清军在小金川受挫,温福丧身,昶挚友赵文哲死难。十二月,战事出现转机,清军控制小金川。昶于是月补授吏部稽勋司员外郎。三十九年春,清军以

---

① 魏源:《圣武记》卷6,《乾隆征缅甸记》下,中华书局1984年版,第270页。
② 王昶:《征缅纪闻》,乾隆三十四年十一月十四日条。
③ 王昶:《春融堂集》卷11,《酒罢奉呈副将军》。
④ 魏源:《圣武记》卷6,《乾隆征缅甸记》下。
⑤ 王昶:《春融堂集》卷62,《阿文成公行状》。
⑥ 王昶:《蜀徼纪闻》卷末,《附记》。

定边将军阿桂为统帅，三路合围大金川。战事顺利，昶亦擢升吏部郎中。四十一年二月，大金川土司索诺木率部投降，历时五年的金川战事至此结束。其间，王昶曾致书《四库》馆臣陆锡熊，建议将惠栋遗著录入《四库全书》，据称：

> 比者征书遍天下，遗文坠简出於荒塚破壁者必多，未审亡友惠君定宇之《周易述》及《易汉学》，当路者曾录其副以上太史否？《周易述》德州所刊，闻其家籍没后，版已摧为薪。此书本发明李资州《集解》，而《易汉学》为之纲，微《易学》，则《易述》所言不可得而明。此二书，某寓中皆有之。《易学》盖征君手写本，凤喈光禄、摺升员外皆覆加考正，尤可宝贵。如《四库》馆未有其书，嘱令甥瑞应检出，进于总裁，呈于乙览，梓之于馆阁，庶以慰亡友白首穷经之至意。余尚有《古文尚书考证》等书，晓征学士殆有其本，如得并入秘书，尤大幸也。①

从军九年，戎马倥偬，当王昶于四十一年四月随阿桂军回京时，已经年届五十二岁。同年五月，高宗颁谕："吏部郎中王昶，久在军营，著有劳绩，著升鸿胪寺卿，赏戴花翎，在军机处行走。"② 二进军机处后，王昶扶摇直上。七月，擢升通政司副使，翌年三月，再升大理寺卿，四十四年十一月，补受都察院左副都御史。同时，则先后就任《金川方略》馆、《一统志》馆总修官。当时在京预修《四库全书》的名儒，如陆锡熊、周永年、戴震、金榜、邵晋涵等，都频繁出入王昶邸第，把酒论学，执经谈艺。

四十五年正月，昶随高宗南巡，在浙江嘉兴奉命出任江西按察使。莅任伊始，雷厉风行，短短两月，即绾清全省积案百余起。后居母丧回籍，四十八年改任陕西按察使。五十一年八月，授云南布政使。五十三年三月，改江西布政使。九月陛见，昶以年届五十六岁，奏请改任京

---

① 王昶：《春融堂集》卷31，《与陆耳山侍讲书》。
② 严荣：《述庵先生年谱》卷上，五十三岁条。

职，高宗勉慰："人材难得，姑往新任。"① 昶抵任未及四月，即奉旨授刑部右侍郎。此后数年，昶或随高宗谒陵巡幸，或外出处理棘手要案，公余，则与儒臣阮元及王念孙、王引之父子探讨学问，作文酒之会。五十八年秋，主持顺天乡试，因未录取贵介子弟，以致"忤当轴旨"。② 于是昶以"精神日减，不能供职"为由，③ 于五十八年十二月告老还乡。

王昶为乾隆间著名儒臣，"穷研诸经，泛滥子史百家"，④ "于学无所不窥"。⑤ 早年治经受惠栋影响，"同深汉儒之学"。⑥ 后为官京城，与戴震唱为同调，既尊汉儒训诂，兼言宋儒性道。他认为惠栋是"通经信古"之学的倡导者，指出："自孔、贾奉敕修《正义》，而汉魏六朝老师宿儒专门名家之说并废。又近时吴中何氏焯、汪氏份，以时文倡导学者，而经术益衰。先生生数千载后，耽思旁讯，探古训不传之秘，以求圣贤之微言大义。于是吴江沈君彤，长洲余君仲霖、朱君楷、江君声等，先后羽翼之。流风所煽，海内人士无不重通经，通经无不知信古，而其端自先生发之。"⑦ 在评价戴震学术贡献时，王昶同样指出："东原之学，苞罗旁蒐，于汉、魏、唐、宋诸家，靡不统宗会元，而归于自得；名物象数，靡不穷源知变，而归于理道。本朝之治经者众矣，要其先之以古训，折之以群言，究极乎天地人之故，端以东原为首。"⑧

乾嘉之际，王昶既是惠、戴学术的积极表彰者，同时又是创作繁富的诗文大家。他的诗文宗法杜甫、李商隐，力追韩愈、苏轼，恬淡雅致，不事雕琢，"多清微平远之音"。⑨ 尤其是他在金石碑版文字方面的

---

① 王昶：《雪鸿再录》，乾隆五十三年九月十六日条。

② 江藩：《国朝汉学师承记》卷4，《王兰泉先生》。

③ 严荣：《述庵先生年谱》卷下，七十岁条。

④ 秦瀛：《小岘山人文集》卷6，《刑部侍郎兰泉王公墓志铭》。

⑤ 江藩：《国朝汉学师承记》卷4，《王兰泉先生》。

⑥ 阮元：《揅经室二集》卷3，《刑部右侍郎述庵王公神道碑》。

⑦ 王昶：《春融堂集》卷55，《惠定宇先生墓志铭》。

⑧ 同上。

⑨ 袁枚：《随园诗话补遗》卷1，《王兰泉方伯诗》。

辛勤收集，不仅为一时诸家所不及，而且也为此后的金石文字研究作出了贡献。由于多方面的学术造诣，使王昶在当时的学术界深孚众望。返乡后，他先后应聘主持江苏娄东书院、浙江敷文书院讲席，在杭州诂经精舍作育众贤。当时浙江书院林立，除敷文书院外，崇文、紫阳、蕺山、诸暨等书院，主讲者皆出自王昶门下，一时传为浙中人文佳话。

垂暮之年的王昶，勤学不辍，借助众多弟子帮助，整理书稿，留下了三十余种、数以百卷计的著述。其中，如《春融堂集》、《春融堂杂著》、《金石萃编》、《国朝词综》、《湖海诗传》、《云南铜政全书》等，都为研究一代政治、经济、军事和学术文化史，保留了丰富的资料。

第四节　浙东史家汪辉祖

汪辉祖，字焕曾，号龙庄，晚号归庐，浙江萧山人。生于雍正八年十二月十四日（1730 年 1 月 21 日），卒于嘉庆十二年三月二十四日（1807 年 5 月 1 日），终年七十八岁。[①] 他先是作幕三十余年，精于幕学，有一代名幕之称。后一度为官，廉正务实，堪为循吏。晚年辞官，潜心史学，洵称一时浙东著名史家。

萧山为绍兴属县，士多习幕，明清皆然。辉祖父汪楷，初即学幕，后经商起家，捐资为河南淇县典史。晚年南游广东，依然寄人篱下。乾隆六年，病卒旅邸，辉祖年仅十二岁。丧父之后，家境清贫，全靠其生母及继母针织以维持生计。辉祖艰难求学，于乾隆十一年入县学，后屡应乡试不售。十七年，其岳丈王宗闵代理金山知县，招入幕署，处理文书事宜。从此，揭开了辉祖幕宾生涯第一页，时年二十三岁。

乾隆十八年，王宗闵调常州，代理武进知县。辉祖偕行。一年后，

---

① 此系按农历计，若依公历，则为 77 岁。

改依常州知府胡文伯。二十年，胡升任江苏督粮道，辉祖同往常熟。当时的州县幕署，西宾多寡不一，大致依所司职事，有刑名、钱谷、书记、挂号、征比之分。五者之中，若就地位轻重论，则数刑名、钱谷为首，尤以刑名为重。职分不同，报酬悬殊，往往司刑、钱者一岁所得，即可抵其他三类数年收入。① 佐幕数年，辉祖深知其中利病，于是幕事闲暇，留意刑律。自二十五年起，改依长洲（今江苏苏州市）知县郑毓贤，专司刑名。翌年，再投浙江秀水（今嘉兴市）知县孙尔周幕。之后，辗转平湖、仁和（今杭州市）、乌程（今吴兴县），皆专司刑名。

三十三年七月，举杭州乡试，时年三十九岁。翌年正月，入京会试，落第而归。迄于四十年春，四上公车，始告如愿。旋以丁母忧返乡。服阕，相继佐幕慈溪、海宁、平湖、乌程、龙游（今分属衢县、金华）、归安（今吴兴县）等地，以精于刑名之学著称浙中。

寄人篱下，频易寒暑，至乾隆五十年辞归安幕事还乡，辉祖佐幕已届三十四年。其间游江苏九年、浙江二十五年，择主而就凡十六人。乾隆末年，清王朝盛极而衰，伴随世风日下，幕风亦颓然不振。乾隆初，幕宾无不为律是遵，依律阐义，是非皆有所据，不敢上下其手。尔时世风尚俭，佐幕所获，司刑名者岁入至多不过白银二百六十两，司钱谷者不过二百二十两。而二十七年以后，幕宾岁酬渐增，至五十年前后，已高达八百两。② 同幕酬的激增相反，则是吏治与幕品的堕落。即以当日的浙江论，巡抚只图传唤方便，每每多留知府常任省城行馆，乃至知县亦每每有三四十人稽留省寓。闲官众多，无所事事，则相聚饮酒、赌博，甚至狎妓宿娼，毫无顾忌。幕主如此，幕宾亦然。其上者"就事办事，仅顾主人考成"；其下者"昧心自墨，己为利薮，主人专任其咎"。③ 幕学、幕品每况愈下，不可收拾。

① 汪辉祖：《佐治药言》不分卷，《勿轻令人习幕》。
② 汪辉祖：《病榻梦痕录》卷上，五十六岁条。
③ 同上。

当此颓局，辉祖为之心寒。适逢吏部颁文，召未有官职的乾隆四十年进士赴京谒选，辉祖决意弃幕入官。行前，于乾隆五十年八月至十月间，将三十余年佐幕经验加以整理，撰为《佐治药言》、《续佐治药言》各一卷。所录凡六十六则，每则字数多至五六百，少者二三百。言出心扉，得自亲历，于幕品幕学多甘苦之言，成为当时及后世佐幕为治的必读之作。

乾隆五十一年春，汪辉祖取道杭州，登舟赴京。舟过苏北，久旱重灾，饿殍遍野。目睹惨景，辉祖凄然运笔，写下《哀塾师》、《鬻妇行》、《鬻孤篇》等诗，抒发无限的同情和忧虑。诗中有云："人命贱若此，得毋吏职亏。救荒无良策，自古重嗟咨。"① 五月初抵京，八月授官湖南永州府宁远县知县。翌年二月，辉祖携家眷赴任。三月抵长沙，拜谒巡抚及布政使、按察使诸上司。时任按察使恩长，满洲人，才大心细，每涉命案，为防诬告，多主开棺验尸，属下不敢置一词。辉祖独出异议，竟当众指出"检骨极惨"，主张应从制止诬告入手，"先示谕禁，以杜讼源"。② 恩长虽表示"此言甚有理"，但亦因此埋下日后名挂弹章的种子。

宁远僻处湘南，地瘠民贫，素称难治。恶丐结帮，强乞扰民，尤称大害。辉祖上任伊始，顺应民意，严加惩治，不出半月，恶丐绝迹。与恶丐交相为祸，讼师唆讼是一方第二大害。南乡讼师黄天桂、天荣兄弟，狼狈为奸，唆讼乱法，为害最烈。辉祖查实劣迹，将天桂绑缚公堂，当众审理，凡唆讼一起，贡打二十大板。二十余日过去，黄犯悔罪取结，其弟携眷逃遁。惩一儆百，深得民心。不出三年，辉祖政声远播，有"湖南第一好官"之誉。③

乾隆五十五年，私盐案起，辉祖处乱不惊，实事求是，又为一方百

---

① 汪辉祖：《病榻梦痕录》卷上，五十七岁条。
② 汪辉祖：《病榻梦痕录》卷下，五十八岁条。
③ 汪辉祖：《病榻梦痕录》卷下，六十一岁条。

姓办了一桩好事。宁远例食淮盐，而邻境蓝山、临武诸县则食粤盐。粤盐路近价贱，淮盐路遥价昂，加以山峦阻隔，交通不便，淮商难以入境，往往购淮盐一斤的费用即可购粤盐八斤，因而宁远百姓多违例私购粤盐。时值淮盐壅滞，督抚下令缉捕私盐。令下，宁远盐价陡涨，民情浮动。辉祖从实际出发，毅然为民请命，指出："政在利民，术须裕课。宁远每年额销淮盐一千三百一十四引，向来虽有此数，历无水程到县，亦并无销引报文。是淮盐仅系空名，而粤私久资实用。与其民食无引之盐，不若官办有引之课。"进而主张："循照郴、桂二属之例，将宁远应行一千三百一十四引，改为粤盐引。"① 未待上司批复，辉祖即颁布告示，规定零盐不及十斤，民得贩卖，官不收捕。由于民困得纾，人心趋于稳定，湖广总督毕沅因之接受既成事实，下令弛禁零盐，并戏称辉祖为"莽知县"。②

同年九月，道州（治所在今湖南道县）知州病故，辉祖奉命卸宁远任，代理知州。十月，又接按察使命，令赴桂阳查办命案。一则因干练仵作难觅，再则道州积欠亟待处理，赴桂阳事遂搁置下来。加以十二月初，赴江华代验命案，跌伤左足，辉祖更无法及时赶往桂阳。结果，同按察使的积怨爆发，最终导致弹劾罢官。五十六年正月，辉祖呈请解任调理。六月，抱病赴长沙接受审查。虽经两度会审，确认实系伤病，但按察使执意弹劾，指责汪辉祖庇护同乡，有意规避，必欲疏请遣发新疆。后幸得长沙、衡州（治所在今衡阳）诸知府从中斡旋，弹劾风波始以革职了结。

乾隆五十七年四月，汪辉祖结束四年的知县生涯，启程离湘。历时月余，返抵故里，时年六十三岁。罢官归来，家有耕田八十余亩，自足有余，于是辉祖息足杜门，潜心于著述之中。五十八年六月，辉祖总结四年为官经验，一如先前著《佐治药言》体例，开始撰写了《学治臆

---

① 汪辉祖：《病榻梦痕录》卷下，六十一岁条。
② 王宗炎：《汪龙庄行状》，载《元史本证》卷末附录。

说》、《续说》、《说赘》。书成，与旧著《药言》不胫而走，深得内外大吏王杰、阮元激赏，一再刊行。阮元有云："余读《学治臆说》、《佐治药言》，未尝不掩卷太息，愿有司之治若汪君也。"又说："士人初领州县，持此以为治，虽愚必明，虽柔必强。"①

汪辉祖以章学诚、邵晋涵为友，得友朋启发，喜治史学。先是留意诸史名姓异同，著有《史姓韵编》六十四卷、《九史同姓名录》七十二卷。归里以后，重加订补，汇为《二十四史同姓名录》一百六十卷。晚年专意《元史》，以明初所修《元史》仓促成书，"事迹舛阙，音读歧异"，发愿"纠谬拾遗"。自嘉庆元年动笔，至五年脱稿，撰为《元史本证》五十卷。全书以证误、证遗、证名为类，取《元史》自为佐证，对其讹误一一梳理，原原本本，多可言据。嘉庆七年刊行，学坛大家钱大昕引为同志，欣然撰序，赞许辉祖："好学深思，沿波讨源，用力之勤，胜于予数倍也。"序末且云："考史之家，每好搜录传记、小说，矜衒奥博，然群言殽乱，可信者十不二三。就令采择允当，而文士护前，或转谓正史之有据。兹专以本史参证，不更旁引，则以子之矛刺子之盾，虽好为议论者，亦无所置其喙。悬诸国门，以待后学，不特读《元史》者奉为指南，即二十三史，皆可推类以求之。视区区评论书法，任意褒贬，自诡於《春秋》之义者，所得果孰多哉！"②

汪辉祖为人笃实，从善如流。自嘉庆元年起，接受友人王宗炎建议，将生平行事依年条记，撰为《病榻梦痕录》、《梦痕录余》凡三卷。录中所记，既有个人亲历，又有师友学行，兼及时事风俗，知人论世，足资取材。在众多的清人年谱中，汪氏所撰，无愧上乘。辉祖故世，所著《学治臆说》、《续说》、《说赘》及《佐治药言》、《续佐治药言》和《病榻梦痕录》、《梦痕余录》并《双节堂庸训》，合为《汪龙庄先生遗书》刊行。

---

① 阮元：《揅经室二集》卷3，《循吏汪辉祖传》。
② 钱大昕：《元史本证序》，载汪辉祖《元史本证》卷首。

第五节　赵翼与《陔余丛考》

在清代学术史上，赵翼的《陔余丛考》同他的代表作品《廿二史札记》一样，都是足以传之久远的著述。赵翼生前，一方面由于史学成就为诗名所掩，另一方面又因为充斥朝野的考据学风的制约，所以他的这两部书都未能在当时的学术界激起强烈反响。他故世后，《陔余丛考》还一度受到不恰当的贬抑。后来随着时代的变迁，尤其是对赵翼史学思想研究的深入，赵翼及其史学著作的历史地位终于得到了公正的评价。现在，他不仅作为清代乾嘉时期与钱大昕、王鸣盛齐名的史家而成为重要研究对象，而且其影响所及远播重洋，早已引起海外汉学家的关注。还在 20 世纪初，日本史学界即把赵翼与司马迁等人并称，评为中国史学家十杰之一。60 年代，加拿大著名汉学家浦立本在其主编的《中日史学家》中，更从史学方法论着眼，对赵翼的史学成就作了高度评价。关于这方面的情况，台湾学者杜维运教授所著《赵翼传》，有甚为周详的论究。在迄今的赵翼研究中，杜先生的此部论著，实为最有成就的佳构。以下，准备就赵翼的生平学行，以及同《陔余丛考》相关的一些问题，聊作绍介，以与杜先生作同调之鸣。

一、赵翼生平学行梗概

赵翼，字云崧，一字耘松，号瓯北，晚号三半老人，江苏常州府阳湖县（今武进县）人。生于雍正五年（1727），卒于嘉庆十九年（1814），终年八十八岁。

早年的赵翼，家境清贫。自六岁起，即随在私塾任教的父亲就读于外。十五岁，父卒，迫于生计艰难，他接过父业，过早地挑起了生活的重担。十九岁，入府学，成为秀才。在尔后的数年中，他一直应聘为富家课徒。乾隆十四年（1749），私塾职被解雇，饥寒驱迫他离家北上，投奔作幕于京城的亲戚。时年二十三岁。抵京后，赵翼以其文学才能受知于刑部尚书兼翰林院掌院学士刘统勋，应聘入刘幕协助纂修《国朝宫史》。翌年秋，他在顺天乡试中一举克捷，考中举人。由于主考官汪由敦的器重，自同年冬起，赵翼在结束《国朝宫史》的编写工作之后，又被聘入汪氏幕署。直到乾隆二十三年汪由敦病故，他一直寄居汪寓。汪为清廷重臣，家中富于藏书，赵翼如饥似渴，纵情阅览，见闻日益开阔。加以汪本人深于文学，又极爱赵才，一应诗文乃至有关军国大政的奏章，多委赵翼代笔，不时酌加删削。积以日月，赵翼的诗文修养不觉大进。其间，他虽在会试中连遭败北，但依然以文理畅通而先后考取礼部义学教习、内阁中书。乾隆二十一年，又幸运地被选入军机处供职。当时，正值清廷兴兵征讨西北准噶尔，军事文书往返频繁，这就为赵翼的崭露头角提供了一个极好的孔会。他或入值宫禁，或扈从塞外，凡奉命草拟的谕旨及有关奏报，顷刻千言，挥笔而就，无不词简意达，得中肯綮。从此，赵以过人的文才而声名大起，不仅为主持军机处事宜的大学士傅恒倚重，而且朝中大员每有奉谕唱和，也多请代笔。他的第一部诗集《瓯北初集》，即在此时刊行。

　　乾隆二十六年，为科场功名长期角逐的赵翼，总算如愿以偿。在当年春天的会试中，他的试卷被九名阅卷官一致评为第一名。眼看状元桂冠已经非己莫属，殊不知节外生枝，殿试时竟被挤至第三名。尽管莫名的惆怅一度将他困扰，但是毕竟进入了梦寐以求的翰林院，"弱龄时已期今日，举世人皆艳此官"。① 这又使他迅速地转忧为喜，沉浸在胜利的愉悦之中。以后数年，他相继参加了《平定准噶尔方略》和《御批通鉴辑览》这两部官修史书的编写，还数度主持乡会试事宜。一帆风顺，志得意满。

　　正当赵翼在翰林院诗文会友，握手谈艺之时，一纸不可更改的任命，无情地结束了他的词臣生涯。乾隆三十一年冬，他被远放广西，出

---

① 赵翼：《瓯北集》卷9，《胪传经恩四首》。

任镇安（今德保县）知府。翌年七月抵任，未及一年，又奉命带职赴云南，参加筹划与缅甸的战事。一年后，复返镇安。赵翼为官清廉，兴利除弊，深得民心。每当出行，"父老妇稚夹道膜拜"，"至宿处，土锉瓦盆、鸡豚酒醴，各有所献"。① 三十五年，他奉调广州任知府后，镇安人民为纪念他，还特地给他建了一座生祠。在广州知府任上仅得一年，赵翼又奉调贵州，任贵西兵备道。连年转徙，不堪劳顿，赵翼去志初萌，以他母亲年高为由，请两广总督李侍尧代奏"解官归养"。② 李不允，赵被迫赴任。由商贾骈闐的广州，来到万山丛中的威宁，面对官贫民穷的窘境，赵翼不禁仰天长叹："天下无此贫署也。"③ 于是他辞官回乡之意愈坚。恰好乾隆三十七年十月，他当初在广州处理失误的一桩旧案被朝廷追究，受到降一级调用的处分。借此机会，赵翼断然辞官回乡，时年四十六岁。

赵翼才思敏捷，倜傥不羁，一生以工诗著称。与袁枚、蒋士铨鼎峙而立，同是乾嘉诗坛的卓然大家。他的《论诗》绝句："李杜诗篇万口传，至今已觉不新鲜。江山代有才人出，各领风骚数百年。"④ 英气跃然，脍炙人口，二百年来，一直为人们所传诵。但是由于他禀性兀傲，不屑趋炎附势，嬉笑怒骂每每见诸诗篇，诸如"公卿视寒士，卑卑不足算。岂知漏一尽，气焰随消散"；"文章千古事，讵可以势争？何哉诸巨公，好以古学鸣"；等等。⑤ 因此，颇招同僚中嫉贤妒能者的忌恨，谗言诽谤，落井下石，皆是情理中事。他先前在汪由敦故世后的一度被挤出军机处，后来的外放边陲，迭经转徙。在所谓"恩遇"、"特简"一类堂皇文词之后，折射出来的严酷现实，则是当时官场根深蒂固的满汉鸿沟和结党倾轧。赵翼是明白人，他深知个中缘由，但是在文化专制极为

---

① 赵翼：《檐曝札记》卷3，《镇安仓谷田照二事》。
② 赵怀玉：《瓯北先生年谱》，四十五岁条。
③ 赵翼：《檐曝札记》卷4，《仕途丰啬顿异》。
④ 赵翼：《瓯北集》卷28，《论诗》。
⑤ 赵翼：《瓯北集》卷10，《后园居诗》。

严酷的乾隆朝，他也惟有以"殊不可解"四字发发无可奈何的牢骚而已。①

解任回乡之后，赵翼静心读书："日夕惟手一编，有所得辄札记别纸"，②"里居不出者数年"。③ 在迄于乾隆四十二年六月他母亲逝世前的五年间，赵翼完成了自己的第一部学术著作《陔余丛考》的初稿。四十五年五月，他不甘先前的挫折，取道山东赴京，打算在宦海竞渡中再决雌雄。结果事情出乎意料，行至台儿庄，他忽患风疾，双臂不由自主。被宿命论深深桎梏的赵翼，只好向命运屈服，掉头南归，"息意荣进，专以著述自娱"。④ 从此开始了长达三十余年的"水边林下，扶杖逍遥"的归隐生涯。⑤

晚年的赵翼，除于乾隆五十二年，应调任闽浙总督的李侍尧之请，短期赴闽参预军事外，一直潜心于诗文著述。其间，自乾隆四十九年至五十一年、五十三年至五十七年的两度主持扬州安定书院讲席，说史、谈经、论文，更写下了他一生学术活动最为充实的一页。此间及尔后的一段时间里，《陔余丛考》得以修订刊行，赵翼还先后完成了自己的史学名著《廿二史札记》和《皇朝武功纪盛》、《檐曝札记》、《瓯北诗话》等文史著作。他一生作诗近五千首，归隐之初，曾以《瓯北集》编年刊行，后来又精选佳构，辑为《瓯北诗钞》分体付梓。这时，他诗随学变，早年的矜卓之气日趋平和。后来辑《湖海诗传》的王昶，论及赵翼与袁枚二家晚年诗风，曾得绝句一首，诗云："清才排奡更峻嶒，袁赵当年本并称。试把《陔余丛考》读，随园那得比兰陵"。⑥ 这样的评论，不仅是对赵翼晚年诗风演变的勾勒，而且也反映了他学风的趋向。

---

① 赵翼：《瓯北集》卷13《奉命出守镇安纪恩感遇之作》自注。
② 赵翼：《陔余丛考》卷首，《小引》。
③ 赵怀玉：《瓯北先生年谱》四十七岁条。
④ 赵怀玉：《瓯北先生年谱》五十四岁条。
⑤ 王鸣盛：《瓯北诗钞序》，载《瓯北诗钞》卷首。
⑥ 王昶：《春融堂集》卷24，《长夏怀人绝句》。

嘉庆十五年，时值赵翼中举六十年庆典，他循例获准重赴鹿鸣筵宴，并奉旨赐三品官衔。已届耄耋之年的赵翼，在同辈友好纷纷谢世之后，独以年高而得享盛名。四年之后，终因年迈，以微疾而离开了人世。

二、《陔余丛考》抄袭说辨析

《陔余丛考》是赵翼的第一部学术著作，这本来毋庸置疑，自乾隆五十六年该书刊行之后，较长一段时间并未见任何人对此提出异议。然而近人李慈铭则率先发难，煞有介事地声称，《陔余丛考》和《廿二史札记》，乃是"赵以千金买之一宿儒之子"。① 由于李见书甚多，于版本目录之学颇称熟悉，在同治、光绪间的文化界亦不无名气，因而民国初，随着他的《越缦堂日记》的问世，《陔余丛考》的作者是否为赵翼也就成了问题。历史真相如何？关于《廿二史札记》之应为赵翼所著，自 50 年代末以来，史学界同仁早有专文考明，恕不赘言。此处只集中讨论《陔余丛考》是否出于赵翼之手的问题。

《陔余丛考》之为赵翼撰写，证据甚多，主要可归纳为如下三个方面：

首先，在本书卷首《小引》中，赵翼关于全书编写情况的自述是可信的。据称："余自黔西乞养归，问视之暇，仍理故业。日夕惟手一编，有所得辄札记别纸，积久遂得四十余卷。以其为循陔时所辑，故名曰《陔余丛考》。"古人把恪尽孝道奉养父母称做"循陔"，语出晋人束皙《南陔》诗，载《文选》卷十九。赵翼辞官养母，事在乾隆三十八年，五年后，他母亲逝世。赵翼的所谓"循陔"，即指此五年间事。既然《陔余丛考》初成于辞官归养期间，全书又系据读书所得，随手札记而成，题为此名便是理所当然。关于这段自述的真实性，可以赵怀玉所辑《瓯北先生年谱》为证。据赵谱乾隆三十八年、四十七岁条记，谱主于是年二月二十日返乡后，"视膳之暇，手一卷，披阅不辍。今所刻《陔

---

① 李慈铭：《越缦堂日记》，同治九年七月初五日。

余丛考》诸书，皆此数年中所得也。"赵怀玉为谱主族孙，亲承謦咳，且深得赵翼钟爱。乾隆五十七年，赵翼的《皇朝武功纪盛》书稿，即由他携往京中，送请当时任刑部侍郎的友人王昶审阅。他对赵翼学行的记述，应属可信。此外，还可以本书卷首吴锡麟序为证。吴序称誉赵翼："爱于爱日之暇，弥励惜阴之心。七层支白傅之陶瓶，十手佐苏公之笔录。源通河汉，环流太极之泉；药合刀圭，高筑轩光之灶。邮能考异，契乃参同，萌柢百家，喉衿群籍，成《丛考》四十三卷。标以《陔余》，纪实也。"这段骈文，说的仍然是赵翼在养母期间，出入百家，贯串群籍，而始成《陔余丛考》事。吴锡麟为浙江钱塘（今杭州）人，较赵翼年少二十岁。他于乾隆四十年成进士，由翰林院编修官至太学祭酒。后步赵翼后尘，为养亲而辞官回乡。吴序撰于乾隆五十六年四月，当时他与赵翼同在扬州安定书院执教。翌年，赵翼辞去书院讲席，即由他接主。对吴锡麟说来，赵翼既是昔日翰林院中的前贤，如今又是书院中的主讲，所以他自然要在序中谦称："乃以鸿笔之如椽，下付鲰生而作序"，序末也要自署"同官后学"了。吴锡麟先前既能荣登翰林院，并以太学祭酒而为四方文士师表，显然不是寡学浮躁之辈；尔后又能视富贵如浮云，辞官还乡而不出，德行当不在赵翼之下。倘若《陔余丛考》攘自他人，吴锡麟竟然撰序表彰，岂非为虎作伥！无疑，他不会做这样辱没斯文、败坏名节的事情。

其次，赵翼的撰写《陔余丛考》，在他的著述中也不乏证据。据《瓯北集》卷二十七《即事》诗云："闭门宁厌寂寥居，乱帙纵横獭祭鱼。拙句点金成巧句，古书翻案出新书。一灯红焰花常吐，两袖乌痕墨未除。业就改期传不朽，或同小说比虞初。"在该诗结句后，他即自注道："方辑《陔余丛考》。"十余年后的嘉庆元年（1796），当赵翼撰写《七十自述》一诗，追忆先前的著述活动时，依然于"订罢史编翻自笑，干卿甚事苦增删"句末，作了这样的自注："方辑《陔余丛考》。"[1] 显

---

① 　赵翼：《瓯北集》卷 38，《七十自述》。

然，这已经足以证明《陔余丛考》的作者应是赵翼。如果再以本书自身为例，那就更有不可移易的铁证。该书卷二十九《五经中式》条记："余亦以五经，中乾隆庚午科顺天乡试。"庚午即乾隆十五年，恰好是赵翼寄籍顺天一举克捷的时候。此其一。其二，同卷《同年》条又记："余庚午乡举，宛平黄叔琳开府系前庚午举人，曾为先后同年之会。"证诸《清史稿》黄叔琳本传，及清人顾镇辑《黄昆圃先生年谱》，黄确为康熙二十九年庚午科举人，翌年成进士，六十年后，因之而奉旨赐侍郎衔。其三，再据同卷《十八房》条记："余分校壬午乡闱。"壬午为乾隆二十七年，是年，赵翼以翰林院编修选乡试主试官，列名一等第九，奉旨出任顺天乡试同考官。明载年谱，考信不诬。① 其四，该书卷三十三《螺填》条，还有如下记载："今贵州水西一带，即罗甸鬼国，余尝官其地，皆崇山峻岭，并无江河。"赵翼当年任贵西兵备道，设署威宁，即文中"水西一带"之所指。有此四条铁证，《陔余丛考》之为赵翼撰写，确然无疑。

再次，《陔余丛考》全书所体现的不拘成说、推陈出新的风格，同赵翼一贯的学术思想是全然吻合的。一如前述，赵翼的史学活动并不自撰《陔余丛考》始。后来又以翰林院编修的身份，参与编纂《平定准噶尔方略》和《御批通鉴辑览》。至于见诸诗篇的史评，远在他二十岁时就已经留下过记录。尽管其中尚多幼稚肤浅之见，但是他对历代官修史书的批评："记载较可凭，略少冤鬼哭。是以撰述家，多保名位禄。却嫌文又劣，难继古人躅。金元太缺略，宋又太繁复。"② 则并无不是之处。这种不拘一格的风尚，随着赵翼阅历的丰富，学问的日增，终于在他进入翰林院之后，演为大胆的疑古思想。诸如"乃知青史上，大半亦属诬"，③"呜呼书生论古勿泥古，未必传闻皆伪史策真"，等等，④ 卓然

① 赵怀玉：《瓯北先生年谱》，三十六岁条。
② 赵翼：《瓯北集》卷1，《古诗二十首》。
③ 赵翼：《瓯北集》卷10，《后园居诗》。
④ 赵翼：《瓯北诗钞·关索插枪岩歌》。

挺立，雄视千古，的确远非同时泥古者所能望其项背。如此一位思想开阔、才华横溢的史家，在乾隆时期讲求广涉博览、多方求证的学术空气熏染之下，集中五年的时间，去写一部像《陔余丛考》这样的学术札记，应当说是绰有余裕的。何况这部书在刊行前，还经过认真修订。譬如本书卷二十八《三元》条所涉乾隆四十六年科场事，即为修订时所补。又如卷十八《汴京始末》，卷三十《银》、《忽丝毫厘分钱》，卷三十一《古人跪坐相类》诸条，都涉及王鸣盛的《十七史商榷》，显然也是在乾隆五十二年王书刊行以后所补。姑无论订补者为何人，或为同在安定书院执教的吴锡麟，或为帮助赵翼校订《廿二史札记》等著述的李保泰，然而修订之与撰写，毕竟不可同日而语。因此，赵翼的作者地位是不可动摇的。

至于"抄袭"的訾议，恐怕也不能令人信服。《陔余丛考》取法宋末学者王应麟的《困学纪闻》，尤其是受清初大儒顾炎武的《日知录》影响甚深。就编纂形式而言，三书多有类似之处，皆植根于博览群籍的深厚基础。荟萃众说，比较归纳，融前人之得为己有，实为一共同特征。王、顾二大师不掠人之美的优良传统，也为赵书所继承。《陔余丛考》中，凡引用前人记载，始终恪守著述道德，一一注明来源。显然，这与"抄袭"性质迥异。关于这一点，赵翼在本书卷四十《窃人著述》条实际上已经作了再好不过的回答。他说："《史记》多采《尚书》、《孟子》、《左传》、《国语》、《世本》、《楚汉春秋》等书，或全用其文，或摘叙其事，班固作《汉书》，凡武帝以前，皆取《史记》而删削之。又《史记·秦本纪赞》，全用贾谊《过秦论》；班书陈胜、项籍传赞，亦全用《过秦论》及史迁项羽赞。此则书各专行，不嫌引用，并非掩其美为己有也。"

三、《陔余丛考》的历史价值

《陔余丛考》自乾隆五十六年刊行以后，虽曾在学术界一度有过共鸣，但由于赵翼诗名太盛，本书的影响则为《瓯北集》所掩。直到嘉庆、道光间，始见有人对它提出较为具体的评论。当时的学者周中孚，曾经在其所著《郑堂读书记》中指出："云崧本词赋家，于经从无所得，故考论经义，率皆门外之谈。唯史家颇称熟悉，曾著有《廿二史札记》。此间十一卷，已得其大略，著作于《札记》之前者。而杂论故事数卷，尚多可取，余所考证，其细已甚，不足以当大方之一噱。"① 在周的另一部原不拟发表的《郑堂札记》中，则更对《陔余丛考》作了尖锐的批评，认为："《舜典当从月正元日分起》一则，其所引证，颇与毛西河之说相同。朱竹垞有《答萧山毛检讨书》，极以毛说为是。案毛、朱之说本非，赵氏反窃取之，且自诩为'虽创论而实定论'，直床上安床，屋下架屋耳！"② 还说："赵耘松词章之士，于经本无所得。其《陔余丛考》首列考经四卷，大都取前人之说改头换面。即如考《易》，只有《画卦不本于河图》、《易不言五行》、《河图刻玉》三则，全袭《易图明辨》，其余概可见矣。"③ 继周中孚之后，于本书评论影响最大者，便是前述同治、光绪间文人李慈铭。他先是赞许《陔余丛考》和《廿二史札记》为赵翼"生平杰作"，认为二本"周密详慎，卓然可传"。④ 然而九年之后，他又推翻前说，传播流言，声称二书"非赵自作"。还说："赵识见浅陋，全不知著书之体，此两书较为贯串，自非赵所能为。"⑤ 在这个问题上，李慈铭之说，轻于立论，不足为凭。而周中孚则是一个严肃的学者，他对于《陔余丛考》的评论，又当如何看？平心而论，赵翼之于经学，的确所得未深，因此本书论经诸卷，支离而不成体系，显然不能自成一家。对此，赵翼后来撰《廿二史札记》时，也曾经坦率承

---

① 周中孚：《郑堂读书记》卷 55。
② 周中孚：《郑堂札记》卷 3。
③ 周中孚：《郑堂札记》卷 4。
④ 李慈铭：《越缦堂读书简端记·廿二史札记跋尾》。
⑤ 李慈铭：《越缦堂日记》同治九年七月初五日。

认：“资性粗钝，不能研究经学。”① 但是周中孚所谓本书前四卷，全袭清初胡渭、毛奇龄、朱彝尊诸人经说，则未免失之以偏赅全，不是恰如其分的评价。事实上，讨论经义，并非本书重点。就全书内容而言，作者未分门目，仅于编次先后上以类相从。大体说来，不外乎是三大部分，即经义、史学、博闻。而经义部分，不过全书十分之一而已。如果再区分细致一些，那么本书之所侧重就更清楚了。全书卷一至卷四论经义，卷五至卷十五论史籍编纂，卷十六至卷二十一杂论故事，卷二十二至卷二十四论艺文，卷二一五论年号，卷二十六至卷二十七论官制，卷二十八至卷二十九论科举，卷三十至卷三十一杂论名义，卷三十二论丧葬礼俗，卷三十三论器物，卷三十四至卷三十五论术数神佛，卷三十六至卷三十八论称谓，卷三十九至卷四十三为杂考证。

　　本书中坚，确如周中孚所评，在论史诸卷。但其范围并非只是周所说的五至十五卷，而下限应当延至二十九卷。因为这二十余卷，其学术价值不仅在于日后即成为《廿二史札记》的雏形。而且倘若逾越所谓“正史”的局限，那么其间所辑录的关于历史掌故、艺文、年号、官制、科举等方面的资料，以及作者所借以作出的归纳和判断，都与治史息息相关，同样是全书的精华所在。至于本书三十卷以后的内容，周中孚以“不足以当大方之一噱”而轻加贬抑，则是不能令人赞成的。

　　赵翼学如其人，不惟旷运无拘，而且志存经世。而周中孚偏爱考据，以助阮元辑《经籍籑诂》得名，于钱大昕的考史，尤为服膺。因此周之评赵书，为考据家成见障蔽视野，以致舍其大而识其小，不能见到《陔余丛考》论社会风俗诸卷的历史价值。应当指出，本书三十以后诸卷，所涉内容广泛，举凡中国古代社会生活习尚、名物制度、语言文字、称谓演变等，赵翼皆综贯异说，考镜源流，一一作了辑录。固然这些记载确有琐细之嫌，但是此乃全书性质使然，未可厚非。何况社会生活多姿多彩，人类历史斑驳陆离。作者博览群籍，兼以为官两广、云贵

① 　赵翼：《廿二史札记》卷首，《小引》。

的见闻所得，别择去取，始绘制出这一幅历史风情画卷。它为人们提供了了解中国古代社会的生动素材，这本身就是值得肯定的历史贡献。《陔余丛考》的这种历史作用，显然是摆出一副道貌岸然的面孔，为封建帝王将相隐恶扬善的官修史书所不能比拟的。因此，本书迄今不仅受到史学工作者的重视，而且也广为文学艺术、语言文字、社会学、民俗学等诸多学科工作者所利用。近人著《中国文化史》，虽受有西学东渐的深刻影响，但无疑从本书也得到过有益的启示。今人倘有意再撰类似著作，《陔余丛考》仍不失为一部有价值的参考书。

当然，就如同赵翼史学著作中最称成熟的《廿二史札记》一样，《陔余丛考》也存在若干疏失，甚至是糟粕。譬如本书卷三十四、三十五、四十二诸卷所涉怪异仙佛，虽源自前人笔记，或据传闻成文，非出杜撰，但如此选材、渲染，则反映了作者根深蒂固的封建迷信意识，当属糟粕，实不可取。其他如封建正统偏见、对民众的鄙视等历史局限，亦不难发现。至于疏失，由于考据非赵翼之所长，也所在多有。譬如本书卷十七《六朝重氏族》条，述南朝故事，将齐武帝误作宋孝武帝；卷二十九《关节》条，记明末科场舞弊，将举人钱千秋的除名、谪戍误为同时；等等。但是类似的情况，毕竟只是局部的细节，同全书的学术价值相比，则瑕不掩瑜。去粗取精，去伪存真，读者自能从中取其所需，获致益处的。

第六节　考古奇儒崔述

崔述，字武承，号东壁，初为直隶大名府魏县人，后因漳水泛滥，魏县淹没，并入大名县，于是又称大名人。生于乾隆五年七月二十九日（1740 年 9 月 19 日），卒于嘉庆二十一年二月初六日（1816 年 3 月 4日），终年七十七岁。一生怀才不遇，颠踬仕途，虽生前黯然无闻，但却以所著《考信录》而享盛名于后世，成为晚近古史辨派的先驱。

魏县崔氏，为一方望族。顺治、康熙间，屡世科甲，曾有仕至布政使者。而崔述一支，虽亦以"文学行谊，风流儒雅"传家，[1] 但祖孙相继，久困场屋，始终未得一振。其曾祖缉麟，以举人而为大城县儒学教谕。之后，每况愈下，其祖濂仅是一名武秀才。其父元森，五应顺天乡试不中，垂老始获贡入太学，终未赴京，徒有其名。述自幼随父读书识字，至十四岁，由《四书》而渐及《诗经》、《周易》、《尚书》，已有初步经学根底。崔父所教，方法独异，必熟读经文数十遍，始得经传合读。此一方法对崔述一生为学影响甚大，"于古人之言，无所必于从，无所必于违，唯其适如乎经而已"，[2] 终成他毕生考信经史的根本方法论。

乾隆十九年，述与弟迈同至大名应童子试，时年十五岁。榜发，兄弟皆获录取，述且荣登榜首。翩翩少年，才气初发，因之博得大名知府朱瑛赏识。自翌年起，崔氏兄弟双双入府署晚香堂，与朱家子弟共学。

大名求学，岁月如驰，转眼四历寒暑。其间，因漳水泛滥，魏县于乾隆三十三年十月废置，并入大名。崔述一家，居室器物皆付东流，清贫更甚。然而晚香堂中，书声不绝。数年过去，崔氏兄弟学业大进，眼界一开。二十七年秋，联袂中举，崭露头角于顺天乡试。述时年二十三岁，迈二十岁。翌年春，入京会试，兄弟皆遭败北。从此，落第厄运横亘于前，竟使崔氏兄弟终身不得逾越。

二十九年春，崔述西入潼关，抵邠州（今彬县）迎娶完婚。其妻成静兰，字纫秋，为邠州州判成怀祖女。怀祖亦大名人，以能诗闻名乡里。在家学濡染之下，静兰雅善吟咏，知书达理。崔述喜得同好，新婚燕尔，夫唱妇随，沉浸在融融愉悦之中。翌年，夫妻返乡。漳水肆虐如故，大名知县秦学博，置屋于礼贤台畔，迎崔述一家入住。此后，虽家

① 崔述：《考信附录》卷1，《家学渊源·先段垣公行状》。
② 崔述：《考信附录》卷1，《赠陈履和序》。

贫未改，但一门之中，或唱和，或联句，以诗解愁，苦中怡然。

　　迫于生计，自乾隆三十一年起，崔述奔走衣食，出外执教谋生。三十六年，其父病逝。之后数年，丧事接踵。先是爱子夭折，继之老母亡故，到四十六年六月，并称"二凤"的弟迈，不堪穷愁，也撒手人寰，诀别而去。"北堂日暖思萱昌，南浦春回忆棣华"，[①] 料理完诸多丧事，崔述化悲痛为力量，发愤自励，潜心著述，翻开了他人生途程中的新篇章。

　　早在三十岁时，崔述即已开始究心《六经》，发愿结撰《考信录》。他认为："圣人之道，在《六经》而已矣。……《六经》以外，别无所谓道也。"可是宋明以来，"诸儒类多摭拾陈言，盛谈心性，以为道学，而于唐、虞、三代之事罕所究心"。入清以后，"浅学之士，动谓秦、汉之书近古，其言皆有所据"，因而"衿奇者多尊汉儒而攻朱子，而不知朱子之误沿于汉人者正不少也"。[②] 于是本司马迁"学者载籍极博，犹考信于六艺"之教，[③] 决意以《六经》为依据，梳理先儒笺注，正讹辨伪，存唐、虞、三代道统于天下。考订孔子生平行事的《洙泗考信录》和澄清上古历史的《补上古考信录》，成为他最先致力的两部著述。

　　《考信录》的结撰，发轫于孔子生平行事的考订。崔述谙熟《论语》，每以先儒高谈性命，却不去考察孔子生平事迹为憾恨。他认为这正是导致沿讹踵谬，"伪学乱经"，"邪说诬圣"的根源。因此为护卫《六经》，护卫孔子，护卫"圣道"，自乾隆四十八年起，述始撰《洙泗考信录》，试图写一部可信的《孔子传》。撰著之初，崔述确立一指导思想，即"三代以上，经史不分，经即其史，史即今所谓经"。[④] 由此出发，他考订古史的工作皆以儒家经典为准绳，后儒传注则取其与经意相符者，否则弃而不取。至于传说失实之词，则据经传加以纠正。在这样

---

① 崔述：《菔田剩笔残稿》之《骈语间存·先慈及弟服除后题》。
② 崔述：《考信录提要》卷上，《释例》。
③ 《史记》卷61，《伯夷列传》。
④ 崔述：《考信录提要》卷下，《总目》。

一个原则之下，尧、舜以前诸帝，即传说中的伏羲、神农、黄帝等，崔述以"经既无文，传亦仅见，易于伪托，无可考验"，① 而统统摒除于道统之外。为此，他在撰写《洙泗考信录》的同时，又结合进行《补上古考信录》的著述。

五十六年，《洙泗》、《补上古》二录初稿完成。《考信录》的结撰正待深入，吏部的一纸公文，在崔述平静的著述生活中顿时激起波澜。按照清廷规定，凡落第举人，可视科名先后、地区远近等，获得拣选官员的资格，然后根据安排赴京候选。崔述、崔迈兄弟，五度会试而不第，都获得了拣选知县的资格，惜崔迈未待吏部征召，即已逝世。这样一个久盼不至的机会，终于降临崔述头上，于是潜沉心底的禄仕之念骤告勃然。五十七年秋，述告别老妻，赴京候选，时已五十三岁。官员候选，名额有限，加以陋规甚多，并非人人皆能如愿。崔述的此次候选，即告失望。然而，令他欣慰的是，结识了来自云南的举人陈履和。萍水相逢，同处逆旅，崔述的《洙泗》、《补上古》二录和《正朔》、《禘祀》二通考，使陈氏佩服而拜师受业。短短数月，朝夕切磋，相视有如父子。十二月，师弟依依作别，虽此后即无缘再会，但书札往复，心心相印，共同成就了《考信录》的撰著和刊行。在清人的师弟交谊中，崔述与陈履和的诚笃如一，留下了一段有口皆碑的佳话。

经历四度候选，嘉庆元年正月，崔述总算如愿以偿，授官福建罗源知县。四月，携眷南下，六月抵闽，七月到任。上任之初，即遇一棘手命案。案发临县宁德、霞浦，与罗源本不相涉，而两县当局欺崔述以老书生新任，遂转案于罗源处理。经过一年调查，真相得白，崔述亲笔拟文，据实详辩，两邑以邻为壑的图谋终未得逞。罗源地处沿海，又值交通要冲，素称难治。连年以来，海盗出没，不得安宁。地方不良之辈，每每诬指他人为盗，借以邀功请赏。三年六月，因之而有黄玉兴上控案发生。

---

① 崔述：《考信录提要》卷下，《总目》

黄玉兴本罗源渔户，屡屡擅拘闽南商船，诬为海盗。崔述几经审理，得其实情，数度将无罪商民释放。黄氏兄弟耿耿于怀，遂与同县武举郑世辉勾结，在郑父策划之下，状告崔述"擅释巨盗"。状纸送至福州，闽浙总督魁伦据以怒斥崔述，令其交代实情。崔述将审理诬指海盗各案一一详陈，断然表示："卑职焉能杀人媚人！"① 魁伦震怒，拟报清廷处分，所幸巡抚汪志伊从中斡旋，矛盾未为激化。同年十一月，魁伦丁忧去职，黄、郑二氏掀起的风波才算平息。

四年春，崔述奉调闽西南上杭县，代理知县。上杭地阔多讼，难治倍于罗源，惟关税所入颇丰，人皆目为利薮。崔述抵任，不以关税中饱私囊，而是将所余白银数千两全部移作缉拿海盗之用。当初随述赴任的吏胥，因之大为不满，散布流言，声称好端端一个上杭县，竟让崔述治坏。五年五月，新任知县到任，崔述返归罗源。为官五年，上司掣肘，吏胥作梗，述一介书生，穷于应付，终日皆在谨小慎微之中。早在抵闽一年，辞官之想已萌。经历黄玉兴控案的打击，述遂向上官提出辞职请求，为巡抚汪志伊挽留。由上杭回任，述辞官意决，六年十月，以求捐主事为名，获准离任。

辞官获准，喜释重负，崔述悠然自题一联云："向山野藏其迂拙；把功名付与英豪。"② 七年春，夫妻相偕，取道仙霞关离闽。仙霞岭半山有关帝庙一座，庙柱有联："进来福地非为福；出得仙霞即是仙。"崔述夫妇自庆得离危地，至庙前酌酒相贺，述续联语云："进来福地非为福，当自种福，以脱危机；出得仙霞即是仙，莫更求仙，致生妄想。"③

返乡之后，崔述先住大名，继迁安阳西山，后再迁彰德府城（今安阳），把晚年岁月全部献给了著述事业。十年，《考信录》三十六卷脱稿，后迭经修订，终在十九年成为定本。全书包括《考古提要》二卷、

---

① 陈履和：《崔东壁先生行略》，载《崔东壁遗书》卷末，《附录》。
② 崔述：《菔田剩笔残稿》之《骈语间存·罗源卸事后志喜》。
③ 同上。

《补上古考信录》二卷，是为《前录》；《唐虞考信录》四卷、《夏考信录》二卷、《商考信录》二卷、《丰镐考信录》八卷、《洙泗考信录》四卷，是为《正录》；《丰镐考信别录》三卷、《洙泗考信余录》三卷、《孟子事实录》二卷、《考古续说》二卷、《附录》二卷，是为《后录》。此时的崔述，已届七十五岁高龄。同年四月，老妻成静兰病逝。失此甘苦与共的闺中老友，对崔述是一莫大打击。他自知不久于人世，遂于翌年九月自订全集总目，将毕生所著合为九函，凡三十四种、八十八卷。遗嘱妥为保存，留待陈履和北游转交。崔述一生所著，除《考信录》之外，尚有《王政三大典考》、《读风偶识》、《古文尚书辨伪》、《论语余说》、《五服异同汇考》、《易卦图说》等。诗文杂著，结为《无闻》、《知非》二集和《菽田剩笔残稿》。

二十一年二月，崔述溘然长逝。闰六月，陈履和抵彰德，稽首枢前，捧书恸哭。履和以刻崔述论著为毕生事业，鞠躬尽瘁，死而后已。自嘉庆二年初刻于江西广丰，迄于道光五年病故，历年为其师刻书凡十九种、五十四卷。

崔述之学，非汉非宋，据经考古，自辟蹊径，在乾嘉时代，可谓独步一时。由于述昌言疑古，不合时尚，所以故世之后，其学不传。迄于晚清，表彰述学者寥若晨星，而肆意诋诬者则有其人。直到 20 世纪初，陈履和刻本在日本标点排印，始在国内激起反响。先是刘师培撰《崔述传》，继之胡适为其作年谱，徐士昌录崔氏学术于《清儒学案》，于是崔述之名大起。顾颉刚、洪业者先生，于表彰崔述学术用力尤勤，或检佚文于书堆，或访残稿于故里，合崔氏兄弟及成静兰遗著于一堂，终成卷帙浩繁的《崔东壁遗书》。经数十年整理点校，于 1983 年 6 月，由上海古籍出版社出版。

第五章
学术随世运变迁

　　钱宾四先生有一不刊之论，谓"学术流变，与时消息"。① 乾隆中，当清廷标榜"稽古右文"，经学考据风靡朝野之时，章学诚独能将学术与世运相联系，深刻触及主流学术之病痛。嘉庆、道光间，国家多故，世变日亟，清王朝已然衰相毕露。时势在变，学术亦随之而变，今文经学若异军突起，汉学考据渐失昔日盛势而趋向偏枯。道光一朝，以方东树全面攻驳汉学肇始，至唐鉴《国朝学案小识》出，清代学术终在剧烈的世运变迁中，翻过乾嘉学派主盟学坛的一页。

第一节　章学诚与乾嘉学风

　　章学诚，字实斋，号少岩，浙江会稽（今浙江绍兴）人。生于乾隆三年（1738），卒于嘉庆六年（1801），终年六十四岁。由今而论，章学诚是乾嘉时期的著名学者，但他却显于今而不著于时。章学诚一生不得其志，自乾隆二十五年（1760）应考科举，连困场闱，七试不售。乾隆

────────────

① 钱穆：《中国近三百年学术史》第一章，《引论》下，《晚明东林学派》。

四十二年举应天乡试，已年过四十，次年会试连捷，却于功名之路，意冷心灰，"自以迂疏，不敢入仕"。① "三十年来，苦饥谋食，辄藉笔墨为生"，② 为幕南北，江湖弃走，"撰著于车尘马足之间"。③ 生前，他的学术不被理解，极为自负、有着别识独裁的《文史通义》一书也殊乏知音；身故后，没有像样的传记，生平事迹和著作足足埋没了一百二十余年。④ 在此，拨开历史的尘沙，追忆那段清代学术风貌，希望能从以下几个方面分析章学诚与乾嘉学风的关系，解读他的学术理想，他的寂寞与隐恨。

一、章学诚的早年志趣与为学路向

清初以顾炎武开其端，中经阎若璩、胡渭、毛奇龄等鸿生硕儒大力推阐，经学考证，遂渐趋崛起。而圣祖、高宗之"稽古右文"、扶持倡扬，更开汉学大道，吴江惠栋、休宁戴震相继而起，流风所被，汉帜大彰，许、郑、贾、马之学，乃至户诵家弦。章学诚正生活在这考证之学"灿烂如日中天"⑤ 的乾嘉时期，正如他所言："今天子右文稽古，《三通》、《四库》诸馆以次而开，词臣多由编纂超迁，而寒士挟策依人，亦以精于校雠辄得优馆，甚且资以进身，……而风气所开，进取之士，耻言举业。"⑥ 又云："四方才略之士挟策来京师者，不斐然有天禄石渠句坟抉索之思，而投卷于公卿间者，多易其诗赋举子艺业，而为名物考订与夫声音文字之标，盖骎骎乎移风俗矣。"⑦ 但章学诚一生的为学路向

① 章学诚：《章氏遗书》卷17，《文集》二，《柯先生传》。《章学诚遗书》本，文物出版社1985年影印本。
② 章学诚：《章氏遗书》卷29，《外集》二，《与宗族论撰节愍公家传书》。
③ 章学诚：《章氏遗书》卷18，《文集》三，《与邵二云论学》。
④ 胡适：《章实斋先生年谱序》。载胡适著，姚名达订补：《章实斋先生年谱》卷首，台北远流出版事业有限公司1986年版。
⑤ 梁启超：《清代学术概论》二十一。
⑥ 章学诚：《章氏遗书》卷9，《文史通义外篇》三，《答沈枫墀论学》。
⑦ 章学诚：《章学诚遗书》卷18，《文集》三，《周书昌别传》。

却与此迥异，为主流风尚视为怪物，"诧为异类"，他之所以走上这条寂寞之旅，与其早年志趣有着极大的关系。

章学诚少年时期即不肯为应举时文，而性近史学，"当时闻经史大义，已私心独喜，决疑质问，间有出成人拟议外者"。① 由于对史学的偏爱，竟至典衣质被，购买乙部书籍。十五六岁，即"日夜抄录《春秋》内外传及衰周战国子史。辄复以意区分，编为纪表志传，凡百余卷，名曰《东周书》"，时常自命史才，大言不逊。二十一二岁，章学诚开始博览群书，但却"于经训未见领会"，与此相反，"史部之书，乍接于目，便似夙所攻习然者，其中利病得失，随口能举，举而辄当"。② "尝以二十一家义例不纯，体要多舛，故欲遍查其中利病，约为科律，作书数篇，讨论笔削大旨"。③ 二十三四岁时，他在史学理论上已经深有创见，其所作《家书七》中记述说："廿三四时所笔记者，今虽亡失，然论诸史于纪、表、志、传之外更当立图，列传于儒林、文苑之外更当立史官，此皆当日之旧论也；惟当时见书不多，故立说鲜所征引耳，其识之卓绝，则有至今不能易者。"④ 按章学诚所记，他的早年为学兴趣皆在史学，而且颇具史学天分。

在章学诚早年的为学道路中，父辈与前贤的影响，不可谓不深，其间的一个重要人物是余姚邵廷采。邵廷采为浙东大儒，他的《思复堂文集》曾初刊于康熙五十一年（1712），传行一时。在写给诸子的《家书》中，章学诚曾对自己的学术"根底"做过一番剖析：

> 吾于古文辞，全不似尔祖父；然祖父生平极重邵思复文，吾实景仰邵氏而愧未能及者也。盖马、班之史，韩、欧之文，程、朱之理，陆、王之学，萃合以成一子之书，自有宋欧、曾以还，未有若是之立言者也；而其名不出于乡党，祖父犹深爱

---

① 章学诚：《章氏遗书》卷22，《文集》七，《与族孙汝楠论学书》。
② 章学诚：《章氏遗书》卷9，《文史通义外篇》三，《家书六》。
③ 章学诚：《章氏遗书》卷22，《文集》七，《与族孙汝楠论学书》。
④ 章学诚：《章氏遗书》卷9，《文史通义外篇》三，《家书七》。

之。吾由是定所趋向。其讨论修饰，得之于朱先生，则后起之功也，而根柢则出邵氏，亦庭训也。①

由此可见，章学诚自其父那里深悉邵氏之学，并服膺备至。趋向所定，实有融史学、词章、义理为一体之志。

章学诚的父亲章镳为乾隆七年（1742）进士，曾任湖北应城知县，亦为一时学者，据称：章镳好读古人书，"为古文辞，镵刻峭削"，曾改编郑氏《江表志》及五代十国时杂史为《章氏别本》。据章学诚所记其父对自己为学的影响，有两件事颇值得注意。第一件是他早年曾取《左传》进行删节编次，其父见之，乃谓："编年之书仍用编年删节，无所取裁，曷用纪传之体分其所合？"受此影响，章学诚于是力究纪传之史，辨析体例。后来，他向儿辈述说此事，不无夸耀其间作用，称："遂若天授神诣，竟成绝业。"又说："祖父当时亦诧为教吾之时，初意不及此也，而不知有开于先，固如是尔。"②

第二件则是章学诚二十岁时，购得吴兆宜注《庾开府集》，其中有"春水望桃花句"。吴注引用《月令章句》云："三月，桃水下。"其父却将吴注抹去，评于下曰："望桃花于春水之中，神思何其绵邈！"章学诚为之心领神会，回视吴注，顿觉意味索然。他在乾隆五十五年所作的《家书》中回忆这件事说："自后观书，遂能别出意见，不为训诂牢笼，虽然时有鲁莽之弊端，而古人大体，乃时有所窥。"③ 可见，父辈的指点、引导，对章学诚日后学术思想的形成有着一定的影响，也于无形中对其早年志趣的确立起到了促进作用。

父辈而外，对章学诚早年为学产生重要影响的还有两人，一为朱筠，一为戴震。朱筠是当时世所公认以学问渊深著称的学者，其学"可谓地负海涵，渊渟岳峙"。④ 他亦以好士和奖掖后进而闻名。乾隆二十

---

① 章学诚：《章氏遗书》卷9，《文史通义外篇》三，《家书三》。
② 章学诚：《章氏遗书》卷9，《文史通义》外篇三，《家书三》。
③ 章学诚：《章氏遗书》卷9，《文史通义外篇》三，《家书三》。
④ 江藩：《国朝汉学师承记》卷4，《朱筠河先生》，中华书局1983年版。

七年（1762）冬，章学诚因顺天乡试落选，入国子监读书，其时，他年方二十五岁，"意气落落，不可一世"，[①] 不知人世之艰。因其不合时流，屡受讥讽，考试每置下等，往往位于被斥落的五、七人之中，备尝冷落。在这样的情形下，乾隆三十年，章学诚向朱筠问学。朱筠一见"许以千古"，当即指出章学诚不适合学习时文，告之曰："科举何难，由子之道，任子之天，未尝不得。即终不得，亦非不学时文之咎也。"[②] 虽然朱筠与他讨论的是科举进身问题，但分析"由子之道，任子之天"这句话的含义，当足以激励章学诚此后坚持自己的为学道路。他在《跋甲乙剩稿》中写道："甲申、乙酉（乾隆二十九年、乾隆三十年——引者），……朱先生始言于众，京师渐有知名者。彼时立志甚奇，而学识未充，文笔未能如意之所向。"[③] 这里提到了"立志甚奇"，由此很容易窥见，章学诚决心所走的是一条与时不合的学术道路。也正是因为此时的"学识未充"，引发了他与戴震的第一次相见。

戴震是与章学诚有极大关联之人，亦是章学诚学术生涯中非常重要的一人。乾隆三十一年（1766），在郑虎文（诚斋）的荐引下，二十九岁的章学诚慕名拜访了戴震，"询其所学"，[④] 这是戴、章二人的初见。当时戴震四十四岁，已被众口推为朴学大师，享誉京城。也就在这年冬天，章学诚作《与族孙汝楠论学书》，于其间载述此事，这是他早年所作"最可注意"的第一篇重要文字。[⑤]

关于章学诚拜望戴震的原因，《与族孙汝楠论学书》中透露了这样的信息，信中写道：

> 往仆以读书当得大意，又年少气锐，专务涉猎，四部九
> 流，泛览不见涯涘，好立议论，高而不切，攻排训诂，驰骛空

---

① 章学诚《章氏遗书》卷 19，《文集》四，《庚辛之间亡友列传》
② 章学诚：《章氏遗书》卷 9，《文史通义外篇》三，《与汪龙庄简》。
③ 章学诚：《章氏遗书》卷 28，《外集一》，《跋甲乙剩稿》。
④ 章学诚：《答邵二云书》，载《章学诚遗书》佚篇。
⑤ 胡适著，姚名达订补：《章实斋先生年谱》，第 55 页。

虚，盖未尝不惘然自喜，以为忝之。独怪休宁戴东原振臂而呼
曰："今之学者，毋论学问文章，先坐不曾识字。"仆骇其说，
就而问之。①

细细玩味此言，即可从中找到章学诚的一种徘徊心态，他一方面反思自
己空言义理，好发议论，为"高而不切"，一方面又为自己攻排训诂而
沾沾自喜。对"学识未充"的章学诚而言，戴震今之学者"先曾坐不识
字"的一句话，无异为一声棒喝，令他受到了极大的触动，因此，才
"就而问之"。我们可以想见，二十九岁的章学诚，于三落顺天解试的穷
愁彷徨之际，处于京中经学考证学风的挟裹下，朋辈征逐，甘苦难为人
言，因而自树维艰，"意气寂寞"，实是面临了一个学术道路何去何从的
抉择。

此次问学，戴震告之以："予弗能究先天后天，河、洛精蕴，即不
敢读元亨利贞；弗能知星躔岁差，天象地表，即不敢读钦若敬授；弗能
辨声音律吕，古今韵法，即不敢读关关雎鸠；弗能考三统正朔，《周官》
典礼，即不敢读春王正月。"② 这实际上是乾隆十八年夏，戴震与是镜
论学时所述的"经之难明者若干事"。③ 章学诚重愧其言，自我反省道：
"充类至尽，我辈于《四书》一经，正乃未尝开卷卒业，可为惭惕，可
为寒心！"转思老师朱筠"亦甚恶轻隽后生，枵腹空谈义理，故凡所指
授，皆欲学者先求征实，后议扩充"，章学诚的总结是："所谓不能信
古，安能疑经，斯言实中症结。"这亦是章学诚对自己当时为学"驰骛
空虚"的一种反思，此后，他在治学中注意先征实，后阐发，亦与这次
会晤不无关系。

---

① 章学诚：《章氏遗书》卷22，《文集》七，《与族孙汝楠论学书》。按，章学诚所言戴震
云"先坐不曾识字"语，见戴震为任基振《尔雅注疏笺补》所撰序言，中云："夫今人
读书，尚未识字，辄目故训之学不足为。其究也，文字之鲜能通，妄谓通其语言，语
言之鲜能通，妄谓通其心志，而曰傅合不谬，吾不敢知也。"载《戴震文集》卷3，《尔
雅注疏笺补序》。
② 按：此语亦见戴震乾隆十八年致是镜书中，载《戴震文集》卷9，《与是仲明论学书》。
③ 戴震：《戴震文集》卷9，《与是仲明论学书》。

在这篇长达千余言的家书中，与章学诚为学路向大有关系者，还有他议论汉唐以来义理、考证、词章的一段话：

> 学问之途，有流有别。尚考证者薄词章，索义理者略征实。随其性之所近，而各标独得，则服、郑训诂，韩、欧文章，程、朱语录，固已角犄鼎峙而不能相下。必欲各分门户，交相讥议，则义理入于虚无，考证徒为糟粕，文章只为玩物。汉唐以来，楚失齐得，至今嚣嚣，有未易临决者。

对如何解决三者各为门户的危害，章学诚主张三者结合，指出："考证即以实此义理，而文章乃所以达之之具。事非有异，何为纷然，自同鹬蚌，而使异端俗学得以坐享渔人之利哉！"[1] 可见，他的为学最终还是要归结为义理，基于此，他对自己追求的为学道路进行了一次总结：

> 仆则以为，学者祈向，贵有专属。博详反约，原非截然分界。及乎泛滥渟蓄，由其所取愈精，故其所至愈远。古人复起，未知以斯语为何如也。要之，谈何容易？十年闭关，出门合辙，卓然自立以不愧古人，正须不羡轻隽之浮名，不揣世俗之毁誉，循循勉勉，即数十年，中人以下所不屑为者而为之，乃有一旦庶几之日。斯则可为知者道，未易一一为时辈言耳。

至此，章学诚不趋时流，以义理为依归的为学方向已牢不可破。数年以后，他即开始了一生为之不懈努力的《文史通义》撰著。

二、以扭转风气为己任的《文史通义》撰著

章学诚一再称自己所走的为学道路是一条寂寞之途，人弃我取，无人顾盼，举世所不为，[2] 但他的《文史通义》却应当不是在寂寞中

---

① 章学诚：《章氏遗书》卷22，《文集》七，《与族孙汝楠论学书》。
② 参见章学诚：《章氏遗书》卷9，《家书五》；《章学诚遗书》佚篇，《与孙渊如观察论学十规》。

完成的。因为从《文史通义》初撰起，章学诚就屡屡将其中的篇章呈
送给他自谓的"同志"、"通人"或一时大僚，致函商讨，请求校正，
这种做法一直持续到他的晚年。这一方面反映出他对所撰《文史通
义》的自负，另一方面，实际上也表现出他为推扬自己学术主张所做
的努力。《章氏遗书》所保留的信件中，相当一部分都与此有关。这
也为我们提供了理解《文史通义》撰写的宝贵资料，这些文字，也是
章学诚的一种"自识"，即他对自己《文史通义》撰著目的的最直接
认识。

（一）章学诚《文史通义》之撰著

章学诚的《文史通义》大约始撰于乾隆三十七年，在篇章初成时，
他就致信给汾阳曹学闵，并抄录"内篇"三首，① 托他转交国子监监正
朱珪元和翰林院侍读学士钱大昕。他致函朱珪元称："是以出都以来，
颇事著述。斟酌艺林，作为《文史通义》。书虽未成，大指已见辛楣先
生候牍所录内篇三首，并以附呈。"则这个"大指"当蕴涵在写给钱大

---

① 按：章学诚初撰之《文史通义》，所呈钱大昕、曹学闵之"内篇"三首，似乎当为今
《校雠通义》之内篇《原道》、《王注》等篇，余英时先生等学者已有所考论，（参见余
英时《论戴震与章学诚》内篇八《补论：章学诚文史校雠考论》。）乾隆三十七年，章
学诚托曹学闵转交的《上晓征学士书》中，与钱大昕反复讲论四部、七略、《汉书·艺
文志》等，皆为目录学之问题。其"内篇三首"当为校雠学之内容，《上晓征学士书》
可作最好之佐证。而章学诚何时将《校雠通义》从《文史通义》中独立出来，却仍是
一个没有解决的问题。章学诚明言，乾隆四十四年，撰成《校雠通义》四卷，则其时
《校雠通义》当已独自成帙。两年后《校雠通义》因遇盗尽失，转抄友人所录，得三
卷。或此时章学诚已决意初撰《文史通义》中之校雠学内容析出。而撰成于乾隆四十
八年之《诗教上》有注云："详见外篇《校雠略·著录先明大道论》"；"六艺为《官礼》
之遗，其说亦详外篇《校雠略》中《著录先明大道论》"。《诗教下》有注云："说详外
篇《校雠略》中《汉志诗赋论》"，"说详外篇《校雠略》中《汉志兵书论》"，可见直至
乾隆四十八年，章学诚仍有将《校雠通义》更名《校雠略》，为《文史通义》"外篇"
之意。乾隆五十二年十一月，章学诚在写给毕沅的书信中说："其生平撰著，有《校雠
通义》、《文史通义》，尚未卒业，然颇有文理，可备采择。"（载章学诚：《章氏遗书》
卷22，《文集》七，《上毕抚台书》。）此时又将《校雠通义》与《文史通义》并称，或
此四年间（乾隆四十八至乾隆五十二），章学诚又决意将《校雠通义》独自成帙了。其
中渊源，仍待详考。本书于此仅讨论章学诚撰写《文史通义》的主要旨趣，暂不涉这
一问题。

昕的《上晓征学士书》中。① 其间，章学诚论述了古今著述渊源，文章流别，他初撰《文史通义》的旨趣亦在这封信中得到了明确展现。信中写道：

> 学诚自幼读书无他长，惟于古今著术渊源，文章流别，殚心者盖有日矣。……而班史《艺文》独存。《艺文》又非班固之旧，特其叙例犹可推寻。故今之学士，有志究三代之盛，而溯源官礼，纲维古今大学术者，独汉《艺文志》一篇而已。……然赖其书，而官师学术之源流，犹可得其仿佛。故比者校雠其书，申明微旨，又取古今载籍，自六艺以降，讫于近代作者之林，为之商榷利病，讨论得失，拟为《文史通义》一书。分内、外、杂篇，成一家言。虽草创未及什一，然文多不能悉致，谨录三首呈览，阁下试平心察之，当复以为何如也。②

可以看出，章学诚的《文史通义》撰写实是从校雠《汉书·艺文志》入手，意在鉴别古今学术渊源，探讨古今著述之得失利病，亦即其《校雠通义》序言中所说的"辨章学术、考镜源流"。③ 此年，邵晋涵还有书信致章学诚，问起《文史通义》的撰写情况。其中写道："足下以伉爽之识，沉赞之思，采《七略》之遗意，娓娓于辨章旧闻，考撰异同，校雠之得其理，是诚足下之责也。"④ 从中亦可考见，章学诚撰写《文史通义》的初衷，是仿照刘向、刘歆父子编纂《七略》之意，条辨学术源流，群言得失。而翌年写给严长明的书信中，他对此亦有明确记述。⑤

---

① 按《上晓征学士书》为此年章学诚托付曹学闵转交钱大昕之"候牍"，而非胡适著、姚名达订补《章实斋先生年谱》中所言之《上辛楣宫詹书》。
② 章学诚：《上晓征学士书》，载黄云眉《史学杂稿续存》之《杂考》附录二《章氏遗书未收入之实斋手札二通》，齐鲁书社1980年版。
③ 章学诚：《校雠通义·自叙》，《文史通义校注》本，中华书局1995年版，第945页。
④ 邵晋涵：《南江文钞》卷8，《与章实斋书》，清道光十二年刻本。
⑤ 按：信见《章氏遗书》卷29，《外集》二，《与严冬友侍读》。其中云："思敛精神为校雠之学。上探班、刘，溯源官礼，下该《雕龙》、《史通》，甄别名实，品藻流别，为《文史通义》一书。草创未及，颇用自赏。"

　　但在乾隆三十九年夏，章学诚则表述了以《文史通义》来阐发"史意"的意图。此年，章学诚感于《文史通义》诸篇为理论之作，"空言不及征诸实事"。所以撰《和州志隅》二十篇，"略示推行之一端"，以见《通义》非迂言可比，其叙言称：

　　　　志者，史之一隅也。获麟而后，迁、固极著作之能，向、歆尽条别之理，史家所谓规矩方圆之至也。魏、晋六朝，时得时失，至唐而史学绝矣。其后如刘知几、曾巩、郑樵，皆良史才，生史学废绝之后，能推古人大体，非六朝、唐、宋诸儒所能测识。余子则有似于史而非史，有似于学而非学尔。然郑樵有史识而未有史学，曾巩具史学而不具史法，刘知几得史法而不得史意，此予《文史通义》之所为作也。①

但他似乎未能立即着手达成这一愿望，乾隆四十三年，他在写给钱坫的书信中仍言："而学诚粗通大义，不能研究文字，自以意之所至，而侈谈班、刘述业，欲以疏别著述渊源。究未知于古人之志，有当与否？"②可见直至此时，他的治学重点乃在目录校雠。当然，这里所说的"校雠"与烦琐的版本考证、文字对勘这样的考据方法显然不是同一个层次，按章学诚的话来说，就是"非深明于道术精微群言得失之故者，不足与此"。③

　　直至乾隆四十八年（1783），《文史通义》中《言公》上、中、下，《诗教》上、下等篇撰成后，章学诚的学术视点才转向了讲论文史。此年所著《言公》、《诗教》等篇，文字多至万言，不能遽录，章学诚便先以《言公》三篇致送邵晋涵，并告诉周振荣，《言公》、《诗教》之篇，"足下不可不与闻也，或令人钞去，置之座右，较之《史例》、《校雠》诸篇，似有进矣。"并称："其言实有开茇鸿蒙之功，立言家于是必将有取。"④

────────

① 章学诚：《章氏遗书》外编，卷第一六，《志隅自序》。
② 章学诚：《与钱献之书》，载《章学诚遗书》佚篇。
③ 章学诚：《校雠通义·序》。
④ 章学诚：《章氏遗书》卷9，《文史通义外篇》三，《再答周筤谷论课蒙书》。

按钱穆先生所考，此年所撰，尚有《嫌俗》、《针名》、《贬异》等篇，①
从这些篇章可以看出，当时《文史通义》体现之撰著意图，与数年前的
辨析学术源流已显然不同。余英时先生以此年为今本《文史通义》撰写
的开始，应当不无道理。② 这一年开始，今本《文史通义》中的篇章渐
次撰成，③ 在此，仅以《原道》篇为例，分析当时《文史通义》撰述之
主导思想。

《原道》篇为《文史通义》诸篇精髓之一，撰成于乾隆五十四年，
但在传示都门诸"同志"的过程中，遭到了极大的非议，认为"蹈宋人
语录习气"，不见新鲜。④ 章学诚在此后的《与陈鉴亭论学》一文中，
阐明自己这篇重要文字的撰述宗旨说：

> 古人著《原道》者三家：淮南托于空蒙，刘勰专言文指，
> 韩昌黎氏特为佛老塞源，皆足以发明立言之本。鄙著宗旨，则
> 与三家又殊。《文史通义》专为著作之林校雠得失。著作本乎
> 学问，而近人所谓学问，则以《尔雅》名物，六书训故，谓足
> 尽经世之大业，虽以周、程义理，韩、欧文辞，不难一映置
> 之。其稍通方者，则分考订、义理、文辞为三家，而谓各有其
> 所长；不知此皆道中之一事耳，著述纷纷，出奴入主，正坐此
> 也。鄙著《原道》之作，盖为三家之分畛域设也。⑤

这里表述了两层意思，其一，"《文史通义》专为著作之林校雠得失"，
这是章学诚最初撰写《文史通义》宗旨的延续；其二，《原道》之作在
当世沉溺于训诂名物，鄙薄义理、文辞，谓之"足尽经世大业"的学术
背景下，其中所言"为三家（考订、义理、文辞）之分畛域设也"，透

---

① 钱穆：《中国近三百年学术史》第九章《章实斋》，第464页。
② 参见余英时：《论戴震与章学诚》，第170页。《海外学人丛书》，三联书店2000年版。
③ 按：指今天所见之"大梁本"与"章氏遗书本"。
④ 参见章学诚：《章氏遗书》卷2，《文史通义内篇》二，《原道下》跋语，卷9，《文史通义外篇》三，《与史余村简》。
⑤ 章学诚：《章氏遗书》卷9，《文史通义外篇》三，《与陈鉴亭论学》。

视出的是救正学术偏向的意图。

嘉庆元年，章学诚选取《文史通义》中《言公》、《说林》等十余篇①"近情而可听者"，②进行刊刻，并陆续分送诸"同志"就正。以下，从章学诚呈送这个刻本所附信函，来分析他撰写《文史通义》的目的，这实际上代表了章学诚晚年对《文史通义》的期望。

嘉庆元年三月，章学诚致书汪辉祖，讲到将《文史通义》刻本送其校正的原因："然大旨终不能为知好者讳，辄因大刻序言史学，亦开凿新论之一端。"他对当世的学风进行了分析，指出："近日学者风气，征实太多，发挥太少，有如桑蚕食叶而不能抽丝。"针对这种情况，章学诚提倡作古文辞来救正，但却将古文辞的成功归于史学，认为："而古文辞必由纪传史学进步，方能有得。"其下则着力对此加以论证，认为近世文宗不晓"经之流变必入于史"，欧阳修的《唐书》和《五代史》不脱学究《春秋》与《文选》史论习气，但未能得见"《春秋》马、班诸家，相传所谓比事属辞宗旨"。最后说："拙撰《文史通义》，中间议论开辟，实有不得已而发挥，为千古史学辟其榛芜。"③从这番慷慨陈词中，他以《文史通义》倡言史学的理想明晰可见。

嘉庆三年，章学诚以《文史通义》初刻稿呈送朱锡庚，请其将副余分赠同志中人说："如又不足，续寄可也"，并请朱锡庚将所附书信转给章宗源、邵楚帆、邵耿光及邵晋涵弟子之"能真知其师者"共观。他在书信中写道：

> 鄙著《通义》之书，诸知己者许其可与论文，不知中多有
> 为之言，不尽为文史计者，关于身世有所怅触，发愤而笔于
> 书。……《通义》书中，《言公》、《说林》诸篇，十余年前旧

---

① 按：据钱穆先生考订，所刻之目为《易教》、《书教》、《诗教》、《杂说》、《评沈梅村古文》、《评周永清书其妇孙孺人事》、《与邵二云论文》、《又与史余村》、《与史余村论文》、《杂说》、《方志三书议》、《州县请立志科议》、《知难》、《答陈鉴亭》等篇。

② 章学诚：《章氏遗书》卷9，《文史通义外篇》三，《与汪龙庄书》。

③ 同上。

稿，今急取订正付刊，非市文也。盖以颓风日甚，学者相与离
跂攘臂于桎梏之间，纷争门户，势将不可已也。得吾说而通
之，或有以开其枳棘，靖其噬毒，而由坦易以进窥天地之纯，
古人之大体也，或于风俗人心不无小补欤。①

应当说，这封信函有着特殊的撰写背景，章学诚此时正被"盗卖毕公
《史考》"的流言所侵，② 所以才写信给友人，谋求自辩。但从中我们仍
然可以清晰地看到，章学诚的心中有一种强烈的学术责任感，他的《文
史通义》虽然论文谈史，却不是无为之作。正如他在《上尹楚珍阁学
书》一文中所说："读书著文，耻为无实空言，所述《通义》，虽以文史
标题，而于世教民彝，人心风俗，未尝不三致意，往往推演古今，窃附
诗人义焉。"③

这一年，章学诚还致信钱大昕，寄送了《文史通义》的初刻稿。这
时他已认识到自己从事的文史校雠之业，"辨论之间，颇乖时人好恶"，
惟敝帚自珍，所以请求钱大昕："乞勿为外人道也。"迫于学术大环境的
压力，章学诚的犹豫与徘徊心态由此可窥一二。但这封《上辛楣宫詹
书》的中心思想却在如下这段文字：

夫著书大戒有二，是非谬于圣人，忌讳或干君父，此天理
所不容也。然人苟粗明大义，稍通文理，何至犯斯大戒。惟世
俗风尚，必有所偏，达人显贵之所主持，聪明才俊之所奔赴，
其中流弊，必不在小。载笔之士，不思救挽，无为贵著
述矣。④

在此，章学诚以力挽风气为己任的学术理想，已非常明确。

章学诚在《文史通义·说林》篇中的一段话，很值得我们注意，其

---

① 章学诚：《又与朱少白》，载《章学诚遗书》佚篇。
② 按：关于此事，可参见这封书信前半部分。
③ 章学诚：《章氏遗书》卷29，《外集》二，《上尹楚珍阁学书》。
④ 章学诚：《章氏遗书》卷29，《外集》二，《上辛楣宫詹书》。

中写道：

> 鸩之毒也，犀可解之；瘴之厉也，槟榔苏之。有鸩之地，
> 必有犀焉；瘴厉之乡，必有槟榔。天地生物之仁，亦消息制化
> 之理有固然也。汉儒传经贵专门，专门则渊源不紊也。其弊专
> 己守残，而失之陋。刘歆《七略》，论次诸家流别，而推《官
> 礼》之遗焉，所以解专陋之瘴厉也。唐世修书置馆局，馆局则
> 各效所长也。其弊则漫无统纪，而失之乱。刘知几《史通》，
> 扬攉古今利病，而立法度之准焉，所以治散乱之瘴厉也。学问
> 文章，随其风尚所趋，而瘴厉时作者，不可不知槟榔犀角之
> 用也。①

用这段文字来推衍章学诚撰著《文史通义》的期望，应较为允当。章学
诚在此举出，刘歆《七略》之作，在纠正汉儒专己守残之陋，刘知几
《史通》的撰写，在揭露唐代史馆修史漫无统纪之弊。都意在表明，学
者的著述应当对一时的学风偏弊有所救正，他撰写《文史通义》的最终
目标也在于此。面对当时知识界竞趋考据训诂之"瘴厉"，正是通过批评
时风流弊，慎别汉、宋之学，《文史通义》发挥了它的"槟榔犀角之用"。

（二）批评学术流弊

"时趋可畏，甚于刑曹之法令"。② 这是章学诚对逆时代风尚而行
之艰辛的充分认识。乾嘉之际，经学考据一旦形成风尚，正训诂、明音
韵、考名物、核度数的学术门路便演为时趋。这种治学路数与东汉许、
郑诸儒极其相似，仿佛东汉之学重光，清儒遂有"国朝汉学昌明，超轶
前古"之说。③

然而，对"甚于刑曹之法令"的"时趋"，章学诚并没有妥协相循，
他笔挟青霜，锋芒所向，正是汉学考据演为风尚之流弊。他从学术发展

① 章学诚：《章氏遗书》卷4，《文史通义匀篇》四，《说林》。
② 章学诚：《章氏遗书》卷29，《外集》二，《上辛楣宫詹书》。
③ 江藩：《国朝汉学师承记》卷末，《汪喜孙跋》。

的角度批评说："盖逐于时趋，而误以襞绩补苴，谓足尽天地之能事也。幸而生后世也，如生秦火未毁以前，典籍俱存，无事补辑，彼将无用其学矣。"① 章学诚认为当世汉学的弊端在于"循流忘源，不知大体"，"但知聚铜，不知铸釜"，② 只知功力，不知学问，所患在"学而不思"。③ 他将功力和学问别为二途，认为："学与功力，实相似而不同，学不可以骤几，人当致乎功力则可耳，指功力以谓学，是犹指秋黍以为酒也。"在《文史通义》之《博雅》篇中，他对当世学者宗尚南宋王应麟，以博洽考订证经治史的为学方法进行批评，指出："今之博雅君子，疲惫精力于经传子史，而终身无得于学者，正坐宗仰王氏，而误执求知之功力，以为学即在是耳。"④ 对世人的以考据名家，章学诚更是不以为然，指出："天下但有学问家数，考据者乃学问所有事，本无考据家。"⑤

更为重要的是，章学诚对乾嘉汉学的批评，是他看到了汉学考据主导学术界所造成的学术偏蔽，首先是学术视野的极度狭窄，章学诚说：

> 今之学者，以谓天下之道，在乎较量名数之异同，辨别音训之当否，如斯而已矣。是何异观坐井之天，测坳堂之水，而遂欲穷六合之运度，量四海之波涛，以谓可尽哉？⑥

而读书人在强势学风的挟裹下，为好名心所驱使，"以学问文章徇世之所尚"，⑦ 舍本逐末，茫无所主，将生命精力耗费于烦琐的考订、论证，不知学为何物，更为学术之大患。这种状况，就如焦循于嘉庆元年所指："近时数十年来，江南千余里中，虽幼学鄙儒，无不知有许、

---

① 章学诚：《章氏遗书》卷2，《文史通义内篇》二，《博约中》。
② 章学诚：《章氏遗书》卷9，《文史通义外篇》三，《与邵二云书》。
③ 章学诚：《章氏遗书》卷2，《文史通义内篇》二，《原学下》。
④ 章学诚：《章氏遗书》卷2，《文史通义内篇》二，《博约中》。
⑤ 章学诚：《章氏遗书》卷9，《文史通义外篇》三，《与吴胥石简》。
⑥ 章学诚：《章氏遗书》卷4，《文史通义内篇》四，《答客问下》。
⑦ 章学诚：《章氏遗书》卷4，《文史通义内篇》四，《说林》。

郑者。所患习为虚声，不能深造而有得。"① 章学诚亦为此叹息说："夫近人之患，好名为甚。风气所趋，竞为考订，学识未充而强为之。"② 因此，他屡次提到古学，认为今人的治学方法脱离了"古人之真"，指出："尊汉学，尚许郑，今之风尚如此，此乃学古，非古学也。"③ 又说："近日考订之学，正患不求其义，而执形迹之末，铢黍较量，小有异同，即嚣然纷争，而不知古人之真，不在是也。"④ 并不无忧患地论述说：

> 然则学术不明，必为人心风俗之害，贱儒不足以有为，而群焉不察以相赞叹，则流风大可惧也！古人之考索，将以有为也；旁通曲证，比事引义，所以求折衷也；今则无所为而竞言考索。⑤

可见，章学诚所痛斥的是回避现实、脱离了"学术固期于经世"的宗旨，⑥ 但知识界却仍为"风气所鼓而不知偏之为害"。

　　章学诚的《文史通义》中屡次提到"宋学"一词，与此相关的论述也是理解其学术思想的重要资料。那么，何为"宋学"？简而言之，即"程朱诸儒之学也"。⑦ 宋学以讲求"性与天道"为特质，力主阐发义理，回归孔孟。而其空疏流弊，亦深植于此。演至明末，王学末流束书不观，"高谈性命，蹈于空疏，儒林之名，遂为空疏藏拙之地"。⑧ 清初顾、黄诸儒起而救之，揭露其弊，欲之蹈实，走向经世致用。至乾隆而后，许、郑之学大明，则其浸衰已成，不复成军。读书人"皆以考博为

---

① 焦循：《雕菰集》卷13，《与刘端临教谕书》，道光四年阮氏刻本。
② 章学诚：《章氏遗书》卷9，《文史通义外篇》三，《与族孙守一论史表书》。
③ 章学诚：《章氏遗书》卷4，《文史通义内篇》四，《说林》。
④ 章学诚：《章氏遗书》卷8，《文史通义外篇》二，《说文字原课本书后》。
⑤ 章学诚：《章氏遗书》卷3，《文史通义内篇》三，《博杂》。
⑥ 章学诚：《章氏遗书》卷4，《文史通义内篇》四，《说林》。
⑦ 江藩：《经解入门》第十五，《汉宋门户异同》，北平文化学社1932年印行。
⑧ 马宗霍：《中国经学史》，上海书店出版社1984年版，第134页。

事，无复有潜心理学者"。① 章学诚也一针见血地指出宋学弊端所在，他说："第其流弊，则于学问文章、经济事功之外，别见有所谓道耳。以道名学，而外轻经济事功，内轻学问文章，则守陋自是，枵腹空谈性天，无怪通儒耻言宋学矣。"② 即指斥宋学的空言义理。他在《与朱沧湄中翰论学书》中对这种"以道名学"进行批评，斥之为"有道而无器"：

> 盖学问之事，非以为名，经经史纬，出入百家，途辙不同，同斯于明道也。道非必袭天人、性命、诚正、治平，如宋人之别以道学为名，始谓之道；文章学问，毋论偏全平奇，为所当然而又知其所以然者，皆道也。……学术无有大小，皆期于道；若区学术于道外，而别以道学为名，始谓之道，则是有道而无器矣。③

正因为这种离器而言道，宋儒之学才流于空疏，远离现实，无关经济事功。

但章学诚虽然痛斥宋学流弊，却反对于宋学一并抹杀，他肯定："宋儒之学，自是三代以后讲求诚、正、治、平正路。"认为："宋学流弊，诚如前人所讥；今日之患，又坐宋学太不讲也。"他告诫诸子："尔辈此时讲求文辞，亦不宜略去宋学"，《五子遗书》、诸家《语录》，"其中精言名理，可以补经传之缺，而意义亦警如周、秦诸子者，往往有之。"同时指出："但不可堕入理障，蹈前人之流弊。"④ 可见，他要讲的宋学应是去其流弊之后的诚意正心之学。他对好友邵晋涵说："维持宋学，最忌凿空立说，诚以班、马之业而明程朱之道，君家念鲁志也，宜善诚之。"⑤ 他的"以班、马之业而明程朱之道"，又多少带有以史学

---

① 姚莹：《东溟文外集》卷1，《复黄又圆书》。同治六年《中复堂全集》本。
② 章学诚：《章氏遗书》卷9，《文史通义外篇》三，《家书五》。
③ 章学诚：《章氏遗书》卷9，《文史通义外篇》三，《与朱沧湄中翰论学书》。
④ 章学诚：《章氏遗书》卷9，《文史通义外篇》三，《家书五》。
⑤ 同上。

修正宋学的意图。

　　然而，章学诚希望知识界讲宋学，并非是要以恢复宋学为志。他的这一识见，是针对时风偏蔽而发。在乾嘉汉学风气全盛之际，知识界皆重考据而轻义理，章学诚将这种现象归因为风气盛衰所致，他说："然风气之盛，则村荒学究，皆可抵掌而升讲席；风气之衰，虽朱程大贤，犹见议于末学矣。"因此大声疾呼："君子学以持世，不宜以风气为重轻。"① 由此，他批评说："今之学者，虽趋风气，兢尚考订，多非心得。"② 又说："诸子百家之患，起于思而不学；世儒之患，起于学而不思。"③ 随着考据末流偏枯之弊的日渐显露，杰出之士，也都以之为忧。嘉庆元年春，焦循致书刘台拱，就说："盖古学未兴，道在存其学，古学大兴，道在求其通。前之弊患乎不学，后之弊患乎不思。证之以实而运之于虚，庶几学经之道也。"④ 这里提到的"证之以实而运之于虚"，与章学诚视"学而不思"为当世学风病痛，可谓同出一辙。嘉庆十九年九月，段玉裁复书陈寿祺，认为："今日大病，在弃洛、闽、关中之学不讲，谓之庸腐，而立身苟简，气节败，政事芜。天下皆君子而无真君子，未必非表率之过也。"喟叹："专言汉学，不治宋学，乃真人心世道之忧。"⑤ 亦与章学诚所论"今日之患，又坐宋学太不讲也"为同调之叹。

　　应当说，章学诚持正汉、宋的思想，建立在社会学术责任之上，与争汉、宋门户者，不可同日而语。而他针对学风时弊，持正汉、宋之学，对学术进行修正的理论基础则是"六经皆史"。

　　（三）"六经皆史"

　　"学以经世"为贯穿整部《文史通义》的重要思想，"六经皆史"则是其中的重要命题。乾隆五十三年，在写给孙星衍的《报孙渊如书》中，

---

①　章学诚：《章氏遗书》卷9，《文史通义外篇》三，《家书五》。

②　章学诚：《章氏遗书》卷9，《文史通义外篇》三，《答沈枫墀论学》。

③　章学诚：《章氏遗书》卷2，《文史通义内篇》二，《原学下》。

④　焦循：《雕菰集》卷13，《与刘端临教谕书》。

⑤　陈寿祺：《左海文集》卷4，《答段懋堂先生书》附录《懋堂先生书三通》之第三通。

章学诚提出："愚之所见，以为盈天地间，凡涉著作之林，皆是史学，六经特圣人取此六种之史以垂训者耳。子集诸家，其源皆出于史。"① 此时，"六经皆史"论已见其端。至乾隆五十四年，章学诚撰成《文史通义》中的《原道》篇，开篇即言："六经皆史也，六经皆先王之政典。"明确提出了"六经皆史"的命题。而与之前后的《经解》、《史释》、《易教》等篇，五十六年《答客问》、五十七年《书教》篇的撰成，"六经皆史"的理论体系得到了进一步的完善。至他病逝前一年（嘉庆五年）撰写的《浙东学术》篇，他的以"六经皆史"为核心的史学思想建设最终完成。

"六经皆史"并非是章学诚之独创，其渊源可追溯至先秦《庄子》之《天道》、《天运》诸篇，而如隋代王通，北宋苏洵，明王阳明、胡应麟、李贽，清初钱谦益、顾炎武等人，皆阐发过相近的认识。而章学诚"六经皆史"的最可宝贵之处在于，它建立在较为完善的哲学体系之上，以"即器明道"的理念，被赋予了现实和时代的意义。

章学诚提出"六经皆史"，他的论据总结起来有重要的两点，一是经与史在上古无所分，"三代学术，知有史而不知有经，切人事也"。②"古之所为经，乃三代盛时，典章法度见于政教行事之实"，这在宋明以来学者的著作中都递有论述。③ 二是六经皆先王之政典，为先王的经世之书。如："六经皆史也，古人不著书。古人未尝离事而言理，六经皆先王之政典也"，"六经皆先王得位行道，经纬世宙之迹，而非托于空言。"④ 这是章学诚反复强调的一点，也是认识章学诚的"六经皆史"学说最需注意的一点，这些论据都意在阐明六经不是离事而言理的空言著述，而是先王施展政治抱负的依托，所以章学诚在《原道》篇中再次

———————

① 章学诚：《章氏遗书》卷9，《文史通义外篇》三，《报孙渊如书》。
② 章学诚：《章氏遗书》卷2，《文史通义内篇》二，《浙东学术》。
③ 参见向燕南《从"荣经陋史"到"六经皆史"——宋明经史关系说的演化及意义之探讨》，《史学理论研究》2002年第4期；周少川《元代史学思想研究》第一章《元代理学影响下的史学思潮》第43—49页，社会科学文献出版社2001年版。
④ 章学诚：《章氏遗书》卷1，《文史通义内篇》一，《易教上》。

重申："六经特圣人取此六种之史以垂训者耳。"①

尤其值得注意的是，他用"道"与"器"两个哲学名词之间的关系，将六经与史联系起来。章学诚以影与形作比，表述道与器的关系说："《易》曰：'形而上者谓之道，形而下者谓之器'，道不离器，犹影不离形。"据此，他作了如下的阐述：

> 后世服夫子之教者自六经，以谓六经载道之书也，而不知六经皆器也。……三代以前，《诗》、《书》六艺，未尝不以教人，非如后世遵奉六经，别为儒学一门，而专称为载道之书者。盖以学者所习，不出官司典守，国家政教；而其为用，亦不出于人伦日用之常，是以但见其为不得不然之事耳，未尝别见所载之道也。夫子述六经以训后世，亦谓先圣先王之道不可见，六经即其器之可见者也。后人不见先王，当据可守之器而思不可见之道。故表彰先王政教，与夫官司典守以示人，而不自著为说，以致离器言道也。……官司守一时之掌故，经师传授之章句，亦事之出于不得不然者也。然而历代相传，不废儒业，为其所守先王之道也。而儒家者流，守其六籍，以为是特载道之书耳；夫天下岂有离器言道，离形存影者哉！彼舍天下事物、人伦日用，而守六籍以言道，则固不可与言夫道矣。②

这是一段反映章学诚学术思想的重要文字，在这段话中，他阐述了一个值得注意的问题：六经不仅仅是载道之书，而且是求道之器，研习六经的终极目的是为了"明道"。这种道体现在国家政教、人伦日用的具体实践之中。其卓越之处在于，"六经皆器"观点的阐发，冲破了以往儒家"道寓于六经"、"六经载道"的思想藩篱，视六经为明道的途径和手段，强化了六经与国家政教和人伦日用的联系，从而在"明道"这一基

---

① 章学诚：《章氏遗书》卷1，《文史通义内篇》一，《原道中》。
② 章学诚：《章氏遗书》卷2，《文史通义内篇》二，《原道中》。

点上，构建起六经与史的关联。在《答客问上》一文中，章学诚以《春秋》为例，解释说："道之不明久矣，六经皆史也。形而上者谓之道，形而下者谓之器。孔子之作《春秋》也，盖曰：'我欲托之空言，不如见诸行事之深切著明。'然则典章事实，作者之所不敢忽，盖将即器而明道耳。"① 又以此推衍云："夫道备于六经，义蕴之匿于前者，章句、训诂足以发明之；事变之出于后者，六经不能言，固贵约六经之旨而随时撰述，以究大道也。"② "约六经之旨而随时撰述"，显然指的是史学。

章学诚所提出的"即器以明道"，体现了他欲求经世的主体意识，他倡导的"六经皆史"也是这种意识的反映。中国古代史学历来有着"经世致用"的传统，"史之为用"是史学家们需要探讨的一个重要论题。自孔子作《春秋》，笔则笔，削则削，"使乱臣贼子惧"，中国古代史学的经世思想便已发端。这种经世思想关注的是史学所发挥的强烈的现实意义，章学诚一再强调六经作为当世先王政典的特征，强调"贵约六经之旨而随时撰述"，反对"舍器而求道，舍今而求古，舍人伦日用而求学问精微"，③ 都是在表述史学经世致用的特征。他在《史释》篇中说："君子苟有志于学，则必求当代典章，以切于人伦日用；必求官司掌故，而通于经术精微。则学为实事而文非空言，所谓有体必有用也。不知当代而言好古，不通掌故而言经术，则鞶帨之文，射覆之学，虽极精能，其无当于实用也审矣。"在晚年所作的《浙东学术》篇中，他更为明确地阐发说：

> 史学所以经世，固非空言著述也。且如六经，同出于孔子，先儒以为其功莫大于《春秋》，正以切合当时人事耳。后之言著述者，舍今而求古，舍人事而言性天，则吾不得而知之

① 章学诚：《章氏遗书》卷4，《文史通义内篇》四，《答客问上》。
② 章学诚：《章氏遗书》卷2，《文史通义内篇》二，《原道下》。
③ 章学诚：《章氏遗书》卷5，《文史通义内篇》五，《史释》。

矣。学者不知斯义，不足言史学也。①

　　章学诚的"六经皆史"说，就其主要方面而言，恐怕还不是尚存争议的尊经、抑经问题，② 贯穿于其间的一个中心思想，实为复原中国儒学的经世传统，倡导以史学去经世致用。一如章学诚晚年所辩："《通义》所争，但求古人大体，初不知有经史门户之见也"，③ 这大概是"六经皆史"说的现实意义所在。

　　钱穆先生指出："章学诚讲历史有一更大不可及之处，他不是站在史学立场来讲史学，而是站在整个的学术史立场来讲史学。"④ 将章学诚的"六经皆史"思想置于清代学术发展的历程中来考察，乃可更为深刻地认识其时代意义所在。

　　明清易代之际，"天崩地解"，这不仅意味着历史动荡变革中的王朝更替，也引发了思想文化领域的变动。历经明清鼎革的士大夫深受朝代更替和社会变乱的震撼，于亡国隐痛之中开始审视旧的学术体系，在总结明代灭亡的历史教训，痛诋王学末流空疏误国的思想交锋中，清初诸儒力主黜虚崇实，留心经世之术。如最为杰出的顾（炎武）、黄（宗羲）、王（夫之）三家，他们的为学皆以博大为特色，而归一于经世致用，从而影响到明末清初学风的转变。顾炎武所倡言"经学即理学"的命题，不仅带来了清新健实的治学风气，而且影响到乾嘉时期的学术发展，使经学从理学束缚中分离开来，成为一门显赫的学问，从而被考据学者奉为不祧之宗，而"有清一代学术，确在此旗帜下而获一新生命"。⑤

---

①　章学诚：《章氏遗书》卷2，《文史通义内篇》二，《浙东学术》。

②　按：关于章学诚"六经皆史"中的尊经、抑经问题可参见侯外庐：《中国思想通史》第5卷，人民出版社1956年版，第509—510页；柴德赓：《试论章学诚的学术思想》，《光明日报》1963年5月8日；仓修良：《也谈章学诚六经皆史》，载仓修良：《史家·史籍·史学》，山东教育出版社2001年版。

③　章学诚：《章氏遗书》卷28，《外集》一，《上朱中堂世叔》。

④　钱穆：《中国史学名著》，生活·读书·新知三联书店2004年版，第253页。

⑤　梁启超：《清代学术概论》四。

然而顾炎武提倡经学，绝不仅仅是为了训诂考证，"经学即理学"的命题是针对明末凿空言理的学风而阐发，目的在于给理学注入经学求实的内容，使之回到"明道救世"的轨道上，从而扭转学风，由蹈虚而转向核实。以经学考据为中坚的乾嘉学术，或许是达到了中国古代经学的最高峰，然而随着学风浸盛，穿穴故纸堆中，脱离现实，为考据而考据的弊端日益显著，经世致用的宗旨却遭到了丢弃。章学诚身处的是这样一个学术环境：汉学考据空前炽盛，当世学者竞相奔赴，趋之若鹜。而宋学则因"空谈性理"久遭贬斥，以宋鸣学者，皆无颜色。他要在汉、宋之间另辟新路，以求经世而明道。

值得注意的是，汉、宋二学虽然分帜鲜明，但二者之间却存在着一个极大的共同点，那就是"守六籍以言道"，皆以儒家六经为依归。所以，章学诚的"六经皆史"所针对的不仅是汉学，还有宋学。一方面，他以史学作为颉颃汉学考据的利器。用"六经皆史"、"即器明道"的观念来针砭当世日趋僵化的考据学风。批评当世学者的"昧今而博古，荒掌故而通经术"。① 所以嘉庆元年，在写给朱珪的《上朱中堂世叔》书中，章学诚即大言道："小子不避狂简，妄谓史学不明，经师即伏、孔、贾、郑只是得半之道。"②

另一方面，他用史学来修正宋学，提出了"言性命者必究于史"的命题。指出：

> 天人恲命之学，不可以空言讲也。故司马迁本董氏天人性命之说，而为经世之书。儒者欲尊德性. 而空言义理以为功，此宋学之所以见讥于大雅也。夫子曰："我欲托之空言，不如见诸行事之深切著明也。"此《春秋》之所以经世也。圣如孔子，言为天铎，犹且不以空言制胜，况他人乎？故善言天人性命，未有不切于人事者。

———————————

① 章学诚：《章氏遗书》卷5，《文史通义内篇》五，《史释》。
② 章学诚：《章氏遗书》卷28，《外集》一，《上朱中堂世叔》。

《浙东学术》篇中的这一段话，实是章学诚学术大旨的阐发，他的"言性命者必究于史"显然是针对宋学的"空言义理"而发，这与顾炎武提倡的"经学及理学"实有殊途同归、异曲同工之意。

1921 年夏，张尔田序《章氏遗书》，有一段称述"六经皆史"的文字："先生当举世溺于训诂、音韵、名物、度数之时，已虑恒干之将亡，独昌言六艺皆史之谊，又准其说施之于一切立言之书，而条其义例，比于子政辨章旧闻，一人而已。……为先生之学，则务矫世趋，群言殽列必寻其原而遂之于大道。"[①] 这里明确表述了章学诚提倡"六经皆史"与他力图挽救时代学术风气的密切联系。章学诚在《淮南子洪保辨》一文中指出："天下事凡风气所趋，虽善必有其弊。君子经世之学，但当相弊而救其偏。"[②] 而他所用来"相弊救偏"的学术形态，正是经世致用的史学。也就是说，在汉学与宋学之间，章学诚选择了倡导史学，来实现他的学术价值观。

自乾隆三十七年始，至嘉庆六年十一月，不可抗拒的死神来临，章学诚托付全稿于萧山王宗炎，乞为校定，萃其三十年心血而成的《文史通义》方告终结。章学诚曾言："尝谓百年而后，有能许《通义》文辞，与老杜歌诗同其沉郁，是仆身后之桓谭也。"[③] 则他是将《文史通义》价值的发现，留给了后世。事实也确如他所料，直至近代，人们才逐渐认识到其中蕴涵的精湛思想。可以说，《文史通义》也是章学诚的一部经世之书，它以卓立于主流学派之外的姿态，发自衿腑之言，于时风流弊进行着不妥协的批评，谋求学术革新发展之道。尽管在当时缺少知音，但确如梁启超先生所肯定："实为晚清学者开拓心胸，非直史家之杰而已。"[④] 更可值得注意的是，在"鞭挞千古、掊击当代"的传统学术批评中，《文史通义》一书为我们留下了诸多时代学术风云的印记。

---

① 章学诚：《章氏遗书》卷首，《张尔田序》。
② 章学诚：《章氏遗书》卷 7，《文史通义外篇》一，《淮南子洪保辨》。
③ 章学诚：《又与朱少白》，载《章学诚遗书》佚篇。
④ 梁启超：《清代学术概论》十九。

三、章学诚论学术风气

学术之兴，各因时会。两汉经学、魏晋玄学、隋唐佛学、宋明理学、清代朴学皆为中国古代学术发展中所呈现之时代特色。一代学术，一经汇为思潮，既而酿成风气，遂将达于全盛。而全盛期之特色，如梁启超先生所言："一世才智之士，以此好尚，相与淬厉精进；阘冗者犹希声附和，以不获厕于其林为耻。"① 而此后至衰落期，将有"豪杰之士"挺身而起，为之推旧创新。乾嘉时期无疑是清代考据学发展的全盛时期，生当此际的章学诚高倡"六经皆史"、史学经世，已经开始执著地进行推移旧俗、力创新风的学术实践。所谓"不识庐山真面目，只缘身在此山中"，当整个知识界都沉溺于汉学训诂之时，正是因为置身于主流学派之外，章学诚才能以一个学术史家的视角，纵览古今学术发展大势，看到学术风气的盛衰对时代学人的影响，从而敏锐地观察到时风流弊。他的学术风气论，在以下三个方面，最值得关注：

（一）学术风气，循环盛衰，互为其端

章学诚认为，学术风气的发展循环往复，势所必然，不以个人之意志为转移。他论述说：

> 历观古今学术，循环盛衰，互为其端。以一时风尚言之，有所近者必有所偏，亦其势也。学者祈向囿于时之所趋，莫不殚精竭智，攻索不遗余力，自以所得远过前人，圣人复生，不可易矣。及其风衰习变，后人又以时之所尚追议前人，未尝不如前人之视古昔。汉、唐、宋、明以讫昭代，作者递相祖述，亦递相訾议，终身遁于其中，而不自知其守器而忘道，岂有当哉！②

这一番带有朴素辩证思想的语言意在说明：学术思潮的演进，有其嬗递

---

① 梁启超：《清代学术概论》一。
② 章学诚：《章氏遗书》卷9，《文史通义外篇》三，《与朱沧湄中翰论学书》。

与继承，是一个后先递变的过程，各个时期的学术风气互为因果，推动学术不断向前发展。若不能以高远的视野进行审视，循身于风尚之中，只能限于前人訾议古人，后人追议前人的循环。

学术风气的盛衰递进、不断变动，往往会左右学者的见识，因为不能总体把握学术发展大势，一旦为一时风尚所裹挟，就会为其一端所蒙蔽。章学诚说：

> 夫文求是而学思其所以然。人皆知之而人罕能之，非其才之罪也，直缘风气锢其习而毁誉不能无动于中也。三代以还，官师政教不能合而为一，学业不得不随一时盛衰而为风气。当其盛也，盖世豪杰竭才而不能测其有余；及其衰也，中下之资抵掌而可以议其不足。大约服、郑训诂，韩、欧文辞，周、程义理，出奴入主，不胜纷纷。君子观之，此皆道中之一事耳。未窥道之全量，而各趋一节以相主奴，是大道不可见，而学士所矜为见者，特其风气之著于循环者也。①

他以当代为例，论述了康熙至乾隆时期学风的转变。康熙中年，学者专攻制义，经史之学皆不得称为正学。而"三十年来，学者锐意复古，于是由汉唐注疏，周秦子纬而通乎经传微言，所谓绝代离辞，同实殊号，阐发要妙，补苴缺遗，可谓愈出而愈奇矣"。至朝廷四库馆开，士子视校雠为衣食之业，纷纷投入对《尔雅》、《三苍》、《说文》、《玉篇》、《广韵》、《集韵》等书籍的考证、校勘之中，风气所开，"而中才子弟，亦往往能摘诣谣商商之悞，则愈盛矣"。对此，他解释说："夫循环衰盛，理势之常，岂制义大家聪明不如今日中才弟子哉？时尚，则中庸皆可与能，时废，则豪杰不免荒略。"②

章学诚有关学术风气循环盛衰的论述，在于把握到了学术思潮本身发展的内在走向，"循环衰盛，理势之常"，当其开创而起，进入全盛，

---

① 章学诚：《章氏遗书》卷9，《文史通义补篇》三，《答沈枫墀论学》。
② 章学诚：《与钱献之书》，载《章学诚遗书》佚篇。

"风会所趋,庸人亦能勉赴";当其盛极而衰,"风会所去,豪杰有所不能振也"。① 他由此而推至当世的学风,对今之考据风尚的"居然唾弃一切,若隐有所恃"进行批评。认为:"托一时风会所趋者,诩然自衿其途辙,以谓吾得寸木,实胜彼之岑楼焉,其亦可谓不达而已矣。"②

基于此,他认为学术思潮,一旦流为风气,则必将有所偏弊,为学之士应当根据自己的性质之所近,慎重选择自己的为学道路。

(二)风尚所趋,必有所偏,君子所以自树

乾隆四十三年(1778)七月,章学诚致书钱坫,与之论一时为学风尚说:"夫万物之情各有其至,而一时风尚,必有所偏。"③ 他评述汉唐以来学术发展,指出:"是以汉儒治经,唐世崇尚诗赋。则服、郑数君,不为习蔽,而余子概无闻焉。唐人业诗,宋人崇尚策论,则李杜诸家,不为习蔽,而余人无所述焉。"章学诚认为造成这种偏弊的原因主要有两点,一是学问、文辞和义理三者的侧重点不同,二是人情的好名趋时所导致,《原学》篇云:

> 风气之开也,必有所以取,学问、文辞与义理,所以不无偏重畸轻之故也。风气之成也,必有所以敝,人情趋时而好名,徇末而不知本也。是故开者虽不免于偏,必取其精者为新气之迎;敝者纵名为正,必袭其伪者为末流之托,此亦自然之势也。④

关于学问、文辞、义理三者的"不无偏重畸轻",他有一段具体的阐述:"学博者长于考索,侈其富于山海,岂非道中之实积,而骛于博者,终身敝精劳神以徇之,不知博之何所取也。才雄者健于属文,衿其艳于云霞,岂非道体之发挥,而擅于文者,终身苦心焦思以构之,不思文之何

① 章学诚:《章氏遗书》卷4,《文史通义内篇》四,《说林》。
② 同上。
③ 章学诚:《与钱献之书》,载《章学诚遗书》侠篇。
④ 章学诚:《章氏遗书》卷2,《文史通义内篇》二,《原学下》。

所用也。言义理者似能思矣，而不知义理虚悬而无薄，则义理亦无当于道矣。此皆知其然，而不知所以然也。"① 正是因为学问、文辞、义理三者的割裂，学问渊博者不知博之可所取，擅文辞者不思文之何所用，言义理者流于空谈无根，必然会造成学术风气的偏向。对学者的好名趋时，章学诚分析说："而一世之士，方以荣辱，由于毁誉，由于趋向，趋向所在，而终身贵贱、升沉、得失系之，于是舍其天然自有之长，而束缚驰骤，赴其质之所未具。"② 这亦将会加重学风所偏，导致流弊产生。

认识到追逐时尚学术风气的弊端，章学诚认为，学者应当慎重择取自己的为学方向，在学术方向的选取上，要把握以下两个原则：

其一，求性质之所近。章学诚从学术演进的角度进行分析，认为学术代有风气，但当千百年而后，世变风移，一时趋向不在，所能流传下来的"声施卓然，不可磨灭"者，"则精神周而当日所谓发于意之诚然者，有至理也"。所以，他强调，学者为学，必须"求其性之所自近"。③ 他在《与朱沧湄中翰论学书》中论述说：

> 若夫世方尚经，从而钻研服、郑，世方贵史，从而攻习班、马，尚考证者穿穴坟籍以为博，工词章者搜猎华藻以为奇。夫世之所尚，未必即我性之所安，时之所趋，何必即吾质之所近！舍其所长而用其所短，亦已难矣；而毁誉之势眩其外，利钝之见惑其中，虽使十倍古人之智力，而成功且不能以及半焉。何况中才而下，本无所以自通哉！④

就是说，学者治学，若不求"性之所安"、"质之所近"，一味地追逐风气，舍己而从时尚，往往会忽略自己的客观条件，舍己之长就己之短，

---

① 章学诚：《章氏遗书》卷2，《文史通义内篇》二，《原学下》。
② 章学诚：《与钱献之书》，载《章学诚遗书》佚篇。
③ 同上。
④ 章学诚：《章氏遗书》卷9，《文史通义外篇》三，《与朱沧湄中翰论学书》。

从而难以成功。所以，他提出："宇宙名物，有切己者，虽铢锱不遗。不切己者，虽泰山不顾。"① 章学诚不为世俗之学的决心，亦是立足于此，他于乾隆四十三年所作写《与钱献之书》中即云："学诚以是抱愚守颛，不忍舍其寸长，亦不敢强其尺短，以此落寞坐困于时，而不以为悔。"②

章学诚也因此提倡专门独断之学，这是因为，学术"所以通古今之变，而成一家之言者"，所以"必有详人之所略，异人之所同，重人之所轻，而忽人之所谨，绳墨之所不可得而拘，类例之所不可得而泥，而后微茫杪忽之际，有以独断于一心。及其书之成也，自然可以参天地而质鬼神，契前修而俟后圣，此家学之所以可贵也"。③ 他说："以此知专门之学，未有不孤行其意，虽使同侪争之而不疑，举世非之而不顾。"④

对于如何达到性质之所近，章学诚提出了"博览"、"习试"、"旁通"三者相结合的为学方法，说："欲进于学，必先求端于道。……人生难得全才，得于天者必有所近，学者不自知也。博览以验其趣之所入，习试以求其性之所安，旁通以究其量之所至，是亦足以求进乎道矣。"⑤

其二，戒除好名邀誉之心。章学诚以"学以明道"的观点立意，指出："学问所以经世，而文章期于明道，非为人士树名地也。"⑥ 断然将求名排斥在为学目的之外。他认为好名和追逐风气者是连在一起的，对此论述说："趋风气者未有不相率而入于伪也，其所以入于伪者，毁誉重而名心亟也。"因此他强调："故为学之要，先戒名心；为学之方，求端于道。"⑦ 他还就学问之道作了一段详细的论析：

---

① 章学诚：《章氏遗书》卷6，《文史通义内篇》六，《假年》。
② 章学诚：《与钱献之书》，载《章学诚遗书》佚篇。
③ 章学诚：《章氏遗书》卷4，《文史通义内篇》四，《答客问中》。
④ 章学诚：《章氏遗书》卷4，《文史通义内篇》四，《答客问上》。
⑤ 章学诚：《章氏遗书》卷9，《文史通义外篇》三，《答沈枫墀论学》。
⑥ 章学诚：《章氏遗书》卷4，《文史通义内篇》四，《说林》。
⑦ 章学诚：《章氏遗书》卷9，《文史通义外篇》三，《答沈枫墀论学》。

　　　然于学问途径，则似有所徇焉；充其所至，可以闳通博
　　雅，有闻当世，久之有所戕戕，亦足垂名来祀，称不朽矣。至
　　于内得诸心，上通于道，古人精微由我而阐，后学津逮自我而
　　开，将以有功斯世而不欲苟以名传，则犹未也。古人不忧名之
　　不传，而忧名之徒传而无功于人世；不忧学之不成，而忧学之
　　徒成而无得于身心；是故遑遑汲汲自力于学，将以明其道也。
　　经史者，古人所以求道之资，而非所以名其学也。①

这段文字所言，大概类似我们今天所讲的"学术良心"问题，作为一个
学者，应当认清自己的使命，那就是章学诚所说的"明道"，上阐古人
精微，下启后学津逮，探究事物的根源和规律，并对后人有所启发。做
到有功于人世，有得于心，而不是借此以传名。那么，因荣辱毁誉之虚
名而趋鹜风气，更为章学诚所不齿，他说："夫升沉荣辱，审乎定命。
则风尚有所不必徇也，天生五材，各有所利，则本质有所不可诬也。古
人于死生祸福之际，守己之是，不肯轻以徇人，况荣辱毁誉之虚名，固
无当于实效者哉！"②

　　与沈在廷论学时，章学诚还提出了一个在学术风气中何以自处的问
题，"君子所以自树"的观点就比而生，他说："风气纵有循环，而君子
之所以自树，则固毁誉不能倾，而盛衰之运不足为荣瘁矣，岂不卓
欤！"③ 由此，他依旧推至现实的学风，指出：

　　　今之学者则不然，不问天质之所近，不求心性之所安，惟
　　逐风气所趋而徇当世之所尚，勉强为之，固已不若人矣；世人
　　誉之则沾沾以喜，世人毁之则戚戚以忧，而不知天质之良，日
　　已离矣。夫风气所在，毁誉随之，得失是非，岂有定哉！辞章
　　之习既盛，辄诋马、郑为章句；性理之焰方张，则嗤韩、欧为

---

① 章学诚：《章氏遗书》卷9，《文史通义外篇》三，《与朱沧湄中翰论学书》。
② 章学诚：《与钱献之书》，载《章学诚遗书》佚篇。
③ 章学诚：《章氏遗书》卷9，《文史通义外篇》三，《答沈枫墀论学》。

文人；循环无端，莫知所底，而好名无识之徒，乃谓托足于
是，天下莫能加焉，不亦惑钦！①

当世学风病痛之一端，在章学诚的笔下，可谓一览无余。

纵观章学诚的学术生涯，我们发现，他一生都在坚持自己的为学追
求，矢志而往，始终不渝。他的一生为学，的确履行了他的学术誓言：
"因性之所近而充其量之所极，举世誉之而不为劝，举世非之而不为阻。
审己分定，一意孤行，以毕生之全力，曲折赴之。"② 惟此一份执著，
他的独步当时，应不言而喻。

（三）君子之学，贵辟风气，持世救偏

章学诚的这一论点，建立在他极力主张的学以经世的基础上，在
《文史通义·天喻》篇中，他阐述说：

> 学业将以经世也，如治历者，尽人功以求合于天行而已
> 矣，初不自为意必也。其前人所略而后人详之，前人所无而后
> 人创之，前人所习而后人更之。……孔子生于衰世，有德无
> 位，故述而不作，以明先王之大道。孟子当处士横议之时，故
> 力距杨、墨，以尊孔子之传述。韩子当佛老炽盛之时，故推明
> 圣道，以正天下之学术。程朱当末学忘本之会，故辨明性理，
> 以挽流俗之心。其与事功，皆不相袭，而皆以言乎经世也。故
> 学业者，所以辟风气也。风气未开，学业有以开之。风气既
> 弊，学业有以挽之。好名之士，方且趋风气而为学业，是以火
> 救火，而水救水也。

这段文字列举了先秦孔、孟，唐代韩愈，宋代二程、朱熹的学术取向，
或明大道，或尊先圣，或斥佛老，或辩性理，皆因他们所处时代的学术
思潮已见流弊，故起而纠之，以为挽救，从而实现"以言乎经世"的学
术目标。叶瑛先生在校注《文史通义》此篇时认为："本篇论学术贵在

---

① 章学诚：《章氏遗书》卷9，《文史通义外篇》三，《答沈枫墀论学》。
② 章学诚：《与钱献之书》，载《章学诚遗书》佚篇。

能开风气而救其弊，盖引申《原道》、《原学》之义。"洵为确论。《原学》篇则更明确地指出："天下不能无风气，风气不能无循环，一阴一阳之道，见于气数者然也。所贵君子之学术，为能持世而救偏，一阴一阳之道，宜于调剂者然也。"

嘉庆元年，章学诚所作《淮南子洪保辨》，也是论述学术风气的一篇重要文字。这篇文字的撰写，缘于钱塘冯景所著《解春集》中《淮南子洪保》一文，助阎若璩攻《古文尚书》之伪。而《古文尚书》真伪一案，自宋迄清，六百余年，历代皆有学者证驳其伪。清初大儒阎若璩又不遗余力，专门攻辨，倾二十年之力，成《尚书古文疏证》，考定为晋人梅赜伪托之作，其一百二十八条证据，屹立如山，不可强夺。章学诚认为冯景所为，不过搏已毙之虎，又"搏之不以其道"，"非深文太过，则言之不关款要，高自矜诩，义袭取名，而于经学初无所入"。他称这种"中无所得，而全务矜张夸诩"的著述行为"类于趋风好名者之所为，不可为训"。章学诚指出："盖既曰风气，无论所主是非，皆已演成流习，而谐众以为低昂，不复有性情之自得矣。"不仅如此，驱逐风气的学术也将偏离学术经世的宗旨，他论述说：

> 天下事，凡风气所趋，虽善必有其弊。君子经世之学，但当相弊而救其偏。转不重初起之是非，谓既入风气，而初起之是非已失实也。然则《洪保》诸书，不但附赘悬疣，直是趋风气而反为风气之罪人矣。呜呼！岂特《洪保》而已哉？[1]

言下之意，当世趋风气者，何其多也。他因而大声疾呼：

> 君子之学，贵辟风气，而不贵趋风气也。

《文史通义·说林》篇中，他亦极力申明君子之学，当"相弊而救其偏"的主张，指出："风尚所趋，必有所弊，君子立言以救弊，归之中正而已矣。"

---

[1] 章学诚：《章氏遗书》卷 7，《文史通义外篇》一，《淮南子洪保辨》。

那么，如何才能做到不趋风气，持世而救偏呢？章学诚认为，学问文章、聪明才辨，皆不足以持世，"所以持世者存乎识也"。"所贵乎识者，非特能持风尚之偏而已也，知其所偏之中，亦有不得而废者焉。非特能用独擅之长而已也，知己之所擅长，亦有不足以该者焉。不得而废者，严于去伪，而慎于治偏，则可以无弊矣"。可见，这种"识"是不为时风所囿的独立思考精神。也正是因为具备了这种"识"，章学诚才能在朝野竞趋考据学风的乾嘉之际，卓立于当时。

章学诚对学风病痛的针砭，建立在高屋建瓴的学术视野之上。他所论述的君子之学贵辟风气、持世而救偏，是面对乾嘉学风流弊所作出的深沉思考，阐发的是一个学者对学术发展应尽的责任，至今而言，仍不失为真知灼见。

四、章学诚与乾嘉学人

章学诚一生南北奔走，挟册谋生，交游甚广。特别是他曾入朱筠、毕沅幕府，得阅当世名士。一时学界俊杰，如戴震、邵晋涵、洪亮吉、孙星衍、任大椿、周永年、汪中、汪辉祖、程瑶田等人，与他都曾有过交往。而一时学者，也均为其所论。其间确有偏激、守旧的一面，如对扬州汪中、钱塘袁枚等人的讥刺，或以个人恩怨，纵意诟骂，或以己之固陋，逞为私见，则不必为之掩瑕。[①] 然其论世知人，亦不乏卓见深心。在此，特举他和当时著名学者戴震、钱大昕、邵晋涵三例，以从一个侧面认识其与乾嘉主流学术的关系。

（一）章学诚对戴震的学术评价

章学诚与戴震，在今天而论，代表着清代中叶学术思想史上的两个

---

① 按：章学诚对汪中的讥评，可参见《文史通义》之《立言有本》、《述学驳文》两文，柴德赓《章实斋与汪容甫》（《江苏师院学报》1962 年第 5 期）所论至为平允；攻击袁枚，则为"不学无术"、"无知之徒"、"无耻妄人"等，可参考《文史通义·内篇五》的《诗话》、《书坊刻诗话后》、《妇学》、《妇学篇书后》、《论文辨伪》等篇。

高峰，于乾嘉时期，并峙鼎立。① 关于章学诚对戴震的学术评价，学术界涉及亦多，大约不出两种意见，一则指章学诚批评戴震学术为其思想中之"糟粕"，或由此而得章不如戴的观点；一则称章学诚深知戴学，评论戴震褒大于贬。② 诸家所论，各有所据，择而参考，皆有益于学。而章学诚之评价戴震学术，实有一定的阶段性，在此大略梳理于下，以便论析。

戴震卒于乾隆四十二年五月，章学诚最早攻驳戴震的文字，大概是在此前后所作的《文史通义》中的《朱陆篇》，认为戴震心术未醇，故而正之。其中未指戴震之名，尚为含蓄。

乾隆四十三年七月，章学诚至书钱坫，论述的中心思想是一时学风所偏，表明自己决意不为世俗之学的志向。在这篇《与钱献之书》中，章学诚对戴震之训诂和朱彝尊的文章提出了批评：

> 戴东原氏之训诂，朱竹垞（按原书失校，"君"字疑为"垞"字之误）氏之文章，皆无今古于胸中者也，其病则戴氏好胜而强所不知，朱氏贪多而不守统要，然而与风气为趋避，则无之矣。③

这里虽然批驳着力，但实有赞扬两人不以风气为趋避之处。

章学诚集中点名攻驳、评价戴震的学术，则是乾隆五十四年、五十五年间的事情。乾隆五十四年，章学诚与沈在廷论学，在《答沈枫墀论学》一书中，已有大段文字公然文驳戴震。翌年，涉及戴震文字尤多，主要有写给诸子的家书，而此年撰就的《郑学斋记书后》一篇和补写的《书朱陆篇后》、《记与戴东原修志》两文，都是纯粹评述戴学。此外，乾隆五十四年或稍后的《答邵二云书》和《与史余村书》是章学诚与友

---

① 参见余英时：《论戴震与章学诚》，第三页。
② 参见周予同、汤志钧《章学诚"六经皆史"说初探》，载《中华文史论丛》第 1 辑；暴洪昌《章学诚与乾嘉考据学派》，载《北方论丛》1994 年第 4 期；仓修良《章实斋评戴东原》，载《史家·史籍·史学》，山东教育出版社 2000 年版。
③ 章学诚：《与钱献之书》，载《章学诚遗书》佚篇。

人辩论戴震学术的重要文字，① 乾隆五十五、五十六年间的《又与正甫论文》也多涉攻戴之语。

这时，距戴震谢世已十有余年，章学诚何以要选择此时，将自己对戴震学术的种种看法，凝诸笔端，汪洋恣肆，一发不可收拾。而检视章氏著作，可以看出，乾隆五十五年前后，实是章学诚学术生涯中最可注意的一段时期。以下，从其对自己学术发展的认识以及《文史通义》之撰写情形进行简要分析。

乾隆六十年（1795）十二月末，章学诚集五十九、六十年两年所作文字为《甲乙剩稿》，并题跋于上，以甲乙为十干之首，效"古人十年考学"之意，对自己从十七岁至四十七岁，即从乾隆十九年至乾隆四十九年四个十年间，每十年的为学情况进行了一次总结：

> 甲乙为十干之首，古人十年考学，必有进德，今此区区所业，岂足以征德乎。前此十年为甲辰、乙巳（乾隆四十九年、五十年——引者），则莲池主讲，所作亦有斐然可观，而未通变也。前此十年，为甲午、乙未（乾隆三十九年、四十年——引者），则江南修志，返浙而复入都门，学识方长，而文笔亦纵横能达，然不免有意于矜张也。前此又十年，为甲申、乙酉（乾隆二十九年、三十年——引者），……彼时立志甚奇，而学识未充，文笔未能如意之所向。前此又十年，为甲戌、乙亥（乾隆十九年、二十年——引者），……中无张主，而心顾不甘与俗学伍尔。②

可见，直至乾隆四十九年、五十年，他对自己的撰述文字仍然不很满

---

① 按：《答邵二云书》中有云："其学问心术，本无足为轻重，实有瑕瑜不容掩者，已别具专篇讨论，箧藏其稿，不敢示人，恐惊曹好曹恶之耳目也。"《与史余村书》中亦言："别有专篇，辨论深细，此时未可举以示人，恐惊一时之耳目也。"据文意判断，此"专篇"，大概是章学诚著于乾隆五十四年之《书朱陆篇后》。《答邵二云书》中，章氏还提及其乾隆五十四年所作之《原道》篇，可推定此两篇书信大致写于乾隆五十四年或稍后。
② 章学诚：《章氏遗书》卷28，《外集》一，《跋甲乙剩稿》。

意，认为所作虽有斐然可观，却觉仍然未能通变。但他的《文史通义》撰著，却在逐渐走向成熟。乾隆四十八年，章学诚撰成《文史通义》十篇，他在《癸卯通义草书后》写道："其著述之旨，则得自衿腑，随其意趣所至，固未尝有意趋时，亦不敢立心矫异，惟言其是，理惬于心"。① 乾隆五十三年，章学诚赴毕沅幕府，为其编纂《史籍考》，"六经皆史"之论已见其端。② 此年，章学诚得《文史通义》十篇，自称："性命之文，尽于《通义》一书。"③ 翌年，章学诚在安徽太平使院，自四月十一日至五月初八日，著《文史通义》内外二十三篇，约二万余言，自称："生平为文，未有捷于此者。"譬之为"殆如梦惠连得春草句，亦且不自知也"。④ 章学诚将之分为甲、乙两编，其中甲编"新著"皆专论文史，他在《姑孰夏课甲编小引》中称：

> 向病诸子言道，率多破碎。诸儒又尊道太过，不免推而远之。至谓近日所云学问，发为文章，与古之有德有言殊异。无怪前人诋文史之儒，不足与议于道矣。余仅能议文史耳，非知道者也。然议文史而自拒文史于道外，则文史亦不成其为文史矣。因推原道述，为书得十三篇，以为文史缘起，亦见儒之流于文史，儒者自误以谓有道在文史外耳。新著一十二篇，附存旧稿一篇。⑤

这里所说的以文史而见道，正是《文史通义》思想体系建立的一个基点。

按胡适先生之《章实斋先生年谱》，甲编"新著"为《原道》上中下、《原学》上中下、《博约》上中下、《经解》上中下十二篇。这些都是《文史通义》中的重要篇章。除此十二篇，钱穆先生还举出了章氏约

────────────

① 章学诚：《章氏遗书》卷29，《外集》二，《癸卯通义草书后》。
② 章学诚：《章氏遗书》卷9，《文史通义外篇》三，《报孙渊如书》。
③ 章学诚：《章氏遗书》卷29，《外集》二，《跋戊申秋课》。
④ 章学诚：《章氏遗书》卷29，《外集》二，《姑孰夏课乙编小引》。
⑤ 章学诚：《章氏遗书》卷29，《姑孰夏课乙编小引》。

作于此年的另二十八篇文目,① 他论述说:"实斋重要思想,大部均于此时成熟。上举文目,实为《文史通义》之中心文字,为研究实斋学术最需玩诵之诸篇。而己酉(乾隆五十四年——引者)一年,亦实斋议论思想发展最精彩之一年也。"②

乾隆五十四年,在方志的编纂上,章学诚亦颇感进境,他对自己所撰《亳州志》非常满意,认为:"此志拟之于史,当与陈、范抗行,义例之精,则又《文史通义》中之最上乘也;世人忽近贵远,自不察耳。后世是非,终有定评,如有良史才出,读《亳志》而心知其意,不特方志奉为开山之祖,即史家得其一二精义,亦当尊为不祧之宗;此中自信颇真,言大实非夸也。"③ 此年,他还撰就《永清新志》十篇,差觉峻洁,认为可"稍赎十二年前学力未到之愆"。

仍是乾隆五十四年,他在给周振荣的信中写道:"出都三年,学问文章,差觉较前有进。由今观之,悔笔甚多,乃知文字不宜轻刻板也。然观近所为文,自以为差可矣。"④ 这个评价大概多少还带有一些自谦的成分。

从其青年时期自谓"识力未充",至乾隆三十九年、四十年所谓的"不免有意于矜张",又至乾隆四十八年的"不敢立心矫异"、乾隆五十年的"未能通变",再到乾隆五十四年的"自以为差可",章学诚自我的学术进境历程清晰可辨。

还需注意的一点是,至乾隆五十五年,章学诚已经开始总结自己的

---

① 参见钱穆:《中国近三百年来学术史》,第 466 页。钱先生所举为:《匡谬》、《黠陋》、《习固》、《篇卷》、《辨似》、《说林》、《知难》、《史释》、《史注》、《文集》、《天喻》、《师说》、《假年》、《感遇》、《感赋》、《史学例议》、《亳州人物表例议》上中下、《记与戴东原修志》、《杂说》上中下、《朱先生墓志书后》、《郑学斋记书后》、《答沈枫墀论学》、《答周永清辨论文法》、《又答沈枫墀》、《答朱少白》、《与朱少白论文》,又云"多是己酉年作也"。笔者按,此间乾隆五十五年之作亦多。

② 钱穆:《中国近三百年学术史》第九章,《章实斋》,第 467 页。

③ 章学诚:《章氏遗书》卷 9,《文史通义外篇》三,《又与永清论文》。

④ 同上。

生平为学，这一事实，充分反映在此年他写给诸子的家书中。① 如其中所言："古人重家学，盖意之所在，有非语言文字所能尽者。……吾于史学，盖有天授，自信发凡起例，多为后世开山。"② "吾于是力究纪传之史，而辨析体例，遂若天授神诣，竟成绝业。"③ 他还在乾嘉主流学风中审视自己的为学说：

> 至论学问文章，与一时通人全不相合。盖时人以补苴襞绩见长，考订名物为务，小学音画为名；吾于数者皆非所长，而甚知爱重，咨于善者而取法之，不强其所不能，必欲自为著述以趋时尚，此吾善自度也。时人不知其意而强为者，以谓舍此无以自立，故无论真伪是非，途径皆出于一。吾之所为，则举世所不为者也。④

可以说，乾隆五十四年前后，是章学诚学术思想体系和理论体系的完善时期，学术见解的成熟与学术实践的推行（修志），也使他达到了一个思想成熟期，具备了问鼎学术巅峰的条件。与之同时，即从乾隆五十四年开始，章学诚集中点名攻驳戴震，评价其学术，这应当不是属于一种机缘的巧合。

那么，如何将此与评价戴震的学术联系起来呢？在世人眼中，戴震是乾嘉时期考据学的杰出代表，亦是当时公认的乾嘉考据学的集大成者。正如江藩《国朝汉学师承记》中所云："国朝诸儒崛起，接二千余年沉沦之绪，……亭林始其开端；河洛图书，至胡氏而绌；中西推步，至梅氏而精；力攻古文者，阎氏也；专治汉《易》者，惠氏也；凡此皆千余年不传之绝学，及东原出而集大成焉。"⑤ 他还是"从此汉学昌明，

---

① 按：乾隆五十五年，章学诚写有与诸子《家书》七首。
② 章学诚：《章氏遗书》卷9，《文史通义外篇》三，《家书二》。
③ 章学诚：《章氏遗书》卷9，《文史通义外篇》三，《家书三》。
④ 章学诚：《章氏遗书》卷9，《文史通义》外篇三，《家书二》。
⑤ 江藩：《国朝汉学师承记》卷7，《汪中》。

千载沉霾，一朝复旦"的一个关键人物，① 从吴、皖二派之分，已见戴学影响力之深广。其本人亦慨然以当代学者之第一人自居。② 毫无疑问，戴震是当时乾嘉主流学派的旗帜性人物，"不屑屑于考证之学，与正统派异"的章学诚在此时评价戴震学术，③ 正是完善自己学术体系的一个方面。

"攻戴"，一直以来，是学术界探讨章学诚学术比较关注的一个议题，章学诚对戴震的学术批评，主要表现在以下三个方面：

其一，"心术未醇"。章学诚说："戴君学问，深见古人大体，不愧一代巨儒，而心术未醇，颇为近日学者之患，故余作《朱陆》篇正之。"④ 则戴震的"心术未醇"，在《朱陆篇》中最能找到答案。检阅是篇，章学诚所讲的是戴震学出朱子，承其家法，但反而痛斥朱子。他写道："今人有薄朱氏之学者，即朱氏之数传而后起者也。"为了证明于此，章学诚还详细历数了朱学的传承："然沿其学者，一传而为勉斋、九峰，再传而为西山、鹤山、东发、厚斋，三传而为仁山、白云，四传而为潜溪、义乌，五传而为宁人、百诗，则皆服古通经，学求其是，而非专己守残，空言性命之流也。……生乎今世，因闻宁人、百诗之风，上溯古今著述，有以心知其意，此则通经服古之绪，又嗣其音矣。无如其人慧过于识而气荡乎志，反为朱子诟病焉，则亦忘其所自矣。"⑤ 在嘉庆二年前后所作的《又与朱少白书》中，他再次重申道："至国初而顾亭林、黄梨洲、阎百诗皆俎豆相承，甚于汉之经师谱系"，指明而言："戴氏亦从此数公入手，而痛斥朱学，此饮水而忘其源也。""戴君之误，误在诋宋儒之躬行实践，而置己身于功过之外。"⑥ 并将此斥为"忘本"。

① 江藩：《国朝汉学师承记》卷首，《自序》。
② 按：江藩《国朝汉学师承记》："戴编修尝谓人曰：'当代学者，吾以晓征（钱大昕）为第二人。'盖东原毅然以第一人自居。"
③ 梁启超：《清代学术概论》十九。
④ 章学诚：《章氏遗书》卷2，《文史通义内篇》二，《朱陆》附《书朱陆篇后》。
⑤ 章学诚：《章氏遗书》卷2，《文史通义内篇》二，《朱陆》。
⑥ 章学诚：《章氏遗书》补遗，《又与朱少白书》。

章学诚所指戴震的"心术未醇"，大概还在于不满其"心（笔）口不一"。他在《书朱陆篇后》提到．戴震在书中对朱子不敢讥讽，承朱学家法，但口谈无纵丑贬朱子．欲以朱子五百年后第一人自居，"害义伤教"。① 在《答邵二云书》中，他更集中批评说：

> 独至戴氏，而笔著之书，与口腾之说，或如龙蛇，或如水火，不类出于一人，将使后人何所准也？……戴氏笔之于书，唯辟宋儒践履之言谬尔，其他说理之文，则多精深谨严，发前人所未发，何可诬也。至腾之于口，则丑詈程朱，诋侮董韩，自许孟子后之一人，可谓无忌惮矣。然其身既死，书存而口已灭，君子存人之美，取其书而略其口说可也，不知戴遗书而得其解者，尚未有人，听戴口说而益其疾者，方兴未已，故不得不辨也。

章学诚在这段文字中批评戴震心口不一，意在说明戴震著述中所言和"口腾之说"相互矛盾，让人无所适从，为心术之大患。辩论戴震的心口不一，在章学诚看来，是关乎世道人心的一件大事，因为"即此亦可辨人心术"，而作学问，必须讨心术，否则，"而所为学与问者，又将何所用也。"他自诩道："生平从无贰言歧说，心之所见，口之所言，笔之所书，千变万化，无不出于一律。'②

其二，不解古文与史学。戴震之不解古文，屡为章学诚所讥弹。乾隆五十五年，他在《家书六》中举戴震所言"一夕而悟古文之道，明日信笔而书，便出《左》、《国》、《史》、《汉》之上"。对此加以驳斥，认为其故作高深。评述说："此犹龚君近古，使人一望知其荒谬，不足患也。使彼真能古文，而指语稍近情理，岂不为所惑欤！其有意主劝诱来学而言之太易者，亦须分别观之。"③ 言下之意，戴震不能作古文。对

---

① 章学诚：《章氏遗书》卷 2，《文史通义内篇》二，《朱陆》附《书朱陆篇后》。
② 章学诚：《答史余村》，载《章学诚遗书》佚篇。
③ 章学诚：《章氏遗书》卷 9，《文史通义外篇》三，《家书六》。

戴震的这一大言，他在《书朱陆篇后》也曾提到，① 他的愤愤之情，我们可以想见。

对戴震的不解史学与修志，章学诚更是耿耿于怀。因此，他在乾隆五十四年补写了《与戴东原论修志》一文，述说乾隆三十八年夏天在宁波道署与之论修《汾州府志》，戴震"盛气凌之"的始末。乾隆五十四年十一月，章学诚在答沈在廷的书信中论入清以来学风变迁，平停考订、辞章、义理之学。其中亦大谈戴震学问，讥刺为："而记传文字，非其所长，纂修志乘，固亦非其所解，委而不为，固无伤也。而强作解事，动成窒戾，此则不善趋避而昧于交相为功之业者也。"② 他更在《书朱陆篇后》贬斥："其于史学义例、古文法度，实无所解，应人之求，又不安于习故，妄矜独断。……故为高论，出入无渊，使人不可测识。人询班马二史优劣，则全袭郑樵讥班之言，以谓己之创见……见由自欺而至于欺人，心已忍矣。"③ 至于戴震不知朱彝尊的《经义考》为"史学者流"，④ 以应酬传志入文集，以惹人笑柄之《汾州府志》津津自道得意，⑤ 亦是章学诚攻驳戴震不解史学与古文的依据。

其三，矜夸考据。乾隆五十六年，章学诚在写给族侄的《又与正甫论文》一书中论述说：

> 近日言学问者，戴东原氏实为之最。以其实有见于古人大体，非徒矜考订而求博雅也。然戴氏之言又有过者。戴氏言曰："诵《尧典》，至'乃命羲和'，不知恒星七政，则不卒业；

---

① 按：章学诚：《书朱陆篇后》："又有请学古文辞者，（戴震）则曰：'古文可以无学而能。余生平不解为古文辞，后忽欲为之而不知其道，乃取古人之文，反复思之，忘寝食者数日，一夕忽有所悟，翼日取所欲为文者，振笔而书，不假思索而成，其文即远出《左》、《国》、《史》、《汉》之上。'"

② 章学诚：《章氏遗书》卷9，《文史通义外篇》三，《答沈枫墀论学》。

③ 章学诚：《章氏遗书》卷2，《文史通义内篇》二，《朱陆》附《书朱陆篇后》。

④ 按：此见《章氏遗书》卷28，《上朱中堂世叔》，中云："戴东原之经诂可谓深矣，乃讥朱竹垞氏本非经学，而强为《经义考》以争名，使人哑然笑也。朱氏《经考》乃史学之流，刘、班《七略》、《艺文》之义例也。何尝有争经学意哉！"

⑤ 参见章学诚：《章氏遗书》补遗，《又答朱少白书》。

诵《周南》、《召南》，不知古音则失读；诵古《礼经》先士冠礼，不知古者宫室、衣服等制，则迷其方。①

章学诚将功力和学问区分为二，认为二者"实相似而不同"，记诵名数，搜剔遗逸，排纂门类，考订异同，途辙多端，"皆学者求知所用之功力尔。"所以他虽然肯定："戴氏深通训诂，长于制数，又得古人之所以然，故因考索而成学问，其言是也。"但又认为戴震以此概人，夸大了考据的作用，"必如其所举，始许通经，则是数端皆出专门绝业，古今寥寥不数人耳，犹复此纠彼讼，未能一定。将遂古今无诵五经之人，岂不诬乎！"这里，章学诚批评的，显然是戴震提出的"由字以通其词，由词以通其道"的治学方法。②戴震主张由训诂而明道，所以将"马、班之史，韩、柳之文"仅看成是一种"艺"，认为不足以明道。章学诚对此讽喻说："此犹资舟楫以入都，而谓陆程非京路也。"③《书朱陆篇后》则言："其自尊所业，以谓学者不究于此，无由闻道。不知训诂名物，亦一端耳。古人学于文辞，求于义理，不由其说，如韩、欧、程、张诸儒，竟不许以闻道，则亦过矣。"

　　章学诚之攻驳戴震，以上三个方面大致可以概括，其间，既有中肯之批评，也有偏激的贬辞，在此不作深论。因为这里所要关注的一个重要问题是，章学诚评价戴震学术的目的何在？以上分析的各篇文目中，可以较为明显地看到这样一个事实，章学诚的攻戴，往往会与现实的学术风气联系在一起。例如，乾隆五十四年的《答沈枫墀论学》，批评戴震强作古文辞，不善趋避，接下来即言："要之，文易翻空，学须摭实。

① 章学诚：《章氏遗书》卷29，《外集》二，《又与正甫论文》。按：此文中所举戴震之言，亦见《戴东原集》卷11，《题惠定宇先生授经图》。
② 戴震：《戴震文集》卷9，《与是仲明论学书》。
③ 章学诚：《章氏遗书》卷29，《外集》二，《又与正甫论文》。按：文中举戴震之言，亦见《戴震文集》卷9，《与方希原书》。中云："事于文章者，等而末者也。然自子长、孟坚、退之、子厚诸君之为文，曰：'是道也，非艺也。'以云道，道固有存焉者矣，如诸君子之文，亦恶睹其非艺欤？"

今之学者，虽趋风气，竞尚考订，多非心得，然知求实而不蹈于虚，犹愈于掉虚文而不复知实学也。"① 乾隆五十六年的《又与正甫论文》中亦言："今之误执功力为学问者，但趋风气，本无心得，直谓舍彼区区掇拾，既无所谓学，亦夏虫之见也。"可见，通过攻驳戴震的学术来批评当时的学风，是章学诚攻戴的一个原因。

然而，仅仅关注此点，显然不够，这一问题的解答，仍需回到《书朱陆篇后》，这篇评论戴震学术最为集中细致的文字。

这篇长达一千五百余言的文字中，蕴涵着一个重要的思想，那就是：天下无人识戴学。他说："戴君下世，今十余年，同时有横肆骂詈者，固不足为戴君累；而尊奉太过，至有称谓孟子后之一人，则亦不免为戴所愚。身后恩怨俱平，理宜公论出矣，而至今无人能定戴氏品者，则知德者鲜也。"他对戴震的肯定是："戴君学问，深见古人大体，不愧一代巨儒。"并明确指出戴震学术的大旨是通经以明道：

> 凡戴君所学，深通训诂，究于名物制度，而得其所以然，将以明道也。时人方资博雅考订，见其训诂名物，有合时好，以谓戴之绝诣在此。及戴著《论性》、《原善》诸篇，于天人理气，实有发前人所未发者；时人则谓空说义理，可以无作，是固不知戴学者矣。戴见时人之识如此，遂离奇其说曰："余于训诂、声韵、天象、地理四者，如肩舆之隶也；余所明道，则乘舆之大人也。当世号为通人，仅堪与余舆隶通寒温耳。"言虽不为无因，毕竟有伤雅道，然犹激于世无真知己者，因不免于已甚耳。尚未害于义也。②

这段文字，顾值得玩味。乾隆三十年（1765），戴震撰《题惠定宇先生授经图》，就"故训"与"理义"的关系有过一段阐发，其中指出："言者辄曰：'有汉儒经学，有宋儒经学，一主于故训，一主于理义。'

---

① 章学诚：《章氏遗书》卷9，《文史通义外篇》三，《答沈枫墀论学》。
② 章学诚：《章氏遗书》卷2，《文史通义内篇》二，《朱陆》附《书朱陆篇后》。

此诚震之大不解也者。……彼歧故训、理义二之，是故训非以明理义，而故训胡为；理义不存乎典章制度，势必流入异学曲说而不自知。"①此时，他以训诂明义理的思想已然确立，章学诚所说的"得其所以然，将以明道"的含义也应在此。戴震的《论性》、《原善》等阐发义理的著作确实不为时人所赏识，按章学诚所言，则戴震感于世无真知，遂有"肩舆之隶"与"乘舆之大人"一说，证之以其弟子段玉裁所记："先生之言曰：'六书、九数等，如轿夫然，所以异轿中人也。以六书、九数尽我，是犹误以轿夫为轿中人也。'"② 可见章学诚所称当世之通人不解戴学，实为不诬。所以在这篇文字的结尾，他再度重申："后学向慕，而闻其恍惚玄渺之言，则疑不敢决，至今未能定戴为何如人，而信之过者，遂有超汉、唐、宋儒为孟子后一人之说，则皆不为知戴者也。"③

　　章学诚于乾隆五十五年撰写了《郑学斋记书后》一文，④ 开篇写道："戴东原云：'郑学微而始以邦氏名学。'其说洵然。时文兴而文辞始有古文之名，同一理也。戴君说经不尽主郑氏说，而其《与任幼植书》，则戒以轻畔康成，人皆疑之，不知其皆是也。"此文虽然意在指斥当世学风中的墨守之弊，主张"学当求其是，不可泥于古"。但观此一段，可以看出，其间依旧蕴涵着章学诚讥讽时人不解戴学的意味。他为戴震的境遇解释说："任氏（大椿）锐思好学，非荒经蔑古者也，然未能深有得于古人而遽疑郑学，此戴君之所以深惧也，故又以为戒耳。然墨守之愚及墨守之黠，与夫愚心自是而不为墨守者，各执似是之非以诘戴君，戴君将反无辞以解。"⑤ 钱穆先生认为："实斋

---

① 戴震：《戴震文集》卷 11，《题惠定宇先生授经图》，中华书局 1980 年 12 月赵玉新点校本。
② 戴震：《戴东原先生文集》卷首，《段三裁序》。
③ 章学诚：《章氏遗书》卷 2，《文史通义内篇》二，《朱陆》附《书朱陆篇后》。
④ 按："郑学斋"为王昶书斋名，戴震之《郑学斋记》撰于乾隆二十四年九月，见《戴震文集》卷 12，《郑学斋记》。
⑤ 章学诚：《章氏遗书》卷 8，《文史通义外篇》二，《郑学斋记书后》。

此文，发明戴氏治学精神极深切。"① 胡适先生则更据此篇判断章学诚"深知戴学"。② 章学诚在这篇文字中并未明言自己深解戴学，但却说："心知其意，难为浅见寡闻者道也。"对不解戴学者的轻蔑态度已流露其中。

章学诚与好友邵晋涵也曾有过关于戴震学行的辩论，关于此，邵晋涵的文集中不见载述，但《章学诚遗书》佚篇中的《答邵二云书》和《与史余村书》为我们留下了一些相关的线索，这两封书信也为我们认识章学诚评价戴震学术提供了重要的信息。

从《答邵二云书》中可见，章学诚攻驳戴震的言论一出，邵晋涵便极力为戴震申辩，认为章氏为浮言所惑。其辩言最切者，是针对章学诚所言戴震自称《原善》之书，欲希两庑牲牢等语，所以《答邵二云书》起笔便言：

> 来书于戴东原自称《原善》之书，欲希两庑牲牢等语，往复力辨，决其必无是言，足下不忘死友，意甚可感，然谓仆为浮言所惑，则不然也。③

邵晋涵与戴震共处四库馆中，非常了解戴震的为人，认为"两庑牲牢"等语甚为卑鄙，不似戴震平日语。章学诚虽称"此说似矣"，但又说："抑知戴氏之言，因人因地因时，各有变化，权欺术御，何必言之由中，以仆亲闻，更有甚于此者，皆可一笑置之，固不必执以为有，亦不必辨以为非也。"章学诚又在《与史余村书》中重申邵晋涵为戴氏力辩是"不忘死友，真古人用心。"同时又称："惜其犹未达也。"④ 为邵晋涵不能够理解自己感到惋惜。

《答邵二云书》中，章学诚提及了其早年从学朱筠门下，为戴震学

---

① 钱穆：《中国近三百年学术史》第八章《戴东原》，第409页。
② 参见胡适著，姚名达订补：《章实斋先生年谱》，第113页。
③ 章学诚：《答邵二云书》，载《章学诚遗书》佚篇。
④ 章学诚：《与史余村》，载《章学诚遗书》佚篇。

术争辩之事：

> 时在朱先生门，得见一时通人，虽大扩平生闻见，而求能
> 深识古人大体，进窥天地之纯，惟戴氏可与几此。而当时中朝
> 荐绅负重望者，大兴朱氏、嘉定钱氏，实为一时巨擘。其推重
> 戴氏，亦但云训诂名物，六书九数，用功深细而已，及举《原
> 善》诸篇，则群惜其有用精神耗于无用之地。仆于当时，力争
> 朱先生前，以谓此说以买椟还珠。而人微言轻，不足以动诸公
> 之听。①

这段文字反映出的信息也很引人注目，章学诚从学于朱筠，当是乾隆三
四十年的事情，② 其中表述的文意非常清楚：当时学界众望所归的人物
皆以戴震所学在训诂、名物、六书、九数，而于其《原善》等明六经义
理的著述则大不以为然。所以在《与史余村》一书中，章学诚写道：
"有如戴东原氏，非古今无其偶者，而乾隆年间，未尝有其学识。是以
三四十年中人，皆视以为光怪陆离，而莫能名其为何等学。"③

　　在与邵晋涵的辩论中，章学诚极力强调自己知戴最深，他对邵晋涵
说："戴君虽与足下相得甚深，正知戴君之深，足下不如仆之早。""唯
仆知戴最深，故勘戴隐情亦最微中"。章学诚还极力向邵晋涵表白自己
批评戴震的缘由："其学问心术，实有瑕瑜不容掩者。""仆之攻戴，欲
人别瑕而择其瑜，甚有苦心，非好为掎摭也。或谓戴氏生平未尝许可于
仆，仆以此报怨者，此则置之不足辨也"。④ 章学诚在这里极力申辩自

---

① 章学诚：《答邵二云书》，载《章学诚遗书》佚篇。按，此间所言朱筠对《原善》的态
度，亦见洪榜《初堂遗稿》之《上笥河朱先生书》。戴震卒前，曾作《答彭进士书》驳
诘进士彭绍升对其《原善》、《孟子字义疏证》的攻击。洪榜撰戴震《行状》，全载其
文。以此向朱筠求撰墓志铭。朱筠称："状中所载《答彭进士书》可不必载，性与天道
不可得闻，何图更於程、朱之外，复有论说乎？戴氏可传者不在此。"
② 按：章学诚于乾隆三十一年，随朱筠学文，寓居其邸。乾隆三十八年，以朱筠介绍，
应和州知州聘，修《和州志》，离开朱筠幕府。
③ 章学诚：《与史余村》，载《章学诚遗书》佚篇。
④ 章学诚：《章学诚遗书》佚篇，《答邵二云书》。

己评价戴震学术不是以私报怨，而是"甚有苦心"，那么他的"苦心"何在呢？只是他所讲的"欲人别瑕而择其瑜"吗？这显然不足以让人信服。章学诚在《与邵二云书》中不经意地讲到了这样一句话："至于'两庑牲牢'等语，本无足为戴轻重，仆偶举为《原道》诸篇非有私意之旁证耳。"① 可见，通过评价当时最优秀的人物，推扬自己的学术主张，才是章学诚的心意所在。

章学诚对戴震《原善》一书的一再肯定也值得我们注意，前所叙述而外，嘉庆二年前后，章学诚致书朱锡庚，又言：

> 戴东原训诂解经，得古人之大体，众所推尊。其《原善》诸篇，虽先夫子亦所不取。其实精微醇邃，实有古人未发之旨，鄙不以为非也。（原注：姚姬传并不取《原善》，过矣。）……然戴实有所得力处，故《原善》诸篇，文不容没。②

此文中，章学诚再次为《原善》争辩，还给予了"精微醇邃，实有古人未发之旨"的高度评价。

章学诚所推重的《原善》是戴震的第一部系统阐发六经义理的著作，乾隆二十八年，成上、中、下三篇。据段玉裁所记："先生尝言：'作《原善》首篇成，乐不可言，吃饭亦别有甘味。'"③ 乾隆三十一年，戴震增订《原善》旧作为三卷，并自记云：

> 余始为《原善》之书三章，惧学者蔽以异趣也，复援据经言疏通证明之，而以三章者分为建首，次成上、中、下卷，比类合义，灿然端委毕著矣。天人之道，经之大训萃焉。以今之去古圣哲既远，治经之士，莫能综贯，习所见闻，积非成是，余言恐未足以振兹坠绪也。藏之家塾，以待能者发之。④

---

① 章学诚：《章学诚遗书》佚篇，《答邵二云书》。
② 章学诚：《章氏遗书》补遗，《又与朱少白书》。
③ 段玉裁辑：《戴东原先生年谱》，乾隆二十八年、四十一岁条。
④ 戴震：《原善》卷首，《自记》。

从中可见戴震对自己《原善》一书的期望之深。非但如此，他还以自己另一部揭示"理道天命性情之名"①的著作——《孟子字义疏证》为"生平论述最大者"，他告诉弟子段玉裁说："此正人心之要。今人无论正邪，尽以意见误名之曰理，而祸斯民，故《疏证》不得不作。"② 由此亦可窥见戴震欲以之针砭学术时弊的用心。焦循称："东原生平所著书，惟《孟子字义疏证》三卷、《原善》三卷最为精善，知其讲求于是者，必深有所得，故临殁时往来于心。……夫东原，世所共仰之通人也，而其所自得者，惟《孟子字义疏证》、《原善》，所知觉不昧于昏瞀之中者，徒恃此笺笺也。"③ 这似乎可为章学诚所言戴震自称《原善》"欲希两庑牲牢"之语的出处作一个注解。

梁启超先生曾说："当时学者且万口翕然诵东原，顾能知其学者实鲜。"④ 但从某种程度上来讲，章学诚可称得上是戴震的知己，在今天看来，这是一件令人惋惜的事情。然而学术风气非个人能力所能转移，在"家家许、郑，人人贾、马"的汉学风尚席卷大江南北、朝野上下的乾嘉之际，"达人显贵之所主持，聪明才隽之所奔赴"，⑤ 不单戴震以训诂明义理的新学风难以拓展，章学诚的学术见解在当时的知识界中更乏共鸣，他的"悲同时之知音不足恃"，他的深沉的慨叹："知之难乎哉！"⑥ 大概亦在于此。

（二）章学诚与钱大昕

钱大昕是乾嘉时期众所宗仰的第一流学者、经史学家。卢文弨称其"学博而行醇"，⑦"白眼逢人百不识"的汪中亦推其为"一代之儒宗"。⑧

---

① 焦循：《雕菰集》卷 16，《论语通释自序》。
② 《戴震全书》之三十五《与段茂堂等十一札》之第十札。
③ 焦循：《雕菰集》卷 7，《申戴》。
④ 梁启超：《戴东原先生传》，载《饮冰室文集》第四十一种。
⑤ 章学诚：《章氏遗书》卷 9，《文史通义外篇》三，《上钱辛楣宫詹书》。
⑥ 章学诚：《章氏遗书》卷 4，《文史通义内篇》四，《知难》。
⑦ 卢文弨：《抱经堂文集》卷 19，《答钱辛楣詹事书》。
⑧ 刘文兴：《刘端临先生年谱》，乾隆四十一年、二十六岁条，录汪中书。

阮元则更是推崇备至，称其兼经术、史学、地理、文字音韵、金石诗文之成，"网罗百氏，学为儒宗"。① 对这位乾嘉学术大师，章学诚始终无一语贬辞。但他与钱大昕的联系，却似乎只是一厢情愿。在此，将《章氏遗书》中章学诚与钱大昕之关联，排列于下：

乾隆三十五年，章学诚方学古文辞于朱筠，朱筠将赴福建典乡试，嘱章学诚持其所撰蒋秦树之《墓志铭》面商钱大昕改订。钱大昕以未见朱筠，略商数语，不肯涉笔。章学诚称："詹事推仆著笔，盖谓弟子面承师说，转可无嫌，谅哉！深知文字之要害也！"②

乾隆三十七年，"因忆京华旧游，念久不获闻长者绪论"，遂作《上晓征学士书》，录《文史通义》内篇三首，托曹学闵转交，中云："敢以一得之愚，质之左右，惟赐之教答而扩以所未闻。"③ 这封书信因故未能转达。④

乾隆五十七年，毕沅《续通鉴》书成，章学诚代其作书寄钱大昕。指摘陈桱《通鉴续编》、王宗沐《宋元资治通鉴》、薛应旂《宋元资治通鉴》、徐乾学《资治通鉴后编》等诸家撰著缺失，及本书的资料采择和编纂方法。文中三次提及"章实斋"，关于此，则涉及两事。一是书名问题。邵晋涵欲仿南宋李涛不名"通鉴"，称"长编"之意，定名《宋元事鉴》；章学诚则"因推孟子其事其文之义，且欲广吕伯恭氏撰辑，别为《宋元文鉴》，将与《事鉴》并立，以为后此一成之例"。毕沅则认为不必避讳，仍以"通鉴"名书。就此请钱大昕裁定，问"尊意以为何如"？二是是否在帝纪之前，仿照《会要》之体，简列帝王、后妃、大臣"别录"，这就是文中所言的"章实斋乃云：'纪传之史，分而不合，

---

① 钱大昕：《三统术衍》卷首，《阮元序》，嘉定钱大昕全集本，江苏古籍出版社 1997 年版。

② 章学诚：《章氏遗书》卷9，《文史通义外篇》三，《与邵二云论文书》。

③ 章学诚：《上晓征学士书》，载黄云眉《史学杂搞续存》第 351 页。

④ 按：胡适先生认为："实斋上钱晓征书，大概是被曹慕堂留下了，始终没有寄达。此信是从安徽太平府试院发出的，也许那时钱辛楣已南归，故此信留在北方。"引自陈监先、胡适《关于章实斋的争鸣》，《晋阳学刊》1984 年第 5 期，第 111 页。

当用互注之法以联其散。编年之史，浑灏无门，当用区别之法以清其类'。"毕沅虽认为"其说甚新"，但不能裁决，因而言："凡此一皆就质高明，如何如何？"① 章学诚如此行文，可见他等待钱大昕答复的心情非常迫切。这封《为毕制军与钱辛楣宫詹论续鉴书》中，有一段文字言及著书风气，也值得注意，其中写道：

> 夫著书义例，虽曰家法相承，要作者运裁，亦有一时风气；即如宋、元编年诸家，陈、王、薛氏虽曰"未善"，然亦各有所主。陈氏草创于始，亦不可为无功；薛氏值讲学盛行之时，故其书不以孤陋为嫌，正惟详于学派；徐氏当实学竞出之际，故其书不以义例为要，而惟主于多闻。鄙则以为风尚所在，有利即有其弊，著书宗旨，自当因弊以救其偏，但不可矫枉而至于过尔。②

虽然以毕沅的名义讲出，但与其所论君子之学，贵辟风气，当持世以救偏同出一辙。

嘉庆二年，章学诚在苏州会晤钱大昕，可能谈到了朱锡庚。③

嘉庆二年前后，章学诚致书朱锡庚，与之讨论所作传记改易传主诗词文句的道理，认为此"正史家之作用也。"并言："此事与流俗言则不解，与通人言又每多不以为然，斯道之所以难也。"其下注云："辛楣先生尚不谓然。"④ 显然是将钱大昕置于"通人"之上，但治史分歧

---

① 章学诚：《章氏遗书》卷9，《文史通义外篇》三，《为毕制军与钱辛楣宫詹论续鉴书》。
② 同上。
③ 按：章学诚《章学诚遗书》佚篇《又与朱少白》一书中，章学诚望朱锡庚"勿负私篆所镌'能读父书'四字"，于其下注云："去岁游维扬，晤兰泉先生，游苏州，晤辛楣先生，皆有责望足下之意，且有所见不如所闻之议。"这封书信息在澄清其"盗卖毕公《史考》"，又将卖友人邵晋涵笔墨，"献媚于谢方伯（启昆）"的传言。章学诚在嘉庆三年入谢启昆幕续修《史籍考》，《又与朱少白书》之撰写当系嘉庆三年或之后。而嘉庆二年，章学诚有扬州之游（参见胡适著、姚名达订补《章实斋先生年谱》，嘉庆二年五月条），正与"去岁游维扬"相合。
④ 章学诚：《章氏遗书》补遗，《又答朱少白书》。

已见。

嘉庆三年，章学诚以《文史通义》初刻稿送钱大昕，恳请："所上敝帚，乞勿为外人道也。"并言："惟由韩氏之言体之，则著书为后世计，而今人著书，欲以表于时，此愚见之所不识也。"①

章学诚一再将文章呈送钱大昕，并屡次在文集中提及有与之论学论人之事，他寻求学术认同的心态，隐然可见。早在乾隆三十七年，《文史通义》初撰之时，他致函即言："然天壤之大，得一二知己，可以不恨，区区之论，固不足庭喻而户告之也。"② 已欲引钱大昕为知己，可惜这封书信却未能送达。直至晚年，章学诚与钱大昕言时风偏弊，将以挽救，仍然提及"知音"一词，"若夫天壤之大。岂绝知音。针介之投，岂无暗合？则探怀而出，何所秘焉"。③ 依然渴望能被钱大昕引为同调。然而事与愿违，钱大昕自定之《潜研堂文集》显然未将他列为论学对象，即使其代胡广总督毕沅所作的《为毕制军与钱辛楣宫詹论续鉴书》也不见只字答复。

章学诚不断努力，试图求取钱大昕认可的原因或许很多，但有一点非常重要，那就是：将他与钱大昕距离拉近的是史学。

乾嘉学术，以经学考证为中坚，学者亦多以肆经为宗，故段玉裁称："言学者但求诸经而足矣。"④ 经学发展过快，转致史学衰弱不振，陈寅恪先生论及这种诚为可哀的学术偏向时说："往昔经学盛时，为其学者，可不读唐以后书，以求速效。声誉既易致，而利禄亦随之。于是一世才智之士，能为考据之学者，群舍史学而趋于经学之一途。"⑤ 对这种仅将治经当做真正学问的乾嘉学术现象，章学诚曾一再进行批评，钱大昕也与他有着一致的认识，他有感于"自惠、戴之学盛行于世，天

---

① 章学诚：《章氏遗书》卷 29，《外集》二，《上辛楣宫詹书》。
② 章学诚：《上晓征学士书》，载黄云眉《史学杂搞续存》。
③ 章学诚：《章氏遗书》卷 29，《外集》二，《上辛楣宫詹书》。
④ 段玉裁：《经韵楼集》卷 9，《十经斋记》。
⑤ 陈寅恪：《金明馆丛稿二编·陈垣〈西域人华化考序〉》。

下学者但治古经，略涉三史，三史之下茫然不知，得谓之通儒乎"，①转而治史。其弱冠时，已好读乙部书，"通籍以后，尤专斯业"。② 钱大昕是乾嘉时期以博通和专精史学而著称的学者。凌廷堪指出："史学惟钱辛楣先生用功最深。"③ 清末朱一新更明确评价说："乾嘉诸儒以东原、竹汀为巨擘，一精于经，一精于史。"④ 故乾隆三十七年，三十五岁的章学诚方探索古今著述渊源和文章流别之时，便为钱大昕《元史艺文志》初稿所折服，在信中盛赞："阁下精于校雠，而益以闻见之富，又专力整齐一代之书，凡所搜罗撰述，皆足追古作者而集其成，即今绍二刘之业而广班氏之例者，非阁下其谁托！"⑤

钱大昕以史学为终生职志，他的史学成就也对后世产生了深远的影响。但分析他的治史风格，我们不能不看到乾嘉学风的深刻作用。钱大昕的学术承家学而来，⑥ 年未弱冠，"考据已有与前辈暗合者"，⑦ 并为吴中考据前辈惠栋、沈彤引为忘年之交。师友影响，环境熏染，他走的是一条由经入史之路，考史之功，冠于当时。故《清史稿》本传称其于"古人爵里、事实、年齿，了如指掌；典章制度，昔人不能明断者，皆有确见"。其妹婿王鸣盛更言："竹汀于史，横纵钩贯，援据出入，既博且精。所作《廿二史考异》，固已得未曾有。出其馀技，以治金石，而考史之精博，遂能超轶前贤。"⑧ 乾隆四十五年，钱大昕《廿二史考异》撰成，他在《自序》中说：

① 江藩：《国朝汉学师承记》卷3，《钱大昕》。
② 钱大昕：《潜研堂文集》，卷24，《廿二史考异序》。嘉定钱大昕全集本，江苏古籍出版社1997年版。
③ 凌廷堪《校礼堂文集》卷25，《与张乞其锦书》。
④ 朱一新：《无邪堂答问》，中华书局2000年版，第3页。
⑤ 章学诚：《上晓征学士书》，载黄云眉《史学杂搞续存》。
⑥ 按《竹汀居士年谱》：乾隆二年丁巳条云："大父奉政公馆望仙桥杨氏，即从大父受业，初学为八股。"钱庆增注曰："奉政公凤精小学，教以训诂、音韵，公能贯通大意，奉政公尝谓此子入许、郑之室无难也。"
⑦ 钱大昕：《竹汀居士年谱》，乾隆十年乙丑条。
⑧ 钱大昕：《潜研堂金石文跋尾》卷首，《王鸣盛序》。

> 史非一家之书，实千载之书，袪其疑乃能坚其信，指其瑕
> 益以见其美。拾遗规过，匪为齮龁前人，实以开导后学。……
> 桑榆景迫，学殖无成，唯有实事求是，护惜古人之苦心，可与
> 海内共白。①

可见，在实事求是的宗旨下，钱大昕开拓的是袪疑、指瑕、拾遗规过的
考史领域。自《廿二史考异》问世，至乾隆五十二年，王鸣盛的《十七
史商榷》，嘉庆五年（1800），赵翼的《廿二史札记》相继成书，形成了
清代学术史上以辩证古史为重要特色的乾嘉史学。王鸣盛在其《十七史
商榷·自序》中的一段话，大概是乾嘉学者治史方法的最好解读，他论
述说："大抵史家所记典制，有得有失，读史者不必横生意见，驰骋议
论，以明法戒也。但当考其典制之实，俾数千百年建置沿革，了如指
掌，而或宜法，或宜戒，待人之自择焉可矣。其事迹则有美有恶，读史
者亦不必强立文法，擅加与夺以为褒贬也。但当考其事迹之实，俾年经
事纬，部居州次，记载之异同，见闻之离合，一一条析无疑。而若者可
褒，若者可贬，听诸天下之公论焉可矣。"②

但乾嘉学者的考史之学，在章学诚看来，却并不是真正意义上的史
学。他认为："整辑排比谓之史纂，参互搜讨谓之史考，皆非史学。"③
在写给朱珪的信中，他进一步阐发说：

> 世士以博稽言史，则史考也；以文笔言史，则史选也；
> 以故实言史，则史纂也；以议论言史，则史评也；以体裁言
> 史，则史例耳。唐宋以来积学之士，不过史纂、史考、史
> 例；能文之士，不过史选、史评。古人所谓史学，则未之
> 闻也。"④

---

① 钱大昕：《潜研堂文集》卷24，《廿二史考异序》。
② 王鸣盛：《十七史商榷》卷首，《自序》。
③ 章学诚：《章氏遗书》卷2，《文史通义内篇》二，《浙东学术》。
④ 章学诚：《章氏遗书》补遗，《上朱大司马论文》。

章学诚的史学标准，绝非史纂、史考、史例、史选、史评所能够达到，这里表述得非常明确。他所看重的是"成一家之言"的"独断"之史，① 提倡的是"史学之所以经世，固非空言著述也"，② 因而注重"史意"。他说："而人乃拟吾于刘知几，不知刘言史法，吾言史意。刘议馆局纂修，吾议一家著述。截然两途，不相入也。"③

可见，对钱大昕和章学诚而言，同样是史学，二人的治学路数却全然不同，一个强调"实事求是"、"拾遗规过"，一个讲求史学义例，阐发史意。则章学诚自命"发凡起列，多为后世开山"的史学建议，大概难以得到钱大昕的首肯。而钱氏之史学著作，《廿二史考异》外，如《三史拾遗》、《诸史拾遗》、《潜研堂金石文跋尾》、《通鉴注辨证》、《四史朔闰考》、《元史氏族表》、《补元史氏族表》、《元史艺文志》、《补元史艺文志》等，无论多么精审，对章学诚而言，也不过是史纂、史考、史例而已。皆治史学而异趣，应当是两人不可能相互认同的一个重要原因。

然而，尽管治史路径存在着差异，章学诚与钱大昕两人在"经史无二"这一认识上，却有着惊人的相似。乾隆六十年，赵翼撰《廿二史札记》将成，自题《小引》于卷首，称"资性粗钝，不能研究经学。惟历代史书，事显而义浅，便于流览，爰取为日课"。④ 嘉庆五年，钱大昕针对此言，为撰序言云：

> 经与史岂有二学哉。昔宣尼赞修六经，而《尚书》、《春秋》实为史家之权舆。汉世刘向父子校理秘文为六略，而《世本》、《楚汉春秋》、《太史公书》、《汉著纪》列于春秋家，《高祖传》、《孝文传》列于儒家，初无经史之别。厥后兰台、东观

① 章学诚：《章氏遗书》卷4，《文史通义内篇》四，《答客问上》。
② 章学诚：《章氏遗书》卷2，《文史通义内篇》二，《浙东学术》。
③ 章学诚：《章氏遗书》卷9，《文集》三，《家书二》。
④ 赵翼：《廿二史札记》卷首，《廿二史札记小引》。

作者益繁，李允、荀勖等创立四部，而经史始分，然不闻陋史而荣经也。自王安石以倡狂诡诞之学，要君窃位，自造《三经新义》，驱海内而诵习之，甚至诋《春秋》为断烂朝报。……由是说经者日多，治史者日少。彼之言曰，经精而史粗也，经正而史杂也。予谓经以明伦，虚灵玄妙之论，似精实非精也。经以致用，迂阔刻深之谈，似正实非正也。太史公尊孔子为世家，谓："载籍极博，必考信于六艺。"班氏《古今人表》尊孔、孟而降老、庄。皆卓然有功于圣学，故其文与六经并传而不愧。①

将这段文字与章学诚倡扬之"六经皆史"相对照，不免又会让人深深遗憾，怅此两人，何以不能英雄相惜，同声相应。二人经史论见的不谋而合，亦可窥见乾嘉学风中的某种微妙变化，学术发展中新旧推移的潜涌，已在暗自酝酿。

梁启超先生总结清代乾嘉时期的史学，曾为之叹息说："顾吾曹最痛惜者，以清代唯一之史家章实斋，生乾嘉极盛时代，而其学竟不能为斯学界衣被以别开生面，致有清一代史家仅以撫拾丛残自足，谁之罪也。"② 而观章学诚论学术风气，"当其势重气盛，趋向所归，莫不人人自谓跻泰山之巅，穷黄河之源，何其壮哉"！③ 则"谁之罪也"这个问题，当不难解答，其学术理想难以推行之一端，也可以概见。

（三）章学诚与《邵与桐别传》

邵晋涵（1743—1796），字与桐，号二云，浙江余姚人。乾隆三十六年进士，乾隆三十八年，与历城周永年、休宁戴震等被特诏征入四库馆，编校图书，授翰林院庶吉士，其时年未而立，已跻身翰林清贵之地，天下荣之。后又历翰林院侍讲学士、日讲起居注官、咸安宫总裁，

① 赵翼：《廿二史札记》卷首，《钱大昕序》。
② 梁启超《中国近三百年学术史》十五，《清代学者整理旧学之总成绩三》，天津古籍出版社 2003 年版，第 333 页。
③ 章学诚：《章学诚遗书》佚篇，《与钱献之书》。

《万寿盛典》、《八旗通志》、国史馆、三通馆纂修官，国史馆提调官等职，一为广西主考官，两充教习庶吉士。不仅仕途风顺，其经学、史学也为海内所推重，弟子门生遍于天下。讣闻时，"卿大夫相与悼于朝，集古通今、博闻宏览之儒相与悼于野"。① 他与章学诚的不同际遇，二人身后荣耀与冷落的鲜明对比，实是一个引人思索的问题。

乾隆三十六年，章学诚与邵晋涵初识于京师，再遇于安徽太平使院，论文谈史，契合隐微，自此相交二十余年。章学诚一生结交时贤不在少数，何兆龙先生《章学诚友朋考》中所录"友朋"有四十八位之多，② 然而能与章氏在学术生涯中相互砥砺，友情至死不衰者大概只有邵晋涵一人。章学诚在《邵与桐别传》中称："惟于予爱若兄弟，前后二十余年，南北离和，历历可溯，得志未尝不相慰悦。至风尘潦倒，疾病患难，亦强半以君为依附焉。"两人情感之深挚，由此可见。检视两人的文集，可以看出，他们的友谊籍于学术之上。《章氏遗书》与《南江文钞》中所保留的章学诚、邵晋涵相互论学的诸多信件，③ 就是两人学谊的见证。

章学诚的《邵与桐别传》作于嘉庆五年，这时距邵晋涵下世已历五载。章学诚之所以迟至此时方为邵氏作传，诚有着一段难言的隐痛。嘉庆元年，邵晋涵去世的消息传来，章学诚为挚友亡故哀悼累日，也自谓"邵君之传，实有一二非仆耇笔必不得其真者"，④ 认为给邵氏作传，自己当是"谊不敢辞"。但当他向邵氏后人搜集其遗稿为写作素材时，却遭到了冷遇，"邵氏次君，自命读父书者，遇求请，辄作无数惊疑猜惧之象，支离掩饰，殆难理喻"。⑤ 其间的缘由，是听信他人传言章有"负生死之谊，盗卖毕公《史考》"的嫌疑，又将卖其先人笔墨，"献媚

① 王昶：《春融堂集》卷60，《翰林院侍讲学士充国史馆提调官邵君墓表》，《续修四库全书》本。
② 参见何兆龙《章学诚友朋考》，《沪江学刊》1995年第6期。
③ 如章学诚：《章氏遗书》卷9《答邵二云》、《与邵二云论学》、《与邵二云》、《与邵二云论文书》；邵晋涵：《南江文钞》卷8，《与章实斋书》等。
④ 章学诚：《又与朱少白》，载《章学诚遗书》佚篇。
⑤ 同上。

于谢方伯（启昆）"。挚友已亡，又遭其后人误解至此，章氏的心情可想而知。他曾写有长信给邵晋涵的弟子朱锡庚，作《又与朱少白》一书为自己辩白，其间严词批评了剽窃他人学术成果的卑劣行径。末云："邵传则徐当以意属草，而阙其不可知者，以识遗憾，此仆不敢负死友也，然所负已不少矣。长者行事不使人疑，今遭疑如是，仆亦良自愧也。如何如何！足下鉴之而已。"

至嘉庆五年，章学诚卧病不起，疾病日侵，自知不久于人世，恐终无一言，将"负死友于九原"，苦于目废不能书，只好口述大略，由长子贻选代笔，作《邵与桐别传》。

为了更深层次地考察《邵与桐别传》，在此将"别传"与洪亮吉所作《邵学士家传》和钱大昕所作《日讲起居注官翰林院侍讲学士邵君墓志铭》（以下简称《邵君墓志铭》）并举而论。

洪亮吉的《邵学士家传》作于邵晋涵去世的当年，即嘉庆元年；钱大昕所撰墓志铭则不详何时，但洪亮吉《邵学士家传》末云："今公子秉恒、秉华等，以亮吉尚足知君，乞先为家传，以缀君行事。"钱大昕《邵君墓志铭》中云："子秉恒、秉华卜葬君于某乡某原，先期来请铭"，则钱大昕所撰似稍后于洪亮吉的"家传"。

洪亮吉《邵学士家传》中对邵晋涵学术的评价是"于学无所不窥，而尤能推求本原，实事求是"。他还不惜笔墨叙述了当时朴学兴起的情形及邵晋涵对当时的"经学昌明"之功：

> 盖自元明以来，儒者务为空疏无益之学，六书训诂，屏斥不谈，于是儒术日晦，而游谈垄兴。虽间有能读书如杨慎、朱谋㙔者，非果于自用，即安于作伪，立论往往不足依据。迨我国家之兴，而朴学始辈出，顾处士炎武、阎征君若璩首为之倡，然窦穴未尽辟也。乾隆之初，海宇乂平，已百余年，鸿伟傀特之儒接踵而见，惠征君栋、戴编修震，其学识始足方驾古人。及四库馆之开，君与戴君又首膺其选，由徒步入翰林，于是海

内之士知向学者，于惠君则读其书，于君与戴君则亲闻其绪论，向之空谈性命及从事帖括者，始骎骎然趋实学矣。夫伏而在下，则虽以惠君之学识，不过门徒数十人止矣。及达而在上，其单词只义，即足以歆动一世之士。则今之经学昌明，上之自圣天子启之，下之即谓出于君与戴君讲明切究之力，无不可也。

对邵晋涵的《尔雅正义》，洪亮吉亦不厌其烦地叙述说：

> 君于经深《三传》、《尔雅》，成进士以后，未入馆以前，以宋邢昺疏义芜浅，遂别为《尔雅正义》一书。亮吉始识君，与同客安徽学使者署，见君一字未定，必反复讲求，不归于至当不止。如以九府之梁山为即今衡山，《释草》蘩菟葵为即今款东，皆同客时所订定，而亮吉等急叹以为绝识者也。

钱大昕《邵君墓志铭》表彰邵氏学行云：

> 于四部七录，无所不窥，而非法之书，弗陈于侧。尝谓《尔雅》者，六艺之津梁，而邢叔明疏浅陋不称，乃别为《正义》，以郭景纯为宗，而兼采舍人、樊、刘、李、孙诸家，郭有未详者，用它书补之，凡三四易稿而始定。今承学之士，多舍邢而从邵矣。……君所著，又有《孟子述义》、《穀梁正义》、《韩诗内传考》、《皇朝大臣谥迹录》、《輶轩日记》，皆实事求是，有益于学者。

洪亮吉的《邵学士家传》和钱大昕的《邵君墓志铭》中，对邵晋涵的《尔雅正义》，都有相当的肯定和赞誉，而且对邵晋涵的为学均作出了"实事求是"的评价。这绝非是一个偶然，透过这些文字，乾嘉学风的印迹了然可见。

而在近两千字的叙述中，章学诚的《邵与桐别传》对邵晋涵的汉学提之甚少，对为时所称的《尔雅正义》只有一段不具评论的说明：

> 见大兴朱先生则曰：经训之荒久矣，雅疏尤芜陋不治，以

君之奥博，宜与郭景纯氏先后发明，庶几嘉惠后学。君由是殚
思十年，乃得卒业，今所传《尔雅正义》是也。

在这篇别传撰写之前，章学诚在写给朱锡庚的信中曾提道："已刻
《尔雅正义》，只邵氏皮毛，世人之知邵氏不过在皮毛，是以需仆为发幽
潜"，[①] 那么章氏超越世人，所要"为发幽潜"的究竟是什么呢？

在《邵与桐别传》中，章学诚首先点明，司马迁撰著《史记》，以
《春秋》经世自命，再从浙东史学谈到邵晋涵叔祖邵廷采发明姚江之
学，经纬成一家言的《思复堂文集》，认为邵晋涵尤其长于史学，称：
"然君才尤长于史，自其家传乡习，闻见迥异于人，及入馆阁，肆窥
中秘，遂如海涵川汇，不可津涯。"并追述了乾隆三十八年冬与之论
史契合隐微及邵晋涵对《文史通义》的认同。接下去则论述邵晋涵慨
然自任《宋史》的美志不就和邵晋涵为之复审，使"其书即大改观"
的《宋元通鉴》不可访求。在此中间插入了一段两人对史学家法的
讨论：

> 余尝语君，史学不求家法，则贪奇嗜琐，但知日务增华，
> 不过千年，将恐大地不能容架阁矣。君抚膺叹绝，欲以斯意刊
> 定前史，自成一家。

最后，以"论曰"引出乾隆四十八年春，两人讨论编纂《宋史》，
邵晋涵主持宋人制行的"立言宗旨"：

> 余因请君立言宗旨，君曰宋人门户之习，语录庸陋之风，
> 诚可鄙也。然其立身制行，出于伦常日用，何可废耶？士大夫
> 博学工文，雄出当世，而于辞受、取与、出处、进退之间，不
> 能无箪豆万钟之择，本心既失，其它又何议焉？此著《宋史》
> 之宗旨也。余闻其言而耸然。

---

① 章学诚：《又与朱少白》，载《章学诚遗书》佚篇。

别传最后，以"著书之贵有宗旨，当漫然哉"结尾。

可以看出，章学诚的这篇《邵与桐别传》中多为长篇大段的议论，与史传体裁颇不相类。再看这三篇传记（墓志铭）对邵氏的毕生著述的记载，除《尔雅正义》和邵晋涵为重纂《宋史》而撰写的《南都事略》外，洪亮吉和钱大昕都详细载列了邵晋涵的《孟子述义》、《穀梁正义》、《韩诗内传考》、《皇朝大臣谥迹录》、《輶轩日记》等著作，洪传中还列有《穀梁古注》、《方舆金石编目》、《南江文稿》和《南江诗稿》。但在《邵与桐别传》中仅提到邵晋涵有志重修《宋史》和帮助毕沅润色《续资治通鉴》两事。邵晋涵在四库书馆时，见《永乐大典》采有薛居正的《旧五代史》，便辑而出之，荟萃编次，得十之八九，复采《册府元龟》、《太平御览》诸书以补其缺，参考《通鉴长编》诸史，及宋人说部、碑碣、辩证条系，悉符原书一百五十卷之数，使薛史与欧史并传。书成，呈御览，馆臣请仿《旧唐书》之例，列于廿三史，诏刊布学宫。乾隆皇帝亲制七言八韵诗题其首曰："上承唐室下开宋，五代兴衰纪欲详。旧史原监薛居正，新书重撰吉欧阳。"[1] 这是邵晋涵对史学的重大贡献，洪亮吉、钱大昕的传记和墓志铭中都予记述，钱大昕尤着力进行表彰。[2] 但极其看重史学的章学诚在《邵与桐别传》中却无一字提及。其间的缘由不难理解，因为这毕竟属于乾嘉考据学者所提倡的校勘辑佚工作，而章学诚所强调的是独自成家，《春秋》经世的史学。所以他说：

> 方四库征书，遗书秘册荟萃都下，学士侈于闻见之富，别为风气，讲求史学，非马端临氏之所为整齐模拟，即王伯厚氏之所为考逸搜遗，是其矻索之苦，襞绩之勤，为功良不可少。

----

① 《国史儒林传稿》，载阮元辑《南江邵氏遗书》卷首。
② 按：洪亮吉《卷施阁文甲集》卷七《邵学士家传》："若奉命校秘阁书，如薛居正《五代史》等，皆君一手勘定。"钱大昕《墓志铭》："自欧阳公《五代史》出，而薛氏旧史废，独《永乐大典》采此书，君在馆荟萃编次，其阙者采《册府元龟》诸书补之，由是薛史复传人间。"

　　然观止矣。至若前人所谓决断去取，各自成家，无取方圆求备，惟冀有当于《春秋》经世，庶几先王之志焉者，则河汉矣。

　　在为邵晋涵撰写传记中，章学诚与洪亮吉、钱大昕两位乾嘉大师的取舍是迥然不同的，他的族子章廷枫为《邵与桐别传》所作按语云："叔父尝自谓生平蕴蓄，唯先师知之最深，亦自诩谓能知先师之与世殊异者三：先师以博洽见称，而不知其难在能守约；以经训行世，不知其长乃在史裁；以汉诂推尊，不知宗主乃在宋学。此传特申明其意耳，凡传例所应具者，此皆略而不载"。这大概是章学诚所发之"幽潜"吧。

　　数次阅读章学诚的《邵与桐别传》，每次都读到那字里行间渗透的沉重感伤，黄云眉先生《邵二云先生年谱》中亦称此篇"其言往复悱恻，读之凄咽"。① 总感觉到，这似乎不单单是为邵晋涵所作的一篇传记，其间的沉痛所在，不仅仅是挚友亡故之哀，也有章学诚自己的切身之痛，他的无可奈何的叹息："嗟乎！昊天生百才士，不能得一史才，生十史才，不能得一史识，有才有识如此而又不佑其成，若有物忌者然，岂不重可惜哉！"② 是为好友而发，也是自己的不平之鸣，他对前事的追忆，他所流露出的悲伤，正是他深感无助的表现。

　　再没有春明的旧游了，再也不能相互意气激发了，③ "吾最为一时通人所弃置而弗道"，"反而自顾，知己落落，不过数人，又不与吾同道。"④ 可以体味到，在乾嘉汉学风行的年代，那个其貌不扬，⑤ 极负史才，自命后世开山，以另开风气为己任的史学大师的心中是何等的孤独

---

① 黄云眉：《邵二云先生年谱》，第 457 页。
② 章学诚：《章氏遗书》卷 18，《文集》三，《邵与桐别传》。
③ 按：《邵与桐别传》中有云："今君下世五年，而余又衰病若此，追念春明旧游，意气互相激发，何其盛也，而今安在哉？悲夫！"
④ 章学诚《章氏遗书》卷 9，《文集》三，《家书二》。
⑤ 按：章氏之貌，见曾燠《赠章实斋国博诗》，中云"君貌颇不扬，往往遭俗弄"，谓其面有瘢痕，五官虚设，诗见胡适《章实斋先生年谱》。并章学诚：《章氏遗书》卷 22，《上毕抚台书》："鄙人既无白氏之诗，而有罗隐之貌。"

与寂寞。

本节择取的三位乾嘉学者，皆为乾嘉主流学术之代表人物，一为经学大师，一为治史名家，一为经史兼治而唯以经学得显。于戴震，章学诚评价其学术，推崇其为世不赏之《原善》，于钱大昕，他极力引为同道，于邵晋涵，力证其史裁与宋学，其与乾嘉学风关系之一个方面，大概可以考见。

五、余论

在汉学盛行的乾嘉之世，学者们以训诂考据、博闻强识为"足尽天地之能事"，[①] 章学诚则高倡'六经皆史'，大言著述宗旨，想要挽救所谓的"颓风"，他的为学自然会遭摒弃于主流之外。章学诚也称其所业在寂寞之途，"一时通人亦多不屑顾盼"。[②] 乾隆五十五年冬，他于风雪羁旅中为任大椿所作的《任幼植别传》一文里，讲到这种格格不入的状况时说：

> 余撰《通义》"言公"之篇，有自注云："李陵答苏武书，人疑伪作，非也。当是南北分疆，有南人羁北，事类李陵，不忍明言，拟此书以见志耳。"君览之，首肯数四，且曰："今人皆重考订，而泥行墨，必斥君言无稽也。"余著《通义》，为世所诋，强半类此。

在写给诸子《家书》中，也提道："吾之所为，则举世所不为者也。如古文辞，近虽为之者鲜，前人尚有为者；至于史学义例，校雠心法，则皆前人从未言及，亦未有可以标著之名。爱我如刘端临，见翁学士询吾学业究何门路，刘则答以不知，盖端临深知此中甘苦，难为他人言也。"此中之甘苦，大概不惟刘台拱深知，章学诚当更有切身的遗憾和隐恨，

---

① 章学诚：《章氏遗书》卷2，《文史通义内篇》二，《博约中》。
② 章学诚：《章学诚遗书》佚篇，《与孙渊如观察论学十规》。

所以他说："故吾最为一时通人所弃置而弗道。"①

　　章学诚清楚地认识到，修明学术并不难，而申明彰显自己的学术以明道，却是一段艰辛的历程。他分析此中艰难说："学术当而趋避不工，见摈于当时；工于遇而执持不当，见讥于后世。沟壑之患逼于前，而工拙之效趋于后。"所以，在《感遇》这篇文字中，他挥笔写下了这样一句话："呜呼！士之修明学术，欲求寡过，而能全所自得，其不难哉！"② 悲慨之情，溢于言表。

　　作为主流学派之外的章学诚，学术生涯中的一份孤独与寂寞，成就了他敏锐的洞察力，也使得他在举世倾向汉学考证的学术潮流中，独树一帜，别开生面。章学诚心灵的困苦不在于生活穷愁、命运多舛，他的无限悲辛在于没有认同，他的悲哀亦是一个时代悲剧。整个乾嘉之世，除朱筠、邵晋涵等少数几人外，对章学诚许可、问津者甚少。他的学术交游非常广泛，常常与人论文谈史，也不断呈送著述与人品评，但保留下来的回复却不多见。在此，以所见闻，仅择朱锡庚、洪亮吉、段玉裁、吴兰庭、阮元等人与此相关之零章断简，开列于下：

　　约乾隆四十八年，章学诚以"世俗拘文体为优劣，而不知文之优劣，并不在体貌推求"，撰写了《文史通义》中的《砭俗》篇，"欲人略文而求实"。③ 朱锡庚有书信与之商榷云："《砭俗》篇申明征实之谊，非与文有所疵也，亦非谓寿文必不可入集也。……鄙见非谓寿序之名不合于古，第惧由寿序增加而繁衍之，无所取裁耳。特此奉质，尚希裁覆不具。"④

　　乾隆五十二年，洪亮吉《乾隆府厅州县图志》成书，章学诚曾与之讨论其中应将布政司所辖，改为总督巡抚。洪亮吉《卷施阁文甲集》卷八《与章进士学诚书》对此作了答复，虽称"君详于史例者也"，但却

---

① 章学诚：《章氏遗书》卷9，《文集》三，《家书二》。
② 章学诚：《章氏遗书》卷6，《文史通义内篇》六，《感遇》。
③ 章学诚：《章氏遗书》补遗，《答朱少白》。
④ 章学诚：《与朱少白书》附录原札，载《章学诚遗书》佚篇。

着力辩驳，末云："亮吉非惮于改正，实例当如此耳，敢更以质之左右。"

乾隆五十五年三月，段玉裁客游武昌，在毕沅幕府会晤章学诚。四月，有书信致邵晋涵，其□云："段玉裁顿首上二云先生左右：……先生遂于史学，闻实斋先生云，有宋史之举，但此事非先生莫能为。"并言："实斋神交已久，今始得见，其史学可谓得其本源。……"①嘉庆元年正月，又致书邵晋涵，述及有关江南学人近况。中言："周书昌先生无恙否？朱少伯兄祈叱致。章实斋亦不得其消息。"②据有关记载，段氏还曾向邵晋涵询问章学诚《史籍考》的撰写情况。③

吴兰庭是章学诚认为天下可与之论史的两人（一为邵晋涵）之一。嘉庆三年，吴兰庭《答章进士书》称："承示近刻数首，其论史之识，有刘知几所未及者。《史籍考》经所裁定，足为不刊之典，然恐亦未能悉如所拟。盖意见参差，不无迁就，天下事大抵如斯矣。"④

关于阮元与章学诚的关系，章学诚自己有过记述，他写给朱锡庚的书信中提到，阮元巡抚河南时，曾致书洪亮吉说："会稽有章石斋，所学与吾辈绝异，而自有一种不可理没气象，不知是何路数，足下能定之否？余意此亦一时奇士也。"⑤

如此等等，大概是章学诚在当时乾嘉主流学术风尚中激起的一些涟漪，而千层之浪却终于在他身后百年掀起，迭为狂波巨澜。

---

① 按：是书载录于黄云眉著《邵二云先生年谱》，黄云眉先生自李慈铭《荀学斋日记·己集》中录出。书末原注："四月十六日，武昌幕中。"据该谱乾隆五十五年、四十八岁条记："是年三月，章学诚有与先生书……"此书盖学诚始抵武昌时所发。同时段玉裁亦客武昌，有书致先生云。"

② 刘盼遂：《经韵楼文集补编》上，《与邵二云书二》。

③ 按：此据李慈铭所见乾隆间学者致邵晋涵尺牍记，载黄云眉《邵二云先生年谱》第87页，中引录曰："茂堂一书，言章实斋所撰《史集考》，不知已成若干。"按《史集考》即《史籍考》。

④ 吴兰庭：《胥石文存》不分卷，《与章进士书》，《续修四库全书》本。

⑤ 章学诚：《与朱少白书》，载《章学诚遗书》佚篇。

　　乾隆末年，社会危机加剧，清王朝由盛转衰，考据末流的烦琐守旧之弊日显，主流学派阵营内部亦开始进行反思。[①] 嘉、道之时，国运日惭，危机四伏，学风递变。时代呼唤经世致用之学，伴随着庄氏叔侄倡导、刘逢禄发扬的今文经学兴起，龚自珍等人假章氏之说以治经，遂演为《公羊》改制之论。道光年间，武崇曜跋《文史通义》云："特著是书，意欲力挽颓波。网罗放失，每竖一义，独开生面，前无古人，后无来者。"称之为"洵不朽盛业也"。[②] 至清季之末，老大的封建帝国劫波数度，中国儒学再历反思，遂至"今世倾响实斋者夥，片言只字先睹为快"。[③] 20 世纪 20 年代，胡适先生为之结撰《年谱》，其学术光辉终于日渐显耀。到梁启超，更大力张扬，以章学诚之学术不盛行于清代，为清代史学界之耻辱。[④]

---

① 如乾隆五十八年，凌廷堪《与胡敬仲书》所云"近之学者，多知崇尚汉学，庶几古训复申，空言渐绌。是固然已。第目前侈谈康成、高言叔重者，皆风气使然，容有缘之以饰陋，借之以窃名，岂如足下真知而笃好之乎？且宋以前学术屡变，非汉学一语遂可尽其源流。即如今所存之《十三经注疏》，亦不皆汉学也。……"（载凌廷堪：《校礼堂文集》卷 23）乾隆六十年春，焦循致书星衍，指斥以考据名学之非。认为江永、戴震、程瑶田、段玉裁、王念孙、钱大昕等人，"其自名一学，著书授受者，不下数十家，均异乎补苴掇拾者之所为。是直当以经学名之，乌得以不典之称之所谓考据者，混目于其间乎！"（载《雕菰集》卷 13，《与孙渊如观察论考据著作书》）嘉庆三年三月，焦循致书王引之。决意"芟此考据之名目，以绝门户声气之习"。其《复王伯申书》云："循尝怪为学之士，自立一考据名目。以时代言，则唐必胜宋，汉必胜唐；以先儒言，则贾、孔必胜程、朱，许、郑必胜贾、孔。凡郑、许一言一字，皆奉为圭璧，而不敢少加疑辞。窃谓此风日炽，非失之愚，即失之伪。……循每欲芟此考据之名目，以绝门户声气之习。"（载罗振玉《罗雪堂先生全集》五编《昭代经师手简二编》）。
② 章学诚：《章氏遗书》附录，《文史通义跋二·武崇曜跋》。按：原跋题"道光辛亥立秋后八日，南海武崇曜谨跋。"而道光年间无辛亥，应误。其中有云"是书刻于道光壬辰，或犹未见其全帙欤，卷首有男华绂序。"则其所题为章学诚次子章华绂刻于道光十二年之"大梁本"，向上而推，疑其题跋时间当为道光辛丑（道光二十一年）。
③ 章学诚：《信摭》末，《李祥跋》，风雨楼校刊本。
④ 梁启超《中国近三百年学术史》，提出："清代史学开拓于黄梨洲、万季野，而昌明于章实斋。……但梨洲、季野在草创时代，其方法不尽适用于后辈；实斋才识绝伦，大声不入里耳，故不为时流宗尚。三君之学不盛行于清代，清代史学界之耻也。"

第二节　汉宋学之争与考据学之趋向边缘

清代的汉宋学术之争，承袭宋明遗风而来。乾隆间，汉学大行，宋学几不成军。虽当汉学初起，江南文人袁枚即唱为别调，致书惠栋加以商榷，指出："足下与吴门诸士厌宋儒空虚，故倡汉学以矫之，意良是也。第不知宋学有弊，汉学更有弊。宋偏于形而上者，故心性之说近玄虚；汉偏于形而下者，故笺注之说多附会。"① 然而势单力薄，汉学方兴未艾之势实非个人意志所能转移。尔后，面对汉学风靡，一味复古，宋学营垒中人目击其弊，亦不乏起而颉颃者。程晋芳、姚鼐、翁方纲，皆为《四库》馆臣，而指斥一时学风之弊，则异口同声。程晋芳认为："古之学者日以智，今之学者日以愚。古之学者由音释训诂之微，渐臻于诗书礼乐广大高明之域；今之学者琐琐章句，至老死不休。"因此他喟叹："海内儒家，昌言汉学者几四十年矣。其大旨谓，唐以前书皆尺珠寸璧，无一不可贵。由唐以推之汉，由汉以溯之周秦，而《九经》、《史》、《汉》，注疏为之根本，宋以后可置勿论也。呜呼！为宋学者未尝弃汉唐也，为汉学者独可弃宋元以降乎！"② 姚鼐、翁方纲皆主张分学问为义理、考订、词章三途，力倡以义理为依归，反对专走考据一路。翁方纲指出："墨守宋儒，一步不敢他驰，而竟致有束汉唐注疏于高阁，叩以名物器数而不能究者，其弊也陋。若其知考证矣，而骋异闻，侈异说，渐致自外于程朱而恬然不觉者，其弊又将不可究极矣。"③ 姚鼐则更诋汉学为"异道"，他说："近时阳明之焰熄，而异道又兴。学者稍有志于勤学法古之美，则相率而竟于考证训诂之途，自名汉学，穿凿琐屑，驳难猥杂。其行曾不能望见象山、阳明之伦，其识解更卑于永嘉，

---

① 袁枚：《小仓山房文集》卷 18，《答惠定宇书》。
② 程晋芳：《勉行堂文集》卷 1，《正学论四》。
③ 翁方纲：《复初斋文集》卷 11，《与曹中堂论儒林传目书》。

而辄敢上诋程朱，岂非今日之患哉？"①

乾隆末、嘉庆初，汉学日过中天，盛极将衰，不惟宋学中人诋斥其病痛无异词，而且汉学中人于自家学派积弊亦多所反省。凌廷堪、焦循、王引之诸儒，不谋而合，此呼彼应，皆有高瞻远瞩之论。

凌廷堪为徽州戴门后学，早在乾隆五十八年夏，他即予一时学风痛下针砭，指出："读《易》未终，即谓王、韩可废。论《诗》未竟，即以毛、郑为宗。《左氏》之句读未分，已言服虔胜杜预。《尚书》之篇次未悉，已云梅赜伪《古文》。甚至挟许慎一编，置九经而不习。忆《说文》数字，改六籍而不疑。不明千古学术之源流，而但以讥弹宋儒为能事，所谓天下不见学术之异，其弊将有不可胜言者。"② 焦循随之而起，力辨考据名学之非，他说："近之学者，无端而立一考据之名，群起而趋之。所据者汉儒，而汉儒中所据者，又唯郑康成、许叔重。执一害道，莫此为甚。"③ 焦循尤其不赞成以考据补苴来代替经学研究，一如凌廷堪之所为，他亦假梳理一代经学源流，以鞭挞一时学风病痛。焦循就此写道：

> 本朝经学盛兴，在前如顾亭林、万充宗、胡朏明、阎潜丘。近世以来，在吴有惠氏之学，在徽有江氏之学、戴氏之学。精之又精，则程易畴名于歙，段若膺名于金坛，王怀祖父子名于高邮，钱竹汀叔侄名于嘉定。其自名一学，著书授受者，不下数十家，均异乎补苴掇拾者之所为。是直当以经学名之，乌得以不典之称之所谓考据者，混目于其间乎！④

王引之致书焦循，唱为同调，有云："惠定宇先生考古虽勤，而识不高，心不细，见异于今者则从之，大都不论是非。说《周礼》丘封之度，颠

---

① 姚鼐：《惜抱轩文后集》卷10，《安庆府重修儒学记》。
② 凌廷堪：《校礼堂文集》卷23，《与胡敬仲书》。
③ 焦廷琥：《先府君事略》，载《焦氏遗书》附录。
④ 焦循：《雕菰楼集》卷13，《与孙渊如观察论考据著作书》。

倒甚矣，他人无此谬也。来书言之，足使株守汉学而不求是者爽然自失。"①

继惠、戴之后，凌、焦、王皆一时经学大儒。以汉学俊彦而群起批评一己学派之弊短，说明一个学术转变的新时期已经来临。当此风气转换之际，惠栋的再传弟子江藩，独坚守汉学壁垒，鼎力撑持，且以他为一方，演为空前激烈的汉宋学术之争。

江藩，字子屏，号郑堂，晚号节甫，江苏甘泉人。生于乾隆二十六年（1761），卒于道光十一年（1831），终年七十一岁。他自幼长于苏州，先后师从一方经师余萧客、江声。余、江皆惠栋弟子，江藩朝夕相随。尤其是问学江声之后，研读经史《说文》，究心音韵训诂，探源象数制度，颇能传惠氏之学。十六岁即习作《尔雅正字》，后又承惠栋遗志，撰为《周易述补》。嘉庆中，发愿总结一代学术史，相继完成《国朝汉学师承记》并附《国朝经师经义目录》及《国朝宋学渊源记》。

《国朝汉学师承记》凡八卷，始撰于嘉庆十五年（1810），十七年稿成，二十三年，得两广总督阮元赞助并撰序刊行。全书依汉代儒林家法为楷模，采取人物传记汇编的形式，合清初讫嘉庆间经师为一堂，以记录一代经学源流。著者鄙夷理学，崇尚经学，推崇汉儒，认为清代经学实是汉代儒学的复兴，因而称清学为汉学。在他看来，汉以后的经学，一坏于东西晋的清谈，再坏于南北宋的理学，至元、明而颓然不振。直到康熙中叶以后，苏州惠氏祖孙之学挺生，皖南江永、戴震诸家继起，始成汉学昌明的局面。于是本比认识，全书上起清初黄宗羲、顾炎武，下讫嘉庆间尚健在的顾广圻、刘逢禄等，将一代汉学诸儒统为一编，共著录清代前期经师凡一百一十一人。

《国朝宋学渊源记》凡三卷，体例一仍《汉学师承记》，合一代理学诸儒于一堂，以记录入清以来理学源流。书成于道光初，七年（1827）刊行。所录以"或处下位，或伏田间"者为主，一代理学名臣汤斌、魏

---

① 王引之：《致焦里堂书》，载《焦氏遗书》卷首。

象枢、李光地、陆陇其等，皆以官修史书有传而不载。黄宗羲、顾炎武、张尔岐等，亦因见于《汉学师承记》而从略。全书或人自为传，或数人合编，共著录一代理学诸儒五十人。

江藩的以汉宋两家将儒学判然中分，心存轩轾，扬汉抑宋，虽得封疆大吏阮元为后盾，但汉学颓势已成，不可逆转。《师承记》稿成之初，龚自珍即就"汉学"一语致书商榷，认为："本朝自有学，非汉学。有汉人稍开门径而近加邃密者，有汉人未开之门径，谓之汉学，不甚甘心。"① 在历陈十条质疑之后，他建议江藩改书名为《国朝经学师承记》。江书问世，姚鼐高足方东树针锋相对，撰为《汉学商兑》痛加攻驳。汉宋学术之争，形同水火，不共戴天。

方东树，字植之，晚号仪卫主人。安徽桐城人。生于乾隆三十七年（1772），卒于咸丰元年（1851），终年八十岁。清初以来，桐城学者多以古文词名世，自康熙迄乾隆、嘉庆间，方苞、刘大櫆、姚鼐，后先相继，自成一派。方东树少承家学，濡染一方风气，步趋姚氏，究心古文。中年以后，专意理学，宗主程朱，于乾嘉间考据学风多所批评。嘉庆末，应两广总督阮元聘，南下广州，与修《广东通志》。时值江藩《汉学师承记》刊行，方氏于其扬汉抑宋深致不满，遂撰《汉学商兑》驳诘。

《汉学商兑》结撰之初，方东树曾致书阮元，送请审阅，试图争取支持以便刊行。结果求非其人，因学术主张不合而未能如愿。道光六年，阮元奉调离粤，方东树修订初稿，遂将阮元亦列为抨击对象，于道光十一年刊行。全书凡三卷，仿照朱熹《杂学辨》体例，选取汉学中人主要学术主张，逐一加以辨析驳难。凡经江藩《师承记》所表彰者，书中皆指疵纠缪，大张挞伐。不惟毛奇龄、阎若璩、戴震、惠栋诸汉学中人首当其冲，而且锋芒所向，由清初顾炎武、黄宗羲、万斯同而上，直刺明儒杨慎、焦竑，乃至宋儒黄震。著者认为清代汉学中人立异程朱，唯汉是信，于学术和世风危害甚大，"名为治经，实足乱经，名为卫道，

---

① 龚自珍：《定庵文集补编》卷3，《与江子屏笺》。

实则叛道"。① 对于汉学中人所标榜的"实事求是"之学，书中则以其沉溺故纸、脱离实际而加以否定。方氏就此指出：

> 汉学诸人，言言有据，字字有考，只向纸上与古人争训诂形声。传注驳杂，援据群籍，证佐数百千条。反之身己心行，推之民人家国，了无益处，徒使人狂惑失守，不得所用。然则虽实事求是，而乃虚之至者七。②

于是推尊程朱，表彰宋儒，以宋学取汉学而代之，遂成全书归宿所在。著者就此强调："程朱之道与孔子无二，欲学孔子而舍程朱，犹欲升堂入室而不屑履阶由户也。"③

第三节　今文经学的复兴

我国古代经学，自两汉肇始。即因文字与说解的不同而有今古文学派之分。东汉末，经学六师郑玄尊古文家说，兼采今文说遍注群经，郑学大行而今文说衰。魏晋以降，学分南北，玄学风起而经学破碎。唐初，撰定《五经正义》，经学归于一统，今文说若潜流于地下，几成绝学。宋明数百年，是理学时代，性理学盛而经学衰微。明清之际，有鉴于理学家空言说经积弊，以经学济理学之穷的风气渐开。入清以后，治经复汉，南北共倡，迄于乾嘉间，古文经学遂成鼎盛之势。乾嘉学术以总结整理传统学术为特征，经学本有今古，古学独盛究非正常。于是伴随时势的变迁，自嘉道两朝起，一时经学家多究心今文经说，形成了今文经学复兴的局面。

---

① 方东树：《汉学商兑》卷首，《自序》。
② 方东树：《汉学商兑》卷中之上。
③ 方东树：《汉学商兑》卷上。

一、庄存与和《春秋正辞》

清代今文经学的复兴，以江苏常州为中心。庄存与首倡于前，经其侄述祖传衍，至其外孙刘逢禄、宋翔凤而大张其帜，遂自成一独立学派。论学术史者，或因此一学派所治之《春秋》公羊学而称之为公羊学派，或以其郡望命名而径呼常州学派。

庄存与，字方耕，晚号养恬，江苏武进（今常州市）人。生于康熙五十八年（1719），卒于乾隆五十三年（1788），终年七十岁。乾隆十年一甲二名进士，由翰林院编修累官至内阁学士兼礼部侍郎。其间，曾供职于上书房十余年，授高宗十一子成亲王永理经史。又历任湖北、直隶、山东、河南诸省学政及乡会试正副考官，乾隆间著名学者邵晋涵、孔广森皆为其所识拔。五十一年，因其"年力已衰，难以供职"，获准"原品休致"。①

乾隆间，经学考据之风大盛。一时经师，莫不推崇东汉古文经学家贾逵、马融、许慎、郑玄经说，以《说文》、《尔雅》为治经门径，"风气所趋，竞为考订"。② 庄存与虽亦治经学，且早年为学之始，即得益于阎若璩《尚书古文疏证》，但他却不沿此道进，而是"博通六艺，而善于别择"。③ 存与治经以"实用"为宗旨，"笃志深邃，穷源入微，独有会心"，既不分今古，亦不别汉宋，走的是"荟萃于六经、四子之书"④ 的独特路径。当时，阎若璩对通行《古文尚书》的辨伪，朝野颇多共鸣，言官学臣甚至"议上言于朝，重写二十八篇于学官，颁赐天下"。于此，庄存与独持异议，昌言：

> 古籍坠湮十之八，颇藉伪书存者十之二。……《大禹谟》废，"人心道心"之旨、"杀不辜宁失不经"之诫亡矣；《太甲》

---

① 《清高宗实录》卷 1247，乾隆五十一年正月丙寅条。
② 章学诚：《文史通义》外篇三，《与族孙守一论史表》。《章氏遗书》本。
③ 《清史列传》卷 68，《庄述祖》。
④ 庄勇成：《少宗伯养恬兄传》，载《毗陵庄氏族谱》卷 20。

废，"俭德永图"之训坠矣；《仲虺之诰》废，"谓人莫己若"之诫失矣；《说命》废，"股肱良臣启沃"之谊丧矣；《旅獒》废，"不宝异物贱用物"之谑亡矣；《冏命》废，"左右前后皆正人"之美失矣。今数言幸而存，皆圣人之真言。①

这是一段很能体现庄氏经学特色的议论。唯其如此，所以存与治经，"不专为汉宋笺注之学，而独得先圣微言大义于语言文字之外"。也唯其如此，因"所学与当时讲论或枘凿不相入，故秘不示人"。② 由于存与生前"未尝以经学自鸣，成书又不刊版行世，世是以无闻焉"。③ 直到故世三十余年后，其经学论著始结集刊行。庄存与之学至此而显，不唯有"当代之儒宗，士林之师表"、④ "昭代大儒"一类赞誉，⑤ 而且还被推为一代今文经学之祖。

庄存与学贯六艺，阐抉奥旨，于群经皆有论著。据民国间增修《毗陵庄氏族谱》卷十六《著述》一门载，存与所著，计有《易说》、《尚书既见》、《尚书说》、《毛诗说》、《周官记》、《周官说》、《春秋正辞》、《乐说》、《算法约言》、《味经斋文稿》等共七十七卷。其中，专论经学诸书于道光间汇为《味经斋遗书》刊行。于一代今文经学复兴最有影响者，则为《春秋正辞》。

《春秋正辞》11卷，系据元明间赵汸所著《春秋属辞》掇拾而成。卷一为《奉天辞》，卷二为《天子辞》，卷三至卷五为《内辞》上中下，卷六为《伯辞》，卷七为《诸夏辞》，卷八为《外辞》，卷九为《禁暴辞》，卷十为《诛乱辞》，卷十一为《传疑辞》。卷末附《春秋要指》、《春秋举例》各一卷。全书本赵汸以《春秋》求"圣人经世之义"的思

---

① 龚自珍：《龚自珍全集》第二辑，《武进庄公神道碑铭》。
② 阮元：《庄方耕宗伯经说序》，载《味经斋遗书》卷首。
③ 董士锡：《易说序》，载《味经斋遗书》卷首。
④ 朱珔：《春秋正辞序》，载《春秋正辞》卷首。
⑤ 阮元：《庄方耕宗伯经说序》，载《味经斋遗书》卷首。

路，① "义例一宗《公羊》，起应实述何氏，事亦兼资《左氏》，义或拾补《谷梁》"，② 是一部旨在阐发《春秋》微言大义的著作。庄存与不赞成当时学术界视《春秋》为"记事之史"的看法，他认为："《春秋》非记事之史，不书多于书，以所不书知所书，以所书知所不书。"进而指出"《春秋》无空文"，他说："《春秋》治乱必表其微，所谓礼禁未然之前也。凡所书者有所表也，是故《春秋》无空文。"也就是说，《春秋》自成义例，其间蕴涵着"至圣之法"。所以庄存与强调："《春秋》以辞成象，以象垂法，示天下后世以圣心之极。观其辞，必以圣人之心存之。史不能究，游、夏不能主，是故善说《春秋》者，止诸至圣之法而已。"③

庄存与之治《春秋》，是他经学风格的一个缩影。一方面，他受宋元以来以儒家名教讲《春秋》风气的影响，在《春秋正辞》中引入宋儒二程语录，认为："天理灭矣，天运乖矣，阴阳失序，岁功不成矣，故不具四时"，④ 显然是在用理学思想解经。另一方面，在当时汉学鼎盛的氛围之中，庄存与亦不能超然其外，因而他并未步宋人摆落三传、别出新解的治《春秋》后尘，走的已是表彰汉儒经说的途径。只是他虽以今文《公羊》说解《春秋》，但为阐发其间的"微言大义"，却又逾越家法拘囿，引古文《周礼》以济《公羊》之穷。为此，他既撰有《周官记》、《周官说》二书，又在《春秋正辞》中借《周礼》以证成其说。《周礼》尚法重农，庄存与引以解《春秋》谓："王事唯农是务，无有求利于其官，以于农工，谷不可胜，由此道也。"⑤

庄存与所处的时代，虽然为清廷标榜为太平盛世，但危机萌发，衰象渐显。乾隆中叶以后，民变渐起固是其表征，层见迭出的文字冤狱，

---

① 赵汸：《春秋属辞》卷首，《自序》。
② 朱珪：《春秋正辞序》，载《春秋正辞》卷首。
③ 庄存与：《春秋正辞》附录，《春秋要指》。
④ 庄存与：《春秋正辞》卷1，《奉天辞》。
⑤ 庄存与：《春秋正辞》卷3，《内辞第三》。

亦折射出清廷的虚弱本质。于是庄存与揭出《春秋》公羊说"大一统"义，他说："周公欲天下之一乎周也，二之以晋制则不可，其不可于是始。君子谨而致之，欲天下之一乎周也。"① 对于齐桓、晋文二公的"尊王攘夷"之功，他予以肯定评价，指出："诸侯无伯，亦《春秋》之所恶也。则其不主晋何？曰，诸夏之无伯也，晋襄公始为之也。不主晋于是始，而王道行矣。桓、文作而《春秋》有伯辞，实与而文不与也。"②

"大一统"，这是《春秋》公羊学的千古绝唱，"实与而文不与"，亦是其重要义法之一。③ 在公羊学沉沦千年之后，庄存与重新发现了它。尽管还只是停留于"内诸夏而外夷狄"的阶段，未能与"张三世"、"通三统"诸理论相结合，因而难免粗疏，但是这种发现的创辟之功，则是十分巨大的。正如稍后龚自珍为庄存与撰《神道碑铭》所评："以学术自任，开天下知古今之故，百年一人而已矣。"④

二、几个承先启后的经学家

清中叶今文经学的复兴，当然不是庄存与个人登高一呼即可成就，它是当时学术界众多学者共同努力的结果。作为开风气者，孔广森、张惠言、庄述祖等人的承先启后之功，同样不可忽视。

（一）孔广森

孔广森，字众仲，号顨轩，又号撝约，山东曲阜人。生于乾隆十七年（1752），卒于乾隆五十一年（1786），得年仅三十五岁。他是孔子后裔，其祖传铎，袭封衍圣公，贵显一方。广森少年科第，乾隆三十六年成进士，不过二十岁。继之入翰林院为庶吉士，散馆授检讨。后辞官回

---

① 庄存与：《春秋正辞》卷 2，《天子辞第二》。
② 庄存与：《春秋正辞》卷 7，《诸夏辞第五》。
③ 杨向奎：《大一统与儒家思想》八，《清代前期的大一统论与公羊学》。
④ 龚自珍：《龚自珍全集》第二辑，《武进庄公神道碑铭》。

乡，家难骤起，加以丁忧伤恸，竟郁郁早逝。

乾隆末，以治《春秋公羊》学名世者，独推孔广森。广森之治《公羊》，一则祖述家学，是为远源，再则受庄存与影响，可称近因。乾隆三十六年，孔广森成进士，庄存与即为当年会试副主考。后广森入庶吉士馆，存与亦在馆中任教习。所以庄孔二人间不唯有座主门生之谊，且存在学术上的师承关系。关于这一点，孔广森的名著《春秋公羊通义》亦有辙迹可寻。就总体而言，孔氏《公羊》说与庄氏同源，即皆推崇赵汸所著《春秋属辞》。广森于《春秋公羊通义》卷末《叙》中，在综论《公羊》学义例之后，明确断言："自唐迄今，知此者唯（赵）汸一人哉。"[1] 而该书卷五文公十年"楚子、蔡侯次于屈貉"条，则大段征引庄存与经说，指出：

> 座主庄侍郎为广森说此经曰，屈貉之役，左氏以为陈侯、郑伯在焉，而又有宋公后至，麇子逃归。《春秋》一切不书主，书蔡侯者，甚恶蔡也。蔡同姓之长，而世役于楚，自绝诸夏。……若蔡庄侯者，所谓用夷变夏者也。

广森服膺师说，他表示："三复斯言，诚《春秋》之微旨。"[2]

《春秋公羊经传通义》十一卷，并《叙》一卷，始撰于孔广森辞官后丁忧之时，所谓"杜门却扫，循陔著书"，[3] 即依此而言。乾隆四十八年冬，书成。该书是著者毕生"最为惬心"的"属意之作"。正如他逝世前夕告其弟广廉语所道："余生平所述，讵逮古人？《公羊》一编，差堪自信。"[4] 全书以补释何休《春秋公羊解诂》为职志，先引何说，后以"谨案"伸述己意。著者认为："《左氏》之事详，《公羊》之义长，《春秋》重义不重事。"故其书本《公羊》立论，兼采《左》、《谷》，旁

① 孔广森：《春秋公羊经传通义》卷末，《叙》。
② 孔广森：《春秋公羊经传通义》卷5，《文公十年》。
③ 孔广廉：《校勘公羊春秋通义叙略》，载《春秋公羊通义》卷首。
④ 同上。

通诸家，择善而从，试图阐发《春秋》大义微言。嘉庆三年付梓，阮元因之评为"醇会贯通"，"成一家之言"。①

《春秋公羊》学，以倡大一统为要义。《公羊传》于隐公元年载之甚明："元年，春，王正月。元年者何？君之始年也。春者何？岁之始也。王者孰谓？谓文王也。曷为先言王而后言正月？王正月也。何言乎王正月？大一统也。"② 西汉初，董仲舒据以发挥，提出著名的"天人三策"，演为"罢黜百家，独尊儒术"的文化国策。《公羊》学经两汉经师的发展，到东汉末何休出，著《春秋公羊经传解诂》，对其义例作了精彩的总结。其中首要的一条，亦即为大一统。孔广森的《公羊》学，虽然较庄存与前进了一步，注意到了何休的《解诂》，但是他以朴学解《公羊》，终未能明了何氏学的精义所在。所以他的《公羊通义》不讲大一统，却去谈"分土而守，分民而治"，且就此议何休"自蹈所云反传违例之失"。③

何休著《春秋文谥例》，总结出《春秋》一经"三科九旨"的重要义例。休书指出：

> 三科九旨者，新周故宋，以《春秋》当新王，此一科三旨也。所见异辞，所闻异辞，所传闻异辞，二科六旨也。内其国而外诸夏，内诸夏而外夷狄，是三科九旨也。

孔广森于此亦大不以为然，他说："治《公羊》者，旧有'新周故宋'之说。'新周'虽出此传，实非如注解。'故宋'传绝无文，唯《谷梁》有之，然意尤不相涉。是以晋儒王祖游讥何氏'黜周王鲁，大体乖硋，志通《公羊》，而往往还为《公羊》疾病者也'。"④ 于是他别出新解，将"三科九旨"归纳为：

---

① 阮元：《揅经室一集》卷11，《春秋公羊通义序》。
② 何休：《春秋公羊经传解诂》卷1，《隐公第一》。
③ 孔广森：《春秋公羊经传通义》卷1，《隐公元年》。
④ 孔广森：《春秋公羊经传通义》卷5，《宣公十六年》。

《春秋》之为书也，上本天道，中用王法，而下理人情。不奉天道，王法不正；不合人情，王法不行。天道者，一曰时，二曰月，三曰日。王法者，一曰讥，二曰贬，三曰绝。人情者，一曰尊，二曰亲，三曰贤。①

以此为"三科九旨"而解《春秋》，自然是小题大做，不得要领。正如晚清今文经学家皮锡瑞所评，孔广森过尊赵汸《春秋属辞》，"深取其书，而亦不免有误"。② 先师杨向奎先生也说："孔广森是朴学大师，是以朴学方法治《公羊》，而不本何休。虽然他以为是就《公羊》而论《公羊》，不作'非常异议可怪之论'，但实失《公羊》之宏伟思想内容。"③

（二）张惠言

张惠言，字皋文，号茗柯，江苏武进人。生于乾隆二十六年（1761），卒于嘉庆七年（1802），得年仅四十二岁。他于乾隆五十一年举乡试，后七试礼部不第，嘉庆四年成进士，已是三十九岁。六年，庶吉士散馆，授官翰林院编修。正当有为之年，竟不幸遽然长逝。

张惠言之学，始从诗文词赋入。年近三十，退而治经，潜心于《周易》虞氏学及《仪礼》郑玄说，并问学于歙县经学家金榜。既有经学为根底，又得桐城刘大櫆为文义法，故其文由桐城文派而演变，与同郡恽敬齐名，成为清代散文中阳湖文派的开派宗师。惠言治经，虽承苏州惠学考古遗风，但"务守大义"，不喜琐屑考订。他认为："近时考订之学，似兴古而实谬古。"④ 又说："数十年间，天下争为汉学，而异说往往而倡。学者以小辨相高，不务守大义。或求之章句文字之末，人人自以为许、郑，不可胜数也。"⑤ 对于惠栋复原汉《易》的考古之功，张惠言虽作了肯定，但同时也指出："其所自述，大抵祖祢虞氏，而未能

---

① 孔广森：《春秋公羊经传通义》卷末，《叙》。
② 皮锡瑞：《经学通论》卷4，《春秋》。
③ 杨向奎：《大一统与儒家思想》八，《清代前期的大一统论与公羊学》。
④ 张惠言：《茗柯文补编》卷上，《与陈𣏌雅书》。
⑤ 张惠言：《茗柯文三编》不分卷，《安甫遗学序》。

尽通。"① 他认为："治《易》者如传《春秋》，一条之义，各从其例。"②
于是他以传《春秋》之法治《易》，"求其条贯，明其统例，释其疑滞，
信其亡阙"，③ 对东汉末今文《易》学家虞翻的学说进行了系统阐发，
先后撰为《周易虞氏义》、《虞氏消息》、《虞氏易礼》、《虞氏易候》、《虞
氏易言》等《易》学著作。张惠言以其对《周易》今文虞氏学的表彰和
研究，使之成为一代《易》学大家。

晚近著名学者梁启超先生论常州学派，说过如下一段别具只眼的话：

> 常州派有两个源头，一是经学，二是文学，后来渐合为
> 一。他们的经学是《公羊》家经说，用特别眼光去研究孔子的
> 《春秋》，由庄方耕（存与）、刘申受（逢禄）开派。他们的文
> 学是阳湖派古文，从桐城派转手而加以解放，由张皋文（惠
> 言）、李申耆（兆洛）开派。④

梁先生之所论，是很有见地的。稍后于张惠言的常州今文经学大师刘逢
禄，在谈到清代今文经学的复兴时，就已经明确张惠言为开风气者之
一。他说："皇清汉学昌明，通儒辈出，于是武进张氏治虞氏《易》，曲
阜孔氏治公羊《春秋》，今文之学萌芽渐复。"⑤

（三）庄述祖

庄述祖，字葆琛，号珍艺，晚号檗斋，学者称为珍艺先生，江苏武
进人。生于乾隆十五年（1750），卒于嘉庆二十一年（1816），终年六十
七岁。述祖乾隆四十五年中进士，后归班谒选，直至五十六年始得山东
昌乐知县任。翌年调潍县。治潍五年，五十九年以卓异引见，擢曹州府
同知。嘉庆二年奉母归养，从此不出，著述终老。

---

① 张惠言：《周易虞氏义》卷首，《自序》。
② 张惠言：《茗柯文二编》卷上，《〈小雅郑氏易注后定序〉》。
③ 张惠言：《周易虞氏义》卷首，《目序》。
④ 梁启超：《中国近三百年学术史》四，《清代学术变迁与政治的影响》下。
⑤ 刘逢禄：《刘礼部集》卷9，《诗古微序》。

477

　　述祖之学，从究心《说文解字》入。既与同时汉学诸家如王念孙、引之父子、孙星衍等唱为同调，又承其伯父庄存与所传《春秋》公羊学，并援以治《夏小正》而名家。《夏小正》本为《大戴礼记》中的一篇，按月记录古代物候，文句简奥，素称难读。其文大致成于先秦时代，西汉初戴德为之作注，与《大戴礼》并行。唐人修《隋书》，始别为一卷著录于《经籍志》。尔后注与正文混淆，错讹难辨，治者日稀。北宋间，傅崧卿撰《夏小正戴氏传》四卷，始将经传厘正区分。宋明数百年，理学风行，三礼学微，《夏小正》几成绝学。入清，朴学渐起，张尔岐《仪礼郑注句读》合辑传注为一篇，附以己说，开清人治《夏小正》之先河。徐世溥、黄叔琳、姜兆锡、诸锦等人后先而起，相继撰有《夏小正解》、《夏小正注》、《大戴礼删翼》、《夏小正诂》诸书。乾隆中叶以后，治《大戴礼》并《夏小正》已成风气。孔广森的《大戴礼记补注》、汪中的《大戴礼记正误》、孙星衍的《夏小正传校正》、毕沅的《夏小正考注》等，皆是其间佼佼者。庄述祖沿波而起，独辟蹊径，先后撰为《夏时明堂阴阳经》、《夏时说义》、《夏小正等例文句音义》、《夏小正等例》共十卷，合称《夏小正经传考释》，成为这一领域中的卓然大家。

　　述祖之治《夏小正》，一依庄存与治《春秋》公羊学之法，重在义例的阐发。他认为："《夏时》亦孔子所正，《夏时》之取夏四时之书，犹《春秋》之取鲁史也。"在他看来，《春秋》一经，"至何邵公作《解诂》，悉隳括就绳墨，而后《春秋》'非常异义可怪之论'皆得其正"。① 因此，庄述祖主张："读《夏时》经传，必先条其等例，然后正其文字，离其句度，辨其音声，各以类从。"② 这一主张见诸《夏小正经传考释》，便是步趋何休，探求等例。于是"准何氏《公羊春秋》条例，晞隳括就绳墨"，③ 亦成全书根本风格。述祖书出，颇得学者推重，臧庸致书称：

① 庄述祖：《夏小正经传考释》卷首，《夏小正音读考序》。
② 庄述祖：《夏小正经传考释》卷6，《夏小正等例文句音义》第三。
③ 庄述祖：《夏小正经传考释》卷1，《夏时明堂阴阳经》。

"大著《夏时说义》，迩日读习，精确不刊之论，略有所窥。洵足与董子《春秋繁露》、程子《易传》二书相并，余子所道，概不能及。今后《夏时》得与六籍同传者，《说义》之功也。"① 此后，述祖之学得其外甥刘逢禄、宋翔凤光大，常州庄学蔚为大观，遂为晚清今文经学的发皇奠基。

三、刘逢禄的《春秋》公羊学

刘逢禄，字申受，又字申甫，号思误居士，江苏武进人。生于乾隆四十一年（1776），卒于道光九年（1829），终年五十四岁。逢禄为世家子弟，其祖纶，乾隆间仕至文渊阁大学士，卒谥文定，入祀贤良祠。其伯父跃云，嘉庆间官至工部左侍郎。独其父召扬无意仕宦，屡主湖南、陕西讲席，课徒授业，后卒于山东济南书院。逢禄于嘉庆十九年成进士，官至礼部仪制司主事，因病在京中寓庐逝世。

刘逢禄是庄存与的外孙，自幼禀其母"家学不可废"② 之教，于从塾师治举子业之余，随母讲求外祖"经史大义"。乾隆五十一年，庄存与致仕归里，询及逢禄学业，喜云："而子可教。"③ 逢禄时年仅十一岁。在家学濡染之下，他自少年时代即究心于汉儒董仲舒、何休经说。嘉庆二年，其从舅庄述祖由山东奉母南归，他又跟随治经，尽传家学。刘逢禄认为："学者莫不求知圣人，圣人之道备乎五经，而《春秋》者，五经之管钥也。先汉师儒略皆亡阙，唯《诗》毛氏、《礼》郑氏、《易》虞氏，有义例可说，而拨乱反正，莫近《春秋》。董、何之言，受命如响，然则求观圣人之志，七十子之所传，舍是奚适焉！"④ 于是本之以遍治群经今文说，先后撰为《易言补》、《易虞氏变动表》、《书序述闻》、《尚书今古文集解》、《诗说》、《诗声衍》、《石渠礼议》、《礼议决狱》等。

---

① 臧庸：《致庄珍艺书》，载《珍艺宧文抄》卷6，《与臧在东说虞庠四郊西郊异同》附录。
② 刘逢禄：《刘礼部集》卷10，《先妣事略》。
③ 刘逢禄：《刘礼部集》卷10，《记外王父庄伯公甲子次场墨卷后》。
④ 刘逢禄：《春秋公羊何氏释例》卷首，《叙》。

　　诸经之中，刘逢禄用力最久，最有心得，所谓"自发神悟"者，①则是他的《春秋》公羊学。嘉庆十年，逢禄承其父业，应聘执教山东兖州书院。从这一年起，直到十七年，他潜心于何休《春秋公羊解诂》的研究。先寻其条贯，正其统纪，成《春秋公羊何氏释例》十卷三十篇。随后又析其凝滞，强其守卫，为《笺》一卷、《答难》二卷。与之同时，他还致力于孔广森《春秋公羊通义》的笺释，撰有《公羊通义条记》。

　　据《后汉书》载，何休笃守《公羊》家法，于《左传》、《谷梁》多所驳诘。他"与其师博士羊弼，追述李育意以难二传，作《公羊墨守》、《左氏膏肓》、《谷梁废疾》"。② 同时经师郑玄入室操戈，著《发墨守》、《箴膏肓》、《起废疾》，专与何休立异。③ 对于学术史上的这一场争议，刘逢禄站在何休一边，于《谷梁传》，他"申何氏《废疾》之说，难郑君之所起"，④ 相继撰成《谷梁申废疾》、《谷梁广废疾》。于《左传》，他则认为该书乃史籍，并非解经之作，主张应与《春秋》别行，"离之则双美，合之则两伤"。至于通行本《左传》，刘逢禄断言已经刘歆窜乱，他说："歆以秘府古文书经为十二篇，曰《春秋古经》。不知《公》、《谷》、《邹》、《夹》皆十一篇，乃夫子亲授旧本。歆唯既造古经，故遂敢于续经。书至三家分晋，尤妄作之显证"。⑤ 于是撰为《左氏申膏肓》、《左氏春秋考证》，"欲以《春秋》还之《春秋》，《左氏》还之《左氏》，而删其书法、凡例及论断之谬于大义，孤章绝句之依附经文者，冀以存《左氏》之本真"。⑥ 此外，针对钱大昕关于《春秋》据事直书，并无义例可循的意见，以及孔广森对《公羊传》三科九旨的误解，刘逢

① 刘承宽：《先府君行述》，载《刘礼部集》卷11附录。
② 《后汉书》卷79下，《何休传》。
③ 《后汉书》卷35，《郑玄传》。
④ 刘逢禄：《春秋公羊释例后录》卷5，《申谷梁废疾叙》。
⑤ 刘逢禄：《春秋公羊释例后录》卷4，《左氏春秋考证原叙》。
⑥ 刘逢禄：《春秋公羊释例后录》卷3，《申左氏膏肓叙》。

禄还撰有《春秋论》上下两篇。① 据其子承宽所撰《先府君行述》记，
逢禄尚著有《论语述何》、《中庸崇礼论》、《夏时经传笺》、《汉纪述例》、
《纬略》、《春秋赏罚格》等，"凡为《春秋》之书十有一种"。②

　　《春秋公羊何氏释例》稿成二十余年后，在刘逢禄生前，曾于道光
八年重校。他故世后，遗稿交由魏源整理，《公羊解诂笺》改题《公羊
申墨守》，《答难》及《公羊通义条记》合为《公羊广墨守》，《左氏春秋
考证》改题《左氏广膏肓》，与《左氏申膏肓》、《谷梁申废疾》、《谷梁
广废疾》一并辑为《春秋公羊释例后录》刊行。《春秋论》和诸通例笺
释及诗文杂著，则以《刘礼部集》十一卷结集刊行。

　　刘逢禄的《春秋》公羊学，既师承有自，由其外祖父及从舅庄存
与、述祖之学起步，又接受了孔广森《春秋公羊通义》的深刻影响。但
他却能入乎其里而出于其外，以"神悟"之思而取得了超越庄、孔诸家
的成就。刘逢禄没有把自己局限在赵汸的《春秋属辞》此一起点之上，
而是追根寻源，推本于董仲舒、何休，专意于何休《公羊》学的表彰。
这正是他在乾嘉时代的《春秋》公羊学研究中，后来居上的关键所在。
《公羊传》产生于战国末叶，阐发"大一统"思想是其学说的核心。西
汉初，董仲舒的"天人三策"、《春秋繁露》于此有过正确发挥。东汉何
休，集两汉经师之所得，著《春秋公羊解诂》，以其所总结的"三科九
旨"掩董氏学而上，成为《春秋》公羊学的"天下第一解人"。③ 正如
刘逢禄所说："无三科九旨则无《公羊》，无《公羊》则无《春秋》，尚
奚微言之与有！"④ 庄存与的《春秋》学，筚路蓝缕，虽肯定了"大一
统"精义，但并未找到何休的总结，结果在拓荒的路上不可能走得更
远，欲阐发其间的"微言大义"而不得要领。孔广森继之而起，他虽然

---

① 《春秋论》上下两篇，载《刘礼部集》卷3，无疑应属刘逢禄撰。今本《魏源集》所录
　　《春秋论》上下两篇，一字不易，全文照抄，视为魏源文，显然误植。
② 刘承宽：《先府君行述》，载《刘礼部集》卷11附录。
③ 杨向奎：《大一统与儒家思想》六，《何休对于公羊学的总结》。
④ 刘逢禄：《刘礼部集》卷3，《春秋论》下。

发现了何休的《公羊解诂》，但却立异何说，对"三科九旨"作了曲解，最终于《公羊》精义亦无所发挥。关于这一点，晚清今文经学家皮锡瑞叹为"不无买椟还珠之憾"，[①] 就不是没有道理的。所以，从庄存与到孔广森，严格地说来，还不足以构成一代独立的《春秋》公羊学派。

刘逢禄出，局面豁然改观。他从正确阐发何休总结的"三科九旨"入手，对"张三世"、"通三统"诸《春秋》义例作了系统笺释，从而显示了《春秋》公羊学作为在应变中求发展的政治学说的历史价值。至此，始为一代《春秋》公羊学的复兴奠定了坚实的基础。逢禄表兄弟宋翔凤作同调之鸣，撰为《论语说义》、《大学古义说》、《过庭录》诸书，常州庄学为之大盛而有常州学派之谓。稍后，凌曙闻风而起，著《春秋繁露注》，以明董仲舒之学。他的弟子陈立毕其未竟之志，著《公羊义疏》。乾隆时代的"孤家专学"，终在晚清彰显于世。而龚自珍、魏源既从刘逢禄问《公羊》学，又立足现实，接过其据经议政的经世思想，大大加以发挥，从而成为鸦片战争前后经世思潮再起的开风气者。

第四节　唐鉴与《国朝学案小识》

嘉庆、道光间，中国古代学术即将翻过乾嘉汉学的一页，步入近代学术门槛。于是相关史籍应运而生，以对自明清更迭以来，近二百年间学术进行批判总结。江藩的《国朝汉学师承记》，阮元的《皇清经解》、《国史儒林传稿》，方东树的《汉学商兑》等，先后而起，各抒己见。至唐鉴《国朝学案小识》出，体例自成，后来居上，既总结一代学术盛衰，亦寄寓著者学术好尚，且可觇一时学术趋向。

---

① 皮锡瑞：《经学通论》卷4，《论三传皆专门之学》。

一、著者生平学行述略

唐鉴，字栗生，号敏楷，又号镜海。湖南善化（今长沙）人。生于乾隆四十三年（1778），卒于咸丰十一年（1861），终年八十四岁。故世之后，清廷赐谥确慎。

著者出身于官宦世家。鉴祖焕，乾隆初，以举人官至山东平度州知州。父仲勉，乾隆五十八年进二，由知县官至陕西布政使。嘉庆十年（1805），唐鉴以廪生入贽为临湘县学训导。十二年，举乡试。十四年，成进士，为翰林院庶吉士。十六年散馆，授翰林院检讨，充国史馆协修。二十三年，迁浙江监察道御史，疏劾湖南武陵知县顾烺圻贪劣，一时称快。后因疏奏淮盐事宜失当，以六部员外郎改补。道光改元，得诸城刘镮之荐，出知广西平乐府。道光四年（1824）之后，连遭父母丧，守制庐墓，后应聘主持山东泰安书院讲席。九年进京，仍补广西旧任。之后十余年间，历任安徽徽宁池太广道、江安粮道、山西按察使、贵州按察使、浙江布政使、江宁布政使。所至革除陋规，百度毕张，以清廉著称一时。道光二十年，奉旨内转太常寺卿，入都供职。鸦片战争起，疏劾琦善、耆英等，直声震天下。二十五年，遇车祸伤肘。翌年，即以老病奏请回籍。晚年，历主江苏尊经、钟山及江西白鹿洞诸书院讲席。后病殁于湖南。

唐鉴早年研摩文史，中年勤劳民事，乞假家居，潜心理学，以朱子为宗，笃信谨守而不移。生平著述有《朱子学案》八十卷、《国朝学案小识》十五卷、《畿辅水利备览》八卷、《读易反身录》二卷、《易牖》二卷、《读易识》二卷、《读礼小事记》二卷、《四书拾遗》四卷、《省身日课》十四卷等。其诗文杂著，后人辑为《唐确慎公集》十卷刊行。

湖湘地区为理学之邦，北宋中叶，周敦颐开风气于先，两宋之际，胡安国、胡宏、胡寅父子传其学于衡麓，湖湘学统奠定。南宋间，张栻、朱熹讲学于岳麓书院，湖湘理学为之大振。历元明诸朝，理学在湖湘地区久传不衰，终于在明清之际孕育出杰出的学术大师王夫之。乾嘉以还，复以地理环境的制约，理学独能世代相承。唐鉴承其家学，步入仕途之后，将理学风气带至京中。据其嗣子尔藻所撰《镜海府君行述》记，还在初任职翰林院时，公事之余，唐鉴即与戚人镜、贺长龄等以理学相切磋。道光二十年后再次供职京都，他又时常与倭仁、何桂珍、窦垿等，讲求性理体用之学。唐鉴论学，深嫉陆九渊、王阳明，一以二程、朱子为依归。他认为："圣人之学，格致诚正、修齐治平而已。离此者畔道，不及此者远于道也。"又说："夫学之所以异，道之所以歧，岂有他哉！皆由不识格致诚正而已。习空谈者，索之于昭昭灵灵而障于内；守残编者，逐之于纷纷藉藉而蔽于外。斯二者皆过也。"由此出发，他于乾嘉考据学深不以为然，斥之为"以剩余糟粕，夸为富强"的务外之学。唐鉴就此阐述道：

> 圣人之言典章也，莫大于颜子之问为邦，曰夏时、殷辂、周冕、韶乐；曰放郑声，远佞人。是必有顺天应人，长治久安，大经济，大功业，以运用于两间。岂惟推天文，考舆服，讲求乐律而已哉！其言政事，莫大于哀公之问政，曰达道五，行之者三；曰九经，行之者一。是必有事亲知天，明善诚身，真本原，真学问，以弥纶于无际。岂惟考官禄，别等差，讲明礼节而已哉！

所以他断言："沾沾焉辨论于粗迹者，不知圣人之学也，外之故也。"在唐鉴看来，唯有一秉朱子之教，格致诚正，合内外于一体，始是圣人之道。他说："《中庸》曰，成己仁也，成物知也。性之德也，合内外之道也，故时措之宜也。治国平天下之事，岂在外哉！不障于内，不蔽于外，惟格致诚正者能之。"① 以此为准绳，自道光二十三年初开始，唐鉴对前此二百年的清代学术进行总结，宗主程朱，卫道辨学，于道光二十五年夏，完成了《国朝学案小识》的结撰。稿成，经儒臣曾国

---

① 唐鉴：《国朝学案小识》卷首，《自序》。

藩、何桂珍及著者外甥黄倬等校核，于同年冬在京中刊行。

　　唐鉴平生所结撰的两部学案体著述，即《朱子学案》与《国朝学案小识》，后者刊行在先，故得以流传于世。而《朱子学案》虽纂修有年，咸丰初，唐氏应召入京，还曾就此奏报于登极伊始的清文宗。据称："臣读朱子全集，别为义例，扣分格致、诚正、修齐、治平为八大案，而以朱子之文分隶之。则学者绩析条分，了然心目。"文宗亦欣然面谕："尔书出时，必呈朕览为要。"① 但终因卷帙浩繁，未及刊行。著者故世后，遗稿又为后人遗失，仅有《朱子学案目录序》留存于今本《唐确慎公集》中。

二、全书内容举要

　　《国朝学案小识》由五大学案组成，即《传道学案》、《翼道学案》、《守道学案》、《经学学案》和《心宗学案》。全书凡 15 卷。卷一、二为《传道学案》，著录陆陇其、张履祥、陆世仪、张伯行等四人学行。卷三、四、五为《翼道学案》，著录汤斌、顾炎武、张尔岐、王夫之等十九人学行。卷六、七、八、九为《守道学案》，著录于成龙、魏象枢、李光地等四十四人学行。卷十、十一为《守道学案》之《待访录》，著录应撝谦、张贞生、刁包等六十八人学行。卷十二、十三、十四为《经学学案》，著录黄宗羲、朱鹤龄、梅文鼎等一百零四人学行。后附《待访录》，著录张惠言、金榜、王鸣盛等八人学行。卷末为《心宗学案》，著录张沐、潘用微、赵宽夫等三人学行。后附《待访录》，著录邵廷采、魏一鳌、彭绍升等六人学行。全书著录二百年间学者，凡二百五十六人。卷末一案虽未称作卷十五，实独立为一大案，故全书实应为十五卷。

　　《国朝学案小识》何以要作五大学案的区分？著者于卷首撰有《提要》一篇以作解释。于《传道》一案，唐鉴开宗明义即云：

————————

① 唐尔藻：《镜海府君行述》，载《唐确慎公集》卷首。

传何由而得其道乎？曰孔、孟、程、朱。道何由而传得其
人？曰述孔、孟、程、朱。述孔、孟、程、朱何由而遽谓之传
乎？曰孔、孟、程、朱之道晦，而由斯人以明；孔、孟、程、
朱之道废，而由斯人以行。孔、孟、程、朱之道何由而遽明、
遽行乎？曰辨之严，异说不能乱；行之力，同志服其真。虽未
必遽能大明与行，而后之学者，可由是而进于明、进于行也。
则谓之明可，谓之行可，谓之传可。

这就是说，所谓传道者，指的是传承孔、孟、程、朱之道。换句话
说，也就是陆九渊、王阳明之学，皆不在此道之中。于此，著者接下去
说得很清楚，他说："明自正、嘉以后，讲新建者大肆狂澜，决破藩篱，
逾越绳检。人伦以坏，世道日漓，邪说诬民，充塞仁义。逮及鼎革，托
为老师宿儒者，尚欲以诐淫邪遁，淆乱人心，伤何如哉！"因而唐鉴认
为："世有欲正人心以熄邪说者，即谓之孟子可也，即谓之朱子可也。
道之传也，非斯人其谁与归！"

于《翼道》一案，著者的解释是：

传道者少，未尝不为道忧，翼道者众，又未尝不为道喜。
非翼道之重于传道也，翼之则道不孤矣。道不孤，则乱道者不
能夺其传矣。不能夺其传，而后统纪可一，法度可明。学术正
而人心端，教化肃而风俗美，人道与天道、地道并立矣。然则
道之传也，传者传之，翼者亦相与传之也。

意即因有翼道诸人，传道者其势始得不孤。为此，唐鉴取南宋朱熹之与
张栻、吕祖谦为例，指出："孔子尚矣，曾子、子思、孟子尚矣，朱子
又岂易得耶？"

著者认为，道之所以不绝于天下，除传道、翼道诸儒外，尚有守道
而不渝诸儒。于是他于《守道》一案论道：

今夫救时者人也，而所以救时者道也。正直可以慑回邪，
刚健可以御强梗，庄严可以消柔佞，端悫可以折侵侮，和平可

以息横逆，简易可以综繁颐，抱仁戴义可以淑心身，周规折矩
可以柔血气，独立不惧可以振风规，百折不回可以定识力，守
顾不重乎哉！

因此，唐鉴于守道诸儒亦至为推崇，表示："吾每得一人焉，未尝不正
襟而起敬，端坐而缅思也。虽其人已往，而其流风余韵愈久而愈真，炳
炳焉在天壤间也。"

以上三案，为全书主干，占至三分之二以上篇幅。相形之下，《经
学》、《心宗》二案，或轩轾早定，或意存贬抑，实则无足轻重，陪衬而
已。所以于《经学》一案，著者借题发挥，对乾嘉考据学痛下针砭，
指出：

得其一字一句，远搜而旁猎之，或数十百言，或数千百
言，蔓衍而无所底止。……乃或以辞意之别于今，度数之合乎
古，遂至矜耀，以为得所未得，而反厌薄夫传圣人之道以存经
者。是其所以自处，不太轻矣。

由此而进，著者引秦人论尊师之道为喻，对崇汉抑宋的学风加以抨击，
认为："秦人有敬其老师而慢其师者，或问之，曰老师衣紫，师衣褐。
或曰然则非敬其老师也，敬紫也。今之尊汉经师而诋朱子者，是亦敬紫
之类也，又乌足与校哉！"

著者视陆王心学为异己，于《心宗》一案，则上起王阳明，下讫孙
奇逢，皆以唱心学而有异朱子，遂同遭诋斥。他说："天泉一会，为阳
明之学者，推阐师说，各逞所欲，各便所私。此立一宗旨，彼立一宗
旨，愈讲愈诞，愈肆愈狂，愈名高而愈无礼。沦澌流荡，无所底极，而
人心亡矣。人心亡，世教裂，而明社亦遂墟矣。有征君孙先生者，与鹿
伯顺讲学于明者也。入国朝，年已七十，遁影韬形，枯槁以终其身宜
矣，而乃移讲席于苏门山，仍以其旧闻号召天下，是亦不可以已乎！"[1]

---

[1] 唐鉴：《国朝学案小识》卷首，《提要》。

三、编纂体例及其评价

《国朝学案小识》是继《明儒学案》和《宋元学案》之后，在清中叶问世的一部学案体著述。这部史书虽为门户之见拘囿，于《明儒学案》和《宋元学案》蓄意贬抑，诋为"千古学术之统纪由是而乱，后世人心之害陷由是而益深"。① 但是，自《明儒学案》以来所确立的学案体史籍编纂格局，却是欲超脱其外而不能。该书卷首的《提要》，实脱胎于《明儒学案》各案之总论，无非变通旧观，取以为全书之冠冕而已。与《宋元学案》卷首之《序录》相比，则如出一辙。各学案案主学行的编纂，则又合《明儒学案》及《宋元学案》之案主传略及学术资料选编为一体，而以学术资料介绍为主干，一分一合，形异而实同。以下，仅以《传道学案》为例，略加剖析。

《传道学案》卷首为《提要》一段，其内容已如前所述，兹不复赘。全案著录凡四人，卷一为陆陇其、张履祥，卷二为陆世仪、张伯行。《平湖陆先生》一传，先以二十余字略述传主字号开篇，随即大段征引传主论学主张，凡足以反映其学术风貌者，诸如《评定四书大全自序》、《太极论》、《学术辨》等，皆详加引述。接着才是传主政绩介绍。最后则以"门人"为目，附列王前席等四人姓名，以示学术传衍。一如《陆陇其传》，《桐乡张先生》一传，亦先是数十字的字号一类内容，以下即接以传主论学语要。由于著者对传主的倾心推崇，所以这一部分篇幅几多于陆氏一传两倍。随之才是张履祥生平梗概的介绍。传末，且立论一段，盛赞张履祥为"朱子后之一人"。最后，则分别以"同学"、"从游诸子"为目，附列颜士凤等七人姓名。《太仓陆先生》亦然。全篇以传主所著《思辨录》前后集的引述为中心，比较突出地体现了学案体史籍的基本特征，即以汇编案主论学资料为主干，辅以小传及论断。篇末，同样以"同学"、"从游诸子"为目，附列盛圣传等二十四人姓名。《仪

---

① 唐鉴：《国朝学案小识》卷12，《经学学案·余姚黄先生》。

封张先生》一传，与之前三传无异，传主论学语要亦占全传四分之一以上篇幅。篇末，且有评论云：“自稼书、杨园两先生倡正学于南，天下之误入姚江者，稍知所趋向。而独河洛间，断断焉竟而不为之屈，则以夏峰之主持故也。先生能不惑溺于乡先生，而卓然归于至正，兢兢以程朱为守法，则今日之有志于洛学者，非先生之师而谁师乎”。①

《传道学案》中诸人传记，所引资料一般皆指明出处，而《经学学案》以下，因非著者表彰所在，所以引录资料皆不标所出。著者于此指出：“经学三卷，有本《四库书目》者，有采取先辈文集者，有就本人所著书论次者。参互成篇，未便揭明所出。”② 唐鉴以短短两年的时间，理董二百年间数以百计的学者著述，加以深陷门户之中，固执己见，一意表彰程朱一派，故粗疏漏略实亦在情理之中。所以，一部《国朝学案小识》，于《守道》、《经学》、《心宗》三案，皆有《待访录》一目。著者就此解释说：“一时搜求未得其著述，则于别集之所论及者，随详随略，录以待访。”③ 可见，《待访录》一目之所辟，在编纂体例上并无新意，无非据以藏拙而已。

就具体编纂次第而言，《国朝学案小识》虽意在表彰道学，但《专道》、《翼道》、《守道》三案之分，其间根据何在，理由并不充分。而既不顾历史实际，又不问学术造诣，仅据卫道之勇，即拔陆陇其于全书卷首，亦多可商榷。为官清廉，鲠直不阿，固是陆陇其高风。但陆氏之学，执拗褊狭，拘守门户，比之于陆世仪为学的博大通达，志存经世，相去简直不可以道里计。因此，二陆并编，实是不伦。事实上，陆陇其的尊朱黜王，并非一时首倡，张履祥、吕留良的表彰朱熹学说，都要先于他，据私淑于陆陇其的吴光酉所辑《陆稼书先生年谱定本》载，直到四十岁前后，陆陇其尚在朱王学术间徘徊。后来在康熙十一二年，他四

---

① 唐鉴：《国朝学案小识》卷2，《传道学案·仪封张先生》。
② 唐鉴：《国朝学案小识》卷12，《经学学案题注》。
③ 同上。

十三四岁时，结识吕留良，受张、吕二人学术影响，始成为朱子学笃信者。对于这一层关系，陆陇其本人也并不讳言。康熙二十二年十月，当他在京中获悉吕留良逝世的噩耗，曾撰文遥为祭奠。据称："陇其不敏，四十以前，以尝反复程朱之书，粗知其梗概。继而纵观诸家语录，糠秕杂陈，斌玟并列，反生淆惑。壬子、癸丑（康熙十一、十二年——引者），始遇先生，从容指示，我志始坚，不可复变。"可见吕留良的为学主张对陆氏学术趋向影响之大。文中，陆陇其还对吕氏于阳明学的"破其藩，拔其根"倍加推崇，指出："先生之学，已见大意。辟除榛莽，扫去云雾，一时学者获睹天日，如游坦途，功亦巨矣。"① 颇具讽刺意味的是，同样为黜王尊朱的学者，陆陇其因为清廷所用，遂于其身后，以理学名臣而获从祀孔庙的殊荣。吕留良却因不与清廷合作，而被清世宗斥为："狎侮圣儒之教，败坏士人之心，真名教中之罪魁也。"② 以致故世四十一年之后，还为文字冤狱祸及，惨遭戮尸枭首。唐鉴于此当然十分清楚，正因为对专制淫威心存余悸，所以《国朝学案小识》不敢有片言只字涉及吕留良。这一点，我们当然不必苛求于他。但是，陆陇其并非清初大儒，其学本受张履祥、吕留良影响，唐鉴也不会不知道。因而，仅以清廷好恶为转移，拔陆陇其于全书卷首，显然是不足取的。

清初理学界，在顺治及康熙初叶的二三十年间，主持一时学术坛坫风会者，实为王学大儒。这便是以孙奇逢为代表的北学，以李颙为代表的关学和以黄宗羲为代表的南学。而《国朝学案小识》无视历史实际，既以入清以后首倡"心宗"而黜孙奇逢于不录，又强学宗陆、王的李颙入程朱"翼道"者之列以张大门墙，于黄宗羲则贬入《经学学案》之中。如此编次史籍，以门户之见而淆乱历史真相，其谬误是显而易见的。汤斌、耿介、魏一鳌，同为孙奇逢弟子，恪守师教，终身不渝，而《国朝学案小识》则分三人于三案。汤斌以《翼道》首席而居正统之列，

---

① 陆陇其：《三鱼堂文集》卷12，《祭吕晚村先生文》。
② 《清世宗实录》卷81，雍正七年五月乙丑条。

耿介次之，得入《守道》一案，而魏一鳌则黜置程朱对立面，编于《心宗学案》。著者如此任意分割，亦不识根据何在。他如颜元、李塨师弟，并入《经学学案》已属不妥，而弟子李塨则擢至前列，其师颜元反名落乾嘉诸经师后。颠倒错乱如此，实是令人不解。

清代学术，以经学为中坚。经过清初诸儒的倡导，迄于乾嘉之世，遂呈鼎盛之势。其间，理学虽不绝如缕，但强弩之末，非同往昔，作为一种学术体系，实已失去发展生机。总结既往学术，表彰理学可，而歪曲历史，贬抑经学则不可。《国朝学案小识》先入为主，意存轩轾，每每强人就我。譬如顾炎武、王夫之，虽然皆有引据程朱以排击陆王的倾向，但是两家精深的经学造诣以及博大的为学体系，已远非理气心性的论究所能拘囿。江藩著《国朝汉学师承记》，强顾炎武入汉学营垒固属不当，而唐鉴的《国朝学案小识》一反其道，强顾、王二家入程朱"翼道"者之列，同样并不实事求是。唐鉴学案，既以经学命名，就当介绍清初以来诸经学名家大师，此本情理中事，不言而喻。然而两卷《经学学案》，则遗漏太多，殊不可解。乾嘉以还，大师辈出，如段玉裁、王念孙、王引之、焦循、庄存与、刘逢禄等，皆影响一代经学甚巨，尽人皆知。而唐书只字不录，视若不见，真不知如何取信于人！

综观《国朝学案小识》全书，虽力图变通《明儒学案》编纂格局，但亦未能尽脱旧轨，无非学案体史籍的变异而已。这种变异带着由学案向纪传体史籍之儒林传回归的色彩，就历史编纂学而论，应当说并不是一种前进。所以清亡以后，徐世昌主持《清儒学案》的纂修，便否定了《国朝学案小识》的变异，以对《明儒学案》和《宋元学案》的继承，为中国古代学案史做了一个名副其实的总结。

四、余论

《国朝学案小识》在道光中叶的问世，不是一个偶然的学术现象。此时，正值鸦片战火余烬炽人。时局动荡，学随世变，曾几何时，风靡朝野的乾嘉汉学已失昔日的鼎盛之势，迅速成为知识界批判审视的对象。当时的中国学术，面临一个何去何从的严峻抉择。

江藩著《国朝汉学师承记》，固守汉学壁垒，不啻一曲挽歌。阮元辑《皇清经解》，表彰一代经师经学，亦无异于为汉学招魂。"无可奈何花落去，似曾相识燕归来。"方东树一反其道，著《汉学商兑》以针砭时弊。方氏书指出：

> 江氏作《汉学师承记》，阮氏集《经解》，于诸家著述，凡不关小学，不纯用汉儒古训者，概不著录。……欲扫灭宋儒，毒罪朱子，鼓怒浪于平流，震惊飚于静树，可已而不已。斯风一煽，将害及人心学术。[①]

"扫灭宋儒，毒罪朱子"云云，固然过甚其词，文士习气太重，但是于江、阮病痛之所在，方东树可谓旁观者清，无疑已得症结。

如同《汉学承师记》和《皇清经解》一样，《汉学商兑》亦是对乾嘉汉学进行总结的著作。所不同者，只是前二书为肯定式的褒扬，而方氏书则是否定式的批判罢了。汉学中人，沉溺考据训诂，远离世事，如醉如痴，为历史潮流淘汰势所必然。《汉学商兑》的抨击，确能令对手无言以答。所以《汉学商兑》出，颇能激起共鸣。唐鉴《国朝学案小识》的问世，即是一至为强烈的反映。面对汉学颓势的不可逆转，方东树、唐鉴皆欲以理学取而代之，试图营造一个宋学复兴的局面，故有清中叶以后愈演愈烈的汉宋学术之争。然而时代在前进，不惟汉学日过中天，非变不可，而且宋学一统亦早已成为过去，方、唐等人为其勾画的复兴蓝图，不过一厢情愿而已。中国近代学术，既非"汉学的粲然复彰"，亦非"宋学的振然中兴"，它带着鲜明的时代印记，随着亘古未有的历史巨变而演进、激荡。对此，方东树没有料到，唐鉴也是无从预见的。因此，他们所留下的著述，并非晚清学术的理智展望，不过是既往历史的思索而已。

---

① 方东树：《汉学商兑》卷上。

第六章
乾嘉遗风与历史反思

道咸以降，迄于 20 世纪初叶的中国学术，在激剧动荡的社会变迁之中，跌宕起伏，滚滚向前。乾嘉学派主盟学坛的历史，虽然已经一去不复返，但是乾嘉学派中人严谨笃实的为学风尚，及其整理总结中国古代学术的卓著业绩，则在晚近社会和学术的演进过程中，显示出历久而不绝的深刻影响，成为中华民族一份极可宝贵的历史文化遗产。

第一节　晚清七十年之学术大势

道光中叶的鸦片战争，给中国社会带来了亘古未有的历史巨变。以之为肇始，迄于清朝覆亡，七十年间的中国学术界，站在时代的前列，为中国社会的走出困境，进行了不懈的努力。以下，拟就此一历史时期的学术演进谈几点极不成熟的认识，一孔之见，难得要领，敬请读者批评。

一、经世思潮的崛起

乾隆中叶以后，正当清高宗宣扬文治、侈谈武功之时，吏治败坏，官逼民反，清王朝业已盛极而衰。嘉庆一朝，其衰颓不振集中表现为此伏彼起的南北民变。就中尤以湘黔苗民起义、川楚陕白莲教大起义、东南沿海武装反清和畿辅天理教起义，予清廷的打击最为沉重。道光前期，王朝的危机则突出地反映为鸦片输入，白银外流。前者是内忧，后者则是外患，内外夹攻，交相打击，清王朝已经日薄西山。以空前深刻的经济、政治和社会危机为根据，自康熙中叶以后沉寂多年的经世思潮再度崛起，在鸦片战争前后趋于高涨，从而揭开了中国近代思想与学术的序幕。

（一）龚自珍的经世思想

龚自珍（1792—1841），又名巩祚，字璱人，号定庵，浙江仁和（今杭州）人。嘉庆末，以举人官内阁中书。道光九年（1829）成进士，因书法不中规矩而仍归中书原班。后擢宗人府主事，官至礼部主客司主事，兼祠祭司行走。道光十九年，迫于仕宦艰险，托名避其叔父出任礼部尚书之嫌，拔足南旋。返乡后，置别业于江苏昆山徐元文故园，应聘主持杭州紫阳书院讲席，兼职江苏丹阳县云阳书院。道光二十一年八月，在丹阳暴病而卒。自珍出身于浙江望族，父祖簪缨文史，世代为官，其外祖段玉裁更是著称一时的文字学家。他自幼随父宦居京城，在家学濡染之下，为学之始即受乾嘉朴学影响。然而置身于日趋加剧的社会危机之中，家庭影响毕竟是不能与社会力量相抗衡的。嘉庆十八年（1813）四月，自珍入京应顺天乡试。九月，天理教义军攻击紫禁城，朝野为之震惊。至此，所谓太平盛世已成历史陈迹，一代王朝衰象毕露。"日之将夕，悲风骤至"。江河日下的国运，志不得伸的际遇，终于驱使龚自珍"但开风气不为师"，走上一条特立独行的学以救世的道路。

嘉庆十八年，龚自珍撰成著名的《明良论》四篇，喊出了"更法"的时代呼声。他说："待其蔽且变，而急思所以救之，恐异日之破坏条例，将有甚焉者也。"① 自珍敏锐地感受到一场历史大动荡行将来临，

———————————

① 龚自珍：《龚自珍全集》第一辑，《明良论四》。

于是在随后写成的《尊隐》一文中，他再度敲响惊世之钟："山中之民，有大音声起，天地为之钟鼓，神人为之波涛矣。"① 二十一年前后，自珍再成《乙丙之际著议》二十五篇。文中，他深刻地描绘出一幅"将萎之华，惨于槁木"的"衰世"景象："衰世者，文类治世，名类治世，声音笑貌类治世。……左无才相，右无才史，阃无才将，庠序无才士，陇无才民，廛无才工，衢无才商。……当彼其世也，而才士与才民出，则百不才督之缚之，以至于戮之。戮之非刀、非锯、非水火，文亦戮之，名亦戮之，声音笑貌亦戮之。……徒戮其心，戮其能忧心、能愤心、能思虑心、能作为心、能有廉耻心、能无渣滓心。"对于这样一个是非颠倒、黑白混淆，欲使一世之人皆麻木不仁的衰世，龚自珍痛心疾首，他惊呼："起视其世，乱亦竟不远矣！"② 因此，龚自珍对现存秩序的合理性大胆提出质疑，他说："居廊庙而不讲揖让，不如卧穹庐；衣文绣而不闻德音，不如服橐鞬；居民上、正颜色而患不尊严，不如闭宫庭；有清庐闲馆而不进元儒，不如辟牧薮。"③ 一如《明良论》之倡言"更法"，在《乙丙之际著议》中，龚自珍再次提出了"改革"的主张，他指出："一祖之法无不敝，千夫之议无不靡，与其赠来者以劲改革，孰若自改革。"④

（二）魏源"以经术为治术"的主张

道光时代的思想界，魏源与龚自珍同以"绝世奇才"而齐名。⑤ 他们不仅以各自学以救世的倡导，成为一时经世思潮的领袖，而且承先启后，继往开来，皆是晚清学术的开风气者。

魏源（1794—1857），原名远达，字默深，一字汉士，湖南邵阳金潭（今属隆回县）人。他早年随父宦居京城，相继从胡承珙问汉儒经

① 龚自珍：《龚自珍全集》第一辑，《尊隐》。
② 龚自珍：《龚自珍全集》第一辑，《乙丙之际著议第九》。
③ 龚自珍：《龚自珍全集》第一辑，《乙丙之际著议第廿五》。
④ 龚自珍：《龚自珍全集》第一辑，《乙丙之际著议第七》。
⑤ 李兆洛：《养一斋文集》卷18，《与邓生守之》。

学，从刘逢禄问《春秋》公羊学，从姚学塽问宋儒理学。道光二年（1822），举顺天乡试，以博学多识，名噪京城，时谚有"记不清，问默深；记不全，问魏源"之语。① 后屡经会试不第，为地方督抚藩臬聘，作幕四方，于江淮盐务、河工、漕运诸大政，多所赞画。道光二十五年成进士，累官至高邮知州。咸丰初，太平军下扬州，以"贻误文报"被劾去职。② 晚年侨居兴化，潜心佛学，法名承贯。咸丰六年，南游西湖。翌年三月，病逝于杭州僧舍。

魏源之学，始自王阳明心学入。及至北上京城，侨寓江南，广交一时耆儒硕彦，视野大开，故于乾嘉汉宋诸学，皆深知其病痛所在。立足动荡的社会现实，他终由《春秋》公羊学而转手，走向了"通经致用"的道路。与汉宋学营垒中人异趣，魏源主张"以经术为治术"，倡导"通经致用"。他说：

> 能以《周易》决疑，以《洪范》占变，以《春秋》断事，以礼乐服制兴教化，以《周官》致太平，以《禹贡》行河，以三百五篇当谏书，以出使专对，谓之以经术为治术。曾有以通经致用为诟厉者乎？③

同将经术与治术、通经与致用合为一体相一致，魏源立足现实，厚今薄古，主张把古今、"三代以上之心"与"三代以下之情势"相结合，进而提出"变古愈尽，便民愈甚"的社会改革论。他就此阐述道：

> 变古愈尽，便民愈甚。……天下事，人情所不便者变可复，人情所群便者变则不可复。江河百源，一趋于海，反江河之水而复归之山，得乎？履不必同，期于适足；治不必同，期于利民。是以忠、质、文异尚，子、丑、寅异建，五帝不袭礼，三王不沿乐，况郡县之世而谈封建，阡陌之世而谈井田，

---

① 姚永朴：《旧闻随笔》卷 2，《魏默深先生》。
② 《清文宗实录》卷 88，咸丰三年三月己未条。
③ 魏源：《魏源集》上册，《默觚上·学篇九》。

笞杖之世而谈肉刑哉！①

在魏源的现存经学著作中，《诗古微》和《书古微》自成体系，是最能体现他"以经术为治术"思想的著述。尽管二书逞臆武断，牵强立说，多为后世学者讥弹，但是学以经世的精神，在道咸时代的大动荡中，则又是极可宝贵的财富。如果说《诗古微》、《书古微》是魏源在假经术以谈治术，因而还不得不披上神圣的经学外衣的话，那么他的《皇朝经世文编》以及稍后结撰的《圣武记》、《海国图志》，则是呼唤经世思潮的旗帜鲜明的呐喊。自《皇朝经世文编》出，同光诸朝，代有续辑，讫于民国，影响历久不衰。

（三）经世思想的高涨

嘉道之际崛起的经世思潮，自管同的《拟言》倡言改革，经包世臣著《说储》主张废八股、开言路、汰冗言，具体拟议改制方案，到龚自珍社会批判思想的形成，南北呼应，不谋而合，都是一时学术界针对日趋深化的社会危机而发出的拯颓救弊呐喊。由于西方殖民者罪恶的鸦片贸易和愈益加剧的军事威胁，赋予这一思潮以新的时代内容。在道光二十年前后，时局使之迅速发生重心的转化，由拯颓救弊转向呼吁挽救民族危亡，成为近代反帝爱国斗争的先导。

在这里，首先应当表彰的是林则徐。林则徐（1785—1850），字元抚，号少穆，晚号俟村老人，福建侯官（今福州市）人。嘉庆十六年进士，以翰林院编修官至湖广总督。道光十八年末，以钦差大臣前往广东查禁鸦片，旋任两广总督。讫于二十年九月被诬革职，两年间，林则徐雷厉风行，禁绝鸦片，加强战备，抗敌御侮。同时，又组织译员，从事外国书报的翻译，以知己知彼，抗御外侮。据陈胜粦教授研究，林则徐组织翻译的外国书报，可大致归为五类：一是《澳门新闻纸》六册，并据以选辑《澳门月报》五辑；二是摘译《华事夷言》和《对华鸦片贸易

---

① 魏源：《魏源集》上册，《默觚下·治篇五》。

罪过论》；三是据 1836 年伦敦出版的《世界地理大全》，译为《四洲志》；四是摘译滑达尔著《各国律例》（又译《万国公法》）；五是翻译大炮瞄准法等武器制造应用书籍。① 其中《四洲志》及相关中外文献，后来皆转交魏源，辑入《海国图志》之中。

经历鸦片战争失败的打击，尤其是《南京条约》等一系列不平等条约的民族屈辱，魏源率先而起，探讨抗敌御侮的对策。道光二十一年，他在江苏镇江晤林则徐，接过《四洲志》等资料，遵林氏嘱，纂辑《海国图志》。翌年，五十卷书成，旋即刊行。后续经增补，于咸丰二年（1852）以一百卷重刊。全书介绍世界各国历史、地理、经济、政治等诸方面情况，开宗明义即揭出撰述宗旨，乃在："为以夷攻夷而作，为以夷款夷而作，为师夷长技以制夷而作。"② 自此，"师夷长技以制夷"遂成一时进步知识界的共识。

在介绍西方富国强兵之道的同时，魏源又着手总结清代前期的用兵经验，撰为《圣武记》十四卷。该书于道光二十二年秋初成，后叠经增订，于二十四年重刊。二十六年再刊。全书与《海国图志》两位一体，激励民族奋发，成为一时探讨抗御外侮途径的重要著述。同林则徐一样，在鸦片战争前后，魏源也是倡导开眼看世界的杰出先驱。

鸦片战争后，清廷的妥协退让，导致投降声浪一度甚嚣尘上。林则徐、魏源开眼看世界的经世主张，因之而多遭朝廷士大夫非议。然而当此逆境，与林、魏同调共鸣者，亦不乏其人。其中，尤以姚莹、徐继畬二人影响为大。

姚莹（1785—1853），字石甫，一字明叔，号展和，晚号幸翁，安徽桐城人。嘉庆十三年进士。鸦片战争期间，以台湾兵备道率一方军民抗击英国侵略军，英勇卓杰，名垂史册。《南京条约》签订后，竟因之获咎，贬谪川藏。在颠沛流离之中，他既据亲身经历所得，又"就藏人

---

① 陈胜粦：《林则徐与鸦片战争论稿》，中山大学出版社 1985 年版，第 22 页。
② 魏源：《海国图志》卷首，《自序》。

访西事"，撰成著名的《康𫐐纪行》一书。全书十六卷，接武林则徐《四洲志》和魏源《海国图志》，对世界各地的历史地理作了较之林、魏更为详尽的介绍。著者主张通过深入了解各国的情况，以从中寻求抗敌御侮的正确途径。他说："若坐井观天，视四裔如魑魅，暗昧无知，怀柔乏术，坐致其侵凌，曾不知所忧虑，可乎？甚矣，拘迂之见，误天下国家也！"[①] 书中以大量无可辩驳的事实，揭露英国侵略者对我西藏的觊觎，进而敦促清廷加强边防守备，尤具远见卓识。

徐继畬（1795—1873），字健男，号牧田，一号松龛，山西五台人。道光六年进士。自十六年起，历官广西浔州知府、福建延建邵道、汀漳龙道、两广盐运使、广东按察使、广西巡抚。二十六年，调任福建巡抚，兼署闽浙总督。鸦片战争后，东南沿海为对外交涉之前沿，徐氏多年供职两广、福建，于各国风土人情多所了解。其间，入觐京城，宣宗曾以各国风土形势为问，徐氏奏对甚悉，后即奉命采辑成书。道光二十八年，《瀛寰志略》十卷竣稿刊行。全书据中外多种图书编纂而成，所涉凡八十余国之风土人情、史地沿革和社会变迁等，尤以东南亚各国资料最称详备。由于该书编纂严谨，构图精审，足以与魏源辑《海国图志》并肩媲美，成为鸦片战争后介绍世界各国情况的重要著述。因而不惟在国内风行，而且同《海国图志》一并传入日本，影响甚巨。

二、从"中体西用"到"三民主义"

咸丰间，太平天国民变如火如荼，资本主义列强剑拔弩张，清廷内外交困，国家积弱不振。于是"师夷智以造炮制船"和"中学为体，西学为用"的洋务思潮应运而起。同治、光绪间，此一思潮凭借时局的短暂稳定而席卷朝野。甲午中日战争清廷的惨败，宣告了洋务运动的破

---

① 姚莹：《康𫐐纪行》卷12。

产。三十余年的"自强新政"，被日本侵略者的炮舰击得粉碎。帝国主义列强凶相毕露，竞相在中国划分势力范围，瓜分风潮骤然加剧，中华民族面临亡国灭种的深重灾难。于是自 18 世纪 70 年代开始酝酿的早期改良主义思潮，遂以康有为、梁启超领导的变法维新运动的高涨，迅速发展成强劲的变法维新思潮。晚清的最后十余年，是资产阶级民主革命思潮汹涌澎湃的时期。以中山先生的"三民主义"为旗帜，这一思潮以前所未有的力度，猛烈地冲击腐朽的君主专制政治，从而推动辛亥革命的爆发，最终埋葬了清王朝。

（一）"中学为体，西学为用"的文化观

"中学为体，西学为用"，是晚清思想界的一个重要文化观。它以鸦片战争前后林则徐、魏源倡导的"师夷长技以制夷"的思想为先导，中经曾国藩、李鸿章等清廷重臣的首肯而张扬，直到由洋务派殿军张之洞撰《劝学篇》而加以总结，在洋务运动中形成和定型，风行于晚清论坛数十年。

"中体西用"文化观在晚清思想界的风行，不是一桩偶然的事情，它有其深刻的社会背景和文化背景。从文化演进的角度而言，此一文化观的萌生，乃是鸦片战争之后，面对西方的有力挑战，朝野士大夫和知识界的积极回应。其主要目的则在于为接受西学，使之为我所用而进行呼吁。

道光中叶的鸦片战争，西方资本主义列强的文化，以"船坚炮利"向中国文化发出了有力的挑战。如何对待这样一个挑战？林则徐、魏源等有识之士，正视现实，倡言"师夷长技以制夷"。也就是说，为了抗御西方列强的侵略，必须向他们在军事上的长处学习。在当时弥漫朝野的保守氛围中，尽管这一主张未能迅速传播，但是当第二次鸦片战争清廷再败之后，慑于西方列强的"船坚炮利"，奕䜣、曾国藩、李鸿章等内外重臣被迫接受了严酷的现实。咸丰十年（1860），两江总督曾国藩提出"师夷智以造炮制船"的主张，他说："目前资夷力以助剿济运，得纾一时之忧。将来师夷智以造炮制船，尤可期永远之利。"① 曾国藩的这一主张，同奕䜣、李鸿章等此呼彼应，无异向朝野发出信号，即可以有选择地向西方学习，具体地说，就是向列强学习"船坚炮利"之术。

清廷重臣的思想转变，在很大程度上则来源于进步知识界的促进。在这方面，最先发出呐喊的便是冯桂芬。冯桂芬（1809—1874），字林一，号景亭，又号邓尉山人，江苏吴县人。道光二十年进士，历官翰林院编修、右春坊右中允。后因病居乡不出，讲学著书，岿然为东南耆宿。他学有根底，经史、小学，多所究心，于天文、历法、数学，尤多用力。面对列强侵略，他接武林则徐、魏源，于时务多有议论，且对中西文化的比较，更深入一层。咸丰十一年（1861），他的《校邠庐抗议》编成。全书二卷，凡五十篇。书中冯桂芬倡言"采西学"、"制洋器"，敢于承认中国"四不如夷"，即"人无弃才不如夷，地无遗利不如夷，君民不隔不如夷，名实必符不如夷"。② 因而主张在不违背"三代圣人之法"的前提下，向西方学习。他甚至说："法苟不善，虽古先吾斥之；法苟善，虽蛮貊吾师之。"③ 一言以蔽之，冯桂芬所提出的文化观，就叫做："以中国之伦常名教为原本，辅以诸国富强之术。"④

冯桂芬的《校邠庐抗议》，为"中体西用"文化观确立了基本格局。此后之阐发"中体西用"说者，无论是洋务派中人，还是批评洋务派的早期改良主义者，乃至倡变法以图强的康有为、梁启超等，皆未能从总体上逾越其藩篱。同治、光绪间的思想界，一如梁启超所论，"中体西用"之说，确乎大有"举国以为至言"之势。正是在这样一个基础上，光绪二十四年（1898）三月，张之洞推出《劝学篇》，对之进行了全面的阐述和总结。

---

① 曾国藩：《曾文正公全集·奏稿》卷12，《复陈洋人助剿及采米运津折》。
② 冯桂芬：《校邠庐抗议》卷下，《制洋器议》。
③ 冯桂芬：《校邠庐抗议》卷下，《收贫民议》。
④ 冯桂芬：《校邠庐抗议》卷下，《采西学议》。

张之洞（1837—1909），字孝达，号香涛，晚号抱冰，卒谥文襄，直隶南皮（今属河北）人。同治二年（1863）进士，由翰林院编修历官湖北、四川学政，山西巡抚，两广、湖广总督，晚年以体仁阁大学士、军机大臣病逝。作为封疆大吏和朝廷重臣，张之洞以兴办洋务的诸多业绩，而对晚清时局产生了重要影响。与之相辅而行，身为名重朝野的儒臣，他学养深厚，政教并举，亦对晚清学术留下了深刻影响。何以要结撰《劝学篇》？张之洞于此有如下说明：

> 今日之世变，岂特春秋所未有，抑秦、汉以至元、明所未有也。语其祸，则共工之狂、辛有之痛，不足喻也。庙堂旰食，乾惕震厉，方将改弦以调琴瑟，异等以储将相，学堂建，特科设，海内志士发愤扼腕。于是图救时者言新学，虑害道者守旧学，莫衷于一。旧者因噎而食废，新者歧多而羊亡。旧者不知通，新者不知本。不知通，则无应敌制变之术；不知本，则有菲薄名教之心。夫如是则旧者愈病新，新者愈厌旧，交相为愈，而恢诡倾危、乱名改作之流遂杂出其说，以荡众心。学者摇摇，中无所主，邪说暴行，横流天下。敌既至无与战，敌未至无与安。吾恐中国之祸，不在四海之外而在九州之内矣。①

如何评价"中体西用"的文化观？在这个问题上，笔者赞成冯天瑜教授的意见。冯先生认为，洋务运动初起，统治阶级中人提出这样一种"折中"的文化选择，自有其进步意义。然而在酝酿维新变法的关键时刻，依然坚持这样的文化观，力图以"中体"去抗拒变法，当然是不可取的。戊戌变法失败，政治革命已经提上日程，仍旧鼓吹"中体西用"，就更是对抗革命舆论，妨碍思想解放，阻挠社会进步。②

---

① 张之洞：《张之洞全集》卷 270，《劝学篇序》。
② 冯天瑜：《张之洞评传》第七章，《旧学为体新学为用》。

（二）梁启超的变法活动及学术贡献

梁启超（1873—1929），字卓如，一字任甫，号任公，又号饮冰室主人，广东新会人。他自幼即接受了良好的家庭教育，少年科第，才气横溢。光绪十六年（1890）春，入京会试，颓然受挫。南归途经上海，从坊间购得徐继畬所著《瀛寰志略》，始知有五大洲各国，眼界为之一开。初秋返粤，得以结识学海堂高才生陈千秋。时值康有为以布衣上书受逐，寓居广州。千秋服膺康氏学术，启超遂于是年八月通过千秋以弟子礼前往拜谒。这次历史性的拜谒，成为梁启超一生学术和事业的里程碑。从此，在中国近代历史上，揭开了康、梁并称的一页。

光绪二十年（1894）六月，甲午中日战争爆发。清廷腐败无能，丧师败绩。国家民族的危难，把正在万木草堂求学的梁启超召唤到荆棘丛生的政治舞台。翌年春，他北上京城。三月，清廷与日本签订丧权辱国和约的消息传来，启超与其师康有为挺身而起，组织在京会试的十八省举人，联名上书，反对割地赔款，力主拒和、迁都、变法。此后数年，启超奔走南北，投身变法救亡活动。光绪二十四年（1898），作为发生在当年的百日维新的领袖之一，他写下了自己青年时代极为悲壮的一页。

这年正月，梁启超抱病北上，二月抵京。面对西方列强的瓜分风潮，他不顾病体孱弱，冒险犯难，愤然奔走呼号。四月二十三日，以光绪皇帝颁发的定国是诏谕为标志，梁启超、康有为等志士多年来为之奋斗的变法维新，一度演成事实。八月初六日，梁启超正在谭嗣同寓所商议国事，忽然接到宫廷政变发生，光绪皇帝被软禁，慈禧太后垂帘听政的报告，而且还得悉康有为住宅已被查抄。谭嗣同决意一死报国，敦促梁启超潜往日本驻华使馆求助。后幸为日本代理公使林权助庇护，始得取道天津，投日轮东渡。从此，讫于清亡，他一直客居日本。

百日维新后的十余年间，同在政治舞台上的连年受挫相反，梁启超的学问则大为增进。当时的日本，经过明治维新之后，锐意求治，无论在经济、政治、军事，还是学术文化诸方面，都一跃而成为亚洲一流强国。梁启超置身于这样一个相对开放的国度，使他得以广泛接触西方的哲学和社会政治学说，深入探讨日本强盛的经验。这不仅给了他以政治主张的理论依据，而且也极大地开阔了他的学术视野，使之摆脱康有为的改制、保教说，接受了西方的资产阶级进化论。梁启超抱定"读东西诸硕学之书，务衍其学说，以输入于中国"的为学宗旨，以"思想界的陈涉"自任，① 在这十余年间，写下了大量的、影响深远的政论文章，成为向西方寻求救国救民真理的杰出先行者之一。

作为进化论的笃信者，从光绪二十七年（1901）起，他将此一理论引入史学领域，转而致力于中国历史学的建设，发愿编著《中国通史》。为此，他连续发表了一系列极有价值的史学著作，其中尤以刊布于光绪二十七年和二十八年的《中国史叙论》、《新史学》影响最巨。

在中国史学史上，梁启超第一次引进了"历史哲学"的概念。他指出："善为史者，必研究人群进化之现象，而求其公理公例之所在，于是有所谓历史哲学者出焉。历史与历史哲学虽殊科，要之苟无哲学之理想者，必不能为良史，有断然也。"尤为可贵者，他正是以之为依据，朦胧地触及了中国数千年历史发展的轨迹，提出了历史进程"非为一直线"的思想。他指出："或尺进而寸退，或大涨而小落，其象如一螺线。明此理者，可以知历史之真相矣。"② 梁启超就是这样以他所倡导和身体力行的"史界革命"，最早地把西方资产阶级史学理论引入中国，而且也使他无可争议地成为中国资产阶级史学理论的奠基人。

光绪二十八年（1902），梁启超把"史界革命"的主张诉诸实践，发表了《论中国学术思想变迁之大势》一文。全文原拟作十六章，惜仅写至前六章即搁笔。后来，他又于光绪三十年续作八、九章，以《近世学术》为题刊行。梁启超的这篇学术论著，虽然对章炳麟所著《訄书》

---

① 梁启超：《清代学术概论》二十六。
② 梁启超：《饮冰室合集》专集，《新史学》。

多有借鉴，但是他却以较之章氏略胜一筹的高屋建瓴之势，对中国古代学术演进的历史做了鸟瞰式的勾勒。他不仅把中国学术思想的发展视为一个有公理公例可循的历史进程，而且就历史编纂学而言，则在旧有的学案体史籍基础上，酝酿了一个飞跃，开启了一条广阔而坚实的研究途径。

（三）中山先生"三民主义"的提出

孙中山先生（1866—1925），是中国民主革命的伟大先行者，是中华民国的伟大缔造者。在晚清的最后十余年间，中山先生的民主革命思想日趋成熟，以"三民主义"学说的提出为标志，有力地推动民主革命思潮的高涨，成为辛亥革命的指导思想。

甲午中日战争爆发，中山先生于当年十月抵达檀香山。在他的倡导下，革命组织兴中会成立。兴中会的《盟书》、《章程》，皆为中山先生草拟。在《盟书》中，中山先生为这一团体规定了"驱除鞑虏，恢复中国，创立合众政府"的斗争目标。[1] 而中山先生草拟的《檀香山兴中会章程》，则明确指出："是会之设，专为振兴中华，维持国体起见。盖我中华受外国欺凌，已非一日。皆由内外隔绝，上下之情罔通，国体抑损而不知，子民受制而无告。苦厄日深，为害何极！兹特联络中外华人，创兴是会，以申民志而扶国宗。"[2]

翌年正月，中山先生又在香港成立兴中会，并着手准备在广州发动武装起义。后因事机不密受挫，中山先生被迫流亡欧美。光绪二十二年（1896），清廷获悉中山先生伦敦踪迹，遂由驻英使馆将先生诱捕。幸得英国友人相助，逃出使馆。从此，中山先生以中国革命家而驰名于世。他的革命思想，亦通过海外华侨和留学生向四方传播。

光绪三十年（1904），中山先生的著名论文《中国问题的真解决》在美国发表。文中，中山先生第一次明确地提出了建立中华民国的政治理想。他说："中国现今正处在一次伟大的民族运动的前夕，只要星星

[1] 孙中山：《孙中山全集》第一卷，《檀香山兴中会盟书》。
[2] 孙中山：《孙中山全集》第一卷，《檀香山兴中会章程》。

之火就能在政治上造成燎原之势。"中山先生号召，建立"一个新的、开明的、进步的政府来代替旧政府"，即"把过时的……君主政体改变为中华民国"。中山先生就此指出："这样一来，中国不但会自力更生，而且也就能解除其他国家维护中国的独立与完整的麻烦。在中国人民中有许多极有教养的能干人物，他们能够担当起组织新政府的任务。"孙中山先生满怀信心地瞻望前程，明确向全世界昭示："一旦我们革新中国的伟大目标得以完成，不但在我们的美丽的国家将会出现新纪元的曙光，整个人类也将得以共享更为光明的前景。普遍和平必将随中国的新生接踵而至，一个从来也梦想不到的宏伟场所，将要向文明世界的社会经济活动而敞开。"①

为了实现中山先生的政治理想，光绪三十一年（1905）八月，以中山先生领导的兴中会为中心，联合其他革命团体，中国同盟会在日本东京成立。从此，中国资产阶级民主革命趋向高涨。同年十月，中国同盟会机关刊物《民报》在日本东京创刊。② 中山先生为该刊撰《发刊词》，文中，先生第一次完整地揭示了他的三民主义学说。中山先生说：

> 余维欧美之进化，凡以三大主义：曰民族，曰民权，曰民生。罗马之亡，民族主义兴，而欧洲各国以独立。洎自帝其国，威行专制，在下者不堪其苦，则民权主义起。十八世纪之末，十九世纪之初，专制仆而立宪政体殖焉。世界开化，人智益蒸，物质发舒，百年锐于千载。经济问题继政治问题之后，则民生主义跃跃然动，二十世纪不得不为民生主义之擅场时代也。是三大主义皆基本于民，递嬗变易，而欧美之人种胥冶化焉。其他旋维于小己大群之间而成为故说者，皆此三者之充满发挥而旁及者耳。③

---

① 孙中山：《孙中山全集》第一卷，《中国问题的真解决》。
② 关于《民报》的创刊时间，从已故郭廷以教授《近代中国史事日志》说。
③ 孙中山：《孙中山全集》第一卷，《民报发刊词》。

　　一年之后，为庆祝《民报》创刊一周年，中山先生在日本发表重要演说，对他的三民主义学说做了全面阐发。中山先生指出："兄弟想《民报》发刊以来已经一年，所讲的是三大主义：第一是民族主义，第二是民权主义，第三是民生主义。"关于民族主义，中山先生说："民族主义，并非是遇着不同族的人便要排斥他。……惟是兄弟曾听见人说，民族革命是要尽灭满洲民族，这话大错。"① 所谓民族主义，一言以蔽之，就是中山先生稍后所说的"驱逐鞑虏，恢复中华"，② "倾覆满洲政府"。③ 关于民权主义，中山先生说："至于民权主义，就是政治革命的根本。……我们推倒满洲政府，从驱逐满人那一面说是民族革命，从颠覆君主政体那一面说是政治革命，并不是把它分作两次去做。讲到那政治革命的结果，是建立民主立宪政体。照现在这样的政治论起来，就算汉人为君主，也不能不革命。"④ 因此归结到一句话，中山先生讲的"民权主义"，就叫做"建立民国"。⑤ 关于民生主义，中山先生说："我们实行民族革命、政治革命的时候，须同时想法子改良社会经济组织，防止后来的社会革命，这真是最大的责任。"⑥ 中山先生认为，对于社会问题应当未雨绸缪，"兄弟所最信的是定地价的法"，⑦ "平均地权"。⑧

　　中山先生的结论是："总之，我们革命的目的是为众生谋幸福，因不愿少数满洲人专利，故要民族革命；不愿君主一人专利，故要政治革命；不愿少数富人专利，故要社会革命。这三样有一样做不到，也不是我们的本意。达了这三样目的之后，我们中国当成为至完美的国家。"⑨

---

① 孙中山：《孙中山全集》第一卷，《在东京民报创刊周年庆祝大会的演说》。
② 孙中山：《孙中山全集》第一卷，《中国同盟会革命方略》。
③ 孙中山：《孙中山全集》第一卷，《临时大总统誓词》。
④ 孙中山：《孙中山全集》第一卷，《在东京民报创刊周年庆祝大会的演说》。
⑤ 孙中山：《孙中山全集》第一卷，《中国同盟会革命方略》。
⑥ 孙中山：《孙中山全集》第一卷，《在东京民报创刊周年庆祝大会的演说》。
⑦ 同上。
⑧ 孙中山：《孙中山全集》第一卷，《中国同盟会革命方略》。
⑨ 孙中山：《孙中山全集》第一卷，《在东京民报创刊周年庆祝大会的演说》。

中山先生的三民主义学说，为同盟会的革命活动提供了思想指导，故而使之在思想上战胜了康有为、梁启超代表的资产阶级改良主义，并为推翻清朝统治的辛亥革命奠定了思想基础。

三、会通汉宋学术以求新

晚清七十年间的学术，有一潮流行之最久，亦最可注意，这便是会通汉宋，推陈出新。民国初年的著名学者王国维先生论清代学术，有一句很有名的话，他说："国初之学大，乾嘉之学精，而道咸以来之学新。"[①] 王先生所说的"新"，既指当时方兴未艾的西学，同时亦应包括中国传统学术在会通汉宋中的自我更新。

（一）曾国藩与晚清理学

晚清理学，枯槁狭隘，已非宋明时代之可同日而语。惟得一曾国藩，以其事功学业相济，几呈中兴之势。曾国藩（1811—1872），原名子城，字伯涵，号涤生，湖南湘乡人。道光十八年（1838）进士，以翰林院检讨累官至大学士兼直隶、两江总督。他一生既以功业显，为洋务派重要领袖，亦以学业著，实为晚清学术界一承前启后之关键人物。

曾国藩之学术，既承桐城姚鼐遗绪，又得乡先辈唐鉴熏陶。唐鉴研摩文史，潜心理学，颇得湖湘学统之传。据其嗣子尔藻所撰《镜海府君行述》记，初任翰林，公事之余，唐鉴即与戚人镜、贺长龄等以理学相切磋。道光二十年（1840）后，再次供职京城，他又时常与倭仁、何桂珍、窦垿等讲求性理体用之学。唐氏论学，深嫉陆九渊、王守仁，一以二程、朱子为依归。于乾嘉考据学，他亦深不以为然。在他看来，惟有一秉朱子之教，格致诚正，合内外于一体，始是圣人之道。以此为准绳，自道光二十三年初开始，唐鉴对前此二百年的清代学术进行总结，宗主程朱，卫道辨学，于道光二十五年夏完成了《国朝学案小

---

① 王国维：《王静安先生遗书》卷23，《沈乙庵先生七十寿序》。

识》的结撰。稿成，经曾国藩、何桂珍等校勘，于同年冬在京中刊行。

曾国藩为学，既承唐鉴之教，又不拘门户。多方采获，遂终能由博返约，自成一家。乾嘉以还，汉学脱离社会实际的积弊，到曾国藩的时代已经看得很清楚。所以，在为《国朝学案小识》作跋时，曾国藩对汉学病痛进行针砭，指出：

> 近世乾嘉之间，诸儒务为浩博，惠定宇、戴东原之流，钩研诂训，本河间献王实事求是之旨，薄宋贤为空疏。夫所谓事者非物乎？是者非理乎？实事求是，非即朱子所称即物穷理者乎？名目自高，诋毁日月，亦变而蔽者也。[1]

这就是说，乾嘉学派中人引为学的之"实事求是"，在曾国藩看来，同朱子主张的"即物穷理"并无二致。

然而于汉学中人所擅长的"博核考辨"，曾国藩则并不一概抹杀。他表示："国藩一宗宋儒，不废汉学。"[2] 又说："于汉宋二家构讼之端，皆不能左袒以附一哄。于诸儒崇道贬文之说，尤不敢雷同而苟随。"[3] 对于一时朝野每以太平天国民变归咎汉学，曾国藩则持异议，他说：

> 君子之言也，平则致和，激则召争。辞气之轻重，积久则移易世风，党仇讼争而不知所止。曩者良知之说，诚非无蔽，必谓其酿晚明之祸，则少过矣。近者汉学之说，诚非无蔽，必谓其致粤贼之乱，则少过矣。[4]

他说：

> 乾嘉以来，士大夫为训诂之学者，薄宋儒为空疏，为性理

---

① 曾国藩：《曾文正公全集》文集卷2，《书学案小识后》。
② 曾国藩：《曾文正公全集》书札卷20，《复颍州府夏教授书》。
③ 曾国藩：《曾文正公全集》书札卷1，《致刘孟容》。
④ 曾国藩：《曾文正公全集》文集卷1，《孙芝房侍讲刍论序》。

之学者，又薄汉儒为支离。鄙意由博乃能返约，格物乃能正心。必从事于礼经，考核于三千三百之详，博稽乎一名一物之细，然后本末兼该，源流毕贯。虽极军旅战争，食货凌杂，皆礼家所应讨论之事。故尝谓，江氏《礼书纲目》、秦氏《五礼通考》，可以通汉宋二家之结，而息顿渐诸说之争。①

由此出发，曾国藩以转移风俗、陶铸人才为己任，极意表彰礼学，主张以之去经世济民。他说：

> 先王之道，所谓修己治人，经纬万汇者，何归乎？亦曰礼而已矣。秦灭书籍，汉代诸儒之所掇拾，郑康成之所以卓绝，皆以礼也。杜君卿《通典》，言礼者十居其六，其识已跨越八代矣。有宋张子、朱子之所讨论，马贵与、王伯厚之所纂辑，莫不以礼为兢兢。我朝学者，以顾亭林为宗，国史儒林传，褒然冠首，言及礼俗教化，则毅然有守先待后、舍我其谁之志，何其壮也。厥后张蒿庵作《中庸论》，及江慎修、戴东原辈，尤以礼为先务。而秦尚书蕙田，遂纂《五礼通考》，举天下古今幽明万事，而一经之以礼，可谓体大思精矣。②

对于曾国藩在晚清学术史上的地位，已故钱宾四先生早年著《中国近三百年学术史》，有过专题讨论。宾四先生指出："涤生论学，……虽极推唐镜海诸人，而能兼采当时汉学家、古文家长处，以补理学枯槁狭隘之病。其气象之阔大，包蕴之宏丰，……有清二百余年，固亦少见其匹矣。"③ 大师定评，实是不刊。

（二）黄式三的实事求是之学

黄式三（1789—1862），字薇香，号儆居，晚号知非子，浙江定海

① 曾国藩：《曾文正公全集》书札卷13，《复夏弢甫》。
② 曾国藩：《曾文正公全集》文集卷2，《圣哲画像记》。
③ 钱穆：《中国近三百年学术史》第十二章，《曾涤生》。

人。式三早年为岁贡生，屡应乡试不售，遂绝弃举业，专意治经。他毕生为学，"以治经为天职"，① 主张会通汉宋，实事求是。他说："经无汉宋，曷为学分汉宋也乎！自明季儒者疏于治经，急于讲学，喜标宗旨，始有汉学、宋学之分。"② 又说："学者分汉宋为二，誉矛忘盾，誉盾忘矛，读沈征君《果堂集》而知其非矣。……惠征君定宇，治汉学者之所宗也，志君之墓则曰：'自古理学之儒，滞于禀而文不昌；经术之士，汩于利而行不笃。君能去两短，集两长。'然则士苟志学，何不取汉宋之所长者兼法之也邪！"③ 因之式三倡言："天下学术之正，莫重于实事求是，而天下之大患，在于蔑古而自以为是。"④

黄式三早年，即本"实事求是"为学的，撰为《汉郑君粹言》一书，以推尊郑玄学说。书中有云：

> 世推北海郑君康成为经学之祖，辄复以短于理义而小之。郑君果短于理义乎哉？……夫理义者，经学之本原；考据训诂者，经学之枝叶、之流委也。削其枝叶而干将枯，滞其流委而原将绝。人苦不自知，而羽翊焉以其将枯绝者，矜为有本有原，鄙意所不信。而谓好学如郑君，无本而能有枝叶，无原而能有流委，尤不敢信之矣。⑤

而对于一时学术界中人宗汉宗宋，分门别户，黄式三深不以为然，他说："自治经者判汉宋为两戒，各守专家，而信其所安，必并信其所未安。自欺欺人，终至欺圣欺天而不悟，是式三所甚悯也。"⑥ 因此，黄式三既肯定江藩著《国朝汉学师承记》"可以救忘本失源之弊"，同时又指出："江氏宗郑而遂黜朱，抑又偏矣。"他的结论是："江氏宗师惠、

---

① 黄式三：《儆居集》经说二，《上达说》。
② 黄式三：《儆居集》经说三，《汉宋学辨》。
③ 黄式三：《儆居集》读子集四，《读果堂集》。
④ 黄式三：《儆居集》读子集三，《读顾氏心学辨》。
⑤ 黄式三：《儆居集》杂著一，《汉郑君粹言叙》。
⑥ 黄式三：《儆居集》杂著一，《易经叙》。

余，揽阎、江诸公为汉学，必分宋学而二之，适以增后人之惑也。"①

　　式三晚年，尤好礼学，认为："礼者理也。古之所谓穷理者，即治礼之学也。尽性在此，定命在此。"② 式三治礼，谨守郑学，不废朱子，于封建、井田、兵赋、郊禘、宗庙、学校、明堂、宗法诸大节目，凡有疑义，多所厘正。所撰《复礼说》、《崇礼说》、《约礼说》三篇，荟萃一生治礼心得，提纲挈领，最得礼意。《复礼说》集中讨论礼之渊源流变，一以孔子"克己复礼为仁"为依归，他说：

　　　　礼也者，制之圣人，而秩之自天。当民之初生，礼仪未备，而本于性之所自然，发于情之不容已，礼遂行于其间。……孔圣言克己复礼为仁。复礼者，为仁之实功也，尽性之实功也。③

《崇礼说》论证"礼即为德性"，进而主张以"崇礼"为根本，融尊德性与道问学于一体。文中指出：

　　　　君子崇礼以凝道者也，知礼之为德性也而尊之，知礼之宜问学也而道之，道问学所以尊德性也。……后世君子，外礼而内德性，所尊或入于虚无；去礼而滥问学，所道或流于支离。此未知崇礼之为要也。不崇礼即非至德，何以能凝至道！④

《约礼说》则阐发《论语》博文约礼旨趣，并据以驳难"以心之臆见为理"、"以本心之天理言礼"的诬枉。式三说：

　　　　《论语》缠言博文约礼，圣训章矣。礼即先王之《礼经》也。王阳明《博约说》，博其显而可见之礼曰文，约以微而难见之理曰礼。岂圣人之教，必待王氏斡补而后明乎？礼一也，

---

① 黄式三：《儆居集》杂著一，《汉学师承记跋》。
② 黄家岱：《嫀艺轩杂著》卷下，《礼记笺正叙》。
③ 黄式三：《儆居集》经说一，《复礼说》。
④ 黄式三：《儆居集》经说一，《崇礼说》。

分显微而二之。文与礼二也，以礼之显者为文而一之。其所谓理，谁能明之乎？……以心之臆见为理，而理已诬；以本心之天理言礼，而礼又诬。[1]

（三）黄以周会通汉宋学术的努力

黄以周（1828—1899），字元同，号儆季，晚号哉生，浙江定海人。定海黄氏，世代力农。至以周祖兴梧，有志经学，以治《易》、《诗》著名庠序。[2] 以周父式三继起，潜心经学，遍治群经，晚专以治经名家。以周幼承庭训，为学伊始，即在式三课督之下奠定经学藩篱。他六岁入塾识字，七岁便开始读《小戴记》，初知礼学。后依次读《尚书》、《诗经》、《周易》，打下坚实经学根底。道光二十年（1840），英国侵略军蹂躏定海，以周随父避兵镇海之浃晏乡。讫于式三病逝，二十余年间，一门朴学，治经传家。式三晚年，笃志礼学。以周亦步亦趋，专意读礼。他先是读秦蕙田《五礼通考》，病秦氏书言吉礼之好难郑玄说，军礼又太阿康成意，于是每一卷毕，皆有札记。自咸丰十年（1860）起，开始全面整理和总结历代礼学，结撰《礼书通故》，从此走上会通汉宋、表彰礼学的为学道路。时年三十三岁。

以周治礼，一秉其父之教，扫除门户，实事求是。他说："六经之外无所谓道，六书之外无所谓学。故欲谭道者先通经，欲通经者先识字。"[3] 又说："离故训以谈经而经晦，离经以谈道而道晦。"[4] 因此，以周主张："去汉学之琐碎而取其大，绝宋学之空虚而核诸实。"[5] 他读《汉书艺文志》，就《孝经》、《尔雅》共编一家，成札记一篇，有云："凡解经之书，自古分二例，一宗故训，一论大义。宗故训者，其说必精，而拘者为之，则凝滞章句，破碎大道；论大义者，其趣必博，而荡者为之，

----

① 黄式三：《儆居集》经说一，《约礼说》。
② 黄以周：《儆季杂著》文钞五，《先考明经公言行略》。
③ 黄以周：《儆季杂著》文钞二，《说文解字补说叙》。
④ 黄以周：《儆季杂著》文钞二，《经训比义叙》。
⑤ 黄以周：《儆季杂著》文钞三，《答刘艺兰书》。

则离经空谈，违失本真。博其趣如《孝经》，精其说如《尔雅》，解经乃无流弊。《汉志》合而编之，乃所以示汉世读经之法。惜今之讲汉学、讲宋学者，分道扬镳，皆未喻斯意。"① 以如是之见而论《汉志》，可谓读书得间，别具只眼。

同治元年（1862），黄式三病逝，以周居丧守制，读礼不辍。至光绪四年（1878），历时十九年，《礼书通故》撰成，以周已然年逾半百。全书一百卷，自礼书、宫室、衣服、卜筮，至六书、乐律、车制、名物诸通故，附以仪节、名物二图及叙目，凡作五十目。以周所撰该书叙，梳理礼学源流，阐发著述大旨，最可见其礼学思想。他说：

> 夫礼唐修其五，虞典以三，夏造殷因，周礼犹酿。东迁以后，旧章云亡，孔子赞修，犹苦无征，言、曾讨论，又复错出。礼学难言，由来久矣。战国去籍，暴秦焚书，先王典章，尽为湮没。抱残守缺，汉博士之功也。分门别户，又汉博士之陋也。宣帝忧之，遂开石渠，以为不讲家法，无以明其宗旨，专守家法，又恐戾乎群经。于是令其法之异者，各陈师说，博观其义，临决称制，以定一尊。小戴次君，爱作奏议，执两用中，有合古道。白虎之论，聿追前徽，班氏孟坚，又纂通义，乃专取一己所好，尽扫群贤之议，大义虽存，师法莫考。许君叔重，哀入异议，拾戴议之遗，砭班论之锢，淆陈众见，条加案语。郑君康成，又驳其非而存其是，古礼以明。
>
> 夫西京之初，经分数家，东京以来，家分数说。一严其守，愈守愈精；一求其通，愈通愈密。诸博士，其守之精者也；戴、许二书，其通者也；郑所注书，囊括大典，网罗众家，其密者也。唐宋以来，礼学日微，好深思者或逞臆说，好述古者又少心得。究其通弊，不出两轨。以周不揣谫陋，缀入

————
① 黄以周：《儆季杂著》史钞二，《读汉艺文志》。

异闻，不敢立异，亦不敢苟同，为之反复群书，日夜覃思。贤者识大，不贤识小，道苟在人，何分局途。上自汉唐，下迄当世，经注史说，诸子杂家，谊有旁涉，随事辑录。昔者高密笺《诗》而屡易毛传，注《礼》而屡异先郑，识已精通乎六艺，学不专守于一家。是书之作，窃取兹意，以为按文究例，经生之功，实事求是，通儒之学。或者反以不分师说为我诟病，甘作先儒之佞臣，卒为古圣之乱贼，惴惴自惧，窃有不敢。①

《礼书通故》成，一时经学大师俞樾欣然撰序，倍加称道。俞先生说：

> 国朝经术昌明，大儒壹出，于是议礼之家日以精密。……而荟萃成书，集礼家之大成者，则莫如秦味经氏之《五礼通考》。曾文正公尝与余言，此书体大物博，历代典章具在于此，三通之外，得此而四，为学者不可不读之书。余读之诚然。惟秦氏之书，按而不断，无所折衷，可谓礼学之渊薮，而未足为治礼者之艺极。求其博学详说，去非求是，得以窥见先王制作之潭奥者，其在定海黄氏之书乎！……君为此书，不墨守一家之学，综贯群经，博采众论，实事求是，惟善是从。……洵足究天人之奥，通古今之宜，视秦氏《五礼通考》，博或不足，精则过之。②

晚近著名经史学家胡玉缙先生为其师《礼书通故》撰写提要，亦给了该书以"体大思精"的至高评价。③

《礼书通故》刊行，已是光绪十九年（1893），以周年届六十六岁。晚年的黄以周，表彰先秦诸子，沟通孔孟学说，依然专意兴复礼学。对于颜子，他表彰道："颜子之所乐者天，而乐天之学由好礼始。……颜

① 黄以周：《礼书通故》卷末，《叙目》。
② 俞樾：《礼书通故序》，载《礼书通故》卷首。
③ 胡玉缙：《许廎学林》卷17，《礼书通故跋》。

子所见之大，虽无容轻拟，要不越《中庸》所谓'优优'之礼矣。……
颜子有王佐才，要亦不出乎礼。"由表彰颜渊而及赵宋诸儒，以周又说：
"朱子论程门高第弟子，如谢上蔡、游定夫、杨龟山皆入禅学，惟吕与
叔不入禅。吕氏初学于张子横渠，湛深礼学者也。朱子之门，群推黄子
勉斋为冠，黄子亦深于礼。"① 以周认为："古人论学，详言礼而略言
理，礼即天理之秩然者也。"因此，他的结论是："考礼之学，即穷理之
学。"本此认识，黄氏论曾子有云："曾子之穷理，本末兼彻，经权并
明，故卒能得孔孟一贯之传，又何间焉！"②

对于子游、子夏，黄以周亦有专文表彰，他说：

> 《仪礼》之记，先儒多以为子夏作。子游之言，亦多散见
> 于《戴记》中。二子之学，实于礼为尤长。……学士之习礼
> 者，专尚繁文缛节，务外而遗内，不知礼意所在。子游欲挽末
> 流之失，独作探本之论。……子夏谨守礼文而不夺其伦，子游
> 深知礼意而不滞于迹，一沉潜，一高明，学各得其性之
> 所近。③

一谨守礼文，一深知礼义，一沉潜，一高明，黄以周之表彰子夏、子游
学说，其着眼点亦在礼学。

黄以周晚年最为精意者，则是表彰子思子。为此，他以六十九岁之
年，辑为《子思子辑解》七卷。以周考证："子思困于宋作《中庸》，归
于鲁作《表记》。"不惟若此，黄氏还推阐先儒旧说，以论证今本《礼
记》之《坊记》、《缁衣》诸篇，皆出子思手。他说：

> 《旧唐书》载沈约之言曰，《中庸》、《表记》、《坊记》、《缁
> 衣》，皆取诸子思子。王伯厚《艺文考证》，径引沈言。夫子思
> 子作《中庸》，史有明文。《文选注》引子思子"民以君为心"

---

① 黄以周：《儆季杂著》文钞一，《颜子见大说》。
② 黄以周：《儆季杂著》文钞一，《曾子论礼说》。
③ 黄以周：《儆季杂著》文钞一，《子游子夏文学说》。

二句及《诗》云"昔有先正"四句，今皆见《缁衣篇》。则《缁衣》出于子思子，可信。且小戴辑记，以《坊记》厕《中庸》前，《表记》、《缁衣》厕《中庸》后，与大戴类取《曾子》十篇正同。《坊记》、《表记》、《缁衣》，皆以"子言之"发端，其文法尤相类，则休文之言益信。①

近者湖北郭店楚简出，时贤多有表彰子思学说者，黄儆季先生之说，考信不诬。黄先生九泉有知，当可安息矣。

四、简短的结语

晚清七十年，中国社会经历了一场亘古未有的历史巨变，一时朝野俊彦，站在时代的前列，关中国社会之走出困境，为中国学术之谋求发展，殊途同归，百家争鸣。晚近著名学者王国维先生论清代学术，以一"新"字而言晚清，得其大本，实是不刊。七十年间，先是今文经学复兴同经世思潮崛起合流，从而揭开晚清学术史之序幕。继之洋务思潮起，新旧体用之争，一度呈席卷朝野之势。而与之同时，会通汉宋，假《公羊》以议政之风亦愈演愈烈，终成戊戌维新之思想狂飙。晚清的最后一二十年间，"以礼代理"之说蔚成风气，遂有黄以周《礼书通故》、孙诒让《周礼正义》出而集其大成。先秦诸子学之复兴，后海先河，穷原竟委，更成一时思想解放之关键。中山先生三民主义学说挺生其间，以之为旗帜，思想解放与武装抗争相辅相成，遂孕育武昌首义而埋葬清王朝。

有清一代学术，由清初顾炎武倡"经学即理学"开启先路，至晚清曾国藩、陈澧和黄式三、以周父子会通汉宋，兴复礼学，揭出"礼学即理学"而得一总结。以经学济理学之穷的学术潮流，历时三百年，亦随世运变迁而向会通汉宋以求新的方向演进。腐朽的清王朝虽然无可挽回

---

① 黄以周：《儆季杂著》礼说六，《坊记》。

地覆亡了，然而立足当世，总结既往，会通汉宋以求新的学术潮流，与融域外先进学术为我所有的民族气魄相汇合，中国学术依然在沿着自己独特的发展道路而曲折地前进。跟在别人的后面跑，是永远不会有出路的，这不就是晚清七十年的学术给我们所昭示的真理吗！

述往思来，鉴古训今。认真总结晚清七十年的学术史，对于今日及尔后中国学术和中国社会的发展，无疑是会有益处的。

第二节　钱宾四先生论乾嘉学术

最近十余年来，经过海内外学术界的共同努力，乾嘉学派与乾嘉学术研究，愈益引起四方学者关注，喜呈方兴未艾之势。为了使此一研究健实地向纵深推进，谨就平日读钱宾四先生《中国近三百年学术史》大著所得之一二，谬陈管见，敬祈指教。

一、乾嘉经学一趋考据之缘由

清代乾隆、嘉庆年间，经学中人何以一趋训诂考索，而有乾嘉学派之谓？钱宾四先生著《中国近三百年学术史》，虽不像梁任公先生同名论著之辟为专题讨论，但真知灼见，则每在字里行间。关于这个问题，钱先生之所论，在如下几个方面，尤称创获。

第一，清代学术与宋明学术是一个后先相承的整体。钱先生之《中国近三百年学术史》，开宗明义即指出："窃谓近代学者每分汉宋疆域，不知宋学，则亦不能知汉学，更无以评汉宋之是非。"① 循此以进，宾四先生将论学的重点摆在揭示学术发展的内在逻辑上，先生说：

治近代学术者当自何始？曰必始于宋。何以当始于宋？曰

① 钱穆：《中国近三百年学术史》上册，《自序》，中华书局1986年版，第1页。

近世揭櫫汉学之名，以与宋学敌，不知宋学，则无以评汉宋之
是非。且言汉学渊源者，必溯诸晚明诸遗老。然其时如夏峰、
梨洲、二曲、船山、桴亭、亭林、蒿庵、习斋，一世魁儒耆
硕，靡不寝馈于宋学。继此而降，如恕谷、望溪、穆堂、谢
山，乃至慎修诸人，皆于宋学有甚深契诣。而于时已及乾隆，
汉学之名始稍稍起。而汉学诸家之高下浅深，亦往往视其所得
于宋学之高下浅深以夬判。道咸以下，则汉宋兼采之说渐盛，
抑且多尊宋贬汉，对乾嘉为平反者。故不识宋学，即无以识近
代也。①

钱先生高屋建瓴，在上引大段论述中，准确地揭示了从宋学到清学间必
然的内在联系。

第二，清代的考证学，渊源乃在明中叶以降诸儒。在讨论清代考证
学渊源时，钱宾四先生不赞成简单地用王朝更迭来断限。一方面，钱先
生既肯定清初诸儒顾亭林、阎百诗等对乾嘉学术的深刻影响，指出：
"治音韵为通经之论，而通经为明道之资，明道即所以救世。亭林之意
见如是。乾嘉考证学即本此推行，以考文知音之工夫治经，即以治经工
夫为明道，诚可谓得亭林宗传。"另一方面，宾四先生又否定了以顾亭
林为汉学开山的主张。他说：

> 亭林论学本悬二的，一曰明道，一曰救世。其为《日知
> 录》，又分三部，曰经术、治道、博闻。后儒乃打归一路，专
> 守其经学即理学之议，以经术为明道，余力所汇，则及博闻。
> 至于研治道，讲救世，则时异世易，继响无人，而终于消沉
> 焉。若论亭林本意，则显然以讲治道救世为主。之后之学亭林
> 者，忘其行己之教，而矸其博文之训，已为得半而失半。又于
> 其所以为博文者，弃其研治道、论救世，而专趋于讲经术、务

① 钱穆：《中国近三百年学术史》上册第一章，《引论》上，第1页。

博闻，则半之中又失其半焉。且所失者胥其所重，所取胥其所轻。取舍之间，亦有运会，非尽人力。而近人率推亭林为汉学开山，其语要非亭林所乐闻也。①

惟其如此，所以钱宾四先生认为："清儒言考证推本顾、阎者，乃以本朝自为限断，亦不谓其事由两人特造，更无来历也。"至于这个"来历"，钱先生则以《四库总目》和乾嘉通儒焦循之所论为据，直溯明中叶以降诸儒杨慎、焦竑、陈第、方以智等。他说："清廷馆阁词臣序清儒考证之学，亦谓沿明中叶杨慎诸人而来，不自谓由清世开辟也。"又说："理堂在野，亲值汉学极盛，推溯来历，亦谓起明季，与四库馆臣之言相应。"钱先生的结论是："此自清儒正论，谓考证由顾、阎开山，其说起晚近，按实固无据也。"②

第三，把握学术消息不可脱离社会历史环境变迁。钱宾四先生就此指出：

自乾嘉上溯康雍，以及于明末诸遗老。自诸遗老上溯东林，以及于阳明。更自阳明上溯朱陆，以及北宋之诸儒。求其学术之迁变，而考合之于世事，则承先启后，如绳秩然，自有条贯。③

将学术变迁与社会历史的演进作为一个整体来进行考察，从而发现其间井然有序的条贯，或者说是规律，这便是钱宾四先生所揭示的一个基本为学方法论。

就乾嘉考据学的形成而言，在《中国近三百年学术史》中，钱宾四先生从学术史与社会史相结合的角度，具体做了三个方面的梳理。

首先，是对经学考古之风与八股时文关系的论究。在这个问题上，钱先生以宋学中人姚鼐、李兆洛之所论为据，指出："是皆以清代汉学

---

① 钱穆：《中国近三百年学术史》第四章，《顾亭林》，第 145 页。
② 同上书，第 136 页。
③ 钱穆：《中国近三百年学术史》第一章，《引论》，第 20 页。

为激起于八股也。"继之又引王昶为惠栋所撰墓志铭而阐发云："此亦以乾嘉经学发轫，针对当时之时文应举言也。"最后则据江藩《汉学师承记》所述而得出结论："谓乾嘉经学考古之风为有激于举业，固清儒之公言矣。"①

其次，是对理学不振缘由的探讨。在《中国近三百年学术史》中，钱宾四先生辟出专章，通过李绂学术的论究，以觇一时理学盛衰之根源。对于李绂学术之历史地位，钱先生评价甚高，认为："以有清一代陆王学者第一重镇推之，当无愧矣。"在回顾李氏一生浮沉宦海，几度濒于斩首的遭遇之后，钱先生指出：

> 穆堂之在圣朝，得保首领已万幸，尚何高言践履功业！谢山深悲之，曰："公平生以行道济时为急，用世之心最殷，故三黜而其志未尝少衰，浩然之气亦未尝少减。然而霜雪侵寻，日以剥落，菁华亦渐耗。"又曰："公有万夫之禀，及中年百炼，芒彩愈出。岂知血肉之躯，终非金石，竟以是蕉萃殆尽。"嗟乎！是可谓深识穆堂之志气遭遇者矣。（原注：汤潜庵、全谢山，遭遇皆至酷。）如是而言义理经济，几乎其不折入于训诂考据之业者。

正是以李穆堂学行的梳理为典型事例，钱宾四先生遂得出一明确之认识，"清学自义理折入于考据"，实为历史之必然。②

再次，是论证清廷的政治高压对学术发展的严重桎梏。《中国近三百年学术史》之首章，钱宾四先生即提出"学术流变，与时消息"的主张。对于明清更迭之后，清廷政治高压予学术的恶劣影响，钱先生尤为关注。他就此指出："康雍以来，清廷益以高压锄反侧，文字之狱屡兴。学者乃以论政为大戒，钳口不敢吐一辞。重足叠迹，群趋于乡愿之一

---

① 钱穆：《中国近三百年学术史》第四章，《顾亭林》，第141页。
② 钱穆：《中国近三百年学术史》第七章，《李穆堂》，第285页。

途。"① 该书第十一章，在讨论龚自珍及晚清政论之复兴时，钱先生再度指出："嘉道以还，清势日陵替。坚冰乍解，根蘖重萌，士大夫乃稍稍发舒为政论焉。而定庵则为开风气之一人。"

由嘉道而返观前此近二百年之清代历史，钱宾四先生将学术史与社会史相结合，遂得出"乾嘉经学所由一趋于训诂考索"的答案。钱先生说："清儒自有明遗老外，即少谈政治。何者？朝廷以雷霆万钧之力，严压横摧于上，出口差分寸，即得奇祸。习于积威，遂莫敢谈。不徒莫之谈，盖亦莫之思，精神意气，一注于古经籍。本非得已，而习焉忘之，即亦不悟其所以然。此乾嘉经学之所由一趋于训诂考索也。"②

二、乾嘉思想界之三巨擘

乾隆、嘉庆两朝八十余年，朴学之风盛行，经史考据，声音训诂，成为一时朝野学术主流。相形之下，此一时期的思想界则甚为沉寂。钱宾四先生著《中国近三百年学术史》，只眼别具，于一时众多学者之中，独取戴震、章学诚、焦循三家予以表彰。钱先生说："东原、实斋乃乾嘉最高两大师，里堂继起，能综汇两家之长，自树一帜，信可敬矣。"③

钱宾四先生之论戴东原，由考证而入义理，创获甚多。其中，尤以对惠栋、戴震二家关系的考证，并据以将戴学区分为前后二期，卓然睿识，可据可依，最称发前人之所未发。

惠栋生于康熙三十六年（1697），戴震生于雍正元年（1723），就年辈而论，两人相去已二十七岁，惠栋自属前辈。就为学言，乾隆九年，惠栋著《易汉学》，以复原汉《易》而开一时风气。此时的戴震，尚在字义、音声、算数的求索之中，迄于乾隆十六年，始得补为休宁县学

① 钱穆：《中国近三百年学术史》第一章，《引论》，第18—19页。
② 钱穆：《中国近三百年学术史》第十一章，《龚定庵》，第533页。
③ 钱穆：《中国近三百年学术史》第十章，《焦里堂阮芸台凌次仲》，第475页。

生。因而较之惠栋，戴震无疑应为后学。乾隆二十二年，戴震北游南旋，途经扬州，适逢惠栋作幕于两淮盐运使卢见曾，二人遂得结为忘年之交。此后四年，戴震皆客居扬州。钱宾四先生通过惠、戴间这段关系的考证，认为"东原论学之尊汉抑宋，则实有闻于苏州惠氏之风而起也。"钱先生说："东原于乾隆丁丑（原注：二十二年，东原年三十五）南游扬州，识松崖于盐运使卢雅雨见曾署，自是客扬州者四年。东原论学宗旨，其时盖始变。"①

关于戴震学风的转变，钱宾四先生提出的依据主要是三条。第一条是乾隆三十年，戴震为纪念惠栋而撰写的《题惠定宇先生授经图》。在大段引述戴文之后，钱先生指出："东原是文作于乾隆乙酉（原注：三十年，东原年四十三，见《年谱》），而议论与前举已大异。其先以康成、程、朱分说，谓于义理、制数互有得失者，今则并归一途，所得尽在汉，所失尽在宋，义理统次故训典制，不啻曰即故训即典制而义理矣。是东原论学一转而近于吴学惠派之证也。"

第二条是在前文四年之后，戴震为惠栋弟子余萧客著《古经解钩沉》所撰序。钱先生称引此序而阐发道："据是观之，东原此数年论学，其深契乎惠氏故训之说无疑矣。东原卒后，凌廷堪为作《事略状》，谓东原于扬州见元和惠栋，论学有合，决非虚语。（原注：王昶为东原墓志铭，亦谓'惠戴见于扬，交相推重'。）王鸣盛亦言，方今学者，断推惠、戴两先生。惠君之治经求其古，戴君求其是，究之舍古亦无以为是。（原注：见洪榜《东原行状》。）谓舍古无以为是者，上之即亭林舍经学无理学之说，后之即东原求义理不得凿空于古经外之论也。然则惠、戴论学，求其归极，均之于《六经》，要非异趋矣。"②

第三条是戴震著《原善》，系接受惠栋学术影响而成。戴东原所著《原善》，有一个从三篇到三卷的演进过程。三篇的成文时间，当年段玉

<hr />

①　钱穆：《中国近三百年学术史》第六章，《戴东原》，第 322 页。
②　同上书，第 323—324 页。

裁为戴震作年谱，亦未明确，只是大致定在乾隆十八到二十八年之间。钱宾四先生通过《原善》三篇同惠栋撰《易微言》的比较，认为："东原《原善》三篇，则其文颇似受松崖《易微言》之影响。"因此，钱先生说："以今考之，《原善》三篇，大约在丁丑游扬州识松崖以后。以东原论学，至是始变也。"① 至于《原善》三卷，钱宾四先生则取段玉裁记，定为乾隆三十一年丙戌。钱先生就此指出：

> 今定《原善》三卷本成于丙戌东原四十四岁之年，则上推《原善》三篇，其初成亦决距此不甚远，至迟在癸未（原注：因是年懋堂已抄誊及之），至早在丁丑（原注：遇松崖之年），先后不出十年也。乙酉东原过苏州，题《松崖授经图》。《原善》扩大成书，即在其翌年。东原深推松崖，谓舍故训无以明理义，《原善》三卷，即本此精神而成书。故曰"天人之道，经之大训萃焉"。则东原论学著书，其受松崖之影响，居可见矣。②

戴震逝世前夕，完成了他一生最为惬意之作《孟子字义疏证》。该书以天理、人欲之辨为突破口，对宋明理学进行了不妥协的批判。钱宾四先生通过对该书成书过程以及遭遇的考证，指出：

> 惟时人所以推重东原者，则并不在此。东原自癸巳（原注：乾隆三十八年，东原年五十一）被召入都，充《四库》纂修官，所校官书，（原注：如《水经注》、《九章算术》、《五经算术》、《海岛算经》、《周髀算经》、《孙子算经》、《张丘建算经》、《夏侯阳算经》、《五曹算经》、《仪礼识误》、《仪礼释官》、《仪礼集释》、《大戴礼》、《方言》诸书。）皆天文算法、地理水经、小学方言一类，即东原初入京时所由见知于时贤者，至是

---

① 钱穆：《中国近三百年学术史》第八章，《戴东原》，第 325 页。
② 同上书，第 327 页。

而时贤仍以此推东原。所谓汉儒得其度数，宋儒得其义理，并世自以度数推东原，不以义理也。故洪初堂（原注：榜）撰《东原行状》，载《与彭进士书》，朱笥河见之，曰："可不必载。性与天道不可得闻，何图更于程、朱之外复有论说！戴氏可传者不在此。"（原注：《汉学师承记·洪传》。）可见当时学者见解矣。①

章学诚年少戴震十五岁。乾隆四十二年戴震辞世，学诚正当四十盛年。在乾隆中叶以后的学术界，如果说戴震以究心经学理义而睥睨一世，那么章学诚则是倡言"六经皆史"，以讲求"史学义例、校雠心法"而独步一时。钱宾四先生之论章学诚，则是从比较戴震、章学诚为学之异同入手，通过剖析《文史通义》精要，表彰章学诚"箴砭经学"，救正风气的特立独行之见。钱先生就此指出："实斋著述最大者，为《文史》、《校雠》两通义，近代治实斋之学者，亦率以文史家目之。然实斋著《通义》，实为箴砭当时经学而发，此意则知者甚少。"②

嘉庆三年，章学诚曾有一书致当时著名学者钱大昕，书中云：

> 学诚从事于文史校雠，盖将有所发明。然辨论之间，颇乖时人好恶，故不欲多为人知。所上敝帚，乞勿为外人道也。夫著书大戒有二，是非谬于圣人，忌讳或干君父。此天理所不容也。然人苟粗明大义，稍通文理，何至犯斯大戒。惟世俗风尚，必有所偏，达人显贵之所主持，聪明才隽之所奔赴，其中流弊，必不在小，载笔之士，不思救挽，无为贵著述矣。苟欲有所救挽，则必逆于时趋，时趋可畏，甚于刑曹之法令也。③

钱宾四先生的讨论，即从此信开始，先生指出："此绝非泛泛牢骚语，所谓世俗风尚，即指经学。《通义》、《校雠》两书，则为救挽经学

---

① 钱穆：《中国近三百年学术史》第八章，《戴东原》，第332页。
② 钱穆：《中国近三百年学术史》第九章，《章实斋》，第380页。
③ 章学诚：《章氏遗书》卷29，《上钱辛楣宫詹书》。

流弊而作，其意甚显白。"①

针对一时经学流弊，章学诚提出了两条积极的救挽之道，一是古文辞，一是史学，而归根结底还是史学。学诚说："近日颇劝同志诸君多作古文辞，而古文辞必由纪传史学进步，方能有得。"② 又说："辞章记诵，非古人所专重，而才识之士，必以史学为归。为古文辞而不深于史，即无由溯源六艺而得其宗。"③

章学诚竭毕生心力结撰的《文史通义》，就是贯彻这一学术主张的具体实践。该书自乾隆三十七年始撰，迄于著者嘉庆六年逝世，三十年如一日，辛勤耕耘，死而后已。而救正风气，开辟新路，则始终不渝，首尾一贯。正如学诚晚年致书友人汪辉祖所述："拙撰《文史通义》，中间议论开辟，实有不得已而发挥，为千古史学辟其榛芜。"④

然而一如戴东原义理学之不为一时学术界中人所认同，章实斋为之执著追求的"史学义例、校雠心法"，亦成曲高和寡，孤家绝唱。钱宾四先生于此有云："实斋以讲学反时趋，并世学者至不知其学业是何门路。实斋亦自言，最为一时通人所弃置而弗道。故钱林（原注：字东生，生乾隆二十七年，卒道光八年，1762—1828）《文献征存录》为邵晋涵作传，至称为张学诚，以明经终。是实斋没世未久，即其乡人（原注：钱东生亦浙人）已不甚知之。（原注：惟《征存录》称，实斋少从山阴刘文蔚豹君、童钰二树游，习闻蕺山、南雷之说，言明季党祸缘起、阉寺乱政及唐鲁二王本末，往往出于正史之外。此语应有受。又嘉庆十一年，唐仲冕刻《纪年经纬考》，亦误题实斋姓为张。）盖实斋生时，既无灼灼之名，其《文史》、《校雠》两通义，至道光壬辰（原注：十二年）始得刊行。（原注：据其子华绂跋。）生前文字流传，颇自谨重，其过背时趋者，未必轻出，故外人亦不深知也。惟焦里堂《读书三

---

① 钱穆：《中国近三百年学术史》第九章，《章实斋》，第 381 页。
② 章学诚：《文史通义》（遗书本）外篇三，《与汪龙庄书》。
③ 章学诚：《文史通义》（遗书本）外篇三，《报黄大俞先生》。
④ 章学诚：《文史通义》（遗书本）外篇三，《与汪龙庄书》。

十二赞》，《通义》列于十九，所赞大率皆当时朴学，独实斋一书非其类，而题注作章石斋，绞之钱东生之误章为张，亦相胜一肩而已。是可征实斋当时声名之暗晦矣。"①

同戴震、章学诚相比，焦循是名副其实的晚辈。当戴震谢世之时，焦循尚在童稚之年，而章学诚亦要长他二十五岁。焦循的时代，经学考据如日中天的盛景业已成为过去，乾嘉学术揭开了批评和总结的篇章。焦循以"证之以实而运之于虚"的经学方法论，会通汉宋，学求其是，成为乾嘉经学的杰出总结者之一。

钱宾四先生之论焦循思想，即从焦氏提出的经学方法论入手。嘉庆元年，焦循致书友人刘台拱，针对弥漫朝野的经学考据，阐发己见云：

> 经学之道，亦因乎时。汉初，值秦废书，儒者各持其师之学。守之既久，必会而通，故郑氏注经，多违旧说。有明三百年，率以八股为业，汉儒日说，束诸高阁。国初，经学萌芽，以渐而大备。近时数十年来，江南千余里中，虽幼学鄙儒，无不知有许、郑者，所患习为虚声，不能深造而有得。盖古学未兴，道在存其学；古学大兴，道在求其通。前之弊患乎不学，后之弊患乎不思。证之以买而运之于虚，庶几学经之道也。乃近来为学之士，忽设一考据之名目，循去年在山东时，曾作札与孙渊如观察，反复蚄此名目之非。②

在引述焦循此信后，钱先生说："此与东原以义理、考据、辞章分学术为三途者，深浅有殊，而与实斋《文史通义》议论，颇相枰敁也。里堂之所以深恶于考据者，正为其不能用思以求通。"③

嘉庆一朝，中国古代社会与古代思想皆已达穷而生变之时代。一方

---

① 钱穆：《中国近三百年学术史》第九章，《章实斋》，第416—417页。
② 焦循：《雕菰楼集》卷13，《与刘端临教谕书》。
③ 钱穆：《中国近三百年学术史》第十章，《焦里堂阮芸台凌次仲》，第469页。

面新的因素在萌芽，另一方面则是旧的习惯顽固地制约着历史的前进。在焦循的思想中，这种沉重的历史局限，也在牢牢地拘绊着他。因此，钱宾四先生著《中国近三百年学术史》，专设一题，以批评"里堂论学缺点"。钱先生说："里堂虽力言变通，而里堂成学格局，实仍不脱据守范围。凡其自所创通之见解，必一一纳之《语》、《孟》、《周易》。里堂虽自居于善述，然自今观之，与当时汉学据守诸家，想仍不免五十步之与百步耳。"①

至于焦循思想与为学之"不脱据守范围"，钱宾四先生提出三条理由为佐证。第一，"里堂既为《论语通释》，又为《孟子正义》，集中论义理诸篇，亦必以《语》、《孟》话头为标题。言义理决不能出孔、孟，此非仍据守而何"？第二，"其治孔、孟，仍守六籍为经典，虽于《诗》、《礼》诸端，未多发挥，而奇思奥旨，往往寄之治《易》诸书。不知《易》之为书，未必即是孔门之教典也"。第三，"里堂既务为通核，乃不愿为考据著述分途。《论语通释》专言义理，乃早成之书，未刻入《雕菰楼全书》，而别为《论语补疏》，与《易通释》、《孟子正义》诸书，均以发抒义理之言与考据名物训诂者相错杂出，遂使甚深妙义，郁而不扬，掩而未宣。以体例言，显不如东原《原善》、《疏证》别自成书，不与考据文字夹杂之为得矣"。以此三条佐证为根据，钱先生对焦循思想及一时学风做出判断云："故其先谓经学即理学，舍经学安所得有理学者，至是乃感义理之与训诂考据，仍不得不分途以两全。（原注：《雕菰楼集》卷七《申戴篇》，述东原临终之言曰，生平读书，绝不复记，到此方知义理之学可以养心。里堂极辨东原所谓义理，乃其自得之义理，非讲学家《西铭》、《太极》之义理。然要知考据与义理，在东原自身，显属两事，未能并归一体矣。）此则经学权威必以此降落，而学风将变之候也。"②

① 钱穆：《中国近三百年学术史》第十章，《焦里堂阮芸台凌次仲》，第 475—476 页。
② 同上书，第 476 页。

钱宾四先生论乾嘉思想，以戴震、章学诚和焦循为鼎足而立之三大师。钱先生说："里堂论学，极多精卓之见。彼盖富具思想文艺之天才，而溺于时代考据潮流，遂未能尽展其长者。然即其思想上之成就言之，亦至深湛，可与东原、实斋鼎足矣。"① 从戴震经章学诚到焦循，三位学术大师留下的历史足迹，为我们认识乾嘉时代的思想演进，进而把握一时之学术主流，提供了具有典型意义的依据。诚如钱宾四先生梳理和比较三家之学以后所云："合观东原、实斋、里堂三人之学，正可以见斯间之消息矣。"②

三、庄氏学渊源之探讨

在迄今的乾嘉学术研究中，对常州庄氏学术的研究，尚是一个薄弱环节。清中叶的常州庄氏学，起于庄存与，中经其侄述祖传衍，至存与外孙刘逢禄、宋翔凤而始显。晚近学者论常州庄氏学之渊源，往往着眼于社会危机或权臣和珅之乱政，较少从学理上去进行梳理。其实这是一个很可深入论究的问题。所谓社会危机或权臣乱政云云，如果用以去观察庄述祖以降之常州今文学，抑或恰当，而据以解释庄存与之《春秋》公羊学，恐怕难以联系得上。

关于这个问题，章太炎先生早年著《訄书》，从历史环境和学风递嬗着眼，有过概略的讨论。太炎先生说：

> 初，太湖之滨，苏、常、松江、太仓诸邑，其民佚丽。自晚明以来，喜为文辞比兴，饮食会同，以博依相问难，故好浏览而无纪纲。其流风遍江之南北，惠栋兴，犹尚该洽百氏，乐文采者相与依违之。及戴震起休宁，休宁于江南为高原，其民勤苦，善治生，故求学深邃，言直核而无温藉，不便文士。震

①　钱穆：《中国近三百年学术史》第十章，《焦里堂阮芸台凌次仲》，第 455 页。
②　同上。

始入四库馆，诸儒皆震竦之，愿敛衽为弟子。天下视文士渐轻，文士与经儒始交恶。而江淮间治文辞者，故有方苞、姚范、刘大櫆，皆产桐城，以效法曾巩、归有光相高，亦愿尸程朱为后世，谓之桐城义法。震为《孟子字义疏证》，以明材性，学者自是薄程、朱。桐城诸家，本未得程、朱要领，徒援引肤末，大言自壮，（原注：案方苞出自寒素，虽未识程、朱深旨，其孝友严整，躬行足多矣。诸姚生于纨袴绮襦之间，特稍恬淡自持，席富厚者自易为之，其他躬行，未有闻者。既非诚求宋学，委蛇宁靖，亦不足称实践，斯愈庳也。）故尤被轻蔑。范从子姚鼐，欲从震学，震谢之，犹亟以微言匡饬。鼐不平，数持论诋朴学残碎。其后方东树为《汉学商兑》，徽章益分。阳湖恽敬、陆继辂，亦阴自桐城受义法。其余为俪辞者众，或阳奉戴氏，实不与其学相容。（原注：俪辞诸家，独汪中称颂戴氏，学已不类。其他率多辞人，或略近惠氏，戴则绝远。）夫经说尚朴质，而文辞贵优衍，其分涂自然也。文士既已熙荡自喜，又耻不习经典，于是有常州今文之学，务为瑰意眇辞，以便文士。今文者，《春秋》公羊、《诗》齐、《尚书》伏生，而排斥《周官》、《左氏春秋》、《毛诗》、马郑《尚书》。然皆以公羊为宗。始武进庄存与，与戴震同时，独喜治公羊氏，作《春秋正辞》，犹称说《周官》。其徒阳湖刘逢禄，始专主董生、李育，为《公羊释例》，属辞比事，类列彰较，亦不欲苟为恢诡。然其辞义温厚，能使览者说绎。及长洲宋翔凤，最善傅会，牵引饰说，或采翼奉诸家，而杂以谶纬神秘之辞。翔凤尝语人曰，《说文》始一而终亥，即古之《归藏》也。其义瑰玮，而文特华妙，与治朴学者异术，故文士尤利之。①

---

① 章炳麟：《訄书》第十二，《清儒》，上海古典文学出版社1958年版，第31—32页。文中"谶纬"误作"纤纬"，依上下文意径改。

继太炎先生之后，梁任公先生自今文经学营垒中而出，梁先生著
《清代学术概论》和《中国近三百年学术史》，亦于此有所论列。《清代
学术概论》云："乾嘉以来，家家许、郑，人人贾、马，东汉学烂然如
日中天矣。悬崖转石，非达于地不止。则西汉今古文旧案，终必须翻腾
一度，势则然矣。"又云："清儒既遍治古经，戴震弟子孔广森始著《公
羊通义》，然不明家法，治今文学者不宗之。今文学启蒙大师，则武进庄
存与也。存与著《春秋正辞》，刊落训诂名物之末，专求所谓微言大义者，
与戴、段一派所取途径，全然不同。其同县后进刘逢禄继之，著《春秋公
羊经传何氏释例》，凡何氏所谓非常异义可怪之论，如'张三世'、'通三
统'、'绌周王鲁'、'受命改制'诸义，次第发明。其书亦用科学的归纳研
究法，有条贯，有断制，在清人著述中，实最有价值之创作。"①

稍后于《清代学术概论》，梁先生著《中国近三百年学术史》则云：
"常州派有两个源头，一是经学，一是文学，后来渐合为一。他们的经
学是公羊家经说，用特别眼光去研究孔子的《春秋》，由庄方耕存与、
刘申受逢禄开派。他们的文学是阳湖派古文，从桐城派转手而加以解
放，由张皋文惠言、李申耆兆洛开派。两派合一，来产出一种新精神，
就是想在乾嘉间考证学的基础之上，建设顺康间经世致用之学。代表这
种精神的人，是龚定庵自珍和魏默深源。这两个人的著述，给后来光绪
初期思想界很大的影响。这种新精神为什么会发生呢？头一件，考证古
典的工作，大部分被前辈做完了，后起的人想开辟新田地，只好走别的
路。第二件，当时政治现象，令人感觉不安，一面政府箝制的威权也陵替
了，所以思想渐渐解放，对于政治及社会的批评也渐渐起来了。"②

对于章、梁二位先生之所论，钱宾四先生恐怕并不甚满意。所以钱
先生著《中国近三百年学术史》，只是吸取二家论究之合理部分，转而

---

① 梁启超：《清代学术概论》二十一、二十二，复旦大学出版社 1985 年版，第 60—61 页。
② 梁启超：《中国近三百年学术史》四，《清代学术变迁与政治的影响》（下），复旦大学
    出版社 1985 年版，第 119 页。

别辟蹊径，提出了十分重要的意见。

钱宾四先生探讨常州庄学之渊源，注意力集中于苏州惠学的巨大影响上。苏州惠氏一门，从康熙间惠有声肇始，经惠周惕、惠士奇奠立藩篱，至乾隆初惠栋崛起，四世传经，自成一派。关于惠氏一门学风，钱宾四先生归纳为"推尊汉儒，尚家法而信古训"。钱先生作出此一判断的依据主要是两条，其一为惠士奇之论《周礼》，其二为惠栋之著《九经古义》。钱先生说：

> 天牧之论《周礼》，谓礼经出于屋壁，多古字古音，经之义存乎训，识字审音乃知其义，故古训不可改。康成注经，皆从古读，盖字有音义相近而讹者，故读从之。后世不学，遂谓康成好改字，岂其然乎？康成《三礼》，何休《公羊》，多引汉法，以其去古未远，故借以为说。

钱先生又说：

> 及松崖守父意益坚，遂著《九经古义》，谓汉人通经有家法，故有五经师。训诂之学，皆师所口授，其后乃著竹帛。所以汉经师之说，立于学官，与经并行。古字古音，非经师不能辨。是故古训不可改也，经师不可废也。余家四世传经，咸通古义，因述家学，作《九经古义》一书。（原注：《九经古义述首》。又朱鹤龄书，尚有《易广义略》、《春秋集说》、《左传日钞》。《日钞》著录《四库》，其书多采亭林《杜解补正》。定宇《左传补注》，即承是书而起，为《九经古义》之一部。）

以此二条为依据，钱先生遂作出上述归纳，并进而指出："此所谓守古训，尊师传，守家法，而汉学之壁垒遂定。其弟子同县余萧客、江声诸人先后羽翼之，流风所被，海内人士无不重通经，通经无不知信古，其端自惠氏发之。①（原注：王昶《惠定宇墓志铭》。）"

---

① 钱穆：《中国近三百年学术史》第八章，《戴东原》，第 319—320 页。

正是从对苏州惠氏学风及其影响的准确把握出发，钱宾四先生创立新说，提出了"常州之学原本惠氏"的主张。钱先生的论证，依次围绕如下几个方面展开：

第一，表彰汉儒固是惠学之长，而惟汉是信亦实为惠学弊病。庄存与牵缀古经籍以为说，则系承袭惠学流弊而来。钱宾四先生于此有云："庄氏为学，既不屑屑于考据，故不能如乾嘉之笃实，又不能效宋明先儒，寻求义理于语言文字之表，而徒牵缀古经籍以为说。又往往比附以汉儒之迂怪，故其学乃有苏州惠氏好诞之风而益肆。"（原注：汪中与毕沅书，自谓为考古之学，实事求是，不尚墨守。以此不合于元和惠氏。王引之与焦里堂书，亦谓惠定宇先生考古虽勤，而识不高，见异于今者则从之，大都不论是非。王念孙《拜经日记序》，亦谓世之言汉学者，但见其异于今者则宝贵之，而于古人之传授，文字之变迁，多不暇致辨，或以细而忽之。惠学流弊，当时已多能言之者。）

第二，庄存与侄庄述祖之为学，其究心明堂阴阳，亦在苏州惠学范围之中。钱先生说："方耕有侄曰述祖，字葆琛，（原注：生乾隆十五年十二月，卒嘉庆二十一年六月，年六十七。）所著曰《珍艺宧丛书》，颇究明堂阴阳，亦苏州惠学也。"

第三，庄存与外孙刘逢禄之主张恪守"汉师家法"，更是惠氏遗风。钱先生说："申受论学主家法，此苏州惠氏之风也。（原注：戴望《刘先生行状》，记嘉庆五年·刘举拔贡士入都，父执故旧遍京师，不往干谒，惟就张惠言问虞氏《易》、郑氏《三礼》。张氏为学，亦由惠氏家法入也。刘氏有《虞氏易言补》·即补张氏书。又有《易虞氏五述》。此刘氏之以家法治《易》者。）主条例，则徽州戴氏之说。又主微言大义，拨乱反正，则承其外家之传绪。值时运世风之变，而治经之业乃折而萃于《春秋》，（原注：因其备人事。）治《春秋》又折而趋于《公羊》焉。（原注：因其具师传、详条例。惠士奇论《春秋》，曰：'《春秋》无《左传》，则二百四十年，盲焉如坐暗室中。左氏最有功于《春秋》，公、谷有功兼有过。'此与申受专尊公羊、深抑左氏者大异，然无害谓常州之学原本惠氏。)"

第四，刘逢禄著《春秋论》，阐发何休"三科九旨"，指为圣人微言大义所在，尤为苏州惠氏家法论之影响。钱先生说："前乎申受者，有曲阜孔广森巽轩，（原注：生乾隆十七年，卒乾隆五十一年，年三十五。）为方耕门人，而亦从学戴氏，为《公羊通义》，已不遵南宋以来谓《春秋》直书其事，不烦褒贬之义，然于何休所定三科九旨，亦未尽守。至申受，乃举何氏三科九旨为圣人微言大义所在，特著《春秋论》上下篇，极论《春秋》之有书法，（原注：上篇，针对钱竹汀《潜研堂集·春秋论》而加驳难。钱氏文例证坚明，而刘氏非之。此如庄方耕不斥《古文尚书》，实同为考证学之反动。近人乃认晚清今文学为清代经学考证最后最精之结果，则尤误也。）与条例之必遵何氏。（原注：下篇，针对孔巽轩《公羊通义》而发。何氏三科九旨不见传文，而刘氏信之。则以家法、师说之论为辨，此焦里堂所讥为据守之学也。常州公羊学之渊源于苏州惠氏家法之论，此等处最显。）"《春秋论》上下两篇，载道光十年刊本《刘礼部集》卷三，无疑系刘逢禄著。今本《魏源集》所载《春秋论》上下两篇，一字不易，全文过录，视为魏源文，显然误植。

第五，庄存与外孙宋翔凤之论学，牵附明堂阴阳，亦系惠氏遗风。钱先生说："宋翔凤字于庭，长洲人，亦述祖甥。（原注：生乾隆四十四年，卒咸丰十年，年八十二。）著《论语发微》，大意谓《论语》微言通于《春秋》，盖亦申受《述何》之旨。（原注：今《续经解》有宋氏《论语说义》十卷，乃《论语发微》之前稿。）又为《大学古义说》，以明堂阴阳相牵附。（原注：此吴学惠氏遗风也。）"

以上述五条为依据，钱宾四先生遂得出关于常州庄氏学渊源之结论："要之，常州公羊学与苏州惠氏学，实以家法之观念一脉相承，则彰然可见也。"①

———————————

① 钱穆：《中国近三百年学术史》第十一章，《龚定庵》，第529页。

章、梁、钱三位先生之所论，尤其是钱宾四先生的解释，从宏观学风的把握上，为我们研究常州庄氏学的渊源，提出了十分宝贵的意见。至于深入进行具体研究，解决如庄存与何以要撰写《春秋正辞》一类的问题，则是三位先生留给后学的功课。以下，拟接武钱宾四先生的思路，就此试做一些努力。

同惠栋相比，庄存与是晚辈，他生于康熙五十八年，要较惠栋年少二十二岁。乾隆九年，惠栋撰《易汉学》成，率先揭出复彰汉学之大旗，翌年，庄存与始以一甲二名成进士，时年二十七岁。惠栋《易汉学自序》云：

> 六经定于孔子，毁于秦，传于汉。汉学之亡久矣，独《诗》、《礼》、《公羊》，犹李毛、郑、何三家。《春秋》为杜氏所乱，《尚书》为伪孔所乱。《易经》为王氏所乱。杜氏虽有更定，大校同于贾、服，伪孔氏则杂采马、王之说，汉学虽亡而未尽亡也。惟王辅嗣以假象说《易》，根本黄老，而汉经师之义，荡然无复有存者矣。[1]

常州毗邻苏州，惠栋兴复汉学的倡导，庄存与随父宦游南北，当能知其梗概。

乾隆十四年，清高宗诏举潜心经学之士。惠栋为两江总督黄廷桂、陕甘总督尹继善保举，列名荐牍。十六年，因试期在即，惠栋深以不能如期入京为忧，就此致书尹继善，书中有云：

> 栋少承家学，九经注疏，粗涉大要。自先曾王父朴庵公，以古义训子弟，至栋四世，咸通汉学。以汉犹近古，去圣未远故也。《诗》、《礼》毛、郑，《公羊》何休，传注具存。《尚书》、《左传》，伪孔氏全采马、王，杜元凯根本贾、服。唯《周易》一经，汉学全非。十五年前，曾取资州李氏《易解》，

---

[1] 惠栋：《松崖文钞》卷1.《易汉学自序》。

反复研求，恍然悟洁静精微之旨，子游《礼运》，子思《中
庸》，纯是《易》理。乃知师法家传，渊源有自。此则栋独知
之契，用敢献之左右者也。①

此时庄存与正在翰林院为庶吉士，置身儒林清要，于惠栋之表彰汉儒经
说，当有更深体悟。乾隆二十三年三月，庄存与以直隶学政条奏科场事
宜，"奏请取士经旨，悉遵先儒传注"，② 或可视为对惠栋主张的响应。
就当时学术界的情况言，惠栋所述之汉儒诸经说，表彰汉《易》有惠
栋，《礼》有江永及徽州诸儒，《诗》则有戴震，唯独《春秋》公羊说尚
无人表彰。庄存与因之起而回应，亦是情理中事。

庄存与之发愿结撰《春秋正辞》，一方面固然是惠栋诸儒兴复汉学
的影响，另一方面也与此时的清廷好尚和存与自身的地位分不开。

高宗初政，秉其父祖遗训，以"首重经学"为家法。乾隆十年四
月，高宗策试天下贡士于太和殿，昭示天下士子："将欲为良臣，舍穷
经无他术。"③ 庄存与即是经此次殿试而进入翰林院庶吉士馆。乾隆十
三年五月，庶吉士散馆，存与考列汉书二等之末，本当重罚，高宗念其
"平时尚留心经学"，④ 责令留馆再学三年。经十六年再试，存与遂官翰
林院编修。而此时正值清高宗诏举经学，且首次南巡归来，濡染江南穷
经考古、汉学复彰之风，因之而高唱"经术昌明，无过今日"。⑤ 十七
年，庄存与升侍讲，入直南书房，成为清高宗的文学侍从。

继圣祖、世宗之后，清高宗亦视《春秋》为帝王之学，命儒臣编纂
《春秋直解》。乾隆二十三年八月，书成，高宗撰序刊行，序中有云：
"中古之书，莫大于《春秋》。推其教，不越乎属辞比事，而原夫成书之
始，即游、夏不能赞一辞。"该序指斥宋儒胡安国《春秋传》"傅会臆

---

① 惠栋：《松崖文钞》卷1，《上制军尹元长先生书》。
② 《清高宗实录》卷558，乾隆二十三年三月丙申条。
③ 《清高宗实录》卷239，乾隆十年四月戊辰条。
④ 《清高宗实录》卷315，乾隆十三年五月庚子条。
⑤ 《清高宗实录》卷388，乾隆十六年五月丙午条。

断"，宣称《直解》本清圣祖所定《春秋传说汇纂》为指南，"意在息诸说之纷歧以翼传，融诸传之同异以尊经"。①

正是在令儒臣纂修《春秋直解》的前后，清高宗屡屡表彰汉儒董仲舒之学。乾隆十九年四月，高宗策试天下贡士于太和殿，阐发"天人合一"说，指出："董仲舒以为，善言天者，必有验于人。又谓道之大，原出于天，天不变，道亦不变。"② 三十七年四月，同样是策试天下贡士，高宗又称："汉仲舒董氏，经术最醇。"③ 三十九年二月，高宗在经筵讲《论语》"克己复礼"，则以董仲舒、朱子之说相比较，认为："董仲舒正谊明道之论，略为近之。"在古代专制时代，"朕即国家"，帝王一己之好尚，对一时儒臣的为学，其影响力之大是不言而喻的。

乾隆三十三年，庄存与为清高宗识拔，入直上书房，教授皇十一子永瑆，迄于五十一年告老还乡，存与任是职十余年。他的《春秋正辞》，大概就始撰于入直上书房之后。我们之所以如此说，其根据主要是如下三个方面：

第一，《春秋正辞》秉高宗旨意，遵孟子之教，以《春秋》为天子之事。庄存与于此有云："旧典礼经，左邱多闻，渊乎公羊，温故知新。穀梁绳愆，子夏所传。拾遗补阙，历世多贤。《春秋》应天，受命作制。孟子舆有言，天子之事。以托王法，鲁无惕焉。以治万世，汉曷觊焉。"④ 书中，存与屡引董仲舒说，以明为君之道，力言维护"大一统"。所以道光初阮元辑《皇清经解》，著录《春秋正辞》，评存与是书云："主公羊、董子，虽略采左氏、穀梁氏及宋元诸儒之说，而非如何劭公所讥倍经任意、反传违戾也。"⑤

第二，乾隆三十六年三月，庄存与任会试副考官，翌年六月，在翰

———

① 《清高宗实录》卷569，乾隆二十三年八月丁卯条。
② 《清高宗实录》卷461，乾隆十九年四月乙巳条。
③ 《清高宗实录》卷907，乾隆三十七年四月丙戌条。
④ 庄存与《春秋正辞》卷1，《奉天辞第一》。
⑤ 阮元：《庄方耕宗伯经说序》，载庄存与《味经斋遗书》卷首。《揅经室集》不载。

林院教习庶吉士。该科进士孔广森后撰《春秋公羊通义》，于书中大段征引庄存与说《春秋》语云：

> 座主庄侍郎为广森说此经曰，屈貉之役，左氏以为陈侯、郑伯在焉，而又有宋公后至，麇子逃归。《春秋》一切不书主，书蔡侯者，甚恶蔡也。蔡同姓之长，而世役于楚，自绝诸夏。……若蔡庄侯者，所谓用夷变夏者也。

广森服膺师说，认为："三复斯言，诚《春秋》之微旨。"①

第三，《春秋正辞》凡九类，依次为奉天辞、天子辞、内辞、二霸辞、诸夏辞、外辞、禁暴辞、诛乱辞、传疑辞。大体类各一卷，惟内辞作上中下三卷，故全书作十一卷，末附《春秋要指》、《春秋举例》各一卷。各类之下，再分子目，所列多寡不等，共计一百七十五目。今本所载，虽有目无书者甚多，因之光绪间所修《武阳志余》，认为："此书先生或未能毕业，故各类中多有录无书乎？"② 但就体例言，则颇类讲章。关于这一点，可以魏源文为证。道光间，庄氏后人辑存与经说为《味经斋遗书》，魏源于卷首撰序云："武进庄方耕少宗伯，乾隆中，以经术傅成亲王于上书房十有余载，讲幄宣敷，茹吐道谊，子孙辑录成书，为《八卦观象上下篇》、《尚书既见》、《毛诗说》、《春秋正辞》、《周官记》如干卷。崒乎董胶西之对天人，醰乎匡丞相之述道德，肫乎刘中垒之陈今古，未尝凌杂钵析，如韩、董、班、徐数子所讥，故世之语汉学者鲜称道之。"③

根据以上诸条，笔者认为，《春秋正辞》当撰于乾隆三十至四十年代间。庄存与著书，正值乾隆盛世，存与身在宫禁，周旋天子帝胄，讲幄论学，岂敢去妄议社会危机！至于和珅之登上政治舞台，据《清高宗实录》和《清史稿》之和珅本传记，则在乾隆四十年，而其

---

① 孔广森：《春秋公羊通义》卷 5，《文公十年》。
② 庄毓鋐等：《武阳志余》卷 7，《经籍·春秋正辞》。
③ 魏源：《魏源集》上册，《武进庄少宗伯遗书序》，中华书局 1976 年版，第 237—238 页。

乱政肆虐，则已是乾隆四十五年以后。因此，庄存与之晚年，虽恨和珅之祸国殃民，但若以此为其结撰《春秋正辞》之初衷，则似可再做商量。

四、钱宾四先生与《清儒学案》

钱宾四先生早年论清儒学术，以《中国近三百年学术史》、《清儒学案》为姊妹篇。前者付印行世，叠经再版而衣被学人，后者则因稿沉长江，起之无术而引为憾恨。所幸 20 世纪 40 年代初，钱先生曾以《清儒学案序目》为题，将后书之大要刊诸《四川省立图书馆图书集刊》。原稿虽失，精义尚存，实是不幸中之万幸。祖武以学清儒著述为功课，起步之初，即深得《清儒学案序目》之教益。二十五年过去，当初抄录钱先生《图书集刊》之大文，依然恭置箧中。以下，谨就读钱先生大文之一得，排比成篇，奉请赐教。

（一）对唐徐二家《学案》之批评

在钱宾四先生之前，以学案体史籍记清儒学术，所存凡两家，一为道光季年唐镜海先生之《国朝学案小识》，一为 20 世纪 30 年代间徐菊人先生之《清儒学案》。40 年代初，钱先生受命撰《清儒学案简编》，克期交稿，任务紧迫。按理，徐先生书刊布伊始，既系简编，以之为依据，参酌唐先生书，别择去取，得其梗概，无需多费心力即可完成。然而钱先生并未如此行事，而是遍读清儒著述，爬梳整理，纂要钩玄，废寝忘食而成聚六十四位案主一堂的崭新大著。

钱宾四先生何以要如此费尽心力？其原因在于钱先生认为，唐、徐二书不可与黄梨洲、全谢山之《明儒学案》、《宋元学案》相提并论。黄、全二家著述，可据以简编。而唐、徐二书，则断断不可。关于这方面的理由，钱先生于《清儒学案序目》篇首《序》中，有明确交代，即："惟《清儒学案》，虽有唐、徐两家成书，而唐书陋狭，缺于闳通，徐书泛滥，短于裁别，皆不足追踪黄、全之旧业。"① 继之又在《例言》中进而加以阐述，于唐书有云：

> 唐鉴镜海之《学案小识》，其书专重宋学义理，而篇末亦附"经学"，"经学"之名复与"汉学"有别。即宋明诸儒，岂得谓其非"经学"乎？唐书于黄梨洲、颜习斋诸人，均入"经学"，则何以如顾亭林、王船山诸人，又独为"道学"？分类之牵强，一望可知。其编"道学"，又分传道、翼道、守道诸门，更属偏陋无当。鲁一同氏评之已详。唐书尽于道光季年，亦未穷有清一代之原委。

于徐书则称：

> 最后有徐世昌菊人之《清儒学案》，全书二百八卷，二千一百六十九人，迄于清末，最为详备。然旨在搜罗，未见别择，义理、考据，一篇之中，错见杂出。清儒考据之学，轶出前代远甚，举凡天文、历算、地理、水道、音韵、文字、礼数、名物，凡清儒考订之所及，徐书均加甄采而均不能穷其闳奥。如是则几成集锦之类书，于精、于博两无取矣。

合唐、徐二书并观，钱先生遂引清儒秦树峰之见为据，揭出一己著述之宗旨：

> 昔秦蕙田氏有言："著书所患，在既不能详，又不能略。"窃谓唐书患在不能详，徐书患在不能略也。本编所录，一以讲究心性义理，沿续宋明以来理学公案者为主，其他经籍考据，概不旁及。庶以附诸黄、全两家之后，备晚近一千年理学升降之全。此乃著书体例所关，非由抑汉扬宋，别具门户私见也。②

---

① 钱穆：《清儒学案序目》篇首《序》，载《钱宾四先生全集》第22册，第593页。
② 钱穆：《清儒学案序目》之《例言》第一条，载《钱宾四先生全集》第22册，第594页。

钱先生之所以如此批评唐、徐二家《学案》，并非蓄意立异他人，而是从清代学术实际出发所使然。依钱先生之所见，观察清代学术，尤其是一代理学，有两个特点最宜注意。第一，"理学本包孕经学为再生"，清代并非"理学之衰世"。第二，清代理学"无主峰可指，难寻其脉络筋节"。关于第一点，钱先生认为：

> 宋明理学之盛，人所俱晓，迄于清代，若又为蔑弃宋明，重返汉唐。故说者莫不谓清代乃理学之衰世。夷考其实，亦复不然。宋元诸儒，固未尝有蔑弃汉唐经学之意。观《通志堂经解》所收，衡量宋元诸儒研经绩业，可谓蔚乎其盛矣。清代经学，亦依然沿续宋元以来，而不过切磋琢磨之益精益纯而已。理学本包孕经学为再生，则清代乾嘉经学考据之盛，亦理学进展中应有之一节目，岂得据是而谓清代乃理学之衰世哉？①

这就是说，从宋元到明清，数百年间之学术，乃一后先相承之整体，其间并无本质差异，无非历史时段不同而已。理学本包孕经学为再生，因此，即使乾嘉经学考据之盛，实亦在理学演进之范围中。

关于第二点，钱先生讲了两段话。"清儒理学既无主峰可指，如明儒之有姚江；亦无大脉络、大条理可寻，如宋儒之有程朱与朱陆。然亦并非谓如散沙乱草，各不相系，无可统宗之谓也。"② 此其一。其二，"至论清儒，其情势又与宋明不同，宋明学术易寻其脉络筋节，而清儒之脉络筋节则难寻。清学脉络筋节之易寻者，在汉学考据，而不在宋学义理。唐书传道、翼道、守道之分，既不可从。徐书仍效黄、全两家旧例，于每学案必标举其师承传授，以家学、弟子、交游、从游、私淑五类附案，又别出《诸儒学案》于其后，谓其师传莫考，或绍述无人，以别于其他之各案。其实亦大可不必也"。③

---

① 钱穆：《清儒学案序目》篇首《序》，载《钱宾四先生全集》第 22 册，第 589—590 页。
② 钱穆：《清儒学案序目》之《例言》第三条，载《钱宾四先生全集》第 22 册，第 596 页。
③ 钱穆：《清儒学案序目》之《例言》第二条，载《钱宾四先生全集》第 22 册，第 595 页。

正是从清代学术的前述实际出发，钱宾四先生尊重历史，实事求是，既摒弃唐、徐二书于不取，又变通黄、全《学案》旧规，采取"人各一案"的方法，编就别具一格的《清儒学案》。关于这一点，钱先生于《例言》中说得很清楚："编次《清儒学案》，最难者在无统宗纲纪可标，在无派别源流可指。然因其聚则聚之，因其散则散之，正不妨人各一案，转自肖其真象。虽异黄、全两家之面目，实符黄、全两家之用心。何必亦蹔亦趋，乃为师法？本编窃取斯旨，每人作案，不标家派，不分主属。至其确有家派、主属者，则固不在此限也。"①

（二）清代理学演进之四阶段

钱宾四先生著《清儒学案》，以四阶段述一代理学演进。第一阶段为晚明诸遗老，第二阶段为顺康雍，第三阶段为乾嘉，第四阶段为道咸同光。六十四位案主，即分四编依次著录其中。

清代理学演进之四阶段，钱先生最看重者为第一阶段之晚明诸遗老。明清更迭，社会动荡，学术亦随世运而变迁。钱先生认为，这是一个承先启后的时代，晚明诸遗老在其间作出了不可磨灭的贡献。先生于《清儒学案序目》中指出：

> 当明之末叶，王学发展已臻顶点，东林继起，骎骎有由王返朱之势。晚明诸老，无南无朔，莫不有闻于东林之传响而起者。故其为学，或向朱，或向王，或调和折衷于斯二者，要皆先之以兼听而并观，博学而明辨。故其运思广而取精宏，固已胜夫南宋以来之仅知有朱，与晚明以来之仅知有王矣。抑且孤臣孽子，操心危而虑患深，其所躬修之践履，有异夫宋明平世之践履，其所想望之治平，亦非宋明平世之治平。故其所讲所学，有辨之益精，可以为理学旧公案作最后之论定者；有探之益深，可以自超于理学旧习套而别辟一崭新之蹊径者。

这就是说，明清之际诸大儒，无论是为学之广博，思虑之精深，还是践履之笃实，皆远迈宋明，不啻数百年理学所结出之硕果。因此，钱先生得出结论："不治晚明诸遗老之书，将无以知宋明理学之归趋。观水而未观其澜，终无以尽水势之变也。"①

编入此一阶段的案主凡十四立，其学案依次为：孙奇逢《夏峰学案》第一，黄宗羲《梨洲学案》第二，张履祥《杨园学案》第三，陆世仪《桴亭学案》第四，顾炎武《亭林学案》第五，王夫之《船山学案》第六，胡承诺《石庄学案》第七，谢文洊《程山学案》第八，李颙《二曲学案》第九，颜元《习斋学案》第十，陈确《乾初学案》第十一，张尔岐《蒿庵学案》第十二，应㧑谦《潜斋学案》第十三，费密《燕峰学案》第十四。

较之晚明诸遗老时代略后，则是入清以后之理学诸儒。编入此一阶段的案主凡十三位，其学案依次为：汤斌《潜庵学案》第十五，陆陇其《稼书学案》第十六，毛奇龄《西河学案》第十七，李塨《恕谷学案》第十八，唐甄《圃亭学案》第十九，刘献廷《继庄学案》第二十，彭定求《南畇学案》第二十一，邵廷采《念鲁学案》第二十二，劳史《余山学案》第二十三，张伯行《孝先学案》第二十四，杨名时《凝斋学案》第二十五，朱泽沄《止泉学案》第二十六，李绂《穆堂学案》第二十七。

钱先生认为，顺治、康熙、雍正三朝，是一个理学为清廷所用，以为压制社会利器之时代。因此，理学中人，无论朝野，皆不可与上一阶段相比。对于此一阶段的理学大势，钱先生归纳为：

> 遗民不世袭，中国士大夫既不能长守晚明诸遗老之志节，而建州诸酋乃亦唱导正学以牢笼当世之人心。于是理学道统，遂与朝廷之刀锯鼎镬更迭为使，以为压束社会之利器。于斯时而自负为正学道统者，在野如陆陇其，居乡里为一善人，当官

---

① 钱穆：《清儒学案序目》篇首《序》载《钱宾四先生全集》第22册，第590页。

职为一循吏，如是而止。在朝如李光地，则论学不免为乡愿，论人不免为回邪。此亦一述朱，彼亦一述朱。往者杨园、语水诸人谨守程朱矩矱者，宁有此乎？充其极，尚不足追步许衡、吴澄，而谓程朱复生，将许之为护法之门徒，其谁信之？其转而崇陆王者，感激乎意气，磨荡乎俗伪，亦异于昔之为陆王矣。①

乾嘉时代，经学考据之风甚盛，俨然一时学术主流。面对理学之落入低谷，钱先生挥去表象，直指本质，作出了如下别具只眼的揭示：

理学道统之说，既不足餍真儒而服豪杰，于是聪明才智旁进横轶，群凑于经籍考订之途。而宋明以来相传八百年理学道统，其精光浩气，仍自不可掩，一时学人终亦不忍舍置而不道。故当乾嘉考据极盛之际，而理学旧公案之讨究亦复起。徽、歙之间，以朱子故里，又承明末东林传绪，学者守先待后，尚宋尊朱之风，数世不辍。通经而笃古，博学而知服，其素所蕴蓄则然也。及戴东原起而此风始变。东原排击宋儒，刻深有过于颜、李，章实斋讥之，谓其饮水忘源，洵为确论。然实斋思想议论，亦从东原转手而来。虫生于木，还食其木，此亦事态之常，无足多怪。理学本包孕经学为再生，今徽、歙间学者，久寝馈于经籍之训诂考据间，还以视夫宋明而有所献替，亦岂遽得自逃于宋明哉！故以乾嘉上拟晚明诸遗老，则明遗之所得在时势之激荡，乾嘉之所得在经籍之沉浸。斯二者皆足以上补宋明之未逮，弥缝其缺失而增益其光耀者也。②

视乾嘉诸儒之沉浸经籍与明清之际诸大儒之回应时势为异曲同工，超越门户，睿识卓然。

编入此一阶段的案主凡十五位，其学案依次为：汪绂《双池学案》

————————————

① 钱穆：《清儒学案序目》篇首《序》，载《钱宾四先生全集》第 22 册，第 590—591 页。
② 同上书，第 591 页。

第二十八，陈弘谋《榕门学案》第二十九，雷铉《翠庭学案》第三十，张秉直《萝谷学案》第三十一，韩念周《公复学案》第三十二，全祖望《谢山学案》第三十三，戴震《东原学案》第三十四，程瑶田《易畴学案》第三十五，汪缙《大绅学案》第三十六，彭绍升《尺木学案》第三十七，章学诚《实斋学案》第三十八，恽敬《子居学案》第三十九，凌廷堪《次仲学案》第四十，焦循《里堂学案》第四十一，阮元《芸台学案》第四十二。

晚清七十年，理学一度俨若复兴，然而倏尔之间已成历史之陈迹。依钱先生之所见，道光、咸丰、同治、光绪四朝之理学，不惟不能与晚明诸遗老相比，而且较之乾嘉亦逊色，充其量不过可以同顺康雍并列。用钱先生的话来说，就是：

> 此际也，建州治权已腐败不可收拾，而西力东渐，海氛日恶。学者怵于内忧外患，经籍考据不足安定其心神，而经世致用之志复切，乃相率竞及于理学家言，几几乎若将为有清一代理学之复兴。而考其所得，则较之明遗与乾嘉皆见逊色。[1]

编入此一阶段的案主凡二十二位，其学案依次为：姚学塽《镜塘学案》第四十三，潘咨《诲叔学案》第四十四，唐鉴《镜海学案》第四十五，潘德舆《四农学案》第四十六，黄式三《儆居学案》第四十七，夏炘《心伯学案》第四十八，方垌《生斋学案》第四十九，吴廷栋《竹如学案》第五十，李棠阶《强斋学案》第五十一，魏源《默深学案》第五十二，鲁一同《通甫学案》第五十三，罗泽南《罗山学案》第五十四，朱次琦《九江学案》第五十五，陈澧《东塾学案》第五十六，曾国藩《涤生学案》第五十七，郭嵩焘《筠轩学案》第五十八，刘蓉《霞仙学案》第五十九，刘熙载《融斋学案》第六十，黄以周《儆季学案》第六十一，张之洞《香涛学案》第六十二，刘光蒉《古愚学案》第六十三，

---

① 钱穆：《清儒学案序目》篇首《序》，载《钱宾四先生全集》第 22 册，第 591—592 页。

郑杲《东甫学案》第六十四。

中国古代学术，尤其是宋明以来之理学，何以会在迈入近代社会门槛的时候形成这样一种局面？钱先生认为，问题之症结乃在不能因应世变，转而益进。相反，路愈走愈窄，直至无从应变迎新而为历史淘汰。钱先生就此尖锐地指出：

> 抑学术之事，每转而益进，途穷而必变。……至于理学，自有考亭、阳明，义蕴之阐发，亦几乎登峰造极无余地矣。又得晚明诸遗老之尽其变，乾嘉诸儒之纠其失，此亦途穷当变之候也。而西学东渐，其力之深广博大，较之晚汉以来之佛学，何啻千百过之！然则继今而变者，势当一切包孕，尽罗众有，始可以益进而再得其新生。明遗之所以胜乾嘉，正为晚明诸遗老能推衍宋明而尽其变。乾嘉则意在蔑弃宋明而反之古，故乾嘉之所得，转不过为宋明拾遗补阙。至于道咸以下，乃方拘拘焉又欲蔑弃乾嘉以复宋明，更将蔑弃阳明以复考亭。所弃愈多，斯所复愈狭，是岂足以应变而迎新哉？①

这是历史的悲剧，乃时代使然。

（三）精进不已，终身以之

在《清儒学案序目》刊布三十余年后的 1977 年 8 月，钱宾四先生以八十三岁高龄，为此一旧作写了一篇《后跋》。文中，钱先生既回顾了早年奉命结撰《清儒学案简编》之故实，于二曲、程山二家学案，因多所创获而殊自惬意。同时，又慨叹学无止境，年光遽逝，已不能如当年之"晨夜缮阅，手自誊录"。② 恭读钱宾四先生之《后跋》，令人感悟最深者，便是钱先生于清儒学术之执著追求，精进不已。从 1947 年发表《论清儒》，到 1978 年完成《太炎论学述》，三十余年间，钱先生除

---

① 钱穆：《清儒学案序目》篇首《序》，载《钱宾四先生全集》第 22 册，第 592—593 页。
② 钱穆：《清儒学案序目》篇末附《后跋》，载《钱宾四先生全集》第 22 册，第 619 页。

结撰《朱子新学案》、《朱学流衍考》之外，于清代诸大儒，若陆桴亭、顾亭林、陆稼书、吕晚村、王白田、钱竹汀、罗罗山、朱九江、朱鼎甫诸家，皆有专题学述。其他论文所议，则及朱舜水、方密之、王船山、阎百诗、姚立方、姜白岩、段懋堂、魏默深诸儒。凡所论列，无一不是对《中国近三百年学术史》和《清儒学案》之发展与深化。以下，谨以钱先生于 1976 年 6 月发表之《读段懋堂经韵楼集》一文为例，试觇一斑。

《读段懋堂经韵楼集》，是一篇考论段懋堂与理学因缘的重要文字。嘉庆十四年，段懋堂时年七十二岁。是年，段氏于《经韵楼集》留有三篇文字，其一为《娱亲雅言序》，其二为《博陵尹师所赐朱子小学恭跋》，其三为《答顾千里书》。三文或批评"今之言学者，身心伦理不之务，谓宋之理学不足言，谓汉之气节不足尚，别为异说，簧鼓后生。此又吾辈所当大为之防者"；[1] 或表彰朱子《小学》"集旧闻，觉来裔，本之以立教，实之以明伦敬身，广之以嘉言善行。二千年圣贤之可法者，胥于是在"；[2] 或告诫年轻俊彦须读"子朱子《小学》"，指出"未有无人品而能工文章者"。[3] 正是以此三文为依据，钱先生论证，段懋堂"其心犹不忘宋儒之理学"，"一瓣心香之深入骨髓可知"。[4]

由此而进，钱先生再合观段氏先前所撰《戴东原集序》、《刘端临先生家传》二文，并通过考察懋堂与同时诸大儒之往还，从而得出段氏为学及一时学风之重要判断："懋堂之学术途径与其思想向背，自始以来，显无以经学、理学相对抗意。而其同门如王石臞，至好如刘端临，亦皆绝不作此想。此可知当时之学风也。"继之，钱先生又以宝应刘氏、高邮王氏家学之传衍为据，指出"治经学而不蔑理学"，乃乾嘉间高邮、宝应两邑之学风。钱先生说："是宝应刘氏，自端临、楚桢、叔俛三世，

① 段玉裁：《经韵楼集》卷 8，《娱亲雅言序》。
② 段玉裁：《经韵楼集》卷 8，《博陵尹师所赐朱子小学恭跋》。
③ 段玉裁：《经韵楼集》卷 11，《答顾千里书》。
④ 钱穆：《读段懋堂经韵楼集》，载《钱宾四先生全集》第 22 册，第 408—409 页。

家教相传，正犹如高邮王氏，自安国、石臞、伯申三世之家教相传，治经学而不蔑理学也。"①

钱先生探讨段懋堂与理学之因缘，进而据以观察乾嘉间之江南学风，不惟深化了段懋堂学行的研究，而且也为研究乾嘉学派与乾嘉学术开辟了新的路径。钱先生所示范的为学方法告诉我们，研究乾嘉学派与乾嘉学术，应当注意考察理学与经籍考证之关系，以及彼此渗透所演成之学风变迁。20世纪80年代，陈鸿森教授沿此路径而深入开拓，爬梳文献，多方搜讨，终于获得重要之学术发现。

根据鸿森先生之研究所得，先于钱先生所揭嘉庆十四年之段氏三文，之前一年，段懋堂即在致王石臞书中，以"剿说汉学"与河患并提，同指为一时社会病痛，主张"理学不可不讲"。据云："今日之弊，在不尚品行政事，而尚剿说汉学，亦与河患相同。然则理学不可不讲也，执事其有意乎?"② 迄于嘉庆十九年段氏八十岁，此念愈深且更其明确。是年九月，段懋堂有书复闽中陈恭甫，重申："愚谓今日大病，在弃洛、闽、关中之学不讲，谓之庸腐。而立身苟简，气节败，政事芜，天下皆君子，而无真君子，未必非表率之过也。故专言汉学，不治宋学，乃真人心世道之忧，而况所谓汉学者，如同画饼乎!"③ 以汉学大师而抨击汉学弊病，昌言讲求宋儒理学，足见嘉庆中叶以后，学风败坏，已然非变不可。诚如鸿森先生之所见："据此书，略可推见段氏晚年之思想及其对当时学风之批评。乃近世论乾嘉学术者，类多忽之不视，今亟宜表出之。"④

（四）余论

钱宾四先生著《中国近三百年学术史》、《清儒学案》，倡导清代理

---

① 钱穆：《读段懋堂经韵楼集》，载《钱宾四先生全集》第22册，第418页。
② 段玉裁：《与王怀祖书》，见陈鸿森《段玉裁年谱订补》，嘉庆十三年、七十四岁条。
③ 段玉裁：《与陈恭甫书》，载陈寿祺《左海文集》卷4《答段懋堂先生书》附录。又见《左海经辨》卷首《金坛段懋堂先生书》之三，惟系节录。
④ 陈鸿森：《段玉裁年谱订补》，嘉庆十九年、八十岁条。

学研究，开辟路径，奠定根基，作出了不可磨灭的历史贡献。近者，欣悉颇有学者起而继承钱先生之未竟事业，致力于有清一代理学之全面梳理。钱宾四先生著《清儒学案》，所最服膺之李二曲、张杨园二家，《二曲全集》已于 20 世纪 90 年代初，承陈俊民教授整理出版，《杨园先生全集》亦在 2002 年 7 月由中华书局刊出。所有这些，或可告慰钱先生于九泉之下。

1995 年，香港中文大学新亚书院召开"纪念钱宾四先生百年冥诞学术讨论会"，祖武有幸忝列旁听。在送请与会先进赐教之拙文末，笔者妄议："近人治清代学术史，章太炎、梁任公、钱宾四三位大师，后先相继，鼎足而立。太炎先生辟荣榛莽，开风气之先声，首倡之功，最可纪念。任公先生大刀阔斧，建树尤多，所获已掩前哲而上。宾四先生深入底蕴，精进不已，独以深邃见识而得真髓。学如积薪，后来居上，以此而论章、梁、钱三位大师之清代学术史研究，承先启后，继往开来，总其成者无疑当属钱宾四先生。笔者妄论，今日吾侪之治清代学术史，无章、梁二先生之论著引路不可，不跟随钱宾四先生之《中国近三百年学术史》深入开拓尤不可。这便是在今日及尔后的清代学术史研究中，钱宾四先生不可取代的卓越历史地位。"[①] 十年过去，祖武依然秉持此一信念。发扬光大钱宾四先生之学术思想与事业，乃是今日对钱先生最好的纪念。

第三节　侯外庐先生论专门汉学

侯外庐先生是我国思想史、社会史学科的杰出奠基人，创辟路径，作育人才，为我国 20 世纪历史学的发展，作出了巨大的贡献。欣逢先

---

① 《清儒学术拾零》之十兀，《钱宾四先生对清代学术史研究的贡献》，湖南人民出版社 2002 年版，第 340 页。

生百年冥诞，谨以平日读《中国思想通史》之所得，就先生论究乾嘉汉学的若干意见，试做一梳理。借以缅怀先生之卓著业绩，并求教于各位同好。

一、对 18 世纪中国社会基本状况的认识

在中国思想史研究中，将思想史与社会史相结合，是《中国思想通史》一以贯之的基本为学方法论。外庐先生于此指出："如大家所周知的，思想史系以社会史为基础而递变其形态。因此，思想史上的疑难，就不能由思想的本身运动里求得解决，而只有从社会的历史发展里来抉别其秘密。"① 唯其如此，外庐先生论究乾嘉汉学，首先提出并加以解决的问题，就是对 18 世纪中国社会基本状况的认识。

外庐先生从经济状况和阶级关系的剖析入手，认为从 16 世纪中叶以后，中国封建社会开始了它的解体过程。这是一个蹒跚而痛苦的过程。先生以一个杰出史家的卓然睿识，准确地把握住了这一过程的基本历史特征，他说："从十六世纪以来，中国的历史没有如欧洲那样走向资本主义社会，这并不等于说中国封建社会没有解体过程，没有资本主义的形成过程。关键在于，既在封建社会的母胎内产生了资本主义的萌芽形态，又在发展过程中未能走进近代的资本主义世界。这即是如马克思说的，既为旧的所苦，又为新的发展不足所苦，死的抓住活的（原注：参看《资本论》序言）。资本主义要排斥身份性的人格依附，然而封建主义的顽固传统又要维持这样的人格依附。这就是问题，这就是矛盾。"② "死的抓住活的"，这样一个明白晓畅的归纳，在我们观察 16 世纪中叶以降的中国社会时，是不可忘记的经典意见。

---

① 侯外庐：《中国思想通史》第一卷上篇第二章第二节，《春秋思想的特点》，人民出版社 1957 年版，第 28 页。
② 侯外庐：《中国思想通史》第五卷第一编第一章第一节，《十七世纪的中国社会》，人民出版社 1957 年版，第 16 页。

当历史演进到 17 世纪中叶，由于明清更迭所酿成的社会动荡，使中国社会一度出现民族矛盾激化的局面。然而封建王朝的更迭，并没有、也不可能改变中国古代社会的蹒跚步履。外庐先生认为："自然，如恩格斯在《反杜林论》《暴力论》中所指出的，落后民族的统治，经过一定时期，也不得不按照被征服的民族的先进经济状况，寻求适应的步骤，甚至改变了自己民族的语言，以求适应客观的历史条件。康熙以后的中国经济情况，就呈现出复苏以至某些发展的迹象。"① 正是以对明清之际我国国情的准确把握为出发点，外庐先生展开了关于 18 世纪中国社会状况的研究。

在《中国思想通史》第五卷中，外庐先生辟出专节，对 18 世纪的中国社会进行论证，提出了如下三个方面的基本认识：

第一，要正确认识文明较低民族对文明较高民族统治的历史。外庐先生指出："清王朝统治中国的历史，是文明较低级的民族对文明较高级的民族统治的历史。马克思说：'依据历史底永恒规律，野蛮的征服者总是被那些被他们征服的民族底较高的文明所征服。'（原注：《不列颠在印度统治的未来结果》，载《马克思论印度》，人民出版社，一九页。）恩格斯在《反杜林论》《暴力论》一章中，更详细地说：'文明较低级的人民的每次侵略，当然中断了经济的发展，并破坏了许多生产力。但是在长期征服中，文明较低的征服者，在大多数的场合上，不得不与被征服国度的较高的经济情况（被征服以后的那个样子）相适应，他们为被征服的本地人民所同化，而且极大部分还引用了他们的语言。'（原注：人民出版社，二二九页。）这一分析，是适合于十八世纪的中国历史的。"②

第二，明清更迭不是历史的倒退，中国社会依旧在缓慢地前进。关

---

① 侯外庐：《中国思想通史》第五卷第一编第一章第二节，《社会变革中的阶级关系》，第 26 页。

② 侯外庐：《中国思想通史》第五卷第二编第十章第一节，《十八世纪的中国社会》，第 393 页。

于这一点，外庐先生说："明清之际，中国封建社会在它解体过程中所表现的生产力和生产关系的矛盾，在阶级关系上表现为农民求解放的利益，以及代表市民反对派的利益，和封建地主阶级的利益之矛盾。当时的启蒙思想，通过政治、法律、道德等方面的折射，正反映出这个时代的社会图景及其矛盾。清王朝的统治使这样基本矛盾之上更添加了民族的矛盾，因而历史的发展沿着更缓慢的途径前进。在清初的大破坏时期和康熙后期若干年的相对安定时期，民族的压迫都使中国历史蹒跚不前。但这并不是说，清王朝一系列的镇压政策和统治阶级的主观愿望，就能长久阻止客观历史的前进。十八世纪的中国社会经济就呈显了复苏的景象，它有了恢复，甚至也有了发展。"①

第三，学术思想的演进，必然地要受到社会发展水准的制约。外庐先生认为："十八世纪的中国社会，是阶级矛盾和民族矛盾相交错的。从整个形势来看，这时清朝封建统治势力占有相对稳定的统治地位。从发展上看，这时资本主义的幼芽、市民的力量、农民的反抗活动，则是在不可阻遏地生长着。这种历史形势反映在当时的思想界，就是一方面有专门汉学之统治地位的形成，另一方面则有戴震、汪中、章学诚、焦循等人的哲学思想的出现。"②

通过对 16 世纪中叶以降，尤其是 18 世纪迄于 19 世纪初叶国情的研究，外庐先生得出了他观察 18 世纪中国社会的结论，这就是："十八世纪的中国社会并不是所谓太平盛世。"③ 外庐先生将中国历史置于世界历史的大背景之下，深化他的论证，进而指出："尽管十六世纪中叶以来，中国社会具有若干资本主义的萌芽因素，但农业和手工业相结合的封建自然经济，依然是支配的倾向。在十八世纪的世界市场形成的时

---

① 侯外庐：《中国思想通史》第五卷第二编第十章第一节，《十八世纪的中国社会》，第393—394 页。

② 同上书，第 403 页。

③ 侯外庐：《中国思想通史》第五卷第二编第十六章第一节，《十八世纪末叶和十九世纪初叶中国社会的变化》，第 623 页。

候，中国社会缓慢的变化还是远远落在世界风暴之后面。"① 惟其如此，稍后的鸦片战争及一系列不平等条约，就不是突如其来的。关于这方面的意见，外庐先生谈得十分清楚，他说："如单从中国内部来看，自十八世纪末起，社会危机已经尖锐地暴露出来。"② 又说："鸦片战争及其所产生的不平等条约的束缚，不是突然而来的。相反地，在鸦片战争以前几十年间，中国已经在外国资本主义的侵略之下，进入破产的时期。"③

二、关于乾嘉汉学的形成

清代乾隆、嘉庆年间，何以会形成考据学风靡朝野的局面？前辈大师谈清代学术，这是一个共同关注的问题。

章太炎先生著《訄书》，率先提出讨论，他说："清世，理学之言，竭而无余华；多忌，故歌诗文史栖；愚民，故经世先王之志衰。（原注：三事皆有作者，然其弗逮宋明远甚。）家有智慧，大凑于说经，亦以纾死，而其术近工眇踔善矣。"④ 章先生的这段话，讲了三层意思：一是从学术层面言，认为理学作为一种学术形态，入清以后，业已失去其发展的理论空间；二是就知识界状况言，因为政治上的避忌太多，因而文人学士的作品遂失去勃勃生机；三是就朝廷的文化政策言，由于清廷实施"愚民"政策，桎梏人心，故而学以经世的传统遂告不振。三者交互作用的结果，自然便形成学术界治经以纾死的格局。

对于"为什么古典考证学独盛"的问题，梁启超先生大体沿袭了章太炎先生的意见，他说："明季道学反动，学风自然要由蹈空而变为核实——由主观的推想而变为客观的考察。"至于这种客观考察"为什么

① 侯外庐：《中国思想通史》第五卷第二编第十六章第一节，《十八世纪末叶和十九世纪初叶中国社会的变化》，第 623 页。
② 同上书，第 625—627 页。
③ 同上。
④ 章太炎：《訄书》第十二，《清儒》，上海古典文学出版社 1958 年版，第 30 页。

专向古典部分发展，其他多付阙如"？梁先生则认为："问到这里，又须拿政治现象来说明。"在考察清初以降政治对学术的影响之后，梁先生得出了两条结论：第一，"凡在社会秩序安宁，物力丰盛的时候，学问都从分析整理一路发展。乾、嘉间考证学所以特别流行，也不外这种原则罢了"；第二，"考证古典之学，半由文网太密所逼成"。①

在这个问题上，钱穆先生的看法，与章、梁二位先生有同有异。钱先生不赞成梁先生的"道学反动"说，他把清学与宋学视为一个整体，提出了"不识宋学，即无以识近代"的主张。钱先生说："言汉学渊源者，必溯诸晚明诸遗老。然其时如夏峰、梨洲、二曲、船山、桴亭、亭林、蒿庵、习斋，一世魁儒耆硕，靡不寝馈于宋学。继此而降，如恕谷、望溪、穆堂、谢山，乃至慎修诸人，皆于宋学有甚深契诣。而于时已及乾隆，汉学之名始稍稍起。而汉学诸家之高下浅深，亦往往视其所得于宋学之高下浅深以为判。道咸以下，则汉宋兼采之说渐盛，抑且多尊宋贬汉，对乾嘉为平反者。故不识宋学，即无以识近代也。"② 至于封建专制政治对学术发展的桎梏，钱先生的看法则与章、梁二位先生一致，他说："清儒自有明遗老外，即少谈政治。何者？朝廷以雷霆万钧之力，严压横摧于上，出口差分寸，即得奇祸。习于积威，遂莫敢谈。不徒莫之谈，盖亦莫之思，精神意气，一注于古经籍。本非得已，而习焉忘之，即亦不悟其所以然。此乾嘉经学之所由一趋于训诂考索也。"③

侯外庐先生继诸位大师而起，博采众长，融为我有，复以其深厚的史学素养和理论功底，掩众贤而上，将研究向前推进。在《中国思想通史》第五卷中，外庐先生辟出专章，对乾嘉汉学的形成展开了深入讨论。

一如前述，外庐先生的讨论，首先从对 18 世纪中国社会状况的剖

---

① 梁启超：《中国近三百年学术史》三，《清代学术变迁与政治的影响》（中），复旦大学出版社 1985 年版，第 112—118 页。
② 钱穆：《中国近三百年学术史》上册第一章，《引论》上，中华书局 1986 年版，第 1 页。
③ 钱穆：《中国近三百年学术史》下册第十一章，《龚定庵》，第 533 页。

析入手，高屋建瓴，统揽全局。这正是外庐先生超迈前哲的重大建树所在。其次，是梳理学术演进源流。就清初诸儒的为学风格进行探讨，以论证阎若璩、胡渭、毛奇龄、万斯大、万斯同等人"汉学前驱者"的历史地位。如同钱穆先生一样，外庐先生不赞成谈乾嘉汉学而推祖于顾炎武、黄宗羲，他认为："讲清代汉学历史的人，往往把汉学上推到顾炎武、黄宗羲。其实清初大儒以经世之务为目的，以考据之学为手段，并无所谓汉学的专门研究。"因此，外庐先生进而指出："十八世纪的专门汉学，好像是继承顾、黄等人的考据，事实上是把清初学者的经世致用之学变了质的。专门汉学的前驱者，决不应当追源于顾、黄诸人。"①再次，则是将先前诸大师对学术与政治关系的论究推向深入，从而直接回答乾嘉汉学的形成问题。

关于形成乾嘉汉学的直接原因，外庐先生的着眼点主要在于两个方面，一是社会的相对稳定，二是清廷的文化政策。他说："到了十八世纪，所谓汉学成为风靡一时的专门之学。这和清封建统治势力之进入相对稳定时期有密切关系，特别是和康熙以来的反动文化政策有密切关系。"② 两者相比，外庐先生尤为重视第二方面的原因。为此，外庐先生提出了如下的大段论证文字：

> 康熙以来的反动文化政策，比元代统治的手法圆滑到万倍。一方面大兴文字之狱，开四库馆求书，命有触忌讳者焚之（见章炳麟《检论》卷四《哀焚书》）。他方面又采取了一系列的愚弄政策，重儒学，崇儒士。这不但表现在康熙十二年荐举山林隐逸，十七年荐举博学鸿词，十八年开明史馆，而且表现在其指导理论，打击当时新兴的"经世致用"之学。如十二年

---

① 侯外庐：《中国思想通史》第五卷第二编第十章第二节，《十八世纪汉学的前驱者》，第404页。

② 侯外庐：《中国思想通史》第五卷第二编第十章第三节，《十八世纪的专门汉学》，第410页。

上谕命编《太极图论》，十六年亲制《四书解义序》，五十一年上谕朱子配享孔庙，以及选任大臣多理学名家等等。然这不是唯一政策，也不是如梁启超说的"在朝理学与在野汉学形成了一个对峙"，反而在康熙时代已经有《图书集成》的编纂，至雍正三年告成，书凡六千一百零九部。在这样的政策之下，升化了经世致用之学，削弱了清初的知识武器。到了乾隆时代，汉学也就大为朝廷所提倡，作为统治工具的理学的补充。乾隆三十八年至四十七年，招集了海内学者三百人入四库馆，编定了闻名的《四库全书》，凡七万九千七十卷。这是所谓"汉学的大本营"。因此，乾隆朝的政策更实行对封建文化笺注与烦琐并行提倡的指导方针。所以戴震说："值上方崇奖实学，命大臣举经术之儒。"（《戴东原集》卷十二《江慎修事略状》，乾隆壬午。）另一方面，雍正元年（公元一七二三年）以后，中国学术与西洋科学，因了受清廷对外政策的影响，暂时断绝联系。①

以上述论证为依据，辅以清廷"御纂"诸经自康熙五十四年以降的编定刊行，外庐先生得出问题的研究结论。他说："对外的闭关封锁与对内的'钦定'封锁相为配合，促成了所谓乾嘉时代为研古而研古的汉学，支配着当时学术界的潮流。……专门汉学就是在这样钦定御纂的世界中发展起来的。"②

三、乾嘉汉学是一个历史过程

晚近谈乾嘉学派与乾嘉学术，每以吴、皖分派立论。究其所自，则章太炎先生当属首倡。在《訄书》中，章先生论清儒学术有云："其成学著系统者，自乾隆朝始。一自吴，一自皖。吴始惠栋，其学好博而尊

---

① 侯外庐：《中国思想通史》第五卷第二编第十章第三节，《十八世纪的专门汉学》，第410—411页。
② 同上书，第411—412页。

闻；皖南始戴震，综形名，任裁断。此其所异也。"[1] 其后，梁启超先生著《清代学术概论》、《中国近三百年学术史》再加阐发，遂成"惠、戴两家中分乾嘉学派"之说。[2] 钱穆先生从章、梁二先生之忽略处入手，着意论究惠栋于戴震为学的影响，提出"吴皖非分帜"的主张，[3] 将研究引向了深入。

外庐先生论究乾嘉汉学，以章、梁、钱三位先生之所得为起点，进而向纵深推进。一方面外庐先生既充分尊重前人的劳作，沿用吴、皖分派的思路，从为学路数和旨趣上去认识乾嘉学术；另一方面，他又选取乾嘉时代的几位主要思想家，如戴震、汪中、章学诚、焦循、阮元等，去进行专题研究。通过探讨诸家思想、学术之个性和贡献，提出了若干具有创获意义的重要见解。其中，如下两个见解，对于深化乾嘉汉学的研究，尤为重要。第一个见解是："汉学是始于惠栋，而发展于戴震的"；[4] "戴学在思想史的继承上为惠学的发展。"[5] 第二个见解是："阮元是扮演了总结十八世纪汉学思潮的角色的。如果说焦循是在学说体系上清算乾嘉汉学的思想，则阮元是在汇刻编纂上结束乾嘉汉学的成绩。他是一个戴学的继承者，并且是一个在最后倡导汉学学风的人。"[6] 这就是说，乾嘉汉学肇始于惠栋，经戴震加以发展，至焦循、阮元而进行总结，方才走完其历史道路。

外庐先生的这两个重要见解，突破吴、皖分派的旧有格局，为把乾嘉学派和乾嘉学术作为一个历史过程来进行研究开了先河。这是外庐先生在乾嘉汉学研究中的一个重大贡献，其思想史和学术史上的意义不可

---

[1] 章太炎：《訄书》十二，《清儒》，上海古典文学出版社 1958 年版，第 30 页。

[2] 梁启超：《中国近三百年学术史》十三，《清代学者整理旧学之总成绩》，第 306 页。

[3] 钱穆：《中国近三百年学术史》上卷第八章，《戴东原》，第 324 页。

[4] 侯外庐：《中国思想通史》第五卷第二编第十章第三节，《十八世纪的专门汉学》，第 414 页。

[5] 侯外庐：《中国思想通史》第五卷第三编第十六章第二节，《学术思潮的转变和今文学家的兴起》，第 629 页。

[6] 侯外庐：《中国思想通史》第五卷第二编第十五章第一节，《阮元的研究方法》，第 577 页。

低估。20 世纪 60 年代初，先师杨向奎先生同外庐先生相呼应，在《新建设》杂志上发表了《谈乾嘉学派》一文。文中，向奎先师说："历来谈乾嘉学派的，总是说这一个学派有所谓吴派、皖派之分。其实，与其这样按地域来划分，还不如从发展上来看它前后的不同，倒可以看出它的实质。"① 令人惋惜的是，侯、杨二位大师的研究意见，尚未在学术界激起共鸣，一场民族文化的浩劫便轰然而起。

四凶既除，国运日昌，改革开放的正确决策，赢得了中国社会和中华民族的巨大进步。学随世变，与时俱进，当此承先启后之际，认真总结外庐先生关于乾嘉汉学是一个历史过程的思想，对于推动乾嘉学派与乾嘉学术研究的深入，恐怕是一个可取的思路。

18 世纪中国特定的社会和学术环境，形成了特定的学术流派，即乾嘉学派。这一学派活跃于 18 世纪和 19 世纪初叶的学术舞台，其影响所及，讫于 20 世纪中而犹存。作为一个富有生命力，且影响久远的学术流派，它如同历史上众多的学术流派一样，也有其个性鲜明的形成、发展和衰微的历史过程。从思想史与社会史相结合的角度，对这样一个历史过程进行实事求是的具体研究，其间既包括众多学者深入的个案探讨，也包括学术世家和地域学术的群体分析，还包括分门类的学术史梳理，一致百虑，殊途同归，今日及尔后的乾嘉学派与乾嘉学术研究，定能创造出一个可以告慰前辈大师的局面来。

第四节　乾嘉学派研究与乾嘉学术文献整理

最近十余年间，乾嘉学派和乾嘉学术研究，一直为治清代学术的学者所关注。由于四方学者的共同努力，这一研究业已取得甚多成果，喜

---

① 杨向奎：《谈乾嘉学派》，《新建设》1964 年 7 月号。

呈方兴未艾之势。往后，各位同仁的研究如何向纵深推进，一致百虑，殊途同归，大家尽可按照各自的计划去进行。以下，仅提出一点建议，奉请各位斟酌。刍荛之见，就是主张进一步做好文献的整理和研究工作。

一

有清一代学术，乾隆、嘉庆两朝，迄于道光初叶的近百年间，是一个发皇的时期。其间杰出的学者最多，学术成就最大，传世的学术文献亦最为丰富。古往今来，学术前辈们的实践一再告诉我们，学术文献乃治学术史之依据，惟有把学术文献的整理和研究工作做好，学术史的研究才能够建立在可靠的基础之上。

将乾嘉时期的重要学术文献精心校勘，施以新式标点出版，这是整理乾嘉学术文献的一项重要工作，嘉惠学林，功在千秋。在这方面，最近一二十年间，学术界的各方面专家已经做了大量贡献。譬如自 20 世纪 80 年代以后，相继问世的《潜研堂文集》、《方苞集》、《章学诚遗书》、《抱经堂文集》、《戴震全集》、《校礼堂文集》、《钱大昕全集》、《全祖望集汇校集注》、《仪礼正义》、《礼记集解》、《礼记训纂》、《尚书今古文注疏》等，无一不提供了可贵的研究资料，从而推动相关研究的前进。

循此以往，辨章学术，考镜源流，与乾嘉学术文献的整理和研究相关的目录学著述，亦接踵而出。林庆彰教授主编的《乾嘉经学论著目录》、《日本研究经学论著目录》，王绍曾教授主编的《清史稿艺文志拾遗》，李灵年、杨忠二位教授主编的《清人别集总目》，柯愈春先生著《清人诗文集总目提要》等，皆为学术界做了功德无量的事情。借此机会，请允许本人就《清人别集总目》稍事介绍。

清代文献，浩若烟海，实为此前历代之所不及。究其原因，大要当或有二。一则中国古代社会经万数千年发展，至清代已然极度成熟，经济、政治、军事、文化皆臻于一集大成之格局。再则博大精深之中华学术，在此二百数十年间，亦进入一全面整理和总结之历史时期。惟其如此，有清一代才人辈出，著述如林，其诗文别集之繁富，几与历代传世之总和埒。这是中华民族一份极为宝贵的历史文化遗产，也是发展中华民族新文化的必然依据。故而董理清人别集，自 20 世纪中王重民先生之《清代文集篇目分类索引》肇始，尔后数十年间，前辈贤哲接武而进。邓之诚先生之《清诗纪事初编》，钱仲联先生之《清诗纪事》，张舜徽先生之《清人文集别录》，袁行云先生之《清人诗集叙录》等，呕心沥血，成就斐然。

学如积薪，后来居上。正是凭借前哲时贤之深厚积累，李灵年、杨忠二位教授集合同志，付以十年艰苦劳作，遂成《清人别集总目》三巨册。该书汇海内外现存清人别集书目、版本、馆藏及作者碑传资料于一堂，以崭新体例而超迈前贤，洵称迄今最为完整系统之清人别集综录。在《清人别集总目》的《前言》中，主编先生绍介全书编纂宗旨云："《清人别集总目》立足于为进一步的研究服务，本着挖掘清代文献资料的指导思想，一切从有利于研究出发，以使用方便为准则，不受传统书目体例的限制，因而在编纂体例上有所突破。"① 至于本书之编纂特点，李、杨二位教授则归纳为五个方面，一是著录广泛，二是多列版本，三是详注馆藏，四是书传结合，五是便于使用。本人完全赞成主编先生的绍介和归纳，谨举书中一例，试作管中之窥。

凌廷堪为乾嘉间著名学者，该书著录其诗文集及碑传资料云：

校礼堂初稿文不分卷梅边吹笛谱 2 卷

　　稿本（上图）

　　　按：有清□巢南跋

校礼堂诗集 14 卷

　　道光六年张其锦刻本（北图、日本人文、大阪）

---

① 李灵年、杨忠：《清人别集总目》第一卷，卷首《前言》。安徽教育出版社 2000 年版，第 8 页。

按：北图藏本有清李慈铭批并跋

校礼堂文集 36 卷

嘉庆十八年张其锦刻本（北图、粤图、人大、山大）

按：北图藏本有清李慈铭批并跋

校礼堂文集 36 卷诗集 14 卷

校礼堂全集本·嘉庆十八年刻文集、道光六年刻诗集（丛书综录、旅大、台湾史语、日本人文、京文、东文、广岛）

民国二十四年安徽丛书第四期·凌次仲先生遗书影印校礼堂全集本（丛书综录、安徽师大、安庆、日本人文）

〔附〕凌廷堪（1757—1809），字仲子，号次仲，歙县人，乾隆五十八年进士，官宁国府教授。

事略状　戴大昌撰　校礼堂文集附

传　阮元撰　揅经室二集 4

清史稿 481

清史列传 68

碑传集 135

国朝耆献类征初编 258

国朝先正事略 36

汉学师承记 7

清儒学案小传 12

文献征存录 8

清代朴学大师列传 6

国史文苑传稿 2

清代畴人传 13

清代七百名人传

新世说 4

凌次仲先生年谱　张其锦撰　校礼堂全集本

凌廷堪年谱　陈乃鼐撰　台北刊行　中山学术文化集刊

12 辑

全身画像　清代学者像传 1 集

半身木刻像　凌次仲先生年谱卷首①

如上所引，该书确实做到了多列版本、详注馆藏、书传结合。集此数长，自然也就实现了"便于使用"的初衷。至于"著录广泛"，更非虚语。全书所录一代诗文，作者近二万家，别集约四万种，碑传资料凡一万六千余通，"广泛"二字，名副其实。尤可称道者，则是服务于深入研究的编纂宗旨。李灵年、杨忠二位先生于此说得很好："此书的问世，尤可为清代文学、文献学、历史学等多种学科的研究提供一部必备的工具书，为《全清诗》、《全清文》的编纂打下一定的基础。使用者一书在手，既可以从量上大致把握清代诗文别集的概貌，同时也掌握了一把深入研究的钥匙。"②

《校礼堂初稿》为凌氏早年文稿之初次结集，时当乾隆六十年，一时前辈硕学卢文弨曾为之撰序。《梅边吹笛谱》为廷堪早年词作，结集于嘉庆五年。二书结集最早，且为稿本，弥足珍贵，自当列于最前。而上图庋藏本之题跋者，或为陈去病先生，研究者有兴趣，当可依文风、书法等做一番考证。想是本书定稿时间的限制，编纂凌廷堪一目的先生，尚未见到王文锦先生整理刊行之《校礼堂文集》，他日再版，补为完璧可矣。该目所附之凌廷堪小传，虽不过寥寥数十言，然皆确有据依，殊非易事。惟其间所涉两处记年，似可做进一步研究。一是凌廷堪生年，究竟当依张其锦辑年谱及廷堪自述定为乾隆二十二年（1757），还是据阮元撰传定为乾隆二十年（1755）；二是凌氏成进士之年，《明清进士题名碑录》记为乾隆五十八年，而廷堪自述及诸多官私载籍皆作乾隆五十五年，当以何者为准？凡此，有本书所提供的钥匙，深入研究，门径豁然。

---

① 李灵年、杨忠：《清人别集总目》第二卷，第 1967—1968 页。

② 李灵年、杨忠：《清人别集总目》第一卷，卷首《前言》。

二

辑录乾嘉时期著名学者集外题跋、序记、书札等佚文，区分类聚，整理刊布，是一桩既见功力，又有裨学术研究的事情。晚清以降，诸多文献学家后先而起，辑录顾广圻、黄丕烈二先生群书题跋，已开风气之先路。20 世纪 50 年代初，陈垣先生据尹炎武先生所获钱大昕集外家书十五函，逐函加以精审考订，更为一时儒林推尊，赞为"励耘书屋外无二手"。① 尔后，虽间有学者承先辈遗风，辛勤爬梳，惟因兹事难度甚大，成功非易，久而久之遂成绝响。90 年代中，陈文和教授主持整理编订《钱大昕全集》，专意搜求潜研堂集外散佚诗文，纂为《潜研堂文集补编》一部，辑得诗文凡八十首。古朴之风再现，不啻凤鸣朝阳。

2001 年春，承陈鸿森教授不弃，远颁大著《钱大昕潜研堂遗文辑存》。拜读之后，祖武方知早在 30 年代中，鸿森教授已然致力钱竹汀先生集外佚文之访求，且于 1990 年 5 月 18 日辑录成编。陈先生于此记云：

> 余不自揆，向尝纂《竹汀学记》一编，稿草粗就，自惭所见未深，卒未敢写定。而披览所及，见有竹汀遗文，辄手录之，积久渐富。诸文虽非尽精诣之所在，然可援据以资考证者不少。昔钱庆曾于《竹汀年谱》每年条下，注记其文撰年之可考者，中有集外遗文若干题。惜年湮世远，旧籍日希，当日检索易易者，今率多难以踪迹。因念异时有蒐讨竹汀佚文者，其难或将远过今日。养疴长日，爰就向所录存者略加排比，逐写成篇。然载籍极博，眼目难周，其搜采未备者，甚望世之博雅君子补其阙焉。一九九○年五月十八日。②

---

① 刘乃和、周少川：《陈垣年谱配图长编》，一九五二年五月二十四日条。辽海出版社 2000 年版，第 612 页。

② 陈鸿森：《钱大昕潜研堂遗文辑存》卷首《自序》。载《经学研究论丛》第六辑，台湾学生书局 1999 年版，第 189 页。

《钱大昕潜研堂遗文辑存》凡三卷，所辑竹汀先生集外佚文计一百五十六篇。卷上为序跋、题记，六十五篇；卷中为《长兴县志》辨证，三十二篇；卷下为书札、传志，五十九篇。其用力之勤，四海无匹。

陈鸿森教授著《钱大昕潜研堂遗文辑存》成，原拟送请《大陆杂志》发表，惜因故延宕有年，直到 1999 年 3 月，始在《经学研究论丛》第六辑载出。鸿森教授之力作喜获发表，正值陈文和教授主编之《钱大昕全集》刊行。鸿森教授取二书比对，欣然补撰《后记》云：

> 此文付印校稿时，杨晋龙君见告，渠新购得江苏古籍出版社所印《嘉定钱大昕全集》，册十有主编陈文和氏所辑《潜研堂文集补编》，与余所辑互有同异。余假其书，略检一过，《补编》所收《端砚铭》、《演易》、《小知录序》、《溪南唱和集序》、《跋黄文献公集》、《跋宋拓颜鲁公书多宝塔感应碑》、《跋张尔岐书》等七首，为余所未见者。……昔者陈乃乾蒐辑顾千里群书题跋，为《思适斋书跋》二卷，同时有蒋谷孙亦有《思适斋集外书跋辑存》，而王欣夫氏复辑《思适斋书跋》、《思适斋集补遗》。盖各据所得而存之，不相妨也。常叹诸家辑顾、黄遗文，至于再三。而竹汀之精博渊深，迥非顾、黄所可比及，其遗文题识散见群书，乃二百年来无有收拾之者，讵非艺林之阙事与！今得陈君《补编》，同此用心，不啻空谷跫音。览者合二文而观之，庶乎竹汀遗文稍得其全云。[1]

尤为令人敬重者，陈鸿森教授近一二十年间，不惟勤于辑录钱竹汀先生集外佚文，而且其朝夕精力，几乎皆奉献于乾嘉学术文献的整理与研究。据鸿森教授所馈近年大著知，经陈先生精心辑录成编者，尚有《潜研堂遗诗拾补》、《简庄遗文辑存》、《陈鳣简庄遗文续辑》、《段玉裁经韵楼遗文辑存》、《王鸣盛西庄遗文辑存》和《阮元揅经室遗文辑存》

---

[1]　陈鸿森：《钱大昕潜研堂遗文辑存》卷末《后记》。载《经学研究论丛》第六辑，第266页。

等六种。其中，除《潜研堂遗诗合补》、《简庄遗文辑存》、《王鸣盛西庄遗文辑存》三种业已刊行，他种力作皆以稿本在同好间流传。

1999 年 8 月 23 日，《王鸣盛西庄遗文辑存》著就，陈鸿森教授于卷首撰为《自序》一篇。文中，陈先生述辑录西庄先生集外佚文缘起有云：

> 《西庄始存稿》刻于乾隆三十年，凡诗十四卷，文十六卷。顾传本绝少，郑振铎氏当代藏书名家，犹悬金以待，其罕遇可知。余求之十数年，未得一见。去年十一月，林庆彰教授始为余影印一帙，良友之赐，奚啻百朋。其书目录后自识云"自服阕后所作，别为《晚拙稿》"，然其稿迄未付梓。阮元《揅经室二集》卷七有《王西庄先生集序》，称"西庄先生编定诗文全集四十卷，既成，属元为之序"云云，今亦不见刻本。五世孙元增搜其遗佚，为《耕养斋遗文》，仅得六篇（原注：此书余未之见，今据杨向奎氏《清儒学案新编》册八王树民氏撰《西庄学案》，页一一〇）。钱竹汀撰西庄墓志，称其文"纡徐醇厚，用欧、曾之法，阐许、郑之学，一时推为巨手"。乃身后遗稿蔑尔无闻，后之人亦无为之收拾者，一代硕学，文字零落如此，可胜浩叹。

至于辑存西庄先生遗文与治乾嘉学术不可分割之关系，鸿森教授于《自序》中尤加阐发云：

> 曩辑潜研堂遗文，流览群籍，西庄诗文不少概见。顾以未见《始存稿》，不识其已入集否，是以均未钞存。去冬得其书，乃就记忆所及，与易于寻检者稍加集录，共得五十三篇，其待访者尚若干篇。度西庄脱阕后，迄嘉庆二年卒，三十年间所作，当倍蓰于此。虽然，即此遗存者，其平生论学、论文大旨可见。盖西庄中岁治经，专主郑康成，《尚书后案》既成，复理十七史，汲古之功既深，故所为文，遂雄视一切，独抒自

见，不为苟同。然则此虽掇拾残遗，固治乾嘉学术者所不可
废与。①

陈鸿森教授钞存乾嘉著名学者集外佚文，所辑诸种已刊及未刊稿
本，皆系多年潜心爬梳文献之所得。读者不惟可据以感受鸿森教授严谨
笃实之为学风尚，而且陈先生精研乾嘉学术文献之深厚功力，亦不啻为
治乾嘉学术者树立了一个楷模。业已刊行之钱竹汀、王西庄、陈简庄诸
家若此，未刊行多种亦然。其中，尚未刊布之《阮元揅经室遗文辑存》
三卷，钞存芸台先生集外佚文多达一百三十三篇。其业绩不惟可与
《钱大昕潜研堂遗文辑存》并肩媲美，而且所费劳作之艰辛，成果学
术价值之厚重，丝毫不让当年《揅经室集》之结撰。关于这一点，
《阮元揅经室遗文辑存》卷首之《自序》。或可窥知一二。鸿森教授于
此有云：

> 阮氏所撰文集，每数年辄结集付刊。凡《揅经室》一集四
> 十卷、二集八卷、三集五卷、四集十三卷（其中诗十一卷）；
> 另续集十二卷（含诗七卷）、再续集六卷（含诗二卷）。顾其遗
> 文、序跋未入集者尚多，余披览群籍，时或遇之。史谓芸台
> "身历乾嘉文物鼎盛之时，主持风会数十年，海内学者奉为山
> 斗焉"（《清史稿·本传》）。所撰诸家序文甚夥，多随本书以
> 行。余于此尤有深嗜焉，盖阮氏淹贯群籍，复长于考证，故其
> 序跋，或博涉多通，或穷源竟委，精鉴卓识，最可玩绎。其与
> 诸家信函，则多关艺文故实，足资考证者不少。②

1993 年 5 月，中华书局整理刊行阮元《揅经室集》，不知是何缘故，
未将再续集诗文录入。他日若能再版，补其所阙，辅以陈鸿森教授撰
《阮元揅经室遗文辑存》，则珠联璧合，尽善尽美矣。

---

① 陈鸿森：《王鸣盛西庄遗文辑存》卷首《自序》。载《大陆杂志》2000 年 1 月，第一百
卷，第一期。
② 陈鸿森：《阮元揅经室遗文辑存》（未刊稿）卷首《自序》。

三

年谱为编年体史籍之别支，乃知人论世的重要文献。在现存的八百余种清人年谱中，乾嘉时期学者的年谱，约占四分之一。[①] 董理乾嘉时期学者的年谱，于研究乾嘉学派与乾嘉学术，同样具有不可忽视的意义。近一二十年间，于此用力最勤，业绩最富者，亦当推陈鸿森教授。

陈鸿森教授之董理乾嘉学者年谱，所用力主要在于两个方面，一是对现存年谱的订补，二是编纂、重纂名家年谱。前者之代表作为《段玉裁年谱订补》，后者之代表作为《钱大昕年谱别记》、《清儒陈鳣年谱》。由于乾嘉学派与乾嘉学术之全局在胸，因而陈教授的年谱结撰，尤著意于学风递嬗、学术变迁，从而昭示年谱知人论世之学术价值。以下，谨自鸿森先生所订补、重纂之三家年谱中各举一例，试做管窥蠡测。

陈鳣为乾嘉间名儒，博学好古，精于校勘辑佚，尤以表彰郑玄学说，筚路蓝缕，功不可没。鸿森教授撰《清儒陈鳣年谱》，于此殚思竭虑，可谓三致意焉。

辑《孝经》郑玄注，是陈简庄先生表彰郑玄学说的一次成功实践。继卢见曾辑刊《郑司农集》之后，实为承先启后的创辟之举。治乾嘉学术，乃至有清一代学术，皆是不可忽略之节目。《清儒陈鳣年谱》乾隆四十七年、三十岁条，于此记云：

> 冬……辑《孝经郑注》成。十二月一日，自为之叙，略云：“郑康成注《孝经》，见于范书本传，《郑志》目录无之，《中经簿》但称‘郑氏解’而不书其名，或曰是其孙小同所作。……自玄宗取诸说以为己注，而后之学郑氏者日少。五季之衰，中原久佚。宋雍熙初，日本僧奝然以是书来献，议藏秘府，寻复失传。近吾友鲍君以文属汪君翼沧从估舶至彼国购访

---

① 来新夏：《近三百年人物年谱知见录》卷首《清人年谱的初步研究》，上海人民出版社1983年版，第1—11页。

其书，亦不可得矣。幸陆氏《释文》尚存其略，群籍中间有引之，因仿王伯厚《郑氏周易》例，集成一编，庶以存一家之学"云。（本书）

为表彰陈简庄先生的首倡之功，鸿森教授于上述引文后，详加按语，以申后海先河之义。陈教授写道：

> 按：清代辑佚之学最盛，其辑《孝经郑注》者，除先生此书外，另有王谟、臧庸、洪颐煊、袁钧、严可均、孔广林、黄奭、孙季咸、潘仕、曾元弼、王仁俊等诸家辑本。皮锡瑞《孝经郑注疏序》云："自明皇注出，郑注遂散佚不完。近儒臧拜经、陈仲鱼始裒辑之，严铁桥四录堂本最为完善。"实则先生是书辑成时，臧庸年方十六，而诸家辑本皆刊于嘉庆以后，故辑《孝经郑注》实以先生书为嚆矢。特其时日本冈田挺之辑本及《群书治要》尚未传入中国，故其书不能如严君所辑之富备耳。若先河后海之义，则不可诬也。[1]

辑郑玄《六艺论》，纂《郑康成年纪》，皆为陈简庄先生之创举。鸿森教授于陈氏年谱中，各有如实记录，且详加案语以明首创之功。于仲鱼辑《六艺论》，鸿森教授考证云：

> 按：郑玄《六艺论》，王谟、臧庸、洪颐煊、袁钧、严可均、孔广林、马国翰、黄奭诸家亦各有辑本。臧本虽托云其高祖臧琳辑、臧庸补，然其书嘉庆六年冬始付刻，固远在先生书出之后矣。袁氏辑本其《序》虽以先生所辑未能尽善，"一书两引者未能归一，又多拦入引书者语，总论与六经之论往往杂出，失于比次，盖创始者难为功也"。袁本即据先生书重为校定，后出转精，理固宜然也。[2]

---

① 陈鸿森：《清儒陈鳣年谱》，乾隆四十七年、三十岁条。
② 陈鸿森：《清儒陈鳣年谱》，乾隆四十九年、三十二岁条。

于陈仲鱼纂《郑康成纪年》，鸿森教授则更有大段考证文字：

> 按：此书或称"郑君年谱"。清代之纂郑玄年谱者，别有
> 王鸣盛（见《蛾术编》卷五十八）、孙星衍（《高密遗书》本）、
> 沈可培（《昭代丛书》本）、丁晏（《颐志斋丛书》本）、郑珍
> （见《郑学录》卷二）诸家。另洪颐煊有《郑玄别传注》、胡培
> 翚撰《郑君传考证》、胡元仪有《郑君事绩考》。而先生此编导
> 其先路者。钱大昕《序》云："经术莫盛于汉，北海郑君，兼
> 通六艺，集诸家之大成，删裁繁芜，刊改漏失，俾百世穷经之
> 士有所折衷，厥功伟矣。乃后人未有谱其年者，庸非缺事乎。
> 海宁陈君仲鱼始据本传，参以群书，排次事实，系以年月，粲
> 然有条，咸可征信，洵有功于先哲者矣。"（《潜研堂文集》卷
> 二十六《郑康成年谱序》）袁钧纂《郑氏遗书》，即取先生是编
> 以附诸后（羊复礼《简庄文钞跋》谓此书已佚亡，误）；阮元
> 亦采先生所考者，以补孙谱刊行之。盖其创始之功终不可
> 没也。①

钱大昕为乾嘉间学术大家，博赡通贯，举世无双，尤以精研史学而
共推一代大师。乾隆末、嘉庆初，竹汀先生以古稀之年而为毕秋帆审订
《续资治通鉴》。此举既系钱先生晚年之一重要学术活动，亦因兹事牵涉
一时学术公案，故而纂辑竹汀先生年谱，于此尤当著意。

关于审订《续资治通鉴》事，竹汀先生曾孙庆曾续编《竹汀居士年
谱》，系于嘉庆二年七十岁条。谱云：

> 是年，为两湖制军毕公沅校刊《续资治通鉴》。自温公编
> 辑《通鉴》后，宋元两朝，虽有薛氏、王氏之续，而记载疏
> 漏，月日颠倒，又略于辽金之事。近世徐氏重修，虽优于两
> 家，所引书籍，犹病漏略。自四库馆开，海内进献之书，与天

---

① 陈鸿森：《清儒陈鳣年谱》，乾隆五十年、三十三岁条。

府储藏奇秘图籍，《永乐大典》所载事涉宋元者，前人都未寓目，毕公悉钞得之，以为此书参考之助。先经邵学士晋涵、严侍读长明、孙观察星衍、洪编修亮吉及族祖十兰先生佐毕公分纂成书。阅数年，又属公覆勘，增补考异。未蒇事而毕公卒，以其本归公子。①

竹汀先生为毕秋帆审订《续资治通鉴》，事情脉络并不复杂。然而身为重要当事人的章学诚，既于最初代沉致书钱大昕，嘱为审订，称"邵与桐校订颇勤"；② 邵晋涵去世，章氏撰《邵与桐别传》，又指毕书初刻非晋涵校，"乃宾客初订之本"。③ 枝节横生，真相紊乱，遂演为一学术公案。陈鸿森教授撰《钱大昕年谱别记》，别具只眼，于此做了精心考证。

于该谱乾隆五十九年、六十七岁条，鸿森教授记云：

> 是年，毕秋帆《宋元编年》二百卷纂成初稿，章实斋代笔与先生书，讨论书名及商榷义例，并录全书副本属为审订。（原注：《章氏遗书》卷九《为毕制军与钱辛楣宫詹论续鉴书》）

之后，陈先生加有两条按语。其一云：

> 森按：《宋元编年》即《续资治通鉴》原名。章氏致先生书，力主标名《宋元事鉴》。今题《续通鉴》者，盖先生不以章氏之标新立异为然，仍定今名，以继涑水之书。

其二云：

> 又按：章氏此信不记撰年，胡适之先生《章实斋年谱》系于五十七年壬子，并无明据。余考此信既言全书"计字二百三十五万五千有奇，为书凡二百卷"、"邵与桐校订颇勤"，是全

---

① 钱庆曾：《竹汀居士年谱续编》，嘉庆二年、七十岁条。
② 章学诚：《章氏遗书》卷9，《为毕制军与钱辛楣宫詹论续鉴书》。
③ 章学诚：《章氏遗书》卷18，《邵与桐别传》。

书大体已经写定。又言"大约明岁秋冬拟授刻矣",今据《瞿木夫自订年谱》乾隆六十年条,载先生为毕氏阅定考证,即于吴门开雕（原注：详本文明年条下），则章氏此书宜系于本年,庶几近之。①

正是以《瞿木夫自订年谱》为确证,于是陈鸿森教授记钱大昕乾隆六十年、六十八岁学行云：

> 是年,为毕秋帆校订《续资治通鉴》,即于吴门开雕。②

随后,鸿森教授又于该谱嘉庆六年、七十四岁条,全文引竹汀先生致冯鹭庭书,记录钱大昕婉言谢绝为刻竣之《续资治通鉴》撰序事。陈先生指出："余意此殆先生藉词耳。先生似不以其书为尽善,先前因毕氏之托属为审定,故勉立之耳。秋帆既卒,先生即将此稿还诸其家,而未刻之百七十卷,则不复为之交订矣。"③ 至此,有关钱大昕校订《续资治通鉴》事,得陈鸿森教授梳理,遂告始末朗然。

段玉裁亦为乾嘉大儒,尤以注《说文解字》而推巨擘。段先生晚年,学随世变,乾嘉学派与乾嘉学术业已进入总结阶段。汉宋会通之风初起,虽其势尚微,然唱先声者亦有懋堂先生。讨论乾嘉学派与乾嘉学术,此实一甚可注意之现象。陈鸿森教授卓然睿识,在所撰《段玉裁年谱订补》中,于此特为强调。该谱嘉庆十九年、八十岁条,鸿森教授自陈寿祺《左海文集》卷四辑出谨主书札一通,予以全文征引：

> 恭甫大兄先生执事：伏惟待奉万安,兴居多吉。今岁三奉手书,见赐《五经异议疏证》、《尚书》、《仪礼》诸经说,一一盥手洛诵,既博且精,无言不确。如执事者,弟当铸金事之。以近日言学者,浅尝巢说、骋骛猎名而已,不求自得于中也。

---

① 陈鸿森：《钱大昕年谱别记》,乾隆五十九年、六十七岁条。
② 陈鸿森：《钱大昕年谱别记》,乾隆六十年、六十八岁条。
③ 陈鸿森：《钱大昕年谱别记》,嘉庆六年、七十四岁条。

善乎执事之言曰："文藻日兴而经术日浅，才华益茂而气节益衰，固倡率者稀，亦由所处日蹙，无以安其身，此人心世道之忧也。"愚谓今日大病，在弃洛、闽、关中之学不讲，谓之庸腐。而立身苟简，气节败，政事芜，天下皆君子，而无真君子，未必非表率之过也。故专言汉学，不治宋学，乃真人心世道之忧，而况所谓汉学者，如同画饼乎？贵乡如雷翠庭先生，今尚有嗣音否？万舍人乞为致候。江子兰札云，邵武有高澍然亦良，执事主讲，宜与诸生讲求正学气节，以培真才，以翼气运。大著尚当细读，以求请益。弟今年八秩，终日饱食而已，记一忘十，甚可笑也，安足以当执事之推许。玉裁再拜。

鸿森教授于引述此札后，以一语揭出其间所透露之重要学术消息云："据此书，略可见段氏晚年之思想及其对当时学风之批评。乃近世论乾嘉学术者，颇多忽之不视，今亟宜表出之。"①

综上所述，整理和研究乾嘉学术文献，在推进乾嘉学派和乾嘉学术的研究中，其重要意义略可窥见。鉴于近一二十年间的乾嘉学派研究，起步甚速，文献准备似嫌不够充分。因此，未来一段时间，在这方面切实下一番工夫，或许是有必要的。谨以此向各位请教，如蒙赐教，不胜感谢。

---

① 陈鸿森：《段玉裁年谱订补》，嘉庆十九年、八十岁条。

附　录

一、读章实斋家书札记

在乾嘉学术史上，章学诚以究心"史学义例，校雠心法"而独步一时。① 尽管他在生前不为一时通人所许可，知音寥寥，茕茕孑立，然而身后未及百年，其学终得彰显。尤其是 20 世纪初以来，对章学诚学行、思想的研究，则日益引起海内外学者的重视。从林庆彰教授近年主编的《乾嘉学术研究论著目录》（1900—1993）来看，在乾嘉时期的众多学者中，除戴震之外，章学诚即为最受关注的学者。学诚生于乾隆三年（1738），卒于嘉庆六年（1801）正当考据学风流播四方的时代。他同一时主流学派中人，始而过从甚密，继之渐生龃龉，终致分道扬镳，成为考据学风的不妥协批评者。以下，拟以章学诚的家书为论究对象，对形成这一局面的缘由稍事梳理，借以从一个侧面窥知一时学风之梗概。惟用力不勤，所述未必允当，尚祈各位赐教。

民国初，吴兴刘氏嘉业堂辑刻《章氏遗书》，于卷九《文史通义》外篇三，以《家书》为题，著录章学诚致其诸子书札七首。是为严格意义上的实斋家书。此次梳理，则把章学诚与其长子之论文书二首，以及致同族戚属信札一并论列。这能否视之为广义上的家书，还要请各位批评。此类书札，计有同卷之《与族孙守一论史表》、《答大儿贻选问》，

---

① 章学诚：《章氏遗书》卷9，《文史通义》外篇三，《家书二》。

卷二十二《文集》七之《与族孙汝楠论学书》，卷二十九《外集》二之《论文示贻选》、《与宗族论撰节愍公家传书》、《与琥脂姪》、《与家正甫论文》、《又与正甫论文》和《与家守一书》等九首。

1. 与族孙汝楠之论学长文

《与族孙汝楠论学书》写于乾隆三十一年（1766）秋，实斋时年二十九岁。此时他尚肄业国子监，业已三落顺天解试，正值穷愁彷徨之际。该书以论学为主题，既述早年为学经历，又述负笈京城的苦闷，还述决意追求的为学方向，论世知人，多可参考。诚如胡适先生著、姚名达先生订补之《章实斋年谱》所论，该书是谱主"早年第一篇重要文字，最可注意"。① 关于实斋的早年为学，书中写道：

> 仆自念幼多病，一岁中铢积黍计，大约无两月功，资质椎鲁，日诵才百余言，辄复病作中止。十四受室，尚未卒业四子书。顾老父聚徒授经，仆尚为群儿嬉戏左右。当时闻经史大义，已私心独喜，决疑质问，间有出成人拟议外者。自后知识渐通，好泛览，老父以业患不精，屏诸书令勿阅，而嗜好初入，不忍割置，辄彷徨久之。年十五六，在应城，馆师日课以举子业。又官舍无他书得见，乃密从内君乞簪珥易纸笔，假手在官胥吏，日夜抄录《春秋》内外传及衰周战国子史。辄复以意区分，编为纪表志传，凡百余卷，三年未得成就。后为馆师所觉，呵责中废。勤而无所，至今病之。老父解组来，饥驱寒迫，北走燕秦，南楚越，往返一万余里，至今不得税驾。比虽识力稍进，而记诵益衰，时从破簏检得向所业编，则疏漏牴牾，甚可嗤笑。回首当日，不觉怃然。夫读书之年，误贪撰著，小成无本，古人攸悲，而仆乃更为文墨儿戏。日月如驰，忽不我与，知弗及守，知其勤苦鲜成功矣。

① 胡适著，姚名达订补：《章实斋先生年谱》，乾隆三十一年、二十九岁条。

据实斋自述可见，其早年资质并不好，不惟向学甚晚，不守举业矩矱，且为学伊始，即过早地致力史书编纂，经史根底并不坚实。故而他自二十三岁入京应乡试，迄于二十九岁，三遭败绩，一事无成，就绝非偶然。

实斋此书之又一可注意者，则是述及同一时主流学派中人关系的文字，一是问学朱筠，二是拜望戴震。关于朱筠，实斋此书云："近从朱先生游，亦言甚恶轻隽后生，枵腹空谈义理。故凡所指授，皆欲学者先求征实，后议扩充。所谓不能信古，安能疑经，斯言实中症结。"而是年的慕名拜访戴震，予章氏的震动则一度甚大。他就此在信中写道：

> 休宁戴东原振臂而呼，曰："今之学者，毋论学问文章，先坐不曾识字。"仆骇其说，就而问之，则曰："予弗能究先天、后天，河洛精蕴，即不敢读'元亨利贞'；弗能知星躔岁差，天象地表，即不敢读'钦若敬授'；弗能辨声音律吕，古今韵法，即不敢读'关关雎鸠'；弗能考《三统》正朔、《周官》典礼，即不敢读'春王正月'。"仆重愧其言。

正是为戴震的一席高论影响，实斋反省早年为学云："往仆以读书当得大意，又年少气锐，专务涉猎，四部九流，泛滥不见涯涘。好立议论，高而不切，攻排训诂，驰骛空虚。"惟其如此，所以他说："充类至尽，我辈于《四书》一经，正乃未尝开卷卒业，可为惭惕，可为寒心。"

然而毕竟早年的为学训练，藩篱已成，根深蒂固，因之无论是儒臣朱筠的督导，还是名流戴震的高论，皆不能使章学诚改弦易辙。实斋"自少性与史近"，一本"读书当得大意"的为学路径以进。信中，他对考证、词章、义理的关系加以考论，指出：

> 学问之途，有流有别。尚考证者薄词章，索义理者略征实。随其性之所近，而各标独得，则服、郑训诂，韩、欧文章，程、朱语录，固已角犄鼎峙而不能相下。必欲各分门户，交相讥议，则义理入于虚无，考证徒为糟粕，文章只为玩物。

汉唐以来，楚失齐得，至今嚣嚣，有未易临决者。

章学诚在这方面的结论是："考证即以实此义理，而文章乃所以达之之具。事非有异，何为纷然，自同鹬蚌，而使异端俗学得以坐享渔人之利哉！"

以学求义理之宗旨为依据，章学诚进而阐发了一己的为学追求。他说：

> 仆则以为，学者祈向，贵有专属。博详反约，原非截然分界，及乎泛滥渟蓄，由其所取愈精，故其所至愈远。古人复起，未知以斯语为何如也。要之谈何容易，十年闭关，出门合辙，卓然自立，以不愧古人。正须不羡轻隽之浮名，不揣世俗之毁誉，循循勉勉，即数十年中人以下所不屑为者而为之，乃有一旦庶几之日。①

这就是说，纵然有戴震、朱筠为学的影响，但是章学诚并不为一时京华学风所裹挟，依然决意以义理之学为依归，毁誉由人，矢志以往。

2. 致诸子家书七首

章学诚有五子，长子贻选，其他诸子依次为华绂、华绶、华练、华纪。据胡适之先生考，实斋致其诸子家书七首，皆写于乾隆五十五年。② 此时的章学诚，已年逾半百。早在乾隆四十二、四十三年两年，即连捷乡会试，以进士归班候选。只是欲求一知县职不得，始终寄人篱下，作幕四方。其间，继朱筠、戴震之后，章学诚又先后得交一时儒林诸贤，如任大椿、汪辉祖、钱大昕、邵晋涵、周永年、黄景仁、王念孙、段玉裁、刘台拱、程晋芳、汪中、凌廷堪、洪亮吉、孙星衍、阮元等。惟因论学不合，除邵晋涵、汪辉祖等二三友人外，每多龃龉，难与共席。尤以戴震、汪中二人，最称牴牾，以致成为他攻驳的对象。乾隆

---

① 章学诚：《章氏遗书》卷22，《文集》七，《与族孙汝楠论学书》。
② 胡适著，姚名达订补：《章实斋先生年谱》，乾隆五十五年、五十三岁条。

五十五年春，章学诚离开亳州（今安徽亳县）幕府，前往武昌，投奔湖广总督毕沅。他的家书七首，即写于抵武昌毕沅幕府之后。

《家书一》专论读书为学方法。据实斋称，其父每日有记，他则逐日有草，因之亦督责诸子："或仿祖父日记，而去其人事闲文。或仿我之日草，而不必责成篇章。俱无不可。"通篇大旨一如先前，依然在讲求义理。所以章氏又叮嘱诸子："尔辈于学问文章，未有领略，当使平日此心，时体究于义理，则触境会心，自有妙绪来会。即泛滥观书，亦自得神解超悟矣。朱子所谓常使义理浇洗其心，即此意也。"①

《家书二》昌言："吾于史学，盖有天授，自信发凡起例，多为后世开山。"他希望子承父业，以史学传家。此书之最可注意者，是实斋以大段文字，集中讲到了他同一时主流学派及其为学风尚的格格不入。他说：

> 至论学问文章，与一时通人全不相合。盖时人以补苴襞绩见长，考订名物为务，小学音画为名。吾于数者皆非所长，而甚知爱重，咨于善者而取法之，不强其所不能，必欲自为著述，以趋时尚。此吾善自度也。时人不知其意而强为者，以谓舍此无以自立，故无论真伪是非，途径皆出于一。吾之所为，则举世所不为者也。如古文辞，近虽为之者鲜，前人尚有为者。至于史学义例，校雠心法，则皆前人从未言及，亦未有可以标著之名。爱我如刘端临，见翁学士询吾学业究何门路，刘则答以不知。盖端临深知此中甘苦，难为他人言也。故吾最为一时通人所弃置而弗道。②

《家书三》则是一篇彰明为学根底和追求的重要文字。关于为学根底，章学诚由其父而直溯乡邦先哲邵廷采，他说："吾于古文辞，全不似尔祖父。然祖父生平极重邵思复文，吾实景仰邵氏，而愧未能及者

---

① 章学诚：《章氏遗书》卷9，《文史通义》外篇三，《家书一》。
② 章学诚：《章氏遗书》卷9，《文史通义》外篇三，《家书二》。

也。盖马、班之史，韩、欧之文，程、朱之理，陆、王之学，萃合以成一子之书。自有宋欧、曾以还，未有若是之立言者也。而其名不出于乡党，祖父独深爱之，吾由是定所趋向。其讨论修饰，得之于朱先生，则后起之功也。而根底则出邵氏，亦庭训也。"至于一生为学追求，实斋则云："吾于史学，贵其著述成家，不取方圆求备，有同类纂。"又说："吾读古人文字，高明有余，沉潜不足。故于训诂考质，多所忽略，而神解精识，乃能窥及前人所未到处。"他甚至自负地宣称："吾于是力究纪传之史，而辨析体例，遂若天授神诣，竟成绝业。"①

《家书四》至《家书七》，假论学养而彰明为学旨趣，批评一时学风，皆是知人论世的重要文字。其中，尤以五、六两首最可注意。《家书五》专论宋儒学风，实斋指出：

> 宋儒之学，自是三代以后讲求诚正治平正路。第其流弊，则于学问文章、经济事功之外，别见有所谓道耳。以道名学，而外轻经济事功，内轻学问文章，则守陋自是，枵腹空谈性天，无怪通儒耻言宋学矣。

这就是说，宋儒之学本为儒学正统，不可否定。然而行之既久，流弊渐生，侈言道学，轻视学问文章和经济事功，终至酿成"枵腹空谈性天"的积弊。因此，一时通儒之耻言宋学，自有其道理。

在章实斋看来，批评宋学可，而否定宋学则不可。针对一时学风病痛，他以一个学术史家的识见而大声疾呼："君子学以持世，不宜以风气为重轻。宋学流弊，诚如前人所讥。今日之患，又坐宋学太不讲也。"因此，实斋于信中，回顾同邵晋涵议论重修《宋史》的旧事。他说：

> 往在京师，与邵先生言及此事，邵深谓然。廿一史中，《宋史》最为芜烂，邵欲别作《宋史》。吾谓别作《宋史》，成一家言，必有命意所在。邵言即以维持宋学为志。吾谓维持宋

---

① 章学诚：《章氏遗书》卷9，《文史通义》外篇三，《家书三》。

学，最忌凿空立说，诚以班、马之业，而明程、朱之道，君家

念鲁志也，宜善成之。

由此出发，所以实斋告诫诸子道："尔辈此时讲求文辞，亦不宜略去宋
学，但不可堕入理障，蹈前人之流弊耳。"①

《家书六》形似讨论"人之才质，万变不同"，实则可注意处恐不在
于此。章实斋公开扬起批评戴东原学术之帆，或许方是其间透露之重要
消息。因为正是在这同一年，实斋于武昌将上年所撰《文史通义》诸文
整理抄存，并特地补写了《书朱陆篇后》、《记与戴东原论修志》二文，
对东原学术指名批评。《家书六》当写于补撰之二文同时，惟其如此，
所以批评戴东原学术亦成书中之重要内容。实斋于此有云：

> 观前辈自述生平得力，其自矜者多故为高深。如戴东原，
> 一夕而悟古文之道，明日信笔而书，便出《左》、《国》、《史》、
> 《汉》之上。此犹戴君近古，使人一望知其荒谬，不足患也。
> 使彼真能古文，而措语稍近情理，岂不为所惑欤！

玩其文意，实斋之所言，乃是要说明戴东原并不晓古文之道，大言欺
世，荒谬不实。章实斋撰成此文，戴东原谢世已是整整十三年，何以实
斋要选择此一时机来批评戴氏学术，笔者不学，难得的解，倘幸蒙各位
赐教，当感激不尽。

3. 致同族戚属及子侄札

章学诚致同族戚属及子侄书札，除前述八首之外，见于今本《章氏
遗书》者尚有八首。据原文题注及胡、姚二位先生《章实斋先生年谱》
所考，可以大致判定其撰文时间者，依次为乾隆三十三年之《与家守一
书》，三十八年之《与琥脂姪》，五十三年之《与宗族论撰节愍公家传
书》，五十四年之《与家正甫论文》、《论文示贻选》，五十六年之《与族
孙守一论史表》等六首。而《答大儿贻选问》，成文时间不详，或在

---

① 章学诚：《章氏遗书》卷9，《文史通义》外篇三，《家书五》。

《家书》七首前。《又与正甫论文》则成于《与家正甫论文》后，或为乾隆五十五、五十六年间文字。

此八篇文字中，最可注意者为《又与正甫论文》。文中所论，皆同一时学风相关。实斋之所论，大要有二：一是谈学问与功力的关系；二是批评戴东原之学术。关于第一点，章学诚明确主张将学问与功力相区别，切不可以功力取代学问。他就此指出：

> 学问文章，古人本一事，后乃分为二途。近人则不解文章，但言学问，而所谓学问者，乃是功力，非学问也。功力之与学问，实相似而不同。记诵名数，搜剔遗逸，排纂门类，考订异同，途辙多端，实皆学者求知所用之功力尔。即于数者之中，能得其所以然，因而上阐古人精微，下启后人津逮，其中隐微可独喻，而难为他人言者，乃学问也。今人误执古人功力以为学问，毋怪学问之纷纷矣。

既然如此，实斋进而抨击一时学风道："今之误执功力为学问者，但趋风气，本无心得。直谓舍彼区区掇拾，即无所谓学，亦夏虫之见矣。"

一如《家书六》，此书亦以戴震学术为攻驳对象。实斋就此有云：

> 近日言学问者，戴东原氏实为之最。以其实有见于古人大体，非徒矜考订而求博雅也。然戴氏之言又有过者。戴氏言曰："诵《尧典》，至'乃命羲和'，不知恒星七政，则不卒业；诵《周南》、《召南》，不知古音则失读；诵古《礼经》，先士冠礼，不知古者官室、衣服等制，则迷其方。"戴氏深通训诂，长于制数，又得古人之所以然，故因考索而成学问，其言是也。然以此概人，谓必如其所举，始许诵经，则是数端皆出专门绝业，古今寥寥不数人耳，犹复此纠彼讼，未能一定。将遂古今无诵五经之人，岂不诬乎！

依章实斋之所见，戴东原为学固确有所长，但亦有故为高深，大言欺世之失。

为了证成戴震论学的诬枉，章学诚以古先贤哲为例，进而指出：

> 孟子言井田、封建，但云大略；孟献子之友五人，忘者过半；诸侯之礼，则云未学；爵禄之详，则云不可得闻。使孟子生后世，戴氏必谓未能诵工经矣。马、班之史，韩、柳之文，其与于道，犹马、郑之训诂，贾、孔之疏义也。戴氏则谓，彼皆艺而非道。此犹资舟楫以入都，而谓陆程非京路也。曾子之于圣门，盖笃实致功者也。然其言礼，则重在容貌、颜色、辞气，而笾豆器数，非君子之所贵。

既有如此多的事例以说明戴东原经学方法论的武断，于是章学诚遂以其所擅长的文史之学相颉颃，指出："由是言之，文章之用，较之区区掇拾之功，岂可同日语哉！"他甚至直斥考据学为"伪学"，宣称："虽然，矫枉者戒其过甚。文章嗜好，本易入人，今以伪学风偏，置而不议，故不得不讲求耳。"实斋的结论是："由道德而发为文章，乃可谓之立言，乃可不为戴氏所讥。"①

足见，《又与正甫论文》的自始至终，皆以一时考据学风及其代表戴震学术为攻驳矢的。显然，章学诚是决意要与之作不妥协的抗争了。惟其如此，他稍后所写《与族孙守一论史表》，依然有攻驳一时学风的内容。书中有云："近人之患，好名为甚，风气所趋，竞为考订，学识未充，亦强为之。读书之功少，而著作之事多，耻其言之不自己出也，而不知其说之不可恃也。"②

4. 结语及余论

自乾隆三十一年写《与族孙汝楠论学书》始，至五十六年撰《与族孙守一论史表》止，章学诚留下的十六首家书，从一个侧面反映了他同一时考据学风的关系。其间，既有作者一己学术追求的阐发，也有对一

① 章学诚：《章氏遗书》卷29，《外集》二，《又与正甫论文》。
② 章学诚：《章氏遗书》卷9，《文史通义》外篇三，《与族孙守一论史表》。

时学术界为学病痛的针砭，无论于研究章氏学行、思想，还是探讨乾隆间学术演进，皆是颇有价值的资料。

乾隆二十五年，章学诚初入京城。时值汉学大师惠栋辞世未久，戴震沿波而起，名噪朝野，经学考据方兴未艾。此时的京中学风，迥异于学诚所僻居的湖北应城，与其早年的为学趋向尤显格格不入。青少年时代的章学诚，既不工举子业，又于经术素未究心，用他自己的话来说，就叫做："而史部之书，乍接于目，便似夙所攻习。"① 由于为学路数的不合时尚，因而不惟屡困科场，而且在国子监中颇遭冷遇，被"视为怪物，诧为异类"。②

乾隆三十一年，章学诚在京中与戴震初识。戴东原的一席高论，使实斋至为震动，一度反省。然而章学诚并没有就此改变为学方向，相反，随着文史素养的与时俱进，他对考据学风的病痛展开了不妥协的批评，决意以自己的史学主张去辟除榛芜，开创新路。

面对风靡朝野的考据学，章学诚以转移风气为己任，他认为："天下事，凡风气所趋，虽善必有其弊。君子经世之学，但当相弊而救其偏。"又说："君子之学，贵辟风气，而不贵趋风气。"③ 因此为了救正一时风气，在从事《文史通义》撰述之始，他即坚定地表示，即使"逆于时趋"，"乖时人好恶"，也在所不惜。乾隆三十七年，在给当时著名学者钱大昕的信中，他就此写道："惟世俗风尚必有所偏，达人显贵之所主持，聪明才隽之所奔赴，其中流弊必不在小。载笔之士不思挽救，无为贵著述矣。"④ 在章学诚看来，当时学风之弊，症结就在于沉溺考据训诂，买椟还珠，不识大义。他说："近日考订之学，正患不求其义，而执形迹之末，铢黍较量，小有同异，即嚣然纷争，而不知古人之真不在是也。"⑤

---

① 章学诚：《章氏遗书》卷9，《文史通义》外篇三，《家书六》。
② 章学诚：《章氏遗书》卷22，《文集》七，《与族孙汝楠论学书》。
③ 章学诚：《章氏遗书》卷7，《文史通义》外篇一，《淮南子洪保辨》。
④ 章学诚：《章氏遗书》卷29，《外集》二，《上钱辛楣宫詹书》。
⑤ 章学诚：《章氏遗书》卷8，《文史通义》外篇二，《说文字原课本书后》。

由此出发，他虽然并不抹杀考据学的基本作用，但只是视之为治学的功力而已，不承认那是学问。对于那些不识大义的考据学家，章学诚则讥之为"有如桑蚕食叶而不能抽丝"，① 甚至将考据学诋为"竹头木屑之伪学"。②

针对汉学考据的积弊，章学诚以一个学术史家的卓识而进行积极修正。他的修正表现为学术主张，便是两条救正之道的提出，一是古文辞，一是史学，而归根结底还是史学。章学诚说："近日颇劝同志诸君多作古文辞，而古文辞必由纪传史学起步，方能有得。"③ 又说："辞章记诵，非古人所专重，而才识之士，必以史学为归。为古文辞而不深于史，即无由溯源六艺而得其宗。"④

章学诚所精心结撰的《文史通义》，就是贯彻这一学术主张的具体实践。该书自乾隆三十七年始撰，迄于著者嘉庆六年逝世，三十年如一日，辛勤耕耘，死而后已。而矫正风气，开辟新路，则始终不渝，首尾一贯。正如他晚年就此致书友人汪辉祖所述："拙撰《文史通义》，中间议论开辟，实有不得已而发挥，为千古史学辟其榛芜。"⑤

章学诚一经选定以史学为救正风气之道，便义无反顾，矢志以往，倾注全身心于《文史通义》的撰写。从乾隆五十三年致函孙星衍，首次提出"盈天地间，凡涉著作之林，皆是史学"；⑥ 中经五十四年至五十七年间所写《经解》、《原道》、《史释》、《易教》及《方志立三书议》诸篇的系统阐释而深化；到嘉庆五年撰成《浙东学术》，彰明"史学所以经世"的为学宗旨，⑦ 他完成了以"六经皆史"为核心的史学思想的建设。⑧

---

① 章学诚：《章氏遗书》卷9，《文史通义》外篇三，《与汪龙庄书》。
② 章学诚：《章氏遗书》卷9，《文史通义》外篇三，《与邵二云书》。
③ 章学诚：《章氏遗书》卷9，《文史通义》外篇三，《与汪龙庄书》。
④ 章学诚：《章氏遗书》卷9，《文史通义》外篇三，《报黄大俞先生》。
⑤ 章学诚：《章氏遗书》卷9，《文史通义》外篇三，《与汪龙庄书》。
⑥ 章学诚：《章氏遗书》卷9，《文史通义》外篇三，《报孙渊如书》。
⑦ 章学诚：《章氏遗书》卷2，《文史通义》内篇二，《浙东学术》。
⑧ 章学诚：《章氏遗书》卷1，《文史通义》内篇一，《易教上》；卷14，《方志立三书议》。

在中国古代学术史上，"六经皆史"的思想萌芽甚早。据已故钱钟书教授著《谈艺录》考证，其远源可追溯至《庄子》的《天道》、《天运》诸篇，其近源则为王守仁《传习录》、顾炎武《日知录》等明清间人著述。① 当然，章学诚的"六经皆史"说是否源自老、庄思想，证据不足，尚难定论，但王守仁、顾炎武思想于他的影响，则屡见于《文史通义》，确然无疑。还应当指出，唐代史家刘知几所撰《史通》，也是章学诚史学思想的重要来源。

据章学诚自述，他二十八岁始读《史通》，② 且声称："刘言史法，吾言史意；刘议馆局纂修，吾议一家著述。截然两途，不相入也。"③言下之意，其史学"盖有天授"，非受《史通》启发。然而《史通》于他思想的影响，则随处可见，欲加掩饰而不能。诸如把史籍区分为撰述与记注二家，强调史才、史学、史识与史德的统一，反对文人修史，主张详近略远、据事直书、学以经世等，皆与《史通》一脉相承。关于这一点，傅振伦老先生早年撰《章学诚在史学上的贡献》一文，早经揭示。④ 至于"六经皆史"，作为《史通》总纲的《六家》篇，即把儒家经典《尚书》、《春秋》视为史籍编纂的两家，与《左传》、《国语》、《史记》、《汉书》并称"六家"。这无疑应是章学诚史学思想的远源。其实，《文史通义》的以《史通》为重要来源，早在其撰述之初，章学诚就曾直认不讳。在致友人严长明的信中，他说："思敛精神为校雠之学，上探班、刘，溯源《官》、《礼》，下该《雕龙》、《史通》。甄别名实，品藻流别，为《文史通义》一书。"⑤ 这封信后来虽未录入《文史通义》，但历史事实毕竟是不能抹杀的。

章学诚的"六经皆史"说，就其主要方面而言，恐怕还不是尚存争

---

① 钱钟书：《谈艺录》（补订本）八十六，《章实斋与随园》。
② 章学诚：《章氏遗书》卷9，《文史通义》外篇三，《家书六》。
③ 章学诚：《章氏遗书》卷9，《文史通义》外篇三，《家书二》。
④ 傅振伦：《傅振伦方志论著选》，浙江人民出版社1992年版，第238—254页。
⑤ 章学诚：《章氏遗书》卷29，《外集》二，《与严冬友侍读》。

议的尊经、抑经问题，贯穿于其间的一个中心思想，实为复原中国儒学的经世传统，倡导以史学去经世致用。所以他在阐明六经即史的同时，就再三强调六经作为"先王政典"的基本特质。他说："六经皆史也。古人不著书，古人未尝离事而言理，六经皆先王之政典也。"章学诚就此还说："若夫六经，皆先王得位行道，经纬世宙之迹，而非托于空言。"① 作为一个史家，章学诚从学术史的角度论证古代学术初无经史之别，六经乃后起之称。他指出："古之所谓经，乃三代盛时，典章法度见于政教行事之实，而非圣人有意作为文字以传后世。"② 因此，学诚反对"舍器而求道，舍今而求古，舍人伦日用而求学问精微"的倾向，主张把立足点转移到现实社会中来。他说："君子苟有志于学，则必求当代典章，以切于人伦日用；必求官司掌故，而通于经术精微。则学为实事，而文非空言，所谓有体必有用也。"③ 这种厚今薄古、学以经世的史学思想，在他晚年所写《浙东学术》篇中，得到了集中阐发。实斋于此有云：

> 史学所以经世，固非空言著述也。且如六经，同出于孔子，先儒以为，其功莫大于《春秋》，正以切合当时人事耳。后之言著述者，舍今而求古，舍人事而言性天，则吾不得而知之矣。学者不知斯义，不足言史学也。④

乾嘉之际，倡"六经皆史"而学以经世，实非章学诚的一家之言，乃是一时杰出之士的共识。诸如钱大昕、李保泰、袁枚等人，皆与章学诚不谋而合，唱为同调。嘉庆五年（1800），钱大昕为赵翼著《廿二史札记》撰序，就不仅反驳了理学家视读史为"玩物丧志"的偏见，否定了宋明以来，"经精而史粗"、"经正而史杂"的成说，而且断言："经与

---

① 章学诚：《章氏遗书》卷1，《文史通义》内篇一，《易教上》。
② 章学诚：《章氏遗书》卷1，《文史通义》内篇一，《经解上》。
③ 章学诚：《章氏遗书》卷1，《文史通义》内篇五，《史释》。
④ 章学诚：《章氏遗书》卷2，《文史通义》内篇二，《浙东学术》。

史岂有二学哉!"① 李保泰则大声疾呼:"自士大夫沉涵于举业,局促于簿书,依违于格令,遇国家有大措置,民生有大兴建,茫然不识其沿革之由,利病之故,与夫维持补救之方。虽使能辨黄初之伪年,收兰台之坠简,于以称博雅、备故实足矣,乌足以当经世之大业哉!"② 袁枚虽以诗文名家,史学并非当行,但他同样也认为"古有史而无经"。③ 然而,陶铸群言,彰明史学的经世传统,总其成者则当推章学诚。④ 稍后的学者龚自珍等,正是假其说以治经,遂演为《公羊》改制之论。钱宾四先生早年著《中国近三百年学术史》,于此有过重要揭示。钱先生指出:"《公羊》今文之说,其实与六经皆史之意相通流,则实斋论学,影响于当时者不为不深宏矣。"⑤

二、章实斋集外佚札二通考证

近者,承杨艳秋博士示以章实斋集外佚札二通影印件。此件原载《大公报》1946 年 11 月 6 日文史版,系由已故明清史专家黄云眉先生过录,1980 年 4 月,刊布于齐鲁书社出版之黄先生遗著《史学杂稿续存》。⑥ 实斋集外佚札二通,一为致曹慕堂学闵之《上慕堂光禄书》,一为致钱晓征大昕之《上晓征学士书》。读此二札,关于实斋与钱晓征往还之一重要故实,朗然澄清,为之一快。谨将个中缘由略述如后,以请诸位指教。

（一）

章实斋与钱晓征,同为乾嘉间著名史家,惟立身旨趣、为学路数皆

---

① 钱大昕:《廿二史札记序》,载赵翼《廿二史札记》卷首。
② 李保泰:《廿二史札记序》,载赵翼《廿二史札记》卷首。
③ 袁枚:《随园文集》卷 10,《史学例议序》。
④ 焦循:《雕菰楼集》卷 6,《读书三十二赞》。
⑤ 钱穆:《中国近三百年学术史》第九章,《章实斋》。
⑥ 黄云眉:《史学杂稿续存》之《杂考》附录二,《章氏遗书未收之实斋手札二通》。齐鲁书社 1980 年版,第 347—351 页。

存在较大距离，故而二人间纵有往还，却罕见有关文字留存。传世之晓
征《潜研堂文集》，几无实斋踪影。而实斋之《章氏遗书》中，除代其
幕主毕沅撰《为毕制军与钱辛楣宫詹论续鉴书》外，① 只有《上辛楣宫
詹书》一通。② 然而此一仅存之书札撰于何时，迄今依然是尚无定说的
问题。

胡适之先生早年为章实斋做年谱，系《上辛楣宫詹书》于嘉庆三年
戊午，谱主时年六十一。之所以如此处理，乃因实斋是年有《戊午钞
存》一卷，《上辛楣宫詹书》即在其中。1928 年，适之先生请姚达人先
生增订六年前所著《章实斋先生年谱》，则放弃旧说，将《上辛楣宫詹
书》改系于乾隆三十七年，谱三时年三十五。胡、姚二位先生于章实斋
学行的此一判定，其根据乃在章氏致朱春浦筠元之《候国子司业朱春浦
先生书》。因为该书篇末有云："是以出都以来，颇事著述，斟酌艺林，
作为《文史通义》。书虽未成，大指已见辛楣先生候牍，所录内篇三首，
并以附呈。"③ 正是以此为依据，胡、姚二位先生遂作出判断："所谓辛
楣先生候牍，即《上辛楣宫詹书》，辛楣即钱大昕。"于是《章实斋先生
年谱》增订本在大段摘引章氏之《上辛楣宫詹书》后，特地加以按语
云："此书在浙本题注为《戊午钞存》之一，故本年谱初版列在戊午年
下。今据《候朱春浦书》，知是此年之作。"④

胡适之、姚达人两先生的上述判断确实否？如果仔细检核章实斋之
《上辛楣宫詹书》，则可发现其间难以弥合之疑窦。《章实斋先生年谱》
增订本在摘引《上辛楣宫詹书》时，未审是否为避免文字冗长的缘故，
以删节符号略去了该书的一段重要文字。即："戴东原尝于筵间偶议秀

① 章学诚：《章氏遗书》卷 9，《为毕制军与钱辛楣宫詹论续鉴书》。文物出版社 1985 年
　版，第 79—80 页。
② 章学诚：《章氏遗书》卷 29，《上辛楣宫詹书》。文物出版社 1985 年版，第 332 页。
③ 章学诚：《章氏遗书》卷 22，《候国子司业朱春浦先生书》。文物出版社 1985 年版，第
　225 页。
④ 胡适著，姚名达订补：《章实斋先生年谱》，乾隆三十七年、三十五岁条。商务印书馆
　1931 年版，第 25—26 页。

水朱氏，箨石宗伯至于终身切齿，可为寒心。"① 其实，这是一段判定《上辛楣宫詹书》写作时间的重要文字，万万不可忽略不引。倘若当年胡、姚二位先生于实斋此书不做删节，而在此段略去的文字上多下些工夫，抑或就不会改变年谱初印本的系年了。

（二）

《上辛楣宫詹书》所云戴东原震与钱箨石载因论学失和，以致钱氏"终身切齿"事，乃乾隆中叶以后一学术公案。章实斋于此虽语焉不详，但翁复初方纲则有专文议及。翁复初乃钱、戴二人发生争议时的见证人之一，事后曾就此有专书致程鱼门晋芳，以平停二家争议。据翁氏《复初斋文集》所载《与程鱼门平钱戴二君议论旧草》记：

> 昨箨石与东原议论相诋，皆未免于过激。戴东原新入词馆，斥詈前辈，亦箨石有以激成之，皆空言无实据耳。箨石谓东原破碎大道，箨石盖不知考订之学，此不能折服东原也。诂训名物，岂可目为破碎？学者正宜细究考订训诂，然后能讲义理也。……今日钱、戴二君之争辨，虽词皆过激，究必以东原说为正也。然二君皆为时所称，我辈当出一言持其平，使学者无歧惑焉。②

据考，翁氏此札原无年月，而札中有"戴东原新入词馆"一语，则时间可以大致推知。据段玉裁辑《戴东原先生年谱》记，东原于乾隆二十七年举乡试，后屡经会试不第，直至三十八年春《四库全书》开馆，始以举人特召，"奉召充纂修官，仲秋至京师"。③ 至于入翰林院为词臣，则是进京一年多后的乾隆四十年五月。段谱云："是年会试不第，奉命与乙未贡士一体殿试，赐同进士出身，授翰林院庶吉士。"④ 而

① 章学诚：《章氏遗书》卷29，《上辛楣宫詹书》。文物出版社1985年版，第332页。
② 翁方纲：《复初斋文集》卷7，《理说驳戴震作》附《与程鱼门平钱戴二君议论旧草》。
③ 段玉裁：《戴东原先生年谱》，乾隆三十八年、五十一岁条。
④ 段玉裁：《戴东原先生年谱》，乾隆四十年、五十三岁条。

《清高宗实录》于是年五月亦有明确记录："庚申，……内阁翰林院带领新进士引见。得旨：……戴震……著改为翰林院庶吉士。"①

戴东原于乾隆四十年五月始入翰林院为庶吉士，翁复初所云"新入词馆"当即指此而言。而翌年五月，钱箨石便以内阁学士出任山东学政。② 因此，戴、钱二人因论学不合而发生争议，只可能是乾隆四十年五月至四十一年五月间的事情。同样的道理，翁复初致书程鱼门，试图弥合钱、戴二家争议，也当在此一期间。

既然如此，《上辛楣宫詹书》所议有乾隆四十、四十一年间事，自然就不可能写于事发之前的乾隆三十七年。此外，章实斋素以能文自负，书中既云钱箨石"终身切齿"，据"终身"二字，则当在钱氏故世之后。至于箨石之卒年，据《清史列传》、《清史稿》及钱氏其他碑传文所记，皆为乾隆五十八年癸丑。③ 因此，章实斋之《上辛楣宫詹书》，只能写于钱箨石故世之后，而不会是箨石尚健在，且无从与戴东原发生争议的乾隆三十七年。

惟其如此，所以20世纪30年代中，钱宾四先生著《中国近三百年学术史》，虽然采纳了胡、姚二位先生的研究成果，将章实斋《上辛楣宫詹书》系于乾隆三十七年，但同时也提出了疑问。宾四先生认为："上辛楣一书，似经晚年点定，非尽当日笔致也。"④

（三）

祖武早年读胡适之、姚达人、钱宾四诸位先生大著，结合翻检《章氏遗书》、《复初斋文集》等多种文献，于章实斋《上辛楣宫詹书》真相，积疑久蓄，耿耿不释。两年前，曾向友人梁君勇述及此一蓄疑。梁

---

① 《清高宗实录》卷982，乾隆四十年五月庚申条。
② 《清高宗实录》卷1009，乾隆四十一年五月壬辰条。
③ 《清史列传》卷25、《清史稿》卷305之钱载本传及朱休度《礼部侍郎秀水钱公载传》，记钱箨石卒年皆为乾隆五十八年癸丑。钱氏任礼部侍郎，乃乾隆四十五年三月事，至此始可称"宗伯"。
④ 钱穆：《中国近三百年学术史》第九章《章实斋》。中华书局1986年版，第418页。

君虽多方努力，惟苦无直接证据而搁置。今春，杨君艳秋博士知难而进，勤于爬梳，终在仓修良、叶建华二位教授著《章学诚评传》中找到线索，按图索骥遂觅得黄云眉先生过录之章实斋集外佚札二通。获此宝贵佚札，合《章氏遗书》所存《候国子司业朱春浦先生书》比照并观，则蓄疑可释，故实了然。

《上慕堂光禄书》开篇云："秋气转清，南州木叶渐索，夜堂闻蟋蟀声，似有风土之异，始觉浪迹江湖又一年矣。夏间迂道返浙，十里故土，便如隔世。值均弼先生观察宁绍，渡江相见，为道先生近履，及受之、申之两兄颇悉。"均弼姓冯，名廷丞，一字子弼，乾隆三十七年任浙江宁绍台兵备道，驻节宁波。后官至湖北按察使，于四十九年卒于任所。章实斋为其撰《湖北按察使冯君家传》，有云："余于壬辰之夏，访君宁波道署。"[1] 即《上慕堂光禄书》所云"夏间迂道返浙"事。诚如胡、姚二位先生《章实斋先生年谱》乾隆三十七年、三十五岁条所记："夏，先生访宁绍台兵备道冯廷丞于宁波道署。"[2] 实斋于上年十月出都，随其师朱笥河筠赴安徽学政任，至是年秋，时已一年，故而有"浪迹江湖又一年"之叹。章氏此书又云："在绍伏疴两月，颇惧得过日多。衰集所著《文史通义》，其已定者，得内篇五，外篇二十有二。文多不可致，谨录三首，求是正讫，转致辛楣先生、朱春浦师。两处书俱未缄，亦乞阅后封致。"书末再云："外文三篇，并呈朱春浦师及辛楣先生，以缮录手不暇给也。"[3] 可见，实斋是时始撰《文史通义》，已成"内篇五，外篇二十有二"，此其一。其二，呈文三篇并致钱、朱二位先生札，皆请曹慕堂转交。其三，章氏致曹、钱、朱三先生札，写于同时同地。

① 章学诚：《章氏遗书》卷17，《湖北按察使冯君家传》。文物出版社1985年版，第162页。
② 胡适著，姚名达订补：《章实斋先生年谱》，乾隆三十七年、三十五岁条。商务印书馆1931年版，第24页。
③ 章学诚：《上慕堂光禄书》。载黄云眉《史学杂稿续存》之《杂考》附录二，《章氏遗书未收入之实斋手札二通》。齐鲁书社1980年版，第347—348页。

《候国子司业朱春浦先生书》篇首云："不侍函丈，才匝岁耳。"又云："学诚二十年不见江南秋矣。"揆之实斋生平，则为乾隆三十七年事无疑。该书篇末云："出都以来，颇事著述，斟酌艺林，作为《文史通义》。书虽未成，大指已见辛楣先生候牍，所录内篇三首，并以附呈。先生试察其言，必将有以得其所自。"① 章氏于此，依然述及始撰《文史通义》事，不惟告以"大指已见辛楣先生候牍"，而且录呈内篇三首亦与致钱竹汀书同。由此可见，候朱先生书与致钱先生书确系同时所写，二书即托曹慕堂转致者。

根据上引二书，章实斋同时所致钱竹汀书，至少应该具备两个特征，第一是时间上的特征，即乾隆三十七年秋天所写；第二是内容上的特征，书中当有大段文字阐述《文史通义》之撰述宗旨。就现存《章氏遗书》中所录《上辛楣宫詹书》而言，这两方面的特征皆不具备。倒是《大公报》1946 年 11 月刊布之实斋佚札《上晓征学士书》，则与这些特征若合符契。

一如前引二书，章实斋之《上晓征学士书》，不惟于书首云："自出都门，终日逐逐。江南秋高，风日清泬，候虫木叶，飒飒有南北风气之殊。因忆京华旧游，念久不获聆长者绪论，以为耿耿。敬想入秋来，起居定佳，伏维万福。"而且更于篇末明确道出撰书时间、地点，即"八月二十二日二鼓，太平府署中"。这就是说，《上晓征学士书》系乾隆三十七年八月二十二日所写，撰文地点在安徽太平府（治所在今当涂县）衙署。尤可注意者，是该书阐发《文史通义》撰述宗旨的大段文字。实斋书于此云：

> 学诚自幼读书，无他长，惟于古今著述渊源，文章流别，
> 殚心者盖有日矣。尝谓古人之学，各有师法，法具于官，官守
> 其书，因以世传其业。……秦火而后，书失传而师法亦绝，今

---

① 章学诚：《章氏遗书》卷 22，《候国子司业朱春浦先生书》。文物出版社 1985 年版，第 225 页。

所存者，特其纲目。《司空篇》亡，六卿联事之义，又不可以
强通，条贯散失，学术无所统计，（计字疑误，似当为纪，或
系排字失误——引者。）所赖存什一于千百者，向、歆父子之
术业耳。盖向、歆所为《七略》、《别录》者，其叙六艺百家，
悉惟本于古人官守，不尽为艺林述文墨也。其书虽轶，而《班
史·艺文》独存。《艺文》又非班固之旧，特其叙例犹可推寻。
故今之学士，有志究三代之盛，而溯源官礼，纲维古今大学术
者，独《汉艺文志》一篇而已。夫《艺文》于贾谊《左传训
故》，董仲舒说《春秋》事，尹更始《左传章句》，张霸《尚书
百两篇》，及叔孙《朝仪》，韩信《军法》，萧何《律令》之类，
皆灼然昭著者，未登于录。秦官《奏事》，《太史公书》，隶于
《春秋》，而诗赋五种，不隶《诗经》。要非完善无可拟议者。
然赖其书，而官师学术之源流，犹可得其仿佛。故比者校雠其
书，申明微旨，又取古今载籍，自六艺以降，讫于近代作者之
林，为之商榷利病，讨论得失。拟为《文史通义》一书，分
内、外、杂篇，成一家言。虽草创未及什一，然文多不能悉
致，谨录三首呈览，阁下试平心察之，当复以为何如也。

　　章实斋于他人不轻许可，何以独引钱竹汀为《文史通义》知音？从
《上晓征学士书》所云可见，其缘由主要有二。一是钱竹汀博学多识，
尤以史学最称专精，且长实斋整整十岁，故而一如前引，章氏尊之为
"长者"。二是钱竹汀结撰《元史艺文志》，章实斋见过初稿，佩服竹汀
"精于校雠"，因之而引为同志。用实斋自己的话来说，就是："阁下精
于校雠，而益以闻见之富，又专力整齐一代之书，凡所搜罗撰述，皆足
追古作者而集其成。即今绍二刘之业而广班氏之例者，非阁下其
谁托！"[1]

―――――――――――――

[1]　章学诚：《上晓征学士书》。载黄云眉《史学杂稿续存》之《杂考》附录二，《章氏遗书
未收入之实斋手札二通》。齐鲁书社1980年版，第348—351页。

综上所考，章实斋乾隆三十七年所致钱竹汀书，应为《大公报》1946 年 11 月 6 日刊布之《上晓征学士书》，而非今本《章氏遗书》所录《上辛楣宫詹书》。[①] 因此，胡适之先生初纂《章实斋先生年谱》，系《上辛楣宫詹书》于嘉庆三年，最是允当，而增订本改系于乾隆三十七年，则偶然疏失矣。

---

① 据钱大昕《竹汀居士年谱》记，竹汀于乾隆三十七年春，补翰林院侍读学士。而任詹事府少詹事，乃乾隆三十八年十一月。

《人民·联盟文库》第一辑书目

分　类	书　名	作　者
政治类	中共重大历史事件亲历记（2 卷）	李海文主编
	中国工农红军长征亲历记	李海文主编
哲学类	中国哲学史（1—4）	任继愈主编
	哲学通论	孙正聿著
	中国经学史	吴雁南、秦学顺、李禹阶主编
	季羡林谈义理	季羡林著，梁志刚选编
历史类	中亚通史（3 卷）	王治来、丁笃本著
	吐蕃史稿	才让著
	中国古代北方民族通论	林幹著
	匈奴史	林幹著
	毛泽东评说中国历史	赵以武主编
文化类	中国文化史（4 卷）	张维青、高毅清著
	中国古代文学通论（7 卷）	傅璇琮、蒋寅主编
	中国地名学源流	华林甫著
	中国古代巫术	胡新生著
	徽商研究	张海鹏、王廷元主编
	诗词曲格律纲要	涂宗涛著
译著类	中国密码	［德］弗郎克·泽林著，强朝晖译
	领袖们	［美］理查德·尼克松著，施燕华等译
	伟人与大国	［德］赫尔穆特·施密特著，梅兆荣等译
	大外交	［美］亨利·基辛格著，顾淑馨、林添贵译
	欧洲史	［法］德尼兹·加亚尔等著，蔡鸿滨等译
	亚洲史	［美］罗兹·墨菲著，黄磷译
	西方政治思想史	［美］约翰·麦克里兰著，彭维栋译
	西方艺术史	［法］德比奇等著，徐庆平译
	纳粹德国的兴亡	［德］托尔斯腾·克尔讷著，李工真译
	资本主义文化矛盾	［美］丹尼尔·贝尔著，严蓓雯译
	中国社会史	［法］谢和耐著，黄建华、黄迅余译
	儒家传统与文明对话	［美］杜维明著，彭国翔译
	中国人的精神	辜鸿铭著，黄兴涛、宋小庆译
	毛泽东传	［美］罗斯·特里尔著，刘路新等译
人物传记类	蒋介石全传	张宪文、方庆秋主编
	百年宋美龄	杨树标、杨菁著
	世纪情怀——张学良全传（上下）	王海晨、胡玉海著

《人民·联盟文库》第二辑书目

分 类	书 名	作 者
政治类	民族问题概论(第三版)	吴仕民主编、王平副主编
	宗教问题概论(第三版)	龚学增主编
	中国宪法史	张晋藩著
历史类	乾嘉学派研究	陈祖武、朱彤窗著
	宋学的发展和演变	漆侠著
	台湾通史	连横著
	卫拉特蒙古史纲	马大正、成崇德主编
	文明论——人类文明的形成发展与前景	孙进己、干志耿著
哲学类	西方哲学史(8卷)	叶秀山、王树人总主编
	康德《纯粹理性批判》句读	邓晓芒著
	比较伦理学	黄建中著
	中国美学史话	李翔德、郑钦镛著
	中华人文精神	张岂之著
	人文精神论	许苏民著
	论死生	吴兴勇著
	幸福与优雅	江畅、周鸿雁著
文化类	唐诗学史稿	陈伯海主编
	中国古代神秘文化	李冬生著
	中国家训史	徐少锦、陈延斌
	中国设计艺术史论	李立新著
	西藏风土志	赤烈曲扎著
	藏传佛教密宗与曼荼罗艺术	昂巴著
	民谣里的中国	田涛著
	黄土地的变迁——以西北边陲种田乡为例	张畯、刘晓乾著
	中外文化交流史	王介南著
	纵论出版产业的科学发展	齐峰著
译著类	赫鲁晓夫下台内幕	[俄]谢·赫鲁晓夫著,述弢译
	治国策	[波斯]尼扎姆·莫尔克著,[英]胡伯特·达克(由波斯文转译成英文),蓝琪、许序雅译,蓝琪校
	西域的历史与文明	[法]鲁保罗著,耿昇译
	16~18世纪中亚历史地理文献	[乌]Б. A. 艾哈迈多夫著,陈远光译
	亲历晚清四十五年——李提摩太在华回忆录	[英]李提摩太著,李宪堂、侯林莉译
	伯希和西域探险记	[法]伯希和等著,耿昇译
	观念的冒险	[美]A. N. 怀特海著,周邦宪译
人物传记类	溥仪的后半生	王庆祥著
	胡乔木——中共中央一支笔	叶永烈著
	林彪的这一生	少华、游胡著
	左宗棠在甘肃	马啸著